www.ingramcontent.com/pod-product-compliance
Lightning Source LLC
Chambersburg PA
CBHW050804220426
43209CB00089BA/1692

الاحتراس
عن نار النبراس
(2)

بسم الله الرحمن الرحيم

الاحتراس
عن نار النبراس
(المقدمات وقسم التوحيد)

المجلد الثاني

تأليف

إسحاق بن محمد بن قاسم العبدي

(1050-1115هـ)

دراسة وتحقيق

رائد السمهوري

دار النضيري للدراسات والنشر

Dar Al-Nadhiri for Studies & Publications

الاحتراس مج2
إسحاق العبدي (مؤلف)
رائد السمهوري (محقق)
454 صفحة، (تحقيقات تراثية 9)
17×24

ISBN: 978-1-7395228-4-1

«الآراء التي يتضمنها الكتاب لا تعبر بالضرورة عن وجهة نظر الدار».

حقوق الطبع محفوظة

لا يسمح بإعادة إصدار أو طبع أو نشر هذا الكتاب أو أي جزء منه أو تخزينه في نطاق استعادة المعلومات أو نقله بأي شكل من الأشكال دون إذن خطي سابق من **دار النضيري للدراسات والنشر**

الطبعة الأولى: 1446هـ-2024م

دار النضيري للدراسات والنشر
Dar Al-Nadhiri for Studies & Publications
المالك والمدير العام
أسامة بن أبي بكر النضيري باعلوي
الموقع الإلكتروني:
https://www.daralnadhiri.com
البريد الإلكتروني:
daralnadhiri@gmail.com
هاتف: 44 7961 911682+
لندن- المملكة المتحدة

المحتويات

[تتمة المقدمات] 15

[استمرار المعترض في القدح في حجية إجماع أهل البيت، مستدلًا بدقيق الكلام، وما يراه في داخل الفكر الزيدي من تناقضٍ لا يفيد دعوى حجية إجماع أهل البيت] ... 15

كلام في تكثّر الصفات على اختلاف الآراء........................ 17

[وجهٌ في إبطال المعترض إجماع أهل البيت دليلًا، وردّ المؤلف عليه] 19

[نقض المعترض عدّ أهل البيت هم الفرقة الناجية، وجواب المؤلف] 19

[وجه في إبطال إجماع آل البيت، وأنهم وأتباعهم الفرقة الناجية، ورد المؤلف] 22

التسلسل في الأمور الاعتبارية لا يمتنع 26

كلام في امتناع النظر في المعلوم من حيث كونُه معلومًا........................ 28

بيان ما يُطلَق النظر عليه 30

كلامٌ في وجه كون إنكار الضروري كفرًا 32

كلام في ما رُوي من محاجّة أبي بكر وعمر -رضي الله عنهما- في القدر 33

كلام في قوله تعالى: ﴿وَاللَّهُ يَقُولُ الْحَقَّ﴾ 39

كلام في القرآن........................ 40

كلام في الهداية........................ 41

نكت غريبة........................ 42

[بحث في معنى علم الكلام، وفي التعريفات، ومسائل أخرى] 43

كلامٌ في ما يطلق عليه أسماء العلوم 44

كلام على إيراد لفظ «أو» في الحدود 49

الحدّ ليس خبرًا ولا إنشاءً	56
[نقاش المؤلف للمعترض في تعريفه علم الكلام]	57
حقيقة الدِّين	63
اعتبار الحيثية في الحدود	65
[في تعريف العلم وحدِّه]	67
كلامٌ في المقولات	70
ميل معمر بن عبّاد السلمي المعتزلي إلى طريقة الفلاسفة في إثبات الأعراض النسبية، وهي مما نقمها عليه أصحابه المعتزلة	70
تسمية الفلاسفة للمقولات بقاطيورياس، كما يسمّون الكليات الخمس بإيساغوجي	72
الأعراض النسبية سبعةٌ	73
تحقيق لابن سينا، ذكره في كتابه الشفاء، تزول به الشبهة في أن الجوهر جوهرٌ في الخارج والذهن معًا، فلم كان العلم من مقولة الكيف مثلًا؟	75
تفصيل يتضح به الوجود الذهني ومعنى العلم عند الفلاسفة ومن يجري مجراهم ..	78
تعريف الجوهر عند الفلاسفة: وهو ما إذا وُجِد في الخارج كان لا في موضوع	79
قف على اضطراب كلام ابن سينا في العلم، وذهابه في بعض أقواله إلى أنه عدمي لا وجودي	80
كلام في الوجود الذهني	80
بيان للوجودي والعدمي	85
كلام في صفة العلم وما يتعلق بذلك	88
تعريف «الحال» التي هي لا موجودة ولا معدومة	91
ميل الإمام الرازي إلى الاعتزال في صفة العلم وكذلك سائر الصفات	92
كلام للرازي في كون الخلاف لفظيًّا بين أبي هاشم ومثبتي الأحوال من الأشاعرة، وكذا بين أبي عليّ والنفاة منهم	96
كلام للسيد الشريف في بيان مذهب المعتزلة في الصفات	99
العلم الحادث من الموجودات الخارجية عند المعتزلة	99
كلام لسعد الدين في منع إطلاق القِدَم على صفات المعاني، ومنعِ أن يقال: «هي فيه تعالى أو معه أو مجاورة له أو حالّة فيه ... إلخ»	100

أقوال العلماء في التكفير	101
كلام للغزالي نفيس نافع	104
[التكفير عند المعتزلة]	108
[التكفير عند الكرّامية والإمامية]	109
[التكفير عند الزيدية]	110
قاعدة في التكفير ونحوه	111
كلام نافع في إنكار الضروري	113
التكفير لا يثبت بالقياس الظنّي	114
حديث: «لا يُكفَّر أحد من أهل القبلة بذنب»؛ موضوع لا أصل له عند أحمد بن حنبل	115
الكلام في العقل	118
قف على أن تفسيرهم الإيمانَ بـ«التصديق المنطقي» مشكل	121
النومُ ضدُّ الإدراكِ	122
نكتة الحكم بعدم بقاء العَرَض	124
ذكر قوى النفس ومراتبها وصفاتها كالحدس والفكر	126
ارتسام المادّيات في المجرّدات غيرُ جائز عند الفلاسفة	128
دليل كون النفس هي المدركة للجزئيات كالكلّيات	131
[بحث في محل العقل]	134
كلام في العقل لعليٍّ كرم الله وجهه	135
[خطأ المعترض في فهمه لكلام صاحب الأساس عن محل العقل]	136
تعريف مناط التكليف على كونه عرضًا وعلى كونه جوهرًا	137
إطلاقُ المشاهَد على المحسوس والغائب على المعقول	138
التأليف قائم بمحلّين عند أبي هاشم ومن قال بمقالته	142
[في تعريف العقل ومعناه]	144
مذهب الأشعري في العقل	145
عدّة الأقوال في العقل	148
مذهب الباقلاني في العقل	149

علوم العقل العشرةُ على رأي المعتزلة ومن يجري مجراهم	150
كل ما يروى في العقل من الأحاديث؛ موضوع باطل	154
[مزيد من النقاش حول كون العقل هو العلوم الضرورية أو غير ذلك]	155
كلام في أنه لا يلزم أن يكون المؤثِّر في فعلِه عالمًا به، ولا يقدح جهلُه في كونه فاعلًا له، أي: موجِدًا للتأثير فيه	156
[استمرار النقاش في كون العقل هل هو العلوم الضرورية أو معنًى آخر]	158
العقول غير متفاوتة في نفسها	160
المسمّى بالعقل وبالقلب وبالروح؛ شيء واحد	161
تعدادُ الأعراض	164
مسألة في الحسن والقبح، الكلام في الحسن والقبح	166
توضيح محل النزاع في الحسن والقبح	167
رفع اشتباه الحال في خروج الثواب والعقاب عن محلّ النزاع	174
إيماء سعد الدين إلى أن الثواب والعقاب ليسا من محل النزاع؛ إذ لا يجري إدخالهما إلا في أفعال العباد فقط	178
لا فرق بين التوحيد والشرك عقلًا على مذهب نفاة الحسن والقبح	182
قف على أنه لا يصحّ لنفاة الحسن والقبح قولُهم: «مالكٌ يفعل ما يشاء»، ولا قولهم: «إن الفرق بين العدل والظلم مثلًا، بالشرع»	183
نكتة: [تناقض الأشاعرة في نفي حكم العقل ثم إقرارهم به في مواضع]	185
قف على مناقضة المجبرة النافين للحسن والقبح، لقوله تعالى: ﴿وَلَوِ ٱتَّبَعَ ٱلۡحَقُّ أَهۡوَآءَهُمۡ لَفَسَدَتِ ٱلسَّمَٰوَٰتُ وَٱلۡأَرۡضُ﴾. الآية.	186
استلزام نفي الحسن والقبح لتجويز ظهور المعجزة على يد كاذب، وجواز الكذب على الله عزّ وجل	188
قف على أنه لو كان الحسن والقبح لمجرّد الأمر والنهي؛ لم يُتعرَّض في إثبات علل الشرع ومحاسنه ودرء المفاسد لما سوى الأمر والنهي، ولا ينتُج الكلام في القياس، إلى غير ذلك	189
النسخ لا ينافي الحسن والقبح عقلًا	191
كلام لابن القيّم في النسخ	194

الإيراد على صحة النسخ في مذهب المجبرة النافين للحسن والقبح عقلًا 197	
قف على أن العدم لا يُعلَّل به إلا عند الفلاسفة والإسفراييني 199	
كلام في أن قولهم: «الحكم عقليٌّ عند المعتزلة، وشرعي عند الأشاعرة»؛ مبني على مسامحة أو غلط 200	
[شبهةٌ للملحدة لا يمكن الردّ عليها إلا وفق مذهب المعتزلة] 201	
[هل الحسن والقبح من صفات الأفعال الذاتية؟] 203	
الأوّل من وجوه الجواب عمّا أورده نفاة الحسن والقبح عقلًا، من أن الكذب قد يحسن كما إذا كان في عصمة نبيٍّ من ظالم 203	
الثاني من وجوه الجواب 204	
الثالث من وجوه الجواب 207	
الوجه الرابع من وجوه الجواب 210	
الوجه الخامس منها 210	
مزيد توضيح لعدم الفرق بين مذهبَي البصرية والبغدادية 212	
كلامٌ في أنه لا يلزم معرفة جميع الاعتبارات 213	
مناقَضةٌ للأشاعرة في قولهم: «إن الكذب صفة نقص»، وقولهم: «إنه قد يتصف بغاية الحسن» 216	
نكتة في الحكمة 218	
[عودٌ إلى تحرير محل النزاع: هل الثواب والعقاب داخلان في التحسين والتقبيح العقليين؟] 219	
اعتراف الرازي والسعد بأن حُسن نحوِ العدل، وقبحَ نحوِ الظلم، مما تدركه العقول، ويتعلق به المدح والذم. وذلك هو مطلوب القائلين بالحسن والقبح عقلًا، كالمعتزلة وسائر العدلية 221	
قف على أنه إذا كان النزاع بين المعتزلة والمجبرة في أكثر المواضع مبنيًا على قاعدة الحسن والقبح، باعتراف الأشاعرة؛ لم يبق لإدخال الثواب والعقاب معنًى في المتنازَع فيه، في مسألة الحسن والقبح 224	
نكتةٌ عن الرازي في أن الثواب والعقاب بمعزلٍ عن المعنى المتنازَع في الحسن والقبح، فتدبّر 227	

استدلالٌ على ثبوت الحسن والقبح عقلًا، أورده سعد الدين في «شرح المقاصد» و«التلويح» 228

اعتراف صاحب التلويح بأن الجزم بصدق النبي عليه الصلاة والسلام، وامتناع كذبه عقليٌّ، كالتصديق بوجود الباري تعالى 229

بحث مع صاحب التلويح 231

[هل شكر المنعم واجب عقلًا؟] 232

المسألة الأولى من مسألتَي التنزّل -على ما قالوا- 234

المذاهب في حصول العلم عقِبَ النظر 235

الاستناد إلى حصول العلم بالنتيجة عن المقدمتين، على جواز التركّب في العلل العقلية؛ مبنيّ على أنه بطريق اللزوم 239

قف على أنه لا يصحّ نسخ الشكر، فضلًا عن قبحه، كما صرّح به ابن الملاحمي 243

نكتةٌ ظريفة 244

قف على أن الحكم بالحسن والقبح دائرٌ مع العلم بالأوصاف المعتبَرة، لا مع التجويزات 245

المسألة الثانية من مسألتَي التنزّل 245

إيضاح ما وقع من الغلط لبعض الأشاعرة، في مسألتي التنزّل، كابن الحاجب والعضُد 247

بيان مذهب المعتزلة في حسن ذمِّ من اغتصب على غيره شيئًا يختصّ به ذلك الغير 251

قف على تحقيق مذهب المعتزلة في حرمة التصرّف في ملك الغير، وعدم جري ذلك في حق الباري تعالى 252

تحقيق حكم الأفعال قبل الشرع على ما ذكره الفاضل الأصفهاني في «شرح طوالع البيضاوي» 254

حكاية المحلّي عن الباقلّاني أن قول بعض فقهائهم بالحظر وبعضهم بالإباحة؛ لغفلتهم عن تشعّب ذلك عن أصول المعتزلة 257

نكتة اختلاف المعتزلة، وبيان علة الذهاب إلى الإباحة والحظر والوقف 257

قف على أن تقييد الأشاعرة لنفي حكم العقل بالخمسة؛ تقييد منحَلٌّ، بل باطل؛ لأنهم نافون لحُكم العقل رأسًا، كما في أفعال الله تعالى 258

الكلام في جواب المسألة الأولى [من مسألتي التنزُّل]	258
التنبيه - في أدب البحث- هو: ما يُذكَر لإزالة خفاء البديهيّ	264
[الكلام في جواب المسألة الثانية من مسألتي التنزّل]	265
كلامٌ لسعد الدين، في الاعتراف بعدم النزاع من المعتزلة في كون العقل لا يستقل بإدراك كثير من الأحكام، وعدم النزاع من الأشاعرة في افتقار الشرع إلى العقل، وأن الدليل لا يكون سمعيًّا صِرفًا، فليُحفَظ	266
[هل العقل مستقل بإدراك حسن الأشياء وقبحها؟]	268
كلامٌ لسعد الدين في معنى «إلهام الفجور والتقوى»، و«التزكية»، و«التدسية»	271
التزكية والتدسية = مما لا يجري في أفعال العبد -على ما هو مذهب المجبِرة القائلين بالكسب-	272
إدراك الجزاء والمكافأة لا يستلزم إثبات الدار الآخرة ونحو ذلك	275
قف على كلام عن «الكشّاف»، في أن منكِرَ الإعادة منكرٌ أمرًا جليًّا لا ينكره إلا مكابر، كما أشار إليه النص القرآنيّ	275
[الوجه الثاني من اعتراض المعترض على استدلال صاحب الأساس بالآية: ﴿قَدْ أَفْلَحَ مَنْ زَكَّاهَا﴾، والرد عليه]	286
حديث صحيح في أن الذين يتّبعون ما تشابه من القرآن، هم الذين سمّى الله تعالى، فليُحذَروا	290
اعتراف الرازي في مفاتح الغيب بأن التزكية: تحصيل الزكاء	292
احتجاج الحسن على الحجّاج بقوله تعالى: ﴿وَقَدْ خَابَ مَنْ دَسَّاهَا﴾	294
منعُ أبي القاسم وعبّاد من إطلاق «الخلق» على أفعال العباد	296
الدليل إذا تطرّق إليه الاحتمال بطل به الاستدلال	319
اعتراف صاحب «الكشف» بأنه لا يتم للأشاعرة الاستدلال بقوله تعالى: ﴿وَاللَّهُ خَلَقَكُمْ وَمَا تَعْمَلُونَ﴾، على الجبر	319
[هل للكسب علاقة بالفعل الإنساني؟]	326
قف على أن رؤساء الأشاعرة المثبتين لتأثير العبد في شيءٍ ما؛ لا يبقى بينهم وبين المعتزلة خلاف	334
قف على أن الرّبّ لا يكون منه إلا الخير المحضُ	336

[عودة إلى مناقشة الاستدلال بآية ﴿وَاللَّهُ خَلَقَكُمْ وَمَا تَعْمَلُونَ﴾، على أن الله موجدُ أفعال العباد] 339

حديث للبخاريّ في بيان أصل عبادة الأصنام 342

كلامٌ للرازي نقله سعدُ الدين، في وجه اختصاص عُبّاد الأصنام إياها بالعبادة، وتأويلاتهم في ذلك -أخزاهم الله- 344

حال عُبّاد الأصنام في الهند 347

كلام الحسن بن أبي الحسن البصري رضي الله عنه أن الله بعث سيدنا محمدًا عليه الصلاة والسلام إلى العرب وهم قدرية يحملون ذنوبهم على الله تعالى 350

مذهب المجبرة في أن كل واقع في العالَم مرادٌ لله تعالى، كمذهب المشركين القائلين: ﴿لَوْ شَاءَ اللَّهُ مَا أَشْرَكْنَا﴾، بإقرار الأشاعرة 351

[استمرار المعترض في الاحتجاج بآية ﴿وَاللَّهُ خَلَقَكُمْ وَمَا تَعْمَلُونَ﴾، والرد عليه] 354

[مسألة مقدور بين قادرين، والمذاهب فيها] 360

اعتراف البيضاوي بأنه لا مدخل للعبد عندهم في الفعل؛ لأن تصميم العزم مخلوق أيضًا، وإنكار السلف للمناظرة في ذلك 363

إيضاح بطلان قولهم: يجوز كون المقدور الواحد بين قادرٍ موجِد وقادرٍ كاسب ... 364

[ردّ المعترض على تفسير الزمخشري لآية ﴿وَاللَّهُ خَلَقَكُمْ وَمَا تَعْمَلُونَ﴾، وجوابُ المؤلِّف] 372

قف على كلام السبكي في أن إطلاق المعمول على جملةِ ما للإنسان فيه عملٌ = ما لا شك في جوازه 381

توضيح أن المجاز في قوله تعالى: ﴿وَاللَّهُ خَلَقَكُمْ وَمَا تَعْمَلُونَ﴾ = لازم على مذهبَي العدلية والمجبرة 382

معنى الاستدراج، وهو لا يصح على قاعدة الجبر 386

[هل «ما» في آية ﴿وَاللَّهُ خَلَقَكُمْ وَمَا تَعْمَلُونَ﴾ موصولة أم مصدرية؟] 387

[نقاشٌ في كون «ما» في قوله: ﴿خَلَقَكُمْ وَمَا تَعْمَلُونَ﴾ موصولةً] 398

كلام للسبكي نقله السيوطي 402

تصريح السبكي بأن القدرة الحادثة لا تؤثر في غير محلّها، وعلى هذا، فجميع الصور المترتّبة على أفعال العباد كصورة الصنم ونحوه، ليست عملًا لهم أصلًا، ولا من عملهم	404
[ردّ المؤلّف على كلام السبكي الذي نقله السيوطي]	406
تحقيق نفيس في انتصاب مثل قولك: «خلق الله العالَمَ»	411
شبهة العلم [واستدلال المعترض بالعلم الأزلي على الجبر، وردّ المؤلف عليه]	416
كلام للتفتازاني وللسمرقندي في إبطال التشبّث بالعلم لإثبات الجبر	418
كلام للأشاعرة في الفرق بين أفعال الباري تعالى وأفعال العباد؛ لئلا يلزم عدمُ اختياره تعالى	420
[تناقض الأشاعرة في فعل العبد أمجبور عليه مقسور أم حرٌّ مختار؟]	425
[هل بين العلم الأزلي والجبر علاقة؟]	428
لزوم المصادرة المستلزمة للدور، من الاستدلال بسبق العلم بالجبر، على ثبوت الجبر	429
نكتة شريفة في أن في قوله تعالى: ﴿وَلَوْ كُنْتُ أَعْلَمُ الْغَيْبَ﴾. الآية. دليلٌ على أن ما سبق به العلم ممكنُ التحوّل	431
الكلام في حديث: «إن الله يصنع كل صانع وصنعته»	434
[إذا كان العباد مجبورين على عدم مخالفة علم الله الأزلي، فهل الله مجبور كذلك؟]	445

[تتمة المقدمات]

[استمرار المعترض في القدح في حجية إجماع أهل البيت، مستدلًا بدقيق الكلام، وما يراه في داخل الفكر الزيدي من تناقضٍ لا يفيد دعوى حجية إجماع أهل البيت]

قال: «وأما ثانيًا؛ فلأنه نُقل عن بعض أئمتهم أن صفاته تعالى = أمورٌ زائدة على ذاته، ورُدّ عليهم بما يلزم منه أنهم عبدوا غير الله تعالى؛ لأنه ذكر في بيان الرد عليهم، ما يدل على أن من عبد ذاتًا موصوفة بصفات زائدة = كان -في زعمه- عابدًا إما معدومًا أو محدثًا، أو قدماء متعددة. والكلُّ جهلٌ بالله تعالى. وما يؤدي إلى الجهل بالله = فهو كُفْرٌ، باعترافه. فيلزم تكفيرُ بعض أئمتهم. وإن لم يرض بكفرهم؛ انقلب عليه. وإن رضي؛ فهو ردٌّ لآية: ﴿إِنَّمَا يُرِيدُ ٱللَّهُ لِيُذْهِبَ عَنكُمُ ٱلرِّجْسَ أَهْلَ ٱلْبَيْتِ وَيُطَهِّرَكُمْ تَطْهِيرًا﴾ [الأحزاب: 33]. فإن ما يؤدي إلى الجهل بالله = لا شك أنه من الرِّجس. وقد اعترف أن من رد آيةً فقد كفر، فيلزمه الكفر على التقديرين. وهو كلامٌ حقٌّ ما إنْ يفترى. فانظر -يا أخا الأكياس المتبجح بالانتماء إلى أهل البيت بمجرد الزعم- ماذا ترى».

أقول: بل هو مُفتَرى، وطال ما افترى مُورِدُه واجترا[1]، وصدَّ عن سواء السبيل وما درى، وكابر حتى أُصغِرَ حين امترى. ونحن نأخذ في بيانه، ونكشف وجوه فساده وبطلانه، وهي ثلاثة:

الأول: أن المؤلف -رحمه الله- قرن تلك الإلزامات التي ستأتي، بما يقتضي تنصُّلَهم عن لزومها، وزاد عليه هذا المعترض هنالك بأن قال: «إن كانت الصفات عند هذا البعض من الأئمة المذكورين اعتبارية = فلا كلام أن مرجعها إلى الذات»؛ فيكون

---

(1) أي: اجترأ. بتسهيل الهمز.

كلام المعتزلة وسائر أهل العدل متحدًا، باعتراف المعترض، وكفى الله المؤمنين القتال.

ثم إن المؤلف حاشاهم[2] عن تلك الإلزامات؛ نظرًا إلى أنها لا تجري إلا على مذهب من يقول: «إن تلك الصفات الزائدة أمور موجودة، موصوفة بالقدم ونحو ذلك». وهذا ليس من مذهبهم أصلًا.

ومن البيِّن المعلوم: أن الإمام المهدي أحمد بن يحيى، صاحب **الغايات** -رحمه الله- والبهشمية كافّةً = يقولون بأنها -أي: تلك الصفات- لا موجودة ولا معدومة، على ما عرفت في «الحال». ومع ذلك؛ فلا توصف بالحدوث أصلًا، ولا بالقدم أيضًا. وليس معنى الزيادة راجعًا إلا إلى المفهوم فقط؛ فلا يتم عليهم شيء من تلك الإلزامات. والمؤلف على علم بذلك، وهو أمسُّ من المعترض بمذهب بعض أصحابه العدلية، وبعض آبائه الكرام -رضي الله عنهم أجمعين-. وقد أذكرني صنيعُ المعترض هنا، صنيعَ الكلبي في ما حكاه الذهبي، حيث قال ما لفظه: «حكى الزبير بن بكار، أن عبد الله بن حسن -يعني والد محمد النفس الزكية عبد الله بن الحسن بن الحسن بن علي بن أبي طالب، رضي الله عنهم- دخل على هشام -يعني ابن عبد الملك- وعنده الكلبي وهو مشهور، فقال هشام: يا محمد، كم بلغت فاطمة -رضي الله عنها- من السن؟ فقال: ثلاثين سنة. وسأل الكلبيَّ فقال: بلغت خمسًا وثلاثين سنة، فقال هشام لعبد الله: أما تسمع؟ فقال: يا أمير المؤمنين سلني عن أمي، وسل الكلبيَّ عن أمه»[3]. انتهى. فحال المعترض مع المؤلف، كحال الكلبي مع جد المؤلف؛ عبد الله المذكور -رضوان الله عليه-. ولو أن المعترض اقتصر على الخبط في ما يزعم أنه يعرفه من مذهب أصحابه الأشاعرة؛ لكان أولى وأليق بحاله من الخبط في المذهب الذي لا يعرف هو منه إلا اسمه. ولذا خبط في معنى الزيادة التي قال بها بعض الأئمة القائلين بهذا المذهب، كما خبط أيضًا في منشأ لزوم كون الباري -عز وجل- غير موجود؛ إذ لم يعثر على علم بذلك.

---

(2) حاشاهم: أي: باعدهم -يعني أهل البيت وسائر العدلية والمعتزلة- عن تلك الإلزامات، وحمى جنابهم من أن تكون لازمة لمذهبهم.

(3) لم أقف عليه -بحسب ما استطعت- في كتب الذهبي، لكنه مذكور في **تهذيب الكمال** للمزّي، ينظر: أبو الحجاج جمال الدين عبد الرحمن بن يوسف المزّي، **تهذيب الكمال في أسماء الرجال**، تحقيق بشار عواد معروف (بيروت: مؤسسة الرسالة، 1980)، ج 35، ص 253.

وإنه لما كان الإلزام بكونه تعالىٰ معدومًا = مترتبًا علىٰ الحكم بعدم الصفات جميعها؛ قال المؤلف: إنه يلزم -مع القول بعدمها- أن يكون الله تعالىٰ معدومًا؛ نظرًا إلىٰ عدم صفة الوجود في حقه عز وجل، لا كما خبط المعترض خبطًا فاحشًا في ما سيأتي من «كتاب التوحيد».

كلام في تكثّر الصفات على اختلاف الآراء

وقد عرفتَ بأنهم[4] لا يقولون بعدمها، وصرح به المؤلف هنالك. وإنما كلامه وإلزامه = بصدد الأشاعرة المثبتين سبعة قدماء يصح رؤيتهم كما تصح رؤيته تعالىٰ، بل يصح سماعهم؛ بناء علىٰ جواز تعلق الرؤية والسماع بكل موجود -كما صرحوا به-[5].

وما أشبه هذا بإثبات النصارىٰ للأقانيم؛ لأنهم سموها بأسماء الصفات، وأجروا عليها أحكام الذوات، مع جزم بعضهم بأن صفات الوجود ليست من صفات المعاني، أي: إنها ليست لمعنىٰ قديم، كالسبع[6]، وهو مبنيٌّ علىٰ أن الوجود عينُ الموجود، كما هو مذهب الأشعري.

أما علىٰ ما قال بعضهم من أن الثابت في القدم منها ثمانية، أو تسعة علىٰ مذهب بعض آخر، أو عشرة، أو اثنا عشر -كما حكاه الأصفهاني في **شرح الطوالع** عن الأشعري، حيث قال: «أثبت الأشعري صفات أخرىٰ: أثبت الاستواء صفة أخرىٰ، واليد صفة وراء القدرة، والوجه صفة وراء الوجود، والعين صفة أخرىٰ؛ للظواهر الواردة في ذلك»[7]. انتهىٰ. وقريب منه ما في **المحصل** للرزاي-، أو سبعة عشر علىٰ ما ذكره التتائي[8] وغيره من الأشاعرة -كما سيأتي- من جعل الوجه واليدين والعينين خمس صفات، وكذا إدراك المشموم والمذوق والملموس، علىٰ ما نسبه في **شرح المقاصد** إلىٰ القاضي الباقلاني[9]، أو ما

---

(4) أي: المعتزلة وسائر العدلية.

(5) ورد في هامش النسخة: «وممن صرّح به سعد الدين في شرح مقاصده».

(6) أي الصفات السبع، أو المعاني السبعة التي يثبتها الأشاعرة زائدة علىٰ الذات.

(7) شمس الدين الأصفهاني، **مطالع الأنظار**، ص 184.

(8) لعله يعني محمد بن إبراهيم بن خليل التتائي المالكي (ت. 942هـ).

(9) قال: «وأثبت القاضي إدارك الشم والذوق واللمس صفاتٍ وراء العلم... إلخ»، ينظر: التفتازاني، **شرح المقاصد**، ج 2، ص 110.

لا يحصى، على مذهب البعض أو الجمهور من علماء ما وراء النهر، القائلين بأزلية صفات التكوين والتخليق والترزيق وسائر صفات الأفعال = فالأمر أظهر من ذلك. إلا أن يجعلوا الثبوت أعم من الوجود -على ما هو مذهب المعتزلة-، ويقولوا: إن تلك الصفات ثابتة، وليست بموجودة. لكنه خلاف صرائحهم، لا سيما في السبع المعروفة عندهم بـ«الصفات النفسية»، و«صفات المعاني».

الثاني: أن المؤلف لا يدّعي إذهاب الرجس عن كل فرد من العترة، وإنما يدعي في جملتهم مثلَ ما يدّعي المعترض وأمثاله في جملة المجبرة، حيث يقولون: إنهم هم أهل السنة والجماعة، وإنهم هم الفرقة الناجية، كما صرح به الدواني في **شرح العضدية**(10). ويزيد المؤلف بدعواه كونَ إجماع العترة = حجةً. وكان سلف المجبرة لا يدعون أن إجماعهم حجة. إنما ادعى بعضهم أن إجماع أهل المدينة حجة، وفي هذه الأعصار قد قرب كلامهم إلى دعوى حجية الإجماع منهم، كما يلوح من كلام المعترض. بل صرّح [76 ب] بعضهم في «مسألة الأفعال»: أن إجماع أهل السنة -أي: المجبرة- حجة، ورفض من سواهم من مجتهدي الأمة.

الثالث: أن قوله: «فيلزمه الكفر على التقديرين» = منادٍ بفرط تلبيسه، أو عدم محافظته على قانون البحث وتأسيسه؛ إذ لا ملازمة بين عدم القول بكفرهم، وبين كفره هو -حاشاه-؛ فعدم تكفيره لهم = لا يلزم منه كفره بوجه ما، وهو ظاهر. فإن من مذهبه عدمَ زيادة الصفات، ومن مذهبهم الزيادة. ولا يلزم من عدم تكفير أحدهما للآخر كفرُه، وإلا لزم كفرُ بعض الأشاعرة بعدم تكفير المعتزلة، وكفر بعض المعتزلة لعدم تكفير الأشاعرة. بل لا يكاد يبقى على وجه الأرض مسلم؛ لِما عرفت من الاختلافات في الصفات، وغيرها من العقليات والسمعيات، بين جميع الفرَق. فهذا كلامٌ لم يصدر عن نظر موفق، بل عن جهل مدقق. على أن المعترض معترف -في ما سيأتي- بأن المؤلف لا يكفرهم، كما نقله في «فصل الفناء»، وليس بعد التصريح تصليح.

فانظر -يا موقد **النبراس** في مكان ليس له أساس-؛ ماذا لقيت من انهدامه، وإطفاء نبراسك وانعدامه، والحمد الله الذي عصمنا ونجانا من ناره وإيهامه.

(10) الأفغاني وعبده، **التعليقات على شرح العقائد العضدية**، ص 41.

[وجهٌ في إبطال المعترض إجماع أهل البيت دليلًا، وردّ المؤلف عليه]

قال: «**وأما ثالثًا: فلأنه قال: 'من خالف مجتهدي العترة عمدًا = فهو آثم'. وهو قد رد عليهم في كتابه هذا، في أكثر من عشرين مسألة، كما ستقف عليه مفصلًا إن شاء الله. ولا شك أن الرد عليهم مخالفةً لهم عمدًا = فهو إثم. وقد مر أن الأصل -عنده- في كل معصيةٍ = أن تكون كبيرة، وصرح أن كلَّ عمدٍ كبيرةٌ؛ فالرد عليهم كبيرةٌ محبطة للإيمان**».

أقول: قد عرفتَ وجه غلطه، ومنشأ شططه؛ حيث نُبِّهتَ على أنه يجعل لبعض العترة حكمَ الكُل. والمؤلف -رفع الله ذكره- بريءٌ عن هذه الدعوى. ودعواه أن المؤلف خالف العترة في أكثر من عشرين مسألة = كاذبةٌ. فإن المؤلف لم يكد ينفرد بمقالة، بل هو مدّعٍ أن ما يذهب إليه ويختاره هو مذهب جمهور العترة في تلك المسائل الخلافية، وهي لا تبلغ هذا القدر الذي ادعاه المعترض.

وأما أمهات العدل والتوحيد؛ فلا خلاف فيها بين من اشتَهَر اجتهادُه ونسبُه الشريف، من العترة. وحديثُ زيادة الصفات عند بعض العترة قد سبقت الإشارة إليه، وأنه لا يُعدُّ خلافًا بينهم في التوحيد، إنما هو أمر مرجعه إلى الاعتبار، كما أقرَّ به المعترض، لا كما ادعاه هنا وناقض نفسه.

هذا، وقد تفطن هنا أن المؤلف لا يقول بأن الكبيرة كفر، فذهب ذلك الإلزامُ السابقُ من يديه، ورجع عنه يضرب أَصْدَرَيه.

أبـدًا تسـتردّ مـا تَهَـبُ الدُّنــ ــيا، فيا ليت جودَها كان بُخـلًا

[نقض المعترض عدّ أهل البيت هم الفرقة الناجية، وجواب المؤلف]

قال: «**وأما رابعًا؛ فلأنه إذا كان الفرقة الناجية هي العترة ومن تابعهم، إما بالتقليد؛ فيلزم أن لا يكون النظر فرض عين، وقد فرضتموه، فامتنع التقليد. أو بالنظر، والنظر لا يؤدي جميع الناس إلى موافقتهم في كل مسألة؛ لاختلاف الأنظار -كما هو واقع-.**

فإما أن يقول بترك ما أداه إليه نظرُه، ومتابعتِهم؛ فيلزم القول بترك الحق والمأمور، واعتقاد الباطل والمنهي، وهو كفر أو مؤدٍّ إليه، مع أنه تقليد، وهو غير جائز عنده. أو يقول باعتقاد الأمرين المتنافيين، وهو قول بالجمع بين النظر والتقليد. ومع أنه باطل لا يقول به، ويلزم أن يكون كل مجتهد مصيبًا، واعتقاد الحق والباطل معًا. والأول لا يقول به؛ لأن الحق عنده واحد.

والثاني باطل. والقول بوجوب الإيمان بالباطل مع الحق = قول بالشرك، وهو كما ترى».

أقول: هو كما ترى من التكرير لشبهة الجاحظ، والترديد للغلط المبني على عدم الفرق بين العقليات وغيرها، وبين الكل والبعض من العترة. وزاد هنا عدمَ الفرق بين ما يستلزم الشرك وبين ما يستلزم غير الشرك، حتى جعل الكل قولًا بالشرك.

وقد عرفتَ أنه لو سُلِّم أن النظر لا يؤدي جميعَ الناس إلى موافقة العترة؛ فيجاب عنه بالمعارضة للمعترض: بأن النظر لا يؤدي جميعَ الناس إلى موافقة المجبرة أيضًا، بل ولا إلى موافقة الأمة المعصومة من أهل الملل والنحل؛ لكثرة الأديان المختلفة. فما كان جوابَه = فهو بعينه جواب المؤلف.

وقد سبق أن كون وجوب النظر شرعيًا أو عقليًا = دخيلٌ في محل النزاع من هذا البحث، وكذلك كون وجوبه فرضَ عين أو كفاية. هذ إن كان الكلام في العقليات وما لا تقليد فيه. وإن كان في الشرعيات الفرعيات؛ فالمؤلف غير قائل بوجوب النظر، ولا محرِّمٍ للتقليد فيها. وقد سلف الكلام على ذلك. وإنما أعدناه جريًا على مقتضى حال هذا المعترض في التكرير. وانظر إلى تكريره لهذه الشبهة بعبارات مشتبِهة، موهمًا أنها شُبَهٌ متعددة، واردة من كل جهة؛ غشًا منه للناظر القاصر بالألفاظ المموّهة.

وفضيلةُ الدينار، يظهَر سرُّها في حكِّه، لا في ملاحة نقشِهِ

وأما قوله: «فالقول بوجوب الإيمان بالباطل مع الحق... إلخ»؛ فهو وإن كان بمعزل عن كلام المؤلف = من جنس [77 أ] ما يعتقده المعترض من اللزوم لما ليس بلازم. وهو نوع من التلبيس، كثيرٌ من يسلكه عمدًا عند إرادة المغالطة. ولو صح هذا؛

لكان -أي: المعترض- قائلًا بالشرك حيث يقول: «يجب الإيمان بقول الأشعري: 'إن الله تعالىٰ يكلف ما لا يطاق، مع الإيمان بقول الله تعالىٰ: ﴿لَا يُكَلِّفُ ٱللَّهُ نَفْسًا إِلَّا وُسْعَهَا﴾ [البقرة: 286]'»؛ فإنه عند المؤلف وسائر أهل العدل، بل وبعض رؤساء الأشاعرة، كإمام الحرمين وغيره = قولٌ بوجوب الإيمان بالباطل مع الحق.

وهكذا يلزم القول بالشرك من الإيمان بقول الله تعالىٰ: ﴿أَفَنَجْعَلُ ٱلْمُسْلِمِينَ كَٱلْمُجْرِمِينَ ﴿٣٥﴾ مَا لَكُمْ كَيْفَ تَحْكُمُونَ ﴿٣٦﴾﴾ [القلم: 35، 36]، وبقول الأشعري: «لا فرق بين المسلمين والمجرمين في حكم العقل، لكن الله فرق بينهما لا لحكمة ولا لغرض؛ ففرقنا بينهم، وإلا فلا فرق في نفس الأمر أصلًا».

فهذان الإلزامان وأمثالهما = لازمان -علىٰ حد ما ذكره المعترض في إلزام المؤلف-، بل لزوم الشرك فيهما ظاهر، لا من حيث اجتماع الاعتقادين -الحق والباطل-، بل من حيث تأثير[11] قول الأشعري علىٰ قول الله تعالىٰ، وتقديم متابعته علىٰ متابعة كلام أحكم الحاكمين، وهو يقول سبحانه وتعالىٰ: ﴿وَمَا كَانَ لِمُؤْمِنٍ وَلَا مُؤْمِنَةٍ إِذَا قَضَى ٱللَّهُ وَرَسُولُهُۥٓ أَمْرًا أَن يَكُونَ لَهُمُ ٱلْخِيَرَةُ﴾ [الأحزاب: 36]، وقال تعالىٰ: ﴿يَٰٓأَيُّهَا ٱلَّذِينَ ءَامَنُواْ لَا تُقَدِّمُواْ بَيْنَ يَدَيِ ٱللَّهِ وَرَسُولِهِۦ﴾ [الحجرات: 1].

ومن المصائب: أن المعترض يظن أنهم هم لم يقدِّموا بين يدي الله ورسوله، وأنهم -بزعمه- إذا دُعُوا إلىٰ الله ورسوله للحكم بينهم وبين خصومهم، قالوا: «سمعنا وأطعنا»، وهم لا يسمعون إلا ما قاله الأشعري، ولا يطيعون إلا ما طابق قاعدته. وليس هذا الكلام هو المراد هنا، إنما المراد: أنه ألزم المؤلف بالشرك إلزامًا ليس عليه أثارةٌ من علم. وإنما هو من صنيع أمثال هذا الرجل. ألا تراه قال -في ما مضىٰ-: «إن المؤلف إذا لم يكفّر البعض من أهل البيت القائلين بزيادة الصفات = فهو كافر»، وغير ذلك؟ ومن ذا الذي يقول -غيره- بأن إيجاب الإيمان بالباطل = قول بالشرك؟ وما هذه الملازمة بين الشيئين التي اعتبرها؟

نعم، القول بوجوب الإيمان بالثاني لواجب الوجود تعالىٰ = شرك ظاهر، لا أن كل

---

(11) أي: إيثار قول الأشعري.

قول بوجوب الإيمان بباطلٍ ما = شرك. والمعترض قد جعل القول بوجوب الإيمان بالباطل مطلقًا = شركًا؛ فضلَّ ضلالًا بعيدًا، لا سيما والباطل الذي وقع الفرض له والخوض فيه ليس من استلزام الشرك في شيء.

فقد عرفت أن القول بوجوب الإيمان بالباطل قد يكون شركًا كالثاني لواجب الوجود. وقد يكون غيرَ الشرك من أنواع الضلالة، كما يلزم منه تكذيب الشارع وإنكار الضرورة.

وعلى الجملة، فالملزوم بحسب لازمه، وهو واضح لا سترة به. إنما الذي يظهر لي: أن للمعترض عهدًا قريبًا بكتب القوم وألفاظ الشيخ الأكبر محيي الدين بن عربي ونحوه، وما قالوه في معنى قول لبيد:

ألا كــل شيء مــا خــلا الله باطــل

وما روي عنه -عليه الصلاة والسلام- «إنها أصدق كلمة»؛ فخبط الكلام مع خصمه بما يجده هنالك من تسمية الله تعالى بالحق المطلق، وتسمية غيره بالباطل، وأن من اعتقد الباطل مع الحق = فقد أشرك. وهذا من مفاسد الاشتراك الذي قد يخفى على بعض المتعصبين؛ فإن الباطل هنالك غير الباطل هنا، والحق غير الحق، والمعترض ممن يعرف هذا القدر، بل هو من أهل هذه الطريقة -أعني طريقة ابن عربي وأضرابه والدعاة إليها-. وإنما أصابه هنا حجاب العصبية أو سهمُها، حتى خفي عليه سبيل المناظرة ورسمُها، وصار يتكلم بما ليس من صنيع العقلاء. فكيف يجنح إليه طالب الحقائق من النبلاء؟

[وجه في إبطال إجماع آل البيت، وأنهم وأتباعهم الفرقة الناجية، ورد المؤلف]

قال: «**وأما خامسًا؛ فلأن قوله: 'الذين وُفِّقوا لإصابة الدين الأقوم... إلخ'. إما كلُّ فردٍ فردٍ منهم، أو بعضٌ منهم. فإن كان الأول؛ لزم أن يكون الحق في أصول الدين أكثر من واحد؛ لوقوع الاختلاف في ما بينهم في مسائل كثيرة، كما نقله عنهم في كتابه هذا، وهو لا يقول به، وأن لا يكون واحد منهم مخطئًا، وقد حكم بالخطأ على أحد**

المجتهدين منهم إذا اختلفا ولم يعلما الاختلاف، وأن يجب اعتقاد جميع ما ذهبوا إليه وإن تناقضت أقوالهم؛ لأن اعتقاد الحق واجب، فيلزم أن يكون عالمًا بالله تعالى جاهلًا؛ لأن بعضهم قد ذهب إلى ما يؤدي إلى الجهل بالله تعالى -في زعمه- كالقول بزيادة الصفات. فإذا آمن بأن الصفات زائدة -على قول بعضهم-؛ لزم -في زعمه- أن يكون عابدًا لمعدوم أو محدَث أو قدماء متعددة. وهو جهل مؤدٍ إلى الكفر عنده. وإذا آمن بأن الصفات عينُ الذات؛ بناء على قول آخرين = كان عابدًا لإلهٍ حقٍّ؛ فيلزم أن يكون مؤمنًا كافرًا، موحِّدًا ومشركًا، عالمًا وجاهلًا، إلى غير ذلك من المفاسد الفاضحة. ويلزم أن يكون المخالف لهم عمدًا، ولو في مسألة = مخالفًا للحق، وهو إثم وكبيرة؛ لكونه عمدًا، وهي محبطة للإيمان عنده، فيكون المخالف لهم ولو في مسالة = كافرًا. وهو قد خالفهم عمدًا بالرد عليهم في هذا الكتاب، في أكثر من عشرين مسألة؛ فليزم أن يكون كافرًا لا محالة. فإن كان طريقُ النجاة اتباعَ ما ذهب إليه كل فرد؛ فلم ينج هو -لما مر أنه رد عليهم في مسائل عديدة- ولا أحدٌ من سائر الفرق؛ لمخالفتهم في بعض المسائل، ولا هم -رضي الله عنهم-. وحاش لله؛ لأن كلًا منهم لم يوافق كلًا منهم، وإلا لما وقع الخلاف، ولأدّى إلى التناقض المذكور، من كون كلٍّ عالمًا جاهلًا... إلى آخره. والنبي -صلى الله عليه وسلم- قد أخبر بنجاة فرقة من بين الفرق؛ فيلزم تكذيب الخبر، بل وأخبارٍ، بل وآيات كثيرة -كما لا يخفى-. وهو كفر لا محالة.

وإن كان طريق النجاة متابعتهم في الجملة -ولو في مسألة-؛ فقد نُقِل أنّ المسلمين كافةً وافقوهم في مسألتين، وجمهورَ الفرق في ست عشرة مسألة، والأشاعرة في ثلاث، زيادةً على الجمهور، والمعتزلة في نحو سبع عشرة مسألة؛ فكل فرقة ناجية. وهذا -مع أنه خلاف ما أخبر به صلى الله عليه وسلم- لا يقول به.

أو اتباعهم في بعض معين من المسائل؛ فتعيُّنُ هذا البعضِ من المسائل، إما أن يكون بالنظر، أو بنصٍّ من جهتهم. فإن كان الثاني؛ فإما أن يلزم اتباعُ [77 ب] ما نصّوا عليه وإن أدّى النظر إلى خلافه؛ فيلزم التقليد، وهو ممتنع، ولا يلزم إلا إن أدّى النظر إليه، فلم يكن تعيُّنه بالنص خاصة، وقد فرضناه بالنص. هذا خَلْفٌ.

وإن كان الأول؛ فإما أن يريد أن كل ناظر يتعين عنده ما أداه إليه نظره، وهو الحق عنده؛ فيلزم أن يكون الحق في الأصول متعددًا، وأن يكون كل مجتهد مصيبًا، وهو لا يقول به، وأن تكون كل فرقة ناجية؛ لأنه تعين عند كل فرقة من فرق المسلمين، حصةٌ من تلك المسائل التي ذهبوا إليها، وأقلُّها مسألتان -كما اعترف بنقله- وهو غير قائل به، وتكذيب للحديث.

وإما أن يكون الحق ما أدى إليه نظر فرقة معينة، كنظر فرقتهم، فنقول: الدليل على تعيُّن هذا النظر، من بين سائر أنظار الفِرَقِ = إما بنص من جهتهم أو بالنظر.

لا سبيل إلى الأول، وإلا لزم التقليد -كما مرّ-. وهو ممتنع عنده. ولا الثاني؛ لأنا ننقل الكلام إلى هذا الذي هو دليل على النظر الأول؛ الدليل على تعيين الحق. فإن كان الدليل على تعيينه هو النص؛ لزم التقليد -كما مر-. وهو ممتنع. أو نظرًا آخر؛ نقلنا الكلام إليه. وهكذا حتى يدور أو يتسلسل، وكلٌّ باطل. فتعيُّن نظر فرقة معينة = باطل.

وإن كان طريق النجاة ما ذهب إليه بعض منهم، لا اتّباع ما ذهب إليه كل فرد منهم؛ فنقول: هذا البعض منهم = إما بعض معين أو بعض غير معين. فإن كان الثاني؛ لم يتعين الفرقة الناجية، وهو لا يقول به. وإن كان الأول؛ فإما أن يكون البعضَ الذي وافقه هو ومن تبعه، فنقول: تعيُّنُ هذا البعض إما بالنص أو بالنظر. والأول يستلزم التقليد، والثاني يستلزم الدور أو التسلسل. والكل باطل.

ثم نقول: طريق النجاة إما متابعة هذا البعض المعين في كل ما وافقه هو، أو في بعضه المعين، أو في بعضه غير المعين.

فإن كان الثالث؛ لم يتعين فرقتهم للنجاة؛ لأن جميع المسلمين وافقوا جميعهم في مسألتين -بنقله-، فوافقوا البعض المعين في ضمن موافقتهم للجميع، واتبعوهم في بعض ما ذهبوا إليه -أعني المسألتين-. فقد يكون هو هذ البعضَ؛ فالكل ناج، أو لا؛ فلم يتعين أحد، وهو لا يقول بواحد منها.

وإن كان الثاني؛ فالدليل على تعيُّنِه إما بالنص أو بالنظر. وقد مر بطلان كل منهما.

فانظر -يا أخا الأكياس- هل حصل معك من تبجحك بانتمائك إلى أهل البيت -رضي الله عنهم- شيء تميزت به من سائر الناس؟ كلا، بل وقعت -نعوذ بالله من الخذلان- في تكفير بعضهم، وحاش لله، كما مر نقله وبيانه».

أقول: قد استكملنا نقل هذا الهذيان؛ حرصًا على كمال البحث وزيادة البيان، وبضدّها تتبين الأشياء لذوي الأذهان، وبيان تهافته وتخليطه هو ما تسمعه الآن. فنقول:

غيرُ خافٍ عنك -أولًا- ابتناؤه على ذلك الغلط. والمبنيُّ على الفاسدِ فاسدٌ. ثم إن هذه القسمة الصورية التي صدرها بقوله: «إما كل فرد فرد... إلخ» = غيرُ مَرْضيّة للمؤلف -رضي الله عنه-. ولا يلزم من بطلان أقسامها -على فرض تمامه- فسادٌ في كلامه، بل لعله يقول للمعترض المدعي لإفحامه:

أما من أعجب الأشياء عِلْجٌ يعرّفني الحلال من الحرام؟

والمراد المرْضيُّ له هو التوفيق لإصابة الدين الأقوم، الذي هو العدل والتوحيد. وقد وفق الله تعالى أئمة العترة المشهورين نسبًا واجتهادًا لإصابته، وصان جملتهم من مجانبته.

والدليل على كونه هو الدين الأقوم لا يخفى على من سمع قوله تعالى: ﴿شَهِدَ ٱللَّهُ أَنَّهُۥ لَآ إِلَٰهَ إِلَّا هُوَ وَٱلْمَلَٰٓئِكَةُ وَأُوْلُواْ ٱلْعِلْمِ قَآئِمَۢا بِٱلْقِسْطِۚ لَآ إِلَٰهَ إِلَّا هُوَ ٱلْعَزِيزُ ٱلْحَكِيمُ ١٨ إِنَّ ٱلدِّينَ عِندَ ٱللَّهِ ٱلْإِسْلَٰمُۗ﴾ [آل عمران: 18، 19]؛ أي: شهادة أن لا إله إلا هو، وأنه قائم بالقسط، حكيم لا يعذب العباد ولا يذمهم على ما لا تأثير لهم فيه، وإلا لما استشهد يوم القيامة بالجوارح على القبائح؛ فأفعالُه لغَرَض، وإيلامه لعِوَض. لا يفعل تعالى فعلًا لا عن حكمة، ولا يختار أحد طرفَي الممكن إلا عن داعي حكمة. ولا داعي له إلى القبيح الذي أخبر هو تعالى بقبحه؛ لأنه عالمٌ به وغنيٌّ عنه. فلا يوجِدُه تعالى، لا كما يقوله نفاةُ الحكمة المثبتونَ قدماءَ في الأزل لا يُحصَون -على رأي قوم-، أو معدودين -على رأي أقوام كما سلف-، مع اعتقادهم أنه لولا هذه القدماء؛ لما كان تعالى حيًا عالمًا قادرًا مريدًا... إلى آخرها، وأنه تعالى غير قائم بالقسط؛ إذ

لا قسط عندهم في نفس الأمر. وهو، مع ذلك، يفعل تعالىٰ جميع أفعاله لا عن غرض وحكمة. إنما أفعاله كلها كأفعال بعض العابثين الذين يفعلون أفعالًا لا لغرض ولا عن حكمة.

فإن صادفَ بعضُ أفعالهم وجهًا في الحكمة = ففائدةٌ ومصلحةٌ بطريق الاتفاق، حتىٰ إنه تعالىٰ ما خلق الضرس في الفم لأجل مضغ الحيوان، ولا الحافر والمنسم لأجل مشي نحو الفرس والبعير، ولا سائر ما في الحيوانات والأشجار وغيرها مما بهرت حكمته العقول [78 أ] والأبصار.

وقد قالوا أكبر من ذلك؛ وهو: أن جعلوا صدور الأفعال منه تعالىٰ لحكمة مقصودة = من قسم المحال. وليس كذلك بعض العابثين من المجانين والأطفال؛ فإنهم قد يقصدون الحكمة والغرض، ولو بحسب ما عندهم من الخيال.

فمن ارتاب في كون هذا ليس هو الدين الأقوم، وكونِ من قال به ما وُفِّق لإصابة طريقه صلىٰ الله عليه وآله وسلم = فما له عند المؤلف إلا التعجب منه، والاستهزاء والسخرية بسوء ما يجهل في ما يدعي أنه به يعلم، وهو لا يعلم.

وأما قوله: «فإن كان الأول؛ فإما أن يريد أن كل ناظر يتعين عنده ما أداه إليه نظره» = ففيه مغالطة دالة علىٰ مقصد صاحبها؛ إذ الكلام علىٰ فرض اتباعهم في بعضٍ معيّن. وتعيُّنُ هذا البعض بالنظر الصحيح = ينفي حقّيَّة خلافِهِ؛ ضرورةَ أنه لا يكون الشيء ونقيضُه حقًا.

ثم إنا إذا قلنا: «إن هذ البعض هو أمهات العدل والتوحيد» = لم يصح أن نقول: «كل فرقة ناجية» لأن عندها حصةً -كما قال-، فضلًا عن كون الحق متعددًا، ولا كون كل مجتهد مصيبًا. وهو ظاهر.

التسلسل في الأمور الاعتبارية لا يمتنع

وأما قوله: «أو نظرٌ آخر؛ نقلنا الكلام... إلخ» = ففيه رجوع إلىٰ ما أشرنا إليه من الخطل، وعَودٌ علىٰ التمسك بذنَب الإنصاف. مُكرَهٌ أخاك لا بطل.

وجوابُه: المنعُ. لم لا يجوز أن يكون النظر الآخر عينَ الأول؟ وذلك أن النظر إضافي -كما لا يخفى-؛ فلا بد من منظور فيه. وذلك ليس إلا المنظور فيه الأوّل. فالنظر الأول هو النظر الآخر، وإن اختلفا بالاعتبار، فلا دور ولا تسلسل. وهذا شبيهٌ بما أجابوا به على المستدلين لإثبات الحال: بأن الوجود لا يخلو: إما أن يكون موجودًا أو معدومًا. لا سبيل إلى الثاني؛ لأنه يؤدي إلى اتصاف الشيء بنقيضه، وهو محال. ولا إلى الأول؛ لأنه يؤدي إلى الدور أو التسلسل، وكلاهما محال. وذلك لأنا ننقل الكلام إلى وجود الوجود، وهلم جرًّا إلى أن يدور أو يتسلسل.

والجواب من نفاة الحال = باختيار الأول. ويقال: «وجود الوجود = عينُه، فلا دور ولا تسلسل».

ولئن سلّمنا أن النظر الآخر ليس عين الأول؛ فنختار ما فُرض فيه لزومُ التسلسل، وليس محالًا هنا؛ إذ لم يقم البرهان على كونه محالًا إلا في الأمور الموجودة، لا في الأمور الاعتبارية.

ولنا أن ندّعي كونه اعتباريًا[12]، ولا تأبى ذلك القاعدتان اللتان ذكرهما صاحب **التلويحات**[13]، وجرى عليهما صاحب **المواقف**، وشارح **التجريد**، ومن تبعهم كاللقاني. والمعترض معترف بهما -في ما سيأتي-، راضٍ لهما في بيان الأمور الاعتبارية. ومرجع هذا التسليم -في التحقيق- إلى ما قبله.

ولئن سلمنا أن برهان بطلان التسلسل، المعروف ببرهان التطبيق = قائم على بطلان تسلسل النظر هنا؛ فنقول: إن النظر عندنا إنما يوجِبُه العقل، لا الشرع -كما توهمه المعترض-. والعقل لا يوجب ما هو مستحيل؛ لأن مرجع العقل الصِّرف = نفسُ الأمر كما حُكِيَ عن الشيخ الرئيس. فلا يوجِب العقلُ ما يلزم منه المحال، كالدور والتسلسل المستلزمَين له.

---

(12) أي: النظر.

(13) لعله يعني كتاب **التلويحات** للسهروردي المقتول. والله أعلم.

وغيرُ خافٍ على ذي نظر: أن من اعتقد أن الفرقة الناجية هي الطائفة العدلية، بالنظر في قولهم بحكمة الله وصحة النبوات عقلًا، وأنه تعالى عدل لا يظلم أحدًا بوجه ما، ولو مثقال حبة من خردل، وأنه لا ثاني له في القِدَم بوجهٍ ما، ولا شريك له في وجوب الوجود على كل تقدير. إلى آخر ما تقدم مما يلاحظ بالنظر في قوله تعالى: ﴿إِنَّ ٱلدِّينَ عِندَ ٱللَّهِ ٱلۡإِسۡلَٰمُۗ﴾ [آل عمران: 19]، بعد قوله تعالى: ﴿شَهِدَ ٱللَّهُ أَنَّهُۥ لَآ إِلَٰهَ إِلَّا هُوَ﴾ [آل عمران:18]. الآية. وكذا الأحاديث الصحيحة الصريحة في بطلان كل معتقد يخالف هذا = فيمتنع -في عقل هذا الناظر المفروض- أن ينظر نظرًا آخرًا مؤديًا إلى المحال من الدور والتسلسل.

ولئن سلمنا أن للعقل إيجاب المحال -مع بُعدِه كلَّ البُعد-؛ فلا نسلم لزوم التسلسل. لم لا يجوز أن يقتصرَ في النظر على مرتبتين أو ثلاث، وُيثمِر له صدقُ النظر المكررِ علمًا ضروريًا بصحة الاعتقاد المترتب على النظر الأول؟

ولئن سلمنا هذا كله، مع صلوحية بعضه سندًا للمنع المذكور = فلنا أن نختار أن صحة ما يترتب على النظر الأول، بالنص والنظر معًا. لكن لا نقول: إن النص من جهتهم -كما أوهمه المعترض-، بل من الكتاب والسنة، بمعنى: ما يظهر منهما. فليس المراد بـ«النص»: ما يذكره الأصوليون في مقابلة الظاهر. بل المراد: أن ما يظهر من الكتاب والسنة، عن الأدلة المطابقة لما ذهبوا إليه = يكون بمثابة قول الشارع: «النظر المطابق لهذه الأدلة صحيحٌ صادقٌ»، فلا تقليد ولا دور ولا تسلسل.

واعلم أن هذا كله من باب إرخاء العنان، وإلا فالمعترض قد خبط في هذا البحث خبطًا عظيمًا، ناشئًا عن عدم معرفة بما قاله أهل العدل في النظر، وما شروطه؟ بل ولا كأنه اطلع على ما قاله أصحابه الأشاعرة في هذا الباب.

كلام في امتناع النظر في المعلوم من حيث كونه معلومًا

فمن المقرر عند العدلية [78 ب]: أن شرطَ النظر: تجويزُ الناظر كونَ المنظور فيه على حالٍ وعلى خلافها. فإذا نظر في شيء من الأشياء: هل هو قديم أو حادث = فلا بد

عنده من تجويز حدوثه وقِدَمِه. أما لو قطع بأحد الطرفين = لم يصح النظر فيه من هذه الحيثية أصلًا؛ ضرورةَ استحالةِ تحصيل الحاصل. وهذا مما لا خلاف فيه بين جمهور المعتزلة وغيرهم من العدلية. بل لا يتأتى فيه خلاف من الأشاعرة أيضًا. وقد صرح به الرازي في **المحصل** وقرره الكاتبي في **المفصل**، وسيأتي إن شاء الله ذكر كلامهما قريبًا.

وإنما خالف أبو علي[14] إذا نظر المقلد في ما هو مقلِّدٌ فيه، وإن كان جازمًا به، فأجاز ذلك؛ نظرًا إلى أنه قد يحتاج النظر للمحاجّة في ما جزم به من جهة التقليد. وهو -في الحقيقة- ليس إلا خلافًا في اللفظ والعبارة؛ لأن أبا علي لا يخالف أبا هاشم -في ما إذا علم المدلولَ بدليلٍ- أنه يمتنع النظر في غير ذلك الدليل من تلك الحيثية؛ لما يستلزمه من تحصيل الحاصل، وأنه محال. ولهذا صرّح أبو علي بأنه: إذا أراد الناظرُ العلمَ بالمطلوب المعلوم = لا يصح النظر -أي: لانتفاء التجويز المشروط في النظر-. قال: «وإنما يصح النظر -بعدَ العلم- على وجهٍ آخر؛ كإرادة المحاجَّة»، كما تقدم، فكان من رد أبي هاشم عليه: أن النظر في الدليل؛ إن كان من تلك الحيثية، فلا خلاف في امتناعه؛ لانتفاء شرطه -أي: التجويز-. وإن كان من حيثية أخرى؛ فهو غير معلوم، ولا خلاف في صحة النظر في ما لا يُعلَم من بعض الوجوه. بل قد يجب أن يكون المنظور فيه معلومًا من وجه، مجهولًا من وجه آخر؛ لامتناع التوجه إلى المجهول المطلق.

وقد مثّل بعضُ أصحاب أبي هاشم بمن ينظر في دليلٍ فيعلم بالمدلول، ثم ينظر في دليل آخر؛ فإن النظر صحيح على المذهبين معًا. أما على كلام أبي علي؛ فظاهر. وأما على كلام أبي هاشم والجمهور؛ فلأن النظر في الدليل الآخر = ليس نظرًا في المدلول المعلوم بالدليل الأول، وإنما هو نظر في كون الدليل -الدليل الأول- هو الصحيح؟ أم الدليل الثاني؟ وأما النظر في المدلول بعد العلم به؛ فممتنع قطعًا. فالإطلاق لكلام أبي علي من البعض، ونسبة الخلاف إليه في منع شرطية التجويز في النظر = خطأ -كما عرفت-. هذا مذهب المعتزلة.

---

(14) الجبائي.

بيان ما يُطلَق النظر عليه

وأما الأشاعرة؛ فقال الرازي في **المحصل** ما نصه: «مسألة: الناظر يجب أن لا يكون عالمًا بالمطلوب؛ لأن النظر طلب، وطلب الحاصل محال»(15). انتهى.

قال نجم الدين الكاتبي في **شرحه**: «النظر قد يُراد به الحركات التخييلية(16)، وهي طلب المقدمات المنتِجةِ للمطلوب. وقد يُراد به المقدماتُ الحاصلةُ في الذهن، المنتجةُ للمطلوب.

إذا عرفت هذا، فاعلم أن النظر بالمعنى الأول = يضاده العلم بالمطلوب من كل الوجوه؛ لأن النظر، على ذلك التفسير، طلب للمطلوب. والعلم بالشيء، مع طلبه، ممتنعُ الاجتماع؛ لامتناع تحصيل الحاصل.

وأما النظر بالمعنى الثاني؛ فلا يضاده العلم بالمطلوب أصلًا، بل يجب اجتماعهما؛ لأن النظر -على التفسير الثاني- علةُ العلم بالمطلوب. والعلم يمتنع حصوله بدون حصول علته»(17). انتهى. وهو صريح في ما ادعيناه.

وقد أفاد وأوضح: أن النظر يقال على النظر في المقدمتين -مثلًا-، وعلى نفس المقدمتين. فالأول هو الذي كلامنا فيه، وهو المذكور في مبادئ المنطق، ولهم في تعريفه أقوال؛ أقربُها وأنسبُها بما نحن فيه: أنه «ترتيبُ أمورٍ معلومةٍ؛ لتتأدّى إلى مجهول». ولا شك أن ما كان المنظور فيه معلومًا؛ فهو خارج عنه.

والثاني -أعني نفس المقدمتين أو المقدمات-؛ لا شك أن العلم واجب الحصول معه، وإلا لزم حصول المعلول بدون علته التامة. وفي طيِّ ذلك سدٌّ لباب إثبات الصانع. وذلك لأنا إن فرضنا تلك المقدمات حاصلةً منتجةً؛ فهي علةٌ للعلم بالمطلوب، فلا بد من حصول العلم معها وإلا لم تكن حاصلةً ولا منتجة، وقد فرضناها حاصلة منتجة. هذا خلف. ولا يخفاك أن الأَوْلى جعلُ هذا المعنى من باب

---

(15) الرازي، **المحصل**، ص 37.

(16) في المطبوع: التخيّلية.

(17) الكاتبي، **المفصل**، ورقة 19 ب؛ قارن بـ: الكاتبي، **شرح المحصّل**، ج 1، ص 142.

المجاز؛ تسميةً للشيء باسم سببه، وإن كان ظاهر كلام الكاتبي هو الاشتراك.

وإذا علمت ما ذكرناه؛ علمت أن المعترض تصدّى للاعتراض على ما لم يحط به علمًا، وخاض في كلامٍ قبل أن يقتله فهمًا. وقد عجب هو من المؤلف -رحمه الله- كيف يعترض على الفلاسفة وهو لم يعرف كلامهم -بزعمه-. فما أورده هنا غيرُ وارد؛ إذ لا نظر في ما قد عُلِمَت صحتُه [79 أ] من مذهب العترة وسائر أهل العدل بطريق النظر، فضلًا عن لزوم الدور والتسلسل. على أنا قدمنا منعًا وسندًا كافيًا في المناظرة.

فانظر -يا أخا الأكراد- كيف عصَفَت بنبراسك عواصفُ النظر، فصار خابيًا، وعَطَفَت على اقتباسك خواطفُ الفِكَر، فأصبح خائبًا خاسيًا، وتبيَّن ثباتُ قاعدة العدل والتوحيد، وبُعْدُها عن كلامك الفاسد، وظهر أنك خرجت عن ضربك وحَدِّك، فصرت تضرب في حديد بارد.

والأمــر لله، رُبّ مجتهــدٍ ما خــاب إلا لأنــه جاهِــدْ

وأما قوله: «وإن كان طريق النجاة ما ذهب إليه بعض منهم»؛ فمع كونه باطلًا لا يقول به المؤلف؛ قد استغنيت عن الجواب عليه فلا التفات إليه.

هذا، وقد نبّهناك -في ما سبق- على أن أمثال هذه التشكيكات التي عرضت للمعترض، وأوردها على المؤلف في جانب العترة = واردةٌ في جانب الأمة المعصومة اتفاقًا. والكلامُ الكلامُ بعينه؛ فلا بدّ له من الاعتراف بصحّة ما أجبنا به أو بطلان ما أورده، وإلا لزمه الرّيب في الإسلام، وإقامةُ عذر اليهود والنصارى، وسائرِ الطوائف الكفرية، المجتهدين في الفلسفة أو في الملة. ونعوذ بالله من كل ضلالة، ونعتصم به من كل جهالة. إنه لا حول ولا قوة إلا بالله.

وإذ قد أتينا على رد ما جاء به؛ فلنأخذ في طرف من البحث معه عن مذهبه، فنقول: نحن نسألك -أيها المعترض- عن الفرقة الناجية من هي؟ ولعلك تقول: هي الجبرية الذين سمَّيتَهم «السُّنّية»، وتزعم أن الدليل على دعواك ما قاله -عليه الصلاة

والسلام-: «ما أنا عليه وأصحابي»[18]؛ جوابًا للسؤال عن ذلك. فيقال لك بما قيل:

سهمٌ أصابَ، وراميه بذي سَلَمٍ   مَنْ بالعراقِ، لقد أبعدتِ مرماكِ

وإذا ثبت عندك أن الفرقة الناجية هم الجبرية؛ فقد ادعيت أن الصحابة -رضي الله عنهم- جبرية، وحاشاهم. ولزم من ذلك أنه -عليه الصلاة والسلام- دعا إلى الجبر، ودان به. والجبر قسمان: جَبْرُ جهم، وجَبْرُ الأشعريِّ. ولا سبيل إلى أن يكون الثاني مذهبًا للصحابة -رضي الله عنهم-، ولا مما دعا إليه النبي صلى الله عليه وآله وسلم؛ لحدوثه. وكل ما كان من محدثات الأمور = كان خارجًا عما دعا إليه صلى الله عليه وآله وسلم.

ولا إلى الأول؛ لوجوه:

منها: اعترافكم بأن جهمًا ضالٌّ، منكرٌ للضرورة من الدين. وكل ما كان إنكارًا للضرورة من الدين = كان كفرًا؛ ضرورةَ كونِه بمثابة تكذيب الشارع في ما جاء به. وهذا هو السر في حكمهم بكفر منكر الضرورة. فليُحفظ.

كلامٌ في وجه كون إنكار الضروري كفرًا

وقد أقر المعترض ببطلان الجبر بالضرورة مرارًا؛ من أصرحِها قوله: «والجبر باطل بالضرورة»، في معرض الكلام على قول المؤلف الآتي: «ويلزم بطلان الأوامر والنواهي».

ومنها: أنه إذا كان النبي -عليه الصلاة والسلام- داعيًا إلى الجبر، نافيًا للاختيار، آمرًا بأن يُعزَى كلُّ كفرٍ وفاحشةٍ وغيرِها إلى الله تعالى؛ إيجادًا منه لها، وتأثيرًا فيها، وإرادةً لقبائحها، من دون تأثير لغيرها تعالى في شيء منها = فقد دعا -عليه الصلاة والسلام- إلى إبطال حجته بلا ريب، وناقض نفسه -وحاشاه من كل عيب-. كيف وهو الذي جاءنا بقوله تعالى: ﴿بِيَدِكَ ٱلْخَيْرُ إِنَّكَ عَلَىٰ كُلِّ شَيْءٍ قَدِيرٌ﴾ [آل عمران: 26]؟ وقال -عليه الصلاة والسلام-: «الخير كله بيديك، والشر ليس إليك». كما أخرجه مسلم وغيره[19].

---

(18) ابن الأثير، **جامع الأصول**، ج 10، ص 33، حديث 7491.

(19) **صحيح مسلم**، ج 1، ص 534، حديث 201 (771).

فهل يتأتى أنه يدعو إلى أنه -تعالى- موجِدُ كلِّ فاحشة؟ وهذا مما يشترك فيه مذهب «الجبر المحض»، و«الكسب». على أن الكسب عبارة عن «المحَلِّية» -كما عرفت-، أو توهُّم القدرة والاختيار -كما ذهب إليه المعترض-. وكلاهما لا يقتضي الفرقَ عن مذهب جهم إلا بمجرد الألفاظ.

وقد أعرض الرازي عن تكلف الجواب عن هذا الإلزام -أي: إنه دعا عليه الصلاة والسلام إلى إبطال حجته- على مذهب المجبرة. وقد أورده أبو الهذيل، وحكاه الرازي في **المحصل**(20).

وقال نجم الدين الكاتبي: «إن الإمام -يعني الرازي- كأنه سلّم واعترف بهذا الإشكال، فعدل إلى المعارضة بالعلم السابق، وزعم أن الإشكال مشترك»(21). والكلام مستوفًى في **المفصل** للكاتبي.

ومنها: أن المجبرة يزعمون أن القول بأن العبد مؤثر في أفعاله = شِركٌ بالله لازمٌ، من حيث إثبات مؤثِّرَين، بل ما لا يحصى. فإذا كان «عدم الجبر» شركًا؛ فلا ينبغي أن يجهله أحدٌ من الصحابة -رضي الله عنهم-، بل لا ينبغي أن يجهله من في قلبه مثقال حبة من خردل من الإيمان، وأن لا يُخِلَّ بذكره النبي -عليه الصلاة والسلام- أصلًا. فمن دعاه إلى الإسلام؛ كان الجبر من أول ما ينبغي أن يدعوه إليه؛ حفظًا لكمال إيمانه، ولا يؤخرَ ذلك مقدارًا من الزمان، يُعَدُّ المرء فيه مخالفًا للحق، بل مجانبًا للإيمان.

كلام في ما رُوي من محاجّة أبي بكر وعمر -رضي الله عنهما- في القدر

وقد ثبت عند المجبرة أن أبا بكر وعمر -رضي الله عنهما- تنازعا في ذلك. وقال

(20) الرازي، **المحصل**، ص 150.

(21) يبدو النقل بالمعنى هنا، وأما النص الذي وجدته في المخطوط، فهكذا: «الإمام [يعني الرازي] كأنه سلّم لزوم جميع ما ذكروه من الإشكالات والإلزامات، وقال بأن هذا كلها [كذا] لازمة عليكم أيضًا... إلخ». ما بين معكوفين منّي، ينظر: الكاتبي، **المفصل**، ورقة 196 أ-196 ب؛ قارن بـ: الكاتبي، **شرح المحصل**، ج 2، ص 1042.

لهما -عليه الصلاة والسلام- بما حاصله: أنه قد تنازع قبلهما جبريل وميكائيل، وقضى بينهما إسرافيل(22).

فكيف صح مثل ذلك عن أبي بكر رضي الله عنه -وهو ذلك الرجل- أن يجهل هذا الأصل العظيم، المفضي جهلُه إلى العذاب الأليم؟

ولذا؛ شنّع أبو إسحاق النظّام على المُجبرة، وقال ما محصَّلُه: إن من عجائبهم أنهم يروون قوله -عليه الصلاة والسلام-: «القدرية مجوس هذه الأمة»(23)، معتقدين أن «القدرية» هم النافون للجبر، القائلون [79 ب] بالاختيار. ثم يروون أن أبا بكر وعمر -رضي الله عنهما-، بل وجبريل ومكائيل = كان بعضهم على ذلك -أي: مقتضى دين المجوس في هذه الأمة-.

هذا، وأنا أقول: إن صح الحديث -على أن راويه عمرو بن شعيب، ولا حاجة بنا إلى الكلام فيه هنا-؛ فالنزاع بين أبي بكر وعمر -رضي الله عنهما- ليس إلا في تفريق حال الحسنات من السيئات، وأن سابق التقدير -الذي هو التحديد- لا يشمل السيئات، كما لعله توهمه أبو بكر -رضي الله عنه-؛ لعلمه بأنه -تعالى- متقدس عن القبيح، فظن أن تحديد القبيح قبيح، لا يحسن من الحكيم تعالى، فقال بما قال. وكان الجواب عليهما -رضي الله عنهما- بشمول التقدير والتحديد لأنواع الخير والشر؛ إذ التحديد والتقدير مما لا قبح فيه؛ لأنه بمعنى العلم، بل هو علم خاص.

ويرِدُ هنا سؤال، بأنه: كيف نهى -عليه الصلاة والسلام- عن الخوض في القدر، ثم خاض فيه أبو بكر وعمر، بل وأخبرهم -عليه الصلاة والسلام- بخوض جبريل وميكائيل، على ما جاء في ذلك الخبر؟ إلا أن يقال: إن ذلك قبل النهي، أو أن يُتمحَّل مما قدمناه جوابٌ عن هذا، بأن يقال: الخوض ليس في نفس القدر، بل في ما هو أخص من ذلك، وإن كان ظاهر الحديث وسياقه يبعد عن هذا الجواب جدًا؛ فإن فيه ما لفظُه: «قال بعض الناس: يا رسول الله، إنهما تكلما في القدر».

(22) ينظر: الهيثمي، **مجمع الزوائد**، ج 7، ص 192، حديث 11805.
(23) ابن الأثير، **جامع الأصول**، ج 10، ص 129، حديث 7600.

وقد يقال: إن خوضهما إنما كان في الحسنات والسيئات المنظور إليها في قوله تعالى: ﴿مَّآ أَصَابَكَ مِنْ حَسَنَةٍ فَمِنَ ٱللَّهِ وَمَآ أَصَابَكَ مِن سَيِّئَةٍ فَمِن نَّفْسِكَ﴾ [النساء: 79]، وليست بصدد أفعال العباد من الطاعات والمعاصي، كما لا يخفى على العارف بسبب النزول. وكأنّ أبا بكر -رضي الله عنه- نظر إلى هذه الآية، وعمر -رضي الله عنه- نظر إلى قوله تعالى: ﴿قُلْ كُلٌّ مِّنْ عِندِ ٱللَّهِ﴾ [النساء: 78]. وقول ذلك البعض من الناس: «إنهما تكلما في القدر»؛ نظرًا إلى أن كلامهما يَؤُول إليه.

وبما ذكرناه أولًا يجاب عما يقال إنه يرجع التشنيع على النظّام؛ إذ هو يزعم أن الجبرية هم مجوس هذه الأمة، إن صح الحديث عنده. ومع ذلك لا يصح أن يجهله عمر -رضي الله عنه- فضلًا عن جبريل -عليه السلام-. وحاصلُه: أن كلًّا من الجبر والاعتزال = ضلالٌ عند المخالف له، وأيُّ ضلال، والجهل به غايةٌ في القبح والوبال. لكنَّ النظّام مانع لصحة أمثال هذا الحديث، وقائل بالرجوع إلى ضرورة العقل في كثير من الأحاديث الجارية هذا المجرى، كما عُرِف من مذاهبه التي خالف بها أصحابَه المعتزلة. وهذا مما وقع لنا استطرادًا، ولا يخلو عن فائدة.

ومنها: أن النبي -عليه الصلاة والسلام- إنما دعا إلى القول بأن الله تعالى لا يكلف نفسًا إلا وسعها، فلو كان -وحاشاه- داعيًا إلى الجبر؛ لكان في ذلك مناقضة ظاهرة؛ لأن جميع التكاليف عند المجبرة = بما لا يطاق؛ لما ثبت عندهم من عدم تقدُّم القدرة، وعدمِ صلوحيتها للضدين، بل عدم تأثيرها في المقدور أصلًا، بل عدمها عند التحقيق. وإنما لها مجرَّدُ الاسم. وليس تسميتها «قدرة»، بأولى من تسميتها «عجزًا»؛ فتسميتها «قدرةً» = مجردُ اصطلاحٍ -كما أشار إليه أبو الحسين البصري في **غرر الأدلة**-.

ولمّا علم الأشعري أن تسميتها «قدرةً» = ليس بأولى من تسميتها «عجزًا»؛ لعدم تأثيرها في تحصيل المطلوب، بل لكونها مجرد اسم لا معنى له، كالكسب، قال: «إن العجز ليس هو عدم القدرة، بل هو صفة وجودية من وراء هذا العدم»، كما زعم. وهو زعم باطل باعتراف الرازي في **المحصل**(24) وغيره.

(24) قال الرازي: «مسألة: عند بعض الأصحاب: العجز صفة وجودية»، قال: معقبًا: «وهو ضعيف لعدم =

هذا، وأما المعترض؛ فقد صرح مرارًا بأنه لا قدرة ولا اختيار إلا في وهم العبد. فالكافر مكلَّف بالإيمان وهو بمعزل عن الاستطاعة عند جميع المجبرة؛ لكون المؤثِّر في كفره وإيمانه ليس إلا الله تعالى؛ فقد كلف بإيجاد الإيمان حال كون المؤثر في كفره هو الله تعالى. وهذا من أعلى درجات ما لا يطاق؛ لأنه تكليف بالجمع بين النقيضين.

ولا عذر لهم بما أبداه حسين النجار -رأس النجارية-(25) من القول بصحة البدل عن الموجود -كما يأتي الكلام فيه إن شاء الله-. وأنت ومَن له نظرٌ، تعرفون أنه لا يُحصى ما يلزم من فساد الجبر.

ومنها: أن مما جاء به -عليه الصلاة والسلام- قوله تعالى: ﴿يَٰحَسۡرَةً عَلَى ٱلۡعِبَادِۚ مَا يَأۡتِيهِم مِّن رَّسُولٍ إِلَّا كَانُواْ بِهِۦ يَسۡتَهۡزِءُونَ ٣٠﴾ [يس: 30]، وقوله تعالى: ﴿مَا لَكُمۡ إِذَا قِيلَ لَكُمُ ٱنفِرُواْ فِي سَبِيلِ ٱللَّهِ ٱثَّاقَلۡتُمۡ﴾ [التوبة: 38]، وقوله تعالى: ﴿لَوِ ٱسۡتَطَعۡنَا لَخَرَجۡنَا مَعَكُمۡ يُهۡلِكُونَ أَنفُسَهُمۡ وَٱللَّهُ يَعۡلَمُ إِنَّهُمۡ لَكَٰذِبُونَ ﴾ [التوبة: 42]، وأمثالها.

فلو كان -عليه الصلاة والسلام- داعيًا إلى أن الله تعالى هو الموجِد للاستهزاء الصادر من العباد، والتثاقلِ ممن يتثاقل عن الخروج في سبيل الله، وهو المانع للقائلين: «لو استطعنا لخرجنا معكم»؛ لصار المشركون يسخرون منه -عليه الصلاة والسلام- ويستهزئون به أشد الاستهزاء.

لكن المجبرة لا يبالون بأمثال هذا؛ لنفيهم لأحكام العقول، فكأنهم يقولون: إن النبي -عليه الصلاة والسلام- إذا سخر منه المشركون، قال: «لا تسخروا منا؛ فإن أحكام ربي لا تتقيّد بقانون العقل؛ فهو تعالى ينهى عن الفحشاء والقبائح، ويذم العباد عليها، وهو المريد لها، والمُوقِع فيها، بل هو المؤثر فيها لا غيره. كما أنه يدعو إلى الحَسَن والطاعات ومكارم الأخلاق، ثم يَحُول عنها كثيرًا، ولا يريدها منهم، بل يؤثر في

الدليل»، ينظر: الرازي، **المحصل**، ص 82.

(25) أبو عبد الله الحسين بن محمد بن عبد الله النجار (ت. نحو 220هـ)، متكلم كبير، رأس الفرقة التي يقال لها: «النجارية»، وأخطأ من جعلها من المعتزلة -وما أكثر الأوهام في نسبة ناس إلى المعتزلة-، وفرقته معدودة في فرق المجبرة عند المعتزلة.

أضدادها من القبائح». اللهم إنا نبرأ إليك من أمثال هذه الأباطيل، ونستكفي من الوقوع في التعطيل.

وجميع ما أورده المعترض [80 أ] على المؤلف، في حكمه بأن الفرقة الناجية هم العترة = واردٌ عليه برمّته، في حكمه بأن الفرقة الناجية هم المجبرة -كما مر-.

والقول بأن كون النظر فرضَ عين أو فرضَ كفاية، وأن التقليد يحرم، أو لا، وأن وجوب النظر شرعي أو عقلي = هو مناط الخلاف هنا. وافتراق حال المؤلف من حال المعترض -مثلًا- ليس بشيء -كما مر-. ولأن ما يحرم فيه التقليد؛ هو الذي به النجاة وعدمها، لا آحاد الفرعيات؛ فإن الخطأ فيها إما مغفور، على مذهبِ «وَحْدة الصواب». وإما أنه لا خطأ، على مذهب «المصوِّبة».

ولهذ قال اللقاني وغيره: «إن سؤال منكر ونكير ليس إلا عن العقائد»، مستدلًا بما ورد أن الملكين يقولان: «من ربك؟ وما دينك؟»، وأمثاله(26)، وبما أخرجه البيهقي عن عكرمة، عن ابن عباس -رضي الله عنهما- في قوله تعالى: ﴿يُثَبِّتُ ٱللَّهُ ٱلَّذِينَ ءَامَنُوا۟ بِٱلْقَوْلِ ٱلثَّابِتِ فِى ٱلْحَيَوٰةِ ٱلدُّنْيَا وَفِى ٱلْءَاخِرَةِ﴾[إبراهيم: 27]. قال: «الشهادة يسألون عنها في قبورهم بعد موتهم»، قيل لعكرمة: ما هو؟ قال: «يُسألون عن الإيمان بمحمد صلى الله عليه وسلم، وأمر التوحيد».

وقد استدل غير اللقاني على أنه لا يُسأل عن غير العقائد، بلفظ ابن مردويه: «فما يُسأل عن شيء غيرها» -أي: من التكليفات-(27).

ثم نقول للمعترض: لعلك تزعم أن الفرقة الناجية لا يصح أن تكون فرقتين من هذه الفرق المعدودة، وإلا كانت الأحاديث كاذبة. وأنتم -معاشر الجبرية- لا أقل من أن تكونوا فرقتين؛ نظرًا إلى الأصول. كيف قد واختلفت الأشاعرة والماتريدية في معظمها؟ كمسألة «الحسن والقبح» -وهي الأساس- حتى إن صاحب **التنقيح**

---

(26) قال اللقاني: «فإن قلتَ: فما المسؤول عنه؟ قلتُ: العقائد فقط؛ لما ورد أن الملَكين يقولان له: 'من ربك؟ وما دينُك؟'... إلخ». ينظر: اللقاني، **عمدة المريد**، ج 3، ص 1386.

(27) المرجع نفسه.

والتوضيح[28]، تكلم فيها على الأشعري بما يقضي بضلاله واعوجاجه، وانحرافه ولجاجه، ومسألة «تكليف ما لا يطاق»، و«صلوحية القدرة للضدين»، إلى غير ذلك من مسألة «التكوين»، وغيرها من صفات الأفعال، كالـ«ترزيق» و«التخليق» عند البعض، حتى قال سعد الدين: «إن في ذلك تكثيرًا للقدماء»[29].

وقال المثبتون لها: «من نفاها فقد نفى صفة من صفات الله تعالى، ولزمه التعطيل». وكلا القولين باطل، بل كفرٌ عند زاعم خلافه.

بل قد اختلف رؤساء الأشاعرة أنفسهم في مسألة «خلق الأفعال»، ومال منهم من مال إلى مجال الاعتزال. وكذا خالفت الحنابلة في كثير من أمهات العقائد، كمسألة «قِدَمِ الألفاظ» في القرآن، و«إثبات الجهة» عند بعضٍ.

فمن الناجي منكم ومن الهالك؟ ومن هو من أصحاب أحمد ورضوان؟ ومن هو من أصحاب مالك[30]؟ ومَن الحقيقُ بلزوم التعطيل؟ ومن الأولى بالأباطيل؟ وهاهم قد صاروا طرائق قددًا، وتحزبوا أحزابًا؛ فكل يرمي الآخر بأنه أضعف ناصرًا وأقل عددًا، وقد امتلأت الكتب لبعضهم من بعض بالتضليل والتجهيل. وأما الحكم بأن كلًا من القولين المتناقضين حق؛ فخروج عن سواء السبيل.

وقد كررتَ -أيها المعترض- أن مدار التكاليف على الأوهام الباطلة، حيث قلتَ: «إن العبد يتوهم أن له قدرة واختيارًا، ولتوهُّمِهما كُلِّف وأُمِرَ ونُهِي. وفي الحقيقة؛ ليس

(28) قال المحبوبي: «التكليف بما لا يطاق غير جائز؛ خلافًا للأشعري؛ لأنه لا يليق من الحكيم... إلخ». ينظر: التفتازاني، **شرح التلويح**، ج 1، ص 367.

(29) قال التفتازاني: «مشايخنا لما قالوا بوجود الصفات القديمة؛ لزمهم القول بتعدد القدماء وبإثبات قديم غير الله تعالى، فحاولوا التفصي عن ذلك بنفي المغايرة بين الصفات، وكذا بين الصفة والذات. والظاهر أن هذا إنما يدفع قِدَم غير الله تعالى لا تعدد القدماء وتكثرها؛ لأن الذات مع الصفة وكذا الصفات بعضها مع البعض وإن لم تكن متغايرة؛ لكنها متعددة متكثرة قطعًا». ينظر: التفتازاني، **شرح المقاصد**، ج 1، ص 143. وقال في **شرح العقائد النسفية**: «وأما كون كل من ذلك صفة حقيقية أزلية، فمما انفرد به بعض علماء ما وراء النهر، وفيه تكثير للقدماء جدًا، وان لم تكن متغايرة». ينظر: التفتازاني، **شرح العقائد النسفية**، ص 50.

(30) أحمد: أي النبي صلى الله عليه وسلم، ورضوان خازن الجنة، ومالك خازن النار. يقصد من صاحب الجنة منكم، ومن صاحب النار؟

لقدرته واختياره تأثير. وإنما دار التكليف على هذا التوهم للقدرة والاختيار». هذه عبارتك -كما سيأتي-، وهو تفريع صحيح على نفي حكمة الله وعدله. فهل تزعم أن هذا هو الذي يليق بالفرقة الناجية؟ فقد هلكتَ في ما سلكتَ، وتجاوزتَ في ما جوَّزْتَ. وليس لك عندنا إلا ما لسائر أهل الملل والأديان من الاستخفاف بك، والاستهانة بجانبك، والاستعاذة بالله من شر حالك، والاستعانة على دفع ضلالك.

ونقول: أنت قد انتفى عنك هذا التوهُّم للاختيار، ولم يبق معك شكٌّ ولا وهمٌ، في أن العبد مجبور مقسور، لا اختيار له أصلًا، ولا لقدرته تأثير لا عقلًا ولا نقلًا. فهل يسقط عنك التكليف وعن كل من عرف ما عرفتَه، من أن التكليف مبنيٌّ على أمر وهمي، فينتفي التكليف بانتفاء ما بُني عليه؛ وهو التوهم للقدرة والاختيار؟

كلام في قوله تعالى: ﴿وَاللَّهُ يَقُولُ الْحَقَّ﴾

وأما ذكرك لقوله تعالى: ﴿وَٱللَّهُ يَقُولُ ٱلْحَقَّ وَهُوَ يَهْدِى ٱلسَّبِيلَ﴾[الأحزاب:4]؛ فلا وجه له في إيرادك لو نظرت إليه بعين انتقادك؛ إذ لا يصح معناه على اعتقادك، فلا يجري على مرادك؛ لأن الحكم بكونه تعالى لا يقول إلا الحق قطعًا = لا يتم إلا على قول من يقول بالفرق بين الحق والباطل في نفس الأمر، وبأنه تعالى لا يوجِد القبيح الباطل، ولا يقوله أصلًا؛ تفريعًا على الحسن والقبح عقلًا. ولا حق عندك ولا باطل [80 ب] إلا ما جعله تعالى حقًا وباطلًا؛ تفريعًا -أيضًا- على نفي الحسن والقبح عقلًا. فأي معنى للآية على مذهبك؟ ولم لا يجوز عندك أن يكون -تعالى- قال الباطل، وأن ما نراه ونسمعه من الشرائع ليس حقًا في نفس الأمر؟ كأن يخبر تعالى بالشيء لا على ما هو به، وإنما هو -تعالى- سماه حقًا، وصيره حقًا بالشرع، فيصير الكلام عندكم هكذا: «والله يقول ما يريده. ومما يريده تعالى: الكذب والباطل وجميع القبائح والفواحش». تعالى الله عن ذلك.

هذا، مع قطع النظر عمّا يفيده تقديمُ المسنَد إليه من الاختصاص. فأما إذا اعتبرنا ذلك -كما هو الحق الذي صرح به الإمام عبد القاهر الجرجاني، والعلامة جار الله، وغيرهما-؛ فلا خفاء أن معنى هذه الآية: أن الله -لا غيره تعالى- يقول الحق الذي لا يأتيه الباطل. وحينئذٍ يفيد أن غيره تعالى يقول الباطل.

فكونه باطلًا؛ إن كان ثابتًا في نفس الأمر، مع قطع النظر عن القائل، بل مع قطع النظر عن جميع خصوصياته -كما قلنا في احتمال الخبر للصدق والكذب-، إن كان كذلك -أي باطلًا- في نفس الأمر = فلا فرق بين إيجاده في الكلام اللفظي، كالكتب المنزّلة، وبين إيجاده في كلام العباد. بل إذا كان هذا الأول ممتنعًا بكونه قبيحًا ونقصًا = كان الثاني كذلك. وإذا امتنع الأول؛ لكون يستلزم نقصًا في الصفة -وهي الكلام النفسي بزعمهم-، امتنع الأول أيضًا؛ لكونه يستلزم نقصًا في الصفة -وهي الإرادة القديمة عندهم-، وإلا فما الفارق بين صفة وصفة؟ فافهمه؛ فإنه من المضايق. وعسى أن نزيدك تنبيهًا عليه. وقد عرفت ما في دعوى لزوم النقص في الصفة من الاعتراف بالحسن والقبح عقلًا، فلا نعيده.

كلام في القرآن

وأما ما يقال من أن مرجع الكذب في اللفظي إلى المعنى -وهم مصرّحون بأن النفسي مدلول اللفظي ومعناه-؛ فيلزم من الكذب في اللفظي نقصٌ في النفسي؛ لأنّه معناه = فمما لا يلتفت إليه طالب الحقائق. وذلك لأنهم مصرّحون بأن كلامه تعالى في الأزل، لا يتصف بمُضيٍّ ولا حال ولا استقبال، ولا غير ذلك مما يمتنع ويستحيل في الأزلي القديم. وإنما يتصف بها في ما لا يزال، بحسب التعلُّقات وحدوث الأزمنة والأوقات. فكيف يمكن أن يكون معنى ومدلولًا للَّفظيِّ الموصوف بهذه الأوصاف، وهم إنما احتاجوا إلى نفي أوصاف الزمان ونحوها عن النفسي؛ فرارًا مما أورده أصحابنا من لزوم الكذب في الكلام النفسي؟ حيث وقع الإخبار فيه بطريق المُضيّ نحو ﴿إِنَّآ أَرۡسَلۡنَا نُوحًا﴾ [نوح: 1]، و﴿عَبَسَ وَتَوَلَّىٰٓ ١ أَن جَآءَهُ ٱلۡأَعۡمَىٰ ٢﴾ [عبس: 2، 3]؛ فإن ذلك يقتضي سَبْقَ وقوع النسبة، ولا يكون الأزلي مسبوقًا بغيره سبقًا زمانيًا. فأجابوا بهذا الدفع، ووقعوا بمثل هذا الجواب في ما فرّوا عنه، مع ارتكاب المكابرة.

ولهذا اعترف المعترض -في ما سيأتي- بأن نحو قوله تعالى: ﴿إِنَّآ أَرۡسَلۡنَا نُوحًا﴾ [نوح: 1] = متصفٌ بالدلالة على المُضِيِّ؛ نظرًا منه إلى قدم اللفظي، والتجأ إلى جَعْلِ مُضِيِّ الإرسال بالنسبة إلى زمن الإنزال، وهو -كما يأتي- باطل، بل محال.

ثم لا يخفى أن اللفظي إذا كان عبارة عن النفسي الذي لا اختيار فيه قطعًا = كان قوله تعالى بالحق مما لا اختيار فيه أيضًا، وإلا لاختلفت العبارة والمعبَّرُ عنه؛ فيكون صيرورتُه حقًا = ترجُّحًا بلا مرجح. وهذا معنى ما قاله العضد: «إن ترجُّح الكلام = لذاته». وعلى هذا؛ فلا مدح في مثل: ﴿وَٱللَّهُ يَقُولُ ٱلْحَقَّ﴾، بل ليس بصحيح المعنى في نفسه على مذهب المعترض، كما عرفت آنفًا.

كلام في الهداية

وأما قوله تعالى: ﴿وَهُوَ يَهْدِى ٱلسَّبِيلَ﴾ [الأحزاب: 4]، فلا يخلو: إما أن يفسَّرَ الهداية بـ«خَلْقِ الهُدَى»، كما هو مذهب الأشاعرة، أو بـ«الدلالة»، كما هو مذهب البعض منهم. وكلاهما لا يتم لك أيها المعترض.

أما الأول؛ فلأنه تعالى كما يخلق الهدى -عندك-؛ يخلق تعالى الضلالة. فلم يبق للتمدح بهذه الآية معنًى ولا رائحةٌ من إظهار العدل والفضل.

وأما الثاني؛ فلأن الدلالة = مما لا فائدة فيه ولا ثمرة -عندك-؛ إذ هو تعالى الموجِد لكل شيء من أعمال الهداية وأعمال الضلالة. وما الهداية بمعنى الدلالة إلا بمثابة قولك لطالب السبيل: «هذا هو السبيل»، وتدله عليه، ثم تخلي بينه وبينه، وتتركه لشأنه. وأما لو أخذته بتلابيبه، وسحبته على وجهه؛ لم تكن -في أصل اللغة- هاديًا، بل عاديًا، ولو وضعته في وسط الطريق.

وبالجملة، فالهداية تيسيرٌ للسالك الموجِدِ للسلوك، والمؤثِّرِ في قطع الطريق. وأما منع القول بأن الله تعالى هو المُوجِد للسلوك، والمؤثِّرُ في المشي وجميع الحركات؛ فالهداية وعدمُها سواء في ما هو بمعنى الدلالة. وسنكرر هذا المعنى؛ طمعًا في هداية غاوٍ ونكاية عاوٍ.

وإذا كان تقديم المضمر المرفوع البارز مفيدًا -كما هو مقتضى كلام أهل البيان قاطبة، ولا خلاف للسكّاكي فيه كخلافه في ما ذكرناه أولًا-؛ كان المعنى: أنه تعالى مختص بالهداية إلى سبيل الرشاد، فيدل بالمفهوم على أن غيره عز وجلّ يهدي إلى سبيل

الضلال، كما قال تعالى: ﴿وَجَعَلْنَٰهُمْ أَئِمَّةً يَدْعُونَ إِلَى ٱلنَّارِ﴾[القصص: 41]. وهذا من أوضح الأدلة على بطلان قول الأشاعرة: «إن الهداية: عبارة عن خلق الطاعة والامتثال في المهتدي»؛ بناءً منهم على أنه لا معنى للدلالة. والفعلُ -عندهم- ليس إيجاده وتحصيله إلا من الله لا من العبد، فتدبّر.

وفي ما أوردناه ورددناه من تهافت كلام المعترض، وفساد ما أعرب عنه وبناه = غُنيةٌ ﴿لِمَن كَانَ لَهُۥ قَلْبٌ أَوْ أَلْقَى ٱلسَّمْعَ وَهُوَ شَهِيدٌ﴾[ق: 37]. ﴿رَبَّنَآ ءَامَنَّا بِمَآ أَنزَلْتَ وَٱتَّبَعْنَا ٱلرَّسُولَ فَٱكْتُبْنَا مَعَ ٱلشَّٰهِدِينَ ۝٥٣﴾[آل عمران: 53]. إنك حميد مجيد.

واعلم أن من حقق ما ذكرناه ونقلناه من أول الكتاب إلى هذا الموضع؛ فإنا نظن أنه يكفيه في رد جميع ما أورده المعترض في كتابه هذا -الذي هو **النبراس**- من أوله إلى آخره. بل أظن أنه يكفي اللبيبَ المنصفَ في رد أكثر ما في كتب الأشاعرة من الكلام المتعلق بمذهب العدلية -رحمهم الله-، ويكفيه أيضًا في معرفة الفرقة الناجية من هي؟ إلى غير ذلك من المقاصد العالية المهمة، والمراصد الخافية المدلهمة.

فعليك أيها اللبيب المنصف -على الحقيقة-، بالتفحّص والتصفح لهذا الكتاب، والنظر في كل دقيقة، ولا يصرفك عنه قربُ ميلاده، وعدمُ الشهرة في مناط إسناده؛ فلقد كان ما تراه وتسمع به من الكتب المشهورة = مغمورةً، وكان رجالها المصنفون لها مغمورين بمن لا يشُقُّ غبارَهم، ولا يعرف الفرق بين الهيولى والصورة. وهذه عادة الزمان في أبنائه، وسجية المَلَوان في أنبائه.

نكت غريبة

ولّما بلغ بنا القلم إلى ذكر الفرقة الناجية؛ من هي؟ ذكرتُ نكتةً، فلنختتم بها هذه الجملة، وهي: أن بعض الشيعة قال لبعض الأشاعرة -وكلاهما ممن يتعاطى الشعر والآداب-: قد تقرر عندنا وعندكم أن فرقةً ناجيةٌ.

فقال الأشعري: نعم.

فقال: لعل النبي -عليه الصلاة والسلام- قد رمز إلى الناجي من هو؟

فقال الأشعري: وأين الرمز والإيماء؟

فقال الشيعي: هو في لفظ «فرقة»؛ فإن عدده بالجُمَّل الكبير(31) عددُ «شيعة»؛ فإذا قلتَ: «الفرقةُ ناجيةٌ»، فكأنك قلت: «الشيعة ناجية».

فنظروا في حساب «فرقة»، فوجدوها [81 أ] باعتبار الوقف على التاء، ثلاثمئة وخمسة وثمانين، وباعتبار الحركة ومصيرها تاء خالصة، سبعمئة وثمانين، ووجدوا «شيعة» كذلك، أي اعتُبِرت التاءُ هاءً؛ نظرًا إلى حالة الوقف، فثلاثمئة وخمسة وثمانين، وإن اعتُبِرت تاءً بسبعمئة وثمانين. وإن كانت «الفرقة» معرّفةً بالألف واللام؛ كانت الشيعة كذلك، وإن نُكِّرت نُكِّرَت.

قلت: والرواية: «واحدة ناجية». وقد روي بالعكس، أي: «واحدة هالكة». نسأله الله النجاة.

[بحث في معنى علم الكلام، وفي التعريفات، ومسائل أخرى]

ولمّا قال المؤلف: «مقدمة: علم الكلام هو: بيان كيفية الاستدلال على تحصيل عقائد صحيحة جازمة، يترتب صحةُ الشرائع عليها، أو الاستدلال على شرائع وعقائد مخصوصة... إلخ»(32).

قال المعترض: «من المقرر في محله أن لفظ 'العلم' وسائر أسماء العلوم، كالنحو والمعاني = يطلق على ثلاثة معانٍ: إدراك المسائل، ونفس المسائل المعلومة، والمَلَكَةُ الحاصلة من إدراكاتها.

فالمراد بعلم الكلام: إما المعنى الأول، أو الثاني، أو الثالث. وأيًّا ما كان؛ فتعريفه

---

(31) حساب الجمّل: ترتيب للحروف الأبجدية مخصوص، مع وضع رقم محدد متفق عليه لكل حرف، يستعملونه للتنبؤ بالمستقبل، وغيره، وللناس فيه اعتقادات غريبة. والمقصد هنا أن كلمة «الفرقة» بجمع عدد كل حرف فيها مع جمع عدد كل حرف في كلمة «ناجية»، يساوي عدد كلمة «الشيعة»، مع كلمة «ناجية». ولن أضيع وقتي في التأكد من صحة هذا العدد، ومثل هذه الاستدلالات كأحاديث خرافة.

(32) المنصور بالله، **الأساس**، ص 18.

بالبيان والاستدلال فاسد؛ لأن كُلًّا من البيان والاستدلال = ليس بمعنى الإدراك، ولا المسائل، ولا الملكة؛ فلا يصدق التعريفُ على المعرَّف -أي: تعريف المؤلِّف على علم الكلام- فيكون فاسدًا. وإن أريد بالبيان: ما به البيان = فكذلك التعريف فاسد.

أما على الأول والثالث؛ فظاهر. وأما على الثاني؛ فلأنه يلزم أن يكون علم الكلام: 'المسائل التي بها بيان كيفية الاستدلال' أو 'المسائل التي بها الاستدلال على اكتساب العقائد'، ويكون علم الكلام ثمرة له. ولا شك في بطلانه؛ لأن العلم بها يحصل في أثناء علم الكلام لا بعده؛ فيكون داخلًا فيه لا خارجًا عنه. على أن تفسير البيان بـ: ما به البيان، وكذا تفسير الاستدلال بـ: ما به الاستدلال = صرفٌ له عن ظاهره.

ومن المقرر في محله: أن التعاريف يجب حملها على ظواهرها. ثم ذكر 'أو' -هنا- ليس لتقسيم المحدود؛ لأن المحدود واحد؛ فهو تشكيك وإيهام وتلبيس، وهو ضد التعريف المرادِ به البيان والتوضيح».

كلامٌ في ما يطلق عليه أسماء العلوم

أقول: سقوط هذا الكلام من البيِّن، والإعراض عن الاعتراض عليه من المتعيِّن. وليس من مقصدنا الخوض في مثل هذا الأمر الهيِّن. لكنا قد كفيناك -في ما مرّ- مؤنةَ الاختبار لحال هذا المعترض في معرفة العقائد، فلنوضح هنا ما يتبين لك به معرفة حاله في هذه الموارد، على وجهٍ لا يخلو عن فوائد.

فنقول: قال السيد في **حاشية المطول**: «إذا أُريد بالعلم: الملكةُ أو نفسُ القواعد؛ لم يحتج إلى تقدير المتعلق. لكن إن أريد: الإدراك؛ فلا بد من تقديره -أي: علمٌ بقواعد أو أصول-. والتفصيل: أن المعنى الحقيقي للفظ 'العلم' هو: 'الإدراك'. ولهذا المعنى متعلّق هو 'المعلوم'، وله تابع في الحصول؛ يكون ذلك التابع وسيلة في البقاء، هو 'الملكة'.

وقد أُطلق لفظ العلم على كل منها؛ إما حقيقةً عرفيةً أو اصطلاحية، وإما مجازًا مشهورًا. وقد اختار الشارح حمله على أحد هذا المعنيين. وحملُه على 'الإدراك'

جائز»[33]. انتهى كلامه.

فإذا عرفته؛ فلك أن تقول: لعل المؤلف -رحمه الله تعالى- لمّا علم أن المعنى الحقيقي الأصلي هو «الإدراك» المذكور، دون المسائل والملَكة؛ جاء بهذه العبارة التي لا تنطبق على الإدراك؛ صرفًا عنه إلى أحد المعنيين المذكورين.

وإنما اختار ذلك لوجوه:

الأول: أن الفائدة تقل في تعريف نفس الإدراك، بل لو قيل: «إنه لا معنى لذلك»؛ لما كان بعيدًا؛ لأن التعريف يكون بالإدراك، لا للإدراك، وإلا حصل الدَّور. ولأنه لا بد فيه من ذكر المتعلق، كما ذكره السيد. لكن المتعلق -أي العقائد في ما نحن فيه- مأخوذ في التعريف، فيُفضي إلى الدور أيضًا.

أما إذا اعتُبِر الإدراك مجردًا عن المتعلق؛ كان تعريفًا لمطلق «العلم» لا لـ«علم الكلام»، كما هو ظاهر.

على أنه قد ذهب الجويني، والرازي، ومن تبعهما، إلى أن العلم -أي الإدراك- لا يُحَدُّ. استدل الرازي عليه -في **المحصل**- بأن ما عدا العلم لا ينكشف إلا بالعلم؛ فلو كان شيء كالتعريف كاشفًا للعلم؛ للزم الدور[34]. وقد ردوا عليه هذا الاستدلال بما لا يخلو عن مقال.

الثاني: أن الإدراك القائم بزيد -مثلًا- ليس هو «فن الكلام»، وإنما هو «العلم» به. وهذا كما تقول: «عِلمُك بالنار ليس هو النار، وعلمك بالبحر ليس هو البحر». وكذلك سائر الأشياء.

وإنما وقع الإذعان بهذا المعنى ممن وقع؛ بسبب ملابسة كلام الفلاسفة القائلين بالوجود الذهني، وأن الأشياء المعلومة حاصلةٌ بأعيانها في العقل. فاحفظ هذه النكتة

---

(33) أبو الحسن علي بن محمد بن علي، الشريف الجرجاني، **الحاشية على المطوّل شرح تلخيص مفتاح العلوم**، قرأه وعلق عليه رشيد أعرضي (بيروت: دار الكتب العلمية، 2007)، ص 48.

(34) قال الرازي: «اختلفوا في حد العلم. وعندي أن تصوره بديهي؛ لأن ما عدا العلم لا ينكشف إلا به، فيستحيل أن يكون كاشفًا له». ينظر: الرازي، **المحصّل**، ص 78.

فإنها مما خلت عنه زبُر الأولين والآخرين. ولعمري؛ إن القول بالوجود الذهني منشأ كثير من مفاسد الفلسفة.

الثالث: أنهم لا يزالون يقولون [81 ب]: «لكل علمٍ موضوع ومبادئ، وكذا وكذا». وهذا منادٍ بأنهم لا يريدون بأسماء العلوم المدونة: معنى الإدراك. وإلا فأي معنًى لحكمهم عليه بأن له مبادئ وموضوعًا وغاية؟ ولعل سعد الدين إنما ترك التعرض له في **المطوَّل**؛ لمثل هذا الذي ذكرناه، فليُتأمَّل.

ثم نقول: لعل المؤلف -رحمه الله تعالى- كما عدل عن إرادة معنى «الإدراك»؛ قد عدل أيضًا عن إرادة معنى «المَلَكة»؛ لِما عرفته من أنهم يقولون: «لكل علم مبادئ، وموضوع، ونحو ذلك». وهذا لا يتمشى على إرادة الملَكة. وكذا لا تزال تسمعهم يقولون: «ينحصر المقصود منه في كذا وكذا»، من الأبواب أو من المقاصد، إلى غير ذلك مما لا يجري معناه في الملكة، كالإدراك.

فعُلِم من هذا: أن الأَشْيَعَ في ما بينهم، بل المأنوس في استعمالهم؛ هو المعنى الثالث -أي: المسائل والقواعد الكلية-. وهذا المعنى هو الذي أراده المؤلف. وحينئذٍ؛ فالجواب على المعترض باختيار الثاني في كلامه -أي: نفس المسائل-، ومنعِ أن يكون الظاهر من «البيان» و«الاستدلال»: معناهما المصدريَّ. وإنما المراد: الحاصل بالمصدر. ولا شبهة في أن تلك المسائل، كما أنه يقع بها البيان أو الاستدلال = هي أيضًا حاصلة عنه. وهي نفسُها تسمّى بيانًا. أوَلا ترى أن بعض المصنفين سمّى مصنفه بـ«البيان»؟ وإطلاق البيان على ما به البيان، إن لم يكن حقيقة عرفية؛ فلا أقل من أن يكون مجازًا مشهورًا. وقد أجازه المعترض في المعنيين المذكورين -أعني: المسائل والملَكة، على القول بأنه من المجاز المشهور، كما ذكره السيد-. فلم لا يجوز ها هنا؟ فلا يتم قولهُ: إنه «خلاف الظاهر»، بل إرادة المعنى المصدري = خلافُ الظاهر؛ لعدم وروده في نحو هذا المقام.

ولمثل هذا تبجح سعد الدين بذلك -عند الكلام على قوله تعالى: ﴿وَٱللَّهُ خَلَقَكُمْ وَمَا تَعْمَلُونَ﴾ [الصافات: 96]- في جعل «ما» مصدريةً؛ نظرًا إلى أنه لا يُراد إلا الحاصل

بالمصدر. وقد كرّر هذا المعنى في **شرح العقائد**، وفي **شرح المقاصد**. وسيأتي ذكره وما فيه، إن شاء الله تعالى.

قوله: «ويكون علم الكلام ثمرةً له» = ظاهرُ الفساد؛ لأنه جعله إرهاصًا للرد والاعتراض. وكيف يكون علم الكلام ثمرة له مع كونه نفسًا فيه؟

فيقال للمعترض: هل هذا إلا إدخال معنى في معنى؟ لأنك أردت بعلم الكلام الذي جعلته ثمرةً = ما هو بمعنى المَلَكة. ولا شك في كونه ثمرة للعلم بالمسائل والقواعد الكلية، الذي كلامك فيه. فمالك وللانتقال من المسائل إلى المَلَكة؟ وهل هذا إلا خروج عن الجادة، وغفلة عن المادة؟

قوله: «لأن العلم بها يحصل في أثناء علم الكلام» = عبارةٌ مستبهمة. ولا أدري: هل أخلَّ بها سقطٌ عن قلم، أو هي ساقطة بسبب عروض الهوى لمُنشِئِها؟ وما أشبهَ الهوى بالعمى والصمم.

لأنا إذا قلنا: معنى عبارة المؤلف -على ما اخترناه- أنه[35]: «مسائل بها بيان كيفية الاستدلال على تحصيل عقائد صحيحة» = كانت عبارة واضحة صحيحة. إذ لا يلزم من هذا أن تكون العقائد الصحيحة خارجة عن علم الكلام؛ نظرًا إلى أن العبارة تقتضي أنها إنما تحصل بعد المسائل، حيث قيل: «الاستدلال على تحصيل»؛ فإن ذلك وهم باطل. فإن كون العلم بالمسائل يتبين به كيفية الاستدلال على العقائد = لا يقتضي أن تلك العقائد غير حاصلة في جملة العلم بتلك المسائل.

وعلى فرض أنها لا تحصل في جملة العلم بتلك المسائل، وأن العلم بها خارج عنه، وثمرة له = لا يضر المؤلف -رحمه الله-؛ إذ ليس المراد بالعقائد في كلامه إلا العقائد القائمة بالمكلَّف. ولا شك أنها ثمرة علم الكلام، لا العقائد التي هي بمعنى «المسائل» و«القواعد الكلية». فقد خلط المعترض العقائد التي هي نتيجة علم الكلام وثمرته، بالعقائد التي هي نفس مسائل الكلام وقواعده.

---

(35) أي علم الكلام بحسب تعريف مؤلف **الأساس**.

ثم ليت شعري، أين ذهب فهمه عن أن المؤلف لو أراد ما توهّمَه = للزم تكريرٌ مفسدٌ في التعريف، بل دور ظاهر؟ فإنه إذا كان علم الكلام عبارة عن «المسائل»، وكانت العقائد التي يسعى في تحصيلها عبارة عن تلك المسائل أيضًا = صار معنى التعريف هكذا: «علم الكلام، هو: أي مسائل بها بيان كيفية الاستدلال على تحصيل تلك المسائل نفسها». فما هذه الغفلة يا أخا الأكراد؟

واعلم أن مَنْشأ هذا التخليط: ما لعل المعترضَ وقف عليه في **شرح المواقف** للسيد، وأراد أن ينتحله، فلم يتمكن من إيراده على مراده. وإنما كان من قبيل: «يريد أن يعربَه فيُعجِمه». وذلك أن العضد قال في **المواقف** تعريفًا للكلام ما نصه: «والكلام: عِلْمٌ بأمور يُقتَدَر معه على إثبات العقائد الدينية، بإيراد الحجج ودفع الشُّبَه»(36). انتهى.

فقال السيد في شرح هذا الموضع ما لفظه: «ولا يجوز حمل الإثبات ها هنا على التحصيل [82 أ] والاكتساب؛ إذ يلزم منه أن يكون العلم بالعقائد خارجًا عن علم الكلام، ثمرةً له. ولا شك في بطلانه»(37). انتهى.

فأَخَذَه المعترض بلفظه، ووضعه في غير موضعه، كما ترى. فإن «إثبات العقائد» إذا حُمِل على «تحصيلها»؛ كان العلم بها خارجًا عن علم الكلام؛ لأن علم الكلام كالآلة لتحصيله. وكلُّ ما كان كذلك؛ كان ثمرةً وخارجًا. لكن الظاهر أن المراد بالعقائد في كلام صاحب **المواقف**، هي: «المسائل الكلية». والمعرَّف هو: «العلم» بمعنى «الإدراك»، كما يُفهَم من كلام السيد، أو بمعنى «المَلَكة»، بقرينة قوله: «يُقتدَر»؛ فإنه -في الغالب- يُذكَر عند إرادة المَلَكة.

أما لو كان المعرَّف هو: «المسائل»، وكانت هي المراد بـ«العقائد» أيضًا -كما وَهِمَه المعترض-؛ لأدى إلى الدور. وسواء حُمِل الإثبات على التحصيل، أو على ما هو أتم منه. فليُتدبَّر.

(36) الجرجاني، **شرح المواقف**، ج 1، ص 35-36.
(37) المرجع نفسه، ص 37-38.

كلام على إيراد لفظ «أو» في الحدود

وأما قوله: «ثم ذِكرُ 'أو' -هنا- ليس لتقسيم المحدود... إلخ»؛ ففيه إظهارٌ للتحامل التام؛ حيث لم يرض بقوله: «وهو تشكيك»، حتى زاد قوله: «وإيهام وتلبيس»، مع أن «أو»: كما قد تكون للتشكيك على المخاطب؛ قد تكون للشك من المتكلم، وغير ذلك. والعمدة على القرائن، حتى صرح بعض المحققين بأنها ليست إلا لأحد الشيئين أو الأشياء. وغيرُ ذلك إنما يفهم من قرائن خارجة.

قال الجلال الأسيوطي في **الإتقان** ما لفظه: «لم يذكر المتقدمون لِـ'أَوْ' هذه المعاني، بل قالوا: 'لأحد الشيئين أو الأشياء'. قال ابن هشام: 'وهو التحقيق، والمعاني المذكورة مستفادة من القرائن'»(38). انتهى.

وقال القاضي زكريا في **شرح اللب**، بعد أن ذكر مجيئها للشك والإبهام والتخيير بين المتعاطِفَيْن، ومُطلَق الجمع والتقسيم والإضراب، ما نصُّه: «وما ذُكِرَ من أنّ 'أو' للمذكورات = هو مذهب المتأخرين. أما مذهب المتقدمين فهي لأحد الشيئين أو الأشياء. وغيرُه إنما يُفهَم بالقرائن.

وقال ابن هشام والتفتازاني: 'إنه هو التحقيق'»(39). انتهى.

وعلى هذا؛ فلا قرينة في كلام المؤلف على إرادة التشكيك والتلبيس، بل القرينة على خلافه.

لكن لمّا علم المعترض أن التشكيك والتلبيس أقبحُ وأوصل إلى غرضه من الاعتراض؛ جزم بأنها هنا للتشكيك والتلبيس. وهكذا فلتكن العصبية.

وفيه -على هذا الحدّ- غلطٌ متجاوز للحد؛ فإن الإتيان بـ«أو»، ليس إلا للتخيير بين العبارتين، لا للتقسيم الذي لا يقول به أحد.

فإن زعم هذا المعترض أنه لا يصح لعلم الكلام غيرُ حَدٍّ واحد، بعبارة واحدة؛

---

(38) السيوطي، **الإتقان**، ص 336.

(39) زكريا الأنصاري، **غاية الوصول**، ص 56.

فمع كونه باطلًا؛ لا يصح معه حدُّه الذي قال فيه: «فالتعريف الصحيح... إلخ»؛ لأنه مسبوق بحدود للكلام صحيحة بين علماء الإسلام، في مؤلفات تتعب في عدِّها رؤوس الأقلام.

فمنها: ما أورده في **التعريفات** من قوله: «علم يُبحَث فيه عن ذات الله تعالى، وصفاته، وأحوال الممكنات من المبدأ والمعاد، على قانون الإسلام»(40). انتهى.

ومنها: ما رواه سعد الدين في آخر **شرح المقاصد**، ناقلًا له عن المتكلمين، حيث قال ما نصه: «هو العلم الباحث عن أحوال الصانع، والنبوّة، والإمامة، والمعاد، وما يتصل بذلك، على قانون الإسلام»(41). انتهى.

ومنها: ما ذكره القاضي زكريا في **شرح اللب**؛ تبعًا لغيره في ذلك، وهو قوله: «هو العلم بالعقائد الدينية عن الأدلة اليقينية»(42). انتهى.

واستيعاب عبارة العلماء في ذلك جارٍ مجرى العبث، وإنما أردنا مجرد التنبيه.

ومما لا سترة به أن التعريف بعبارات متعددة مختلفة، ليس فيه تلبيس ولا إيهام ولا مفسدة، وإلا لزم في غير التعريف، أي إنه يلزم أن يكون مثل قوله تعالى: ﴿فَكَفَّـٰرَتُهُۥٓ إِطۡعَامُ عَشَرَةِ مَسَٰكِينَ مِنۡ أَوۡسَطِ مَا تُطۡعِمُونَ أَهۡلِيكُمۡ أَوۡ كِسۡوَتُهُمۡ﴾ [المائدة: 89]. الآية = تلبيسًا. وكذلك قوله تعالى: ﴿أَن يُقَتَّلُوٓاْ أَوۡ يُصَلَّبُوٓاْ﴾ [المائدة: 33]. الآية. وقوله تعالى: ﴿وَلَا عَلَىٰٓ أَنفُسِكُمۡ أَن تَأۡكُلُواْ مِنۢ بُيُوتِكُمۡ أَوۡ بُيُوتِ ءَابَآئِكُمۡ﴾ [النور: 61]. الآية. إلى غير ذلك. واللازم باطل قطعًا وإجماعًا؛ فكذا الملزوم.

وإنما قلنا: «إنه يلزم ذلك في غير التعريف»؛ لأنه لا اختصاص للتعريف بامتناع دخول لفظِ «أو» إذا أريد به معنى صحيحٌ يكون بمعزل عن المفسدة والإيهام والتلبيس. فالقول بأن دخولها في التعريف لا يكون إلا لذلك = جارٍ في كل مقام.

---

(40) علي بن محمد السيد الشريف الجرجاني، **معجم التعريفات**، تحقيق ودراسة محمد صديق المنشاوي (القاهرة: دار الفضيلة، [د. ت])، ص 155.

(41) التفتازاني، **شرح المقاصد**، ج 2، ص 272.

(42) زكريا الأنصاري، **غاية الوصول**، 161.

وقد قال الجلال الأسيوطي في **الإتقان** ما نصه: «أخرج البيهقي في سننه، عن ابن جريج، قال: كل شيء في القرآن فيه ’أو‘ = فللتخيير، إلا قوله تعالىٰ: ﴿أَن يُقَتَّلُوٓاْ أَوۡ يُصَلَّبُوٓاْ﴾ [المائدة: 33]، ليس بمخيَّرٍ فيها. قال الشافعي: ’وبهذا أقول‘»(43). انتهىٰ. وقد ذُكِرَ مثلُه عن ابن عباس -رضي الله عنهما-. وأي مانع من إدخال ’أَوْ‘ بين عبارتين، كلٌّ منهما يصلح أن يكون تعريفًا علىٰ حدة؟ ولا إيهام في ذلك ولا تلبيس ولا مفسدة.

فإنك إذا أردت تعريف الممكن -مثلًا- قلت: «هو الذي لا يلزم من فرض وجوده، ولا من فرض عدمه -من حيث هو هو- مُحال». ولك أن تقول: «هو ما لو وُجِدَ؛ لكان حصولُه مستفادًا من غيره»، أو «ما كان مسبوقًا بعدمه»، أو «ما افتقر في حدوثه إلىٰ علةٍ خارجةٍ». وإن أردت الممكن الخاص، قلت: «هو ما سُلِبَتِ الضرورةُ عن طرفيه»، أو نحو ذلك.

وتحقيق هذا المقام: أن الحدَّ حقيقي وغيرُ حقيقي. فالأول: بالذاتيات، فيُتعقَّل المحدودُ بتعقّلها. وحينئذٍ لا يُتصوَّر فيه التعدد، ولا توسيطُ «أو»؛ لاستحالة ذلك في الذاتي. وإنما يصحّ التعدد من جهة العبارة فقط، بأن يُذكر بعض الذاتيات بالمطابقة تارةً، وبعضها بالالتزام تارة أخرىٰ.

وأما الثاني: فلا خلاف في في جواز تعدده؛ لجواز تعدّد اللوازم والأسماء المشهورة. وما نحن فيه = من قبيل الثاني لا من قبيل الأول، وإن تُوُهِّم خلافُه.

وإنما طوّلنا بهذا؛ لِفوائد، ولمزيد التأكيد، ولِما في طيِّه مما يتعلق بالفن. وقد تدعو إليه حاجة الناظر في هذا الكتاب. وإلا فإن صحة التعريف بعبارات متعددة، منطبقة كلها علىٰ المحدود الواحد = مما لا يكاد يخفىٰ علىٰ ذي نظر، سواء تخللها ذكرُ «أو»، أو لا.

نعم، لو كانت «أو» لتقسيم المحدود حال كونه شيئًا واحدًا = كان فساده واضحًا؛ لأن جعل الشيء الواحد شيئين أو أشياء = باطل. وبهذا يُعلَم فساد ما وقع في حواشي **مختصر الأساس**، لحفيد المؤلف -قدس الله أرواحهم-، من قوله: «إن ’أَو‘ في هذا

---

(43) السيوطي، **الإتقان**، ص 336.

الموضع، مثلها في قول ابن الحاجب: 'المبنيُّ: ما ناسب مبنيَّ الأصل أو وقع غير مركب... إلخ'». وذلك لأنها هنا -أي في كلام ابن الحاجب- للتقسيم -أي تقسيم المحدود-؛ لأنه إما لفظ مناسب لمبنيّ الأصل أو واقعٌ غير مركب. وما نحن فيه ليس كذلك؛ لأن المحدود شيء واحد، وهو «علم الكلام»؛ فلا تكون «أو» لتقسيم المحدود. فجعلُها هنا كما وقعت في كلام ابن الحاجب = سهو ظاهر. أما إذا كانت «أو» لمجرد التخيير بين الحدَّين؛ فلا مانع.

فهذا المنع من المعترض، أولُ قارورةٍ كُسِرتْ في الحدود، وما عرفت كيف وقع في هذا الخطأ المردود. ولعله اطلع على ما في **التلويح** نقلًا عن بعض أصحابنا، وقد حكاه سعد الدين هنالك، فأخذ المعترض على غير وجهه، وستعرفه قريبًا.

أما إذا زعم أنه لا يصح التعريف بعبارتين من مؤلِّف واحد = فتحَكُّمٌ. إذ لا فرق بين اتحاد القائل وتعدده في الجواز أو الامتناع. ودعواه للإيهام والتلبيس = تلبيسٌ. لأنه إنما يقع الالتباس إذا كان التعريفان غير متطابقَي المعنى. أما إذا كان مؤدّاهما واحدًا في ما هو المقصود، وأريد لذلك تخيير الناظر؛ فلا منع من ذلك أصلًا.

واعلم أنه يقال للمعترض: هذه بضاعتنا رُدّت إلينا. وذلك لأن بعض أصحابنا اعترض على تعريف الأشاعرة للحكم، حيث قالوا(44): «الحكمُ: خطاب الله المتعلق بأفعال المكلفين بالاقتضاء أو التخيير» -كما ذكره الرازي في **المحصول**، والبيضاوي في **منهاج الوصول**، وجمال الدين الإسنوي في شرحه **نهاية السُّول**، وسعد الدين التفتازاني في **التلويح** على ما ذكره صدر الشريعة في كتابه **التنقيح**، وشرحه **التوضيح**- عن بعضهم في تعريف الحكم الشرعي، من بحث تعريف أصول الفقه؛ حيث أدخل لفظ «أو» [82 ب] في ذلك التعريف، فقال السعد التفتازاني في **التلويح** ما نصه: «اعترضت المعتزلة على هذا التعريف بثلاثة أوجه.

الأول: أن الخطاب عندكم قديم، والحكم حادث؛ لكونه متصفًا بالحصول بعد العدم، كقولنا: 'حلّت المرأة بالنكاح، وحرمت بالطلاق'.

(44) أي: الأشاعرة.

الثاني: أنه مشتمل على كلمة 'أوْ' ، وهي للتشكيك والترديد، فتنافى التعريف والتحديد.

الثالث: أنه غير جامع للأحكام الوضعية». إلى أن قال: إن الأشاعرة أجابوا «بأن 'أَوْ' لتقسيم المحدود وتفصيله؛ لأنه نوعان»(45). إلى آخر كلامه.

فتطفّل هذا المعترض على ما أورده أصحابنا، وأورده على المؤلف، وزاد الإيهام والتلبيس، واضعًا له غير موضعه. فإن لفظة «أَو» في كلام المؤلف -رحمه الله- = لم تتوسط في الحدّ الواحد، وإنما جاءت بين حدَّين؛ للتخيير، بخلافها في الحد الذي أورده الرازي والبيضاوي وصدر الشريعة، عن ذلك البعض.

فاعتراض بعض أصحابنا عليه = له وجهٌ؛ لأن خلاصة الاعتراض: أنّ «أَو»، إما أن تكون لتقسيم المحدود، أو على بابها في التشكيك أو الشك. إن كان الأول؛ فالمحدود شيء واحد؛ فلا تقسيم فيه ولا تخيير أيضًا. وإن كان الثاني؛ فالتشكيك أو الشك والترديد = ينافي التعريف والتحديد. وسعد الدين -كالبيضاوي- اختصره. وجاء هذا المعترض واسترقَه قبل أن يختبره، وظن أن لفظة «أو» = معيبةٌ في الحدود والتعاريف مطلقًا، سواء كان بين حدَّيْنِ أوْ في حدٍّ واحدٍ.

وقد يقال: إن لفظ «أَو»، في كلام المؤلف -رحمه الله-؛ لتقسيم المحدود؛ نظرًا إلى أن قوله: «هو بيان كيفية الاستدلال... إلخ» = قسمٌ من علم الكلام؛ فإن المراد به هو: النظر في الدليل، بمعنى الفكر فيه.

وقوله: «أو الاستدلال على شرائع وعقائد مخصوصة» = قسمٌ آخر، المرادُ به هو: الاستدلال بالكتاب والسنة -مثلًا-.

ولا شبهة في أن علم الكلام مشتمل على القسمين؛ إذ هو من العقل ومن النقل. وعلى هذا؛ فلا إشكال في توسيط لفظ «أو»، باعتراف المعترض. فهو كقولك: «الكلمة اسم أو فعل أو حرف»، وهو صحيح. وبهذا اندفع ما يقال: إن الترديد باقٍ. إلا أنه يبقى شيء آخر، وهو أنه لو تم هذا؛ لكان علم الكلام أكثر من هذين القسمين

(45) التفتازاني، **التلويح**، ج 1، ص 24.

المشار إليهما، فيكون تخصيصهما بالتعريف تخصيصًا بلا مخصص.

ويجاب عندنا بأنهما عمدة الأقسام، وقد يجاب عن أصل الإيراد -أعني ما أورده المعترض- بمثل ما أجاب به جمال الدين الإسنوي، على إيراد أصحابنا على تعريف الأشاعرة للحكم، كما مر.

قال جمال الدين الإسنوي في شرح **منهاج البيضاوي** ما نصه: «وقد يجاب عن هذا بأن يقال: المراد بالتحديد: التقسيم، كما قلناه. ولا نسلم أنه واقع في الحد. وذلك لأن الترديد إنما هو في أحدهما معينًا. وأحدُهما -معيّنًا- أخصُّ من أحدهما مطلقًا، فيكون غيرَه. وأحدُهما مطلقًا هو المعتبر في الحد، ولم يقع فيه ترديد».

قال: «وإلى هذا أشار في **المحصول**؛ فإنه أجاب عن أصل السؤال بقوله: 'قلنا: مرادنا أن كل ما وقع على أحد هذه الوجوه = كان حكمًا'»[46]. انتهى. أي: أعم من الاقتضاء والتخيير الواقعَين في تعريفهم للحكم، بتوسيط لفظ «أو» بينهما، كما مرّ.

فلم يقع في كلام المؤلف -على هذا- ترديد وتقسيم بـ«أو»، في شيء واحد.

على أنها[47] قد تتوسط في الحد الواحد أيضًا؛ لا للتشكيك، ولا لتقسيم المحدود حال كونه شيئًا واحدًا، بل لانقسام محل المحدود ومتعَلَّقِه، كما فعل ابن سينا في آخر **الإشارات**، حيث قال في تعريف إرادة العارفين: «وهو -أي: إرادة العارفين-: ما يعتري المستبصرَ باليقين البرهاني، أو الساكنَ النفسِ إلى العقد الإيماني»[48]. فانظر كيف وسَّط لفظ «أو» بين المستبصر باليقين وبين الساكن والنفس.

فلك أن تقول: إن «أو» في مثل هذا الكلام = للتخيير؛ نظرًا إلى اشتمال الحد على أمرين، كلٌّ منهما يتمّ به ماهيةُ المحدود -أعني إرادة العارفين- فإنها شيء واحد. وإنما التعدد والانقسام = في محلّها ومتعلَّقها. وليس ما يعتري المستبصرَ باليقين البرهاني

(46) الإسنوي، **نهاية السول**، ص 21.

(47) أي: لفظة «أَوْ».

(48) ينظر: أبو علي بن سينا، **الإشارات والتنبيهات مع شرح الخواجة نصير الدين الطوسي، والمحاكمات لقطب الدين الرازي**، تحقيق كريم فيضي (قم: مطبوعات ديني، 1383)، ج 3، ص 409.

نوعًا، وما يعتري الساكن النفس إلى العقد الإيماني نوعًا آخر.

ولك أن تجعل «أو» للتقسيم؛ نظرًا إلى ما ذكرناه من انقسام المحل وتعدُّد المتعلَّق. فكأن المحدود قسمان.

فقول حسن چلبي[49] في **حاشية التلويح**: «إن 'أو' قد تجيء لتقسيم المحدود، وقد تجيء لتقسيم الحد. والضابط: أن الحد إذا اشتمل على أمر شاملٍ، فـ'أو' -فيه- لتقسيم المحدود لا لتقسيم الحد، كما يقال: 'الجسم: 'ما تركب من جوهرين فصاعدًا، أو ما له طول وعرض وعمق'» = ليس على إطلاقه؛ لِمَا عرفت من أنها قد تجيء لا لتقسيم الحد ولا لتقسيم المحدود.

فما زعمه المعترض -هنا- من أن المحدود إذا كان شيئًا واحدًا، كان الإتيان فيه بـ«أو» تشكيكًا وإيهامًا وتلبيسًا = قد أكذبه فيه رئيس العقلاء الذي هو ابن سينا -كما قال المعترض في ما سيأتي إن شاء الله-.

ولا يخفاك أن سعد الدين عرّف «عكس النقيض»، في «القسم الثاني» من **تهذيبه**، بأنه «تبديل نقيضَي الطرفين، مع بقاء الصدق والكيف أو جَعلُ نقيض الثاني أوّلًا، مع مخالفة الكيف»[50]. فقالوا: إن التعريف الأوّل على مذهب المتقدمين، والثاني على كلام المتأخرين. ولا كلام لأحد في صحة هذا التعريف من هذه الحيثية.

أما على قول من يختار أحد المذهبين بعينه ويقدح -مثلًا- في المذهب الآخر؛ فكلمة «أو» -عنده-؛ لتقسيم المحدود. وكذا على مذهب من يقول: إن عكس النقيض قسمان: عكس النقيض الموافق، وعكس النقيض المخالف. وهذا هو ما رضيه القاضي زكريا وغيره.

وأما على مذهب من يصحح التعريفين؛ نظرًا إلى صحة المذهبين، وهم الذين أجابوا على إيراد المتأخرين، وصححوا تعريف المتقدمين، مع اعترافهم بصحة تعريف المتأخرين أيضًا؛ فكلمة «أو» -عندهم- لا لتقسيم الحد، ولا لتقسيم المحدود.

---

(49) حسن چلبي بن محمد الفناري الحنفي (ت. 886هـ).

(50) سعد الدين التفتازاني، **متن تهذيب المنطق والكلام** (القاهرة: مطبعة السعادة، 1912)، ص 11.

فلنا: أن نقول: كلمة «أو» في تعريف المؤلف -رحمه الله- جارية هذا المجرى، ويكون المرجع بها إلى التخيير، كما لا يخفى على خبير.

الحدّ ليس خبرًا ولا إنشاءً

ولنزد بسطًا في هذ المقام؛ تكميلًا للفائدة، وحسمًا لما أتى به المعترض من هذه المعاندة، فنقول: قد تقرر في موضعه: أنّ «أو» إنما تكون للتشكيك في الخبر لا في غيره. والحد ليس خبرًا؛ لأنه تصور ساذج.

على أنها ليست للتشكيك. بل هي لأحد [83 أ] الأمرين المتوسطة بينها، أعمَّ من التساوي في الشك، كما يُفهَم من **المفصّل** لجار الله -رحمه الله تعالى-.

ولهذا قال بعض شراحه: «لا يلزم في الخبر أن يكون المتكلم شاكًا، بل يجوز أن يُبهِم على السامع؛ لغرض، كقلة الفائدة في تعيينه، أو حث السامع على طلبه»(51). إلى آخر كلامه.

والمعترضُ كلامُه مبنيٌّ على أن الحدَّ خبرٌ، وعلى أنّ «أو» = لا تجيء في الخبر إلا للتشكيك. وعلى أن توسطها غيرُ جائز مطلقًا، سواء كانت في حدٍّ واحد أو بين حدَّين مستقلَّيْنِ. فقد ارتكب الشطط على ثلاث مراتب.

فإن قيل: كما أن الحدَّ ليس خبرًا = كذلك ليس إنشاءً. لأن الإنشاء -كالإخبار-، من أوصاف الجُمل. وليس الحدُّ جملةً من الجمل التي تتصف بالإنشاء والإخبار؛ لأنه لمجرد التصوير. على أنهم إنما جعلوا «أو» للتخيير في الأمر.

قلنا: لا نسلم أن النحاة قائلون بأن «أو» إنما تكون للتخيير في الأمر فقط، وإنما المفهوم من كلامهم أنها لأحد الأمرين. فإن كان الكلام مما يصلح فيه التخيير كالخبر = كانت للشك ونحوِه. وإن كان مما يصلح فيه التخيير كالأمر = كانت

(51) قال ابن يعيش شارح المفصّل كلامًا يشبه هذا، وربما نقله المؤلف بمعناه لا بلفظه. ينظر: يعيش بن علي بن يعيش، **شرح المفصل للزمخشري**، تحقيق إميل بديع يعقوب (بيروت: دار الكتب العلمية، 2001)، ج 5، ص 19-20.

للتخيير. فعلى تسليم كون الحدِّ ليس فيه رائحة الإنشاء = لا نسلم أن التخيير فيه لا يصلح؛ نظرًا إلى إعلام السامع بأن له أن يختار ما استحسنه من التعريفين اللذين توسطت بينهما، إن كانت بين تعريفين، أو أحد الأمرين اللذين اشتمل عليهما التعريف الواحد، إن كان ما دخلَتْه تعريفًا واحدًا، كما سمعتَه في كلام ابن سينا، فإن صلوحية التخيير ظاهرة فيه، كما ذكرناه.

وقد بان لذوي الأفهام أن التلبيس والإيهام، إنما كان في كلام المعترض المدعي لمعرفة الكلام.

[نقاش المؤلف للمعترض في تعريفه علم الكلام]

قال: «**فالتعريف الصحيح المنطبق على المحدود جمعًا أو منعًا، أن يقال: 'علم بأمور يُقتَدَر معه على إثبات العقائد الدينية على الغير، بإيراد الحجج عليها، ودفع الشُّبَه عنها'. وبالله التوفيق**».

أقول: فيه إيهامٌ أن هذا التعريف من بنات أفكاره وثبات أنظاره، حيث قال: «أن يقال»، ولم يَقُل: «ما قيل»، أو نحوه، دون هذه العبارة المشعِرة بعدم كون التعريف هذا قد وقع في ما مضى، لا سيما مع تذييله لها بقوله: «وبالله التوفيق». وأنت تعرف أن هذا التعريف هو ما أورده العضد في **المواقف**، واعترضه سعد الدين بشيء مما سنذكره. ووجهه السيّد في **شرح المواقف** توجيهًا، أراد به دفع ما ذكره السعد؛ لِما كان بين الاثنين من المعاصرة. وهكذا كل متعاصرين.

لا يقال: إن اشتهار **المواقف** ينفي ما نسبناه إلى المعترض من الإيهام المذكور؛ إذ ليس عليه أن ينبّه على ما اشتهر.

لأنا نقول: كلا، فإنه قد لاح له عدم أُنس المؤلف وأصحابه بـ**المواقف**، فضلًا عن شهرته عندهم. ولهذا تراه كثيرًا ما ينقل كلامه باللفظ، ويسنده إليه، بذخًا بذلك وتبجحًا، لا استشهادًا أو استنادًا إلى مرضيٍّ عند خصمه. فإن صاحب **المواقف** من جملة خصوم المؤلف وأصحابه؛ فكيف يورد كلامه استشهادًا عليهم؟

ثم نقول: إن المعترض كما اشتغل بالاعتراض على كلام المؤلف -رحمه الله-، ورماه بالحجر والمَدَر، وعامله بقلة الإنصاف وعدم النظر، ثم أتى بهذا التعريف راضيًا له؛ إذ كان من العضد والسيد الشريف، وما تنبه على أن كلام البشر مظنة الاختلال والاختلاف، وأن من التمس عيبًا في ما كان من عند غير الله وحده، لا سيما مع عدم الانصراف إلى الإنصاف = أهلٌ[52] لأن نجري هنا على منواله، ونأتي بما في هذا الحدّ من قصوره واختلاله.

أما أولًا؛ فلأن قوله: «علم» = لا يشمل ما يُكتفى فيه بالأدلة الظنية؛ إذ لا يسمَّى الظن علمًا إلا مجازًا. وهو معيب، كما اعترف به المعترض.

فإن أريد بـ«العلم» هنا ما هو معناه عند أهل المنطق، أي: الشامل لليقيني والظني؛ فإما أن يراد به: «مطلق الإدراك والتصديق»، أعمَّ من أن يكون مطابقًا للواقع -كما يُفهَم من كلام السيد. أو أن يراد به: «التصديق المطابق».

إن كان الأول، أي: ما يشمل الخطأ والصواب، حتى يُدخل إثبات الحجج -بزعم المتصدي لإثباتها كائنًا من كان، من المعتزلة والأشاعرة والكرامية والكلابية والنجارية والجهمية والضرارية وغيرهم كما صرح به العضد-؛ فيلزم أن علم الملاحدة المنسوبين إلى دين الإسلام، والزنادقة وغيرهم، وكأهل وحدة الوجود الزاعمين بأنهم يقتدرون على إقامة الحجج في ما يَدْعُون إليه من الضلالات النازحة عن قواعد الإسلام = يسمى «علم الكلام»؛ لأن عندهم عقائد دينية، وله عندهم حجج لا يقابلها إلا شُبَهٌ -بزعمهم-. والمعلوم أن علمهم ليس من الكلام في شيء. وكذا أهل وحدة الوجود ليس ما عندهم كلامًا؛ لأن مدار كلامهم على شيء واحد؛ هو وحدة الوجود.

وإن كان الثاني؛ فكل يدعي وصلًا [83 ب] لليلي. فيلزم أن علم الأشعري عند المعتزلي = ليس كلامًا، وكذا العكس. فهم مصرحون بأن اسم «المتكلمين» عامٌّ لمن عَرَفَ الكلام على قواعد الإسلام. وأيضًا، يدخل فيه علم الرسول -عليه الصلاة والسلام-، وكذا علم جبريل -عليه السلام-، وعلم الصحابة -رضي الله عنهم-.

---

(52) «أهلٌ» هنا، هي خبر إنّ في قوله: «إن المعترض». أي: إن المعترض أهلٌ لكذا وكذا.

وأما ما قيل من أن دخول الصحابة لا يضر؛ فإنهم كانوا عالِمين بمسمّى «علم الكلام»، وإن لم يكن له هذا الاسم في ذلك العصر، كما كانوا عالمين بالفقه، ولم يكن له ذلك الاسم يومئذ، وبالجملة، فالحادث هو الاسم دون المسمى = فلا جدوى تحته. لأنا لا نسلم أن «الصفات» ذُكِرَت في عصر الصحابة، أعني التي لا هي عين ولا غير، كما اعترف به الغزالي -وسيأتي كلامه إن شاء الله-.

ومثلُ ذلك «الأحوال»، التي قال بها بعض المعتزلة وبعض الأشاعرة، وقال: «إنها لا موجودة ولا معدومة». وكذلك مسألة القرآن الذي هو «كلام نفسي»، لا ترتّب فيه ولا تعاقُب، بل لا حرف فيه ولا صوت، إلى غير ذلك من الأوصاف التي لا يشك أحد أنها لم تُذكَر في عصر الصحابة أصلًا، فضلًا عن أن تكون قاعدة معلومة لهم. دع عنك ما زعمه العضد -وتبعه المعترض- من أن القرآن الأزلي ذو حروف وأصوات، ومع ذلك فلا ترتّب فيها ولا تعاقب، وإنما يعرض لها ذلك بسبب المحل؛ لعدم مساعدة الآلة -كما يأتي-.

ومثل ذلك سائر المسائل الحادثة والاصطلاحات المتجدّدة. فكيف يدعي أحدٌ أن الصحابة -رضي الله عنهم- كان لهم هذا العلم المسمى عند المتأخرين «كلامًا»، فضلًا عن دعوى اقتدارهم على إيراد حججه ورفع شبهه المعروفة الآن؟

نعم، هم يعرفون -رضوان الله عليهم- ما لا يعرفه غيرهم من هؤلاء الذين شغلوا أوقاتهم بإثبات «الجزء الذي لا يتجزأ»، وغيرها من المسائل، التي هي من وراء ما كانوا عليه -رضي الله عنهم-، بل ما كان عليه -عليه الصلاة والسلام-.

وأما ثانيًا؛ فلأنه قال: «يُقتدَرُ معه»، ولم يقل: «يُقْتدَر به». وأراد بذلك المحافظة على مذهب الشيخ الأشعري، في إسناد كل الكائنات إلى الله تعالى ابتداءً، على ما هو قاعدة الجبر. فلم يقل: «يُقتدَر به»؛ فرارًا من توهم أن الاقتدار بالعلم، وإنما هو بالله تعالى، أي: بخلقه له، كما هو مذهبهم. لكن هذه اللفظة جاءت سببًا لاختلال الحدّ طردًا وعكسًا.

أما الطرد؛ فلأن جميع العلوم الحاصلة مع الاقتدار -أي عنده- من النحو،

والصرف، والبيان، وغير ذلك من سائر العلوم = داخلةٌ في الحدّ.

وأما العكس؛ فلأن علم الكلام الذي هو المحدود بعد إثبات العقائد على الغير = لا يبقى معه الاقتدار؛ لأن تحصيل الحاصل محال، ولا اقتدار على المحال، اتفاقًا.

وقد أجيب عن الأول، بأن المراد: «علم يحصل معه الاقتدار البتة»، أي بطريقِ جَرْيِ العادة، لا بالضرورة العقلية والقطع، فيلزمه حصول الاقتدار لزومًا عاديًا. وعلم الكلام كذلك دون سائر العلوم.

وعن الثاني، بأن المراد: ماله مدخل في الاقتدار، ولو على بعض التقادير. وعلم الكلام -بعد الإثبات المذكور-؛ بهذه الحيثية. كذا ذكره سعد الدين، ثم قال: «إن علم المنطق يبقى على هذا»، أي: لأن له مدخلًا قطعًا(53).

قلت: قد زعم بعضهم أن المنطق ليس بعلم، وإنما هو مجرد آلة، كما ذكره صاحب **المطالب**، وهو ضعيف(54).

والجوابان غير تامَّين.

أما الأول؛ فلأن علم النحو والصرف وسائر العلوم = غيرُ خارجةٍ؛ نظرًا إلى أنها إذا قارنت علم الكلام؛ صدق عليها أن الاقتدار حصل معها في الجملة. وأما القول بأنها علوم لا علم واحد؛ فظاهر الفساد.

هذا مع ما عرفته سابقًا، من ضعف اعتمادهم على العادات في كل موضع، وأن قوله: «البتّة»، بطريق جري العادة = ممنوع أيضًا؛ لجواز تخلف العادة، فلا يتم قوله:

---

(53) هذه الاعتراضات التي ذكرها المؤلف نقلها نقلًا شبه حرفيّ عن التفتازاني، ينظر: التفتازاني، **شرح المقاصد**، ج 1، ص 7.

(54) يقصد **المطالب العالية** للرازي، ومن **المطالب** أجزاء مفقودة لم تُحقق بعد، منها مقدمة الكتاب المنطقية، وهي مخطوطة، وقد رجعت إليها فوجدت أن الرازي ذكر مسألةً في: أن المنطق هل هو علم أم لا؟ ثم قال: «فنقول: إن كان المراد بالعلم ما يكون باحثًا عما له وجود في الخارج = لم يكن المنطق علمًا، وإن كان المراد بالعلم ما يكون بحثًا عن كل ما له وجود سواء كان ذلك الوجود وجودًا في الأعيان فقط، أو في الأذهان فقط = فالمنطق علم بهذا الوجه». ينظر: فخر الدين الرازي، **الجزء الأول من كتاب المطالب العالية**، مخطوط 3145، Fatih، ورقة 64 ب-65 أ.

«البتّة... إلخ». ولهذا، عدل القاضي الباقلاني وإمام الحرمين والإمام الرازي عن هذا المذهب.

وأما الثاني؛ فقد عرفته. فإن المنطق، وإن لم يكن له استقلال بالاقتدار معه؛ فله مدخل. ولهذا قال سعد الدين: «ولو قال: 'يُقتدَر به'، وأراد السبب العادي -على ما هو المذهب- في حصول النتيجة عقيب النظر؛ لم يحتج إلى شيء من ذلك»(55). انتهى.

فقد أشار إلى أن هذا الحد باطل، وأراد بـ«المذهب في حصول النتيجة عقيب النظر»: أنه بالعادة عند الأشعري، كما سنوضحه في ما سيأتي إن شاء الله تعالى. وكان قد لاح لي، أنه إنما قال: «معه»، ولم يقل: «به»، مع ظهوره؛ فرارًا من النقض بمن علم تلك الأمور، ولم تكن له ملكة الاقتدار بنفس ذلك العلم، فلا يتم التقييد بالجار والمجرور المذكور، فيكون التقييد بالمعية أولى -بزعمه-. لكنه لا ينجيه ولا يجديه أيضًا، كما لا يذهب على متأمل.

ويخرج عنه ما كان الاقتدار فيه بنفس العلم. وقد ذكر سعد الدين في **حاشية شرح العضد على مختصر ابن الحاجب**، عن بعضهم: أن العلم الحاصل بطريق الضرورة، يكون مع الأدلة، لا عنها ولا بها(56)؛ فلا يكون هذا جاريًا إلا في الضروريات لا الاستدلاليات، وهي أكثر مباحث الكلام.

وأما ثالثًا؛ فلأن العلمَ = من الأعراض. وكلُّ عَرَضٍ -عند الأشعري- لا يبقى. وكل ما لا يبقى = لا يصح أن يقال: «إنه يحصل الاقتدار معه على إثبات العقائد الدينية على الغير بإيراد الحجج عليها، ورفع الشبه عنها». فإن ذلك لا يتم إلا في أزمنة. فكيف يتم مع العلم الذي لا يبقى زمانين؟

لا يقال: إن الأشعري لا يمنع تجدد الأمثال. فالعلم، وإن لم يبق زمانين؛ فأمثاله متجددة كالسلسلة التي لا تنفك.

لأنا نقول: هذا مع أنه خلاف الوجدان، بل خلاف الضرورة = لا بد فيه من المجازِ

---

(55) التفتازاني، شرح المقاصد، ص 7.
(56) ينظر: الإيجي، شرح مختصر المنتهى، ج 1، ص 67.

وارتكابِ خلاف الظاهر. والمعترض معترف [84 أ] بأن التعاريف يجب حملها على ظواهرها.

ثم لا يخفى على العارف بمذهب الأشاعرة: أن القدرة -عندهم- مقارِنةٌ للمقدور. ومعلوم أنها هنا لا تحصل إلا بعد حصول العلم بعديةً زمانيةً. فوقتَ حصول القدرة يجب -عند الشيخ الأشعري- أن لا يكون هناك علم؛ لأنه عرضٌ لا يبقى وقتين فصاعدًا. وعند تحصيل العلم -أي: في أول أوقات تحصيله- لا يكون هناك قدرة، فلا يصدق التعريف المذكور على مذهب الأشعري أصلًا. بل يلزم أنه لا يحصل العلم المذكور لأحد؛ لأنه ليس شيئًا واحدًا حتى يتعلق به الإدراك دفعة واحدة، بل أشياء لا يُتصوَّر إدراكها جميعًا في زمان واحد، لواحد من الطالِبِين. وحينئذٍ، لا يحصل الإدراك الأول في وقت حصول الإدراك الثاني، ولا يحصل الثاني إلا وقد عُدِم الأول على مذهب الشيخ الأشعري. فتأمل -يا أخا الأكراد-، وفقنا الله وإياك للمراد.

وأما رابعًا؛ فلأنه لا اقتدار على قاعدة الأشعري؛ لأن الاقتدار هو التمكن. وأين التمكن ممن لا تأثير له في شيء من أفعاله، بل لا اختيار له إلا في وهمه وخياله؟ إنما المتمكن: مَن له أن يفعل، وأن لا يفعل.

وأما المجبور والخالي عن التأثير؛ فبمعزلٍ عن ذلك. والمعترض معترف بأنه ليس له من التمكن إلا التوهم الفاسد. وزعم أن هذا مقتضى قاعدة الأشعري، وأنه فهمه من كلام السيد في **شرح المواقف**، كما سيصرح بذلك.

وأما خامسًا؛ فلأنه لا يخلو: إما أن يريد بالإثبات في قوله: «على إثبات العقائد»: ما هو معنى «التحصيل»، أو ما هو أعم من ذلك، كما وجهه السيد في **الشرح**.

إن كان الأول؛ لم يوافق قاعدة الأشعري. لأن معنى «التحصيل» هو: معنى «الإيجاد» و«التأثير» بعينه. وليس إلا لله وحده -عند الأشعري-. وإنما للعبد الاكتساب -على فرض صحته، وسيأتي الكلام عليه في مواضع-.

وأيضًا، فإن السيد قد أشار إلى فساد حمل «الإثبات» على معنى «التحصيل»؛ إذ

يلزم منه: إما كون علم الكلام خارجًا وثمرةً -كما عرفت-، وإما تحصيل الحاصل. وأيضًا، فلا يبقى لقوله: «على الغير» معنى صحيح؛ إذ لا يصح قولك: «تحصيل العقائد على الغير»، إلا على ضرب من التجوز، وهو معيب كما ذكرناه.

وإن كان الثاني؛ فحملُ «الإثبات» على غير معنى «التحصيل» = خلافُ الظاهر. كيف وأهل أدب البحث والناظرة، لمّا قابلوا بين الدليل والتنبيه، قالوا: «إن الدليل يُذكَر للإثبات، والتنبيه إنما يذكر لإزالة خفاء البديهي، فلا إثبات فيه».

ولا يخفى على منصفٍ عارفٍ، ما في معنى «الإثبات» من معنى «التحصيل». وإنما يخفى على من لا يعرف السبيل، أو كان غافلًا عن معنى التحصيل.

ولهذا افتقر السيد إلى التنبيه عليه. وكل ما كان خلاف الظاهر = كان غير مرضيٍّ في التعاريف، كما اعترف به المعترض.

حقيقة الدِّين

وأما سادسًا: فلأن التقييد بـ«الدينية» = مما لا يظهر له معنى. لأنه إن أراد إخراج ما سوى العقائد الإسلامية؛ فلا يكفيه تقييده بـ«الدينية»؛ لأن الدين يقال لما هو أعمُّ من دين الإسلام. فقد تقرر في حقيقته -أي: الدين- أنه: «وضع إلهي، سائق لأولي الألباب باختيارهم المحمود، إلى الخير بالذات»، كما عرفه السيد في **حاشية شرح العضد على المختصر الحاجبي**(57).

فدين اليهود والنصارى وغيرهم من أهل الكتاب داخلٌ في هذا التعريف للدين. وهو الآن وإن كان قد خرج عن كونه سائقًا إلى الخير، إنما خرج بالنسخ إلى الشريعة المحمدية -على صاحبها السلام-. فخروجه عن الخير = بالغير لا بالذات.

وشيء آخر، وهو أن صاحب **المواقف** قد صرح في مقالته المفردة، بقدم الحروف المنتظمة من كلام الله(58)، وتبعه المعترض على ذلك. فإذا كانت التوراة -مثلًا- وما

(57) المرجع نفسه، ص 18.

(58) حيث قال في المواقف: «كتابًا كريمًا، وقرآنًا قديمًا، ذا غايات ومواقف، محفوظًا في القلوب، مقروءًا =

فيها من الكلام المنتظم، المشتمل على الأحكام التي جاء بها موسى على نبينا وعليه الصلاة والسلام = قديمةً؛ كان النسخ ممتنعًا؛ لامتناع رفع القديم. وليس للمعترض في دفع هذا الإشكال ما يُعتَمَد عليه -كما يأتي إن شاء الله-.

ثم نقول:

لا شك في صحة قولنا: «دين اليهود ودين النصارى». ولم لا، وقد قال تعالى: ﴿وَمَن يَبْتَغِ غَيْرَ ٱلْإِسْلَٰمِ دِينًا فَلَن يُقْبَلَ مِنْهُ﴾[آل عمران: 85]، ﴿وَرَضِيتُ لَكُمُ ٱلْإِسْلَٰمَ دِينًا﴾ [المائدة: 3]؟ ولو ثبت أن «الدين» لا يقال لغير الإسلام = لم يبق للإضافة معنًى يعتد به في قولهم: «دين الإسلام». وفي السنّة من هذا أيضًا شيء، وقد أنشد أبو الهذيل العلاف -رحمه الله تعالى- قول الشاعر:

تقول وقد درأت لها وضيني　　　أهذا دينه أبدًا وديني؟

مستشهدًا به على أنه: «لا يسمى القياس والاجتهاد دينًا»؛ لأن الدين في اللغة هو: «العادة المستمرة»؛ فلا يوصف بالدين إلا ما كان مستمرًا. وفي **القاموس**: إنه التوحيد، واسم لجميع ما يُتعبَّد الله به، والملة... إلخ.

وإن أراد الاحتراز عن عقائد أصول الفقه؛ فلا نسلم أنها يقال لها في الاصطلاح: «عقائد»، بل «قواعد». ولئن سُلِّم؛ فلا نسلم أنها ليست دينية، أي منسوبة إلى الدين الإسلامي، على ما هو مراده.

وأما سابعًا؛ فلأن قوله: «على الغير» = مستدرك. لأن علم الكلام أعمُّ مما كان لإثبات العقائد عند النفس أو مع الغير.

بالألسن، مكتوبًا في المصاحف». قال الجرجاني في شرحه: «وصف القرآن بالقِدَم ثم صرّح بما يدل على أنه هذه العبارات المنظومة، كما هو مذهب السلف». ينظر: الجرجاني، **شرح المواقف**، ج 1، ص 21.
والمقصد أن الأشاعرة يرون أن القديم هو المعنى النفسي، أما الألفاظ والعبارات فهي حادثة عندهم، وقول الجرجاني: «إن كون العبارات المنظومة مذهب السلف» = غير دقيق. وليس هذا موطن الإفاضة والتفصيل.

اعتبار الحيثية في الحدود

فإن قيل: إن المستدل مع نفسه كالمستدل مع الغير؛ نظرًا إلى المغايرة الاعتبارية.

قلنا: هذا -بعد تسليم جواز المجاز في غير التعاريف الأدبية- يكون تلبيسًا؛ لأن الظاهر من «الغير» هو: الغير الحقيقي، فلا يشمل ما كان المرء فيه مُورِدًا على نفسه، أي متصفحًا للأدلة والحجج لإثباتها عند نفسه، مع دفع الشُّبَه عن خاطره.

ولهذا افتقر بعضهم في تعريف أدب المناظرة، إلى قيد الحيثية، حيث قال: «وهو - أي: أدب المناظرة- توجُّه أحد العاقِلَين بمحاذاة آخر، من حيث هو آخر... إلخ»؛ ليشمل مناظرة الواحد مع نفسه، اعتبارًا بمغايرة الحيثية.

ولا يذهب عنك دفعُ ما يقال: «إن اعتبار قيد الحيثية في الحدود = ينفي هذا الإيراد»؛ لأنهم قد صرحوا أنه لا بد من ذكر قيد الحيثية في الأمور الإضافية، وقد ذكره سعد الدين في تلويحه(59) وغيره.

لا يقال: إنه لا بد من التصريح بقوله: «على الغير»، وإلا لتبادر من «الإثبات» معنى [84 ب] «التحصيل».

لأنا نقول: هذا ممنوع، بل ترك التصريح به أولى؛ ليشمل إثبات الحجج ودفع الشُّبَه من الإنسان مع نفسه، كما في المناظرة.

وفي قوله: «بإيراد الحجج ودفع الشبه»، ما يصرف معنى «الإثبات» عن «التحصيل»، فليُتأمل.

وليس في كلام العضد قوله: «على الغير». إنما هو من شرح السيد، زاده تصريحًا بما فهمه من قول العضد: «على إثبات»، ومن قوله: «بإيراد الحجج ودفع الشُّبَه»، وتقريرًا لحمل معنى «الإثبات على غير»، معنى «التحصيل»؛ لما سبقت الإشارة إليه.

---

(59) قال: «وقيد الحيثية لا بدّ منه في تعريف الإضافيات، إلا أنه كثيرًا ما يُحذَف؛ لشهرة أمره». ينظر: التفتازاني، التلويح، ج 1، ص 16.

وأما ثامنًا؛ فلأن قوله: «بإيراد الحجج»، مستدرَكٌ أيضًا، مع قوله: «عِلمٌ بأمور»؛ إذ ليست تلك الأمور إلا الحجج والشُّبه وما يتبعها من المسائل؛ فإن الاقتدار لا يكون إلا مع العلم بها. أما لو أريد غيرُها؛ لم يثبت الاقتدار أصلًا -كما لا يخفى-.

فإذا ثبت أن تلك الأمور هي الحجج المورَدة والشُّبه المدفوعة؛ لم يبق حاجةٌ إلى قوله: «بإيراد الحجج... إلخ». بل يكون مُفسدًا للكلام؛ لأنه يصير معناه هكذا: «علمُ بحُجج يقتدر معه على إثبات العقائد الدينية على الغير؛ بإيراد تلك الحجج، ودفع تلك الشُّبَه». وهذا -مع ما في العبارة- فاسد؛ لأن العقائد أيضًا عبارة عن تلك الحجج، وإلا لم يصح قوله: «على الغير»؛ لأنه لا يكون الإثبات على الغير إلا للحُجج، لا لنفس الاعتقادات القائمة بالنفس. فإذًا؛ يكون تعريفه هكذا: «علم بحجج يقتدر معه على إثباتها على الغير، وإيرادها عليها(60)... إلخ». فافهمه، فإن فيه تقدم الشيء على نفسه، وكون ثبوته حجة على ثبوته. ولو اقتصر على قوله: «يقتدر معه على إثبات العقائد الدينية»، من دون زيادة؛ لكان أقل خللًا.

ولو أغمضنا على هذا، ففيه فساد آخر؛ لأنه لا يشمل ما كان الاقتدار معه على دفع الشُّبه فقط عن الحجج الثابتة بين علماء الكلام، مما كانت الشبه والحجج في طرفي نقيض، بحيث يكون دفع الشبهة نفسه إثباتًا للحجة، أي بيانًا لثبوتها؛ لِما تقرر من أن المذهبين إذا كانا في طرفَي نقيض؛ كان إبطال أحدهما إثباتًا للآخر؛ نظرًا إلى ما اعتمده المناطقة في مثل «قياس الخَلف»، أي ما يقصد إثبات المطلوب بإبطال نقيضه؛ لِما أن النقيضين لا يرتفعان.

وأما تاسعًا؛ فلأنه لا يشمل ما كان الاقتدار فيه على تقرير الحجج أو تحريرها أو توجيهها أو نحو ذلك من الأمور المذكورة في أدب البحث والمناظرة. وإن كان ذلك يسمى إثباتًا -مجازًا-؛ فلا نسلم جواز المجاز في التعاريف الكلامية، فإنما صرحوا بجواز المجاز في التعاريف الأدبية؛ لأُنس المتأدبين بذلك، ولأنه من مطالبهم، فهو كالحقيقة عند غيرهم.

---

(60) كذا، والسياق يقتضي أن تكون: «بإيرادها عليه»، أي الغير.

فانظر -يا أخا الأكراد- كيف نبا حدُّك، وكبا جدُّك، وعرّفت كلّ عارف بهذا التعريف، أنك لست من حماة الحدود الآنسة، وإنما أنت من أهل الرسوم الدارسة.

ولو كان الرمي بالإفك في إنكار العلوم يُعَدُّ قذفًا؛ لكنت في اعتراضاتك على هذا الحّد مستوجبًا للحدّ؛ حسمًا لمثل دائك وحذفًا. أَوَلَم تعلم أنه كما يدين الفتى يُدان، وأن للبغي مصرعًا ليس للباغي في دفعه يَدان؟

[في تعريف العلم وحدِّه]

ولما قال المؤلف -رفع الله ذكره-: «ويمكن أن يقال: 'هو إدراك تمييزٍ مطابقٌ بغير الحواس، سواء توصل إليه بها أم لا»[61].

قال المعترض: «اعلم أن الإدراك من الأعراض. إن قلنا: إنه من مقولة الكيف أو الانفعال أو الإضافة أو الفعل -كما ذهب إلى كلٍّ ذاهبٌ-، وإن قلنا بما قاله ابن سينا في التعليقات بأنه بكل مقولةٍ من تلك المقولات؛ فقد يكون الإدراك عرضًا، وقد يكون جوهرًا عند بعضهم. وأيًا ما كان؛ فهو أمر وجودي عند المؤلف. فإذا كان جوهرًا؛ فظاهر. وأما إذا كان عرضًا؛ فلأن العَرَض عنده وجودي؛ لأنه فسّر -في ما سيجيء- العقلَ بالعرَضِ، وأطلق فلم يعيّن من أي مقولةٍ من المقولات التسع للعرَض.

ثم قال: 'إن محلَّ العقلِ القلبُ' و'إنه معنًى غير الضرورية[62]'. فدل كلامه على أن العقل أمر وجودي عنده، وقد فسّره بالعرَض، وأطلقَ؛ فيلزم أن يكون العرَضُ بجميع مقولاته أمرًا وجوديًا عنده. وقد فسّر العلم تفسيرًا يعمّ علم الله تعالى، وعلم العباد، باعترافه، بالإدراك، وهو إما عرَض أو جوهر -كما مرّ بيانه-.

وأيًا ما كان؛ يلزم أن يكون العلم أمرًا موجودًا عنده. وإذا كان كذلك؛ لزم أن يكون الله تعالى عالمًا بعلمٍ زائدٍ على الذات، لا بعين الذات، وهو لا يقول إلا: 'إن الله

---

(61) المنصور بالله، **الأساس**، ص 19. والتعريف المشار إليه هنا، أعني قوله: «إدراك تمييز... إلخ» = جاء لتعريف العلم.

(62) أي: غير العلوم الضرورية، فهناك من يجعل العقل هو العلوم الضرورية.

عالمٌ بذاته لا بصفةٍ زائدةٍ". فظهر التناقض بين [85 أ] قوليه.

ثم إنه قد مرّ أنه ذهب إلى أن المخطئ غيرَ المعاند؛ إن أدّى خَطَؤُه إلى الجهل بالله؛ فهو كافر. وقد ردّ على من قال بزيادة الصفات بما تبيّن منه أنه مؤدٍّ إلى الجهل بالله -في زعمه-؛ فيكون القائل به كافرًا عنده. وقد لزمه القول به هنا؛ فلزِمَهُ الكفر من حيث لا يشعر. وكفى الله المؤمنين القتال، والحمد لله رب العالمين».

أقول: قد احتوى هذا الكلام الفاسد على عجائب وغصص، فلنقصها عليك أحسن القصص، مع بسطٍ يظفر منه الناظر بفوائد وفرص، ويعلم أن المعترض قهقر ورجع على عقبيه ونكص.

فمن عجائبه: تقييدُه لكون الإدراك عرضًا؛ بالقول بأنه من مقولة الكيف أو الفعل أو الانفعال أو الإضافة... إلخ. حتى كأنه إذا لم يُحكَم بكونه من أي تلك المقولات؛ فليس بعَرَضٍ. وهذا غلطٌ منه فاحش -كما ستعرفه في أثناء الكلام-.

ومنها: جعلُه للحكم بكون الإدراك من تلك المقولات = مقدمةً للحكم بوجوديته عند المؤلف. وأنت تعرف أنها مقدمة أجنبية بالنظر إلى مطلوبه. فإن مجرد كون العلم عَرَضًا = كافٍ في إلزام المؤلف بموجوديته؛ إذ لا عَرَضَ إلا ما هو موجود. أما على مذهب المتكلمين -والمؤلف منهم-؛ فظاهر. وأما على مذهب الفلاسفة؛ فلأن «الكيف» و«الكم»، وسائر الأعراض النسبية = موجودةٌ عندهم. وأما البعض ممن يجري مجراهم من المتكلمين؛ فإنهم وإن لم يقولوا بوجود البعض منها، لكنهم لا يطلقون عليها اسم «العَرَض» فقط، بل يقولون: «الأعراض النسبية».

ومراد المعترض: أنه يُلزِم المؤلِّفَ أن العقل وجوديٌّ؛ لقوله: «إن محله القلب»، ويُلزمُه أيضًا أن المقولات جميعها وجوديةٌ، كالكيف والكم، والسبعة النسبية؛ لأنه -أي: المؤلف- فسّر العقل بالعرَض وأطلق، فيلزمه -بزعم المعترض- أن علمَ اللهِ زائدٌ؛ لأنه قد تقرر أن الإدراك -أي: العلم- من الأعراض، وقد فسر العلم بالإدراك تفسيرًا عامًا لعلم الله تعالى. فالعلم وجودي؛ بناءً على هذه المقدمات الفاسدة. وإذا كان كذلك؛ فهو زائد -بزعمه-.

هذا تقرير كلامه، وليس واردًا على النظم الطبيعي، بل ليس كلامًا مرتبًا. فانظر هذه المقدمات المجموعة، والإلزامات الممنوعة. ثم انظر كيف رتب هذا الإلزام البارد على ما هو أجنبي، بالنظر إلى مراده الفاسد.

فإن قيل: بل هو مرتب على النظم الطبيعي؛ فإنه راجعٌ إلى الشكل الرابع المعروف في الميزان، وتقريره هكذا: الإدراكُ عرَضٌ، والعلمُ إدراكٌ، ينتج: بعضُ العَرَضِ علمٌ. ثم نجعل هذه النتيجة مقدمةً صغرى، ونضيف إليها كبرى، وننظمه من الشكل الأول، فنقول: بعضُ العرَض علمٌ، وكلُّ علمٍ وجوديٌّ. ينتج: بعضُ العرَض وجوديٌّ.

قلنا: هذا لا يزيده إلا رهقًا، وهو الدليل على أنه كلام غير مرتب ولا منتظم.

أما أولًا؛ فلأن هذه النتيجة الآخرة ليست مطلوب المعترض؛ لأنها جزئية. ومطلوبه أن تكون كلية؛ ليتم له إلزام المؤلف -بزعمه-.

وأما ثانيًا؛ فلأنه إنما حكم بأن العلم وجودي؛ نظرًا منه إلى أنه إما جوهر أو عرَض.

أما الجوهر؛ فظاهر. وأما العرَض؛ فما حكم بأنه وجودي -عند المؤلف- إلا من حيث إن المؤلف -رحمه الله- فسّر العقل بالعرَض وأطلق، ولم يعيِّنه من أي مقولة من المقولات، وحكم بأنه له محلًا. يعني: وكل ما كان له محل؛ فهو وجودي، فليزم -بزعمه- أن العرَضَ وجودي.

ولا يخفى على أحد أن كون العقلِ الوجوديِّ بعضَ العَرَضِ = لا يستلزم أن كل عرَضٍ وجوديٌّ، ولا يتّجه. ألا ترى إنا إذا قلنا: بعضُ الحيوان إنسانٌ، وكلُّ إنسان ناطقٌ؛ فإن هاتين المقدمتين لا ينتج عنهما: أن كل حيوان ناطق؟ بل ذلك محال.

فإن قيل: إن المعترض قد أراد أن المؤلف إذا قد جعل بعضَ العَرَض وجوديًا؛ لزمه أن كل عَرَض وجودي، وإلا لزم أن بعض العدمي وجودي، وهو محال.

قلنا: هذا أيضًا لا يجديه نفعًا؛ لجواز أن بعض العدمي يكون وجوديًا، من حيث إنه يشتمل على قيد وجودي -أي: موجود، كما هو المقصود هنا-، فيكون وجوديًا بالنظر إلى القيد الموجود، فليتأمل.

وأما ثالثًا؛ فالكلية القائلة: «وكلُّ علمٍ وجوديٌّ» = ممنوعةٌ عند كثير من العلماء -كما سيأتي إن شاء الله تعالى-.

كلامٌ في المقولات

ومنها: حكمُه على المؤلف بأنه يقول: إن الإدراك -الذي فسّره على مذهب ابن سينا وغيره- وجودي؛ مؤاخذةً بمجرد إطلاق المؤلف في تفسير العقل بالعرَض، حتى قال: «فيلزم أن يكون العرَض بجميع مقولاته وجوديًا عنده». وهذا من أعجب ما يجري من ثمرات الخذلان. ولا يخفى على من تصدى للتأليف في هذا العلم، بل لا يخفى على متعلم عارف بكتاب من كتب الفن، أن القول بوجود المقولات جميعها -نسبيِّها وغير نسبيِّها- باطل عند جميع المتكلمين إلا من شذَّ منهم. فكيف توهم المعترض أن المؤلف يقول بذلك، وهو من أشد المتكلمين في إنكار مقالات الفلاسفة ومن يجري مجراهم؟

فيا عجباه ممن يتوهم أنه جعل المقولات جميعًا وجودية، على ما هو مراد المعترض؛ فإنه يريد بالمقولات: التسعَ. من أن القول بوجود سبعة منها -وهي: «النسبية»- محضُ الفلسفة. وقد تمسك الفلاسفة على كونها وجوديةً بوجوه، وعارضهم المتكلمون بوجوه -أعني أنهم عارَضوهم ردًا لوجود السَّبْع النسبية-. ولولا خوف الإطالة لسردنا كلام الفريقين؛ لتعرف أن القول بكونها وجوديةً جميعِها = غيرَ سالم من الريبة في الإسلام وقواعده.

وقد قال بعض المتأخرين من المتكلمين بثبوت بعضها وعدمية بعض، وبرهن على ذلك بما لا يخلو عن نقد، وهو شاذ بالنسبة إلى الجمهور.

ميل معمر بن عبّاد السلمي المعتزلي إلى طريقة الفلاسفة في إثبات الأعراض النسبية، وهي مما نقمها عليه أصحابه المعتزلة

وأما الإمام الرازي فقال في **المحصل** ما نصه: «أما المتكلمون فقد أنكروا وجود الأعراض النسبية». ثم أورد أدلتهم، وأردفها بأدلة الفلاسفة، حتى قال: «ثم إن

معمرًا -من قدماء المتكلمين- أثبت؛ لقوة هذه الحجج، هذه الأعراض النسبية، ولم يجد دافعًا للتسلسلات المذكورة، فالتزمها وأثبت أعراضًا لا نهاية لها؛ كل واحد منها يقوم بالآخر»[63]. إلى آخر كلامه. والمراد بالنسبية: هي «السبعة» دون الكيف والكم؛ فإنها لا تسمَّى نسبية. وقد بالغ المتكلمون في إنكار الأعراض النسبية، إلا من سمعت ذكره. والمؤلف -رفع الله ذكره- من أجلَدِ الناس في نصرة القواعد الإسلامية، وهدم الشُّبَه الفلسفية -كما لا يخفى على من نظر في كلامه-، وإن كان خاليًا عن حسن النظم المألوف عند أهل خصامه.

وإذا عرفت هذا؛ فكلام المعترض إما أن يكون جهلًا أو تلبيسًا. ولا يبعد أن يكون من جهالاته؛ فقد جهل في البحث من هو خيرٌ منه في تحقيقاته، وظن أن الفلاسفة يقولون بوجود النسبية في مثل: «زيدٌ قائم»، مع قطع النظر عما في الذهن، وعن اللفظ، حتى غلط أكثر المُحَشِّين على **شرح التلخيص المختصر** لسعد الدين غلطًا ناشئًا عن لفظ «النسبة»، فحسبوا أن قول الفلاسفة بوجود الأعراض النسبية في الخارج = قولٌ بوجود النسبة المذكورة آنفًا في الخارج. وبينهما بون ومعارج.

واعلم أن الناس مجمعون على أن الموجودات -أي ما يتصف بالوجود- لا يخرج عن ثلاثة:

أولها: واجب الوجود تعالى، وإن كان وجودُه عينَه.

ثانيها: ذات الجوهر، وإن اختُلِف في مسمّاه؛ فإنه عند الفلاسفة يُطلق على ما هو أعم من المتحيز، بخلاف المتكلمين؛ فإنه لا يطلق عندهم على غير المتحيّز.

الثالث: ذات العَرَض، وإن اختُلِف في مسماه أيضًا، بل قد اختُلِف في وجوده؛ فمنهم من نفاه، وذلك لا ينافي قولنا: إن الموجودات لا تخرج عن الثلاثة إجماعًا. فمن نفى وجود تلك المقولات -كالمتكلمين المثبِتين لسائر الأعراض سوى التسعة المعروفة، المعبَّرِ عنها بـ«المقولات»-؛ لم يطلق عليها اسم «الأعراض»، أصلًا

---

(63) الرازي، **المحصل**، ص 70-71.

خصوصًا ما عدا الكم والكيف.

تسمية الفلاسفة للمقولات بقاطيورياس، كما يسمّون الكليات الخمس بإيساغوجي

ولذا؛ تسمع المتكلمين [85 ب] يقولون لها: «المقولات». ولا تجد تسميتها «أعراضًا» إلا في كلام الفلاسفة ومن يجري مجراهم. وما سمّاها الفلاسفة «أعراضًا» إلا لقولهم بوجودها وعروضها لغيرها. على أنهم لا يُخلونَ السبعةَ منها عن التقييد، فيقولون: «الأعراض النسبية». وربما عبروا عنها بـ«قاطيورياس»(64)، كما يعبرون عن الكليات الخمس بـ«إيساغوجي»، مع اختلافهم فيها أشد الاختلاف. حتى إن كثيرًا منهم لم يقل بأكثر من أربع مقولات: الكم، والكيف، والحركة، والإضافة. وبعضهم على أنها ثلاثة فقط: الكم، والكيف، والنسبة. وهي شاملة للسبعة عند هذا البعض.

ومذهب أرسطو -واختاره النصير الطوسي-: أنها تسعة.

وأما أبو علي بن سينا؛ فمتحيِّرٌ في مقولة «المِلْك»، كما قاله نجم الدين الكاتبي. حتى قال في **الشفاء**: «أما مقولة 'الجِدَة'؛ فلم يتفق لي إلى هذه الغاية فهمُها، ولا أحدِ الأمور التي تُجعَل كالأنواع لها، ولا أعلم سببًا يوجب أن تكون مقولة 'الجِدَة'؛ جنسًا لتلك الجزئيات، ويشبه أن يكون غيري يعلم ذلك»(65). انتهى كلامه.

والجِدَة -بكسر الميم وفتح الدال المهملة على وزن عِدَة-: هي مقولة «المِلْك».

إذا عرفت هذا؛ فالمؤلف -رحمه الله- ممن لا يصح عنده أن يطلق لفظ «العَرَض» على تلك المقولات بأسرها. فإطلاقه للعَرَض في تفسير العقل = غير مفتقر إلى تقييد؛ إذ لا عَرَض عنده إلا ما كان موجودًا، وهو لا يقول بوجود تلك المقولات، كسائر المتكلمين، إلا من تشبّث بأذيال الفلاسفة أو تورط في شبهتهم.

---

(64) كذا، والمشهور هو: «قاطيغورياس».

(65) أبو علي بن سينا، **منطق الشفاء**، تحقيق الأب قنواتي [وآخرون] (القاهرة: الهيئة العامة لشؤون المطابع الأميرية، 1959)، مج 1، ج 2 (المقولات)، ص 235.

وبهذا تعرف أن القول بأن «الإدراك» من المقولات عند المؤلف، كما أوهمه المعترض = قولٌ بعدم موجوديَّتِه، وهو خلاف ما أراده المعترض بقوله: «اعلم أن الإدراك... إلخ». فوقع -بهذه المقدمة التي جعلها لإلزام المؤلف- هدمٌ لما بناه، ونقضٌ لما رتبه وارتضاه. ولا يحيق المكر السيئ إلا بأهله، ولا يرجع شؤم البغي إلا بمثله.

الأعراض النسبية سبعةٌ

وقد حُكِي عن معمر بن عباد من أصحابنا الذهابُ إلى وجود السبعة النسبية، كما مر في كلام الرزاي؛ وهي: الأين، والمتى، والوضع، والفعل، والانفعال، والإضافة، والمِلك.

قيل: والتزم معمرٌ التسلسلَ، حيث أُورِد عليه بأنه لو قيل بوجود هذه الأعراض النسبية؛ لثبت أنه لا بد لها من محل. ولا شك أن محلها متصف بها؛ فلها إليه نسبةٌ بالمحلّيّة والاتصاف، فتكون هذه النسبة موجودةً ثَمَّ كذلك، كما ذكروه في الكتب الكلامية، وسيأتي إن شاء تذكير بذلك في موضع يليق به.

نعم، لمعمر أن يجيب عن هذا بأنها منتهية بالآخرة إلى الجوهر، وهو المحل القاطع للزوم التسلسل.

هذا، والمفهوم من كلام السمرقندي في **الصحائف**، أن بعضها وجودي وبعضها ليس كذلك(66). والذي عليه جمهورهم -أي: المتكلمين- هو القول بأنه لا وجود لها -أي في الخارج-؛ إذ هو الذي يقولون به، لا الوجود الذهني. إلا الأين؛ فإنه عندهم موجود في الخارج، لكنهم لا يسمونه بـ«الأين»، وإنما يسمونه بـ«الكون»، وقد جعلوه أربعة أنواع: الحركة، والسكون، والاجتماع، والافتراق.

---

(66) ليس هو المفهوم من كلامه بل هو منطوقُه، قال السمرقندي في مبحث الأمور النسبية بعد أن ذكر الخلاف بين الفلاسفة والمتكلمين في كونها وجودية أو عدمية: «وتحقيق هذا الموضع من المهمّات؛ إذ يبتني عليه كثير من المطالب الشريفة، فنقول: الحق أن الأمور النسبية بعضها عدمية كالمنافي؛ فإنه الذي يجتمع مع الآخر، وبعضها وجودية، كالـ'مع'؛ فإنه عبارة عن شيء موجود عند كون الآخر موجودًا». وعلّق: «ولكن كلها اعتبارية». والاعتباري وجوده ذهني عند السمرقندي -على خلاف من نفى الوجود الذهني-. ينظر: السمرقندي، **الصحائف**، ص 244.

والفلاسفة لمّا ذكروا الأعراض النسبية في معرض الكلام على انحصار الموجودات، والأجناس العالية من الأعراض = احتاجوا إلى ذكر «النقطة» و«الوحدة»؛ بناءً على أنهما من الموجودات الخارجية.

فهل يقول مميِّزٌ: إنه يلزم من إطلاق «العَرَض» في عبارة بعض المتكلمين - كالمؤلف- أن يقول بأن المقولات بأسرها موجودة أو وجودية؟

وليت شعري، ما يسمَّى هذا اللزوم؟ وهل هو من اللازم بالمعنى الأعم أو منه بالمعنى الأخص؟ وهل يقول أحد: إن العَرَض إذا أُطلِق في كلام الفلاسفة أو من يجري مجراهم؛ فلا يكون خارجًا عن المقولات المذكورة؟ وسيأتي لهذا الكلام تمام.

على أن الإمام الرازي قد قال بأن انحصار تلك المقولات في التسع؛ اعتمادًا على أشياء اعتمدوها = مما لا سبيل إلى تحقيقه عندهم أيضًا.

قلت: وذلك لأن الانحصار لم يتم، إلا بعد الحكم بكونها أجناسًا، وأنها غير مندرجة تحت غيرها من الأجناس، وأنها شاملة لأجناسٍ تحتها، وعلى أنه لا جنس عاليًا غيرها، إلى غير ذلك من الأشياء التي يمكن المنازعة في كل منها، كما عُرِف في موضعه.

ومنها: أن قوله[67]: «وهو إما عرض أو جوهر»، وقوله أولًا: «فقد يكون الإدراك جوهرًا، وقد يكون عَرَضًا». إلى آخره = مشعِرٌ بأنه لا مخالف في كون العلم أمرًا وجوديًا -أي: موجودًا- على ما هو مراده. وهذه منه مجازفة؛ فإنه قد ذهب بعض المتكلمين إلى أنه لا وجود للعِلْم في الخارج. وهم لا يثبتون سواه -أعني الوجود الخارجي-. وليس هذا من الأمور الخفية؛ فإنه قد ذكره ابن أبي شريف في **حاشية شرح النسفية**، عند الكلام على مذهب نفاة الحقائق من العِنادية والعِندية[68]. بل في كلام ابن سينا -الذي ادّعى المعترض أنه يقول بأن العلم جوهر- ما يُشعِرُ بهذا المذهب - أي كون العلم غير موجودٍ في الأعيان، بل في الأذهان-. وقد أشار إلى ذلك ميرزا

(67) عاد إلى مناقشة ما في كلام المعترض من عجائب وغصص، كما قال.
(68) «لا وجود للعلم في الخارج عند كثير من المتكلمين». ينظر: ابن أبي شريف المقدسي، **الفرائد في حل شرح العقائد**، ص 95.

جان[69] في **حواشي شرح التجريد**، وكذلك السيد المحقق في **حاشية شرح المطالع**، حيث قال: «إن العلوم من الموجودات الذهنية؛ لكونها صورًا عقلية... إلخ».

تحقيق لابن سينا، ذكره في كتابه الشفاء، تزول به الشبهة في أن الجوهر جوهرٌ في الخارج والذهن معًا، فلم كان العلم من مقولة الكيف مثلًا؟

وكلام إلهيات **الشفاء** -الآتي نقلُه- مرشدٌ إلى هذا. وكل من قال: إن العلم إنما هو التعلق بين العالم والمعلوم، وإنه من الإضافات التي لا وجود لها في الأعيان؛ فهذا كلامه.

وقد ذهب إلى هذا جمهور من المحققين، حتى اختاره الإمام الرازي لنفسه في صفات الله سبحانه تعالى، وحكاه الكاتبي، والأبهري[70]، عن الشيخ أبي علي بن سينا مطلقًا، أي في ما هو أعمُّ من الجناب المقدس. فأين القول بأنه جوهر -كما زعمه المعترض- من القول بأنه لا وجود له في الأعيان؟ وستعلم تحقيق المقام تقريبًا إن شاء الله تعالى.

ومنها: ما زعمه من أن كلام ابن سينا في **التعليقات**[71]، يقتضي أن العلم قد يكون جوهرًا. وهذا فهم منه مقلوب، ونظر معكوس. فإن ابن سينا في إلهيات **الشفاء**، أورد هذا الذي أشار إليه المعترض شُبهةً، حيث قال: «إن العلم بالجوهر كيف يكون عرضًا؟ فإن الجوهر لذاته جوهر؛ لأن ماهيته محفوظة، سواء نسبت إلى إدراك العقل أو نُسِبت إلى الوجود الخارجي».

وأجاب عنها: بأن «الجوهر [86 أ] ماهيةٌ، إذا وُجِدَت في الخارج؛ لا يحتاج إلى

---

(69) حبيب الله الملا ميرزا جان الباغنوي الشيرازي الأشعري الشافعي، متكلم وأصولي ومنطقي (ت. 944هـ).

(70) يغلب على الظن أنه يعني سيف الدين أحمد الأبهري الشافعي (ت. 800هـ)، الذي شرح **المواقف**. وسينقل عنه قريبًا.

(71) أي: كتاب **التعليقات** لابن سينا.

الموضوع. ولا ينافي ذلك الاحتياج إلى الموضوع في الوجود الذهني؛ فهو -حال احتياجه في الذهن إلى الموضوع- يصدق عليه أنه لا يحتاج إلى الموضوع في الوجود الخارجي. فلا منافاة بين كون الشيء جوهرًا بذاته، وكونِه عَرَضًا بحسب وجوده في الذهن.

نعم، لا يكون الشيء جوهرًا وعَرَضًا بالنظر إلى وجود واحد»(72). هذا كلامه. وهو صريح في خلاف ما عزاه المعترض إليه؛ بناء على أن العلمَ = بكل مقولة من المقولات العشر(73).

لا يقال: كيف يصح قول ابن سينا المذكور -أي: تصريحه كغيره من الفلاسفة- بأن «الجوهر ماهية إذا وُجِدت لا تحتاج إلى الموضوع»، مع أنهم مطبقون على أن الهيولي والصورة جوهران، وأن الصورة حالَّةٌ في الهيولى ومحتاجة إليها؟ وهل هذا إلا تناقض؟

لأنا نقول: إنما يَتوهَّم توجُّهَ هذا السؤال من لا يعرف مذاهبهم ومصطلحاتهم؛ فإنهم يقولون: «إن المحل أعمُّ من الموضوع، كما أن الحالَّ أعمُّ من العَرَض». فنفيُ حاجة الجوهر إلى الموضوع = لا يستلزم نفي حاجته إلى المحل؛ لما عرفت من أنّ نفي الأخصِّ = أعمُّ من نفي الأعمّ. فالصورة محتاجة إلى المحلّ، وليست محتاجةً إلى الموضوع. وكونُها حالّةً في محل = لا يقدح في جوهريّتها عندهم؛ لِما عرفت من عموم الحالّ في المحلّ. فليس كل حالٍّ عرضًا. وكلُّ عَرَضٍ = حالٌّ في محلّ. وهو ظاهر. ومن

---

(72) يبدو أنه نقله بالواسطة وبالمعنى، وهذا نص ابن سينا، كما هو في المطبوع، قال: «فصل في العلم وأنه عرض. وأما العلم فإن فيه شبهة، وذلك لأن لقائل أن يقول: إن العلم هو المكتسب من صور الموجودات مجردةً عن موادها، وهي صور جواهر وأعراض. فإن كانت صور الأعراض أعراضًا؛ فصور الجواهر كيف تكون أعراضًا؟ فإن الجوهر لذاته جوهر. فماهيته جوهر، لا تكون في موضوع البتة، وماهيته محفوظة، سواء نسبت إلى إدراك العقل لها، أو نسبت إلى الوجود الخارجي».

أجاب ابن سينا: «نقول: إن ماهية الجوهر جوهرٌ؛ بمعنى أنه الموجود في الأعيان لا في موضوع، وهذه الصفة موجودة لماهية الجواهر المعقولة، فإنها ماهيةٌ شأنها أن تكون موجودة في الأعيان لا في موضوع، أي: أن هذه الماهية هي معقولة عن أمرٍ وجودُه في الأعيان أن يكون لا في موضوع. وأما وجوده في العقل بهذه الصفة؛ فليس ذلك في حدِّه من حيث هو جوهر، أي: ليس حد الجوهر: أنه في العقل لا في موضوع، بل حده أنه: سواء كان في العقل أو لم يكن؛ فإن وجوده في الأعيان ليس في موضوع» إلى آخر كلامه. ينظر: أبو علي بن سينا، **الإلهيات من الشفاء**، تحقيق الأب قنواتي وسعيد زايد (القاهرة: الهيئة العامة لشؤون المطابع الأميرية، 1960)، ص 140-142.

(73) سيوضح هذا لاحقًا.

لم يفرّق بين المحل والموضوع، وبين الحالّ والعرض، وخطر بباله هذا السؤال = توهَّم أنهم يجوّزون كون الشيء جوهرًا وعرضًا، بالنظر إلى وجودٍ واحدٍ باعتبارين مختلفين.

وكأنّ المعترض قد حام حول هذا الغلط الفاحش، وإلا لما توهَّم أن ابن سينا يقول بأن العلم قد يكون جوهرًا، مع عدم الشبهة في أن العلم من الأعراض عندهم وعند غيرهم. وخالف ما نقلناه عن ابن سينا كما ترى. وهو في غاية الصراحة والوضوح.

وبالجملة، فلا يشك عارف في أن هذا الذي ذكره المعترض عنه = خلافُ مذهبه، كما أنه خلاف ما يشهد به العقل السليم.

وأيضًا فهو خلاف ما حُكِي عنه من أنه يقول بأن الإحساس بالجزئيات = من قبيل العلوم، وما نقله منه سيف الدين الأبهري في **حاشيته على شرح المواقف**، من أنه قال: «إن العلم تعلُّقٌ بين العاقل والمعقول». فلا يصح ما توهمه المعترض. كيف وقد صرح ابن سينا -كما حكاه السمرقندي في **الصحائف والمعارف**- بأن «العلم داخل في مقولة الكيف بالذات، وفي مقولة المضاف بالعَرَض»[74]؟

قلت: وهو قريب في المعنى مما حكاه الأبهري عنه، من أن «العلم تعلُّق بين العاقل والمعقول».

وقد أورد ابن سينا في **الإشارات** سؤالًا في ذلك، وتركه بغير جواب، وكأنه اعتماد منه على ما ذكره في **الشفاء**. فلا منافاة بين ما قالوه من أن الشيء المعلوم حاصلٌ بماهيته في العقل؛ بناءً على الوجود الذهني، وبين ما قاله من أن العلم من مقولة الكيف، وكذا قوله في موضع آخر من **الإشارات**: «إن الإدراك هو أن يكون الشيء حقيقةً متمثلةً عند المدرك»[75]؛ لا يفيد أن العلم قد يكون جوهرًا. بل ربما أشعر لفظ «التمثُّل» بخلافه.

ولهذا قال بعض المحققين: «إن مرجع كلام ابن سينا في جميع مؤلفاته = إلى أن

(74) السمرقندي، **الصحائف**، ص 172.

(75) أبو علي بن سينا، **الإشارات والتنبيهات** (مع شرح نصير الدين الطوسي)، تحقيق سليمان دنيا (بيروت: مؤسسة النعمان للطباعة والنشر والتوزيع، 1992)، ج 2، ص 359.

العلم من مقولة الكيف؛ إذ العلم -بما هو من تلك المقولات- كيفيّةٌ. فهو نفسه من مقولة الكيف».

قال: «وكون العلم من مقولة الكيف = هو أسدُّ الأقوال، ويرجع إليه قول من قال: 'إن العلم بكل مقولةٍ'؛ لِما أنه إذا أريد بالكيف ما يُتَصَوَّر معه المحاكاة -ولو بتغاير الوجود-، فيكون من مقولة الكيف. وإن قلنا: إن ماهيات الأشياء يكون علمها بمعنى حصول نفسها في العقل».

تفصيل يتضح به الوجود الذهني ومعنى العلم عند الفلاسفة ومن يجري مجراهم

وتفصيلُه: إذا توجهنا إلى ماهية من الماهيات = يحصل لنفسها نحوٌ آخرُ من الوجود. وذلك النحو الآخر هو المسمى بـ«الوجود الذهني». لكن ينبغي أن يُعلم أن مرادهم بالحصول في الذهن = أعمُّ مما هو بطريق الانطباع -كما أشار إليه نجم الدين الكاتبي عن بعضهم-. فلا يلزم أن يكون العلم بالجوهر جوهرًا، كما لا يلزم أن يكون الذهن حارًا أو باردًا عند العلم بالحراة أو البرودة، ولا اجتماعهما في الذهن عند العلم بهما معًا -كما أورده الرازي وغيره-، وأن تلك لوازم للوجود الخارجي فلا ترد عليهم في الذهني.

وهذا هو سر الذهاب إلى أن «العلم = بكل مقولةٍ»؛ نظرًا إلى أن التفاوت ليس إلا في الوجود لا في الموجود. فالقول بأن العلم بكل مقولةٍ من تلك المقولات العشر = هو نفس القول بالوجود الذهني. فلا فرق في التحقيق بين قول من يقول: «إنه من مقولة مخصوصة من المقولات»، وقول من يقول: «إنه بكل مقولة»؛ إلا في الاعتبار.

وقد عرفت نفي المتكلمين الوجود الذهني. ومع ذلك؛ فلا يبقى معك شك في أن المعترض ركب في تركيبه متن عمياء، وخبط في تخليطه خبط عشواء.

وقد ذكر الدواني أن قول من قال من الحكماء بأن العلم من مقولة الكيف؛ مبني على مسامحة. كيف وقد ذهبوا إلى أن الوجود الذهني: عبارة عن وجود ماهيات الأشياء في العقل، أعمَّ من القول بالشبح والمثال ومن الأشياء أنفسها؟ هذا معنى

كلامه[76]. ولعله منشأ خبط المعترض.

تعريف الجوهر عند الفلاسفة: وهو ما إذا وُجِد في الخارج كان لا في موضوع

لكن قد عرفتَ أن الجوهر المعلوم، وإن صدق عليه -عندهم- حدُّ الجوهر؛ فهو -بالنظر إلى الوجود الذهني- عَرَضٌ لا جوهر -كما مر بيانه في كلام ابن سينا المنقول عن إلهيات **الشفاء**-.

وبهذا كله تعرف أنه لا فرق بين كلام ابن سينا وبين غيره عند الرجوع إلى هذه القاعدة، وأنه لا قائل بأن العلم جوهرٌ، إلا من لم يفرق بين العلم والمعلوم.

ولا أعلم أحدًا ذهب إلى ذلك، إلا ما لاح من كلام هذا المعترض وحكايته. فإن الإنسان -مثلًا- حين العلم بكونه إنسانًا = موجودٌ في الذهن عندهم، ويصدُق عليه حدُّ الجوهر؛ وهو أنه: «إذا وُجِد في الخارج كان لا في موضوع»، على ما حدّوه.

فمن هذا، لعله توهم هذا القائلُ بجوهرية العلم، وما علم أن الصورة العقلية لا يصدق عليها حدُّ الجوهر؛ لأنها قائمة بالذهن، فلا يصدق عليها إلا حدُّ العَرَض؛ لأنها لا توجد في الخارج إلا في موضوع؛ وهو الذهن في ما نحن فيه، ولا تستقل عن الذهن.

فمن لم يفرق بين الصورة العقلية -التي هي عبارة عن العلم- وبين نفس الماهية -التي هي المعلوم-؛ كان كمن لم يفرق بين العَرَض والجوهر، بل بين الوجود الذهني [86 ب] والوجود الخارجي؛ لما عرفت من أن الصورة العقلية = من الموجودات الذهنية، كما هو المفهوم من كلام الشيح الرئيس، وصرح به السيد المحقق، وميرزاجان، كما مر. فأين المعترض عن هذا؟

---

(76) ينظر: الأفغاني وعبده، **التعليقات على شرح العقائد العضدية**، ص 82.

قف على اضطراب كلام ابن سينا في العلم، وذهابه في بعض أقواله إلى أنه عدمي لا وجودي

بل قال نجم الدين الكاتبي في **شرحه للمحصل** ما نصه: «اضطرب الشيخ ابن سينا في العلم، فتارةً جعله أمرًا عدميًا، حيث فسره بالتجرد عن المادة، وتارة جعله وجوديًا حيث فسره بالصورة المرتسمة في الجوهر العاقل، المطابقة لماهية المعقول. وقال في **الإشارات**: 'إدراك الشيء هو: أن يكون حقيقتُه متمثلة عند المدرك'. وتارة جعله عبارة عن مجرد إضافة، وأخرى عن صفة ذات إضافة»(77). انتهى. وبه يزداد ظهور الخلل في كلام المعترض. وأين جَعْل العلمِ أمرًا عدميًا من جعله جوهرًا؟ نظرًا إلى الشبهة التي نشأت عن قولهم بالوجود الذهني.

كلام في الوجود الذهني

واعلم أن تحقيق البحث في الكلام على الوجود الذهني، وتحرير محل النزاع = صعب جدًا.

قال الأبهري: «النزاع فيه راجع إلى النزاع في ماهية العلم. فمن فسّره بحصول الصورة عند العقل أو تأثُّر النفس عن انطباع الصورة فيه، كالحكماء = أثبته. ومن فسره بالتعلُّق بين العالِمِ ونفس المعلوم أو صفةٍ يعرض لها التعلق، كالمتكلمين = نفاه». انتهى.

قلت: هذا حق؛ لأن حصول شيء في شيء أو عند شيء، وكذا تأثر شيء بشيء = يستدعي وجودًا؛ إذ ليس هذا الحصول والتأثر بمجرد الاعتبار. فإذا كان الوجود لازمًا، وليس خارجيًا قطعًا = كان وجودًا ذهنيًا. وبهذا يظهر أن القول بأن العلم عبارة عن: حصول الصورة في العقل = أَوْلَى باستلزام الوجود الذهني، ويتبين أن القول بأن العلم من مقولة الإضافة = أنسبُ بالمتكلم، كما أن الأول أثبت بالمتفلسف.

---

(77) الكاتبي، **المفصل**، ورقة 88 ب؛ قارن بـ: الكاتبي، **شرح المحصل**، ص 485.

ثم قال الأبهري في **شرح المواقف**[78] ما لفظه: «وتحقيقه: أن العلم لا بد فيه من تعلق بين العقل والمعقول؛ بسببه يمتاز المعلوم عند العقل عن غيره. فذلك التعلق هل هو بين العقل وبين المعقول نفسه؟ أو بينه وبين صورته المطابقة له؟

قال الشيخ بالأول. ولذا جعل الإحساس بالجزئيات من قبيل العلوم؛ لأنه -أيضًا- عبارة عن تعلق النفس بالمحسوس، بحيث يمتاز بسببه عن غيره، كالعلم. وأثبت أن الله تعالىٰ عالم بالجزئيات علىٰ وجه جزئي، وأن الرؤيا خيال». انتهىٰ. ومنه يزداد عندك غلط المعترض وضوحًا، ويتبين لك صحة ما ذكرناه تصريحًا وتلويحًا.

واعلم أنهم قد نقلوا هذا المذهب عن الشيخ الأشعري، وقالوا: إنه يجعل الإحساس من قبيل العلم.

وبهذا يُعلَم أن قوله[79] في «مسألة الرؤية»: إن المؤلف -قدس الله روحه- افترىٰ علىٰ الرازي، حيث حكىٰ عنه أنه قال: «إن الخلاف في رؤية الله تعالىٰ بين الأشعرية والمعتزلة ونحوهم = لفظي». وسننبهك علىٰ ذلك في موضعه الآتي إن شاء الله.

وليس المراد هنا إلا التنبيه علىٰ أنه لا قائل بجوهرية العلم، كما توهم المعترض. وتحقيق ذلك: أن الجوهرية من الآثار الخارجية في الحقيقة. والوجود الذهني ليس مبدأ للآثار الخارجية -كما قالوا-. وغايته أنه نحوٌ من الوجود الخارجي العيني، كما مر.

قال الرازي في **المحصل**: «وهو باطل، وإلا لزم أن يكون العالِم بالحرارة والبرودة حارًا باردًا. لا يقال: المنطبع صورته ومثاله؛ لأنا نقول: الصورة والمثال إن كان مساويًا في تمام الماهية للمعلوم؛ لزم المحذور، وإلا بطل قولهم»[80]. انتهىٰ.

وقد عرفتَ جوابهم عليه سالفًا وآنفًا. أي: إنهم يقولون بأن للوجود العيني لوازم لا تكون للذهني الظِّلِّي، كالحرارة والبرودة، وسائر لوازم الوجود الخارجي العيني.

ولهذا يقولون: إنه وجود يستتبع الآثار الخارجية. وقد يقولون: إنه مبدأ الآثار

---

(78) **شرح المواقف** لسيف الدين الأبهري، لا أعلم أنه طُبع.

(79) يعني المعترض.

(80) الرازي، **المحصل**، ص 78-79.

الخارجية. وكثيرًا ما كان شيخنا السيد سعد الله -عافاه الله تعالىٰ-[81] يردِّد علينا هذه العبارة؛ بناء منه علىٰ أنها تفيد إدراك وجه الدفع لما يورده المتكلمون علىٰ الفلاسفة القائلين بالوجود الذهني. وعندي أن هذه العبارات كلها مستلزمة للمصادرة علىٰ المطلوب -كما لا يخفىٰ علىٰ المتأمل المنصف-؛ فإن جواب الفلسفي في دفع إيراد المتكلم لمثل ما أورده الإمام الرازي: «تلك آثارٌ تابعة للوجود الخارجي أو لازمة له أو إنه مبدأ لها دون الوجود الذهني، فليس كذلك» = هو نفس الدعوىٰ وغير محل النزاع والبحث.

وقد اعترضه بعضهم باعتراض متين، فقال: «حاصل هذا الجواب: نفي مادة الشبهة، في ما إذا ادعىٰ الخصم النافي للوجود الذهني، لزومَ اتصاف الذهن بالصفات الموجودة في الخارج كالحرارة والبرودة. وأما لو تمسك بلوازم الماهية، كالزوجية والفردية وصفات المعدومات، فلا يتم الجواب. لأنه لا معنىٰ للزوج والفرد إلا ما حصل فيه الزوج والفرد. وكذا يلزم أن يكون الذهن ممتنعًا؛ إذ لا معنىٰ للممتنع والمعدوم -مثلًا- إلا ما حصل فيه الامتناع والعدم؛ إذ لا يصح أن يقال: الزوجية -مثلًا- من أحكام الوجود الخارجي ولوازمه وتوابعه أو إنه مبدأ لها. وكذا الامتناع؛ لا يقال: كون محل الامتناع موصوفًا به = من أحكام وجوده الخارجي وتوابعه؛ إذ لا وجود خارجيًا. وهو ظاهر».

قيل: والأولىٰ في الجواب الجاري في كل مادة، أن نقول: حصول الشيء في الذهن = لا يوجب اتصافَه به، كما أن الحصول في الزمان والمكان = لا يوجب اتصافَهما بالحاصل فيهما. بخلاف قيام الشيء بالشيء؛ فإنه موجب لاتصاف الشيء بما قام به -علىٰ ما قالوه-. فالحرارة والبرودة -مثلًا- والامتناع ونحوه مما لا وجود له في الخارج = حاصلةٌ في الذهن، لا قائمةٌ به. وإنما القائم بالذهن هي الصور العقلية من هذه المعلومات؛ فلا يلزم كون الذهن حارًا باردًا ولا ممتنعًا.

قال الدواني: «إن هذا الفرق بين القيام والحصول = مما أبداه بعض المتأخرين».

---

(81) لم أهتد إليه.

قلت: لعله شارح **التجريد**[82]، وفيه بحث. لأنه وإن حصل به التفصّي عن الإلزام بكون الذهن حارًّا مثلًا، فلا يحصل به التفصّي عن الإلزام بكون العظيم -كالجبل مثلًا- في الحقير -أي: الذهن-.

نعم، أما على القول بأن الوجود مبدأ الآثار الخارجية، وأن العِظَم الذي في الجبل -مثلًا- من جملة تلك الآثار؛ فلعله يتجه. وقد كان قدح الدواني في بعض تعاليقه على مثل هذا الفرق بين «القيام» و«الحصول»، ثم اعتذر في **شرح العضدية** بأنه إنما قدح فيه هنالك، من حيث إنه ذكره بعضهم بطريق الدعوى ولا دليل عليه. وأما بحسب الاحتمال؛ فلا قدح فيه -كما قال-. وسيأتي لنا في «بحث الأفعال» إشارة إلى شيء آخر يرد عليه، وهو أنه إن أريد بـ«القيام» معناه عند المتكلمين؛ فهو معنى «الحصول». وإن أريد به معناه عند الفلاسفة؛ فهو معنى «الاتصاف». فتأمل.

وقال السمرقندي: «ليس المراد أن الشيء الخارج عن الذهن هو بعينه موجود فيه، بل المراد أن يرتسم من حقيقته عند الذهن مثال مطابق له، بحيث لو كان في الخارج لكان هو بعينه؛ فكان لكل شيء -من حيث هو ذلك الشيء، كليًا كان أو جزئيًا- حقيقة، من حيث هي أعم من أن تكون خارجية أو ذهنية. ويعرض لها صورتان متساويتان في المعنى: إحداهما خارجية، والأخرى ذهنية. لكن الثانية تمتاز عن الأولى بكونها قائمة بالذهن، قيامَ العَرَض بالمحلّ دون الأولى»[83]. انتهى.

وبه يزدادُ ظهور الخطل في كلام المعترض، ويُعلَم أنه لا قائل بجوهرية العلم أصلًا. أَوَلَا تراه صرح بأن الصورة الذهنية قائمةٌ بالذهن قيامَ العَرَض بالمحلِّ؟ وقد تجاذب هذا البحث حتى طال. لكنه قد يفيد في مواضع عديدة إن شاء الله.

ومنها[84] [87أ]: أن المعترض جعل إثبات المحل للعقل لازمًا لكون العَرَض -

---

(82) أي: علي القوشجي.

(83) السمرقندي، **الصحائف**، ص 82-83.

(84) عودٌ إلى سرد ما أشار إلى أنه من العجائب والغصص، أي: ومن تلك العجائب والغصص: أن المعترض ... إلخ.

بجميع مقولاته- أمرًا وجوديًا، فجعل الحكم على الجزئي حكمًا على الكلي، أي جعل الحكم عل العقل حكمًا على جميع المقولات العرَضية بكونها أمورًا وجودية. وهذا من أفحش غلطه وأقبح فضائحه التي خالف بها الأولين والآخرين. فإنها إنما تؤخَذُ أحكامُ الجزئيِّ من الكلي، فلو أُخذت أحكامُ الكليّات من الجزئيات؛ لزم الدورُ.

ولمثل هذا؛ ضَعُفَ الاعتماد على الوجدانيات؛ لأنها أمور جزئية، لا تثبت بها كليةٌ، كما سيأتي ذكره إن شاء الله.

فما للمعترض وللحكم على جميع ما تحت المقولات التسع جميعها، بالحكم الذي ليس إلا على العقل، ولا ذِكر لغيره أصلًا؟ وهل هذا إلا نكس المعقول؟

على أن للمنازع أن يقول: قولُكَ: «فدل كلامه على أن العقل أمر وجودي» = مما يَرِدُ عليه المنع. وذلك لأن مقتضى هذا الاستدلال الذي ذكرته: أن كل ما كان حالًّا في محلٍّ؛ كان أمرًا وجوديًا. وليس كذلك؛ فإن العمى الحالّ في زيد -مثلًا- ليس أمرًا وجوديًا أصلًا. هذا إن أريد بـ«الوجودي»: معناه المعروف بين أهل النظر. وإن أريد به: «الموجود»؛ فليس بتامٍّ أيضًا. لأنك أردت به إلزام المؤلف بزيادة الصفات. لكن الزيادة التي وقع الرد من المؤلف على من قال بها؛ بمعزل عن هذا الكلام. لأن غايته إلزام المؤلف بوجودها، ولا تعرُّض فيه لبقائها المعبَّر به عن استمرار وجودها، وهو الذي وقع الرد من المؤلف بصدده.

وأما مجرد وجودها مع عدم بقائها؛ فلا يقتضي الزيادة التي وقع الرد من المؤلف على من قال بها. فليُتَدبَّرْ.

وشيء آخر، وهو: أنه لمّا أورد بعضُ المتكلمين على بعض الفلاسفة القائلين بالأعراض النسبية؛ أنها لو كانت حالّة في محل؛ لكان حلولها في المحل نسبةً بينها وبين المحل، وتلك النسبة غيرُها، وذلك الغير كذلك، ثم كذلك = أجاب من أجاب من الفلاسفة: بأن حلولَ الحلولِ = نفسُه -كما ذكره السمرقندي وغيره-. وهذا مَيْلٌ إلى أن حلول الشيء لا يستلزم كونَه موجودًا، لأن حلول الحلول لو استلزم كون الحلول موجودًا؛ لكان له نسبة إلى محله. والنسبة بين الشيئين يستحيل أن تكون عينَ واحدٍ منهما. فليُفهَم.

بيان للوجودي والعدمي

تنبيـــه

قد سبقت إشارة إلى معنى «الوجودي». ولنوضحه فنقول:

اعلم أن «الوجودي» هو: «ما لا يدخل النفي في نفس حقيقته ومفهومه بحسب العقل واللغة، كالبصر على جعله إدراك الأشياء المرئية». ومقابلُه «العدميُّ»، كالعمى؛ فإنه «عدم البصر عما من شأنه أن يبصَر».

ثم إنه لا عبرة بالألفاظ في «الوجودي» و«العدمي»؛ فإن اللفظ قد يكون خاليًا عن أداة النفي، مثل «ليس» و«لا»، وهو مع ذلك عدمي لا وجودي. ألا ترى أن «العدم» مجرد عن علامة النفي في اللفظ، لكن النفي داخل في مفهومه وحقيقته؟ فهو عدمي، ومثله «الامتناع». بخلاف «اللاعدم»؛ فإنه قد اشتمل على علامة نفي -أعني لا النافية-، وهو وجودي؛ فإن معناه «الوجود».

وبهذا تعرف أنه ليس كلُّ وجوديٍّ = موجودًا -كما يوهِم كلامُ المعترض-؛ فإن الوجود -على هذا- وجوديٌّ، مع أنه ليس بموجود، وإلا لتسلسل.

وتعرف -أيضًا- أنه لا يلزم أن يصدُق «العدميُّ» على «المعدوم»، لأنه قد يكون مركبًا من وجودي وعدمي. والقيد الوجودي مانع له من صدقه على المعدوم.

وتعرف -أيضًا- أنه لا يلزم أن كل ما صدق على المعدوم؛ أن يكون سلبًا محضًا؛ لجواز أن يكون مفهومًا كليًا يصدق على أفرادٍ، بعضها وجودي وبعضها عدمي، كـ«اللاممكن»؛ فإنه صادق على الواجب والممتنع، وغير ذلك كثير. فاعتبره.

ثم إن الشيء المركب من وجودي وعدمي = يكون عدميًا لا وجوديًا؛ لدخول النفي في مفهومه وحقيقته، بخلاف المركب من شيء موجود وشيء معدوم، كالمركبات بالتركيب العقلي من الأمور الاعتبارية المعدومة، والأمور الموجودة؛ فإنها تكون موجودة، كما مرت الإشارة إلى ذلك، فلا تغفل.

وأما المركب من العدمي والوجودي؛ فإنه لا يكون إلا عدميًا البتة؛ لدخول

السلب في ماهيته وحقيقته. ألا ترى أن العمى -مثلًا- عدمي، مع كونه مركبًا من عدم البصر، ومن عمّا من شأنه أن يبصر؟ والأول عدمي والثاني وجودي. ولا يصح أن نقول: إن العمى عدم البصر فقط، وإلا لصح وصف الجمادات به. وإذا وضح لك هذا؛ علمتَ أنه قد يكون نقيضُ العدمي عدميًا -كما أشار إليه ولد المؤلف رحمهما الله في **شرح الغاية**(85) من «مسألة الحسن والقبح»(86)-. وقد مثّله سعد الدين في **شرح المقاصد** بـ«الامتناع» و«اللاامتناع»، وأن كلًا منهما عدمي مع تناقضهما(87). وإنما كان «اللاامتناع» عدميًا؛ لأن معناه: الإمكان. والإمكان -عند المتكلمين- عدمي؛ لدخول السلب في حقيقته ومفهومه.

أما الإمكان الخاص؛ فلأنه عبارة عن «سلب الضرورة عن جانب الوجود» و«سلبه عن جانب العدم» أيضًا.

وأما العام؛ فلأنه عبارة عن «سلب الضرورة عن أحد الجانبين». ولهذا قال السيد في **حاشية شرح المطالع**: «إذا أُطلِق الإمكان وأريد به الخاص = كانت دلالته على العامِّ تضمنًا لا مطابقة؛ نظرًا إلى جعله كالجزء للإمكان الخاص، فإنه كالمركب من سلبين، وهذا عبارة عن أحدهما».

وإنما نبهنا على هذا؛ لأنها قد تمس الحاجة إليه، ولأن المعترض خلط الموجود

---

(85) هو الإمام الحسين بن القاسم بن محمد (ت. 1055هـ)، وكتابه المشار إليه هو **هداية العقول إلى غاية السول في علم الأصول**، وهو شرح منه لكتابه **غاية السول**، فهو الماتن وهو الشارح معًا، كما جرى به الحال في تلك العصور.

(86) قال الحسين بن القاسم: «الوجودي يطلق على معنيين: الموجود، وما ليس في مفهومه سلب. والعدميُّ يقابله فيهما، والنقيضان لا بد أن يكون أحدهما وجوديًا والآخر عدميًا بالمعنى الثاني، لكن الوجودي بهذا المعنى لا يجب أن يكون موجودًا؛ لجواز أن يكون مفهومًا اعتباريًا ليس فيه سلب، ولا يجب ذلك لمعنى الأول؛ لجواز ارتفاعهما بحسب الوجود في الخارج». ينظر: الحسين بن القاسم، **هداية العقول إلى غاية السول في علم الأصول**، ط 2 (صنعاء: المكتبة الإسلامية، 1401هـ)، ج 1، ص 330.

(87) في عدة مواطن، ومنها قوله: «واعترض بأن النقيضين قد يكونان عدميين كـ'الامتناع' و'اللاامتناع'، وبأن صورة السلب -أعني ما فيه حرف النفي- لا يلزم من صدقه على المعدوم أن يكون سلبًا محضًا؛ لجواز أن يكون مفهومًا كليًا يصدق على أفرادٍ بعضُها وجودي وبعضها عدمي، كـ'اللاممكن' الصادق على الواجب والممتنع وبأنه منقوض بإمكان الفعل... إلخ». ينظر: التفتازاني، **شرح المقاصد**، ج 2، ص 151.

بالوجودي، فنبهنا عليه. وكثير من الناس لا يفرقون بين «الموجود» و«الوجودي»، و«المعدوم» و«العدمي». والأمر كما ذكرناه. وقد أوضحه السمرقندي في **الصحائف والمعارف**. والله الموفق لا رب غيره.

ومنها: ادعاؤه بأن المؤلف فسر العلم تفسيرًا يعمُّ علمَ الله تعالى وعلمَ العباد. وفيه جهالة من وجهين:

أحدهما: أنه توهَّم من قول المؤلف: «سواءٌ توصل إليه بها أم لا» = على أن الأول هو العلم الحادث، والثاني هو القديم. وأنت خبير بأن المؤلف لا يثبت العلم الذي يثبته غيره في حق الباري تعالى. بل يقول: إن صفاته -ككونه تعالى عالمًا- ليس أمرًا وراء الذات المقدس. وهذا التعريف يقتضي أن الإدراك = بالذات لا بالحواس في حقه تعالى. ولا شك أن الإدراك بالذات ليس هو نفس الذات. فالمؤلف ما أراد بهذا التعريف أن يوضح مذهبه الذي يختاره، بل أراد أن يبين المختار عنده، بالنظر إلى مذاهب غيره، على سبيل المجاراة لهم كما صرح بذلك -رفع الله ذكره- في ما نقله عنه بعض الشارحين لكتابه هذا، حيث قال ما نصه: «قال عليه السلام -يعني المؤلف-: 'وهذا الحدُّ إنما يصدق على إدراك المعلومات، لا على المعلومات ولا على ما يُدرك به؛ إذ العِلمُ يُطلَقُ على المعلومات وعلى إدراكها، تقول: علمت الشيء، حين تدركه بعقلك، وعلى ما يُدرك به المعلومات. فنحن نعلم بعلمٍ ركَّبه الله تعالى فينا». قال: «وهذا على سبيل المجاراة لمن حدَّ العلمَ»(88). انتهى.

فقد أعرب عن أن هذا التعريف ليس جاريًا على مذهبه. وإنما توهم المعترض من قوله -رفع الله ذكره-: «قلت: وليس بجامعٍ، لأن علم الله ليس باعتقادٍ»؛ فظن أن هذا التعريف شاملٌ لعلم الخلق وعلم الخالق تعالى، وأنه مرضيٌّ عند المؤلف. وهو وهم باطل كما ترى.

ولك أن تقول: إنه ليس تعريفًا إلا لعلم الخلق فقط. وإنما توهم بعض الناس

---

(88) ينظر: أحمد بن محمد بن صلاح الشرفي القاسمي، عدة الأكياس في شرح معاني الأساس (صنعاء: دار الحكمة اليمانية، 1995)، ج 1، ص 39.

شموله من قول المؤلف -رحمه الله-: «سواء توصل إليه بها -أي: بالحواس- أم لا»؛ بناء على أن الأول من القسمين: هو العلم الحادث [87 ب]، والثاني: هو القديم. وليس كذلك. إنما أراد المؤلف -رحمه الله- الضروري والنظري من الحادث.

كلام في صفة العلم وما يتعلق بذلك

وأما علم الله فلا يفسَّرُ عند المؤلف بالإدراك أصلًا. لا سيما وقد قال بأن علمه تعالى: ذاتُه. كما كرره المعترض.

ولا يخفاك أن شيوخ الاعتزال قد يفسرون العلم بما يتوهم أمثال هذا المعترض أنه شامل لعلم الله تعالى، وهم عن ذلك بمعزل. إنما كلامهم في العلم الحادث؛ لما ستعرفه قريبًا إن شاء الله.

وكذا قد يجري من غير المعتزلة، كما وقع من الإيهام في عبارة النصير الطوسي في **التجريد**، حيث قال فيه: «ولا بد فيه -أي: العلم- من الانطباع»[89]، بمعنى: أنه لا بد من انطباع شبح ومثال من المعلوم في المجرد؛ لأنا نحكم على الممتنعات بأحكام وجودية صادقة. وقد تقرر أن ثبوت الشيء للشيء = فرعٌ لثبوت المثبَت له. وإذا لم يكن الثبوت خارجًا؛ فهو ذهني، أي: في النفس. والذي يقع فيها إما نفس الحقيقة من المعلوم أو مثاله. ولا حقيقة للممتنع؛ فهو مثاله بطريق الانطباع.

وهذا جارٍ في العلم القديم بحسب الظاهر، لكنه خارج من حيث المعنى؛ وهو: أن علمَه حضوريٌّ لا حصوليٌّ. فكأنه قال: «المعلوم إذا لم يكن حاضرًا عند العالِم؛ فلا بد أن يكون مثاله حاصلًا». وفيه بحث؛ لأن حضور ما لا حقيقة له ثابتة = متعذر، كالممتنعات عند الجميع، والمعدومات عند نفاة ثبوت الذوات في العدم.

وقد خرج بنا القلم إلى هذه الغاية، وإنما المراد هنا: بيان أن مؤاخذة مثل هذا المعترض للمؤلف = مما لا يجري من منصف، وأن كبار المؤلفين -كالنصير الطوسي-

(89) نصير الدين الطوسي، **تجريد العقائد**، دراسة وتحقيق عباس محمد حسن سليمان (الإسكندرية: دار المعرفة الجامعية، 1996)، ص 103.

يتركون مثل هذا؛ اعتمادًا على أنه لا يخوض في هذه المباحث إلا خائض منصف، لا خائض متعسف.

وثانيهما: أن المؤلف لا يقول بأن الله تعلى عالم بعلم -كما عرفت من مذهب العدلية-. إنما القول بالعلم من مذهب المجبرة ومن يجري مجراهم.

وأما أهل العدل والتوحيد -والمؤلف منهم- فيفرُّون من إثباته، وهو المعبَّر عنه بـ«المعنى»(90)، كما مرّ.

وكلامهم إنما هو في «العالِمِيَّة»، أي: كونِه تعالى عالمًا. والإدراك المحض ليس هو كونه عالمًا. فتأمل.

بل المؤلف -رحمه الله- لا يُثبت العالِميَّة على الوجه الذي تقول به البهشمية، ومن يثبت الأحوال -كما عرفت من صريح كلامه-. إنما يثبت «العالِميَّة»، أي كونه تعالى عالمًا فقط، على نهج مذهب أبي الحسين ومن تبعه.

وأهل العدل كافةً ينفون العلم نفيًا تامًا، حتى ألزموا مثبِتيه بالشرك. ولذا؛ احتاج الأشاعرة إلى دعوى أن: «ثبوت المشتق للشيء = يقتضي ثبوت مأخذ اشتقاقه له»؛ ليثبُتَ لهم دعوى العلم ونحوه.

وليس هذا مما يُحتاج إلى توضيحه وبيانه، ولا إلى إقامة الشاهد على سقوط مخالفه وبطلانه. فقد جهل المعترض ما في المختصرات والمتون، حتى قال: إن المؤلف -رحمه الله- فسّر العلمَ بما يشمل علم الله. وكرر هذا الجهل الفاضح، حيث قال: «ويلزم أن يكون الله تعالى عالمًا بعلم زائد».

وفي أمثال هذا الغلط عبرة لمن اعتبر. وليس كلام المعترض من باب الإلزام وإن لم يقل به الخصم؛ لأنه مبني على غلط قد نُبِّهتَ عليه.

وقد قال أيضًا: «وهو لا يقول -أي: المؤلف- إلا أنه عالم بذاته لا بصفة من

---

(90) أي: إن ما يسميه الأشاعرة: «الصفة»، يسمّى كذلك: «المعنى»، ولا سيّما عند المعتزلة، وهم ينفون وجوده قائمًا بالذات المقدس.

صفاته»؛ فنفيُ الصفة هو بعينه نفيُ العلم الذي هو المُدَّعى المحتاجُ في ثبوته إلى برهان، سواءً قيل بزيادة العالمية التي قال بها البعض أم لا. فقد خلط «العالِمِيَّة» بـ«العلم»، ومذهب العدلية بمذهب غيرهم. وأين هو من قول أصحابه: إن المعتزلة ينفون الصفة؟ حتى صار ذلك في الأشعار كما في الجواب على جار الله في قوله:

لجماعة سمّوا هواهم «سنّةً
وجماعةً»؛ حُمُرٌ لعمري موكَفَهْ

وهو قول بعضهم من أبيات يذم بها المعتزلة:

قد جاءهم من حيث لا يدرونه
تعطيلُ ذات الله مع نفي الصفةْ

لا يقال: سيأتي للمؤلف ما يقتضي ثبوت العلم حيث قال في «فصل الإرادة»: «إدراكه بعلمه».

لأنا نقول: ليس المراد منه ما يتبادر إلى بعض الأفهام من إثبات العلم بالمعنى الذي تقول به الأشاعرة ونحوهم. وإنما المراد: أن الإدراك منه تعالى = بأن يعلم. فالمصدر في موقع «أن» والفعل، كما تقع «أن» والفعل موقعه. ولهذا لا يطّرد إبدال أحدهما بالآخر، وإنما احتاج المؤلف إلى ذلك لأن الإدراك -عند كثير من العدلية والأشاعرة- يقال على ما هو بالعلم، وعلى ما هو بالسمع، وعلى ما هو بالبصر، وهو عَرَضٌ مستقل في الشاهد عند جماعة من الأشاعرة وبعض العدلية. وعند الأكثر من العدلية ليس بعَرَض.

فلما كان الإدراك يُطلَق على هذه المعاني عند بعض الأشاعرة أو جميعهم، وبعض العدلية؛ احتاج المؤلف إلى تقييده بالعلم؛ كيلا يتبادر منه معنى آخر لا يجوز إطلاقه عليه تعالى. ولم يعرّج المؤلف على الاحتراز عما سوى ذلك؛ لعلمه بأن نفي العلم بالمعنى الذي يثبته الخصوم غنيٌّ عن البيان.

فإن قيل: وما وجه زيادة المؤلف للفظ «الإدراك»، حتى احتاج [88 أ] إلى ما ذكرتَ؟ وهلّا تَرَكَه وهو في غنى عنه؟

قلت: لعله زاده؛ لِما حسبه فيه من معنى التأكيد لإحاطة علم الله تعالى بالمعلوم أوَّلِه وآخرِه. فإن الدَّرَك -بتحريك الراء وتسكينها أيضًا-: «قعرُ الشيء»، كما في **القاموس**. ولهذا زعم بعض الأشاعرة أن قوله تعالى: ﴿لَّا تُدۡرِكُهُ ٱلۡأَبۡصَٰرُ وَهُوَ يُدۡرِكُ ٱلۡأَبۡصَٰرَۖ﴾ [الأنعام: 103] = مما لا حجة فيه على نفي الرؤية؛ لأن الآية لم تتعرض إلا لنفي الإدراك الذي هو: الإحاطة بالمُدرَك من كل جهة، وهو ليس من محل النزاع، كما سيجيء إن شاء الله.

والحق أن الإدراك يقال لمجرد اتصال الشيء بالشيء ولحوقه له. ولا دخول لمعنى الاحاطة فيه. وإنما أخذ ذلك البعض من قوله تعالى: ﴿إِنَّا لَمُدۡرَكُونَ﴾ [الشعراء: 61]، أي: «مُحاطٌ بنا»، وهو مأخذ ضعيف جدًا، كما يأتي إن شاء الله.

ورحم الله الزمخشري، ما أبعد عباراته عن مظان الريبة. ألا تراه كيف عدل عن الإتيان بلفظ «العلم» في العبارة التي نقلناها عنه في تفسير قوله تعالى: ﴿يُخَٰدِعُونَ ٱللَّهَ﴾ [البقرة: 9]. الآية. حيث قال: «وأن لذاته تعلقًا بكل معلوم... إلخ»؟

تعريف «الحال» التي هي لا موجودة ولا معدومة

فإن قلت: فما الذي قالت البعلوية والبهشمية[91] بزيادته، وقال أبو الحسين ومحمود الخوارزمي ومن تبعهما بعدم زيادته؟

قلت: إنما هو «العالِميّة»، فالجبائية البعلوية والبهشمية يسمونه «صفةً»، إلا أنهم مختلفون، فالبعلوية معترفون بأنه وإن كان محكومًا بزيادته في المفهوم؛ فهو في الخارج معدوم. والبهشمية قائلون بأنه حالٌ لا موجودة ولا معدومة، كما هو شأن الحال؛ فإنهم عرَّفوها بأنها: «صفةٌ لموجود، لا توصَف بالوجود ولا بالعدم». وقد وافقهم على ذلك بعض الأشاعرة، كما سيأتي ذكره.

---

(91) البعلوية هم أتباع أبي علي الجبائي المعتزلي، والبهشمية هم أتباع ابنه أبي هاشم. أما البهشمية فلقب معروف تجده بوفرة في كتب العقائد والملل والنحل، وأما لقب البعلوية، فهو -بالنسبة إلينا على الأقل- جديد، نقرؤه هنا أوّل مرة، ولا ندري إن كان معروفًا في الألقاب أو متداوَلًا قبل المؤلف.

ولذا قال الجلال الدواني في **شرح العضدية**: «إن الصفات عندهم -أي المعتزلة- أمور اعتبارية». هذا معنى كلامه، وسيأتي نقله بلفظه.

وأبو الحسين ومحمود الخوارزمي وأهل مقالتهما -وهو الذي يظهر من كلام جار الله في بعض المواضع من **الكشاف**- يسمونه «تعلُّقًا»، بل لا يثبتون إلا التعلق بين العالم والمعلوم. وهو شبيه يقول من يقول: «إن العلم من مقولة الإضافة». وهؤلاء يسمَّون «أصحاب المزايا»؛ لقولهم في نحو «عالم» و«قادر»: «إنها مزايا لمن ثبت له العلم والقدرة» -مثلًا-. فمعنى قولهم: «هي مزايا تُعلَم الذات عليها»: أنها ليست بأشياء في نفسها. وقد حكى الفاضل العلوي(92) هذا المذهب عن جار الله في أول **حاشية الكشاف**، بل قال: إن جار الله صرح في **منهاجه** في علم الكلام بأن المعدوم ليس شيئًا -كما هو مذهب أبي الحسين ومحمود الخوارزمي-. وعلى هذا؛ فمذهب جار الله في الصفات كمذهب أبي الحسين بعينه؛ إذ المنزع الواحد.

وقد يقال: إن كلام الدواني المذكور آنفًا = بصدد هذا المذهب. والظاهر أنه بصدد الذي قبله، لأن بعض الأشاعرة والماتريدية يقولون بأن الأحوال والأمور الاعتبارية؛ مُسمَّاها متحد في الحقيقة.

ميل الإمام الرازي إلى الاعتزال في صفة العلم وكذلك سائر الصفات

وقد مال الإمام الرازي -رحمه الله- إلى مذهب أبي الحسين -على ما جرت به عادته

---

(92) يعني به يحيى بن القاسم العلوي، عماد الدين الصنعاني، الملقب بالفاضل العلوي (ت. بعد 750هـ)، وله من الكتب **درر الأصداف في حل عقد الكشاف**، و**تحفة الأشراف في كشف غوامض الكشاف**. قال العلوي -تعليقًا على قول الزمخشري: «ووسم كل شيء سواه بالحدوث عن العدم»-، : «أراد: كل موجود سواه، فلا يُعتَرَض عليه بالمعدوم، وإن كان شيئًا عند غيره. وأما هو فلا يقول بأن المعدوم شيء، كما هو مذهب أبي الحسين ومحمود الخوارزمي. وقد صرّح بذلك في منهاجه في الكلام، وأما قوله في الكشاف في بعض المواضع إن المعدوم شيء، بل المستحيل أيضًا؛ فمعناه: أنه يصحّ العلم به والخبر عنه، لا أنه ثابت... إلخ». ينظر: الفاضل العلوي يحيى بن القاسم، **تحفة الأشراف في كشف غوامض الكشاف**، مخطوط، مكتبة الجامع الكبير في صنعاء، رقم 53، ورقة 7.

في مطابقة أنظار أبي الحسين-، حتى قال سعد الدين في **شرح المقاصد**: «إنه مال إلى الاعتزال»، كما ستقف عليه الآن.

وقال الكاتبي في **شرح المحصل**: «قال الإمام: 'وأما نحن فلا نقول إلا بهذا التعلُّق. وأما العالِمية والعلم؛ فمما لا نثبته إلا بالدليل'، أي: لم أقف على دليل يوجب اليقين والقطع بذلك»(93). انتهى كلام الكاتبي.

وقريب مما حكاه عن الرازي ما في **نهاية العقول** له. وفي كلامه إشكال قد ذكره الكاتبي أيضًا؛ وهو أنه مصرح في كتبه بأن الأمور النسبية الإضافية -كالتعلق- لا وجود لها في الأعيان. وهو أيضًا مصرح بأن العلم صفة وجودية، كما ستسمعه من كلام **شرح المقاصد** الآتي قريبًا. فكلامه مشكل على هذا.

ويمكن الجواب: بأن تصريحه بأن العلم صفة وجودية = لا يستلزم أن يقول بأن تعقله بالمعلوم = صفة وجودية؛ لأنه مجرد إضافة، ولم يثبت عنده في حق الله إلا هذا التعلق والإضافة. فيكون مراده بـ«العلم» الذي قال إنه صفة وجودية = هو المعنى الذي هو: مبدأ المحمول. ولا يكون إلا في حقنا لا في حق الله تعالى، فاحفظه؛ فإنه من السوانح الوقتية، والله الموفق.

هذا، والمثبتون للأحوال من الأشاعرة؛ يثبتون له تعالى في العلم ثلاثة أشياء: العلم -الذي هو المعنى-، والعالِميَّة -التي هي الحال الموصوف بـ«لا موجود، ولا معدوم»-، والتعلق المنسوب إلى هذا الحال، وهو نسبي إضافي لم يشم رائحة الوجود أصلًا، كما عرفت.

قال سعد الدين في **شرح المقاصد** ما لفظه: «وكلام الإمام الرازي في تحقيق إثبات الصفات، وتحرير محل النزاع = ربما يميل إلى الاعتزال.

قال في **المطالب العالية**: 'أهم المهمات في هذه المسألة؛ البحث عن محل الخلاف؛ فمن المتكلمين من زعم أن العلم صفة قائمة بذات الله تعالى، ولها تعلق بالمعلوم؛

---

(93) الكاتبي، **المفصل**، ورقة 89 ب؛ قارن بـ: الكاتبي، **شرح المحصل**، ص 492.

فهناك أمور ثلاثة: الذات، والصفة، والتعلق.

ومنهم من زعم أن العلم صفة توجب العالِميَّة، وأن هناك تعلقًا بالمعلوم من غير أن يبيّن أن المتعلِّق هو العلم أو العالمية؛ ليكون هناك أمور أربعة. أو كلاهما؛ ليكون هناك أمور خمسة'.

ثم قال: 'وأما نحن فلا نثبت إلا أمرين: الذات والنسبة المسماة بالعالِمِيَّة، وندعي أنها أمر زائد على الذات، موجود فيه؛ للقطع بأن المفهوم من هذه النسبية؛ ليس هو المفهوم من الذات، وأن من اعترف بكونه عالِمًا لم يمكنه نفي هذه النسبة؛ إذ لا معنى للعالِم إلا الذات الموصوفة بهذه النسبة، ولا للقادر إلا الذات الموصوفة بأنه يصح منه الفعل'»[94].

قال سعد الدين: «هذا، وقد عرفت أنه لا يجوز أن يكون العالِم نفس الإضافة، وقد صرح هو بذلك حيث قال في **نهاية العقول**: 'لو كان كونُه عالمًا وقادرًا مجرد أمر إضافي؛ لتوقف ثبوته على ثبوت المعلوم والمقدور، لأن وجود الأمور الإضافية؛ مشروطٌ بوجود المضافين. لكن المعلوم قد يكون محالًا، وقد يكون ممكنًا لا يوجد إلا بإيجاد الله تعالى، المتوقف على كونه عالمًا وقادرًا'»[95]. انتهى.

وقول السعد: «هذا وقد عرفت... إلخ» = بيانٌ لكون كلام الإمام الرازي يميل إلى الاعتزال، فتدبرْه.

وإذا كان -أي: الإمام الرازي- قد مال إلى الاعتزال في الصفات، كما مال إليه في الأفعال -أي: أفعال العباد-؛ إذ أثبت تأثير قدرة العبد في أفعاله الاختيارية، ونفى الكسب الذي تقول به الأشعرية -كما سيجيء إن شاء الله تعالى-؛ فهو معتزلي حقًا[96]؛ لأن المدار بين الفريقين على هذين المقامين العظيمين. وهذا استطراد لفائدة

(94) التفتازاني، **شرح المقاصد**، ج 2، ص 73.

(95) المرجع نفسه. إلا أنه قال: «لا يجوز أن يكون العلم نفس الإضافة». وليس «العالِم» كما أثبته العبدي، وهو الصواب، بدلالة السياق.

(96) ليس الأمر مسلَّمًا فقد جهر الرازي مرارًا بالجبر على القطع والوضوح، وقوله: «إن الكسب اسم بلا مسمّى» -كما سبق نقلُه وتوثيقه-، ليس نصرةً للقول بتأثير قدرة العباد، بل هو ليقول إنه ليس ثَمَّ إلا =

في البين، والله الموفق.

وأما الفلاسفة وبعض الأشاعرة المتأخرين؛ فيسمُّون العلم «إدراكًا»، كما لاح من كلام هذا المعترض سابقًا. وربما سمته الفلاسفةُ «شعورًا». وكبار الأشاعرة الذين يقولون بصفة العلم -أي: المعنى-، وبكونه عالمًا [88 ب]، أي: العالميَّة = يسمون الأولى بـ«صفة المعنى»، والثانية بالـ«صفة المعنوية».

ولهذا تسمعهم يقولون: «صفات المعاني» و«الصفات المعنوية». فالياء في قولهم: «المعنوية» = ياء النسبة؛ فإنَّ كونه عالمًا -مثلًا- ملازمٌ للعلم الذي هو صفة معنى، فنُسِبَ إليه. وقس كونه قادرًا ومريدًا وحيًا، وباقيها[97] = عليه؛ فإنها سَبْعٌ ملازمة لسَبْعٍ عند كثير منهم. وقد كاد أن يكون هذا إجماعًا بينهم اليوم، لا سيما المالكية؛ لاعتمادهم على كلام الباقلاني في الأحوال. وبعضهم زاد الشيء الثالث وهو «التعلق» -كما سمعته في كلام الرازي السابق-، فيكون مجموع الأمور الثابتة في الأزل: أحدًا وعشرين أو ثمانية وعشرين؛ حاصلًا من ضرب ثلاثة في سبعة أو من ضرب أربعة في سبعة؛ لذينك الاعتبارين في التعلق، المذكورين في كلام الرازي. لكن التعلق في جانب صفة الحياة = غير معقول، فهو ساقط عنها كما لا يخفى.

وأما نفاةُ الأحوال من الأشاعرة؛ فلم يثبتوا إلا صفات المعاني والتعلقات، وما قالوا بالصفات المعنوية. وإنما قال الجميع بالتعلق في العلم؛ لأنهم نظروا في أن العلم لا بد له من الإضافة؛ إذ لا يُعَلُ كونُ الشيء عالِمًا إلا إذا كان في مقابَلَتِه معلومٌ. وهذا شأن الإضافة؛ فإنها عبارة عن «أمر يتوقف تصوره على تصور غيره»، فقالوا: لا بد في العلم من الإضافة، وسمَّوها بـ«التعلق»؛ فهو غير موجود في الأعيان كما عرفت. وقد أشار أبو علي بن سينا إلى هذا المعنى، وهو من جملة أقواله في العلم، وإليه يميل كلام أبي الحسين رحمه الله.

وأكثر الخائضين في هذه المذاهب لا يكادون يميزونها تفصيلًا؛ فلا تبرحُ ظلماتُ

العدل أو الجبر، وهو قائل بالجبر، والجزء التاسع من **المطالب العالية** -وهو من أواخر ما كتب إن لم يكن آخر ما كتب مطلقًا- أجلى من ابن جلا في قوله بهذا القول، فليراجَع.

(97) أي: سائر تلك الصفات المعنوية.

الأوهام تتجدّدُ ليلًا فليلًا، وكلٌّ يدَّعي وصلًا لليلى. حتى قال بعض الحكماء وبعض المحققين من المتكلمين: إن القول بزيادة الصفات -أي: المعاني الموجودة-، اعتمادًا على تلك الأدلة المتخيَّلِ كونُها ثابتةً = أشبهُ بكلام المقلدين من العامة. وقد أومأ إلى ذلك بعض الكُملاء في حواشي **شرح التجريد**.

كلام للرازي في كون الخلاف لفظيًا بين أبي هاشم ومثبتي الأحوال من الأشاعرة، وكذا بين أبي عليّ والنفاة منهم

وقد سمعتَ كلام الإمام الرازي، وستقف على ما قاله الجلال الدواني -المنقول في ما سيأتي- من أن كلامهم فيها مبني على قياس فقهي، مع وجود الفارق؛ أي: فهو غلط على غلط؛ إذ القياس الفقهي الصحيح لا يُتمسَّك به في هذا المطالب. فكيف بالقياس الفقهي الذي هو مطعون فيه بوجود الفارق؟

وقال الرازي في **المحصل** ما نصه: «أما نفاة الأحوال منا -أي: معاشر الأشاعرة- فقد زعموا أن العِلم نفسُ العالمية، والقدرةَ نفسُ القادرية، وهما صفتان زائدتان على الذات. واعترف أبو علي الجبائي وأبو هاشم بهذا الزائد، إلا أنهم قالوا: 'لا تُسمَّى هذه الأمور علمًا وقدرة، بل عالمية وقادرية'؛ فيكون الخلاف في الحقيقة لفظيًا. بل ذهب أبو هاشم إلى أنها أحوال، والحالُ لا تُعلَم أنها موجودة أو معدومة، ولكن تُعلمُ الذات عليها. وعندنا أن هذه الأمور معلومة في أنفسها، وقول أبي هاشم باطل قطعًا؛ لأن ما لا تصوُّرَ له في نفسه؛ استحال التصديق بثبوته لغيره.

وأما أبو علي الجبائي؛ فإنه سلم فيها أنها معدومة. فعلى هذا لا يبقى بينه وبين نفاة الأحوال خلاف معنوي، البتة.

وأما مثبتو الأحوال منا؛ فقد زعموا أن عالمية الله صفةٌ معلَّلةٌ بمعنى قائم به، وهو العلم، وهو لا يتحقق الخلاف بينهم وبين المعتزلة في المعنى.

وأما نحن فلا نقول بذلك؛ لأن الدلالة ما دلت إلا على اثبات أمر زائد على الذات.

فأما على الأمر الثالث؛ فلا دليل عليه البتة، لا في الشاهد ولا في الغائب»[98]. انتهى. وفيه ما لا يخفى. وكيف يسوغ له دعوى القطع ببطلان مذهب أبي هاشم، مع ما تقرر من أن ادّعاء الضرورة في محل النزاع = غير مقبول؟

ثم إن قوله: «لأن ما لا تصور له في نفسه؛ استحال التصديق بثبوته» = ممنوع؛ لأن اثبات الشيء للشيء إنما يستدعي تصورَه، سواء كان تصوره في نفسه أو كان تصوره بالتبعية أو بالنظر إلى غيره؛ فإن المتضايِفَيْن كذلك. وهكذا الأحوال؛ فإنها إذا كانت الذات تُعلَم عليها؛ لزم من ذلك تصورُها بهذا القيد، وهو كافٍ في إثباتها للذات. والحاصل أن قوله: «في نفسه» = ممنوع، وسندُه ما ذكرناه.

ثم إنه هو واقع في ما نقمه على أبي هاشم، فراجعْ ما تقدم عن الكاتبي. ثم إنه قد صرح بأنه لا يبقى بين أصحابه وبين أبي عليٍّ خلاف معنوي، مع ما نقله عن أبي عليٍّ من القول بعدم هذا الزائد رأسًا. فكيف جاء التصديق بثبوته لغيره مع عدم ثبوته في نفسه؟ على أن في قوله: «لا يبقى بين أبي علي وبين نفاة الأحوال منهم خلاف» = نظرًا لا يخفى بأدنى تأمل؛ لأن ظاهر كلامهم أن نفاة الأحوال من الأشاعرة أنهم لا ينفون المعاني القديمة المعروفة في ما بينهم، وأن نفيهم للأحوال لا يستلزم نفيهم للمعاني، وإنما غاية ما عندهم أنهم لا يفرقون بين تسمية «معنى العلم» بـ«العلم»، وبين تسميته بـ«العالِمية»، وهكذا القدرة وسائرها. وهذه الإشارة تغني بيان ما يرد على كلامه ومراده، فلا نزيد في التطويل بإيراده. وإنما أوردنا ما أوردناه -مع طوله-؛ تكميلًا للفائدة؛ فإن هذا المقام من المهمات التي كثرت فيها الأقوال الفاسدة، وفي طيه ما يرشد إلى أن المعترض خابط في غير الجادّة.

ومنها: أنه حكم على المؤلف بأن العلم عنده إما جوهر أو عرَض؛ بناءً على تلك الخيالات[99]. فلِمَ عَدَلَ إلى إلزام المؤلف بزيادته في حقه تعالى؟ مع كون الإلزام

(98) في هامش النسخة: «ذكره في مباحث الإلهيات، وما ذكره الكاتبيُّ عنه أولًا في مباحث المحدثات». أما نص كلام الرازي المنقول، فينظر: الرازي، **المحصّل**، ص 134.

(99) في هامش النسخة: «وقد صرّح المعترض -في ما سيأتي إن شاء الله- في 'باب الاسم'، بأن القول إن الباري تعالى عَرَضٌ = كُفْرٌ عند المؤلف. وكونُه جوهرًا من باب أولى، وهو ظاهر».

للمؤلف بأن الباري -تعالىٰ وتقدس- جوهر أو عرض = أشنع وأقوم بمراد المعترض، من حيث قرر أن الذاتَ نفسُ العلم عند المؤلف. فما باله عدل إلىٰ أضعف الإلزامين وأبعدهما مسافة، بالنظر إلىٰ مراده المبني علىٰ المَيْن(100)؟

ومنها: جعلُه القول بموجودية الإدراك = قولًا بزيادته؛ بناءً علىٰ أن كل موجود زائد، وموهِمٌ [89 أ] أن كل زائد موجود. وكلاهما غلط.

أما الأول؛ فلأن الزيادة أخصُّ من الوجود. ولا يلزم من إثبات الأعم إثبات الأخص.

وأما الثاني؛ فلأن البعلوية -كما عرفت- قائلون بزيادة الصفات -أي: كونه تعالىٰ عالمًا وكونه قادرًا إلىٰ آخرها- مع حكمهم بأنها معدومة. بل نفاة الأحوال من الأشاعرة كذلك -كما عرفت من كلام الرازي-؛ فإنهم ذهبوا إلىٰ زيادة العالِمِيَّة، مع كونها نفس العلم عندهم، وهو حكم منهم بعدمها، ومثلها القادرية وسائرها. والبهشمية من المعتزلة، ومثبتو الأحوال من الأشاعرة قائلون بزيادة الصفات المذكورة، ولا يقولون بأنها موجودة، كما لا يقولون بأنها معدومة -كما ذكره الرازي أيضًا، وقد مر-. ومذهبهم مما لا يجهله من تصدىٰ لأقل مما تصدىٰ له المعترض من الاعتراض والخوض في المذاهب. وكيف لا وهذا شيء مذكور في المختصرات؟

قال السنوسي في **شرح عقائده** المشهورة ما نصه: «واعلم أن عدَّهم لهذه السبع في الصفات؛ هو علىٰ سبيل الحقيقة إن قلنا بثبوت الأحوال، وهي صفات ثبوتية، ليست موجودة ولا معدومة، فتكون هذه الصفات المعنوية -علىٰ هذا- صفات ثابتة، قائمة بذات الله تعالىٰ»(101). إلىٰ آخر ما قال.

وقد عرفت أن هذه السبع المعنوية هي: كونه تعالىٰ حيًا، وكونه عالمًا، إلىٰ آخر الأحوال الملازمة للصفات السبع التي نسبت هي إليها -أعني صفات المعاني وهي الحياة والعلم، والقدرة والإرادة والسمع والبصر والكلام-.

---

(100) المَين: الكذب.

(101) ينظر كلام السنوسي في: محمد بن أحمد بن عرفة الدسوقي المالكي، **حاشية الدسوقي على شرح السنوسي لأم البراهين** (القاهرة: مطبعة عيسى البابي الحلبي، [د. ت])، ص 119.

كلام للسيد الشريف في بيان مذهب المعتزلة في الصفات

وقد حقق السيد وغيره مذهب المعتزلة، وأبان المراد، حيث قال: «إن الذات يترتب عليها ما يترتب على ذاتٍ وصفةٍ، مثلًا: المعلومات منكشفة للذات لأجل نفسها لا لصفة، كما في الشاهد. ومثلها القدرة؛ فإن الذات كافيةٌ في التأثير، لا بصفة أخرى»(102)، ومثله ما ذكره السعد في **شرح العقائد**؛ فكونه عالمًا عند أهل هذا المذهب = صفة، لكن ليست زائدة عند بعض، وزائدة عند آخرين.

ومنها: قوله: «إن المؤلف ردّ على من قال بزيادة الصفات، بما يقتضي كفر ذلك القائل». وما تفطن المعترض لما ذكرناه من أن التكفير ليس إلا بصدد القائلين بزيادة المعاني؛ نظرًا إلى تعدد القدماء، لا من قال بزيادة العالِمية؛ فإن مرجعها إلى الذات -كما اعترف به المعترض-. فلا خلاف بينهم يستلزم التكفير، كما لا يخفى على بصير.

العلم الحادث من الموجودات الخارجية عند المعتزلة

تنبيه

قد سبقت الإشارة إلى أن العلم عند شيوخ الاعتزال = وجودي، أي: مما يُحكَم عليه بالوجود، لا لكونه من الأعراض التي يقولون لها: «المقولات»، كما هو رأي الفلاسفة ونحوهم؛ إذ لا يقولون بها، بل لأنه عَرَضٌ مستقل، وهو اعتقاد، وكلُّ اعتقادٍ عَرَضٌ، وكلُّ عَرَضٍ موجودٌ؛ فالعلم موجود. وإذا عرفت هذا؛ فكلامهم إنما هو في «العلم الحادث».

وقد ردوا على من قال بأنه عدمي كبرغوث(103) وبعض الفلاسفة، ومعهم حسين النجار رئيس النجارية، حيث ذكروا أن معنى كونه تعالى عالمًا: أنه ليس بجاهلٍ ولا ساهٍ. إلا أن مذهب ذلك البعض من الفلاسفة أنه إنما كان عدميًا؛ لأنه عبارة عن «سلب المادّة» كما ذكره ابن سينا في إلهيات **الشفاء**. والردُّ على من قال: «إنه عدمي» =

(102) بتصرف في: الجرجاني، **شرح المواقف**، ج 8، ص 47.

(103) محمد بن عيسى (ت. نحو 240هـ)، كان ممن يناظر أحمد بن حنبل وقت المحنة. نُسِب إلى الجهمية.

لا يخلو عن صعوبة، لا كما توهمه بعض المعتزلة.

ومنها: حمدُه لله تعالىٰ علىٰ تكفير المؤلف بمجرد الزعم، ودعواه أنه من المؤمنين الذين كفاهم الله القتال. وقد عرفت أن إلزامه للمؤلف بالكفر = خيالٌ وأي خيال، وأنه من جنس من قدمناه له؛ حيث يرتب في نفسه أمورًا خيالية، ويتهم[104] أنها قواطع، ويجعل عليها لوازم سفسطية، ويزعم أنها حجج سواطع. فتكفيره للمؤلف -رحمه الله- راجع عليه، كما ثبت في الحديث الشريف[105]، وإن كان بعضهم لا يحمله علىٰ ظاهره -كما سيأتي قريبًا في كلام الغزالي، وسيأتي مثله أيضًا في أواخر «كتاب العدل» نقلًا منا عن ابن تيمية- إلا أن هذا مقتضىٰ حال المعترض ومؤاخذته.

وأما تكفير المؤلف لأهل المعاني؛ فليس إلا نظرًا إلىٰ القول بالقدماء. وقد أقر التفتازاني وغيره من المحققين كالدواني، بصعوبة هذا المقام، ودقة مسلك التفصّي عن هذا الإلزام، حتىٰ علم الإمام الرازي أن الحق هو مذهب أهل التحقيق من مشايخ الاعتزال. ولذا قال السعد: «إن كلامه في **المطالب العالية** يميل إلىٰ الاعتزال». وأحوجه الحال -أي: التفتازاني وغيره- إلىٰ القول بأنها -أي: الصفات- لا توصف بالقِدَم أصلًا، ولا توصف بالوجوب، بل بالإمكان، كما قد مر.

كلام لسعد الدين في منع إطلاق القِدَم على صفات المعاني، ومنعِ أن يقال: «هي فيه تعالى أو معه أو مجاورة له أو حالّة فيه... إلخ»

وقال في **شرح المقاصد** ما نصه: «حتىٰ منع بعضهم أن يقال: 'صفاته قديمة' وإن كانت أزلية، بل يقال: 'هو قديم بصفاته'، وآثر أن يقال: 'هي قائمة بذاته'، أو 'موجودة بذاته'، ولا يقال: 'فيه' أو 'معه' أو 'مجاورة له' أو 'حالَّة فيه'؛ لإيهام التغاير. وأطبقوا علىٰ أنها لا توصف بكونها أعراضًا»[106]. انتهىٰ.

---

(104) كذا في النسخة، والظن أنها خطأ في النسخ، ولعلها: «يتوهّم».

(105) يشير إلىٰ حديث: «من كفّر مسلمًا فقد كفر».

(106) التفتازاني، **شرح المقاصد**، ج 2، ص 72.

قلت: أما قوله[107]: «أو حالة فيه» = فمحل نظر؛ لأن بعضهم قد صرح بذلك -كما في **شرح المحصل**-، إلا أنهم يقولون: إن الحلول ليس كالحلول العَرَضي.

وأما الإطباق على أنها لا توصف بكونها أعراضًا = فمجرد عدول عن قباحة العبارة، ولا ينفع في دفع اللازم المعنوي. والكلام هنا ليس في الألفاظ بل في المعاني. ولا شك أن لهذه الصفات التي قالوا بها ما للأعراض من الأحكام والخواص.

هذا، وإنما كان منهم ما ذكره سعد الدين وغيره؛ فرارًا عما حام المؤلف حوله.

وقال -أي: التفتازاني- أيضًا في **شرح العقائد**: «إن القول بقدم صفات [89 ب] التكوين والتخليق والترزيق؛ فيه تكثير للقدماء جدًا» -كما مر-. وقد سلف أيضًا نقل كلام الرازي وناهيك به، وسيأتي ما يزيدك يقينًا.

فظهر أن التكفير من المؤلف بوجهٍ، وله شاهد من أهله. والتكفير من المعترض لا وجه له ولا راس، بل هو عار مع الإلباس؛ فكفره لازم له عند المؤلف من وجهين:

أحدهما: تكفير من لا يستحق ذلك. وثانيهما: قوله بالقدماء المتعددين.

ولا يغنيه شيئًا قولُه: «لا هي هو ولا غيره»، ونحو ذلك من الألفاظ والعبارات التي هي غير صحيحة في نفسها. وعلى تقدير صحتها في نفسها = لا تغني من الحق شيئًا، وإلا لأغنى المجسمةَ قولُهم: «إن الباري تعالى جسم لا كالأجسام»، وأمثال ذلك.

فإن مجرد العبارات لا تقتضي انقلاب الحقائق؛ فلا تجدي في الخلوص من المضائق.

أقوال العلماء في التكفير

تتمة مهمة

قد كثر التكفير من المعترض للمؤلف -رحمه الله- بمجرد الإلزام؛ فلا غنية عن بيان مزلّة الأقدام في هذا المقام، فنقول:

---

(107) أي: التفتازاني.

اعلم أن تكفير من قال: «لا إله إلا الله» إلى آخرها، بمجرد الإلزامات = من المخاطرات. وسنبين هنا ما سنح لنا من أقوال العلماء في ذلك، ولعلك تقف منه على ما يثبّت فؤادك، وجاءك في هذه الحق.

فالمنقول عن أبي حنيفة، ومالك، والشافعي، وأحمد -في أصح الروايتين عنهم- كما ذكره اللقاني وغيره، هو: عدم التكفير لغير مُنكِرٍ ما عُلِم من دين الإسلام ضرورةً.

وهذا هو المفهوم من كلام النووي، والقاضي عياض، وهو صريح كلام إمام الحرمين، والغزالي، والرازي، وابن عرفة، وسحنون -كلاهما من المالكية-، والسبكي، والمحلي، ونقله القاضي عياض عن المازري -من المالكية أيضًا-.

قال النووي: «مذهب الشافعي وجماهير العلماء أن الخوارج لا يكفَّرون، وكذا القدرية، والمعتزلة وسائر أهل الأهواء»(108). ثم قال: «واعلم أن مذهب أهل الحق أنه لا يكفَّر أحد من أهل القبلة بذنب، ولا يُكفَّر أهل الأهواء، وأن من جحد ما يعلم من دين الإسلام ضرورةً = حُكِم بردَّتِه وكفرِه»(109). إلى آخر ما قاله.

ولمّا عزا بعض المصنّفين إلى الأشعري تكفير المعتزلة؛ قال ابن عبد السلام: «إن الأشعري رجع عند موته عن تكفير أهل القبلة؛ لأن الجهل بالصفات ليس جهلًا بالموصوف»(110)، وقال القاضي زكريّا في **اللب وشرحه** ما نصه: «ولا نكفر أحدًا من أهل القبلة ببدعته، كمنكري صفات الله تعالى وخلقه أفعالَ عباده ورؤيته يوم القيامة على المختار. وكفّرهم بعضُنا، ورُدَّ بأن إنكار الصفة ليس إنكارًا للموصوف»(111). انتهى. ومثله في **شرح جمع الجوامع** للجلال المحلّي.

نعم، في هذه المقدمة بحثٌ -أعني قولهم: «الجهل بالصفة ليس جهلًا بالموصوف»؛ فإنها مقدمة قد اشتهرت بينهم، وليست بصحيحة عند التحقيق -كما لا يخفى-؛ لأن

---

(108) النووي، **شرح النووي على صحيح مسلم**، ج 7، ص 160.

(109) المرجع نفسه، ج 1، ص 150.

(110) عز الدين بن عبد السلام، **قواعد الأحكام في مصالح الأنام**، راجعه وعلق عليه طه عبد الرؤوف سعد (القاهرة: مكتبة الكليات الأزهرية، 1991)، ج 1، ص 202-203.

(111) زكريا الأنصاري، **غاية الوصول**، ص 167.

الجهل بالشيء إنما يرجع إلى الجهل بصفاته، ككونه حيًا أو عالمًا أو قادرًا أو غير ذلك من صفاته.

وأما ذاته -من حيث هي هي- فليست مرجعًا للجهل، وإن كان العلم والجهل قد يتعلقان بها، لكنهما إنما يتعلقان بها من حيث صفاتها وأحكامها التي يصلح أن يتوجه إليه النفي والإثبات.

وبهذا يُعلَم: أنه لا فرق بين ما ذكره إمام الحرمين في تعريف الجهل، وبين ما ذكره ابن السبكي في **جمع الجوامع**. فإن إمام الحرمين قال: «إن الجهل تصوُّر المعلوم على خلاف ما هو به»، فزعم ابن السبكي أن هذا التعريف ظاهرُه التناقض؛ لأن قوله: «تصوُّر المعلوم»؛ يعطي وقوعَ تصوره، وقوله: «على خلاف ما هو به»؛ يعطي عدم تصوّره. هذا ما ذكره ابن السبكي. وغيّر التعريف إلى قوله -في **جمع الجوامع**-: «على خلاف هيئته»؛ بناءً منه على أن ذكر المعلوم بأنه «على خلاف هيئته»؛ لا يخرجه عن كونه معلومًا، بخلاف ذكره بأنه «على خلاف ما هو عليه»؛ فإنه يخرجه عن كونه معلومًا. وهذا وهم فاسد؛ فإن المراد بكونه «على خلاف ما هو عليه»: هو أنه «على خلاف هيئته وصفته»، وليس المراد أنه «على خلاف ذاته»(112).

ولهذا تسمعهم يقولون: «إن الكذب هو الخبر عن شيء على خلاف ما هو به». ومعلوم أن المراد بـ«ما هو به»: صفاتُ المُخبَر عنه، وهيئاته، ككون زيد في الدار أو كونه قائمًا أو قاعدًا إلى غير ذلك.

وإذا وضح هذا؛ فالجهل بالصفة = جهل بالموصوف، بلا كلام، والإنكار للصفة = إنكار للموصوف. ففي هذه المقدمة المشهورة المذكورة ما ترى.

وقد بان بهذا: أن لكلام المعتزلة وغيرهم وجهًا صحيحًا في تكفير المجبرة والمشبِّهة وأمثالهم، كما سيجيء قريبًا إن شاء الله تعالى.

(112) ينظر تقرير السبكي، مع شرح المحلي، وتعليقات المحشّي، في: العطار، **حاشية العطار**، ج 1، ص 211-214.

وأما ما يتوهمه كثير من أغبياء المجبرة، من الأشاعرة وغيرهم، حيث يتوهمون أن المعتزلة يجهلون صفات الباري تعالى وينكرونها = فتوهُّم فاسد -كما أشرنا إليه سالفًا، وسنوضحه في ما سيجيء إن شاء الله-؛ فإن المعتزلة وغيرهم من العدلية لا ينكرون كونه تعالى عالمًا قادرًا إلى غير ذلك من صفاته تعالى. وإنما ينكرون «المعاني» التي يثبتها المجبرةُ قدماءَ في الأزل. فهم -أي: المعتزلة- يقولون: «إن هؤلاء المجبرة منكرون لكونه تعالى واحدًا في وجوب وجوده وأزليته، كما أنهم منكرون أيضًا لكونه حكيمًا عادلًا، وقائلون بأنه تعالى لا يفعل الفعل لأجل ما فيه من الحكمة، بل على جهة الاتفاق الذي هو في حكم الخبط والجزاف، وقائلون بأنه سبحانه وتعالى يُضِلُّ عباده الضعفاء ويغويهم ويلبّس عليهم، ثم يعنّفهم ويعذبهم على ذلك. وبالجملة، فقد اعتقدوا كونه تعالى جائرًا مغويًا ملبّسًا، غير حكيم ولا عادل. ومع ذلك قد اعتقدوا أنه تعالى غير قادر بالفعل على أن يخلق للعباد قدرة مؤثرة في أفعالهم، ومحصلةً لما كلفهم به». إلى غير ذلك مما يوردونه عليهم مما يستلزم الجهل بصفاته تعالى وإنكارها.

فالكل شركاء متشاكسون في الإلزامات. والمراد هنا: بيان فساد المقدمة القائلة: «إنكار الصفة ليس إنكارًا للموصوف، وجهل الصفة ليس جهلًا بالموصوف».

كلام للغزالي نفيس نافع

وقال الغزالي في كتابه الذي سماه بـ**التفرقة بين الإيمان والزندقة** ما نصه: «إن أردت أن تنزع الحسكة عن صدرك وصدر من هو في مثل حالك؛ فخاطب نفسك وصاحبَك، وطالبه بحدّ الكفر. فإن زعم أن حدّ الكفر: ما يخالف مذهب الأشعري أو مذهب المعتزلي أو مذهب الحنبلي أو غيرهم = فاعلم أنه غِرٌّ بليد، قد قيَّده التقليد. وناهيك حجةً في إفحامه = مقابلةُ دعواه بدعوى خصومه؛ إذ لا يجد بين نفسه وبين سائر المقلدين المخالفين فرقًا وفضلًا. ولعل صاحبه يميل -من بين سائر المذاهب- إلى الأشعري، ويزعم أن مخالفته في كل ما ورد وصدر = من الكفر الجلي. فسله: أين ثبت له كونُ الحق وقفًا عليه، حتى قضى بكفر الباقلاني إذ خالفه في صفة البقاء، وزعم أنها ليست وصفًا زائدًا على الذات؟ ولم صار الباقلاني أولى بالكفر بمخالفة الأشعري؛ من

الأشعري بمخالفة الباقلاني؟ ولم صار الحق وقفًا على أحدهما دون الثاني؟ أذلك لأجل السبق في الزمان؟ فقد سبق الأشعريَّ غيرُه من المعتزلة، فليكن الحق للسابق عليه. أم لأجل التفاوت في الفضل والعلم؟ فبأي مكيال وميزان قدّر درجات الفضل؟ فإن رخّص للباقلاني في مخالفته؛ فلِمَ حجر على غيره؟ فإن زعم أن خلاف الباقلاني يرجع إلى لفظ لا تحقيق وراءه -كما تعسّف بتكلُّفه بعض المتعصبين- زاعمًا أنهما متوافقان على داوم الوجود، والخلاف في أن ذلك يرجع إلى الذات أو إلى وصف زائد عليها خلافٌ قريبٌ لا يوجب التشديد؛ فما باله يشدد القول على المعتزلي في نفيه الصفات، وهو معترف بأن الله تعالى محيط بجميع المعلومات، قادر على جميع الممكنات؟ وإنما يخالف الأشعريَّ في أنه عالم وقادر بالذات أو بصفة زائدة؛ فما الفرق بين الخلافين؟ وأي مطلب أجل وأخطر من صفات الحق سبحانه، والنظر في إثباتها ونفيها؟

فإن قال: 'إنما أُكفّر المعتزلي وأشدد عليه؛ لأنه يزعم أن الذات الواحدة تصدر منها فائدة العلم والقدرة والحياة، وهي صفات مختلفة بالحدّ والحقيقة، والحقائق المختلفة يستحيل أن توصف بالإيجاد أو تقوم مقامَها الذاتُ الواحدةُ'؛ فما باله يستبعد من الأشعري أن الكلام صفة واحدة قائمة بذات تعالى الله مع كونه واحدًا؛ فهو زبور، وإنجيل، وتوراة، وقرآن، وهو أمر ونهي، وخبر واستخبار، وهذه حقائق مختلفة؟ وكيف لا وحدُّ الخبرِ: ما يتطرق إليه التصديق والتكذيب، ولا يتطرق ذلك إلى الأمر والنهي؟»(113). انتهى إلى هنا كلام الغزالي مع اختصار يسير. وإنما أوردنا لما فيه من الشهادة على ما ندّعيه في مواضع.

ولمّا تكلم في **شرح المقاصد** على هذا البحث قال: «المبحث السادس: في حكم مخالفة أهل الحق من أهل القبلة، في باب الكفر والإيمان. ومعناه: الذين وافقوا على ما هو من ضروريات الإسلام، [90أ] كحدوث العالم وحشر الأجساد وما أشبه ذلك، وخالفوا في أصولٍ سواها، كمسألة الصفات وخلق الأعمال وعموم الإرادة وقدم الكلام وجواز الرؤية ونحو ذلك، مما لا نزاع أن الحق فيها واحد؛ هل يكفر المخالف للحق بذلك الاعتقاد وبالقول به أم لا؟ وإلا فلا نزاع في كفر بعض أهل القبلة

(113) الغزالي، **فيصل التفرقة**، ص 19-22.

المواظب طول العمر على الطاعات، باعتقاد قِدَم العالم ونفي الحشر، ونفي العلم بالجزئيات، ونحو ذلك. وكذا بصدور شيءٍ من موجبات الكفر الذي ذكرنا.

فذهب الشيخ الأشعري وأكثر الأصحاب إلى أنه ليس بكافر، وبه يُشعِر قولُ الشافعي -رحمه الله-: 'لا أرد شهادة كل أهل الأهواء إلا الخطّابية؛ لاستحلالهم الكذب'.

وفي **المنتقى** عن أبي حنيفة -رحمه الله-: 'أنه لم يكفِّر أحدًا من أهل القبلة'. وعليه أكثر الفقهاء. ومن أصحابه من قال بكفر المخالفين.

وقال قدماء المعتزلة بكفر القائلين بالصفات القديمة، وبخلق الأعمال، وكفر المجبرة، حتى حُكِي عن الجبائي أنه قال: 'المُجبِر كافر، ومن شك في كفره فهو كافر'»(114). إلى هنا كلام سعد الدين.

قلت: سيأتي تحقيق مذهب المعتزلة في هذا.

وأما الأشاعرة والماتريدية؛ فأكثر أقوالهم ناطقةٌ بعدم التكفير لغير من ردّ ضروريًا صريحًا، وهو المشهور عنهم، وإن وقع ما وقع من الاضطراب في كلام الباقلاني، وقول أبي إسحاق الإسفراييني: «لا نكفر إلا من كفرنا».

قال الغزالي: «وهذا لا مأخذ له؛ لأن قول القائل: 'عليٌّ -رضي الله عنه- أولى بالإمامة'، إذا لم يكن كفرًا؛ فبأن يخطئَ صاحبُه ويظنّ أن المخالفَ فيه كافر = لم يصر كافرًا. وإنما هذا خطأ في مسألة شرعية. وكذلك الحنبلي إذا لم يكفر بإثبات الجهة؛ فلم يكفُرْ بأن يُغَلِّطَ ويظنَّ أن نافي الجهة مكذب، وليس بمؤوِّل.

وأما قول رسول الله -صلى الله عليه وسلم-: 'إذا قذف أحد المسلمين صاحبه بالكفر فقد باء به أحدهما'؛ فمعناه أن تكفيره مع معرفته بحاله؛ فمن عرف من غيره أنه مصدِّق برسول الله -صلى الله عليه وسلم-، ثم كفَّره؛ فيكون المكفِّر كافرًا. فأما إن كفّره لظنه أنه مكذب برسول الله -صلى الله عليه وسلم-؛ فهذا غلط منه في حال

(114) التفتازاني، **شرح المقاصد**، ج 2، ص 269.

شخص واحد؛ إذ يظن به أنه كافر مكذب، وليس كذلك. وهذا لا يكون كفرًا». انتهى بلفظه في كتاب التفرقة⁽¹¹⁵⁾.

وفي **المواقف** وشرحه: «المقصد الخامس: في أن المخالف للحق من أهل القبلة هل يكفر أم لا؟

جمهور المتكلمين والفقهاء على أنه لا يكفَّر أحد من أهل القبلة. فإن الشيخ أبا الحسن قال في أول كتاب **مقالات الإسلاميين**: 'اختلف المسلمون بعد نبيهم ﷺ في أشياء، ضلل بعضهم بعضًا، وتبرأ بعضهم من بعض، فصاروا فرقًا متباينين، إلا أن الإسلام يجمعهم ويعمّهم'. فهذا مذهبه، وعليه أكثر أصحابنا»⁽¹¹⁶⁾. انتهى.

قلت: وقد ارتضاه العضد، وصرح به في **عقائده** المشهورة. لكنه يُشكِل بالنظر إلى القائلين بالإيجاب من أهل الإسلام -أعني الإيجاب المنافي للاختيار، كإيجاب الفلاسفة القائلين بأنه تعالى موجِبٌ غيرُ قادر مختار، وهم جمهورهم-.

وقد قال -أي: العضد- في **عقائده** بما يقتضي أن القول بالإيجاب في حق الله تعالى يستلزم الكفر؛ لأن مقتضاه نفي اختياره تعالى، وذلك مستلزم للكفر، بل هو كفرٌ بنفسه. فكيف إذا كان مستلزمًا لقدم العالم؛ لانتفاء المخصص؟ ولهذا كان الخلاف بين الفلاسفة والمتكلمين لفظيًا في جواز استناد القديم إلى الباري -كما ذكره الإمام الرازي وغيره من أهل النظر-؛ لأن الفلاسفة إنما اعتقدوا استناد العالم إلى الباري تعالى، مع جزمهم بأنه قديم؛ نظرًا إلى أنه تعالى غيرُ مختار، بل موجِب. والموجِبُ لا تخصيص له؛ فلا بد من الحكم بقِدَم ما أوجبه. فالقائل بالإيجاب لا بد له من القول بقدم العالم. وإن فرَّ فلا مفر.

هذا، والاختيار الذي يثبته الفلاسفة ومن يجري مجراهم = أمر لفظي. ولهذا قال

---

(115) الغزالي، فيصل التفرقة، ص 93-94.
(116) الجرجاني، شرح المواقف، ج 8، ص 339.

الدواني في **شرح العقائد** المذكورة: «إن الذي أثبتوه ليس اختيارًا حقيقة»(117). والأمر كما قال.

وكثير من أهل القبلة قائل بالإيجاب من حيث لا يشعر، والأمر عظيم؛ فالقول بأنه لا يكفَّر أحدٌ من هل القبلة = مشكل.

وقد استشكل سعد الدين في **شرح العقائد النسفية** قولهم: «إنه لا يكفَّر أحد من أهل القبلة» مع قولهم: «يكفَّر من سب الشيخين، أو قال بخلق القرآن... إلخ»(118). وتعقبه الكمال الشريفي في حاشيته: بأنه لا حاجة إلى بيان التوفيق؛ لعدم إيجاد القائل. إذ القائل بالتكفير في ذلك = غيرُ القائل بأنه لا يكفَّر أحدٌ من أهل القبلة(119).

قال اللقاني في **شرح الجوهرة**: «أما القول بخلق القرآن واستحالة الرؤية أو سب الشيخين أو لعنهما = ففيه خلاف. والصواب عدم كفر صاحبه»(120). انتهى.

هذا ما عند الأشاعرة ومن يجري مجراهم، والماتريدية.

[التكفير عند المعتزلة]

وأما المعتزلة؛ فأكثرهم على القول بكفر المجبرة؛ نظرًا إلى أن مذهبهم يستلزم نسبة الظلم إلى الله تعالى. وكذا المشبهة؛ فإنهم جاهلون بالله جهلًا يستلزم الكفر. وإنما قال أبو القاسم الكعبي، ومحمود الملاحمي: «إنها تجري عليهم أحكام المسلمين».

وحكى الشيخ محمود الملاحمي، والإمام يحيى بن حمزة من أهل البيت -عليهم السلام- الإجماع بأن حكمَهم حكمُ المسلمين في المعاملة الدنيوية.

---

(117) لم أقف عليه بهذا اللفظ، فلعله فهمُه له.
(118) قال السعد التفتازاني: «والجمع بين قولهم: لا يكفر أحد من أهل القبلة، وقولهم يكفر من قال بخلق القرآن، واستحالة الرؤية أو سب الشيخين، أو لعنهما وأمثال ذلك = مشكل». ينظر: التفتازاني، **شرح العقائد النسفية**، ص 108.
(119) قال الكمال الشريفي: «فلا حاجة إلى الجمع؛ إذ القائل لم يتحد». ينظر: ابن أبي شريف، **الفرائد**، ص 523.
(120) اللقاني، **عمدة المريد**، ج 4، ص 1710.

وقال أبو علي الجبائي، والقاضي عبد الجبار بن أحمد، وجعفر بن مبشر[121]، وغيرهم: «إن لهم حكم أهل الردة».

وقال ثمامة بن الأشرس -وهو أحد قولَي أبي هاشم-: «إن لهم حكم أهل الذمة».

وقال أبو الهذيل العلاف: «إن كل متأول يكون تأويله تشبيهًا لله تعالى [90 ب] بخلقه أو تجويرًا له في فعله أو تكذيبًا بخبره = فهو كافر، وكل من أثبت مع الله شيئًا قديمًا لا يقال له: 'الله' = فهو كافر».

وقد رُوي عن أبي الحسين البصري، والشيخ محمود بن الملاحمي، أنه: «لا يكفَّر أحد من أهل القبلة بالتأويل». وإلى ذلك مال الإمام يحيى بن حمزة، كما روي عنه أيضًا وهو نحو ما روي عن أبي حنيفة، وقد روي أيضًا عن السيد المؤيد الهاروني -من الزيدية وكان في الأصل إماميًا، ثم خرج عن مذهب الإمامية، كما حكاه النصير الطوسي في أول كتابه **المصنف** في رجال الإمامية-.

وقال محمد بن شبيب من المعتزلة -وهو الذي ذكره الرازي في **المحصل**[122]، وكان يميل إلى الإرجاء-: «إن المشبِّهَ كافرٌ، لا المجبر»، قال: «لأن غلطه راجع إلى فعل الله لا إلى ذاته». واعتُرِضَ بأن تسمية الباري تعالى «ظالمًا» = كفرٌ بالإجماع، ولا وجه لذلك إلا نسبة الظلم إليه تعالى كما فعل المجبرة، وإن تصرفوا في العبارة. ولهذا قال أبو جعفر الإسكافي من المعتزلة: «الجبر أشدُّ كفرًا من التشبيه».

[التكفير عند الكرّامية والإمامية]

وأما الكرّامية فقالوا: «لا يُكفَّر بالأفعال القلبية والاعتقادات الباطنية»؛ بناء على مذهبهم في حقيقة الإيمان، من أنه ليس إلا الإقرار باللسان.

وأما الإمامية فقالوا: «كل من أنكر إمامة الاثني عشر أو عصمتهم فهو كافر»؛ إذ جانب الإمامة عندهم كجانب النبوّة.

---

(121) جعفر بن مبشر الثقفي (ت. 234هـ)، من كبار متكلمي المعتزلة.

(122) لم أقف عليه في المطبوع.

وأما ما يؤول إلى الكفر من سائر الاعتقادات؛ فقد وقع الخلاف بينهم، كما وقع بين المعتزلة. ولا حاجة إلى التطويل بذكر خلافهم؛ فإن مذهبهم كمذهب المعتزلة في العدل والتوحيد، إلا في أشياء قليلة، كمسألة انقطاع الوعيد عن أصحاب الكبائر، وتفضيل البشَر على المَلَك؛ فإنهم وافقوا الأشاعرة.

[التكفير عند الزيدية]

وأما الزيدية؛ فقد صرح الهادي، والقاسم(123)، والناصر(124)، وأبو طالب الهاروني(125)، والمنصور(126) في أحد قوليه أن «المجبرة والمشبهة كفار».

وأما الإمام يحيى بن حمزة -قدس الله روحه في الجنة- فكان يتوقف في تكفير المجبرة من الأشاعرة وغيرهم، بل كان يذهب إلى عدم كفرهم، حتى عثر على تصريح الأشعري والرازي بإنكار نعمة الله على الكفار؛ فكفرهما بذلك. وهو جارٍ في كلام غيرهما.

وأما الإمام المهدي أحمد بن يحيى المرتضى -رضي الله عنه- فكان قد عزم على عدم تكفير أحد من أهل القبلة بمجرد مقالة له تستلزم لازمًا باطلًا، حتى راجع نفسه، وعلم الإجماع على كفر من نسب الظلم إلى العدل الحكيم، تعالى شأنه وعز سلطانه. وليست النسبة للظلم إليه تعالى شيئًا وراء ما ذهب إليه الأشاعرة وغيرهم من المجبرة والجهمية. وأمّا المشبهة؛ فقد صرّح بأنهم كفار. وصرَّح كثيرٌ من الزيدية بأن المجبرة والمشبهة كفار. وادعى أبو عبد الله الداعي(127) إجماع أهل البيت على ذلك.

والحق أن الذي عليه جمهورهم -لا كلهم- هو: تكفير المجبرة والمشبهة، على حد ما يقوله جمهور المعتزلة. إلا أن في كلام بعضهم -كالمنصور بالله عبد الله بن حمزة رحمه

---

(123) أي: الرسّي.

(124) أي: الأطروش.

(125) أبو طالب يحيى بن الحسين الهاروني (ت. 424هـ)، من كبار أئمة الزيدية، من كتبه **المجزي في أصول الفقه**، وغيره.

(126) المنصور بالله عبد الله بن حمزة.

(127) لعله يريد: المهدي لدين الله أبو عبد الله محمد بن الحسن بن القاسم الحسني العلوي الطالبي (ت. نحو 360هـ)، من كبار أئمة الزيدية في بلاد الديلم.

الله تعالىٰ ورضي عنه- في قوله الأخير، ما يومئ إلىٰ نحو ما تقدم عن الشافعي -رحمه الله-، حيث قال: «لا أرد شهادة كل الأهواء... إلخ»؛ فإنه يُفهَم منه عدم التكفير. وكذا فهمته من كلام السيد محمد بن الوزير.

قاعدة في التكفير ونحوه

ومرجع الخلاف -في التحقيق- إلىٰ قاعدة مشهورة، يبتني عليها الإكفار والتفسيق، وهي: هل لازم المذهب مذهب أو لا؟

قال ابن حجر المكي في **الفتاوى الصغرى** بجواز أن يُعتقَد الملزومُ بدون اللازم(128).

قلت: هذا باطل؛ لأن اللزوم إذا كان بيِّنًا؛ كان ذلك محالًا، أعني اعتقاد الملزوم بدون اعتقاد لازمه البيّن، ضرورةَ أنه: كلما ثبت العلم بالملزوم؛ ثبت العلم بلازمه، وكلما ثبت العلم بلازمه؛ فإما أن يكون ذلك ثابتًا مع اعتقاده أو لا.

إن كان الأول؛ فقد تم الأمر -أي اعتقاد الملزوم واللازم معًا-. وإن كان الثاني؛ فعدمُ اعتقاده: إن كان مرجعه إلىٰ نفيه -أي نفي اللازم-؛ كان نفيًا لملزومه؛ لأن نفي اللازم نفي للملزوم، ولا يُتصوَّر ثبوت الملزوم مع انتفاء لازمه، أي: إنه محال. وإن لم يكن مرجعه إلىٰ نفيه؛ كان مذهبًا له؛ إذ لا معنىٰ للمذهب إلا مثل هذا. ولا يُتصوَّر اعتقاد حقّيّة الملزوم مع اعتقاد بطلان اللازم، أو مع عدم اعتقاد حقّيّته وعدم اعتقاد بطلانه، أعني الخلوّ عن الاعتقاد؛ لأن الخلو عن الاعتقاد رأسًا، يستلزم انتفاء اعتقاد حقّيّته، وانتفاءُ اعتقاد حقيته يستلزم انتفاء حقية ملزومه؛ تحقيقًا للّزوم بينهما كما لا يخفىٰ.

فالحق هو التفصيل في ذلك، كما أبداه بعض أصحابنا المحققين -رحمهم الله- حيث قال ما حاصله: «إن اللزوم إن كان ضروريًا بيِّنًا؛ فلا شك في أن لازم المذهب مذهب؛ لأن الذاهب إليه -مع العلم الضروري باللزوم- ذاهبٌ إلىٰ لازمه.

وأما إذا لم يكن اللزوم ضروريًا كذلك، فلا يكون لازم المذهب مذهبًا؛ لجواز الغفلة، والإخلال بالنظر في اللزوم». وهذا هو التحقيق في الإكفار والتفسيق، وعليه

(128) شهاب الدين أحمد بن حجر الهيتمي، **الفتاوى الحديثية** (بيروت: دار المعرفة، [د. ت])، ص 149.

يدور كلام العدلية في تكفير المجبرة والمشبهة؛ بناء على ضرورة اللزوم بين ما ذهبوا إليه وبين الكفر.

ومن هنا قال أبو جعفر الإسكافي وجماعة من المعتزلة: «إن الشك في كفر المشبهة والمجبرة = كُفْرٌ». وقد نُسِبوا إلى الغلط؛ فإن الشك غير الاعتقاد؛ فلا يلزم منه أن يكون مذهبًا، ويكون لازمه مذهبًا أيضًا.

والذي عندي: أن التغليط غلط؛ لأنهم إنما حكموا بكفر الشاك؛ لأن الكفر الصريح عندهم لازم للجبر، وكل ما لزم المذهب فهو مذهب، فالشك في الجبر كالشك في الكفر الصريح، وهو كفر بالإجماع، وقس على ذلك التشبيه.

وتوضيح ذلك: أنه إذا كان الكفر لازمًا لمذهب المجبرة -كما ذكره الجمهور واعترفوا به في الكلام على أدلة العدل والتوحيد-، فقد تقرر في محله: أنه كلما ثبت الملزوم ثبت اللازم، كما مر، فكلما ثبت مذهب الجبر ثبت لازمُه وهو الكفر، فكان مذهب الجبر كفرًا بهذا. وهكذا التشبيه في اللزوم. وإذا كان كذلك؛ كان الشك فيه شكًا في الكفر نفسه، فيستلزم الكفر لا محالة؛ لأن الشك في الكفر يستلزم الكفر بلا خلاف. وأيضًا فالشك في كفر المجبرة والمشبهة إنما ينشأ من الأدلة، وقد قال العدلية بما حاصله: أن أدلتهم في العدل والتوحيد ظاهرة، فمن شك -مثلًا- في أن الله تعالى لا يظلم أحدًا فقد لزمه الكفر؛ لأنه شك في عدل الله وحكمته. وكذا من شك في أنه تعالى لا ثاني له في وجوب وجوده، وقِدَمه، وكونِه لا يشابهه شيء من خلقه، إذ ليس كمثله شيء.

هذا، وقد فصَّلت البصرية من المعتزلة فقالوا: «إن الشاك لا يكفَّر إلا إذا كان مصوِّبًا لمن شك فيه، وإلا فلا».

قلت: التصويب ينافي الشك، وليس محل الخلاف.

وقالوا -أي: البصريون من المعتزلة-: «إنه إذا لم يجزم بكفر المجبِر والمشبِّه، ولا صوّبهم؛ لم يكفَّر لذلك»؛ بناء على أنه غير مخاطَب بما سوى اعتقاده، وعلى أن التكفير بالذنوب سمعيٌّ، وليس كل أحد مكلفًا بمعرفته. وفيه بحثٌ ليس هذا موضعه.

كلام نافع في إنكار الضروري

وقد سبقت إشارة منّا إلى فساد مثل هذا، في الرد لما ذكره ابن حجر في **الفتاوى**. وقريب مما قالته البصرية ما قاله القاضي الباقلاني من الأشاعرة في حق المعتزلة، وقد اتفق الفريقان على كفر من أنكر ما عُلِم من دين الإسلام ضرورةً، واشتهر في كلام كثيرٍ أن منكر الضروريات كافر.

فلنتكلم -أولًا- على هذا القيد -أعني قولنا: «ضرورةً»: هل هو قيد لإضافة ذلك الضروري إلى الدين؛ بناء على أنه قيد لقولنا: «من الدين»، أو قيد لاستفادته وفهمه من الدين؛ بناء على أنه قيدٌ لـ«عُلِمَ»، في قولنا: «ما عُلِمَ»؟

قيل: الظاهر الأول. قلت: ويؤيده أن بعضهم لم يكفِّر منكر الضروري الذي لا تعلق له بالدين. وقيل: الثاني.

وثانيًا على الضروري(129)؛ فقد صرح الأشاعرة أنفسهم، وتبعهم المعترض، أن الجبر إنكارٌ للضرورة؛ للفرق الضروري بين حركة الارتعاش والاختيار. وقد صرح جماعةٌ -منهم اللقاني- أن إنكار الضروري: إما أن يكون راجعًا إلى إنكار شريعة من الشرائع أو لا. إن كان الأول؛ كان كفرًا. وإن كان الثاني -كإنكار غزوة تبوك مثلًا ونحوها مما لا يكون راجعًا إلى شريعةٍ- فلا يكون كفرًا، إلا أن يقترن ذلك باتهامه للناقلين -وهم المسلمون أجمعون- كان كفرًا؛ لسريانه إلى إبطال الشريعة.

وقد ذكر نحو هذا القاضي عياض وغيره(130). ونحن قد نبهناك -في ما مضى- على أن السر في تكفير منكر الضرورة الدينية، هو: أنه [91أ] كتكذيب الشارع في ما جاء به، وأنه كفر صريح. بل قال الغزالي -مع حرصه على عدم التكفير-: «إن تجويز الكذب على الرسول يؤول إلى الكفر»؛ فجعل مجرد التجويز يؤول إلى الكفر، ذكر معناه في كتاب **التفرقة**(131).

---

(129) أي: ولنتكلم ثانيًا على الضروري، لأنه قال قبلها: فلنتكلم أولًا على القيد.
(130) ينظر: اللقاني، **عمدة المريد**، ج 4، ص 2022.
(131) ينظر: الفصل الثامن من: الغزالي، **فيصل التفرقة**، ص 61.

التكفير لا يثبت بالقياس الظنّي

وها هنا سؤال مشهور، وهو: إن التكفير لا يكون إلا بقطعيٍّ، كنصٍّ من الكتاب العزيز والسنة النبوية المتواترة أو الإجماع القطعي. ومقتضى هذا الأصل: أنه لا يكون بالقياس؛ لتأديته إلى تكفير كثيرٍ ممن لا تجرُّ أقوالُهم واعتقادُهم إلى الكفر، وأنه فتحُ لباب لا ينسدُّ. فكيف ساغ التكفير لمنكر الضرورة، كالجبري القائل بأن أفعاله ليست مستندة إليه، وكذا القائل بأنه لا تأثير له أصلًا في ما نشاهده من حركاته وسكناته الدائرة على دواعيه وصوارفه، ثبوتًا وانتفاءً، وأن الكفر والفواحش وجميع الأعمال إنما أوجدها الله تعالى وأحدثها، وكفره إنما لزم من حيث إنه كمن كذّب الشارع في ما جاء به من الأوامر والنواهي، وهذا قياس قطعًا؟

وجوابه: أنه من قياس الفحوى وهو قطعيٌّ وفاقًا بيننا وبين كل من يثبت القياس كالأشاعرة وسائر المجبرة. وليس الممنوع إلا القياس الظني الذي لا تكاد تُسلَّم بعض مقدماته بتمامها ولوازمها، أو تُسلَّم من دون قطع.

ثم قد عرفت الآن ما ذكره الإمام الغزالي، من أن مجرد التجويز لكذب الرسول كافٍ في التكفير. وقد عرفت سابقًا أنه ليس عند المجبرة النافين للحسن والقبح العقليين ما يُعتمَد عليه في الجزم بصدق الرسل جميعهم -عليهم السلام-.

ثم إن هذا السؤال بناءٌ على مذهب الجمهور من بصرية المعتزلة والمؤلفِ وغيرهم من العدلية.

وأما البعض فلم يشترطوا كون دليل الإكفار قطعيًا، وإنما يُشترط أن يكون سمعيًا؛ لأن مَدْرَك الإيمان والكفر شرعي قطعًا وإجماعًا. فيستحيل التكفير بغير السمعي الشرعي. وبهذا يلوح لك وجهٌ لقول من لم يشترط كون دليل الإكفار قطعيًا.

وتوضيحه: أن المَدْرَك إذا كان شرعيًا لا غير؛ فمعلوم أن كون المؤمن اسمًا لمن يستحق الثواب -كما قاله المعتزلة وغيرهم- ليس أمرًا قطعيًا حتى يُشترطَ أن لا ينتفي إلا بقطعي، بل يكفي في زواله وانتفائه دليلٌ ظنيٌّ، وإلا لم يثبت الحكم بمَدْرَك التكفير والتفسيق؛ لأنه

ظني، أعني أن كون الكافر والفاسق اسمين في الشرع لمن يستحق العقاب -كما قالوا- ليس ثابتًا بالقطع. وإنما هو بالظن، مع الخلاف في اسم المؤمن، والكافر، والفاسق.

وقول الجمهور من البصرية: من أنه إنما اشُترِط في دليل التكفير أن يكون قاطعًا؛ لأنه إضرار بالغير، ولا يجوز إلا بقاطع = محلُّ بحث وتأمل.

هذا، وقد حُكِيَ عن القاضي عياض من الأشاعرة -وهو صاحب **الشفاء**- أنه قد وقع الإجماع على كفر من ارتاب في ما أتى به الأنبياء أو كان مضمونُ مقالته إبطال الشرائع، وتعطيل الأوامر والنواهي(132). ذكره عنه اللقاني في **شرح الجوهرة**.

وغيرُ خافٍ عليك ما يؤدي إليه الجبر من ذلك كله، كما سلف عن ابن الهمام، في الكلام الذي نقله عنه ابن أبي شريف، وكلام غيره مثله.

وقد اعترف المعترض -في ما سيجيء إن شاء الله- أن الجبر المحض باطل بالضرورة؛ فمنكر بطلانه منكر للضرورة عقلًا ونقلًا. وقد عرفت حال منكر الضرورة.

فما علينا -بعد هذا- أن نزيدك علمًا إلى علمك بحال الجبر وما يؤدي إليه، فمن شاء فليؤمن ومن شاء فليكفر.

حديث: «لا يُكفَّر أحد من أهل القبلة بذنب»؛ موضوع لا أصل له عند أحمد بن حنبل

فإن قلت: فما تقول في الحديث الذي رووه، من أنه لا يكفَّر أحدٌ من أهل القبلة بذنب؟

قلت: حكى ابن حبان عن الإمام أحمد بن حنبل، أنه أجاب -حين سئل عن حديث أنه لا يُكفَّر أحد من أهل القبلة بذنب- بأنه «موضوع لا أصل له. وكيف يثبت مع حديث: 'من ترك الصلاة فقد كفر'»(133)، وغيره مما هو في معناه؟ إلا أن يقال:

(132) ينظر: القاضي عياض، **الشفا**، ص 849.

(133) إبراهيم النحاس، **الجامع لعلوم الإمام أحمد**، قسم الحديث 1 (الفيوم: دار الفلاح للبحث العلمي وتحقيق التراث، 2009)، ج 14، ص 70.

إن في ترك الصلاة خروجًا عن أهل القبلة؛ نظرًا إلى أن ترك الصلاة يستلزم ترك استقبال القبلة للصلاة بالضرورة، وأن المراد بالإضافة في «أهل القبلة»؛ هي الإضافة بهذا المعنى، لا أن المراد بها: ما يقابل أهلَ بيت المقدس كاليهود والنصارى. فأهل القبلة -على هذا- هم الذين يتوجهون إليها بالفعل. وهذا معنًى حقيقي؛ فلا يمتنع عليه تكفير قاطع الصلاة؛ لأنه ليس من أهل القبلة بهذا المعنى الصحيح. وفيه بحث لا يخفى؛ لأن «أهل القبلة» صار حقيقة عرفيةً في المسلمين وأهل الشهادتين. فالعدول عن هذا إلى المعنى الأول = عدولٌ عن الحقيقة إلى المجاز الذي هو خلاف الأصل.

وقال الزركشي: «في صحة هذا عن أحمد نظر؛ فإن معنى الحديث ثابت في الصحيحين، عن عبادة بن الصامت أن النبي صلى الله عليه وسلم قال: 'بايعوني على أن لا تشركوا بالله شيئًا، ولا تسرقوا، ولا تزنوا. فمن وفى منكم فأجره على الله، ومن أصاب من ذلك شيئًا فعوقب؛ فهو كفارة له، ومن أصاب من ذلك شيئًا فستره الله عليه؛ فهو إلى الله، إن شاء غفر له، وإن شاء عذبه'»(134).

قلت: وفي ما ذكره نظر يُعرَف بأدنى تأمل في الإشارة بقوله: «من ذلك»؛ فإنه -بحسب الظاهر- إشارة إلى المجموع من قوله: «أن لا تشركوا... إلى آخره». فلا بد من حمله على تقدير التوبة، فتدبر.

وأما إجراء حديث تارك الصلاة على ظاهره، فمما لا كلام في عدمه. بل لا بد من صرفه عن ظاهره.

وها هنا شيء، وهو: أن القائلين بأن مدار الإسلام على التصديق القلبي، إن قالوا بأن أهل القبلة هم أهل الشهادتين = فقد خرجوا عن مذهبهم؛ لأن المتكلم بالشهادتين ليس مسلمًا عندهم من حيث كونه تكلم بهما، بل إنما يكون مسلمًا عندهم إذا اقترنت شهادتاه بالتصديق القلبي والإذعان. وحينئذٍ فلا ندري؛ من هو الذي يكون من أهل القبلة حقيقةً ومن لا يكون كذلك؟ لأن الاطلاع على القلوب لا يكون إلا لعلام الغيوب.

---

(134) لم أقف عليه في ما توافر لديّ من كتب الزركشي، لكنه بهذا اللفظ منقول عن اللقاني في: اللقاني، **عمدة المريد**، ج 4، ص 1709.

لا يقال: إنهم قد جعلوا النطق بالشهادتين مناطًا لإجراء الأحكام، ومن جملتها الحكم بأنه من أهل القبلة، وأنه لا يجوز تكفيره.

لأنا نقول: هذا مستلزم للمجاز في «أهل القبلة»؛ لأن المراد بهم أهل القبلة حقيقةً لا بحسب الظاهر. ولو أريد أهل القبلة بحسب الظاهر، وبحسب نفس الأمر؛ لزم الجمع بين الحقيقة والمجاز.

على أن قولهم: «إن التلفظ بالشهادتين يوجب إجراء الأحكام» = محلُّ نظر على مذهبهم؛ لأنهم استدلوا على ذلك بقول النبي -عليه وعلى آله الصلاة والسلام-: «أُمِرت أن أقاتل الناس حتى يقولوا: لا إله إلا الله، فإذا قالوها عصموا مني دماءهم وأموالهم إلا بحقها، وحسابهم على الله»[135]. الحديث.

فقالوا: إنه -صلى الله عليه وآله وسلم- أجرى الأحكام اعتمادًا على التلفظ بالشهادتين، ووكل الحساب إلى الله في ما يرجع إلى الباطن والتصديق القلبي -كما يشير إلى ذلك كلام هذا المعترض في شرحه لعقيدة ابن المؤلف رحمهما الله-، وقال -أي: المعترض-: «إن مدار أهل النجاة الأخروية على التصديق القلبي، ومدار النجاة الدنيوية على التصديق اللساني»[136].

ونحن نقول: إن المراد في الحديث: أن حساب الأعمال القلبية وأعمال الجوارح كلها إلى الله، وليس المراد هو ما ذكروه.

وعلى فرض تسليمه؛ فإجراء الحكم بعصمة الدم والمال لا يستلزم الحكم بأن المتلفظ بالشهادتين مسلمٌ حقًا، فلا يلزم أن يكون من أهل القبلة حقًا وحقيقة. والنهي إنما كان عن تكفير أهل القبلة حقيقة، فليتأمل.

وإذا تأملت جميع ما سقناه في هذه التتمة، وعرفته بالتفصيل؛ فقد تم لك ما تريده في باب التكفير والتضليل، وظهر عندك وجهُ ما يكاد يجري عن المؤلف من هذا

(135) ابن الأثير، **جامع الأصول**، ج 1، ص 246 (حديث 36).

(136) إبراهيم الكوراني الشهرزوري، **شرح العقيدة الصحيحة (للإمام المتوكل إسماعيل بن القاسم)**، مخطوطة برنستون، ص 41.

القبيل، فلا تلتفت بعد هذا إلىٰ القال والقيل، والله حسبنا ونعم الوكيل.

الكلام في العقل

ولما قال المؤلف -رفع الله ذكره-: «**أئمتنا، والمعتزلة: والعقل عَرَض. المطرفية: بل القلب. بعضُ الفلاسفة: بل جوهر بسيط**»، إلىٰ أن قال: «**لنا: زواله عند النوم**». إلىٰ آخره(137).

قال المعترض: «لا يخفى فساد هذا الاستدلال؛ لأن الذي يزول عند النوم ويعود عند التيقظ؛ هو العقل بمعنى 'العلم'، لا العقل بمعنى 'العَرَض' الذي محلُّه القلب. ويكون معنًى غير 'الضرورية'(138) -كما ذهب إليه المؤلف- لأنه باقٍ عند النوم، وإن انفك عنه العلم.

لا يقال: إذا كان العقل عرَضًا، والعَرَضُ لا يبقى زمانين عند الشيخ الأشعري؛ فقد يكون المؤلف قائلًا به.

لأنا نقول: ما ذهب إليه الأشعري لا اختصاص له بزمان النوم، فلا تقوم حجة. ثم إطلاق العقل على القلب، وعلى الجوهر البسيط = غيرُ المعنى الذي هو مناط التكليف المتنازع في تفسيره؛ فإن الذي قال: إن العقل: القلب = أراد بها النفسَ الناطقةَ الإنسانيةَ. والعقلُ الذي هو مناط التكليف = من قوى النفس الناطقة، لا نفسُها. والفلاسفة صرحوا بأنه ليس جسمًا ولا حالًّا فيه ولا جزءًا منه، بل هو جوهر مجرد في ذاته، مستغنٍ في فاعليته عن الآلات [91 ب] الجسمانية، غير متعلق بالبدن تعلق التصرف والتدبير؛ فلا يكون هو العقل الذي هو مناط التكليف؛ لأنه نقل عنهم: أن محله الدماغ، وهم قد صرّحوا بأنه لا يحل في جسم، فلا يكون له محل؛ فلا وجه لإيرادها والرد عليها. على أنه ما أتى في الرد بطائل».

أقول: وأنت -يا أخا الأكراد- لم تأت بطائل، بل تكلمت في بحث العقل بما لا

(137) المنصور بالله، **الأساس**، ص 19-20.

(138) أي: غير العلوم الضرورية، فمن المعتزلة من يعرّف العقل بأنه العلوم الضرورية.

يقول به عاقل، فلنأت بما في هذا الكلام من الغلط والأوهام.

قوله: «الذي يزول عند النوم» إلى قوله: «هو العقل بمعنى 'العلم'».

قلنا: فيه غلط من وجهين:

أحدهما: ناشئ عما لعله رآه في عبارة **القاموس** من أن العقل يقال للعلم أو للعلم بالأشياء حَسَنها وقبيحِها ...إلخ، وهو ممنوع عند المؤلف -رحمه الله-. وسندُه ما روي عن ابن عباس -رضي الله عنهما- من «أن في ابن آدم نفسًا وروحًا، بينهما مثل شعاع الشمس، فالنفس التي بها العقل والتمييز، والروح التي بها النفس والحياة، فيُتوفَّيان عند الموت، وتُتوفَّى النفس وحدها عند النوم»(139). انتهى. وهو صريح في أن الزائل عند النوم ليس هو العقل بمعنى العلم، بل شيء يعقل، وربما وافق هذا كلام بعض الفلاسفة -كما ستعرفه قريبًا إن شاء الله-، ومثل هذا عن مقاتل.

وأخرج ابن أبي الدنيا، عن ابن عباس أيضًا -رضي الله عنهما- في قوله تعالى: ﴿ٱللَّهُ يَتَوَفَّى ٱلْأَنفُسَ حِينَ مَوْتِهَا﴾ [الزمر: 42]، قال: «روح ونفس، بينهما مثل شعاع الشمس فيتوفى الله النفس في منامها، ويدع الروح في جوفه يتقلب ويعيش بها. فإذا أردا الله أن يقبضه قبض الروح فمات، وإذا أخّر أَجَله رد النفسَ إلى مكانها من جوفه»(140). انتهى. وهو كذلك منادٍ بمنع ما قاله المعترض، من أن الزائل عند النوم ليس إلا العلم، وستأتي على تحقيق هذا في أثناء الكلام.

قال ابن عبد السلام الشافعي: «ولا يبعد عندي أن تكون الروح في القلب»(141).

قلت: وفي كلام بعض أصحابنا المتأخرين مثل ذلك.

قال في **شرح التكملة** ما نصه: «نكتةٌ: العقل والنفس يتفقان في كونهما عرضين في

(139) ينظر: جمال الدين أبو محمد عبد الله بن يوسف بن محمد الزيلعي، **تخريج الأحاديث والآثار الواقعة في تفسير الكشّاف للزمخشري**، تحقيق عبد الله بن عبد الرحمن السعد (الرياض: دار ابن خزيمة، 1414هـ)، ج 3، ص 205، حديث 1118.

(140) لم أجده عند ابن أبي الدنيا، ولكني وجدته في تفسير **الكشاف**، ينظر: الزمخشري، **الكشاف**، ص 942.

(141) ابن عبد السلام، **قواعد الأحكام**، ج 2، ص 235.

القلب على الأصح»[142]. انتهى. ثم قال ابن عبد السلام أيضًا: «ويدل على وجود روح الحياة واليقظة، قوله تعالى: ﴿ٱللَّهُ يَتَوَفَّى ٱلْأَنفُسَ حِينَ مَوْتِهَا﴾ [الزمر: 42]». الآية. كذا نقله عنه اللقاني[143].

فإن قيل: بين مضمون هذين الأثرين، وبين كلام المؤلف = فرق ظاهر. فإنهما لا يفيدان زوالَ العقل بالمعنى الذي ذهب إليه المؤلف، وإنما يفيدان شيئًا آخر.

قلنا: ليس غرضنا بيان موافقتهما لكلام المؤلف، وإنما المراد هو إبطال دعوى المعترض أن الزائل عند النوم ليس إلا العقل بمعنى العلم، كما تقتضيه عبارته المشعِرة بالحصر، أعني قوله: «هو العقل». وإذا بطلت دعوى المعترض؛ لم يكن قول المؤلف قولًا منكرًا كما زعمه المعترض.

وأما ما يقال من أن هذين الحديثين غير سالمين من الطعن ولا مسلَّمين عند البعض = فليس بشيء. لأنهما -على ما بهما- يكفيان في سند المنع. ولو سلَّمنا بطلانهما لم يقدح ذلك في المنع، كما عُرِف في أدب المناظرة، من أن السند ملزوم للمنع، ولا يلزم من بطلان الملزوم بطلان اللازم. ثم على تسليم ما قاله المعترض نقول: كذلك العقل بمعنى «العلم»؛ لا اختصاص له بزمان النوم. إذ هو -كما قال المعترض تبعًا لغيره- من مقولة الكيف، والكيف عَرَضٌ من تلك المقولات التسع، وكل عَرَضٍ لا يبقى عند الأشعري وغيره ممن يقول بعدم بقاء الأعراض، كأبي القاسم الكعبي من المعتزلة، والخطيب والد الإمام الرازي، وغيرهما؛ نظرًا إلى أن البقاء عَرَضٌ، فلو بقيت الأعراض؛ لزم قيام العَرَض، وهو ممنوع عند المتكلمين أجمعين، إلا من قال بمقالة الفلاسفة في معنى «القيام»، وأنه ليس عبارة عن «الحلول» و«التبعية في التحيز»، وإنما هو عبارة عن «الاختصاص الناعتي» أي اختصاص الناعت بالمنعوت

---

(142) أما **التكملة** فلعله يقصد به كتاب **التكملة للأحكام، والتصفية من بواطن الآثام** لابن المرتضى، وهو آخر ما في كتابه الشهير **البحر الزخّار**. وقد أشرنا إلى أن ابن المرتضى نفسه شرح كتابه **البحر الزخار** في كتابٍ وسمه بـ**غايات الأفكار**. فلعل فيه ذَكَر هذه النكتة.

(143) ما نقله اللقاني هو قول العز بن عبد السلام بوجود روحين للإنسان، روح اليقظة، وروح الحياة، ينظر: اللقاني، **عمدة المريد**، ج 3، ص 1358؛ قارن بـ: ابن عبد السلام، **قواعد الأحكام**، ج 2، ص 234.

كما نُبِّهتَ عليه في ما مر، وله تمام سيأتي قريبًا.

قف على أن تفسيرهم الإيمانَ بـ«التصديق المنطقي» مشكل

وقد صرح الأشعري بأنه -أي: العقل- هو: «العلم ببعض الضروريات». والعلومُ من الكيفيات النفسانية. ولهذا استشكل سعد الدين في بحث الإيمان إشكالًا، وهو: أنهم فسروا الإيمان بـ«التصديق»، وهو أحد قسمَي العلم، وهو من الكيفيات النفسانية، وكل ما كان كذلك؛ كان مما لا اختيار فيه. فكيف يكون التكليف بما لا اختيار فيه؟ ثم أجاب: بأنه «يُعَدُّ اختياريًا؛ نظرًا إلى مباشرة الأسباب أو إلى أن نسبة الصدق إلى المُخبِر بالاختيار، ويكون هذا فرقًا بين العلم والمعرفة؛ لأنها قد لا تكون عن مباشرة أسبابٍ اختيارية»(144). انتهى. وهو جواب لا يشفي في قلع عِرق الإشكال. ولذا جعل الإمام الرازي قوله تعالى: ﴿فَٱعۡلَمۡ أَنَّهُۥ لَآ إِلَٰهَ إِلَّا ٱللَّهُ﴾ [محمد: 19]، دليلًا على تكليف ما لا يطاق -بزعمه-، فانظر إلى أين بلغ حال القوم.

فإن قلت: هذا لازم للجاحظ وأهل المعارف من المعتزلة، أعني أنه يلزمهم تكليف ما لا يطاق.

قلت: لا يلزمهم ذلك؛ لأنهم ما جعلوا الإيمان عبارة عن مجرد التصديق، بل قالوا: «إنه مركب من الإقرار اللساني، والتصديق الجناني، والعمل الأركاني».

فإن قلت: سلَّمنا أنه لا يلزمهم تكليف ما لا يطاق، بالنظر إلى الإيمان، لكنه لازم لهم بالنظر إلى هذه الآية -أي: قوله تعالى: ﴿فَٱعۡلَمۡ أَنَّهُۥ لَآ إِلَٰهَ إِلَّا ٱللَّهُ﴾ [محمد: 19].الآية-.

قلت: قد سبقت الإشارة إلى جواب هذا السؤال، في التنبيه الذي ذكرتُ فيه اختلاف الناس في «أول الواجبات». فالتكليف في قوله تعالى: ﴿فَٱعۡلَمۡ أَنَّهُۥ لَآ إِلَٰهَ إِلَّا ٱللَّهُ﴾ [محمد: 19]. الآية = ليس بنفس المعرفة، بل بالنظر والقصد إليه؛ لتحصل المعرفة

(144) نقل المؤلف الاستشكال والإجابة بالمعنى. يُنظر الاستشكال والجواب كلاهما، في: التفتازاني، **شرح المقاصد**، ج 2، ص 251 وما بعدها.

بطبع المحل عند الجاحظ.

على أنه لا يخفاك أن الآية بصدد التكليف بالتوحيد، لا بنفس المعرفة، إلا أن يقال: إن من لا يعرفه تعالى واحدًا لا شريك له = فما عرفه حقيقة، فتأمل.

ثانيهما: أن العلم عند النوم لا ينمحي رأسًا. ولهذا قيل: ليس إطلاقهم أن النوم ضد الإدراك = على ظاهره. إذ لو كان ضدًا حقيقيًّا يزول معه الإدراك بالكلية؛ لاحتاج كل من نام إلى استئناف العلوم التي [92أ] كانت مستفادة له من قبل النوم، ولا يزال كذلك كل ما نام، وهو خلاف الوجدان والضرورة.

النومُ ضدُّ الإدراكِ

وكأن السعد أراد التفصّي عن هذا، فقال بما يشير إلى أن النوم ضدُّ حصول الإدراك -أي: لا ضد الإدراك نفسه-. واعترضه الكمال الشريفي؛ تبعًا لبعضهم، بأنهم مصرحون بأن النوم ضدُّ الإدراك لا ضد حصوله[145]. غايته أنه ليس ضدًا حقيقيًا كما دلت عليه عبارته. والذي يظهر من كلامهم أن النوم عبارة عن: «حصول حالة تمنع الآلات عن الإدراك الحقيقي»، أي إنها لا تبقى الآلة متأهلةً لاستفادته وإفادته. وليس في كلامهم ما يدل صريحًا على أن الإدراك المستفاد للنفس قبل النوم، بواسطة الآلة أو بغير واسطتها، يزول عند النوم؛ بناء على أن النوم ضد الإدراك نفسه.

ولذا قال السعد: إن النوم ضد حصول الإدراك، أي إنه لا يتأتى للنفس استفادة الإدراك الحقيقي حال النوم؛ لأن آلة الإدراك تختَلّ، ويكون النوم مانعًا لها عن تحصيله. وأما الإدراك المستفاد من قبل، فلا مانع من بقائه حال النوم؛ لأنه قد خرج عن عهدة تلك الآلة.

وبهذا ظهر لك أن الكلام مبني على طريقة الفلاسفة، واتضح عندك وجه قول سعد الدين: «إن النوم ضد حصول الإدراك لا ضده نفسه»، وتبين لك أيضًا وجه القول بأنه ليس ضدًا حقيقيًا؛ لأن غايته أنه مانع، وليس كل مانع ضدًا، وعرفت أن من قال بأن النوم

(145) ابن أبي شريف، **الفرائد**، ص 417.

مزيلٌ للعلم، ونافٍ له على الإطلاق -كالمعترض في ما تعطيه عبارته السابقة-؛ فقد ضل عن سواء السبيل، وكابر الضرورة والوجدان، وانكشف أن قوله: «لأن الذي يزول عند النوم... إلخ»، كقوله: «لا اختصاص له بزمان النوم» = مما لا يصح إطلاقه.

وأما قوله: «لأن العقل بمعنى العَرَض الذي محله القلب، ويكون معنًى غير الضرورية... إلخ»؛ فظاهر الخطل لوجوه:

الأول: أنه مبنيٌّ على أن كلام المؤلف ليس معناه إلا معنى كلام الرازي -كما سيأتي-، وستسمع تكذيب دعوى المعترض لذلك، وسقوط كلامه، وأنه لم يفرق بين معنى العام والخاص.

الثاني: أن المؤلف -رحمه الله- أراد الاحتجاج على القائلين بجوهريته: بأنه يزول عند النوم، فلو كان جوهرًا لم يزل، وهذا كافٍ له في بطلان جوهريته. فالانتقال -من المعترض- إلى إلزام المؤلف بأنه لا يزول على مذهبه = خروج عن أدب البحث. على أنه خروجٌ إلى باطل، وكلام عاطل؛ إذ لا يلزم المؤلفَ مذهبُ الرازي، فإنه أعم.

الثالث: أنه لو فُرِض اتحادُ كلام المؤلف وكلام الرازي، وكان المؤلف يختار أنه يزول عند النوم = فلا يَرِدُ عليه شيء من كلام المعترض ودعواه أنه لا يزول عند النوم؛ فإنه لا طريق إلى صحة هذا الدعوى إلا ما هو من جنسها من الدعاوى.

وغاية ما اطمأن إليه الرازي ومن معه: أن عدم العلم في حال النوم؛ لا يلزم منه عدم الغريزة؛ فإن عدم العلم -كما قالوا-؛ لاختلال الآلة. وأنت خبير بأن هذا لا يقضي بصحة قولهم بعدم زواله عند النوم. وإن كان النائم باقيًا على جواز تسميته عاقلًا فإنما ذلك بحسب اللغة والعرف، لا بالنظر إلى حقيقة الأمر الذي كلامنا فيه. ألا ترى أن النائم يجزم في نومه بما لا حقيقة له في الواقع، ويتصور أمورًا لا ثبوت لها، ويحكم بثبوتها؟ فهو في حال نومه كالمجنون في حال جنونه. فكيف يقال: إنه عاقل في حال نومه بحسب الحقيقة كاللغة؟

نكتة الحكم بعدم بقاء العَرَض

وأيضًا فإن كونه غريزة -مع الحكم بكونه عَرَضًا-؛ لا يمنع من الحكم بزواله عند النوم، بل يقتضيه، بل يقتضي أنه لا يبقى وقتين فصاعدًا، على مذهب الأشاعرة. كيف وقد صرحوا بعدم بقاء الأعراض، كما صرحوا بأن البقاء عَرَض، وأن قيام العَرَض بالعَرَض ممتنع، وأن القيام ليس إلا التبعية في التحيز، وأنّ تشخُّص الأعراض بمحالِّها؟

ومن سلَّم هذه المقدمات؛ احتاج إلى القول بتجدد الأمثال في الأعراض القائمة بمحالِّها، حتى صرح الأشاعرة بأن ما نراه من الألوان المستمرّة الوجود = ليست كذلك، وإنما يجددها الله تعالى حالًا فحالًا. واحتاجوا إلى هذا الذي هو قريب من السفسطة والقدح في الحسِّ، بل قد أورده الرازي من طرف القادحين في الحسّيّات.

وذكر سعد الدين في **شرح العقائد**(146) أن القول بعدم بقاء الأعراض مطلقًا = نوعٌ من دفع الضرورة. وقد احتاج أبو القاسم الكعبي إلى القول بتجدد الأمثال في القدرة؛ لتسليمه هذه المقدمات، مع القول بتقدم القدرة على المقدور. وللبحث في هذا موضع آخر، إنما أردنا بيان أن المعترض تنكَّب عن الصواب. وما أظنه يعرف أن مسألة بقاء الأعراض وعدمه = مبنيةٌ على هذا -أعني هل البقاء عَرَضٌ أو لا-. ولهذا خبط في بيان وجه ما قال به الأشعري من نفي تقدُّم القدرة ونفيِ بقائها -كما سيأتي إن شاء الله تعالى-.

وأظنه كما جهل هذا؛ فكذلك جهل: هل القيام بمعنى «التبعية في التحيز»، أو بمعنى «الاختصاص الناعتي»؟ وهل منعُ قيام العَرَض مبني عليه أو لا؟ وأن امتناع قيام العرض بالعرض -على تفسير القيام بالمعنى الأول-: هل هو مبني على أن

(146) لعل الصواب هو **شرح المقاصد**، قال السعد: إن «امتناع بقاء الأعراض على الإطلاق، وإن كان مذهبًا للأشاعرة، وعليه يبتني كثير من مطالبهم، إلا أن الحق أن العلم ببقاء بعض الأعراض من الألوان والأشكال -سيما الأعراض القائمة بالنفس كالعلوم والإدراكات وكثير من الملكات- بمنزلة العلم ببقاء بعض الأجسام من غير تفرقة؛ فإن كان هذا ضروريًا فكذا ذاك، وإن كان ذاك باطلًا فكذا هذا». ينظر: التفتازاني، **شرح المقاصد**، ج 1، ص 182.

تشخص الأعراض بمحالِّها أو لا؟ وإنما سمعهم يقولون بأن بقاء العرض وقتين ممتنع، فما زال يتقلب في جهالاته، ويتذبذب بترهاته.

لا يقال: المؤلف غير قائل بمذهب الأشاعرة في أن البقاء عرض؛ فإذا كان مذهبه كمذهب الرازي في أن العقل غريزة تلزمها العلوم البديهية = كان باقيًا عند النوم -كما صرح به الرازي-. وذلك لأن الحكم بعدم بقائه لا وجه له مع مخالفته للأشاعرة في ذلك الأصل.

لأنا نقول: هذا باطل. إذ لا يلزم من مخالفته للأشاعرة في كون البقاء عَرَضًا، أن يقول ببقاء الأعراض مطلقًا. بل له أن يقول ببقاء بعضٍ دون بعضٍ، وله أن يخصص زوالَه بحال دون حال، كحال النوم. ألا ترى أن المعتزلة مختلفون في الأعراض، وما يبقى منها وما لا يبقى، مع مخالفتهم للأشعري في كون البقاء عرضًا، ما عدا أبا القاسم الكعبي ومن تبعه؟

وقد قالت البهشمية وغيرهم من المعتزلة: «إن الاعتقادات مما يبقى، والعلمُ منها». وقد عرفت أن العقل عندهم من قبيل العلوم، فيكون باقيًا، وقد يزول كما في حق النائم.

نعم، من قال بأن العقل من الأعراض، وكان قائلًا بأن البقاء عرَض، كأبي القاسم الكعبي -مع موافقتهم في ما أشرنا إليه سابقًا-؛ لم يمكنه القول ببقاء العَرَض وقتين [92 ب] فصاعدًا.

قوله: «فلا يقوم حجةً»، معناه: أن المؤلف إذا كان قائلًا بمثل مذهب الأشعري في أن العرض لا يبقى وقتين؛ لم ينتهض قوله -أي المؤلف-: «لنا: زواله عند النوم»؛ لعدم اختصاص زوال العرض على مذهب الأشعري بحال النوم ولا غيره. فكيف خص المؤلف زواله بحال النوم؟ ولا يخفاك ما في هذا الكلام.

أما أولًا؛ فلأن الاحتجاج قائم -ولو كان المؤلف على مثل مذهب الأشعري-؛ نظرًا إلى أنه احتجاج بالأمر المتفق عليه بين العقلاء -أعني زوال العقل عند النوم-. فلو فرضنا أن المؤلف على مثل مذهب الأشعري، وأنه احتج بأنه لا يبقى وقتين

فصاعدًا؛ لكان كلامًا خارجًا عن المقصود، بل لا معنى له أصلًا.

وأما ثانيًا؛ فلأن المؤلف بمعزلٍ عن مذهب الأشعري في عدم بقاء الأعراض؛ فإن حال المذهب كما عرفتَ، باعتراف بعض رؤساء الأشاعرة، حتى عدلوا عنه؛ فلا وجه للسؤال، كما لا توجيه للجواب الذي جاء به المعترض.

وأما قوله: «غير المعنى الذي هو مناط التكليف... إلخ»؛ ففيه غلط من جهات:

الأولى: أن خلاف المطَرِّفيّة[147] في العقل الذي هو مناط التكليف، وقولهم: «إنه القلب -أي: العضو الصنوبري- مذكور في كتب العدلية الممارسين لمذهب المطَرّفية. ولم لا وهم -أي: المطرفية- في الأصل من الزيدية؟ فالمؤلف وأصحابه أعرفُ بمذهب المطرّفية، وأدرى بمثل هذا المذكور في كثير من كتب الفن وغيره بل هو مشهور عنهم، فالمعترض يصول بيد جذّاء، ويشهد لغيرِ مدَّعى.

ذكر قوى النفس ومراتبها وصفاتها كالحدس والفكر

الثانية: أن مناط التكليف -عند ذلك القائل- ليس إلا ما تسميه الفلاسفة بـ«النفس الناطقة»؛ إذ هي مُدرِكة الحقائق كلّياتِها وجزئياتِها. فالكليات لا بواسطة، والجزئيات بواسطة -كما لا يخفى على من عقل كلامهم في العقل-. لكنهم قالوا: «إن لها قوتين: قوة بها تتمكن من تحصيل الآراء بحال الموجودات، وتحصيل العقائد» - وهذه القوة عندهم بالعقل النظري-، «وقوة ترجع إلى تحصيل الآراء أيضًا لكنها في ما يرجع إلى العمليات، كالفلاحة وسائر الحرف» -وتسمى عقلًا عمليًا-. قالوا: «وتسمّى 'النفسَ'[148] باعتبارها النفس المطمئنة».

---

(147) طائفة من الزيدية، منسوبة إلى رجل يقال له مطرّف بن شهاب (توفي في أوائل القرن الخامس الهجري)، وكانوا على مذهب الهادي يحيى بن الحسين. وفي عصر المنصور بالله عبد الله بن حمزة، خالفوه -وهو الإمام- لأنه خرج عن مذهب الهادي في بعض المسائل، ومن عقائدهم أن الله خلق العناصر الأربعة: الماء والتراب والهواء والنار، ثم جرى الخلق بالانفعال الطبيعي، وأن تأثير الله كان في أصول الأشياء فقط، ولعل المسألة الأهم التي أدّت إلى النزاع الذي بلغ حد الاقتتال بينهم وبين المنصور بالله؛ هي خروجهم عن نظرية الإمامة الزيدية، فلم يشترطوا فيها النسب، واستحل المنصور بالله دماءهم وأباد خضراءهم، والكلام في شأنهم يطول.

(148) يعني القوة الثانية المشار إليها.

ثم إن للقوة الأولى المعبّر عنها بـ«العقل النظري» مراتبَ أربعًا؛ كلُّ مرتبة تسمّى باسم «العقل»، مع زيادة صفة مناسبة لتلك المرتبة؛ كـ«العقل الهيولاني» للمرتبة الأولى، و«العقل بالمَلَكة» للثانية، و«العقل بالفعل» للثالثة، و«العقل المستفاد» للرابعة.

وللنفس المطمئنة صفات عندهم بواسطة ما يسمى بـ«العقل» من هذه القوى والمراتب، مثل صفة «الفكر»، وهي: «حركة للنفس في المعاني طلبًا للحد الأوسط وما يجري مجراه»، وصفة «الحدس»، وهو: «وصول النفس إلى الوسط بلا فكر».

إذا عرفت هذا؛ عرفت أن النفس الناطقة، كما تسمى بـ«العقل» = فكذلك قواها ومراتبها، وأنها هي مناط التكليف عند من قال بذلك القول. وقد مر في كلام الأبهري شارح المواقف، تسميتُه النفسَ بـ«العقل»، فراجعه في القولة التي قبل هذه.

وما أدري، كيف تصدى هذا المعترض للتأليف وما قد أحاط بمناط التكليف؟! وما أحقَّ من لا يعرف الصحيح من الضعيف، بأن يغمد سيف التصدي للتصنيف.

وقد صرح سعد الدين في **شرح العقائد النسفية** بما ادعيناه، حيث قال في بحث العقل: «وهو قوة للنفس، بها تستفيد العلومَ والإدراكاتِ، وهو المعنيُّ بقولهم: ʼغريزة يتبعها العلم بالضرورات عند سلامة الآلاتʻ. وقيل: ʼهو جوهر يُدرَك به الغائبات بالوسائط، والمحسوسات بالمشاهدةʻ». انتهى.

قال الكمال بن أبي شريف في حاشيته ما نصه: «قوله: ʼوقيل: هو جوهر... إلخʻ. العقلُ بهذا المعنى هو النفس الإنسانية بعينها؛ بناء على القول بأنه جوهر لا عَرَض». هذا كلامه(149). وهو واضح في ما ادعيناه. كما أن قول السعد: «وقيل: ʼهو جوهر... إلخʻ»؛ شاهدٌ على غفلة المعترض وفساد قوله: «غير المعنى الذي هو مناط التكليف». وكيف لا والسعد إنما ذكر هذا القول وهو بصدد مناط التكليف؟ فما هذه الغفلة يا أخا الأكراد؟

الثالثة: أن كلام الفلاسفة في العقل -الذي هو مجرد عن المادة، مستغنٍ في فاعليته

---

(149) كلام السعد، وابن أبي شريف معًا، في: ابن أبي شريف، الفرائد، ص 137-138.

عن الآلات الجسمانية، غير متعلق بالبدن... إلخ-؛ ليس إلا بصدد العقول العشرة، المترتبة من الأول إلى العاشر -على ما سنذكره من كلامهم في ما سيأتي إن شاء الله-.

وربما استدل بعض المتأخرين منهم بحديث موضوع، وهو: «أول ما خلق الله العقل... إلخ»؛ نظرًا إلى أنه يدل على أنه قائم بذاته، مستغنٍ عن المحل، وأنه أول المخلوقات، فما هو إلا أول المجرَّدات -أعني العقول العشرة بزعمهم-. ولم يريدوا أنه ما هو راجع إلى صفات المكلف أصلًا -كما لا يشتبه على أحد-، فكيف يؤتى به هنا، ويُظَنُّ بالمؤلف أنه جهل ذلك، حتى خلط كلامهم في العقل المبني على أصولهم -من كونه لا محل له- بالكلام في العقل المتنازع فيه وفي محله؟

ثم أين هذا من هذا حتى يُدَّعى أن المؤلف قال: «إن محله الدماغ»؟ وهل هذا من المعترض إلا اجتراء لا يجري من من ذي إنصاف؟

ارتسام الماديّات في المجرّدات غيرُ جائز عند الفلاسفة

وقولُهم: «مستغنٍ في فاعليته عن الآلات الجسمانية» = منادٍ بما ذكرناه؛ لأن النفس الناطقة، وإن كانت تسمى بـ«العقل» عندهم، لكنها ليست مستغنية عن الآلات الجسمانية، بل هي مفتقرة إليها؛ لكونها -على ما هو التحقيق لهم- هي المدركة للجزئيات، كالكليات مع تجردها.

وارتسامُ المادي في المجرّد = محالٌ عندهم؛ فلا بد من الآلة، ولا غنية للنفس عنها. ومن هنا كان تعريف العلم عندهم بأنه: «الصورة الحاصلة عند العقل» = أرجحَ من تعريفه بأنه «الصورة الحاصلة في العقل»؛ لأن حصول الجزئي المادي في المجرد عن المادة -وهو النفس- محال عندهم. فالنفس جوهر مجرد، غير مستغنٍ في فاعليته عن الآلات الجسمانية.

وتوضيحه يخرجنا عن المراد هنا، وإنما الغرض بيان أن قولهم: «مستغنٍ في فاعليته... إلخ» = فصْلٌ تخرج به النفس؛ بناءً على أن المذكور رسمٌ للعقل المجرد، لا حدٌّ له؛ فإن الحدود إنما تكون بالجنس والفصل. وذلك مستحيل في البسائط التي

ليست جزءًا من ماهيةٍ أُخرى، كالعقول والنفوس.

ولذا قال الرازي في **المحصل**: «البسيط الذي لا يتركب عنه غيره = لا يُعرَّف، ولا يعَرَّفُ به»(150). انتهى. أي: تعريفًا حدّيًّا، لا رسميًا كما ذكرناه؛ [93 أ] فجائز.

والمراد: أن كلام الفلاسفة في تعريف العقول المذكورة = بمحاذاة النفس الناطقة. ما ذاك إلا لأنها تسمَّى بالعقل -كما يصرحون به-. فالفصل المذكور؛ لإخراجها عن العقول العشرة، وهي عقل عندهم، وهو مناط التكليف عند ذلك القائل. وفي **التعريفات** ما نصه: «العقل: جوهر مجرد عن المادة في ذاته، مقارن لها في فعله، وهو النفس الناطقة التي يشير إليها كل واحد بقوله: 'أنا'»(151). انتهى.

فما ذكره المعترِض = حجةٌ عليه لا له. وإنما هو من قبيل: ﴿يُخْرِبُونَ بُيُوتَهُم بِأَيْدِيهِمْ﴾ [الحشر: 2].

ثم قد عرفت أن الفلاسفة يطلقون العقل على كل قوة من قوى النفس -كما تقدم-. ولا شك أن المدرِكَ هي النفس. لكن تدرك بعضَ المدركات بواسطة تلك الآلات، فصح تسمية كلٍّ من تلك القوى بـ«العقل» مجازًا، وإلا فليس العقل حقيقةً إلا النفس، وهي المدرِك. ألا ترى أن الحكيم إفلاطرخس قال في حقيقة النفس: «إنها هي النار السارية في البدن»؟ قال: «وذلك لأن خاصية النار: الإشراق، وخاصية النفس: الإدراك. والإدراك إشراق» -على ما حكاه السمرقندي في **الصحائف والمعارف**، قال: «ويؤيده قول الأطباء: 'إن مدبر البدن هي الحرارة الغريزية»(152). انتهى.

قلت: بل هو فاسد؛ لأن مبناه على أن كلَّ نارٍ = خاصيتُها الإشراق. والكلية الموجبة لا تنعكس كنفسها؛ فلا يلزم أن كل ما خاصيته الإشراق فهو نار -كما لا يخفى-.

وقول الأطباء: «إن مدبر البدن هي الحرارة الغريزية»، ليس المراد به التدبير العام لما هو داخل البدن، وما هو خارج عنه، كما يكون ذلك في تدبير العقل. بل المراد: أنه

(150) الرازي، **المحصّل**، ص 26.
(151) الجرجاني، **التعريفات**، ص 127-128.
(152) السمرقندي، **الصحائف**، ص 272.

ينفعل عن الحرارة كيفياتٌ يصلح بها الكيموس[153]، ويستقيم حال البدن، فأطلقوا عليه: «التدبير»؛ مجازًا.

الرابعة: أن قوله: «والعقل الذي هو مناط التكليف، من قوى النفس»، لو صح -كما توهمه-؛ لم يثبت إلا أنها مرتبة للقوة، لا نفس القوة -كما عرفت آنفًا-. على أن القوى ومراتبها ليست -عندهم- إلا كالسكين للقاطع. ولذا سميت بـ«الآلات».

وقال السيد المحقق في **حاشية المطول**: «إن مُدرِك الكليات مطلقًا وما في حكمها هو العقل. ومدرك الصور هو الحس المشترك، ومدرك المعاني هو الوهم»[154]. انتهى. ومن كلامه تعرف أن ما ادعيناه سابقًا = حق، أعني أن العقل يطلق على النفس الناطقة عند القائل بها، والإدراك ليس راجعًا إلا إليها، وإلا لزم أن يكون المدرك اثنين في بدن واحد، أو أن يكون العقل الذي نيط به التكليفُ غيرَ مدرِك. وكلاهما مما لم يذهب إليه ذاهب، إلا أن يكون هذا المعترض.

وقال الكافيجي[155] في ما نقله عنه السيوطي، في آخر **الأشباه والنظائر النحوية**، ما نصه: «إن دَرَكَ العقل ذلك إنما هو من عند الله -عند أهل الحق-، خلافًا للحكماء؛ أنهم قالوا: 'يُدرك الكلي بالذات، والجزئي بالآلة'»[156]. انتهى.

فانظر كيف جاء بما ذكرناه؛ فإن الذي يدرك الكلي بالذات والجزئي بالآلات عندهم = هي النفس الناطقة، لا غيرها.

وقال السعد في **المطول**، في «الفصل والوصل»: «إن العقل -مجردًا- لا يُدرِك بذاته الجزئيَّ من حيث هو جزئي». ثم قال: «وإنما قلنا: 'إنه لا يدرك الجزئيَّ بذاته'؛ لأنه يدرك الجزئيات بواسطة الآلات الجسمانية؛ لأنه يحكم بالكليات على الجزئيات،

(153) الكيموس: الطعام إذا انهضم في المعدة قبل أن يمتصه الجسم ويغدو دمًا. هكذا وجدته في المعاجم.

(154) الجرجاني، **الحاشية على المطول**، ص 295. إلا أن الجرجاني حين ذكر ما أشار إليه المؤلف قال: «في ما زعموا».

(155) محمد بن سليمان بن سعد بن مسعود الرومي (ت. 879هـ)، لقب بـ«الكافيجي» لانشغاله بمتن **الكافية في النحو** لابن الحاجب، اختص بالعقليات كذلك، وبالهندسة، والفلك.

(156) جلال الدين السيوطي، **الأشباه والنظائر في النحو**، تحقيق أحمد مختار الشريف (دمشق: مجمع اللغة العربية، 1987)، ج 4، ص 625.

كقولنا: 'زيد إنسان'، والحاكم على شيئين = يجب أن يدركهما معًا، لكن إدراكه الكلي بالذات، والجزئي بالآلات»(157). انتهى. وهو ظاهر في ما ذكرناه آنفًا وسالفًا.

وقال الفاضل علي الكوشجي في **شرح التجريد**؛ جوابًا عن سؤال أورده في بحث «الوحدة والكثرة»، ما لفظه: «وأُجيبَ أن المدرِك للكليات والجزئيات في الإنسان؛ هو العقل، أي النفس الناطقة كما هو المشهور. لكنها تدرك الكليات بذاتها -أي برسم صور الكليات في ذاتها-، وتدرك الجزئيات بآلاتها -أي برسم صورها في آلاتها-؛ فالمدرك للجميع ليس إلا إياها»(158). انتهى بحروفه.

وقال أيضًا في بحث «النفس»: «لا نزاع في أن مدرك الكليات في الإنسان هو النفس. وأما مدرك الجزئيات -على وجه كونها جزئيات-؛ فعند بعضهم: النفس، واختاره المصنف -أي الطوسي-. وعند بعضٍ: الحواس.

والدليل على أن مدرك الجميع هو النفس؛ أنا نحكم بين الكلي والجزئي. والحاكم بين الشيئين لا بد أن يدركهما. فالمدرك من الإنسان لجميع الإدراكات شيء واحد، والمدرك للكليات هو النفس؛ فلا بد أن يكون مدرك الجزئيات أيضًا إياها». انتهى.

دليل كون النفس هي المدركة للجزئيات كالكلّيات

وللسعد في **شرح المقاصد** قريب من هذا. ومثله ذكر صاحب **المحاكمات**(159)، وصاحب **المواقف**، وشارحه السيد المحقق. وليس بعزيز في كلامهم، بل ربما وجدت بعضه في متون الحكمة، فضلًا من المبسوطات.

ولعل المعترض إنما توهم مما رآه في شرح علي الكوشجي على التجريد أو أن منشأ غلطه ما سمعه عن صدر الشريعة صاحب **التنقيح**(160)، من أن مناط التكليف هو

(157) التفتازاني، **المطول**، ص 457.

(158) علاء الدين علي القوشجي، **شرح تجريد العقائد** (للنصير الطوسي)، تحقيق محمد حسين الزارعي الرضايي (قم: انتشارات رائد، 1393)، ص 491.

(159) يعني قطب الدين الرازي الشهير بالتحتاني (ت. 766هـ)، صاحب كتاب **المحاكمات بين شارحي الإشارات**.

(160) سبق التعريف به.

«العقل بالمَلَكة»، الذي هو عبارة عن المرتبة الثانية من مراتب القوة المعبّر عنها بـ«العقل النظري»، كما مر.

ولعله جهلٌ من المعترض بكلام الصدر؛ فإنه لا يمنع أن المدرِك للحقائق هو مناط التكليف. ولا يمنع أن المدرك للكليات في البدن ليس هو اثنين أصلًا، وإنما حاصل مراده: أن النفس مهما لم تكن مستعدةً لتحصيل النظريات بعد حصول الضروريات لها = لم يصح التكليف. وهو كلام لا يكاد يجري فيه خلاف.

ولهذا قال سعد الدين في **المطول** في «الفصل والوصل»: «إن العقل هو القوة العاقلة المدركة للكليات». فأطلق عليه اسم «القوة»؛ نظرًا إلى ما ذكرناه أولًا. فكلام ابن صدر الشريعة(161) لا يخالف ما ذكروه.

وعلى فرض مخالفته لهم؛ لا يوجب القدح من المعترض على المؤلف، والتبجح بأن مناط التكليف من قوى النفس، لا هي. بل غايته أن يكون مذهبًا من المذاهب في مناط التكليف.

ثم نقول: لا يخلو: إما أن تريد -أيها المعترض- بقولك: «من قوى النفس الناطقة، لا نفسها»: أن ذلك على مذهب المتكلمين، أو على طريقة الفلاسفة.

لا سبيل إلى الأول؛ لأن القول بالقوى التي ذكرها الفلاسفة = مما لا يجري على القواعد الإسلامية. وقد اعترف بذلك السعد في **شرح العقائد** و**شرح المقاصد**، وأشار إليه من العلماء غير واحد. ولم يكون كذلك وهو مبني على أصل فاسد، يلزم منه أنه تعالى لا يعلم الجزئيات إلا على وجه كلي؟

ولا إلى الثاني؛ لأن الفلاسفة الإسلاميين مصرحون -تبعًا لأوائلهم- بأن النفس هي المدرِكة، وإنما نسبة الإدراك إلى تلك القوى، كنسبة القطع إلى السكين، كما تكرر ذكره.

نعم، يجري هذا على قولٍ غيرِ مختارٍ في ما بينهم. ومن المعلوم أن الأكثر من الخائضين في

---

(161) كذا، ولعله إنما عنى صدر الشريعة ذاته أي: المحبوبي، وقد سبق التعريف به، والسياق يدل عليه. وبهذا تكون لفظة «ابن» مقحمة سهوًا.

علم الحكمة، إنما يطلقون «العقل» على النفس الناطقة، لا على قوّتها. وهذا السمرقندي؛ لمّا سرد الخلاف في حقيقة النفس، قال -في أثناء الاحتجاج على تجرّدها- ما لفظه: «الثاني -أي من وجوه الاحتجاج على ذلك-: إنا نتصور المعاني الكلية. والتصور: حصول معنى الشيء في العقل. فلو كانت [93 ب] أنفسنا ماديةً؛ كانت تلك المعاني حاصلة في المادة. والحاصل في المادة يختص بمقدار مخصوص ووضع معين. وما هو كذلك لا يصدق على المختلفات بالصغر والكبر؛ فلا يكون كليًا. وفيه نظر؛ إذ قد بينا أن التصور ليس حصول معنى الشيء في العقل»(162). انتهى.

فانظر كيف سمّى «النفس» بـ«العقل»، في الاحتجاج والجواب معًا.

وقال بعض المحققين في حواشي **شرح التجريد**، ناقلًا عن بعض الأفاضل: «هذا مبني على أنه لا ترتسم صور الجزئيات في النفس أصلًا -يعني الجزئيات مطلقًا-؛ بناء على أن ارتسام الماديات فيها مستلزم لانقسامها، وأن الجزئيات المجردة لا طريق لنا إلى إدراكها بخصوصها بطريق الانطباع، بل نعلمها بمفهومات كلية.

ويرِدُ عليه: أنا نعلم -بالضرورة- أنا ندرك أشياء ليست جسمانية، كجزئيات الأمور العامة؛ فجزئياتها لا تدرك إلا بالعقل، وصورها لا ترتسم إلا في قوى عاقلة.

وأما ما قيل من أن الصور العقلية كلية؛ فليس معناه إلا أن الصور المنتزعة من الجزئيات الجسمانية الحاصلة في العقل = كلية؛ لامتناع صورها الجزئية في العاقلة؛ إذ يلزم انقسامها، بخلاف حصول صور الجزئيات المجردة كما ذكرنا». انتهى. ومثله في **المفصل** للكاتبي، و**شرح المقاصد**، وشرح سيف الدين الأبهري على **المواقف**، وفي كلام السيد المحقق في مواضع، من أقربها عندي الآن ما في **حاشيته على المطول**، في بحث «الجامع الوهمي»(163)، فليراجعه من شاء.

وإنما أوردنا هذا كله مع إغناء بعضه؛ لإبانة أن المعترض ليس كما يُوهِم من دعوى الاطلاع على فلسفة الحكماء، ولإيضاح غلطه في ما هو مسمى بـ«العقل» عند القدماء،

(162) السمرقندي، **الصحائف**، ص 278.

(163) الجرجاني، **الحاشية على المطول**، ص 299.

وأن تجهيله للمؤلف = جهلٌ، من قبيل قولهم: «أنفٌ في السماء»، حتى ظن أنه لا يُطلَق العقل على ما يتعلق بالبدن تعلقَ التصرف والتدبير.

ثم ما علم أن بعض الناس قائل بأن النفس الناطقة = في الدماغ -كما حكاه الكاتبي والسمرقندي وغيرهما-، فنفخ في غير ضَرَم، وباء بجرم الافتراء لا جَرَم.

نعم، هذا القول لا يجري مع الحكم بتجرد النفس -كما هو مذهب جمهور الفلاسفة-، فافهم.

[بحث في محل العقل]

ولما قال المؤلف -رفع الله ذكره-: «قلنا: لا دليل عليه إلا قوله تعالى: ﴿أَفَلَمْ يَسِيرُوا۟ فِى ٱلْأَرْضِ فَتَكُونَ لَهُمْ قُلُوبٌ يَعْقِلُونَ بِهَآ﴾ [الحج: 46]... **إلخ**»(164).

قال المعترض: «لا خفاء أن العقل في الآية = بمعنى العلم لغةً، كما في القاموس، والآية إنما تدل على أن القلب محلُّ العلم. والمؤلف قد ذهب إلى أنه معنى غيرُ العلوم الضرورية، ولا خلاف في أنه غيرُ النظرية، فلا يثبُت في الآية أن العقل معنًى غيرُ العلم محلُّه القلب. ثم إن تصريحه بأن محله القلب = فاسد، واستدلاله عليه بالآية دليل على أن المراد بالعقل: العلم، وسيصرح بأنه معنًى غيرُ الضرورية، ولم يذهب ذاهب إلى أنه: النظرية؛ فلم يكن علمًا عنده، بل غريزة يتبعها العلم؛ فبين قوليه تناقض».

أقول: ما أحسنَ الشاهدَ في محله ﴿لَهُمْ قُلُوبٌ لَّا يَفْقَهُونَ بِهَا﴾ [الأعراف: 179]. ولا خفاء في أن صاحب **القاموس** يخلط الحقيقة بالمجاز؛ فلا اعتماد على قوله في مثل هذا المطلب. وإطلاق العقل بمعنى العلم -بالاعتبار الذي ذهب إليه-، ليس إلا من المجاز. وإيثار المجاز على الحقيقة بلا مُلِجٍّ = إنما هو من دأب أمثال هذا المعترض.

وأيضًا فلا نسلم أن العقل يقال بمعنى «العلم» مطلقًا، فيقال: «لفلانٍ عقل» -أي: علم-. إنما يُطلَق مقيدًا، كالعلم بالأشياء حُسنِها وقُبحِها. ولذا ردّد صاحب **القاموس** عبارته؛ مشيرًا إلى الأقوال في ذلك، فقال: «العقل: العلم، أو بصفات الأشياء من

---

(164) المنصور بالله، **الأساس**، ص 20.

حسنها وقبحها، وكمالها ونقصانها، أو العلم بخير الخيرين وشر الشرين، أو مطلق الأمور أو لقوة بها يتمكن من التمييز بين القبيح والحسن، أو لِمعانٍ مجتمعةٍ في الذهن، تكون بمقدمات يُستثبَتُ بها الأغراض والمصالح». ثم قال: «والحق أنه نور روحاني، به تُدرِك النفس العلوم الضرورية والنظرية. وابتداءُ وجوده عند اجتنان الولَد، ثم لا يزال ينمو إلى أن يكمل». انتهى.

ومن كلامه يُعرَف أنه قد خلط المذهب بالمدلول اللغوي، وتعدى عن وظيفته؛ إذ لا نسلم أن هذه الأشياء التي ذكرها مدلولاتٌ لغوية. ومن أين له أن الواضع وضع لفظ «العقل» بإزاء هذا النور الروحاني الذي تدرك به النفس العلوم؟ إنما هذه تخمينات، وخروج عن وظيفة اللغوي الناقل.

ولئن سلمنا فقوله: «فالحق... إلخ»، يفيد أن إطلاقه بمعنى العلم، ليس حقًا عنده.

كلام في العقل لعليٍّ كرم الله وجهه

وقد جاء في كلام أمير المؤمنين علي -كرم الله وجهه في الجنة- ما نصه: «العقل غريزة تزيد بالعلم والتجارب». انتهى.

ففي قوله -رضي الله عنه-: «تزيد بالعلم»، ما يرشد إلى ما ذكرناه هنا؛ توجيهًا لكلام المؤلف، فتدبره.

وأما قول المعترض: «ثم إن تصريحه بأن محله القلب... إلخ»؛ فمردود عليه؛ لأنه قرر اعتراضه، وجعله قولًا للمؤلف -رحمه الله-، ثم حكم بالتناقض تفريعًا على ذلك، حتى كأن مضمون اعتراضه صار مذهبًا للمؤلف. كمن يُلزِم خصمَه بالكفر، ثم يقول له: «أنت قد صرت مقرًا بالكفر مع قولك: إنك مؤمن، فبين قوليك تناقض». وهذا من المعترض نوعٌ من المصادرة، قلّ من يسلكه؛ تحاشيًا عنه، إلا من كان مقصدُه مجرّد التلبيس، [94 أ] لا التأسيس.

ويَرِد على قوله: «واستدلاله عليه بالآية... إلخ»، مناقشةٌ، وهي: أنه جعل الاستدلال من المؤلف، دليلًا على أن المراد بالعقل: العلم. وهل يصح عند أحد من

العقلاء أنّ نفس استدلال المؤلف، يكون نفس الدليل على خلافه، أو جزءًا من الدليل؟ وكأن المعترض أراد أن دليل المؤلف منقلب عليه. لكن أين «الاستدلال» من «الدليل»؟ فإن الاستدلال فعلُ المؤلف، والدليل هو الثابت من الآية، وبينهما ما لا يخفى إلا على مخذول أو مهبول.

لا يقال: إن المراد بالاستدلال ما به الاستدلال؛ لأنا نقول: قوله: «بالآية» = لا يلائمه، فتأمل.

وأما قوله: «فلم يكن علمًا عنده، بل غريزة»؛ فستقف الآن على بطلانه، وسنأتي إن شاء الله على بيانه.

[خطأ المعترض في فهمه لكلام صاحب الأساس عن محل العقل]

ولما قال المؤلف: «**قلنا: له من الدماغ مادة، فالكيُّ لإصلاحها ...إلخ**»[165].

قال المعترض: «**القول بأن له مادة من الدماغ = مجرد دعوى من غير دليل. وما ذكره من القياس قياسٌ مع الفارق؛ لأن العلم عَرَض، والعَرَضُ الواحد لا يقوم بمحلين مختلفين، بخلاف تعلق بعض الأعضاء ببعضٍ بواسطة العروق والرباطات؛ فإنها جواهر**».

أقول: لا شك أن المؤلف -رحمه الله تعالى- في مرتبة المنع للقول بأن محله الدماغ. ولا يليق في أدب البحث منعُ المنعِ، إلا عند سالك طريقة هذا المعترض. فكلام المؤلف في المعنى هكذا: «لا نسلم أن محله الدماغ؛ فإنا منعنا -أولًا- جوهريته. وإثباتُ كونِ محلِّه الدماغَ = مبنيٌّ على ذلك -أي: على كونه جوهرًا-؛ فيكون ممنوعًا على مرتبتين. مع أنا نقول: لا يخلو: إما أن يكون حكمهم بأن محله الدماغ = لأجل ما شاهدتم من أثر الكيّ لمن اختل إدراكه؟ أو لعلة أخرى؟

---

(165) النص كاملًا هكذا: «قالوا: كيُّ دماغِ متغيّرِ العقل وصلاحُه به = دليلُ كونِه فيه.
قلنا: له من الدماغ مادّة، فالكيّ لإصلاحِها = ككيّ باطن العقب لبعض أوجاع البطن، وكاللحية لها مادّة من الذكر». المنصور بالله، **الأساس**، ص 20.

فإن كان الأول؛ فهو من الدوران، وقد تقرر ضعفه. وإن كان الثاني -أي: لعلة أخرى-؛ فأوضحوها لنعرف صحة كلامكم من فساده. وأما إصلاح الكَيِّ؛ فلمَ لا يجوز أن يكون لمادّةٍ هنالك، مع الحكم بعرضيته -الذي هو مُدَّعانا-، فيبطل كون محله الدماغ، كما بطل كونه جوهرًا. وما بني على الباطل باطل». هذا تقرير كلامه -رحمه الله-.

وإنما قلنا: «إن الحكم بكون الدماغ محلًا له؛ مبني على الحكم بجوهريته» = لأنه لا قائل بأن محله الدماغ مع كونه عرضًا -كما لا يخفى على من له نظر في كتب الحكمة والكلام-.

تعريف مناط التكليف على كونه عرضًا وعلى كونه جوهرًا

قال اللقاني ما نصه: «ثم القائلون بالجوهرية والعرضية اختلفوا على أقوالٍ شتى. أعلاها قولان. فمما قاله أصحاب العَرَض: 'هو ملكةٌ في النفس تستعد بها للعلوم والإدراكات'. ومما قاله أصحاب الجوهر: 'هو جوهر لطيف تُدرَك به الغائبات بالوسائط، والمحسوسات بالمشاهدة، خلقه الله في الدماغ، وجعل نوره في القلب»(166). انتهى. وبه تزداد يقينًا في ما ذكرناه سابقًا، من أنه لا قائل بجوهريته إلا من قال: إنه هو النفس الناطقة، ممن يقول بأنها جوهر جسمي أو جسماني، كما أنه لا قائل بأن محله الدماغ إلا من قال بجوهريته. إلا ن الفلاسفة ومن يجري مجراهم يطلقون «الجوهر» على ما هو أعم من المتحيّز؛ فمنه: «الجوهر المجرد عن المادة»، كالعقول العشرة، والنفوس -عند القائلين منهم بتجردها وقدمها-، ومنه: «الجوهر المادي»؛ أي: ما يسميه المتكلمون بـ«الجوهر»؛ فإن الفلاسفة والنظَّام لا يثبتون «الجوهر الفرد»، وينفون جزءًا لا يتجزأ، وهي مسألة الخلاف بينهم وبين المتكلمين، وعليها يُبتنى كثير من أصول الفلاسفة، كقدم الهيولى الأولى. لكن بين كلام الفلاسفة وكلام النظَّام فرقًا ليس هذا موضع ذكره.

---

(166) اللقاني، **عمدة المريد**، ج 3، ص 1379.

إطلاقُ المشاهَد على المحسوس والغائب على المعقول

ثم لا يخفاك أن إطلاق «المُشَاهَد» هنا على «المحسوس»، و«الغائب» أيضًا على «المعقول» = لا أنه باعتبار ما هو المتبادر من الشاهد والغائب.

هذا، والمؤلف -رحمه الله- ناقلٌ عن بعض شيوخ الاعتزال في هذا المقام، وهم أَعرَفُ من المعترض بمذهب الفلاسفة -كما اعترف هو في ما يأتي له إن شاء الله- بأنهم «أهل تدقيق». وهو كما قال.

وقال الماوردي: «إن الأطباء يقولون: إن بين رأس المعدة والدماغ اشتراكًا». انتهى. أي: فلا يبعد أن يفسد العقل بفساد الدماغ؛ لما بين المعدة والقلب، وما بين الدماغ والمعدة من الاشتراك والربط والاتصال. وذلك كافٍ في ضعف استدلالهم على أن محله الدماغ. وحُكِيَ أيضًا عن أبي حنيفة -رحمه الله-.

وقد أورد بعض الأشاعرة قول الماوردي؛ مستظهِرًا به على أن محله القلب، وأن الله أجرى العادة بأن الدماغ إذا فسد؛ فسد العقل. وبذلك يندفع قول الأطباء وأبي حنيفة: «إن فساده بفساد الدماغ؛ دليل على أنه هو محله». وهو كلام لا بأس به. إلا أن التمسك بالعادة في كل مضيق = سفسطة.

نعم، إثبات المحل له لا يصح على مذهب من يقول بتجرد النفس، وأنها ليست جسمًا ولا جسمانيًا -أي: حالًا في جسم- كما سبقت إشارة إلى ذلك. إنما يصح على مذهب قوم آخرين من المتفلسفين.

والمؤلف -رحمه الله- جعل الجميع فلاسفةً؛ لكونهم -عنده- على منهج واحد، ومنع ما قاله من قال منهم [94 ب] بذلك، وأورد سندًا لمنعه غير بعيد عند الفلاسفة والمتكلمين.

أما الفلاسفة؛ فلما ستعرفه قريبًا إن شاء الله. وأيضًا فإنهم -كما أشرنا إليه- قائلون بانقسامات الجزء إلى ما لا نهاية له، فقد يقال: ليس المحل عندهم جزءًا واحدًا من البدن، لا القلب ولا غيره، بل ما لا يتناهى منه.

وأيضًا، فلم لا يجوز أن يكون للقلب والدماغ وَحدةٌ لأجلها يصيران محلًا واحدًا؟

وأيضًا فإن القوى الخمس الظاهرة، وكذا اللذة، والألم، والشهوة، والغضب = أعراض، وليس محلها جزءًا واحدًا؛ لاستحالته عندهم. ومع ذلك لم يلزم قيامُ العرَض الواحد بالمحالّ الكثيرة.

وأما المتكلمون؛ فقد ذهب بعضهم إلى أن محلّه الدماغ، ونورُه في القلب. وهو قريب مما قاله المؤلف، من أن محله القلب، وله مادة من الدماغ. وجميع ما يرد على هذا يرد على ذاك؛ إذ الأضواء من الأعراض. فلو قيل بأن ذلك النور الذي في القلب = عرَضَ آخر؛ لم يصح إضافته إلى عرَض العقل الذي محلُّه الدماغ -كما قالوا-، وإلا لزم قيامُ العرَضِ بالعرَضِ؛ فلا بد -حينئذٍ- من أن يُحكَمَ عليهما بالوَحدة، أو الاستمداد على جهة الإفاضة، كالاعتماد؛ فإن كل اعتماد من الاعتمادات التي في الرَّمْيَة ونحوها = يمدّ الاعتماد الآخر على جهة التوليد -كما عُرِفَ من مذهب القائلين بالتوليد-.

ولم يأتِ المؤلف بمنكر ولا بعيد؛ فجاء هذا المعترض ونازع في السَّنَد، ومَنَعَ المنعَ؛ جريًا على طريقته التي ركبها في هذه الاعتراضات. ومن عرف كلام الفلاسفة ومن يجري مجراهم من القائلين بالنفوس الناطقة، وأحاط بالمذاهب، وعلم أن النفس الناطقة تسمَّى بالعقل عندهم وعند كثير من المتكلمين -كما مر-، وأنها هي مناط التكليف عند من يقول به = عرف أن القول بـ«أن له مادة من الدماغ»، إنما كان بصدد من قال منهم: «إن محلها الدماغ، وإن لها مادة»، فتذكَّرْ ما قلناه في ما مضى، وراجِع ما قالوه في حقيقة النفس؛ لتعرف أن ما نقله المؤلف عن بعض أصحابنا غير بعيد؛ إذ يقتضيه بعض تلك المذاهب، وإن كان ذلك القول = بالنظر إلى كونها جوهرًا جسمانيًا، خلافًا لمن قال بتجردها.

ولولا خوف الإطالة؛ لسردنا الأقوال فيها؛ فإن من مذاهبهم: أنها أرواحٌ متكوّنة في الدماغ -كما ذكره السمرقندي في **الصحائف** وغيره-(167). ومن مذاهبهم: أنها أجسام لطيفة سارية في الأعضاء والأخلاط، ولا يتطرّق إليها انحلالٌ ولا تبدُّل(168)،

(167) السمرقندي، **الصحائف**، ص 275.

(168) المرجع نفسه، ص 274.

وهو الذي أشار إليه كلام المؤلف، نقلًا عن بعض مشايخ المعتزلة، من أنه: جوهر لطيف عند بعض الفلاسفة.

وقال بعضهم: «إنها الأخلاط الأربعة»(169). وهو نحو قول الحكيم إنباذقلس، حيث زعم أنها العناصر الأربعة، إلا أنه زاد المحبة والغلبة، وقد علله بأن بقاء الأخلاط بكيفياتها وكمياتها المخصوصة، لمّا كانت سببًا لبقاء الحياة؛ عُرِف أنها هي. لكنه بالدوران، وهو ضعيف -كما عُرِف في محله-. والأقوال في النفس كثيرة جدًا. ولو أحاط المعترض بها لم يجد من الإقرار بغلطه بُدًّا.

وأما قوله: «مجرد دعوى لا دليل عليه»؛ ففيه نظر، من وجهين:

أحدهما: أن المؤلف غير مدعٍ، بل مانع -كما مر-. وقوله -رحمه الله- بأن «له مادة من الدماغ» = سندُ المنع. ولا يضره بطلانُه -كما مر بيانه-. على أنه يكفيه في صلوحية السَّنَدية؛ ما عُلِم من إصلاح الكيِّ لاختلال الدماغ؛ فإنه مسلَّم. غاية الأمر: أن الأشاعرة يقولون: «إنه مما أجرى الله به العادة»، على ما جرت به عادتهم من إرجاع جميع الآثار إلى محض خلق الله تعالى.

ثم نقول: إن الألم من الأعراض بالاتفاق، وقد أفاد كيُّ باطن العقِبِ من الرجل بعضَ أوجاع البطن. فتلك الإفادة إما لأن ألم البطن قام بالعقب، أو العكس، أو حصل الانتقال من أحدهما إلى الآخر.

وعلى الأول والثاني؛ يلزم قيام العرض الواحد بمحلَّين. وعلى الثالث؛ يلزم انتقال العَرَض. فما كان جواب المعترض فهو جواب المؤلف.

والتعليل بالعادة مما لا يحتاج إبطاله إلى إعادة؛ وذلك ما يقال: إن الله أجرى العادة بإحراق النار وإرواء الماء، وغير ذلك. فقد عرفتَ أن الأشاعرة قد جعلوا العادة ملاذًا في كثير من المضايق التي لا يُتمسَّك في إثباتها -مع الخصوم- بمجرد الألفاظ. حتى لاذوا بها في أشرف المطالب، فقالوا: «إنه يثبت العلمُ العاديُّ أن الله تعالى لا يُصدِّق

(169) المرجع نفسه.

الكاذب». أي: فلا يُظهر المعجزة على يد كاذب، فيؤمَن كذبُ الأنبياء -عليهم السلام- بذلك عندهم، لا لكون تصديق الكاذب قبيحًا منه تعالى -كما نقول-. وهم يعلمون أنه يقال لهم:

أولًا: من أين لكم جريُ العادة بما ذكرتم؟ لا بد لكم من دليل، ولا دليل. ولو سلمنا جري العادة؛ فلا أقل من بيان المقتضي لجري العادة بذلك. ولا بد من الرجوع إلى إثبات ما نفوه، أو التزام ما نقول -وقد مر ذكره-.

ثانيهما: أنه قال: «لأن العلم عَرَض... إلخ». ولا يخفاك أن كون العقل هو العلم = ليس له في كلام المؤلف مَدرَكٌ، بل الأمر على عكس ذلك. وإنما هو في كلام المعترض وإلزامًا للمؤلف. إلا أنه قد جعل إلزامه مذهبًا للمؤلف؛ خروجًا منه عن الإنصاف.

ثم نقول على قوله: «لأن العلم عرَض»: صدقت يا أخا الأكراد، فالزم المراد. وذلك لأنه إذا كان عرضًا، وكلُّ عَرَضٍ لا يبقى -على قاعدة إمامك الأشعري-؛ فمن أين ثبت لك أن عقول العقلاء في كل وقت تزول عنهم، ولا يزال الله يجدد خلقها لهم؟ [95أ] وهل هذا مما استفدته بصِرْف العقل، أو بالعادة؟ لا سبيل إلى الأول؛ إذ العقل إنما يدرِك المُدرَكَات في ثاني أوقات وجوده، لكنه ينعدم في ثاني أوقات وجوده -على هذا المذهب-. وإدراكه في حال عدمه = محالٌ. وقس على هذا باقي سلسة العقول التي يحدثها الله تعالى في كل وقت -بزعم الأشعري-.

ولا سبيل إلى الثاني أيضًا؛ لأن العادة إنما تُدرَك بالعقل؛ لكنه لا يُدرِك إلا في ثاني أوقات وجوده. وكل ما كان كذلك كان إدراكه محالًا؛ لأنه معدوم في ذلك الوقت -كما عرفت-. فعلّك وضعت كثيرًا من هذه الاعتراضات التي أوردتها على صاحب **الأساس** في حال عدم عقلك، أو نقلتها من كلام أصحابك الذين قالوها في حال عدم عقولهم -على مذهبهم-. فانظر ماذا ترى يا أخا الأكراد في هذا الإيراد.

وأما قوله: «والعَرَض الواحد لا يقوم بمحلين»؛ ففيه خبطٌ، منشَؤُه خَلْطٌ بين القيام والاستمداد.

فإنا نقول: إن بعض الأعراض قد يُستَمَدُّ من أكثر من محلين، وإن كان لا يقوم إلا

بمحل واحد. ألا ترى أن الرطوبة واليبوسة والحرارة والبرودة = أعراضٌ؟ ولا شك في أنها تُستَمَدُّ من محلٍ ومحلين وأكثر؟ ولا مانع إلا عند أمثال هذا المعترض.

ومن البيِّن أن العلم والاعتقادات يُستَمدّان من الأسباب التي تقع مباشرتُها للاكتساب بالاتفاق، وهما عَرَضان بالاتفاق أيضًا. إلا أن المعتزلة، وإمام الحرمين من الأشاعرة، يقولون: «إن الاعتقاد أعمُّ من العلم». وظاهرُ كلام الرازي اختيارُه. وبقية الأشاعرة يجعلون الاعتقاد قسيمًا للعلم، ولا بأس بذلك في ما نحن فيه.

ولك أن تقول: إن المؤلف لم يذهب -في ما ذكره- إلا إلى نحو ما ذهب إليه أبو عليٍّ في قوله: «إن الحياة مفتقرة إلى الدم»، وأبو هاشم في قوله: «إنها -أي الحياة- مفتقرة إلى الرطوبة واليبوسة والروح». فيكون حاصل كلام المؤلف: «إن للعقل افتقارًا إلى مادة في الدماغ»، لا أنه على جهة الاستمداد -كما وجهناه به-، ولا على جهة القيام، حتى يجاب عليه بأنه يلزم قيام العرض بأكثر من محل -كما وهمه المعترض-. فقوله: «لا يقوم بمحلين»؛ لا يضر المؤلف، ولا ينفع المعترض.

التأليف قائم بمحلّين عند أبي هاشم ومن قال بمقالته

ولنا أن نقول: إن أراد به دعوى الكلية -أي: إن كلَّ عرضٍ = كذلك-، فممنوع؛ لِما ثبت من قيام التأليف بمحلَّين عند أصحابنا البهشمية وغيرهم. وليس في كتب الأشاعرة ما يُعتَمَد عليه في نفي هذا؛ فإن أمثَلَ أدلتهم: أن العقل حاكمٌ بديهةً باستحالة كون الموجود الواحد في موضوعين، سواء كان جوهرًا أو عرضًا، فيمتنع قيام العَرَض بمحلَّين. وأنت تعرف أنه لا ينتهض. ودعوى البداهة في محل النزاع = مما لا يليق بأهل الإنصاف. وإن قد قيل بجواز اختلاف البديهيات، بالنظر إلى مراتب الاستعداد، وجواز المكابرة والعناد.

وما يقال في توجيه القول باستحالة قيام العرض الواحد بمحلين: إنه لو جاز في العقل أن العرض الحالَّ في هذا المحل -مثلًا- هو الحالُّ في ذلك المحل؛ لجاز مثل ذلك في الجسم. والتالي باطل بديهةً فالمقدَّم مثله.

وأيضًا، لو جاز ذلك؛ لزم اجتماع علتين مستقلتين على معلول شخصي؛ لِمَا تقرر عندهم أن تشخص الأعراض ليس إلا بمحالّها. لكن اللازم محال، فلا صحة للملزوم.

وأيضًا، لو جاز القيام بمحلين؛ لامتنع الجزم بأن السواد الحال في هذا المحل -مثلًا- غيرُ السواد الحال في ذلك المحل؛ لاجتماع أن يكون عينَه. لكن التالي باطل؛ لحصول الجزم بالغيرية، فالمقدم مثله.

فجوابه عن الأول: بأن قياس الأعراض على الأجسام غيرُ معقول؛ إذ لو صح؛ لما جاز أن يُحكَم باجتماع عرضين مختلفين في محل واحد، قياسًا على امتناع الجسمين في مكان واحد. لكن التالي باطل؛ لاجتماع البياض والحلاوة في العسل، واجتماع الحركة واللون -مثلًا- في مكان واحد، وهو بديهي الجواز.

ثم إن العقل إنما حكم باستحالة كون الجوهر في موضعين؛ لاقتضاء التحيز، وتضاد الكونين في محلين. ولولا أن الجوهرية تقتضي التحيز؛ لم يحكم العقل باستحالته. كيف والباري تعالى لمّا لم يكن متحيزًا؛ لم يحكم العقل بأنه داخل العالم، ولا خارجٌ عنه.

وعن الثاني: بمنْعِ أن يكون علة التشخص للعرض هو المحل. لم لا يجوز أن يكون العلة أمرًا مفارقًا؟ ولذا أثبت بعض المعتزلة أعراضًا لا محل لها، كإرادة القديم، والفناء، والتعظيم، والاستحقاق -كما هو معروف في محله-.

وعن الثالث: بالمنع أيضًا؛ لأن القائل بقيام العرض بمحلين = لا يسلّم الجزمَ المذكور، بل هو عنده في حيّز المنع، ولو وقع الجزم للجميع؛ لارتفع الخلاف.

وإن أراد غير الكلية فلا يجديه نفعًا؛ إذ للمؤلف المنع في هذه المادة، وهذا كلام لم يخرج عن الجادّة، وهي من باب إرخاء العنان، والمجاراة في هذا الميدان، وإلا فإنا قد أوضحنا غلطه من أول وهلة، حيث بيّنّا أن «الحلول» غير «الاستمداد» -كما لا يخفى على ذوي الاستعداد، الناظرين لما في كلام المعترض من الفساد-.

ولك أن تقول: إن الحياة عَرَضٌ واحدٌ، قائم بالبنية المشتملة على الأعضاء المتعددة،

وتمنعَ كونَ ذلك يقتضي تعدد المحل للعَرَض الواحد. لم لا يجوز أن يكون المجموع محلًا واحدًا؟ ومثلُ هذا جاز في ما نحن فيه. وكل من نظر في كلام الجميع من المتكلمين في الحياة [95 ب] والبِنية = لم يستبعد ما ذكرناه. والله الهادي لمن استهداه.

[في تعريف العقل ومعناه]

قال المؤلف -رحمه الله-: «**جمهور أئمتنا: العقل معنى غير الضرورية... إلخ**»(170).

قال المعترض: «**كأن المراد بهذا: ما ذكره الإمام الرازي بأنه 'غريزة يتبعها العلم بالضروريات عند سلامة الآلات'. والعالِم لم يزل عقلُه بهذا المعنى، وإن لم يكن عالمًا في حالة النوم بشيء من الضروريات؛ لاختلالٍ وَقَع في الآلات. وكذا الحال في اليقظان الذي لا يستحضر شيئًا من العلوم الضرورية؛ لدهشةٍ وردت. فظهر أن استدلال المؤلف بزواله عند النوم، وعَوْدِه عند التيقظ = لا يُثبِتُ إلا العقل بمعنى 'العلم'، لا العقل بمعنى الغريزة المذكورة التي هي معنًى غير الضرورية**».

أقول: لعلك تعرف أن قوله: «كأن المراد... إلخ»، مأخوذ من **شرح المقاصد**، حيث قال: «والأقرب أن العقل قوة حاصلةٌ، هي مبدأ العلم بالضروريات، بحيث يتمكن من اكتساب النظريات. وهذا معنى ما قاله الإمام الرازي، أنها غريزة يتبعها العلم بالضروريات عند سلامة الآلات»(171). انتهى كلامه. ولا كلام لنا في صحته؛ فإن معنى كلام الرازي ومعناه = واحد، باعتبار ما صدق عليه كلٌّ منهما، بخلاف ما ذكره المؤلف؛ فإنه لا تعرُّض فيه لكونه مبدأ العلم بالضروريات، ولا كونه «غريزة يتبعها... إلخ»؛ فلا تلاؤم بين القولين بوجهٍ ما، فضلًا عن الاتحاد في «ما صدق» أو «مفهوم». إنما اتفقا في أن كلًا منهما يقتضي معنًى غيرَ الضرورية.

ولو كان هذا قاضيًا بالاتحاد؛ لزم أن يرتفع الخلاف في ماهية العقل بالجملة؛ فإن صاحب **القاموس** عرّفه بأنه «نور روحاني» -كما مضى-. ولا كلام في أن النور

---

(170) المنصور بالله، **الأساس**، ص 20.

(171) التفتازاني، **شرح المقاصد**، ج 1، ص 236.

الروحاني معنًى غير الضرورية؛ فيلزم أن يكون كلامه موافقًا لكلام الإمام الرازي. وكذا عرَّفه بعض الحنفية بأنه: «نور يُضيءُ به طريقٌ، يُبتَدأُ به من محلٍّ، ينتهي إليه دَرَكُ الحواس». ولا شك أن ذلك معنًى غيرُ الضرورية.

وعرفه بعضهم بأنه: «مَلَكةٌ في النفس، يُستَعَدُّ بها للعلوم والإدراكات». وذلك معنًى غيرُ الضرورية.

وعرفه الشيخ أبو الحسين البصري، وتبعه الإمام يحيى بن حمزة، بأنه: «بنية مخصوصة، يُدرَك بها المعقولاتُ، كما يُدرَك ببنية العينِ المحسوساتُ».

وعرّفه صدر الشريعة بما عرفت في صدر البحث. وهو معنًى غير الضرورية. وأورد الماوردي في تعريفه معانيَ؛ كلٌّ منها غيرُ الضرورية؛ فيلزم -على قود كلام المعترض- أن تكون هذه الأقوال وغيرُها مما ضاهاها، متحدةً بكلام الإمام الرازي.

وبالجملة، فكونُه معنًى غيرَ الضرورية = أعمُّ من كونه «غريزةً يتبعها العلم بالضروريات... إلخ». ولا يلزم من كَذِب الأخصّ أو بطلانِه؛ كذبُ الأعمِّ ولا بطلانُه عند جميع العقلاء. فظهر فساد ما قاله المعترض بجهله وتطفله على كلام **شرح المقاصد**، وسوء معرفته بموضع نقله.

قوله: «فظهر أن استدلال المؤلف... إلخ». لا أدري من أين ظهر في كلام المؤلف؟

نعم، ظهر من كلام المعترض الذي أورده على المؤلف. وما رأيت أعجب حالًا من هذا الرجل، يجعل كلامه احتجاجًا لكلامه، ومناطًا لاعتراضه وأوهامه. لكن هذا غير عجيب من ثمرات الخذلان، ونتائج البغي والعدوان.

مذهب الأشعري في العقل

ولنوضح أصل الكلام في هذا المقام، فنقول:

لمّا ذهب الشيخ الأشعري إلى أن العقل هو: «العلم ببعض الضروريات»، واستدل عليه بأنه لو كان غيرَ العلم؛ لجاز انفكاك أحدهما عن الآخر، لكنه محال؛ لاستحالة أن يوجد عاقل لا يعلم شيئًا، وعالمٌ بجميع الأشياء، ولا يكون عاقلًا... إلى آخر

الاستدلال. وارتضاه جمهور المتقدمين من أصحابه.

أُجيبَ عليه بما ذكره الإمام الرازي حيث قال في **المحصل** ما نصه: «لو قلتم: إن التغاير يقتضي جوازَ الانفكاك؛ فإن الجوهر والعرض متلازمان، وكذا العلة والمعلول. سلَّمنا. لكن العقل قد ينفك عن العلم، كما في حق النائم واليقظان الذي لا يكون مستحضرًا لشيء من وجوب الواجبات واستحالة المستحيلات. وعند هذا ظهر أن العقل غريزة تلزمها هذه البديهيات عند سلامة الحواس»(172). انتهى. وهو أيضًا مبني على خلاف مذهب الأشعري في عدم بقاء الأعراض، أعني أن قوله: «وعند هذا ظهر أن العقل غريزة... إلخ» = مبني على أن الغرائز تبقى وقتين فصاعدًا، مع أنها من الأعراض.

وقد اعترف جمهور المتأخرين من الأشاعرة وغيرهم، بورود هذا الذي أورده الإمام الرازي، وقرَّره السيد المحقق، ثم قال: «وقد اتضح بما ذكرناه في حال النائم، أن العلم قد ينفك عن العقل؛ فلا يتم نفي التالي في دليل الشيخ، كما لا تتم الملازمة»(173). انتهى.

قلت: مزيدُ توضيح ما ذكره السيد، يؤخذ مما ذكره الكاتبي في **شرح المحصل**، حيث قال: «توجيهه أَن يقال: لم قلتم: إن العقل لو كان عرضًا، وليس من قبيل العلوم؛ لجاز انفكاك أحدهما عن الآخر؟ فإن الجوهر والعرض متلازمان مع تغايرهما. سلمنا صحة الملازمة. لكن لا نسلم انتفاء التالي -وهو امتناع الانفكاك-؛ فإن العقل قد ينفك عن العلم كما في النائم؛ فإنه عاقل، ولا يدرك شيئًا، واليقظان الذي لا يكون مستحضرًا لشيء في وجوب الواجبات واستحالات المستحيلات؛ فإنه عاقل، وليس بعالمٍ العلمَ الذي فسرتم العقل به»(174). إلى هنا كلام الكاتبي.

ثم قال: «أجاب الأصحاب [96 أ] عن المنع الأخير بـ: إنّا لا نسلم كونَ النائم واليقظان -الذي هذا شأنُه- عاقلًا، وعندنا: لا يجوز تكليفهما أصلًا؛ لانتفاء شرط التكليف في حقهما»(175). انتهى. وبه وبما قبله ظهر خبط المعترض في قوله: «إن

(172) الرازي، **المحصّل**، ص 81.

(173) الجرجاني، **شرح المواقف**، ج 6، ص 49.

(174) الكاتبي، **المفصل**، ورقة 93 ب-94 أ؛ قارن بـ: الكاتبي، **شرح المحصل**، ص 513.

(175) المرجع نفسه.

استدلال المؤلف لا يُثبِت إلا العقل بمعنى 'العلم'، لا العقل بمعنى 'الغريزة'». وتبين منشأ اعتسافه؛ لأن المؤلف -قدس الله روحه- رتب حكمه بأنه يزول العقل عند النوم، على كونه عَرَضًا. وعلى هذا؛ فلا يقتضي كلامه -رحمه الله تعالى- إثباتَ العقل بمعنى «العلم» خاصةً دون «الغريزة»؛ لأن الغريزة من الأعراض -كما مر-. فمن أين ظهر للمعترض أن استدلاله -رحمه الله- لا يثبِت إلا العقلَ بمعنى «العلم»، لا العقل بمعنى «الغريزة»؟ ما هذا إلا خبط لا داعي إليه إلا حبُّ الاعتراض منه على المؤلف -قدس الله روحه في الجنة-.

على أن هذا منه دعوى؛ لتغايرهما -أي: «العلم»، والعقل بمعنى «الغريزة»-. وحينئذٍ، فبطلان دعواه أن «استدلال المؤلف لا يثبت العقل بمعنى العلم» = ظاهر؛ لأن مبناها كان على أن الذي يزول عند النوم ليس إلا العلم فقط، وذلك مبني على فساد الملازمة المذكورة في دليل الأشعري، وإلا فما المانع من الحكم بزوال العلم والعقل معًا حال النوم؟

وعدمُ انفكاك أحدهما عن الآخر في الانتفاء = كالثبوت، ودعوى كونه -أي: العقل- «غريزة يتبعها العلم... إلخ» = لا يجدي نفعًا لدفع هذا؛ لِما عرفت من أن الغرائز من الكيفيات العرضية، على فرض تغايرهما. بل في كلام المعترض ما هو أشد من دعوى فساد الملازمة المذكورة. وذلك لأنه يؤدي إلى أن انفكاك العلم عن العقل -مع تغايرهما- واجب، فضلًا عن كونه جائزًا. ولو لم يكن مؤدَّى كلام المعترض هو هذا؛ لما ساغ له أن يدّعي أن استدلال المؤلف لا يثبِت إلا العقل بمعنى العلم، فليتأمل؛ فإنه قد انقلب على المعترض مأخذُ كلامه.

ثم ما ذكره الكاتبي عن أصحابهم في الجواب عن المنع المذكور = كافٍ في الرد على المعترض من قِبَلِ المؤلف، وكفى الله المؤمنين القتال.

قوله: «والعالِم لم يزُل عقلُه»؛ صوابُه: والنائمُ لم يزُل عقلُه، وإلا لناقضه قوله: «وإن لم يكن عالمًا... إلخ»، إلا أنه قد يكون غلطًا من الكاتب. ثم رأيت نسخة في الهند كما صوبناه، فلعل ذلك كان غلطًا من الكاتب لا من المعترض. والله أعلم.

عدّة الأقوال في العقل

وهاهنا جملة من المذاهب في العقل -وقد عرفت بعضَها-.

قال بعضهم: «الأقوال في العقل أحد عشر قولًا؛ لأنهم اختلفوا: هل له حقيقةٌ تُدرَكُ أو لا؟ وعلى أن له حقيقة: هل هو جوهر أو عرض؟ وهل محله الرأس أو القلب؟ وهل العقول متحدة الماهية أو لا؟ وهل هو اسم جنس أو جنس أو نوع؟ فهي أحد عشر قولًا».

قلت: ولا قول بجوهريته إلا ما عرفت من أنه النفس الناطقة، على أنها جوهر، وإلا ما اشتهر عن المطرّفية، من أنه القلب -أي العضو الصنوبري المعروف-.

وأما القائل بعَرَضِيَّتِهِ؛ فقد يعكِّر عليه أمران:

أحدهما: أنه لا بد من الحكم ببقائه أكثر من وقتين. فإذا كان هذا القائل ممن يقول بعَرَضِيَّة البقاء أيضًا؛ لزم قيام العَرَض بالعَرَض، وهو ظاهر -وقد مر-. فإن قال بتجدد الأمثال = لزم ما مرّ أيضًا.

ثانيهما: أنه لا بد أن يتّصف بالإدراك، والإدراكُ من المعاني عند أبي علي الجبائي، وغيره من الأشاعرة. فإذا كان هذا القائل منهم؛ فقد لزمه أيضًا قيامُ المعنى بالمعنى -أي: العرض بالعرض-. وقد يجاب بمنع إحدى المقدمتين أو تسليمهما، ومنع استحالة النتيجة -أعني قيام العرض بالعرض- وإن كان مرجوحًا عند أكثر المتكلمين.

هذا، وقد اشتهر عن أبي إسحاق الإسفراييني أنه -أي: العقل- «صفةٌ يميَّز بها بين الحَسَن والقبيح». قال بعضُهم: مرادُه العلم. واعترضه الآمدي بأنه لا يخلو: إما أن يريد كل العلوم أو بعضها. لا سبيل إلى الأول؛ إذ يلزم منه ألّا يكون عاقلًا من فاته بعضُ العلوم. ولا إلى الثاني؛ لأنه تعريف بالمجهول(176).

وقال ابن مُتَّوَيْه في **تذكرته** -وهو الشيخ الحسن بن أحمد بن متويه، من المعتزلة،

---

(176) أبو الحسن علي بن محمد الآمدي، **أبكار الأفكار في أصول الدين**، تحقيق أحمد محمد المهدي، ط 2 (القاهرة: دار الكتب والوثائق القومية، 2004)، ج 1، ص 130.

وقد ذكره الإمام الرازي في مواضع من كتبه، وأخذ من كلامه أشياء، ونسبها إلى المعتزلة كما يعلم ذلك المطلع على كتبه-، ما نصه: «هو -أي العقل- عبارة عن جملة من العلوم، متى حَصَلَت سُمِّي عقلًا، ومتى انفرد البعض عن البعض لم يُسمَّ عقلًا»(177). كذا نقله عنه بعضهم. ولا شك أن تلك العلوم ليست إلا على جهة الإجمال، ولا يكون التعريف بالمجهول.

مذهب الباقلاني في العقل

وقال القاضي أبو بكر الباقلاني: «إنه العلم بوجوب الواجبات، واستحالة المستحيلات، وجواز الجائزات، ومجاري العادات». كذا قاله بعض الأشاعرة.

والذي في **شرح المحصل** للكاتبي ما نصه: «قال القاضي أبو بكر: 'العقل الذي نيط به التكليف من قبيل العلوم'، وفسَّره بالعلم بوجوب الواجبات -كالعلم بأن الشيء لا يخلو عن الوجود والعدم، والعلم بأن الموجود إما قديم أو حادث-، والعلم باستحالة المستحيلات -كالعلم باستحالة الاجتماع بين النقيضين والضدين في وقت واحد-، واحتُجَّ عليه بأن العقل ليس نفيًا محضًا، وإلا امتنع اتصاف بعض الذوات به دون بعض، وهو -إذًا- موجود، وليس بقديم؛ لما بيّنّا أن كل موجود سوى الله فهو حادث. وحينئذٍ إما أن يكون جوهرًا أو عرضًا، والأول محال؛ لأن العقل من الصفات التي توجب للذات أحكامًا. والجوهر ليس كذلك فتعين الثاني». قال الكاتبي: «ولقائلٍ أن يمنع كون الجوهر ليس كذلك»(178). انتهى.

قلت: قد ارتضى إمام الحرمين مذهب الباقلاني، وقال في توجيهه لهذا: «لا جائز أن يكون جوهرًا؛ إذ الجواهر متماثلة. فلو كان بعض الجواهر عقلًا؛ لكان [96 ب] كل جوهر عقلًا؛ لأن ما ثبت لأحد المثلين ثبت للآخر. وأيضًا، لو كان جوهرًا؛ لما ثبت به للعاقل حُكمٌ؛ لأن الأحكام إنما تثبت للجواهر لا بها. فتعين أن يكون عَرَضًا»(179). انتهى.

---

(177) الحسن بن أحمد بن متويه، **التذكرة في أحكام الجواهر والأعراض**، تحقيق دانيال جيراميه (القاهرة: المعهد العلمي الفرنسي للآثار الشرقية، [د. ت])، ج 2، ص 602.

(178) الكاتبي، **المفصل**، ورقة 93 ب؛ قارن بـ: الكاتبي، **شرح المحصل**، ص 511.

(179) ينظر هذا الكلام المنسوب إلى إمام الحرمين في: الآمدي، **أبكار الأفكار**، ج 1، ص 130-131.

ثم قال -أي الباقلاني في ما حكاه الكاتبي-: «وحينئذٍ، إما أن يكون من قبيل العلوم أو لا. والثاني محالٌ، وإلا لجاز انفكاك أحدهما عن الآخر، لكن ذلك محال؛ لامتناع وجود عاقل لا يعلم البتة شيئًا، وعالمٍ بجميع الأشياء ولا يكون عاقلًا؛ فتعين الأول. وحينئذٍ، إما أن يكون علمًا بالمحسوسات أو لا يكون. والأول باطل؛ لأن العلم بالمحسوسات حاصل للمجانين والبهائم -مع انتفاء العقل-؛ فهو، إذًا، عِلمٌ بالأمور الكلية. وليس ذلك من قبيل العلوم النظرية؛ لأن العلوم النظرية مشروطة بالعقل؛ لأنه يمتنع حصولها إلا بعد الفكرِ. والتأملُ بدون العقل محالٌ. فلو كان العقل منها؛ لزم اشتراطُ الشيء بنفسه، وإنه محال؛ لوجوب تقدم الشرط على المشروط. فهو، إذًا، عبارة عن علوم كلية بديهية. والضابط في تعيينه: كل علم يمتنع خلوُّ العاقل عنه = فهو من العقل. وكلُّ عِلمٍ يجوز اتصاف العاقل به، لكنه غير متصف به بالفعل أو متصف به بالفعل، لكن يجوز زواله = فهو ليس من العقل»(180). انتهى. وهو مذهب إمام الحرمين بعينه، وقد قيل إنه قال الأشعري: «لا فرق بين العلم والعقل إلا في العموم والخصوص». أي: فالعلم أعم من العقل، والعقل علم خاص. وهو ظاهر.

قال السيد: «لا يبعد أن يكون كلام الباقلاني وإمام الحرمين تفسيرًا لكلام الأشعري»(181). انتهى.

علوم العقل العشرةُ على رأي المعتزلة ومن يجري مجراهم

والذي عليه جمهور المعتزلة: أن العقل عبارة عن «علوم مختلفة في الجلاء والقوة. فأولها وأولاها بالتقديم: العلم بالنفس -أي: بوجودها وأحوالها-.

ثانيها: العلم بالمشاهدات.

ثالثها: العلم بالبديهيات نحو كون العشرة أكثر من الخمسة.

---

(180) نعم ذكر الكاتبي هذا الكلام، لكن لم يكن واضحًا أنه نقلٌ عن الباقلاني، وبدا لي أنه كلام الكاتبي نفسه، ينظر: الكاتبي، **شرح المحصل**، ص 512.

(181) نقل السيد الجرجاني كلام الباقلاني في تعريف العقل، ثم قال: «ولا يبعد أن يكون هذا تفسيرًا لكلام الأشعري». ينظر: الجرجاني، **شرح المواقف**، ج 6، ص 47.

رابعها: العلم بالقسمة الحاصرة، الدائرة بين النفي والإثبات.

خامسها: العلم بتعلق الفعل بالفاعل، حتى قالوا: «إنه يعلمه الأطفال والمجانين عند تألمهم من ضرب الضارب، ومطالبتهم بالكف عنهم».

سادسها: العلم بمقاصد المخاطَبَة في ما كان جليًا، كمن يقول: «قم» و«اقعد»، ونحو ذلك.

سابعها: العلم بما كان قريب العهد بالحس والوجدان، كالعلم بما أكله الإنسان عقيب أكله.

ثامنها: العلم التجربي، كالعلم بأن الزجاج لا يقوى على كسر الحجر، وأن النار محرِقةٌ للقطن، ونحو ذلك.

تاسعها: العلم بالحسن والقبح. وهي مسألة الخلاف المشهورة.

هذه تسعة علوم هي علوم العقل عند جمهور المعتزلة كما ذكرناه.

وزاد أبو علي: العلمَ بمُخبَرِ[182] الخبَرِ المتواتر، وتبعه ابنه أبو هاشم على هذا أولًا، ثم رجع عنه ثانيًا في كتابه الموسوم بـ**نقض الإلهام**. هكذا في كتب المعتزلة.

قلت: رجوع أبي هاشم عنه هو الأَوْلى بذكائه وفطنته؛ لما ذكرناه سابقًا في الكلام على الخبر المتواتر، وبيان إقامة التواتر للعلم، وأنه لا يصح أن يكون ضروريًا، وإن كان مشابهًا للضروري، فافهم.

هذا، والذي ذكره الكاتبي عن أبي علي، أنه قال: «العقل هو العلم الصارف عن القبيح، الداعي إلى الحسن»، قال: «وقال بعض المعتزلة: 'العقل ما يُعلَمُ به قبحُ القبيح، وحُسنُ الحَسَن'. وهو بناء على الحسن والقبح»[183]. انتهى.

إذا عرفت ما حكيناه هنا؛ لاح لك أن مذهب الأشعري، والباقلاني، وإمام

---

(182) على صيغة المفعول، أي: مضمون الخبر المتواتر ما هو؟

(183) الكاتبي، **المفصل**، ورقة 93 ب؛ قارن بـ: الكاتبي، **شرح المحصل**، ص 511. وتأمّل هنا هذا التعريف «الأخلاقي» للعقل.

الحرمين، والمعتزلة = متقارب. وإنما فرّت الأشاعرة عن الحسن والقبح. ولكنهم قد حاموا حوله، كما سمعته من كلام الباقلاني.

ويرد على الباقلاني بحثٌ -غير ما أشار إليه الرازي والكاتبي-، وهو: أنّ في جَعْلِ مناط التكليف ما ذكره = نوعًا من الدور. وذلك لأنه لا يثبتُ التكليفُ حتى يثبُتَ واجبُ الوجود، ولا يثبتُ واجبُ الوجود إلا بعد العلم بأن الموجود إما قديم أو حادث؛ فإذًا: لا يثبت واجبُ الوجودُ حتى يثبُت العقلُ، لكنه لا يثبُتُ العقلُ حتى يثبتَ واجبُ الوجود. ويمكن الجواب عنه، فتأمل.

وأما المعتزلة فلا يَرِد عليهم إلا ما أشار إليه الإمام الرازي كما وجَّهه الكاتبي، من منع تلك الملازمة أو منع انتفاء الانفكاك المذكور. لكن الاقتصار من الرازي على مجرد إبطال مذهب المخالف = لا يصحح ما ذهب إليه هو تبعًا للمحاسبي. ولذا قال الكاتبي: «وأنت تعلم أنه لا يلزم من عدم الدليل عدمُ المدلول، ولا من عدم المدلول -أعني الذي ذهب إليه القاضي أبو بكر- أن يكون الحق ما ذكره المحاسبي؛ لاحتمال أن يكون الحقُّ غيرَهما»(184). انتهى.

وبهذا يزداد بطلان كلام المعترض ظهورًا. وذلك لأنه لا يلزم من تسليم انفكاك العلم عن العقل، أن يكون العقل «غريزة يتبعها العلم... إلخ». لم لا يجوز أن يكون شيئًا آخر غير العلم وغير الغريزة؟ والمعترض إنما واخذ المؤلف بحكمه بزوال العقل عند النوم، وبنى هذه المؤاخذة على مؤاخذةٍ قبلها، وهي: أن تصريح المؤلف بأن محلّه القلبُ، واستدلاله عليه بالآية السابقة = يدل على أن المراد بالعقل هو: «العلم». ثم حمل قوله: «والعقل معنًى غيرُ الضرورية»، على أن المراد به ما ذكره الرازي من أنه «غريزة... إلخ»، ثم رتب على ذلك ما رتبه من الكلام الفاسد -كما عرفت-، حتى لاح من كلامه: أنه: لا واسطة بين كون العقل هو «العلم» وكونه [97 أ] هو «الغريزة»، وأنه إذا لم يثبت من استدلال المؤلف بزواله حال النوم إلا العقل بمعنى «العلم»؛ لا العقل بمعنى «الغريزة» = لم يثبت به معنًى آخر. وهذا بناء منه على أنه إذا بطل أحدُ المذهبين؛ ثبت الآخر. فليُتدبَّر.

(184) الكاتبي، **المفصل**، ورقة 94 أ؛ قارن بـ: الكاتبي، **شرح المحصل**، ص 514.

وأما الإمام الغزالي فقال: إن العقل يقال بالاشتراك على أربعة معانٍ:

أحدها: غريزة يتهيأ بها إدراك العلوم النظرية، قال: «وكأنه نور يقذف في القلب».

قلت: هذا قريب مما قاله المؤلف -رحمه الله- وليس هو إياه.

ثانيها: بعض العلوم الضرورية.

قلت: وهذا قريب مما قاله المعتزلة، وكذا يجري على مذهب إمام الحرمين، والباقلاني.

ثالثها: علوم تستفاد من التجارب.

قلت: وهو قريب مما مر ذكره من كلام أمير المؤمنين -كرم الله وجهه- حيث قال: «إنه غريزة تزيد بالعلم والتجارب». وقد حكاه عنه -كرم الله وجهه- بعضُ الإمامية.

رابعها: قوةُ تلك الغريزة، إلى أن يعرف عواقب الأمور، ويقمع الشهوات الداعية إلى اللذة العاجلة ويقهرها.

قلت: وهو قريب من المذهب الآتي للخوارج؛ لأن الظاهر أنهم لم يريدوا إلا هذا المعنى.

قال الغزالي: «ويشبه أن يكون الاسم -لغةً واستعمالًا- وُضِع بإزاء تلك الغريزة، وإنما أُطلِق على العلوم مجازًا، من حيث إنها ثمرتُها، كما يُعرَّف الشيءُ بثمرته، فيقال: 'العلمُ: الخشية'»(185). انتهى. ومنه يتبين صحة ما ذكرناه -في ما مر- على كلام صاحب **القاموس**، وفساد كلام المعترض هنالك.

وأما الإمام الشافعي -رحمه الله- فقال: «إنه آلة التمييز».

قال بعض المتأخرين: «إن كلامه يحتمل أنه قائل بجوهريته، ويحتمل أنه قائل بعرَضِيَّته». صرح بذلك اللقاني في **عمدته**(186).

---

(185) ينظر نص الغزالي في: أبو حامد الغزالي، **إحياء علوم الدين** (بيروت: دار المعرفة، 1982)، ج 1، ص 85-86.

(186) قال اللقاني في سياق تحديد ماهية العقل أهو جوهر أم عرض: «وعرفه إمام المسلمين، وأَعْمَد ركن في الدين، سيدي وشافعي الإمام الشافعي بأنه: 'آلة التمييز'. فإن قلتَ: فهل هو قائل بجوهريته أو عرضيته؟ قلتُ: كلامُه محتمِل... إلخ». ينظر: اللقاني، **عمدة المريد**، ج 3، ص 1378.

قلت: وكأنه من جهة تسميته «آلةً»؛ لأن آلة الشيء يجب أن تكون غيرَه، فلا يكون من العلوم التي هي أعراض؛ لأنه آلةٌ لها، فالآلة -غالبًا- جوهر. لكن هذا مأخذ ضعيف؛ لأن الآلة قد تكون من الأعراض، ولأن المغايرة لا يجب أن تكون من كل الوجوه، بل يكفي المغايرة في الكلي والجزئي. أَوَلَا يُرى أن القائلين بأنه من العلوم = لا يمنعون من كونه آلةً للتمييز؟ كيف وقد صرح بعضهم بأن من الضروريات ما تستعد به النفس لاكتساب النظري؟

وأما قول الخوارج: «إن العقل ما عُقِل به أمر الله ونهيه» = فمما لا يُعقَل إلا بالمعنى الذي سبقت الإشارة إليه.

قال الآمدي: «وهو تعريف للشيء بنفسه، مع أنه يخرج عنه عقل العاقل الذي لم تبلغه الدعوة من الشرع، أو بلغته وما تعقَّل الأمر والنهي»(187).

وقال نجم الدين الكاتبي: «إنه باطل؛ لأن الإجماع منعقد على أن أمر الله ونهيه لا يتوجه إلا على من سبق كمال عقله»(188).

قلت: ليس في الخوارج من يُعتدُّ بكلامه أجلُّ من أبي عبيدة المشهور؛ معمر بن المثنى. وأمرُ دينه وحاله معروف. وقد حكى الذهبي عنه ما لا يليق ذكره.

وأما الجاحظ فأثنى عليه بسعة العلم -كما حكاه المطرزي(189)-. وكفاه ذمًا أنه دان بدين الخوارج، وتمذهب بمذهبهم الباطل بلا شبهة. ولهذا قل اشتغال العلماء بردّ ما قالوه وأوردوه، فلا حاجة إلى أكثر مما ذكرناه في توجيه كلامهم أو تزييفه.

كل ما يروى في العقل من الأحاديث؛ موضوع باطل

فائدة

جميع الأحاديث المرويّة في فضل العقل موضوعة -كما نبه عليه غير واحد من

(187) ينظر: المرجع نفسه.
(188) الكاتبي، **المفصل**، ورقة 93 ب؛ قارن بـ: الكاتبي، **شرح المحصل**، ص 511.
(189) أبو الفتح ناصر بن أبي المكارم المطرزي المعتزلي، فقيه حنفي، نحوي، وأديب (ت. 610هـ).

الحفاظ كابن تيمية-، وذكره السخاوي وصاحب **سِفر السعادة**(190). وحكاه اللقاني، عن الشمس العلقمي، ناقلًا عن الجلال السيوطي، قال: «قال الجلال: 'لم يدلّ في فضل العقل حديث، وكل ما يروى فيه موضوع'»(191).

قلت: قد لاح لي أن آفة ما يروى في العقل = مِن عند المتفلسفين من الإسلاميين؛ رَومًا لتقريب ساحة الفلسفة، بمثل «أول ما خلق الله العقل... إلخ»، ونحوه؛ لِما في ذلك من المناسبة لما يقول به الفلاسفة من قدم العقول المعروفة عندهم، وأن أول الكائنات الممكنات بأسرها: هو العقل الأول، ثم الثاني، إلى العشرة -على الترتيب الذي سيجيء لنا ذكره إن شاء الله تعالى-، مع قولهم بتجردها وكمالها بالفعل لا بالقوة، وكونها مبرأة عن جميع النقائص كلها.

وأما العقل الذي هو مناط التكليف، وآلة التمييز بين الحَسَن والقبيح، والامتثال والمخالفة، والصدق والكذب، والحق والباطل = فقد اشتمل الكتاب والسنة على تفضيله وتعظيمه، ضمنًا وصريحًا، وذمِّ من لا عقل له صريحًا وتلويحًا، قال الله تعالى: ﴿إِنَّ شَرَّ ٱلدَّوَآبِّ عِندَ ٱللَّهِ ٱلصُّمُّ ٱلْبُكْمُ ٱلَّذِينَ لَا يَعْقِلُونَ﴾ [الأنفال: 22]، ﴿قُلْ هَلْ يَسْتَوِى ٱلَّذِينَ يَعْلَمُونَ وَٱلَّذِينَ لَا يَعْلَمُونَ إِنَّمَا يَتَذَكَّرُ أُولُوا۟ ٱلْأَلْبَٰبِ﴾ [الزمر: 9]. ولعمري إنه حجة الله على عباده، لا إله إلا هو، عليه توكلت وإليه متاب.

[مزيد من النقاش حول كون العقل هو العلوم الضرورية أو غير ذلك]

ولما قال المؤلف -رفع الله ذكره-: «قلنا: لو كان هو الضرورية؛ لكان من لم يحضرها دفعةً في قلبه، أو لم يخطرها بباله»، إلى قوله: «غير عاقل»(192).

---

(190) يعني مجد الدين محمد بن يعقوب الفيروزآبادي الشيرازي (ت. 817هـ)، وهو عينه صاحب **القاموس المحيط** المعجم الشهير.

(191) اللقاني، **عمدة المريد**، ج 3، ص 1377.

(192) المنصور بالله، **الأساس**، ص 21. والمعنى باختصار: أن العقل لو كان هو العلوم الضرورية -كما يقول بذلك من يقوله-؛ لكان من لم يستحضرها دفعة واحدة في قلبه، فتخطر كلها بباله في وقت واحد = ليس بعاقل. أي: إن المنصور بالله صاحب كتاب **الأساس** ينفي أنه العلوم الضرورية، ويستدل على صحة رأيه.

قال المعترض: «العلم بالشيء غيرُ استحضاره؛ فكم من عالم بشيء غير مستحضر له في بعض الأوقات؛ فاستحضار الضروريات بأسرها ليس شرطًا في العلم بها، فاندفع ما أورده؛ فإن انتفاء الاستحضار لا يستلزم انتفاء العلم. وإذا ثبت العلم ثبت العقل، وهو المطلوب».

أقول: قد عرفت ما يكفيك في منعه، وألممتَ بما ذكره الآمدي على كلام الإسفرايني، وهو معنى كلام المؤلف هنا، إلا أن الإخطار -بالطاء المهملة- لمّا كان مشعِرًا بوجود العلم من دون حضوره -بناءً على أن الإخطار فرع ثبوت العلم في نفسه-؛ فوجد المعترض فرصة على المؤلف. وهو مؤاخذة في العبارة؛ إذ لو قال المؤلف: «لكان من انتفت عنه غير عاقل» أو نحو ذلك؛ لم يتجه كلام المعترض رأسًا.

كلام في أنه لا يلزم أن يكون المؤثّرُ في فعلِه عالمًا به، ولا يقدح جهلُه في كونه فاعلًا له، أي: موجِدًا للتأثير فيه

قوله: [97 ب] «فكم من عالم بشيءٍ، غير مستحضر له».

قلنا: صحيح. فلو استعملتَه عند المغالطة بقولكم: «لو كان الإنسان موجدًا لأفعاله؛ لكان عالمًا بها». لكنكم غالطتم وتجاهلتم عن هذا، وأنتم تعرفون أن استحضار العلم بالشيء، غيرُ العلم به. على أنه لو سُلِّم انتفاءُ التالي؛ فالملازمة ممنوعة. فليس عدم العلم؛ لعدم الإيجاد، ولا كلُّ موجِد عالمًا لِما أوجده علمًا تفصيليًا. لا بد لذلك من دليل. ولو كان مجرد الإيجاد دليلًا على عِلم المُوجِد؛ لم يُحتَجْ إلى الاستدلال بالإحكام على عالمية الباري تعالى، بل كان الدليل على قادريته تعالى هو الدليل على عالميته عزّ وجل -كما سيجيء التذكير به إن شاء الله-.

وإذا لم يكن مجرد الإيجاد والتأثير دليلًا على العلم؛ علمنا أن الإيجاد والتأثير لا يستلزم عِلمَ المُوجِدِ والمؤثر؛ لأن شأن الاستلزام -إذا ثبت- أن يكون العلم بوجود الملزوم = يستلزم العلم بوجود لازمه، والعلم بانتفاء اللازم مستلزمًا للعلم بانتفاء ملزومه. وما ذكرناه قد دلّ على أنه يحصل العلم بانتفاء عالِمية الموجِد المؤثِّر، ولا

يحصل العلم بانتفاء كونه قادرًا مُوجِدًا مؤثرًا. وكذا يحصل العلم بأنه مُوجد مؤثِّر في فعله، ولا يحصل العلم بأنه عالم بها، وإلا لما احتجنا إلى الاستدلال بالإحكام على العالِمية، بعد العلم بأنه تعالى قادر على إيجاد أفعاله والتأثير فيها -كما مر-.

وقد سلم إمام الحرمين هذا المعنى في مؤلفه المسمى بـ**النظامية**[193]، في أثناء الكلام من الركن الأول، وجعل العبد موجِدًا لأفعاله وإن كان غير عالم بها. وقد عرفت اعتراف المعترض في مؤلَّفه الموسوم بـ**الأَمَم**، أن **النظامية** هي المعتمَدُ عليه في مؤلفات إمام الحرمين -كما مر-.

ولو سُلِّمت الملازمة؛ فلم لا يجوز أن يكون عدمُ العلم = لعدم التوجه إلى المقدور، وإرادة العلم بتفاصيله؟ إذ لا يترتب على ذلك غرض صحيح.

ولو سُلِّم عدمُ العلم مع كمال التوجه؛ فيجوز أن يكون ذلك بسبب عدم الإحاطة بأجزاء المقدور. وكيف يحيط بحركات الأعصاب والعروق الباطنة، وما في المقدور من الأشياء المحجوبة عن إدراك الفاعل؟

وأما مثل قوله تعالى: ﴿أَلَا يَعۡلَمُ مَنۡ خَلَقَ﴾ [الملك: 14]. الآية؛ فلا شبهة لهم فيها؛ لِما عرفتَ في صدر الكتاب من الكلام على الخلق.

سلّمنا. لكن هذه الآية بأن تكون حجةً عليهم = أولى من أن تكون شبهةً لهم؛ لأن مناط التمدّح فيها بكمال العلم = ليس إلا الجملة الحاليّة -أعني قول تعالى: ﴿وَهُوَ ٱللَّطِيفُ ٱلۡخَبِيرُ﴾ [الملك: 14]-. فلو كان مجرد الخلق كافيًا في الدلالة على علم الخالق؛ لكانت هذه الجملة مستغنًى عنها، وحاشاها من اللاغية.

وهذا البحث الذي تعرضنا له هنا -وليس من مواضعه-: في باب قول متمم بن نويرة: «دعوني؛ فهذا كلُّه قبرُ مالك».

قوله: «وإذا ثبت العلم؛ ثبت العقل».

قلنا: إن أردت به الاتحاد؛ فممنوع. وإن أردت به التلازم؛ فمجرد دعوى لا دليل

(193) ينظر: الجويني، **النظامية**، ص 42 وما بعدها.

عليها. وعلى فرض أن هنالك دليلًا؛ فلا يجديك بالنظر إلى كلام المؤلف. وعلى فرض أنه يجديك = قد مر لك ما يناقضه، حيث ادَّعيتَ ما يفيد أنه لا يزول عند النوم إلا العقل بمعنى «العلم»، أي: لا العقل الذي هو عَرَضٌ وليس من قبيل العلوم، فإنه لا يزول. وذلك قولٌ بزوال أحدهما دون الآخر، وهو فرع جواز الانفكاك الذي اعترف به رؤساء الأشاعرة القادحين في دليل الشيخ الأشعري.

فظهر أن هذه الشرطية -أعني قول المعترض: «وإذا ثبت العلم... إلخ»-؛ غير صحيحة. وليت شعري، من أين ثبت لك العلم حتى قلت: «وإذا ثبت العلم ثبت العقل»؟

نعم، ثبت لك من تلك المؤاخذة الممنوعة، والدعوى التي ليست بمسموعة، وما هي إلا أباطيل مجموعة.

[استمرار النقاش في كون العقل هل هو العلوم الضرورية أو معنًى آخر]

ولما قال المؤلف -رحمه الله-: «وأما ذهابها غالبًا عند نحو التفكر مع بقائه؛ فمُلتَزَمٌ لا يقدح... إلخ»(194).

قال المعترض: «هذا اعتراف منه بأن العقل يبقى مع انفكاك العلم عنه. وهو مناقض لقوله: 'لنا: زواله عند النوم، وعَوْدُه عند التيقظ'، إن أراد العقل بـ: 'معنًى غيرِ الضرورية'. وإن أراد به 'الضرورية'؛ ناقض قوله: 'وهو معنًى غيرُ الضرورية'».

أقول: هذه مغالطة غير خفية، ومؤاخذة غير مرضيّة. وقد مر للمعترض مبناها تمويهًا، ولا بد أن نتكلم على معناها توضيحًا وتنبيهًا. فنقول:

لّما ثبت عند المعترض أن الذي يزول عند النوم ويعود عند التيقظ؛ هو العقل بمعنى «العلم»، لا العقل بمعنًى آخر = رتب على ذلك ما رتبه من إلزام المؤلف

---

(194) يستمر المنصور بالله في كتابه **الأساس** في تبيين أن الغفلة عن جميع العلوم الضرورية في حالة كحالة التفكّر في أي شيء، أو الذهول أو غير ذلك = لا يعني ذهاب العقل بذهابها؛ لأن العقل عنده معنى هو غير الضرورية، كما سلف.

بالمناقضة، والمؤلف بريء عنها. وظن المعترض أن المؤلف إنما حكم بزوال العقل عند النوم وعَوْدِه عند التيقظ، من حيث إنه نظر إلى زوال العلم حال النوم، فظن أنه إذا زال العلم زال العقل -بزعم المعترض-. فلهذا قال: «هذا اعتراف منه بأن العقل يبقى مع انفكاك العلم... إلخ»، أي: فالاستدلال من المؤلف بزوال حال النوم، إنما نشأ عن اشتباه الحال، وعدم الفرق بين العقل -بمعنى «العلم»- والعقل -بمعنى آخر غير الضرورية-، وأنه لولا هذا الاشتباه؛ لعلم المؤلف أن العقل يبقى مع انفكاك العلم عنه. هذا معنى ما رتب عليه المعترض هذا الكلام، والإلزام بالمناقضة.

ولا يخفاك أن فيه تخليطًا من وجوه:

الأول: أنه ليس في كلام المؤلف تصريح ولا تلويح بأن العقل ينتفي بانتفاء العلم. فقول المعترض: «وهو مناقض لقوله: 'لنا: زواله عند النوم... إلخ' = مبني على أن المؤلف قائل بأن العقل -بالمعنى الذي ذهب إليه- إنما زال عند النوم؛ لزوال العلم. وهذا منه افتراء وبهت. وإن لم يكن افتراء وبهتًا؛ فمجازفة واعتساف، بمجرد الإلزام الفارغ، وعدم الإنصاف.

الثاني: أن المؤلف لو لم يستدل بزوال العقل عند النوم، إلا من حيث زوال العلم عنده؛ لم يمكنه بعد ذلك أن يحكم ببقاء العقل مع ذهاب الضرورية عند نحو التفكر غالبًا -كما قال-.

الثالث: أنه لا معنى لقوله: «وإن أراد به الضرورية»، مع قول المؤلف: «وأما ذهابها»، وإلا لزم أن تكون [٩٨أ] ذاهبة باقية. ولو ثبت ما جاء به المعترض؛ لكان هذا أقرب وأوضح في المناقضة من المؤلف -أعني كون الضرورية ذاهبة باقية-.

فما للمعترض عَدَلَ عن إلزام المؤلف بهذه المناقضة الواضحة، إلى تلك التي لا اتضاح لها إلا بتكلف وتعسف؟

ما ذاك إلا لعلمه بما بُنِيَ عليه كلامُه من المؤاخذة، والإلزام الذي لا يلتصق بالمؤلف غبارُه، والله أعلم.

على أن مثل هذا الشك والترديد، بقوله: «وإن أراد غير الضرورية... إلخ» = حماقةٌ لا يؤتى بها في مقامات المناظرة في الحقائق. ولم لا تكون حماقةً والمؤلف معلنٌ بأنه «معنًى غيرُ الضرورية»؟

وقد أوضحنا أن مبنى هذا الترديد = على غلط أو مغالطة، حيث مزج المعترض كلامَه ومقتضاه، بكلام المؤلف ومعناه، ثم استروح إلى الاعتراض مع بطلان مبناه؛ فهو إنما اعترض على نفسه لا على المؤلف -رحمه الله-. لكن لا أدري، ما وجه مثل هذا الكلام الركيك؟ وما الداعي لإيراد هذا الترديد والتشكيك؟

العقول غير متفاوتة في نفسها

خاتمة

اعلم أن أصحابنا المعتزلة مصرحون بأن ماهية العقول غير متفاوتة؛ تفريعًا على أنها هي العلوم التي عَرفْتَ. وما خالف في هذا إلا قليل منهم. وكذلك يجري مثل ذلك في كلام الأشعري، والباقلاني، وإمام الحرمين، وعلى تفسير مذهب الإسفراييني بالعلم.

وأما الفلاسفة وأتباعهم؛ فالقائلون من أتباع الفلاسفة بأنها أجسام -كما مرت الإشارة إليه-؛ بناءً على أن العقول هي النفوس الناطقة وأنها غيرُ مجردة، يقولون بالتماثل؛ لتماثل الأجسام في ذواتها، والاختلاف إنما هو في العوارض. والقائلون بهذا القول قليل جدًا؛ لأن جمهور الفلاسفة وأتباعهم نافون لجسميتها. إنما نقلناه عن بعض المتأخرين كما هو؛ فلعله اطلع عليه.

والقائلون بأنها جواهر مجردة = جمهورُهم على التماثل، وإنما الاختلاف في الملَكات؛ لاختلاف الأمزجة. وبعضهم على أنها مختلفة، بمعنى أنها: جنس تحته أنواع مختلفة، تحت كل نوعٍ أفرادٌ متحدة الماهية -أي: بالنسبة إلى ذلك النوع-، وعلى أنها متناسبة الأحوال. واستحسن هذا الإمام الرازي في **تماثل النفوس**(195).

---

(195) هناك كتاب لفخر الدين الرازي موسوم بـ**النفس والروح وشرح قواهما**، وفي الفصل العاشر منه بعنوان «في أن النفس الناطقة هل هي شيء متحد بالنوع، أو مختلف؟»، فيه هذا الكلام والخلاف فيه وتقريرات الرازي، ينظر: فخر الدين الرازي، **النفس والروح وشرح قواهما**، تحقيق محمد صغير حسن =

قال بعضهم: «ويشبه أن يكون قوله عليه الصلاة والسلام: 'الأرواح جنود مجندة' = إشارة إلى هذا المعنى؛ نظرًا إلى اتحاد معنى الروح والنفس».

وقد احتج كل من القائلين بالتماثل والاختلاف بما لا ينتهض عند التحقيق. وذِكْرُ شيء من ذلك في هذا المقام لا يليق.

المسمّى بالعقل وبالقلب وبالروح؛ شيء واحد

ثم اعلم أن البعض مصرحون بأن المسمّى بـ«النفس» تارة، وبـ«العقل» وبـ«القلب» وبـ«الروح» تارات = شيء واحد. إذ ليس المراد بالقلب هو العضو المخصوص -أي: الجسم الصنوبري- في قولهم: «محلُّ العلمِ القلبُ»، ولا أن المُدرِكَ في البدن أكثرُ من واحد. ولهذا قالوا: «كل نفس تعلم -بالضرورة- أنه ليس معها في البدن الذي تعلّقت به سواها». وعلى هذا؛ فلا يتم ما قاله بعضهم من أن «كل جسدٍ فيه رُوحان؛ يذهب أحدهما عند النوم». وهذا هو مذهب الجمهور، أعني أن مسمَّى «الروح» و«النفس» شيء واحد، كما ذكره الشيخ أبو هاشم، وهو مذهب سائر أتباعه البهشمية، كصاحب **الغايات** -قدس الله روحه-؛ فإنه ذهب إلى أن اتحاد الروح والنفس -وهي الإنسان الذي يشير إليه كل أحد بقوله: «أنا»، وهو المستحق للمدح والذم، والذي يتوجه إليه الخطاب-. وبنى -رحمه الله- على أنه هو: «الجملة التي لا يكون الشخص حيًا إلا بمجموعها». وعلى هذا؛ فهي «أجزاء جوهرية، والحياة قائمة بها، وحالة فيها حلول السَّريان لا حلول المجاورة». وهذا الاتحاد للروح والنفس -التي هي الإنسان- مفهومٌ من كلام الشيخ أبي الهذيل، ومن كلام الشيخ بشر بن المعتمر. ولعل أصحابه البغداذية لا يخالفونه في ذلك.

وقد صرح بالاتحاد المذكور الشيخ أبو إسحاق النظّام. إلا أنه لمّا كان نافيًا للأعراض، وقائلًا بتجزيء الجوهر إلى ما لا نهاية؛ زعم أن النفس والروح والحياة؛ كلها جوهر واحد، لا بمعنى الوحدة بالشخص، بل بمعنى الوحدة بالنوع، يعني أن هذه الثلاثة من نوع واحد؛ لا أنها أنواع كما يقوله غيره.

المعصومي (طهران: معهد الأبحاث الإسلامية، 1406هـ)، ص 85 وما بعدها.

وهذا القول بالاتحاد للنفس والروح؛ مذهب هشام بن الحكم(196) المذكور. وهو مذهب الشيخ أبي علي الأسواري(197)؛ فهؤلاء كلهم يقولون: «إن الروح والنفس شيء واحد». وهذا -في الحقيقة- مقتضى الدليل؛ لأنه قد دل الدليل على أن الله يتوفى الأنفس عند موتها ويقبضها. وقد دل الدليل أيضًا على أنه يقبض الأرواح. وحينئذٍ فالمقبوض والمتوفَّى شيء واحد لا شيئان، وإلا لزم تعدد الموت.

وبالجملة، فكون الروح والنفس شيئًا واحدًا؛ هو المذهب المنصور الذي قاله الجمهور. وقد ذكره الفاضل ابن القيم في كتاب **الروح** قال فيه: «وقالت فرقة أخرى من أهل الحديث والفقه والتصوف: 'الروح غير النفس'. قال مقاتل بن سليمان: 'للإنسان حياة وروح ونفس'. قال أبو عبد الله بن منده: 'اختلفوا في حقيقة الروح والنفس، فقال بعضهم: النفس لطيفة نارية، والروح نورية روحانية. وقال بعضهم: الروح لاهوتية، والنفس ناسوتية، وإن الخلق بها ابتُلي. وقالت طائفة -وهم أهل الأثر-: النفس غير الروح، والروح غير النفس، وقوام النفس بالروح، والنفس صورة العبد والهوى، والشهوة. والبلاء معجون فيها. والنفس لا تريد إلا الدنيا، والروح يدعو إلى الآخرة ويؤثرها. وقال بعضهم: الأرواح على صور الخلق؛ لها أيدٍ، وأرجل، وسمع، وبصر، ولسان. وقالت طائفة: للمؤمن ثلاثة أرواح، وللمنافق والكافر روح واحدة. وقال بعضهم: للأنبياء والصديقين خمسة أرواح»(198). كذا ذكره ابن القيم في كتابه المذكور. وميله -رحمه الله- إلى اتحاد النفس والروح، على ما هو مذهب الجمهور.

فإن قلت: قد ذكرت بعض المعتزلة، فما مذهب الباقين منهم؟

قلت: جمهورهم أيضًا على اتحاد النفس والروح.

وقال ابن أبي الحديد في **شرح النهج** ما نصه: «أما مذهب جمهور أصحابنا -وهم

---

(196) هشام بن الحكم الكوفي الشيعي المتكلم الشهير.
(197) اسمه عمرو بن فائد التميمي (ت. بعد 200هـ)، من كبار معتزلة البصرة.
(198) بتصرف في: شمس الدين محمد بن أبي بكر بن قيم الجوزية، **الروح**، تحقيق محمد أجمل أيوب الإصلاحي، خرج أحاديثه كمال بن محمد قالمي، آثار الإمام ابن قيم الجوزية وما لحقها من أعمال، 26 (جدة: مجمع الفقه الإسلامي، 1432هـ)، ص 617-619.

النافون للنفس الناطقة-؛ فعندهم أن الروح جسمٌ لطيفٌ بخاريّ، يتكون من ألطف أجزاء الأغذية، ينفذ في العروق الضوارب. والحياة عَرَضٌ قائم بالروح وحالٌّ فيها؛ فللدماغ روح دماغية، وحياة حالَّة فيها. وكذلك للقلب -يعني الجسم الصنوبري-، وكذلك للكبد»(199). انتهى.

قلت: وهذا لا ينافي ما مر عن بشر بن المعتمر، أنه يقول باتحاد النفس والروح، وأن أصحابه البغداذية -الذين أشار إليهم ابن أبي الحديد هنا بقوله: «مذهب جمهور أصحابه... إلخ»- لا يخالفون بِشْرًا في ذلك.

وأما قوله: «النافون للنفس الناطقة... إلخ»؛ فيريد به: أن من أثبتها -كمعمر وغيره-؛ فمذهبهم على حدّ مذهب الفلاسفة، وهو مذهب الإمامية، والإمام الغزالي، والإمام الراغب(200)، وغيرهم كالحليمي(201)، وأكثر الصوفية -على ما في **الصحائف**-؛ فمذهبهم: أن النفس ليس بجسم ولا جسماني -أي: حالٍّ في جسم-، وأنها جوهر مجرد غير متحيز(202).

هذا، وأما اتحاد مسمى النفس والروح والعقل؛ فقد ذكره الكمال الشريفي **حاشية شرح عقائد النسفي**. لكنه مخالف لمذهب الأشعري، مع أن الكمال الشريفي متابع له، وعلى مذاهبه. فلعله أراد هنا العقل الذي هو النفس الناطقة(203).

وقال القاضي زكريا في **شرح رسالة القشيري** في تعريف الروح ما لفظه: «جوهر مجرد، قائم بنفسه، غير متحيز، متعلق بالبدن للتدبير والتحريك، غير داخل فيه ولا خارج عنه»(204). انتهى.

---

(199) ابن أبي الحديد، **شرح نهج البلاغة**، ج 7، ص 237.

(200) الراغب الأصفهاني (ت. 502هـ).

(201) لعله يقصد الحسين بن الحسن الحليمي (ت. 403هـ)، قاضٍ متكلم محدث فقيه، من أصحاب الوجوه في المذهب الشافعي، أي إنه يذكر قوله في وجوه المذهب.

(202) السمرقندي، **الصحائف**، ص 276. إلا أنه ليس فيه النقل عن الحليمي وأكثر الصوفية.

(203) قال ابن أبي شريف: «ولا يخفى تغاير العقل والنفس لغةً وعرفًا». ينظر: ابن أبي شريف، **الفرائد**، ص 138.

(204) زكريا بن محمد الأنصاري، **إحكام الدلالة على تحرير الرسالة**، تحقيق عبد الجليل عطا (دمشق: دار النعمان للعلوم، 1420هـ)، ج 1، ص 57.

وأنت تعلم أن هذا التعريف منطبق على النفس الناطقة -على ما هو مذهب الصوفية-، ومنطبق على العقل أيضًا بذلك الاعتبار -وهو مذهب الفلاسفة كما مر-.

ولمثل هذا سردنا الكلام في النفس والروح؛ فلا يُتَّهَمُ أنه خروج من شيء إلى شيء آخر لا مناسبة له به، وأنه كان الأولى بذكر مثل هذا = ما سيأتي من الكلام على الروح.

هذا، وأما قوله المؤلف -رحمه الله-: «إن محله القلب»؛ فالظاهر أنه ليس المراد به إلا العضو المخصوص -أي: الجسم الصنوبري-، وإلا لزم قيام العرَض بالعرَض. وقد صرح بذلك شارح **التكملة**(205) من أصحابنا -رحمهم الله-؛ أعني أنه صرح بأن القلب هو «الجسم الذي في وسط الصدر»، واستدل عليه بما روي عن النبي -صلى الله عليه وآله وسلم- أنه قال: «ألا إن في جسد ابن آدم مضغةً إذا صلحت صلح الجسد كله، وإذا فسدت فسد الجسد كله، ألا وهي القلب»(206).

تتمة

قد وقع في هذه المباحث التعرض للأعراض، في جانبَي الرّدّ والاعتراض؛ ففي ذكرها هنا -على جهة الإجمال- تتميم لبعض الأغراض، مع بيان ما وقع عليه الاتفاق [98 ب] وما حصل فيه الافتراق فنقول:

تعدادُ الأعراض

اعلم أن الأشاعرة والمعتزلة ما بين بصري وبغداذي = اتفقوا على ثمانية عشر نوعًا في الأعراض وهي: الألوان، والأكوان، والأصوات، والطعوم، والروائح، والحرارة، والبرودة، والرطوبة، واليبوسة، والحياة، والقدرة، والآلام، والاعتقاد، والنظر، والإرادة، والكراهة، والشهوة، والنفس.

واختلفوا في اثني عشر، وهي: التأليف، والاعتماد، والظن، والتمني، والندم، واللطافة، والشبع، والري، والإدراك، والطُّرّ، والفناء، والبقاء.

(205) سبقت الإشارة إليه.

(206) ابن الأثير، **جامع الأصول**، ج 10، ص 566-567، حديث 8133.

فالبصرية من المعتزلة، والأشاعرة = على أن التأليف من الأعراض. إلا أن بعض المعتزلة قائل بأنه عَرَضٌ يقوم بمحلين -كما عرفت سابقًا-، ولا كذلك الأشاعرة. ونفى أبو القاسم الكعبي ومن تبعه كونَه من الأعراض، ذاهبًا إلى أنه إما حركة أو سكون. واتفق الأشاعرة والبهشمية على أن الاعتماد من الأعراض، وخالفهم الكعبي وأصحابه أيضًا.

واتفق الأشاعرة وأبو علي الجبائي، والقاضي عبد الجبار بن أحمد، وأبو إسحاق بن عياش وغيرهم = على أن الظن عَرَض، وخالفهم أبو هاشم وأصحابه قائلًا: «إنه من جنس الاعتقاد»، وأثبت التمني من الأعراض، وخالف أباه، والقاضي عبد الجبار بن أحمد؛ فإنهما لا يثبتانه منها.

وأثبت أبو عليٍّ النَّدَمَ، وأرجعه ابنه أبو هاشم إلى الاعتقاد. واختلفوا في اللطافة؛ فنفاها أبو عليٍّ وابنه، وتردّد فيها القاضي عبد الجبار ومن معه. وأثبت أبو علي وابنه أيضًا الشِّبَع والرِّيَ عرَضَيْن. وقال القاضي عبد الجبار: «بل هما زوال الشهوة».

واختلف أبو علي وابنه في الإدراك؛ فأثبته أبو علي من الأعراض، وهو مذهب أبي الهذيل العلّاف، وأبي الحسين الصالحي، وأبي القاسم الكعبي، وصالح قبة(207)، وبشر بن المعتمر، وغيرهم من المعتزلة، وبذلك قال جماعة من الأشاعرة، ونفاه أبو هاشم، ويترتب على ذلك ما يترتب في مسألة الرؤية ونحوها، فلا تغفل.

وأثبت أبو الحسين الخياط -شيخ أبي القاسم الكعبي-، والأحدب(208) من أتباع أبي القاسم أيضًا الطُّرُوَّ من الأعراض، ونفاه من عداهما -أعني الخياط والأحدب-.

واتفق أبو علي، وابنه، وغيرهما من المعتزلة، على أن الفناء عَرَضٌ، وخالفهم جماعة منهم: الجاحظ، والكعبي.

وأما البقاء؛ فأثبته الأشعري ومن تبعه، وقد قال به قبله من المعتزلة أبو القاسم الكعبي ومن تبعه. وإلى ذلك ذهب والد الإمام الرازي وشيخُه -كما عرفت سابقًا-.

---

(207) صالح بن صبيح بن عمرو، معدود من الطبقة السابعة من المعتزلة.

(208) أبو الحسن الأحدب، معدود في الطبقة الحادية عشرة من المعتزلة.

إلا أن الكاتبي قال في **شرح المحصل**: «إنه كان يثبته في الشاهد لا في الغائب»، أي: إنه لا يقول بصفة البقاء في حق الله تعالىٰ كالأشعري. ولهذا تحير أصحابه في الحكم ببقاء الصفات؛ لِما يلزم علىٰ ذلك من قيام المعنىٰ بالمعنىٰ، حتىٰ اضطُرَّ بعضُهم إلىٰ جعل القيام بالمعنىٰ الذي تقول به الفلاسفة -أي: الاختصاص الناعتي، وهو اختصاص الناعت بالمنعوت-؛ فرارًا من ذلك. ولا مفر بمجرد الألفاظ في أمثال هذه المسالك.

مسألة في الحسن والقبح، الكلام في الحسن والقبح(209)

قال المؤلف -رفع الله ذكره-: «فصل: ويستقل العقل بإدراك الحُسن والقبح ...إلخ».

قال المعترض: «إنما كان الحسن والقبح = باعتبار تعلق المدح والثواب عاجلًا، والذم والعقاب كذلك = شرعيَّيْن عند الأشاعرة؛ لأن الأفعال عندهم سواء، ليس شيء منها يقتضي مدحَ فاعله وثوابَه، ولا ذمَّ فاعله وعقابَه. وإنما صارت كذلك بواسطة أمر الشارع بها ونهيه عنها. ولو عكس الشارع القضية فحسَّن ما قبَّحه، وقبَّح ما حسَّنه؛ لم يكن ممتنعًا، وانقلب الأمر فصار القبيح حسنًا، والحسن قبيحًا، كما في النَّسخ من الحرمة إلى الوجوب، ومن الوجوب إلى الحرمة.

وأما المعتزلة؛ فقالوا: 'للفعل في نفسه -مع قطع النظر عن الشرع- جهةٌ مُحسِّنةٌ، مقتضيةٌ لاستحقاق فاعله مدحًا وثوابًا، ومُقبِّحةٌ، مقتضيةٌ لاستحقاق فاعله ذمًا وعقابًا'».

أقول: اعلم أن هذه المسألة هي القطب الذي دارت عليه الأقطاب، والركن الذي يبتني عليه في منازل الخلاف كلُّ باب، والقاعدة التي تدور دوران الفلَكِ بين الخصوم والأصحاب

لا تقل: دارُها بشرقيِّ نجدٍ　　　كلُّ نجدٍ للعامرية دارُ
فلها منزلٌ على كل أرض　　　وعلى كل دِمنةٍ آثارُ

---

(209) أثبتناه كما هو.

فما من مبحث إلا وهي ناسكةٌ لطُرقه، ولا من أصل إلا وهي ماسكةٌ بعِرْقِه، وكان موضع ذكرها ما سيأتي في أول «كتاب العدل»، إلا أنه انجرَّ الكلام إليها من وصف العقل. ولعمري، إنها لحقيقةٌ بالتقديم، وأهلٌ لمزيد التوضيح والتفهيم؛ فإنها من المسائل التي ابتُلِيت في الأواخر بسوء التحرير، وكثرة اللغط والغلط، حتى مدّ يدَه إلى نحرها كلُّ نحرير، وذلك ناشئ عن تلبيس بعض أذكياء الأشاعرة، وتدليس الذين يبغونها عوجًا، معرضين عن التذكرة بل عن الآخرة.

وأما المعتزلة؛ فقد اقتصروا على محل النزاع، وتركوا العناء والضناء للأفئدة والأسماع. وأنا لا أعجب إلا من بعض المتأخرين من أصحابنا المصنفين [99 أ] المنصفين، كيف غفلوا عن الحق المبين، ونقلوا هذه المسألة برمتها من كتب الملبّسين، فوقعوا في ما لا حاجة إليه، ووضعوا ما لا يعتمد عليه، فلم يسلموا من التقبيح، ولم يلمُّوا بالتحسين؟!

والأمر في ذلك أوضح من أن نحقق بالعبارات، وننمّق بالإشارات، ولقد أجاد ابن أبي الحديد حيث قال: «إن تكلف الاستدلال على أن الشمس مضيئة = متعِب، وصاحبه منسوب إلى السَّفَه. وليس جاحد الأمور المعلومة علمًا ضروريًا بأشدَّ سفهًا ممن رام الاستدلال عليها بالأدلة النظرية»(210). انتهى.

ولعمري، إن ما نحن فيه قريب من هذا الباب، أو هو هو بعينه عند بعض ذوي الألباب.

توضيح محل النزاع في الحسن والقبح

ومحل النزاع ليس إلا أن الأفعال في نفس الأمر، مع عدم الالتفات إلى الشرع = هل لها حقائق ثابتة تستأهل الإيثار والمراعاة على الحقائق المقابلة لها، وتستتبع التعظيم لشأن المتحلِّي بها، وحقائق أُخَرُ ثابتةٌ -كذلك- تقابل تلك الحقائق في أنها تستأهل التجنب والعدول عنها، وتستتبع الحط من شأن المتصف بها، من حيث كونُه متصفًا بها؟ فالأُولى =

(210) ابن أبي الحديد، **شرح نهج البلاغة**، ج 6، ص 279.

كالعدل، والإنصاف، والصدق، وإرشاد الضال. والأخرى هي كالجور، والظلم، والكذب، وإغواء السالك في الطريق؟ هذا ما وقع فيه النزاع بين الفريقين.

وإذا أنصفْتَ أذعنتَ بأنه لا دخل للثواب والعقاب في هذا الباب، واعترفتَ بأن من نفى هذه الحقائق، فإن لم يكن دخل في زمرة نفاة الحقائق؛ فلا أقل من أن يكون جاحدًا للضرورة. فإن لم يكن جاحدًا للضرورة؛ فمن هو جاحد الضرورة؟ واعترفتَ بأنهم إنما اختلفوا في أن العقل: هل يُدرِكُ الفرقَ بين الحسَن والقبيح في ما يستقلُّ بإدراكه، كالفرق بين الصدق والكذب، والعدل والجور، والإحسان والإساءة، والحكمة والعبث، وبالجملة؛ كل ما يستحق عليه المدح والذم في نظر العقول السليمة، واللوم لفاعله -كائنًا من كان-؟ أو لا يدرك فرقًا إلا بالشرع، وأنه لولا الشرع لما كان الرفع من شأن المحسن والصادق والعادل = أولى من الرفع من شأن المسيء والكاذب والجائر؟ بل لو ورد الشرع بالرفع من شأن المتحلي بكل رذيلة = لكان أولى من رفع شأن المتحلي بكل فضيلة؟ إذ لا راجح في نفس الأمر بالنظر إلى ذاتيَ القبيح والحسن واعتباراتها، فكان يجوز أن يرفع الشارع شأن مسيلمة، ويضع شأن محمد -عليه الصلاة والسلام-؟ لأن الشرع لم يحسن شيئًا حَسَنًا في نفسه، ولم يقبِّح شيئًا قبيحًا في نفسه. إنما هو المحسِّن والمقبِّح؛ فهو الفارق بين أمرين متساويين بكل وجه، وبكل اعتبار؛ فحسّن هذا، وقبّح هذا، لا لمرجِّح سوى الإرادة، أي: إنه تعالى أراد أن يحسِّن هذا، ويقبِّح هذا. وأنت قد عرفت أن الإرادة -عند القائلين بهذا- متعلقة لذاتها؛ فتعلقها أزلي. وكل ما كان ذلك فلا اختيار فيه أصلًا.

وأيضًا؛ فمعنى كونه المحسِّن لهذا والمقبِّح لهذا هو: أنه الجاعل للشيء حسنًا أو قبيحًا بأمره ونهيه في خطابه المترجِم عن كلامه الأزلي الذي لا اختيار له فيه أصلًا، فافهم.

هذا هو مذهب الأشاعرة الذي خالفوا به جميع الفرق من العلماء والعقلاء، القائلين بالأول، وهم: المعتزلة، والماتريدية، والإمامية، وبعض الصوفية، والزيدية كافة، والفلاسفة الإسلاميين، والكرامية عن آخرهم، والبراهمة، وغيرهم من

الأشاعرة[211]، وأكثر أئمة الحديث والأثر والتفسير، ممن يطول تعدادهم، ويعلو إسنادهم، ويتعسر أن يُذكَر في هذا الباب بحثُهم وإيرادُهم، حتى ربما صرح بذلك بعض الأشاعرة في كتب الفقه، وشرح الحديث.

وأما العلامة ابن تيمية الحنبلي -رحمه الله-؛ فقد بالغ في ذلك وضلّل النفاة. ولمّا اطلع على كلامه ابنُ السبكي؛ قامت قيامته، وزعم أنه خرج بذلك عن أهل السنة والجماعة. وتبعه جماعة، منهم: ابن حجر المكي حتى قال في **فتاويه**: «إن ابن تيمية ممن أضله الله على علم»[212]، قال: «وقد التزم ابن تيمية كل ما ورد على القول بالحسن والقبح عقلًا»[213]، وقلد في ذلك ابن السبكي، كأن ابن حجر يظن هناك لوازم قبيحة. وما علم أن القباحة -كل القباحة- في لوازم النفي الحسن والقبح عقلًا، لا في لوازم الإثبات. وكفى في القباحة ما يلزم على النفي، من تجويز كذب الشرائع برمتها، وارتفاع الثقة بصدق كلام الله، وكلام رسوله -عليه وعلى آله الصلاة والسلام-. فكل من اطَّرَح النظر إلى نصرة المذاهب، ورجع إلى فطرته، وآثر الحق، وقطع التلفُّت إلى الأسلاف والآباء والأجداد = علم أن إثبات الحسن والقبح عقلًا هو الطريق الموصلة إلى الجزم بصدق كلام الله، وكلام أنبيائه عليهم السلام، وصحة ما جاؤوا به من الشرائع والأحكام.

ولهذا قال بذلك أكثر الفحول من الأولين والآخرين، جهرًا وسرًا، وتصريحًا وتلويحًا، لا كما ظن المعترض، أنه ليس إلا مذهبًا للمعتزلة. هذا إن كان مراده بالمعتزلة من هم المشهورون بالاعتزال. أما إذا أراد أن كل من أثبت الحسن والقبح العقليين فهو معتزلي، وأن وصف الاعتزال إنما يُكتسب بهذه المقالة = فقد رمى جمهورًا عظيمًا بالاعتزال. بل لو قلت: «جمهور المسلمين»؛ لم أبعد في المقال.

---

(211) كذا في الأصل. وقوله: «والبراهمة وغيرهم من الأشاعرة»، جملة غريبة، وتبدو مقحمة سهوًا أثناء الكتابة، فالبراهمة طائفة غير إسلامية أقحمها بين طوائف إسلامية، ثم إنه قرر أولًا مخالفة الأشاعرة لسائر العقلاء، فما معنى قوله: «والبراهمة وغيرهم من الأشاعرة؟»، إلا إن كان يعني أن طائفة من الأشاعرة، خالفوا جماهير الأشاعرة، فأقرّوا بالتحسين والتقبيح العقليين.

(212) ابن حجر الهيتمي، **الفتاوى الحديثية**، ص 203.

(213) المرجع نفسه، ص 116.

وأنا أظن أن الفطرة السليمة كافية لمؤنة هذا البحث؛ فلا حاجة إلى إيراد أكثر مما سمعتَ في بيان محل النزاع؛ فإنا قد كشفناه برمته، ولم نشتغل بتحريره وتسويته. كل ذلك كان حرصًا على أن يفهمه كل ناظر بفطرته؛ فإنه قد وقع اللغط والغلط في تفصيله وجملته، حتى ربما عمي محلُّ النزاع، ووجد بعضُ أذكياء الأشاعرة فرصةً إلى اللِّواذ والخداع.

وإذا عرفت هذا؛ ظهر لك أن كل ما يزيده المخالفون من الأشاعرة والناقلون عنهم، من إدخال ذكر الثواب والعقاب، وزيادة العاجل والآجل، ونحو ذلك مما طارت به العنقاء والعُقاب = ليس مما يُلتَفت إليه، فضلًا عن أن يُعتمَد عليه.

وإنما وسع به الأشاعرة الدائرة، بعد اعترافهم بإدراك صفة الكمال والنقص، والملاءمة، والمنافرة؛ فرارًا منهم عن ظهور العناد والمكابرة. وهم يعرفون ويعترفون أن المعتزليَّ الحاكمَ بحسن الإحسان وقبح الإساءة عقلًا = لا نظر له إلى الشرع في هذا الحكم أصلًا. فأي وجه لإدخالهم الثواب والعقاب في هذا الباب، وهو لا يخفى على أحدٍ أن الثواب والعقاب من فروع ثبوت الشرع؟ فالقائل بالحسن والقبح عقلًا = قائلٌ بأن الأمر كذلك، أي: إن في الأشياء حسَنًا وقبيحًا، مع قطع النظر عن الوعد والوعيد بالثواب والعقاب، بل عن الجنة والنار، بل عن القادر المختار. إذ الحُسن والقُبح ثابتان في نفس الأمر؛ فلا يَذكر الثوابَ والعقابَ في محل النزاع إلا منحرفٌ عن مهيع الحق ومنزع الصواب، أو مقلد منقاد إلى ما قاده إليه الشيخ أو الكتاب. فإن الثواب والعقاب من فروع إثبات الشرع والمعاد والقيامة والحساب. وكيف يكون محلًا للنزاع ما هو من لوازم التكليف الذي هو أخصُّ من الحسن والقبح؟

ومن العجب أنهم يقولون -في تحريرهم لمحل النزاع-: إنه «ما أمر الشارع بالثناء على فاعله أو الذم له»، كما صرح به العضد في **شرح مختصر ابن الحاجب**(214)، وهو يعلم أنه لا يُتصَوَّر للمعتزلة نزاع في أن هذا المعنى شرعي. ولذا تكلف سعد الدين في **حاشيته** تكلفًا مكشوفًا، واعتذر اعتذارًا أقبح من الذنب؛ لأنه أورد معنى ما ذكرناه،

---

(214) الإيجي، **شرح مختصر المنتهى**، ج 2، ص 35.

ثم أجاب بأنه يتصور النزاع بمعنى أن العقل -قبل ورود الشرع- هل يحكُم بالثناء والذم؟ فانظر هذه المناقضة والتخليط. وفيها اعتراف بعدم مدخلية الثواب والعقاب في محل النزاع؛ إذ لا ثواب قبل ورود الشرع قطعًا وإجماعًا، بل هو محال.

ولهذا تراهم يتخطَّوْن ما يأتون به في مراكز الجدال؛ فيرفضون ذكر الثواب والعقاب، ولا يزالون يقولون: «هذا مبني على الحسن والقبح العقليين، ونحن لا نقول بهما»، كما ستقف على ذلك في مراصده من كلام المعترض. وسنوضحه -إن شاء الله- في كل مرصد. أَوَلَا ترى أنه قال في ما كتبه -على ما سيجيء من قول المؤلف قدس الله روحه: «فصل: واللطف تذكير بقولٍ أو غيره... إلخ»- ما نصه: «المعتزلة أوجبوا على الله تعالى؛ بناءً على أصلهم الفاسد من جعل العقل حاكمًا بقبح القبيح، وحسن الحسن... إلخ». فانظر كيف ألغى الثواب والعقاب؛ إذ الإيجاب = على رب الأرباب -تعالى شأنه وعز سلطانه-. ولو كان لِما أدخلوه من الثواب والعقاب -آجلًا- دخلٌ في محل النزاع؛ لما كان الخلاف في وجوب اللطف مبنيًا على الخلاف في الحسن والقبح عقلًا، وهو ظاهر. لكنهم يغفلون -أو يتغافلون- عن أمثال هذه المناقضة التي لا يدري العاقل ما يحملهم فيها عليه.

وأما ما يموّهون به في بعضٍ، من أن شيئًا يحسن من الله تعالى ويقبح منّا، كالتمكين من المعاصي، فإنه حسن منه تعالى، وقبيح منا = فلا طائل تحته.

أما أولًا(215): فلأن التمكين الواقع منا يخالف التمكين الواقع منه تعالى؛ فالذي يقع منه يستلزم القبح قطعًا؛ لأنه إما سَوْقُ العاصي إلى المعصية أو ضمه إليها أو جمعه بها أو نحو ذلك. وتمكين الباري ليس إلا مجرد التخلية.

فإن قيل: إن تَخْلِيَتَنا للعاصي قبيحة أيضًا.

قلنا: قُبحُها شرعيٌ فليس من محل النزاع؛ إذ الكلام في ما يستقل العقل بمعرفته. ولعمري، إن الحق مفتوح الباب، لا سترة دونه ولا حجاب، فأعرض عمن تولى إلى ما

(215) لم يذكر بعد هذا الوجه «الأول» وجهًا ثانيًا.

دعوا إليه دعوةً من السراب، وسُدَّ سمعك عن قولهم الإثم، فما هو إلا صابٌ وأوصابٌ(216). ودع من كلامهم ما كان عنوانه العقاب [99 ب] والثواب آجلًا، وإياك أن تغتر بتلك المغالطة في ذكر الثلاثة المعاني إن كنت عاقلًا.

ومن البين المُبينِ ما أشرنا إليه أولًا، وقد تنبه له بعض علمائهم المتدربين، من أن النزاع والكلام في التقبيح والتحسين = أعمُّ من أن يكون من أفعال الله تعالىٰ، ومن أفعال المكلفين؛ فإدخال ذكر الثواب والعقاب = لغوٌ لا يخفىٰ علىٰ بعض المميِّزين. لكن المعتزلة لمّا أغضبوهم، وقالوا لهم: «لا تصح ثقتكم بالشرائع أصلًا» - كما مر-؛ اشتد غضبهم، وعلموا صحة هذا الالزام، فأجابوهم بغير الحق، مع علمهم أنه غير الحق. ولمثل هذا قال بعض السلف: «أنا في عشرين سنة أطلب رجلًا إذا غضب لم يقل إلا حقًا فلم أجده». انتهىٰ.

ولم يجدوا إلا إدخال الثواب والعقاب آجلًا في المعنىٰ المتنازع فيه، لكنهم رفضوا هذا الإدخال عند الخروج إلىٰ الكلام في أفعال الله تعالىٰ التي هي أعظم مواضع النزاع.

فقول المعترض: «إنما كان الحسن والقبح باعتبار تعلق المدح والثواب عاجلًا»، إلىٰ قوله: «لأن الأفعال عندهم سواء... إلخ»، مع كونه كلامًا مضمحلًا بل باطلًا = متناقضٌ في نفسه.

أما كونه باطلًا؛ فلأنه تعليل للشيء بنفسه. وكل ما كان كذلك فهو باطل قطعًا وإجماعًا، وإنما قلنا: إنه تعليل للشيء بنفسه؛ لأن قوله: «لأن الأفعال عندهم سواء»، إلىٰ قوله: «وإنما صارت كذلك بأمر الشارع... إلخ» = هو معنىٰ كون الحسن والقبح شرعيين، فكيف يكون علةً له؟

وأما كونه متناقضًا في نفسه؛ فلأن قوله: «لأن الأفعال عندهم كلها سواء» = اعتراف بأن مطلق الأفعال مستوية في أنفسها، ولا صفة لشيء منها، بها يتميَّز عن غيره. وهذا منادٍ بأن النزاع في ما هو أعم من متعلق الثواب والعقاب؛ لأن استواء الأفعال كلها جارٍ حيث لا ثواب ولا عقاب، كما في أفعال الله تعالىٰ.

---

(216) الصاب هو المُرُّ، والأوصاب جمع وصب، وهو الألم والتعب ونحوهما.

ولهذا لم يقبح منه عند الأشاعرة -سبحانه تعالى- أن يعكس الشرائع -كما صرح به المعترض-. فالكلام ينقض آخره أوله، ويهدم مفصَّلُه مجملَه. فيا أيها المتعصبون، مالكم كيف تحكمون؟ أفلا تذَّكَّرون؟ وأنتم معترفون بأن تجويز القبيح على الله ومنعَه = مبنيّان على قاعدة الحسن والقبح؛ فإذا كان الثواب والعقاب من محل النزاع -كما زعمتم هنا- فكيف يكون ابتناء التجويز والمنع على هذه القاعدة؟ فاطَّرِحوا الجدال بالباطل والمعاندة، ولاحظوا محل النزاع إن كنتم تعقلون، ولا تلغوا فيه لعلكم تغلِبون.

ثم نقول: لا خلاف بيننا وبينكم في أن الشرع فعلٌ من أفعال الله الاختيارية، كالقرآن الذي هو: «الكلام اللفظي المنتظم من الحروف عند الجمهور». فإذا كان من أفعاله تعالى اتفاقًا؛ فالعقل إنما وقع بخلقه وفعله تعالى اتفاقًا أيضًا. ومعلوم أن الله خلقه مميِّزًا بين الحسن والقبح وغيرهما، مائلًا إلى الأول نافرًا عن الثاني؛ فدلالته على حسن هذا وقبح هذا = أقوى من دلالة الشرع؛ لأن دلالته وضعية. ولذا كانت الأدلة النقلية غير مفيدة لليقين عند الجمهور منكم -كما صرح به الرازي، والكاتبي، وعلي الكوشجي شارح **التجريد**، وغيرهم من الأشاعرة-. فلم جعلتم الشرع معتمدًا في التحسين والتقبيح دون العقل، مع اعترافكم بأنهما من الأفعال الاختيارية، واعترافكم بأن دلالة العقل قوية، أقوى مما دلالتُه وضعية كالشرع، واعترافكم بأنه لو بطل حكم العقل مطلقًا لاستحال العلم بأنه تعالى موجود حي عالم قادر، إلى غير ذلك، بل يلزم أن يستحيل العلم بالشرع، فلا يصح التحسين والتقبيح شرعًا ولا عقلًا. واللازم باطل فالملزوم مثله.

لا يقال: إن اعتبارهم لتحسين الشرع وتقبيحه إنما كان عندهم هو الأولى والحقيق بالاعتماد؛ لأن هذا الكلام اللفظي المذكور = «عبارات دالة على النفسي بالقرينة»؛ فما كان التحسين والتقبيح مستندًا إلى الشرع عندهم، من حيث كونه فعلًا من الأفعال الاختيارية، وإلا للزم مثل ذلك في العقل، بل من الحقيقة المذكورة.

لأنا نقول: إنما دل اللفظي على النفسي عندهم، من حيث إنهم وجدوا الأمر اللفظي في الشاهد يستلزم الطلب النفسي والاقتضاء الوجداني -كما سيجيء في موضعه إن شاء الله-، مع أن الأشعري يقول: «إنه إنما يدل عليه بالقرينة» -كما مر

وسيأتي-. والعقل عندنا بهذه المنزلة؛ فإنه إذا حكم بحسن شيء = دلّنا بحسنه على أن الله يريده، وإذا قبّح شيئًا؛ دلنا ذلك على أنه تعالى لا يريده بل يكرهه.

والحاصل: أنهم كلما جعلوا الأمر اللفظي دليلًا على الطلب النفسي بالقرينة -مثلًا-؛ جعلناه نحن دليلًا -أيضًا- على الإرادة. بل نقول: إن الذي سموه بـ«الكلام النفسي»؛ هو الذي نسميه نحن بـ«الإرادة»، لكنا لا نقول: إنها معنى قائم به تعالى؛ لامتناع ذلك -كما سيأتي-.

وأما إدخال الثواب والعقاب آجلًا في محل النزاع في هذا الموضع = فينكشف تلبيسه عند ذكر شيء من أفعال الله، التي زعموا أنا بنيناه على قاعدتنا في الحسن والقبح -وسيأتي ذلك في مواضعه إن شاء الله-.

رفع اشتباه الحال في خروج الثواب والعقاب عن محلّ النزاع

ولو كان الثواب والعقاب من محل النزاع؛ لما احتاج الأشاعرة إلى ما وقعوا فيه من الاضطراب، ولما ضاقوا ذرعًا بالتفصّي عن لزوم نسبة القبيح إلى الجناب الذي هو أعلى جناب، ولما حاروا عن إيراد أصحابنا عليهم جوازَ كونِ الشرائع بأسرها كذبًا، فقصُرت سواعدُهم، وحَسَرت قواعدهم عن جواز الجواب على أرباب الألباب. ومن ذلك أنهم إذا قيل لهم: «كيف يجوز من الله تعالى أن يريد عبادة الأصنام؟»؛ قالوا: «مَنْعُكم لذلك مبنيٌّ على الحسن والقبح عقلًا»، وهم يعلمون أن في هذا الجواب منهم رفضًا لدعواهم التي ادعوها من محل النزاع. وأين الثواب والعقاب في ذلك الجناب؟

ومما يُقضى منه العجب العجاب: أن المعترض ادعى هنا أن الثواب والعقاب = من المعنى المتنازع فيه، وهو نافٍ لحكم العقل رأسًا، ولا يزال في كل مقام من أمثال هذا المقام المذكور أوّلًا يقول: «هذا مبني على أصلكم الفاسد في الحسن والقبح عقلًا»، كما ذكره آخر الكلام على قوله تعالى: ﴿قَدْ أَفْلَحَ مَن زَكَّىٰهَا﴾ [الشمس: 9] -وسيأتي إن شاء الله في خلال الجواب على الثانية من مسألتَي التنزُّل-. بل قد قال بذلك من أول جداله إلى آخره. وانظر ما كتب على قول المؤلف الآتي -إن شاء الله-: «بخلاف المجبرة؛

فإنهم جهلوا بالله... إلخ»؛ فإنه قال هناك: «إن قول الزمخشري: 'وما تشاؤون الاستقامة... إلخ' = انحرافٌ كلي للبناء على أصله الفاسد... إلخ»، أي: الحسن والقبح عقلًا. وقال على قول المؤلف -في ما سيأتي إن شاء الله: «لأن من أراد من مملوكه الفساد... إلخ»-: «مبني على أصلكم الفاسد من تحكيم العقل في الحسن والقبح... إلخ». ومثله ما قاله في «تكليف ما لا يطاق»، وفي مسألة «اللطف»، وغيرهما مما يطول ذكره.

فليت شعري، هل هذا من صنيع الفضلاء المنصفين؟ بل هل هو من صنيع العقلاء المميِّزين؟ فإنه لا يخفى على عاقل أن أفعال الباري تعالى ليست في معرض الثواب والعقاب. فكيف يقال إن منع إرادته تعالى للفساد ومشيئته للضلال، وتكليفه لما لا يطاق، وتدسِيته للنفس = مبني على الحسن والقبح العقليين اللذين ادَّعَوا أن الثواب والعقاب داخل في ماهيتهما؟ وهذا ليس صنيع المعترض وحده، بل هو صنيع جمهورهم، نعوذ بالله من غرورهم.

ويا عجباه من هؤلاء القوم! كيف ساغ عندهم إدخال الثواب والعقاب، والعاجل والآجل في محل النزاع، وهم يعلمون أن منشأ النزاع بين الأشعري والمعتزلي، كان في أفعال الباري تعالى؟ فإنه لمّا علم الأشعريُّ أنه يحتار إذا قيل له: «كيف يجوز من الباري أن يوجد الكفر من الكافر ثم يعاقبه عليه؟ وكيف دعا العبد إلى الطاعة وأوجد فيه المعصية، ثم وبخه ولامه، ونعاها عليه؟ وكيف يجوز منه تعالى كذا وكذا وكذا؟»؛ فما انتقل من مذهب المعتزلة إلى المذهب الذي جاء به، إلا بعد أن رتّب نفي الحسن والقبح، حيث لم يجد بدًا من ذلك؛ ليصح له أن يقول في الجواب عن ذلك: «كل أفعاله حسنة؛ فإيجاده للكفر في الكافر، ثم تعنيفه وتعذيبه عليه -وهو لا أثر له فيه- حسن منه عز وجل، وإن كان مما تستقبحه العقول غاية الاستقباح». فهذا هو منشأ النزاع بين أصحابنا وبين الأشعري. فما بال الأشاعرة ومن يحذو حذوهم جاؤوا بالثواب والعقاب والعاجل والآجل؟ حتى كأنّ أفعال العباد هي منشأ المنازعة، وهم على علم بمنشأ النزاع ما هو.

ومن له أدنى اطلاع على مذهب الأشاعرة، ومعرفة بكلامهم الذي في كتبهم = لا ينكر شيئًا مما ذكرناه عنهم، وهم -عن بكرة أبيهم- إذا قيل لهم: «يلزم النقص لو أنه

تعالى فعل القبيح وخلق المعصية في العبد، وذمه ولامه وعذبه عليها، ونسبها إليه» = قالوا: «لا نقص في أفعاله تعالى»؛ نفيًا للقبح العقلي. وهذا عين الاعتراف بأنه لا مدخل للثواب والعقاب في المعنى المتنازع فيه، وعين الاعتراف بأنه لا معنى للنقص في الفعل إلا القبيح العقلي -كما مر عن إمام الحرمين، والعضد، وصاحب **التلخيص**-، وعين الاعتراف بأنهم يناقضون أنفسهم بأنفسهم.

وأما المعترض فقد جاء بأعجب من ذلك، وهو أنه ذكر -في أول «كتاب التوحيد» وفي أول الفصل الذي قال فيه المؤلف قدس الله روحه: «فصل: والله لا إله غيره، خلافًا للوثنية... إلخ»-: «إن التوحيد = بحصر وجوب الوجود، أو بحصر الخالقية». وهذه العبارة أخذها المعترض من كلام الدواني، وكرر إيرادها في هذا الكتاب، وفي شرحه لعقيدة ابن المؤلف -قدس الله روحيهما-؛ غفلةً منه عن لازمها، وأنها تستلزم القول بالنقص في الأفعال، بل تستلزم ما هو أعظم من ذلك؛ لأن مقتضاها أن العبد المكلف لو كان مؤثرًا في أفعال نفسه؛ لزم نقصٌ في قدرة الله تعالى. وهذا قولٌ بأن عدم الفعل يستلزم نقصًا في صفة الذات. وليس هذا من مذهب الأشاعرة. كيف وهم قائلون بأن نفس الفعل لا يستلزم نقصًا في مطلق الصفة، فضلًا عن الصفة الذاتية؟

فالقائل بهذا مثبت للحسن والقبح عقلًا، مع زيادة المناقضة. وكثيرٌ منهم يقعون في مثل هذا، لا سيما أهل هذا الزمان؛ لأنهم مقلدون لمن قبلهم، مع كثرة التخبط والتخليط منهم في محل النزاع.

وأما أهل الذكاء منهم فقد قرّبوا وبعّدوا -كما مر-، ولم يتركوا الإشارات إلى المقصود، مع المراوغة؛ حذرًا من النبز بالاعتزال. أَوَلَا ترى أن سعد الدين -وكفاك كلامه شاهدًا- قال في **التلويح** بعدما تعرض للثواب والعقاب، ما لفظه: «فإن قلت: فما معنى الخلاف في أنه هل يجب على الله شيء أم لا؟

قلت: معناه أنه: هل يكون بعض الأفعال الممكنة [100 أ] في أنفسها، بحيث يحكم العقل بامتناع صدوره أو لا صدوره عن الله، كرعاية ما هو أصلح، وكقبول الشفاعة،

وإخراج الفاسق من النار ونحو ذلك؟»[217]. انتهى. وقد مر نقله في أوائل هذا الكتاب، مع إشارة إلى ما فيه من الخبط والاضطراب، والاعتراف بمرادنا في هذا الباب؛ إذ لا يخفى أن حكم العقل بامتناع الصدور أو لا = فرعٌ عن الحسن والقبح عقلًا -كما مر-. وهل للعقل عند المعتزلة وسائر العدلية أن يحكم بشيء وهو بمعزل عن الحسن والقبح؟ فإتيانه بهذا الجواب، إقرارٌ بعدم مدخلية الثواب والعقاب. وقد جعل الأصلحَ نظيرًا لما يحكم العقل بامتناع «لا صدورِه»، وجعل قبولَ الشفاعة، وإخراج الفاسق من النار، نظيرًا لما يحكم العقل بامتناع صدوره؛ فهو لفٌّ ونشرٌ مشوّش. ومع ذلك، فهو -أي: سعد الدين- غالطٌ على المعتزلة، جاهل بمذهبهم في الفرق بين الصلاح والأصلح، غير عارف بأن القول بوجوب الأصلح إنما هو مذهب الكعبي ومن قال بمقالته من معتزلة بغداذ -رحمهم الله-. فلو قال: «كرعاية ما هو صلاح»؛ لكان صوابًا، حتى يكون جاريًا على مذهبهم جميعًا -أعني المعتزلة-.

ومن العجائب أنه قد قال: «عدمُ جواز التكليف لما لا يطاق عند المعتزلة = مبني على أنه يجب على الله ما هو أصلح. وعندنا: مبني على أنه لا يليق بالحكمة والفضل أن يكلف عباده ما لا يطيقونه أصلًا»[218]. انتهى. ولا يخفى أن القول من المعتزلة بعدم جواز التكليف لما لا يطاق = مبني على الحسن والقبح؛ فهو إنما نطق هنا بمذهب المعتزلة في قوله: «لا يليق بالحكمة... إلخ».

وقال أيضًا: «إن القول بالأصلح ليس مبنيًّا على الحسن والقبح بالمعنى الذي ادعت الأشاعرة أنه من محل النزاع». وقال في آخر البحث من **تلويحه** بأن قول أصحابه بعدم جواز التكليف لما لا يطاق؛ راجع إلى مذهب المعتزلة القائلين بوجوب الأصلح. وأنت تعرف أن القول الأصلح من فروع الحسن والقبح؛ فالكلام منه يضرب بعضُه وجهَ بعضٍ، وفي كمال الإقرار لذوي الألباب، بأن الثواب والعقاب نازحان عن هذا الباب، وأن إدخالهما في محل النزاع مما ينكشف عواره عند الرجوع إلى الحقائق وكشف الجلباب، ومعرفة القشر من اللباب.

(217) التفتازاني، **شرح التلويح**، ج 1، ص 356.

(218) المرجع نفسه، ص 369

إيماء سعد الدين إلى أن الثواب والعقاب ليسا من محل النزاع؛ إذ لا يجري إدخالهما إلا في أفعال العباد فقط

وقال في **شرح المقاصد** -وهو متأخر عن **التلويح**- ما نصه: «وقد اشتهر أن الحسن والقبح عندنا شرعيان، وعند المعتزلة عقليان. وليس النزاع في الحسن والقبح بمعنى صفة الكمال والنقص، كالعلم والجهل، وبمعنى الملاءمة للغرض وعدمها، كالعدل والظلم.

وبالجملة، كلُّ ما يستحق المدح أو الذم في نظر العقول ومجاري العادات؛ فإن ذلك يُدرك بالعقل، ورد الشرع أم لا. وإنما النزاع في الحسن والقبح عند الله، بمعنى استحقاق فاعله -في حكم الله- المدح والذم عاجلًا، والثواب والعقاب آجلًا، ومبنَى التعرض للثواب والعقاب على أن الكلام في أفعال العباد»[219]. إلى آخر ما قاله. فانظر كيف صرح بالحق، حيث أبان أن التعرض للثواب والعقاب مبني على أن الكلام في أفعال العباد. وهذا رجوع منهم إلى الإنصاف، وإيماء إلى أنهم حرروا محل النزاع على وجهٍ أخصَّ من المتنازع فيه؛ فإن النزاع في مطلق الأفعال، وإلا فما معنى النزاع في أفعال الله تعالى، ومنع صدور القبيح منه، وتجويزه عليه عزّ وجلّ؟ فإنه -على هذا الذي حرروه- يرتفع النزاع في أفعاله تعالى. فإذا قال المعتزلي للأشعري: «كيف يجوز منه تعالى أن يخلق الكفر في الكافر ثم يعاقبه عليه، ويأمره بالإيمان ثم يحول بينه وبينه؟»؛ فلا يسوغ للأشعري أن يقول: «إن ذلك مبنيٌّ على أصلك أيها المعتزلي من التحسين والتقبيح. وأما عندنا فلا قبح في أفعاله تعالى»؛ لأن هذا الجواب من الأشعري باطل، بالنظر إلى ما قالوه في بيان محل النزاع؛ إذ يقتضي أنه لا دخل للثواب والعقاب، وهو خلاف دعواهم أن كلام المعتزلة مبنيٌّ على مدخلية الثواب والعقاب.

وظني أن سعد الدين رمز بهذا الكلام المنقول عن **شرح المقاصد** رمزًا خفيًا إلى ما في كلام الأشاعرة من حيف وزيف، وأشار إلى أن محل النزاع لم يتجرد على وجهه، ولعله إنما تركه حذرًا من النبز بالاعتزال، فطوى كشحًا عن المقال. أَوَلَا تراه قال:

(219) التفتازاني، **شرح المقاصد**، ج 2، ص 148.

«وقد اشتهر»؟ فإن هذه اللفظة تعطي أنه متبرئ عن العهدة في هذا الذي اشتهر.

وقولُه: «ورد الشرع أم لا» = اعتراف صريح بأن العقل يدرك ما يستحق المدح أو الذم بلا واسطةِ شرعٍ. وهل هذا إلا مذهبُ المعتزلة وتحكيم العقل؟ وقد سبقه الإمام الرازي إلى مثل هذا؛ فإنه صرح في بعض كتبه الكلامية بوجوب الشكر عقلًا. حكاه عنه الإسنوي في **شرح منهاج البيضاوي**(220). وهل هذا إلا اعتراف بمذهب المعتزلة، وتحكيم للعقل؟ وكذا السيد المحقق في **شرح المواقف** أشار إلى هذا -وسيأتي ذكره إن شاء الله تعالى-.

ثم إن سعد الدين قد نطق بالحق، ولم يجد عن ذلك بدًا، حيث قال: «ومبنى التعرض للثواب... إلخ»، فتدبره لتظفر بالصواب، وإلى الله المرجع والمآب.

نعم، لا خفاء في أن كلامه -أي: السعد- في كتبه متلوِّنٌ في هذا الباب، مضطرب كما لا يخفى على ذوي الألباب.

واعلم أنهم يعرفون أن المعتزلي لا يدّعي الإحاطة بجميع جزئيات الأحكام، وإنما تدّعي المعتزلة معرفة أحكام معدودة، لا تكاد تجاوز العشرة؛ فالمجازفة من بعض الأشاعرة بأن المعتزلة يدّعون استقلال عقولهم بمعرفة جميع الأحكام = من جملة الأكاذيب أو الأوهام. وقد أشار إلى هذا غير واحد من الأشاعرة، واعترف التفتازاني في **التلويح** بأن المعتزلة لا تدّعي الإحاطة بكثير من الأحكام على جهة التفصيل، وأراد ما أردناه من أن المعتزلة إنما يقولون بالأحكام التي تدركها العقول حسنًا وقبحًا، وتقف حيث انتهت بها أقدام المعرفة والإدراك(221). فما تراه وتسمعه من تلبيس بعض المخذولين بقولهم: «إن المعتزلة يدعون أنهم بعقولهم في غُنيَة عن الشرائع والمرسلين» = باطلٌ صُراحٌ وإفكٌ مبين.

وهب أنهم جهلوا كلام [100 ب] المعتزلة في كتبهم الكلامية لهجرهم لها،

---

(220) قال الإسنوي: «شكر المنعم لا يجب عقلًا، خلافًا للمعتزلة والإمام فخر الدين في بعض كتبه الكلامية». ينظر: الإسنوي، **نهاية السول**، ص 55.

(221) التفتازاني، **شرح التلويح**، ج 2، ص 334-335.

وتواصيهم باجتنابها؛ فما بالهم عموا وصمُّوا عن كلام جار الله -رحمه الله- وقد أشار في التفسير إلى هذا عند كل مرصد؟ وقد اشتغلوا بـ**كشّافه**، وتتبعوه -بزعمهم- في ما قصد. وكذا أبو الحسين البصري قد ذكر ذلك في **غرر الأدلة**، وأزاح كل علة. ولقد رأيت هذا الكتاب بمكة المشرفة(222) في أيدي جماعة يدعون المعرفة، فما رأيتهم تنبهوا لشيء من دلائله، ولا تفطنوا لنكت مسائله، بل قصارى أمرهم النظر في أوائله مع عدم الشعور بحاصله. وفي **المعتمد** له -أي: أبي الحسين- ما يغني اللبيب في هذا الأصل. فلا أدري أين يذهبون عن ذلك؟ وكيف يغفلون أو يتغافلون عن تلك المسالك؟ وقد نقل الرازي أكثر كلام أبي الحسين من جميع مؤلفاته الأصولية والكلامية، بل ربما مال في الكلام إلى مذهبه، كما لا يخفى على من نظر كلاميهما في الإلهيات وغيرها.

وكذا الشيخ محمود الخوارزمي المعروف بابن الملاحمي -تلميذ أبي الحسين- مصرِّح بهذا. وقد نقل الرازي أيضًا كثيرًا من أقواله في كتبه الكلامية.

ومذاهب أبي علي، وأبي هاشم، والقاضي عبد الجبار بن أحمد، وأبي القاسم البلخي، وابن مُتّويه، وسائر فحول المعتزلة = ناطقةٌ بهذا. والأشاعرة قد نقلوا كثيرًا من مذاهبهم، وذكروا عنهم هذا المعنى بخصوصه.

قال الإسنوي في كتابه **نهاية السؤل شرح منهاج البيضاوي**: إن البيضاوي ذكر في كتابه **المصباح**؛ تبعًا للإمام الرازي، ما نصه: «وذهب المعتزلة إلى أنهما -أي: الحسن والقبح- عقليان، بمعنى أن العقل له صلاحية الكشف عنهما، وأنه لا يفتقِر الوقوفُ على حكم الله تعالى إلى ورود الشرائع؛ لاعتقادهم وجوب مراعاة المصالح والمفاسد، وإنما الشرائع مؤكدة لحكم العقل في ما يعلمه العقل بالضرورة، كالعلم بحسن الصدق النافع، أو بالنظر، كحسن الصدق الضار. فأما ما لا يعلمه العقل بالضرورة ولا بالنظر، كصوم آخر يوم من رمضان، وتحريم أول يوم من شوال؛ فإن الشرائع

(222) هذا يعني أن كتاب **غرر الأدلة** لأبي الحسين البصري المعتزلي -رحمه الله- كان متوافرًا في عصر المؤلف، أولًا، وكان موجودًا في مكة المكرمة ثانيًا، فيا ليت شعري أين يختبئ الآن؟

مظهرة لحكمه؛ لمعنًى خفي علينا. فتلخَّص أن الحاكم حقيقةً هو الشرع إجماعًا»[223]. انتهى المراد من كلامه. وهو مما لا ينكرونه في غير مواطن المكافحة ونصرة مذاهبهم. فما أشبه حالهم بحال من قال فيه تعالى: ﴿بَلْ كَذَّبُوا۟ بِمَا لَمْ يُحِيطُوا۟ بِعِلْمِهِۦ﴾ [يونس: 39]. الآية. أو كما قال تعالى: ﴿وَإِذَا تُتْلَىٰ عَلَيْهِ ءَايَٰتُنَا وَلَّىٰ مُسْتَكْبِرًا كَأَن لَّمْ يَسْمَعْهَا كَأَنَّ فِىٓ أُذُنَيْهِ وَقْرًا﴾ [لقمان: 7]. وقد كثر تعجب بعض أصحابنا من صنيعهم كالشيخ محمود بن الملاحمي. والأمر كما قال بعض الشعراء:

ما ذاك من فرط العياءِ وإنما هوى النفوس سريرة لا تُعلَم

وليس العجب إلا من مثل الرازي وأضرابه، لا من مثل المعترض وأترابه؛ فإنهم لم يسقطوا إلا على فُضالات الأفاضل، ولم يعثروا إلا على العثرات التي لا يطمئن إليها مناظر ولا مناضل، كإتيانه بذكر الثواب والعقاب، والعاجل والآجل؛ فإنها دعوى سيأتي هو بتكذيبها في آخر كلامه وهو غافل؛ فقوله: «ولو عكس الشارع القضية فحسَّن ما قبحه، وقبح ما حسنه؛ لم يكن ممتنعًا» = أوّل قدم زلت به، وأول اعتراف منه بحيفهم في تحرير محل النزاع. فإن تجويزَهم على الشارع عَكْسَ القضية من دون امتناع = مبنيٌّ على نفيهم للحسن والقبح العقليين، كما أن حكمنا بامتناع ذلك من الشارع = مبنيٌّ على إثباتهما بلا مَيْنٍ[224].

وإذا كان التجويز والمنع دائرين على هذا الأصل بلا مقال؛ ظهر أن إدخال الثواب والعقاب في محل النزاع = خداع أو ضلال، وكفى الله المؤمنين القتال. وذلك لِما ذكرناه وكررناه، من أنه لا معنى لإدخال الثواب والعقاب في أفعال رب الأرباب.

وأما قوله: «وانقلب الأمر فصار القبيح حسنًا والحسن قبيحًا» = فقبيح، وقلبٌ للأمر لا يتجاسر عليه إلا من آثر حب الجَبْر وأربابِه، على حب رب السماوات والأرض المتمدح بالحكمة في معظم خطابه. وصريحٌ في جواز انعكاس الشرائع وكذبها، وتحسين الشارع تعالى للكذب، ومدحه للكاذبين وثنائه عليهم، وجَعْلِ المعجزات على أيديهم.

---

(223) الإسنوي، **نهاية السول**، ص 54-55.

(224) المَين: الكذب والخداع.

لا فرق بين التوحيد والشرك عقلًا على مذهب نفاة الحسن والقبح

وما أدري أين ذهب حياؤهم من الله تعالى، حيث سوّوا بين ما سماه -عزّ وجلّ- حكمة وعدلًا وقسطًا، وحقًا وصدقًا وإحسانًا، وبين ما هو عبث وجور، وحيف وباطل، وكذب وإساءة؟ وأين تاهوا عن معنى قوله تعالى: ﴿أَفَنَجْعَلُ ٱلْمُسْلِمِينَ كَٱلْمُجْرِمِينَ ۝٣٥ مَا لَكُمْ كَيْفَ تَحْكُمُونَ ۝٣٦﴾ [القلم: 35، 36]، ﴿أَمْ نَجْعَلُ ٱلَّذِينَ ءَامَنُوا۟ وَعَمِلُوا۟ ٱلصَّٰلِحَٰتِ كَٱلْمُفْسِدِينَ فِى ٱلْأَرْضِ أَمْ نَجْعَلُ ٱلْمُتَّقِينَ كَٱلْفُجَّارِ﴾ [ص: 28]، إلى غير ذلك من الآيات والأحاديث التي ليس لها إنكار. لكن لا حيلة في المكابرة. ونتائج الخذلان تجرُّ إلى أكثر من هذا الذي ارتكبته الأشاعرة، فوقفوا تحت قوله تعالى: ﴿سَأَصْرِفُ عَنْ ءَايَٰتِىَ ٱلَّذِينَ يَتَكَبَّرُونَ فِى ٱلْأَرْضِ بِغَيْرِ ٱلْحَقِّ﴾ [الأعراف: 146].

قال سفيان بن عيينة -رحمه الله-: «يقول الله تعالى: 'أنزع عنهم فهم القرآن'». أخرجه ابن أبي حاتم، وقد أورده الأسيوطي في **الإتقان**(225).

ثم إنهم مع هذه المكابرة والاستكبار، والإعراض والإدبار؛ لم يأتوا في تنزيهه -تعالى- عن جواز الكذب عقلًا بما يرضاه عاقلٌ لنفسه، ولا يعوِّل عليه ناظرٌ خائف من ضيق الجواب عند السؤال له في رمسِه. بل قد قالوا: «لا فرق بين التوحيد والشرك إلا من حيث استمرار العادات، واستقرار الشرائع والنبوات»، وسيأتي -إن شاء الله- نقلُ ذلك عن **شرح المقاصد**. فليت شعري أين يذهبون إذا حوصروا في معنى قوله تعالى: ﴿إِنَّ هَٰذَا ٱلْقُرْءَانَ يَهْدِى لِلَّتِى هِىَ أَقْوَمُ﴾ [الإسراء: 9]، وقوله -عليه الصلاة والسلام-: «إنما بعثتُ لأتمم مكارم الأخلاق»، وفي رواية: «صالح الأخلاق»(226).

وهذا الحديث وإن كان فيه مقال، فله شواهد قاضية بمعناه، أي: إن في الأفعال ما هو حسن وقبيح في نفس الأمر. ومن شواهده ما جاء عنه -عليه الصلاة والسلام-: «إن الله يحب معالي الأمور ويكره سفسافها»(227). أخرجه البيهقي والطبراني. بل شواهده لا تحصى كتابًا وسنة. ﴿أَوَلَمْ يَتَفَكَّرُوا۟ فِىٓ أَنفُسِهِم ۗ مَّا خَلَقَ ٱللَّهُ ٱلسَّمَٰوَٰتِ وَٱلْأَرْضَ وَمَا

---

(225) السيوطي، **الإتقان**، ص 773.
(226) ابن حنبل الشيباني، **المسند**، ج 14، ص 513، حديث 8952.
(227) الطبراني، **المعجم الكبير**، ج 3، ص 131، حديث 2894.

﴿بَيْنَهُمَآ إِلَّا بِٱلْحَقِّ﴾ [الروم: 8]، ﴿وَهُوَ ٱلَّذِى خَلَقَ ٱلسَّمَٰوَٰتِ وَٱلْأَرْضَ بِٱلْحَقِّ﴾ [الأنعام: 73]، ﴿وَٱلَّذِينَ ءَاتَيْنَٰهُمُ ٱلْكِتَٰبَ يَعْلَمُونَ أَنَّهُۥ مُنَزَّلٌ مِّن رَّبِّكَ بِٱلْحَقِّ﴾ [الأنعام: 114]. ولقد كان الصحابة -رضي الله عنهم- إذا أرادوا تعظيم القسم قالوا: «والذي بعثك بالحق نبيًا»، ونحو ذلك.

والأمر في هذا واضح غنيٌّ عن مزيد البيان والاستشهاد بالكتاب والسنة؛ فإن الشرائع عليه بُنِيَت، والأحكام منه عُرِفَت. ويكفي أن الله تعالىٰ حكاه عن الجن في قوله تعالىٰ: ﴿إِنَّا سَمِعْنَا قُرْءَانًا عَجَبًا ① يَهْدِىٓ إِلَى ٱلرُّشْدِ فَـَٔامَنَّا بِهِۦ﴾ [الجن: 1، 2]، وقوله تعالىٰ: ﴿إِنَّا سَمِعْنَا كِتَٰبًا أُنزِلَ مِنۢ بَعْدِ مُوسَىٰ مُصَدِّقًا لِّمَا بَيْنَ يَدَيْهِ يَهْدِىٓ إِلَى ٱلْحَقِّ وَإِلَىٰ طَرِيقٍ مُّسْتَقِيمٍ﴾ [الأحقاف: 30]. إذ ليس المراد بالرشد، والحق، والطريق المستقيم؛ هو الشرع، وإلا كان المعنىٰ هكذا: «يهدي إلىٰ نفسه»، وهو ظاهر.

وهؤلاء المجبرة النافون للحكمة؛ ظنًا منهم أنهم إنما نفوا تحكيم العقل وهو حجة الله علىٰ العبد، قد جعلوا تمدحه تعالىٰ بأنه قائم بالقسط وهادٍ إلىٰ الحق؛ بمثابة تمدُّحِه تعالىٰ بأنه يفعل ما يشاء، لا فرق بينهما أصلًا. إنما سمّىٰ هو تعالىٰ فعلَه حكمةً وقسطًا وعدلًا وحقًا، وحكم هو تعالىٰ بعدل نفسه وقسطه، وليس في نفس الأمر أحد الجانبين أولىٰ من الآخر. فليس العدل باسم «العدل» = أولىٰ من الجور بذلك، وكذلك سائرها من الإحسان والإساءة والحكمة والعبث.

ثم ظنوا أنهم عظموه تعالىٰ، حيث قالوا: «إنه مالك يفعل ما يشاء»، فيا عجباه من هذا التقديس [101 أ] الراجع إلىٰ الفحشاء! «إذا لم تستح فاصنع ما شئت».

قف على أنه لا يصحّ لنفاة الحسن والقبح قولُهم: «مالكٌ يفعل ما يشاء»، ولا قولهم: «إن الفرق بين العدل والظلم مثلًا، بالشرع»

وقد أوضحت في بعض الرسائل(228) أنه لا يصح لهم أيضًا قولهم: «مالِكٌ يفعل ما يشاء»؛ نظرًا إلىٰ أصولهم؛ لأنه إقرار بالفرق بين المالك وغيره، وهو قول بالحسن

(228) لعله يعني رسالته المطبوعة **إبطال العناد في أفعال العباد**.

والقبح عقلًا. وكذا قولهم: «إنما كان الفرق بين هذه الأشياء كالظلم والعدل -مثلًا-؛ لأن الشارع فرّق بينها»؛ لأنا نقول لهم: وهل فرْقُ الشارع مطابقٌ لنفس الأمر، ولما هي عليه في أنفسها أو لا؟

إن كان الأول؛ فإقرارٌ بالحسن والقبح. وإن كان الثاني؛ لزم الكذب في كلامه تعالى؛ إذ لا معنى للكذب إلا الإخبار بالشيء لا على ما هو به.

فإذا قالوا كما قال المعترض -في ما سيأتي في «كتاب العدل»- من أن الكذب صفة نقص، فهو غير ممكن في حقه تعالى، أي: فلا يقدر عليه عزّ وجلّ؛ فنقول: ولم قلتم بأنه صفة نقص مع نفيكم للحسن والقبح في نفس الأمر؟ وإنما إثبات نقصِه فرعٌ لإثبات قبحه، بل هو هو.

ولو تنزّلنا وفرضنا ذلك في الكلام اللفظي الحادث بالاتفاق بين الجمهور -أعني المترتب المتركب من الحروف- فإنه من صفات الأفعال، ولا نقص في الأفعال عنده؛ لأنه عينُ القول بالقبح العقلي، فماذا يجيبون به؟ ولا بد لهم من الانتهاء إلى الحكم العقلي، وإثبات الحكمة لله تعالى؛ رغمًا على أئمة الجبرية الذين يحسبون أنهم يحسنون، ويعرفون الحق ثم لا يعترفون، أفبالباطل يؤمنون، وبنعمة الله هم يكفرون؟

ومن عجائب المناقضات التي تقع ممن اعترف بأن الكذب صفة نقص -كالمعترض وغيره-: أنهم يذهلون عما يقولون، فيجادلون في موضع النزاع بما يقتضي إنكارهم لنقص الكذب وقبحه، ويزعمون أنه لا نقص فيه إلا بالشرع، كما يأتي قريبًا، حيث قال المعترض: «واحتج الأشاعرة»، إلى أن قال: «فإن القبح كالكذب، قد يحسن إذا كان فيه عصمة نبي». إلى آخر كلامه الصريح في أنه لا نقص في الكذب عقلًا أصلًا، بل قد يكون كمالًا وأي كمال. وحينئذٍ فلا يمكنهم تنزيه الباري تعالى عنه؛ إذ يقال لهم: «من أين لكم أن الكذب في كلامه تعالى ليس لحِكَم ومصالح؟ وما هو أعظم وأجل من عصمة النبي، وإنجاء المتوعَّد بالقتل ظلمًا؟»؛ فلا يجدون جوابًا عليه يعتمدون، ﴿فَأَصَابَهُمْ سَيِّئَاتُ مَا عَمِلُوا۟ وَحَاقَ بِهِم مَّا كَانُوا۟ بِهِۦ يَسْتَهْزِءُونَ ٣٤﴾ [النحل: 34].

نكتة: [تناقض الأشاعرة في نفي حكم العقل ثم إقرارهم به في مواضع]

وسأنبهك هنا على نكتة، وهي: أنهم وإن نفوا حكم العقل -كما يزعمون-؛ فقد اعترفوا به في مواضع عديدة. ألا ترى أنهم أجازوا تخصيص العام بالعقل؟ فلو كان العقل معزولًا من الحكم بالكلية -كما يدّعون-؛ لما ساغ له الحكم بالتخصيص. مثالُه: ﴿وَلِلَّهِ عَلَى ٱلنَّاسِ حِجُّ ٱلْبَيْتِ مَنِ ٱسْتَطَاعَ إِلَيْهِ سَبِيلًا﴾ [آل عمران: 97]؛ فإن العقل -كما اعترفوا- يدرك أن الصبي والمجنون خارجان عن هذا العموم؛ فحُكم العقل بأنه لا حج عليهما، وخروجهما عن عموم هذه الآية = شاهدُ عدلٍ على نقض دعواهم، وأنهم مضطرون إلى القول بخلاف مذهبهم؛ فإن خروج الصبي والمجنون عن العموم بالعقل = إنما كان من حيث إن العقل يحكم بأنه يمتنع من الحكيم تعالى مطالبتُهما وتكليفُهما بالحج وغيره من التكاليف، وهذا منافٍ لمذهبهم، وعين مذهبنا ومذهب كل من قال بالحسن والقبح عقلًا.

وقد منع بعضهم من التخصيص بالعقل، زاعمًا أن ما نفاه العقل غيرُ داخل في العموم؛ إذ لا تصح إرادته. وهذا عذر أقبح من الذنب؛ لأن الحكم بأن إرادته لا تصح = قولٌ بالحسن والقبح ظاهر؛ لأن الحكم بأن إرادته لا تصح إنما هو لأجل قبحه، لا لأجل شيء آخر، وإلا لما كان إخراجه بالعقل، وإن زعم بعضهم خلاف ذلك.

وأما ابن السبكي فقال: «إن الخلاف لفظي بين من قال بتخصيص العقل، وبين من قال إن العلم لا يتناوله». وبحث في ذلك القاضي زكريا في **حاشيته على شرح الجمع**(229). والمراد هنا: إيضاح مناقضتهم لما يدعون، ومصادمتهم لصرائح الكتاب والسنة، وإن جحد الجاحدون.

(229) زكريا الأنصاري، **حاشية زكريا الأنصاري على شرح المحلي على جمع الجوامع**، تحقيق عبد الحفيظ طاهر هلال الجزائري (الرياض: مكتبة الرشد، 2007)، ج 2، ص 394.

قف على مناقضة المجبرة النافين للحسن والقبح، لقوله تعالى: ﴿وَلَو اتَّبَعَ الْحَقُّ أَهْوَاءَهُمْ لَفَسَدَتِ السَّمَوَاتُ وَالأَرْضُ﴾. الآية.

قال ابن القيم -كما نقله عنه بعض أصحابنا رحمهم الله-: «ومعلوم أن عند النفاةَ: يجوز أن يرد شرعُ الله ودينُه بأهواء العباد، وأنه لا فرق في نفس الأمر بين ما ورد به، وبين ما تقتضيه أهوائهم. ولو أنه ورد بأهوائهم جاز، وكان تعبدًا ودينًا. وهذه مخالفة صريحة للقرآن. ومن المحال أن يتبع الحق أهواءهم، وأهواؤهم مشتملة على قبح عظيم. ولو ورد الشرع بها لفسد العالم، أعلاه وأسفلُه وما بين ذلك»[230]. انتهى. وعلى الجملة، فما سلموا من مناقضة الكتاب والسنة، بل ولا من مناقضة أنفسهم؛ لأنهم جعلوا حال الباري تعالى كحال الملك الجائر الذي يفعل ما يشاء، سواء كان حكمه وفعله مطابقًا للعقول أو لا.

ثم لم يستمرّوا على ذلك؛ فإنهم خصصوا بالعقل في مثل آية الحج كما سمعتَ قريبًا. وقال جمهورهم بامتناع تكليف الغافل والمُلجَأ. وكثير منهم قالوا بامتناع التكليف بالمحال لذاته.

وقال بعضهم كالشيخ أبي إسحاق الشيرازي في **اللمعة**، والقاضي البيضاوي في **المنهاج**، وغيرهما: «إنه لا يجوز تأخير البيان عن وقت الحاجة»[231]، مع أن ذلك مبنيٌّ على المنع من تكليف ما لا يطاق. ولذا قال أبو الحسين في **المعتمد** ما نصه: «لأن في تأخير البيان عن هذا الوقت تكليفَ ما لا يطاق»[232]. انتهى. بل صرح البيضاوي بذلك في **المنهاج**، حيث قال: «لا يجوز تأخير البيان عن وقت الحاجة؛ لأنه تكليف ما لا يطاق»[233]. انتهى. فما هذه المناقضة، وهم قد قالوا بجواز التكليف بما لا يطاق، وصرح به البيضاوي في هذا الكتاب، بل صرح فيه بجواز التكليف بالمحال؟ وعلل

---

(230) محمد بن أبي بكر بن قيم الجوزية، **مفتاح دار السعادة ومنشور ولاية العلم والإرادة** (بيروت: دار الكتب العلمية، 1998)، ج 2، ص 328-329.

(231) البيضاوي، **منهاج الوصول**، ص 139.

(232) أبو الحسين البصري، **المعتمد**، ج 1، 315.

(233) البيضاوي، **منهاج الوصول**، ص 139.

ذلك بأن حكمه تعالى يستدعي غرضًا، سيّما الامتثال. ولعلنا نورد ذلك في موضوع آخر مما يأتي لنا إن شاء الله تعالى، فانظر هذه المناقضة.

وقال بعضهم: «إنه لا يجوز تأخير البيان عن وقت الخطاب»، كما حكاه الشيخ أبو إسحاق الشيرازي في **اللمعة**. وهو مذكور أيضًا في **جمع الجوامع وشرحه**(234). ولا يخفى على عارفٍ أن المنع مبنيٌّ على قاعدة التحسين والتقبيح عقلًا كما بينه العدلية. وقد أوضحه الشيخ أبو الحسين في **المعتمد**، فانظر هذه المناقضة أيضًا.

وقال جماعة من محققيهم: «إنه لا يجوز الأمر بعدم الفعل ولا النهي عنه». ولهذا ارتضى سعد الدين -تبعًا لابن الحاجب، والآمدي- تعريف الأمر بأنه: «طلب فعل غيرِ كَفٍّ». ونبه السيد المحقق في **حاشية المطول**، على أنه مبنيٌّ على أن عدم الفعل غير مقدور(235)، فانظر هذه المناقضة الظاهرة، لا سيما على مذهب من قال منهم بجواز التكليف بالمحال لذاته. وقالوا بامتناع إظهار المعجزة على يد الكاذب عادةً. لكن العادة لا تثبت إلا بالعقل، فلم يعزلوه عن الحكم رأسًا كما ادعوه، بل ناقضوا نفوسهم بنفوسهم؛ لأنهم يقولون: «إنه تعالى يفعل ما يشاء، ولو خالف أحكام العقول». ويصفونه تعالى بأكبر من ذلك حيث يقولون: «إنه تعالى يفعل ما يشاء، ثم يتمدح بأن فعلَه حسَنٌ وحق وعدل، وليس له من وصف الحُسن والحقيَّةِ والعدل إلا أنه فعَلَه هو تعالى، ولأنه سماه حسنًا وحقًا وعدلًا، وليس كذلك الملك الجائر الظالم؛ فإنه وإن تمدح طورًا بأنه يفعل ما يشاء؛ فلا يكاد يتمدح بأنه حكمَه عدلٌ، وفعلَه حقٌّ؛ لعلمه أن العقول تكذِّبه وتزدريه في باطن الأمر إذا كان بخلاف ما تمدَّح به، فيكون تمدُّحه وحكمُه لنفسه بنفسه عرضةً للسخرية به، والاستهزاء والازدراء».

وقد تورط الأشعري في هذه الزُّبية(236)، فقال: «لا نعمة لله على كافر». ووقع مثل ذلك من المعترض، حيث قال في الفصل الذي قال فيه المؤلف: «والله تعالى متفضلٌ بإيجاد الخلق... إلخ»، ما لفظه: «ثم يقال: ما الحكمة في خلق الكافر الفقير المعذب في

(234) العطار، **حاشية العطار**، ج 2، ص 103.

(235) الجرجاني، **الحاشية على المطول**، ص 265.

(236) الزبية: الحفرة تستعمل لصيد الأسد ونحوه بتغطية رأسها.

الدنيا والآخرة، مع أن ذلك إضرارٌ به، وأي إضرار؟». هذا كلامه. وهو ردٌّ لتمدُّحه تعالى بكذا كذا آية من القرآن، تعالى عما يقوله أهل العدوان، ﴿إِنَّ ٱللَّهَ لَذُو فَضۡلٍ عَلَى ٱلنَّاسِ وَلَٰكِنَّ أَكۡثَرَ ٱلنَّاسِ لَا يَشۡكُرُونَ﴾ [غافر: 61]، ﴿أَفَبِنِعۡمَةِ ٱللَّهِ يَجۡحَدُونَ﴾ [النحل: 71]، ﴿يَعۡرِفُونَ نِعۡمَتَ ٱللَّهِ ثُمَّ يُنكِرُونَهَا وَأَكۡثَرُهُمُ ٱلۡكَٰفِرُونَ ٨٣﴾ [النحل: 83]، ﴿أَفَبِٱلۡبَٰطِلِ يُؤۡمِنُونَ وَبِنِعۡمَتِ ٱللَّهِ هُمۡ يَكۡفُرُونَ﴾ [النحل: 72]، ﴿وَمَن يَشۡكُرۡ فَإِنَّمَا يَشۡكُرُ لِنَفۡسِهِۦۖ وَمَن كَفَرَ فَإِنَّ ٱللَّهَ غَنِيٌّ حَمِيدٞ﴾ [لقمان: 12]، [101ب] ﴿وَٱللَّهُ ذُو ٱلۡفَضۡلِ ٱلۡعَظِيمِ﴾ [الحديد: 21]، ﴿وَإِن تَعُدُّواْ نِعۡمَةَ ٱللَّهِ لَا تُحۡصُوهَآۗ إِنَّ ٱللَّهَ لَغَفُورٞ رَّحِيمٞ ١٨﴾ [النحل: 18]، ﴿وَهُوَ ٱلَّذِيٓ أَنشَأَ لَكُمُ ٱلسَّمۡعَ وَٱلۡأَبۡصَٰرَ وَٱلۡأَفۡـِٔدَةَۚ قَلِيلٗا مَّا تَشۡكُرُونَ ٧٨﴾ [المؤمنون: 78]، ﴿قُتِلَ ٱلۡإِنسَٰنُ مَآ أَكۡفَرَهُۥ ١٧﴾ [عبس: 17]، ﴿فَٱذۡكُرُوٓاْ ءَالَآءَ ٱللَّهِ لَعَلَّكُمۡ تُفۡلِحُونَ﴾ [الأعراف: 69].

وقد ذكر بعض العدلية بأن هذا المذهب الذي تجاسر عليه من تجاسر، كما أنه يؤدي إلى سد باب إثبات النبوات وصحة الشرائع؛ كذلك يفضي إلى فتح باب الارتياب في الحقائق وحصول الذرائع، والتسوية عقلًا بين شكر الباري تعالى، وشكر إبليس أبعده الله وأخزاه.

ولهذا قال الإمام الغزالي في **شرح الأسماء الحسنى**: «إن الأشعرية قدحوا في الحكمة بأسرها؛ فكان ما ذهب إليه المعتزلة أهون». انتهى، كما نقله عنه صاحب **الإيثار**(237) وغيره.

استلزام نفي الحسن والقبح لتجويز ظهور المعجزة على يد كاذب، وجواز الكذب على الله عزّ وجل

وقال ابن القيم -ونِعْمَ ما قال-: «وحسبك بمذهبٍ فسادًا؛ استلزامُه ظهورَ المعجزات على يد كاذب، وأنه ليس بقبيح، واستلزامُه جوازَ نسبة الكذب إلى أصدق الصادقين، وأنه لا يقبح منه تعالى، واستلزامُه جوازَ التسوية بين

(237) هذا وهم من المؤلف، فالنص المشار إليه هو من كلام ابن الوزير صاحب **الإيثار**، ينظر: محمد بن إبراهيم الوزير اليماني، **إيثار الحق على الخلق في رد الخلافات إلى المذهب الحق من أصول التوحيد** (بيروت: دار الكتب العلمية، 1983)، ص 201.

التثليث والتوحيد في العقل، وأنه -قبل ورود النبوة- لا يقبح التثليث ولا عبادة الأصنام، ولا تشبيه المعبود، ولا شيء من أنواع الكفر، ولا السعي في الأرض بالفساد، ولا يقبح شيء من أنواع القبائح أصلًا.

وقد التزم النفاة ذلك وقالوا: إن هذه الأشياء لم تقبح عقلًا، وإنما جهةُ قبحِها السمعُ، وأنه لا فرق -قبل السمع- بين ذكر الله والثناء عليه وحمدِه، وبين ضد ذلك، ولا بين شكره بما يقدر عليه العبد، وبين ضده، ولا بين الصدق والكذب، والعفّة والفجور، والإحسان إلى العالَم والإساءة إليهم بوجه ما، وأن التفريق بالشرع بين متماثلين من كل وجه.

وقد كان تصور هذا المذهب على حقيقته كافيًا في العلم ببطلانه، وأنْ لا يُتكلَّف ردُّه. ولهذا رغب عنه فحول النظار من الطوائف كلهم، فأطبق أصحاب أبي حنيفة على خلافه، وحكوه عن أبي حنيفة أيضًا. واختاره من أصحاب أحمد أبو الخطاب، وابن عقيل، وأبو يعلى الصغير. ولم يقل أحد من متقدميهم بخلافه، ولا يمكن أن يُنقَلَ عنه حرفٌ واحد يوافق النفاة. واختاره من أئمة الشافعية الإمام أبو بكر محمد بن إسماعيل القفال الكبير، وبالغ في إثباته، وبنى كتابه **محاسن الشريعة** عليه. وكذا الإمام سعيد بن علي الزنجاني، بالغ في إنكاره على أبي الحسن الأشعري القولَ بنفي التحسين والتقبيح، وأنه لم يسبقه إليه أحد. وكذا أبو القاسم الراغب، وكذا أبو عبد الله الحليمي، وخلائق لا يُحصَون.

قف على أنه لو كان الحسن والقبح لمجرّد الأمر والنهي؛ لم يُتعرَّض في إثبات علل الشرع ومحاسنه ودرء المفاسد لِما سوى الأمر والنهي، ولا ينتُج الكلا م في القياس، إلى غير ذلك[238]

وكل من تكلم في علل الشرع ومحاسنه، وما تضمنه من المصالح ودرء المفاسد =

(238) كذا في النسخة ورد هذا العنوان في الهامش، وأثبتناه مضطرين وإن فصل كلام ابن القيم بعضه عن بعض؛ لأن هذا هو موضعه.

فلا يمكنه ذلك إلا بتقرير الحسن والقبح العقليين؛ إذ لو كان حسنه وقبحه لمجرد الأمر والنهي؛ لم يتعرض في إثبات ذلك لغير الأمر والنهي فقط، ولا ينتُج الكلام في القياس، وتتعلق الأحكام بالأوصاف المناسبة المقتضية لها، دون الأوصاف الطردية التي لا مناسبة فيها، فتجعل الأوّل ضابطًا للحكم دون الثاني = إلا على إثبات هذا الأصل. فلو تساوت؛ لانسدّ باب القياس والمناسبات والتعليل بالحِكَم والمصالح ومراعاة الأوصاف المؤثرة دون الأوصاف التي لا أثر لها»(239). انتهى.

ومنه يُعلَم مجازفة ابن حجر المكي في **فتاويه الصغرى**(240)، حيث ضلل العلامة ابن تيمية في ذهابه إلى قاعدة الحسن والقبح عقلًا، وأوهم أنه انفرد بذلك عن جماعته وأهل نحلته، والتزم كل ما يلزم على هذه القاعدة؛ بناءً على أنها لوازم فاسدة، وما علم أن ما يلزمها = لا فساد فيه، وما فيه فسادٌ = لا يلزمها، وأنها لو بطلت لبطل القياس، وانهار الأساس، كما أشار إليه ابن القيم في هذا الكلام الذي بلغ أعلى درجات النصيحة.

ولقد صدق رحمه الله؛ فإن العضد -وناهيك به- لمّا بلغ إلى القياس في **شرح أصول ابن الحاجب**؛ اضطرَب وبعَّد وقرَّب، حتى وقع في مناقضة المذهب. وكذا من هو أكبر منه في الكلام كالبيضاوي في **المنهاج** -وكفى به-. وكذا من هو دونهما كابن السبكي في **جمع الجوامع**، والمحلي في **شرحه**، والقاضي زكريا في **لبِّه وشرحه**، فمن شاء أن يراجعها فليراجع.

وإنما يقولون بأفواههم ما ليس في قلوبهم، حتى إن ابن عبد السلام -وهو كما قالوا: سلطان علمائهم- قال: «إن مرجع الشرائع إلى اعتبار المصالح ودرء المفاسد»(241)، وتبعه ابن السبكي وزاد عليه، حيث قال: «إن درء المفاسد من جملة

---

(239) ابن القيم، **مفتاح دار السعادة**، ج 2، ص 359-360.

(240) سبق نقله.

(241) في كتابه الشهير: **قواعد الأحكام في مصالح الأنام**، يقول: «ومن تتبع مقاصد الشرع في جلب المصالح ودرء المفاسد؛ حصل له من مجموع ذلك اعتقادٌ أو عرفانٌ بأن هذه المصلحة لا يجوز إهمالها، وأن هذه المفسدة لا يجوز قربانها، وإن لم يكن فيه إجماعٌ ولا نصٌّ ولا قياس خاص؛ فإن فهم نفس الشرع يوجِب ذلك». ينظر: ابن عبد السلام، **قواعد الأحكام**، ج 2، ص 189.

المصالح؛ فمرجع الشرائع إلى اعتبار المصالح فقط»[242]. كذا نقله عنهما الأسيوطي في أوائل **الأشباه والنظائر الفقهية**. وكم وكم لهم من جنس هذا الصنيع.

وليست هذه المناقضة بأغرب من التصميم على مناقضة القرآن العظيم؛ فإن قولهم: «لو عكس الشارع القضية -كما قال المعترض- فقبَّح ما حسَّنه، وحسَّن ما قبَّحه؛ لانقلب الأمر» = منادٍ بخلاف قوله تعالى: ﴿أَفَنَجْعَلُ ٱلْمُسْلِمِينَ كَٱلْمُجْرِمِينَ ﴿٣٥﴾ مَا لَكُمْ كَيْفَ تَحْكُمُونَ ﴿٣٦﴾﴾ [القلم: 35، 36]، فكأنهم بهذا الخطاب وأمثاله هم المعنيون. فإنا لله وإنا إليه راجعون. وفي لفظ ﴿تَحْكُمُونَ﴾ من هذه الآية الكريمة = إشارةٌ جليلةٌ جليّة إلى الأحكام العقلية، يفهمها كلُّ من سلمت فطرته عن تغيير الجبرية.

النسخ لا ينافي الحسن والقبح عقلًا

قوله: «كما في النسخ من الحرمة إلى الوجوب ومن الوجوب إلى الحرمة».

قلنا: ماذا أردتَ به؟ هل تريد جواز النسخ لما استقلت العقول بإدراكه من القضايا الصرفة، كوجوب معرفة الله تعالى، وشكر المنعم؟ فذلك مما لا يجوز نسخه عندنا أصلًا؛ لأن الشرع لا يجيء بخلاف ما يقتضيه العقل الصِّرف، وإلا لعاد على موضوعه بالنقض.

ولمثل هذا منع المعتزلة وسائر العدلية نسخَ جميع التكاليف، وتبعهم على ذلك الإمام الغزالي. وقد اعترف جمهور من الأشاعرة أنه يمتنع نسخُ الخبر.

قال الأسيوطي في **الإتقان**: «وإذا عرفت ذلك؛ عرفت فساد وضع من أدخل في كتب النسخ كثيرًا من آيات الأخبار والوعد والوعيد»[243]. انتهى. ولا يخفاك أن المنع في نسخ الخبر = من قبيل المنع من نسخ وجوب الشكر للمنعم، وهو من قبيل

---

(242) هذا نص السبكي كاملًا، قال: «بل رجع شيخ الإسلام عز الدين بن عبد السلام الفقه كله إلى اعتبار المصالح ودرء المفاسد ولو ضايقه مضايق لقال: أرجع الكل إلى اعتبار المصالح فإن درء المفاسد من جملتها». ينظر: تاج الدين عبد الوهاب السبكي، **الأشباه والنظائر**، تحقيق عادل أحمد عبد الموجود وعلي محمد معوض (بيروت: دار الكتب العلمية، 1991)، ج 1، ص 12. وعنه نقل السيوطي العبارات نفسها.

(243) السيوطي، **الإتقان**، ص 463.

المنع لنسخ جميع التكاليف، أي: إن مرجع الكل إلى المنع من نسخ ما استقل العقل بإدراكه من القضايا المبتوتة. وقد أشار القاضي الماوردي صاحب **الحاوي** إلى هذا، وصرح به في **أدب الدنيا والدين**.

وقال الإمام الرازي في **المطالب العالية**، في الحكمة في نسخ الشرائع، ما يكفي في إبطال ما ذكره المعترض، إلا أن يقول: إنه ميل من الرازي الاعتزال، حيث قال: «الشرائع منها ما يُعلَم نفعه بالعقل معاشًا ومعادًا؛ فهذا يمتنع طروُّ النسخ عليه، كمعرفة الله وطاعته أبدًا. ويجامِع هذه الشرائع العقلية أمران: التعظيم لأمر الله، والشفقة على خلق الله تعالى. ومنها سمعية لا يُعرف الانتفاع بها إلا من السمع. وهذا يمكنُ طروُّ نسخه وتبديله. وحكمةُ نسخِهِ أن الأعمال البدنية إذا واظب عليها الخلف عن السلف؛ صارت كالعادة، وظُنَّ أنها مطلوبة لذاتها؛ فيمتنع الوصول لما هو المقصود من الأعمال الراجعة إلى معرفة الله وتمجيده، بخلاف ما إذا تغيرت تلك الطرائق، وعُلِم أن المقصود من الأعمال إنما هو رعاية أحوال القلب والروح في المعرفة والمحبة؛ فإن الأوهام تنقطع عن الاشتغال بتلك الصور والظواهر، إلى تطهير السرائر». انتهى باللفظ الذي نقله عنه ابن حجر في **شرح الهمزية**(244). فمثالك -أيها المعترض- غيرُ مطابق للحال.

أو تريد النسخ لما لا يكون من القضايا الصِّرفة -كما هو الواقع-؟ فذلك جائز، ولا ينافي الحسن والقبح عقلًا. ألا ترى أن الإمام الرازي أبدى بعض الحكمة فيه -كما مر-؟ وإنما قلنا: إنه لا ينافي في الحسن والقبح عقلًا؛ لأنا لا نريد أن مطلق الفعل يوصف بالحسن والقبح عقلًا، بل لا بد من اعتبار القيود التي معها يحكم العقل بالحسن والقبح. وهذا معنى ما يقال: لا فرق بين مذاهب البصرية والبغداذية من أصحابنا؛ لأن البغداذية نظروا إلى ذات المجموع من القيد والمقيد، فقالوا: «ذاتي». والبصرية نظروا إلى القيود على حدة، والمقيد على حدة، فقالوا: «الوجوه صيرته حسنًا أو قبيحًا» [102 أ].

---

(244) ابن حجر الهيتمي، **المنح المكية**، ص 417.

فالنسخ من الحرمة إلى الوجوب، ومن الوجوب إلى الحرمة = جائز في الحكمة، غيرُ منافٍ لشيء من المذهبين؛ لجواز انعدام ما بتمامه صار الفعل حسنًا أو قبيحًا من القيود المعتبرة، التي لا تتم العلة التامة للحسن أو القبح إلا بها، فاحفظه؛ فإنه قد غلط فيه جماعة، حتى المؤلف رحمه الله تعالى -كما ستقف عليه في «كتاب العدل»-. ومنشأ غلطهم: عدمُ تفطنهم لمعنى «الذاتي» في كلام البغداذية -وسيأتي له مزيد توضيح-.

وقد قال الإمام الرازي في حدِّ النسخ بأنه: «اللفظ الدال على انتفاء شرط دوام الحكم الأول»(245). قال العضد: «ومعناه: أن الحكم الأول كان دائمًا في علم الله مشروطًا بشرطٍ لا يعلمه إلا هو. وأَجَلُ الدوام أن يظهَر انتفاء ذلك الشرط للمكلف، فينقطع الحكم ويبطل دوامه. وما ذاك إلا بتوقيفه تعالى إياه. فإذا قال قولًا دالًا عليه؛ فذلك هو النسخ». انتهى كما في **شرح المختصر الحاجبي** بلفظه(246).

وقد سبق أن المعتزلة لا يدَّعون إدراك عقولهم لأكثر الأحكام، فضلًا عن وجوهها واعتباراتها. واعترف سعد الدين وغيره بذلك. فالمثال المذكور منحرف عن قنطرة المنازعة. على أن بيان انتهاء الحكم العقلي = ليس بنسخ بالاتفاق؛ فتسميته «نسخًا» خطأٌ، فلا يستقيم إرادة الحكم العقلي. بل نقول: إن النسخ والتخصيص من باب واحد. ولهذا لم يفرق بينهما بعض العلماء. وستعرف -إن شاء الله- امتناع التخصيص في الأحكام العقلية باعتراف الدواني. وذلك مما لا يُتصَوَّر فيه خلاف -كما سنحققه في موضع يليق به إن شاء الله تعالى-.

وأيضًا، قد تقرر مراعاةُ المصالح في الأحكام الشرعية وجوبًا في الحكمة عند أصحابنا، وتفضلًا عند غيرهم، أي: لاتفاق أنه تفضُّلٌ من الله تعالى، لا أنهم يريدون أن الله تعالى جعل ذلك للتفضُّل؛ إذ لا غرض في أفعاله تعالى، ولا في أحكامه؛ لما سبقت إليه الإشارة في صدر الكتاب إنما هي كالاتفاقية بل اتفاقية. وكلامهم في غاية الإشكال. والمراد هنا ليس إلا بيان أنه لو ثبت النسخ عندنا وعند من يثبت الحكم

---

(245) ذكر هذا الجويني في **البرهان** فقال: «النسخ هو اللفظ الدال على ظهور انتفاء شرط دوام الحكم الأول»، ينظر: الجويني، **البرهان**، ج 2، ص 249.

(246) الإيجي، **شرح مختصر المنتهى**، ج 3، ص 208.

منهم؛ لم يثبت إلا بعد وجوده في الحكمة. وإذا وجب فيها؛ لم يجز من الحكيم المختار تركُه، فضلًا عن أن يكون منافيًا للحكمة -كما حاوله المعترض-. فإن الحكم المنسوخ الذي كان حسنًا -مثلًا- ليس في الحقيقة هو الحكم الثابت بعد النسخ، فلم يتوارد الحُسن والقُبح على محل واحد حتى يلزمَ انتفاء الحسن والقبح العقليين. وهذا ليس شيئًا مغمورًا؛ فإنه قد جرى ذكره حتى في الأشعار. قال البوصيري:

ولِحُكْمٍ من الزمان انتهاءٌ   ولِحُكْمٍ من الزمان ابتداءُ

وستقف على تحقيقه في مسألة القرآن.

كلام لابن القيّم في النسخ

ولنورد ما أورده ابن القيم في دفع هذا الذي قد يُتوهَّم أنه إشكال. فلقد جال -رحمه الله- وصال، وفعل فعل النضال، حيث قال، كما نقله عنه بعض أصحابنا أهل الإفضال، بأن «هذا الاستدلال من أفسد المسالك لوجوه:

أحدها: أن كون الفعل حسنًا أو قبيحًا لذاته أو لصفة من صفاته = لم نعنِ بذلك أنه يقوم بحقيقته لا ينفك عنها بحال، مثلَ كونه عَرَضًا، وكونِه مفتقرًا إلى محل يقوم به، وكون الحُمرة والسواد لونًا. ومن هاهنا غلط علينا المنازعون لنا في هذه المسألة، وألزمونا ما لا يلزمنا، وإنما يُعنَى بكونه حسنًا أو قبيحًا لذاته أو لصفة: أنه في نفسه منشئٌ للمصلحة والمفسدة، وترتيبهما عليه كترتُّب الريِّ على الشُّرب، والشِّبَع على الأكل، وترتب منافع الأغذية والأدوية ومضارها. فحُسن الفعل أو قُبحه هو من جنس كون الدواء الفلاني حسنًا نافعًا، أو قبيحًا ضارًا، وكذلك الغذاء واللباس والمسكن، والجماع والاستفراغ، والنوم والرياضة وغيرها؛ فإنَّ ترتُّب آثارِها عليها = ترتُّبُ المعلولات والمسبَّبات على عللها وأسبابها.

ومع ذلك، فإنها تختلف باختلاف الأزمان والأحوال والأماكن والمحل والقابل ووجود المعارض. فتخلُّفُ الشِّبَعِ والرِّيِّ عن اللحم والخبز والماء، في حق المريض ومن به علة تمنعه من قبول الغذاء = لا يخرجه عن كونه مقتضيًا لذلك لذاته، حتى يقال: لو كان ذلك لذاته؛ لم يتخلف؛ لأن ما كان لذاته لا يتخلف.

وكذا تخلف الانتفاع بالدواء في شدة الحر والبرد في وقت تزايد العلة = لا يخرجه عن كونه نافعًا في ذاته. وكذا تخلف الانتفاع باللباس في زمن الحر = لا يدل على أنه ليس في ذاته نافعًا ولا حسنًا.

فهذه قوى الأغذية والأدوية واللباس ومنافع الجماع والنوم، تتخلَّف عنها آثارها زمانًا ومكانًا وحالًا، وبحسب القبول والاستعداد، فتكون نافعة حسنة في زمان دون زمان، ومكان دون مكان، وحال دون حال، وفي حق طائفة وشخص دون غيرهم، ولم يخرجها ذلك عن كونها مقتضية لآثارها بقواها وصفاتها.

وهكذا أوامر الرب تعالى وشرائعه سواءً، كما يكون الأمر مُنشئًا لمصلحة، ونافعًا للمأمور في وقت دون وقت، فيأمر به تعالى في الوقت الذي علم أنه مصلحةٌ فيه، ثم ينهى عنه في الوقت الذي يكون فعله فيه مفسدة، على نحو ما يأمر الطبيب بالدواء والحمية في وقت هو مصلحة للمريض، وينهاه عنه في الوقت الذي يكون تناولُه مفسدة. بل أحكم الحاكمين الذي بهرت العقول حكمتُه أولى بمراعاة مصالح عباده ومفاسدهم [102 ب] في الأوقات والأحوال، والأماكن والأشخاص. وهل وضعت الشرائع إلا على هذا؟ وإن خفي وجه المصلحة والمفسدة على أكثر الناس»[247].

قال رحمه الله: «وقدّر تعالى أنه إذا نسخ آيةً أو حكمًا أتى بخير منه أو مثله، وإنه على كل شيء قدير»[248]. قال رحمه الله: «ثم نبه سبحانه على حكمته البالغة في أن جعل القبلة أولًا في بيت المقدس؛ ليعلم سبحانه -واقعًا في الخارج- ما كان معلومًا له -قبل وقوعه- من يتبع الرسول في جميع أحواله، ومن ينقاد لأوامر الرب تعالى ويدين بها كيف كانت. فهذا هو المؤمن حقًا الذي أعطى العبودية حقها، ومن ينقلب على عقبيه ممن لم يرسخ الإيمان في قلبه، ولم يستقر عليه قدمُه فعارضَ وأعرضَ، ورجع على حافرته، وشك في النبوة، وخالطت قلبَه شبهةُ الكفار الذين قالوا: إن كانت القبلة حقًا؛ فقد خرجتم عن الحق، وإن كانت باطلًا؛ فقد كنتم على باطل، وضاق عقله المنكوس عن القسم الثالث الحق، وهو أنها كانت حقًا ومصلحة في الزمن الأول، ثم

---

(247) ابن القيم، **مفتاح دار السعادة**، ج 2، ص 345-346.
(248) المرجع نفسه، ص 348.

صارت باطلةَ الاستقبال في الوقت الثاني. ولهذا أخبر -سبحانه- عن عظيم شأن هذا التحويل والنسخ في القبلة، فقال: ﴿**وَإِنْ كَانَتْ لَكَبِيرَةً إِلاَّ عَلَى الَّذِينَ هَدَى اللَّهُ**﴾ [البقرة: 143]»(249).

ثم قال رحمه الله تعالى: «فهذا معنى كون الحسن والقبح ذاتيًا ناشئًا من ذاته. ولا ريب عند ذوي العقول أن مثله يختلف باختلاف الأزمان والأمكنة والأحوال والأشخاص. وإذا تأملت الشرائع الناسخة المنسوخة؛ وجدتَها بهذه المنزلة؛ فمنها ما يكون وجه المصلحة فيه ظاهرًا مكشوفًا، ومنها ما يكون ذلك فيه خفيًا، لا يُدرَك إلا بفضل فطنة، وجودة إدراك»(250). انتهى. وقد كفانا مؤنة الإيضاح لفساد كلام المعترض.

هذا، ولا يخفاك أن الحسن والقبح عندنا كما يكون عقليًا = يكون شرعيًا أيضًا. وهو مذكور في متون كتب المعتزلة. والنسخ إنما يكون في الشرع. ولهذا عُرِّف النسخُ بـ«انتهاء حكم شرعي» عند بعض أصحابنا وبعض مخالفيهم، وعُرِّف بـ«رفع الحكم الشرعي» عند بعضٍ من كل من الفريقين، و«إزالة مثل الحكم الشرعي» عند البعض. فعلى ثلاثتها لا يتم ما حاوله المعترض بوجه ما، والحمد لله رب العالمين.

قال أبو الحسين في **المعتمد** ما نصه: «وينبغي أن نحُدَّ الطريق الناسخ بأنه: 'قولٌ صادرٌ عن الله تعالى أو منقول عن رسوله أو فعل منقول عن رسوله، يفيد إزالة مثل الحكم الثابت بنص صادر عن الله، أو بنص أو فعل منقولين عن رسوله، مع تراخيه عنه، على وجه لولاه لكان ثابتًا'»(251). انتهى.

ثم قال: «ولا يلزم عليه أن يكون الشرع ناسخًا لحكم العقل؛ لأن العقل ليس بقول ولا فعل منقول عن الرسول»(252). انتهى. وهو منادٍ بما ذكرناه.

وقال في «باب الدلالة على حسن نسخ الشرائع»، من **المعتمد** أيضًا ما نصه: «والدليل على حسنه من جهة العقل: أن مثل ما يتعبد الله به = يجوز أن يقبح في المستقبل. فإذا قبُح؛

---

(249) المرجع نفسه، ص 349.

(250) المرجع نفسه، ص 349-350. مع اختلاف يسير جدًا في الألفاظ.

(251) أبو الحسين البصري، **المعتمد**، ج 1، ص 366-367.

(252) المرجع نفسه، ص 367.

حسُن النهي عنه؛ إذ النهي عن القبيح حسن. وإنما قلنا: يجوز أن يكون مثل ما تعبَّدَنا اللهُ قبيحًا في المستقبل؛ لأنه لو لم يجز ذلك؛ لم يحسن أن يقول الله تعالى: 'تمسكوا بالسبب ماعشتم إلا السبب الفلاني'. وأيضًا؛ فإنه كما يجوّز العقل أن يكون التمسك بالسبب مصلحة؛ فإنه يجوِّز كونه مصلحة في وقت، مفسدةً في وقت آخر. كما يجوِّز كونَ الرفق بالصبيّ مصلحةً في وقت، مفسدةً في وقت آخر، وكما يجوِّزُ كونَه مصلحةً لزيد دون عمرو في وقت واحد = يجوِّز أن يكون مصلحةً لزيد في وقت دون وقت، وكما يجوِّز كون الصحة والمرض والغنى والفقر مصلحةً في وقت دون وقت = يجوِّز كون التمسك بالسبب مصلحة في وقت دون وقت. ولا فرق في العقل بين هذه الأقسام»[253]. انتهى. وفيه ما يشهد على غلط المعترض وأمثاله، وأنهم لم يفهموا مذهب العدلية على وجهه، وإلا لما أوردوا النسخ في مناقضتهم فصاروا ضُحكةً للعالمين.

الإيراد على صحة النسخ في مذهب المجبرة النافين للحسن والقبح عقلًا

ثم نقول: قد أجبنا عن دعواك -أيها المعترض- أن النسخ ينافي التحسين والتقبيح، وأوضحنا فساد اعتراضك وصحة مذهبنا على وجهٍ لا مزيد عليه في التوضيح. فلنسألك عن النسخ في مذهبك المؤسَّس على الأوهام: هل يصح مع القول بقِدَمِ الأحكام؟ وما ثبت قِدَمُه امتنعَ عَدَمُه. وقد عرَّفه كثير من أذكياء الأشاعرة[254] بأنه «رفع الحكم الشرعي»، كما عرفت آنفًا؛ فهل يمكن رفع الحكم الذي هو عبارة عن «خطاب الشارع القديم» عندكم؟ فما الجواب يا أخا الأكراد عن هذا الإيراد، الذي فتحتَ لنا وسيع بابه، ودعوتنا إلى صوابه؟ وليس لكم هاهنا إلا أحد ثلاثة مسالك:

أحدها: ما ارتضاه صاحب **المواقف** وغيره؛ بناءً على مذهب جمهور الأشاعرة، من أن النسخ يخص الحادث، أي: الخطاب اللفظي دون القديم النفسي؛ لأنه لا يرتفع ولا ينتهي. وهذا باطل؛ لأن اللفظي عبارةٌ عن النفسي. وكل ما تطرق إلى العبارة = تطرّق إلى المعبَّر

---

(253) المرجع نفسه، ص 370-371.

(254) أي: «عرّفوا النسخَ»، كما هو واضح.

عنه، وإلا لزم الاختلاف بينهما؛ فلم تكن العبارة عبارةً عنه. هذا خَلْفٌ(255).

الثاني: ما أجبت به أنت في ما سيأتي من الكلام النفسي في مسألة «الكلام»؛ بناء على ما اخترته من المقالة المفردة لصاحب **المواقف**، حيث بيَّن هنالك أن الكلام النفسي «أمرٌ شامل للّفظ والمعنى، قائمٌ بذات الله تعالى»، وأن الأدلة الدالة على الحدوث؛ يجب حملها على التلفظ دون الملفوظ. وبالجملة، فالكلام اللفظي قديم، وإن وقع فيه ترتب؛ لعدم مساعدة الآلة. وسيأتي بطلان ما أجبت به في موضعه إن شاء الله. ولقد افتقرت هنالك إلى الاعتراف بمذهب خصمك من حيث لا تشعر. وذلك أنك قلت -في الوجه الثاني من وجهَي المعقول الذي أحلت عليه في جواب الوجه العاشر من وجوه المعقول- ما نصه: «فتعلَّق الأمر بما علمه حسنًا بشروطه، وتعلَّق النهي بما علمه قبيحًا بشروطه». وقد رضيت أنت هذا الجواب، وأوصيت بتذكُّره، وهو عين مذهب خصمك القائل بالحسن والقبح عقلًا لو عقلتَ، كما يظهر مما قررناه هنا، وسيأتي مزيد توضيحه هناك إن شاء الله تعالى.

الثالث: ما قيل إن الرفع ليس إلا للتعلق، لا لنفس الحكم -كما أشار إليه جماعة من متأخري الأشاعرة-.

فنقول: التعلق إما أن يكون عندكم أمرًا وجوديًا أو عدميًا. إن كان وجوديًا؛ فلا يخلو: إما أن يكون قديمًا أو حادثًا. لا سبيل إلى القول بقِدمه؛ لأنه يعود المحذور المذكور. وإن كان حادثًا؛ فحدوثه إنما يكون باقتضاء الخطاب النفسي اقتضاءً ذاتيًا، أي: لا لأمر آخر، ولا عن علة أو سبب -كما أشار إليه صاحب **المواقف**-. وكل ما ثبت باقتضاء الصفة الأزلية؛ فلا اختيار فيه للقادر المختار -كالعلم بالمعلومات- فلا يمكن رفعُه. وأيضًا فهو -على هذا- أزلي، وقد فرضناه حادثًا. هذا خلف. ولو سُلِّم أن الاقتضاء التنجيزي هو المراد هنا؛ فلا نسلّم أن حدوثه لازم من حدوث متعلَّقه؛ لأنا نقول: الاقتضاء قديم. ووقوع ما له الاقتضاء = مشروطٌ بوقته، فلزم حدوث المتعلَّق دون الاقتضاء؛ فهو قديم. فكيف [103 أ] يمكن رفعه؟ فبقي أنه أمر إضافي اعتباري. وإذا كان كذلك؛ فكيف يُعقَل

(255) يجوز أن يقال: خَلْفٌ بفتح الخاء، وخُلْفٌ بضمها، والفتح أولى.

رفعه؟ وإنما يُعقَل رفعُ ما ثبت، لا ما هو معدوم.

ولو سُلِّم؛ فقد تقرَّر أن نقيض كلِّ شيء = رفعُه؛ فرفعُ هذا التعلق العدمي، إما أن يكون وجوديًا أو عدميًا. فإن كان وجوديًا؛ فليس إلا تعلقًا يناقض التعلق الأول. وبهذا يتم كونُ جنس التعلقات وجوديًا، وهو عين تسليم كون التعلق الأول وجوديًا، فيعود التقسيم الأول.

وإن كان ذلك النقيض الرافع للتعلق الأول عدميًّا؛ فليس كون أحدهما عبارة عن عدم الآخر = أولى من العكس، فلا بد له من مخصص، وذلك المخصص إما الإرادة الأزلية، أو شيء آخر. لا سبيل إلى أنه الإرادة؛ لأنه يلزم قِدَمُه، وقد فرضناه حادثًا. هذا خلف. فبقي أن المخصص شيء آخر، وهو تعلق الإرادة لا محالة؛ إذ لا تخصيص لغير ذلك عند عامة المتكلمين، وقد عرفت أن تعلق الصفة الأزلية = مقتضًى عن ذاتها، فلا يصح تأثير تعلق صفة أزلية في صفة أخرى أزلية.

قف على أن العدم لا يُعلَّل به إلا عند الفلاسفة والإسفراييني

أما أولًا: فلأن الأزلي لا يؤثِّر في الأزلي؛ لارتفاع الأزليات عن سمة التأثير. على أن التأثير في الأزل = محال. وأما ثانيًا؛ فلأن العدميّ لا يؤثر في وجوديّ ولا في عدميّ، أي: إن المعدوم لا يؤثر لا في موجود ولا معدوم، إلا عند الفلاسفة وأبي إسحاق الإسفراييني؛ فإنه قال -تبعًا للفلاسفة-: «إن العدم يُعلَّل بالعَدم». فبطل كون ذلك التعلق بإرادة الباري تعالى، وبتعلق بإرادته أيضًا، فيلزم محذورات لا تحصى، منها: أن يكون النسخ إما غير واقع أو بغير اختيار الباري تعالى، وكلاهما باطل، واعتقادُ أيِّهما = كفرٌ.

ومنها: أن يكون بعض الحوادث = بالإيجاب، وهو كفر. وقد نبهناك على ما قاله عضد الدين وسعد الدين وغيرهم من المحققين.

ومنها: إذا كان الحكم الناسخ واقعًا لا بعلة أو لا عن اختيار؛ لم يكن الحكم المنسوخ أولى منه بالثبوت أولًا، ولا هذا بالثبوت آخِرًا؛ لفرض كونهما معًا لا عن علة ولا باختيار؛ فليس أحدُهما بالتقدم أولى من الآخر، وهو ظاهر البطلان.

كلام في أن قولهم: «الحكم عقليٌّ عند المعتزلة، وشرعي عند الأشاعرة»؛ مبني على مسامحة أو غلط

وقد عرفت أن الأحكام جميعها -أعمَّ[256] من الناسخ والمنسوخ- لا باختيار الباري تعالى عند من يقول: «إن الحكم عبارة عن خطاب الشارع»، ويقول بأن «الخطاب قديم»؛ فما تراه في بعض كتب الأشاعرة من القول بأن الحكم شرعي عند الأشاعرة، وعقلي عند المعتزلة، بمعنى: أنه ثابت بالشرع عن الأشاعرة، وبالعقل عن المعتزلة = مبني على مسامحة أو غلط.

أما أولًا؛ فلأن الشرع حادث قطعًا وإجماعًا. ولا معنى للقول بأن القديم يثبُت بالحادث أو يستند إليه. بل ذلك محال قطعًا وإجماعًا.

وأما ثانيًا؛ فلأن الحكم عند الأشاعرة = غيرُ الحكم عند المعتزلة، فلم يتّحِد محل النزاع. بل بين الموضعَين بونٌ بعيدٌ؛ فإن المعتزلة لا تثبت الحكم الذي تدعيه الأشاعرة أصلًا، فضلًا عن وصفه؛ لِما عرفتَ من نفيهم للكلام النفسي، وليس الحكم الشرعيُّ إلا إياه عند الأشاعرة. فأين هو من الحكم الذي تقول به المعتزلة، وتثبت كونه عقليًا؟ أي: مما تدركه العقول، إما باستقلالها، أو بإعلام الشارع، وإيقاظها من سنة الغفلة.

وأكثر مواضع النزاع بين الأشاعرة والمعتزلة هكذا، لا تكاد تتخلص إلا لمن تفحَّص. ومن ذلك: خلافُهم في القدرة الحادثة؛ فإن القدرة التي تقول الأشاعرة بمقارنتها للمقدور وعدم تأثيرها فيه = غيرُ القدرة الحقيقية التي تقول المعتزلة بتقدمها عليه وتأثيرها فيه؛ إذ هذه هي القدرة، وتلك ليس لها إلا اسم القدرة، بل هي مجرد اصطلاح فقط -كما عرفت-، فلَم يتوارد القولان على محل واحد.

ومن ذلك: الكلام؛ فإنما تدعيه الأشاعرة ومن يحذو حذوهم من الكلام النفسي = ليس بحثُ المعتزلة بصدده. وغيرُ ذلك كثير، وسنشير إلى ما لاحت الإشارة إليه في مواضعه إن شاء الله تعالى.

---

(256) أي: حال كونها أعمَّ.

[شبهةٌ للملحدة لا يمكن الردّ عليها إلا وفق مذهب المعتزلة]

لكن بقي شيء يحسن هنا إيراده؛ لينبه اللبيب المنصف على فاسد مذهبهم في نفي الحسن والقبح، وهو: إن الملحدة -أقمأهم الله- لمّا طعنوا في القرآن؛ تشبثوا بما فيه من الدلالة على المتناقضات، وقالوا: لو كان من لدن حكيم عليم؛ لما كان كذلك. وأنتم -أيها الجمهور من المسلمين- تقولون: إن تكاليف الخلق قاطبةً = مرتبطةٌ بهذا القرآن إلى قيام الساعة. ثم إنا نراه بحيث يتمسك به أهل كل مذهب، ويستدلون على مذهبهم. فالجبري يتمسك بآيات الجبر، كقوله: ﴿إِنَّا جَعَلْنَا عَلَىٰ قُلُوبِهِمْ أَكِنَّةً أَن يَفْقَهُوهُ وَفِي آذَانِهِمْ وَقْرًا﴾ [الكهف: 57]، والمعتزلي يقول: هذا مذهب الكفار، بدليل أنه تعالى حكى ذلك عنهم في معرض الذم لهم في قوله: ﴿وَقَالُوا قُلُوبُنَا فِي أَكِنَّةٍ مِّمَّا تَدْعُونَا إِلَيْهِ وَفِي آذَانِنَا وَقْرٌ﴾ [فصلت: 5]، وفي موضع آخر: ﴿وَقَالُوا قُلُوبُنَا غُلْفٌ﴾ [البقرة: 88]. وذمهم أيضًا في مثل قولهم: ﴿لَوْ شَاءَ اللَّهُ مَا أَشْرَكْنَا﴾ [الأنعام: 148]، ﴿لَوْ شَاءَ الرَّحْمَٰنُ مَا عَبَدْنَاهُم﴾ [الزخرف: 20]. ومنكر الرؤية يتمسك بقوله: ﴿لَّا تُدْرِكُهُ الْأَبْصَارُ﴾ [الأنعام: 103]، ومثبتها يتمسك بقوله: ﴿إِلَىٰ رَبِّهَا نَاظِرَةٌ﴾ [القيامة: 23]. ومثبت الجهة يتمسك بقوله: ﴿يَخَافُونَ رَبَّهُم مِّن فَوْقِهِمْ﴾ [النحل: 50]، وقوله: ﴿الرَّحْمَٰنُ عَلَى الْعَرْشِ اسْتَوَىٰ﴾ [طه: 5]، ونافيها يتمسك بقوله: ﴿لَيْسَ كَمِثْلِهِ شَيْءٌ﴾ [الشورى: 11].

ثم إنا نراهم يسمِّي كل فريق منهم ما يوافق مذهبه من الآيات «مُحكمة»، ويسمي ما يخالفه «متشابهةً». وإنما رجع في ترجيح بعض الآيات على بعض = لترجيحات خفية، ووجوه غامضة ضعيفة. فكيف يليق بالحكيم العليم أن يجعل الكتاب -الذي هو المرجوع إليه في كل الدين إلى يوم القيامة- هكذا موجبًا للحيرة للأفهام، والمزلَّة للأقدام؟ وما حكمته في إنزال المتشابهات بين آيات الأحكام؟

هذا هو تحرير ما قاله الملحدة الطاعنون في القرآن الذي لا يأتي الباطل من بين يديه ولا من خلفه.

ولمّا وردت منهم هذه الشبهة المشتبهة؛ ما رجع الأشاعرة إلا إلى الاعتماد على ما أجابت به المعتزلة، فقالوا -واللفظ للرازي كما نقله عنه الجلال الأسيوطي-: «إن

العلماء ذكروا لوقوع المتشابه في القرآن فوائد:

منها: أنه يوجب مزيد المشقة في الوصول إلى المراد منه. وزيادة المشقة توجب مزيد الثواب»(257). إلى آخر كلامه المنقول في **الإتقان**. وأنت تعلم أن هذا الجواب لا يتم إلا على قاعدة الحسن والقبح، وعلى إثبات تأثير العباد في أفعالهم، وتعلم أيضًا أن العلّامة -رحمه الله- هو الذي بسطه في **الكشاف**؛ بناء على هذه القاعدة الأولى.

وأما الأشاعرة النافون للحسن والقبح؛ فالملحدة يقطعونهم بأدنى التفات عند العلم بمذهبهم المذكور؛ إذ يقولون لهم: هذا الذي ذكرتم من حصول المشقة الموجب لمزيد الثواب. هل هو مقصود ومراد للحكيم في إنزال المتشابه، بحيث تحكمون أنه إنما أنزله لأمثال هذه الفائدة والحكمة؟ أو تقولون: إنه غير مقصود ومراد له تعالى، وإنما وقع ذلك بطريق الاتفاق بدون قصد؟

إن كان الأول؛ لزمكم أنه تعالى لا يفعل فعلًا إلا لغرض وحكمة، فيكون مستكمِلًا بالغير كما أوردتم على المعتزلة، ورجعتم في حيص بيص.

وإن قلتم بالثاني؛ فلا يدفع الطعن في القرآن؛ لأن اتفاق الفائدة لا يستلزم ثبوت الحكمة، وهو ظاهر.

وإنما قلتُ: إن هذا الجواب على الملحدة؛ لا يتم إلا على قاعدة الحسن والقبح؛ لأن النافي لا يفتقر إلى بيان حسن شيء من أفعاله تعالى، بل يكفيه أن يقول: إنه فعله، ولا يُسأَل عما يفعل -كما هي عادتهم-. وحينئذٍ، تجدُ الملحدةُ الفرصةَ، وتستحكم عندهم الشبهة، وترسخ من جملة الرواسخ، بل يسير كالجبل الراسخ، ثم إن إثبات التعليل لأفعال الله؛ يستلزم التحسين والتقبيح عقلًا.

وأما قولي: إن هذا الجواب على الملحدة لا يتم إلا على إثبات تأثير العباد في أفعالهم؛ فلأن حصول المشقة لا يكون إلا على تقدير أنهم هم المؤثرون في أفعالهم وحركاتهم وسكناتهم وأقوالهم وبحثهم، وطلبهم للمراد من المتشابهات.

---

(257) فخر الدين الرازي، **مفاتيح الغيب (التفسير الكبير)** (بيروت: دار الفكر، 1981)، ج 7، ص 185.

وأما على تقدير أن المؤثر في أفعالهم هو الله تعالى؛ فلا تعب عليهم، ولا مشقة. وللملحد أن يقول: إن هذه المشقة غير واقعة أصلًا؛ لأنه هو المؤثر في أفعالهم وأقوالهم وبحثهم وطلبهم وغير ذلك، فلا فائدة للمتشابه حينئذٍ.

وإذا قال الملحد بهذا؛ فالأشعري بين اثنتين: إما أن يعترف بأن مذهب المعتزلة مذهب العلماء -كما اعترف الرازي بأن الجواب جواب العلماء-، أو أن ينقطع.

فإن اعترف بالأول؛ فهو الأولى، ويلزمه الاعتراف بالحسن والقبح عقلًا. وإن كابر وأنكر وتولى إلى مذهبه واستكبر؛ فكفاه عجزُه عن بيان كون القرآن تنزيلًا من حكيم حميد، فعالٍ لما يريد.

وإذ بلغ بنا سبق القلم إلى هذه الغاية؛ فلنقبض عنانه، ومن الله التوفيق والهداية.

[هل الحسن والقبح من صفات الأفعال الذاتية؟]

قال المعترض: «واحتج الأشاعرة بأن القبح لو كان ذاتيًا للقبيح؛ لما تخلَّف عنه؛ لأن ما بالذات لا بواسطةٍ لازمِ الذات = لا يزول، وهو ظاهر. لكن اللازم باطل؛ فإن القبيح -كالكذب- قد يحسن إذا كان فيه عصمة نبيٍّ من ظالم، بل يجب الكذب حينئذٍ؛ لأنه دفع للظالم عن المظلوم، ويُذَمُّ تاركُه قطعًا. فقد اتصف الكذبُ بغاية الحسن، وكذا يحسن -بل يجب- إذا كان فيه إنجاء متوعَّدٍ بالقتل ظلمًا. فثبت أن القبح ليس ذاتيًا للقبيح، وإلا لَمَا زال، وكذا الحسن، وإلا لَمَا عَرَضَ للكذب بعد أن لم يكن. فظهر أنهما ليسا عقليين؛ فهما شرعيان، وهو المطلوب».

أقول: جوابه من وجوه خمسة:

الأوّل من وجوه الجواب عمّا أورده نفاة الحسن والقبح عقلًا، من أن الكذب قد يحسن كما إذا كان في عصمة نبيٍّ من ظالم

أحدها: منع انتفاء اللازم؛ فلا يحسن الكذب في عصمة نبي، بل هو كذب قبيح في نفسه، وإنما تعارض قبيحان، فارتكب العقل أخفَّهما. وذلك أن قتل النبي قبيحٌ؛ لكونه

ظلمًا، والكذب قبيحٌ؛ لكون متعلَّقه لا على ما هو به. لكنّ قبحَ قتل النبي؛ أعظم من قبح الكذب؛ لزيادة اعتبارٍ. فمع تعارضهما يرتكب العقل أخفَّهما خطرًا، وأقلَّهما منكرًا، مع الشعور بقبحه الذاتي، أي: ما منشَأُه الذات؛ فلا نسلِّم زوال القبح الذاتي؛ لأنه لا يزول ما دام كونه كذبًا. فمن ادَّعى أنه قد خرج عن كونه كذبًا؛ فعليه البيان.

وقد نبهناك على أن القبيح [103 ب] قد يكون قبيحًا في نفسه، وإن لم يستحقّ فاعلُه ذمًّا ولا عقابًا، وكذا الحال في الحَسَن. وإنما غلط من غلط؛ للغفلة عن هذه النكتة. وقد آثَرَت أمُّ موسى -على نبينا وعليه الصلاة والسلام- الصدقَ كما حكوا أنها لما وجدوا معها التابوت، سألوها، فأخبرتهم أن مرادها أن تجعل فيه ولدها موسى -عليه السلام- خوفًا من فرعون وملئه، فقيل لها: هلّا آثرتِ نجاة ولدك موسى على ذلك؟ فقالت: فررت من الكذب. وفي أمثال هذه الحكاية ما يرشد إلى استقرار قبح الكذب في العقول أجمع.

لا يقال: هذا يعود بالنقض على ما ذكرناه أولًا من أن العقل يرتكب أخفَّ القبيحين، وهو الكذب في عصمة النبي. فما بال أم موسى آثرت الصدق وفرّت من الكذب، وإن كان فيه نجاة ولدها موسى عليه السلام؟

لأنا نقول: ما ذكرتم ممنوع؛ فإن أم موسى -عليه السلام- ما جزمت بأنه يكون في صدقها هلاكُه. بل لعلها علمت أن له شأنًا عند ربه عز وجل، وأنه تعالى حافظُه ومبلغه غاية ما يريده تعالى على يديه، والله غالب على أمره. كيف وقد أوحى إليها: ﴿أَنْ أَرْضِعِيهِ فَإِذَا خِفْتِ عَلَيْهِ فَأَلْقِيهِ فِي الْيَمِّ وَلَا تَخَافِي وَلَا تَحْزَنِي إِنَّا رَادُّوهُ إِلَيْكِ وَجَاعِلُوهُ مِنَ الْمُرْسَلِينَ﴾ [القصص: 7].

وعلى هذا؛ فإيثارها للصدق أولى، بخلاف ما ذكرتم من المثال في عصمة نبي من القتل؛ فإنه مفروض مع الجزم والقطع بقتله على يدي الظالم. وحينئذٍ؛ فالكذب أخف القبيحين، وهو ظاهر.

الثاني من وجوه الجواب

ثانيهما: منعُ الشرطية القائلة بأن القبح لو كان ذاتيًا للقبيح؛ لما تخلف عنه، مع مستندها.

وتوجيه المنع أن نقول: لا نسلِّم صدق ما ادعيتم الشرطية المذكورة، وإنما نسلِّمه لو لم يكن ثمة مانع من ترتب القبح على ذلك. وعدمُ المانع = ممنوع؛ فإن الكذب وإن كان قبيحًا؛ لوقوعه على الوجه الذي به يصير قبيحًا؛ لكن القبيح قد يتخلف لوجود مانع في بعض الصُّوَر، كالمثال الذي ذكرتم. وحاصله: أن انتفاء المانع شرط في تأثير المقتضي.

وأما ما أشار إليه الإمام الرازي في جواب هذا المنع، من أنه يلزم منه أن لا يُحكَم على شيء من الأقوال الكاذبة بالقبح؛ لاحتمال تخلف الحكم لمانع خفي، وتوجيهُه - أي توجيه ما أشار إليه الرازي في **المحصل**- هو أن يقال: لا يخلو: إما أن يُجعَل كونُه كذبًا علةً تامَّة لقبحه أو لا.

لا سبيل إلى الثاني؛ لأنهم -أي: المعتزلة- مصرِّحون بما يقتضي أن كون الكذب كذبًا = علةٌ تامةٌ لقبحه.

فبقي الأول. وحينئذٍ، فإما أن يقولوا بإمكان تخلف الحكم بقبحه عن علته التامة - أي: كونه كذبًا- أو لا.

لا سبيل إلى الأول؛ لأنه ذهابٌ إلى تخلُّف المعلول عن علته التامة، وقد أطبق العقلاء على خلافه. ولا إلى الثاني، وإلا لما أمكننا الجزم بقبح شيء من الأكاذيب؛ لاحتمال أن يقال: تخلُّف الحكم بقبحها لمانع خفي لا يطلع عليه أحد من الناس، فلا يكون الكذب معلوم القبح جزمًا، وهو نقيض قولكم: إن الكذب معلوم القبح جزمًا، وأيضًا فهو مخالف لمذهبي الفريقين؛ لأن قبح بعض الأقوال الكاذبة متفق عليه، أما عند المعتزلة وسائر العدلية؛ فبالعقل والنقل. وأما عند الأشاعرة وسائر المجبرة فبالشرع = ففيه نظر.

أما أولًا؛ فلأنه في الحقيقة كلامٌ على السند -أي: سند المنع المذكور- إلا أنه قد يمكن أنه لأجل الدعوى الضمنية، أو لأن هذا السَّنَد مساوٍ للمنع. وقد أجازوا الكلام على السند إذا كان مساويًا للمنع أو أخصَّ منه إذا كان المراد مجرد الإظهار لجهل المانع لا إثبات المطلوب.

وأما ثانيًا؛ فلأنه إنما يُعتمَد في الحسن والقبح نظرُ العقول الصحيحة؛ فإذا حكم

العقل بحسن شيء أو قبحِه بعد مراعاة جوانب الاعتبار والوجوه التي تدركها العقول؛ لم يجُز عند العقلاء أن يكون لغيره مثلُه من دون موجب عقلي يوجب انتظام ذلك الغير في سلكه، مهما لم يدرك العقل فيه مجموعَ تلك الاعتبارات والوجوه المحسِّنة والمقبِّحة، التي هي قيود وأوصاف معتبرة في حسنه أو قبحه.

فإذا قام مانع عقلي عن الحكم بقبح القبيح، وأدرك العقل ذلك المانع -كما في المثال المفروض-؛ لم يكن ذلك قادحًا في الحكم العقلي، بل يكون مقررًا له -كما لا يخفى-. ولا يلزم أن يجوِّز وجودُ مثلِ ذلك المانع في مقامٍ لا يدركه العقل وإلا بطلت الثقة بالعقول، وإنها سفسطة.

وبهذا ظهر: أن الجواب عما وجهناه مما أشار إليه الرازي، هو: أن نختار الشق الثاني من الترديد الأول، أي: لا نسلم أن مجرد كون الكذب كذبًا = علةٌ تامةٌ لقبحه، بل لا بد من ارتفاع المانع. هذا إن اعتُبِر ارتفاع المانع من تمام العلة. ثم نمنع أن في كلامنا تصريحًا بما يقتضي [104 أ] ما ذكرتم على الوجوه الذي فهمتم، ولا ما يدل عليه. أو نختارَ الشق الأول، ونجعلَ ارتفاع المانع شرطًا في تأثير العلة التامة. وعلى كلا التقديرين -أي: تقدير ارتفاع المانع شطرًا أو شرطًا-؛ لا يلزم شيء مما ذكرتم.

أما على الاختيار الأول؛ فلأنه لم يلزم تخلفُ المعلول عن علته التامة. وأما على الاختيار الثاني؛ فلأن تخلفَ الحكم بالقبح -للمانع المذكور- لا يقدح في كون الكذب يقبح لكونه كذبًا، ولا يلزم منه أن لا يُحكم على شيء من الأقوال الكاذبة بالقبح؛ لاحتمالات بعيدة، وتجويزات ضعيفة. وإلا لارتفع الأمان والثقة بجميع المُدرَكَات -كما ذكرناه-.

ولنضرب لك مثالًا بالقياس الشرعي؛ فإنه لا يجوز أن يكون بلا جامعٍ معلومٍ بين الحُكْمَين. فلو ذهب إنسان إلى أن يقيس حكمًا على حكم، بعلة مجوَّزة غير معلومة؛ كان سفيهًا لا فقيهًا. ولذا؛ منع بعض الفحول من القياس بتخريج المناط؛ نظرًا إلى أن مرجعه إلى توهُّمِ كونِ العلةِ علةً. والمطلوب المعتبر في القياس: هو تشخُّصُها وتعيُّنُها، لا بطريق التجويز والتوهم، الذي يضمحل عند التحقيق.

بل نضرب لك مثالًا عقليًا؛ حسمًا لما يكاد يطرأ على فؤادك، وتتميمًا لمرادك، فنقول:

قد تقرر في قضايا العقول: أن من وقف تحت الجُدُرات المائلةِ التي قد ظهرت عليها أمارات الخراب ولوائح السقوط؛ فإنه ملومٌ مذمومٌ عقلًا، بخلاف من وقف تحت جُدُرات صحيحة، لا أمارة فيها، ولا مَيلٌ ظاهرٌ عليها؛ فإنه لا يُذم ولا يُلام. بل لو امتنع من الوقوف تحتها تجويزًا لسقوطها؛ ذمَّه العقلاء ولاموه على ذلك، وربما نسبوه إلى انحراف المزاج، وتغيُّر الحِس، وسوء التخيل؛ فإن مثل هذا إنما يكاد يجري لصاحب السرسام(258)، ومن يتصور ما لا يكون.

فعرفتَ أنه لا عبرة بالتجويزات والاحتمالات البعيدة، وأنا إذا قلنا: «هذا الفعل حسن؛ لأنه خال عن أمارة المَفسَدة»؛ فلا نريد إلا الأمارات الظاهرة القائمة الصحيحة، لا المجوَّزة والساقطة والمحتملة بنوع من الاحتمال. وإلا لأدى إلى نفي حكم العقل رأسًا، وعدم الثقة بشيء من الأشياء، لا نفيًا ولا إثباتًا. فاحفظ هذا فإنه مهم جدًا، وسنعيده في مواضع؛ لأنه بابٌ من الأبواب التي جهلها الخصوم، واحتاجوا إلى اقتحام أسوار العناد، واجتالوا عن أطوار العقول، فركبوا كل فساد.

الثالث من وجوه الجواب

ثالثها: أن نقول: لا نسلِّم حسن الكذب منعًا لانتفاء اللازم أيضًا. لم لا يجوز أن يكون التعريض كافيًا عن الكذب القبيح في نفسه؟ وكذا التورية مغنية عن رذيلة الكذب أيضًا، وإن في المعارض لمندوحةً، وقد وردت بذلك السنة النبوية الصحيحة، ووقع من الأنبياء -عليهم السلام-، كما قال من قال منهم: ﴿إِنِّي سَقِيمٌ﴾ [الصافات: 89]، تعريضًا بأنه سقيم القلب من شركهم وحالهم العظيم، وكما قال: ﴿بَلْ فَعَلَهُۥ كَبِيرُهُمْ هَٰذَا فَسْـَٔلُوهُمْ إِن كَانُوا۟ يَنطِقُونَ﴾ [الأنبياء: 63]، وغير ذلك مما لا ينكره المخالفون.

وهذا الوجه من وجوه الجواب هو الذي ارتضاه أوائل الأصحاب، وعولوا عليه

(258) السرسام كالبرسام: وهما لفظان يطلقان على معنى واحد، وهو مرض يصيب دماغ الإنسان، ويحدث له اختلاطًا في ذهنه.

في واقع هذه الشبهة، وأشار إليه جار الله -رحمه الله- في **الكشاف**، أول تفسير سورة البقرة، واعتمد عليه الإمام المنصور بالله -قدس الله روحه- كما يؤخذ ذلك من كلامه في كتابه **الشافي**[259]، وقد كرر هذا المعنى فيه.

وكذا جعله ابن القيم طريقًا من طريقَي الجواب عنده. والطريق الثاني ما تقدم له معنى في الكلام على النسخ، فراجِعه. وحاصلُه -أي: الطريق المذكور-: أن تخلُّف التحريم عن الكذب القبيح = لا يخرجه عن كون ذاته مَنشَأً لمفسدة. ومرجعُه في الحقيقة إلى الوجه الثاني الذي أوردناه آنفًا -أعني منع الشرطية مع مستندها-، فتأمل.

وأما ما قيل في جواب هذا المنع المذكور، في هذا الوجه الثالث من وجوه الجواب، أي: منع انتفاء اللازم مع التعرض للسند، من أنه لا يخلو: إما أن لا يكون الكذب مع إمكان التعريض ممكنًا أو لا.

لا سبيل إلى الثاني؛ لأنه يؤدي إلى أن لا يُحكَم على شيء من الأخبار بالكذب؛ لامتناعه، وإمكان التعريض والإضمار إلى ما يصير به صدقًا، فترتفع الثقة بظواهر أخباره تعالى وأخبار رسله -عليهم الصلاة والسلام-؛ لإمكان الإضمار، ولإمكان أن يكون لغرض آخر غير ظواهرها، فتعين الأول -أي: إمكان الكذب وعدم إمكان التعريض-. وإذا أمكَن = تعيَّن[260] لإنجاء النبي من الظالم، بخلاف التعريض؛ فإنه غير ممكن، فضلًا عن أن ينجيه.

= فغير سديد، ولا نافع للخصم ولا ينجيه، وإن قد عول عليه الرازي في **المحصل**[261] و**نهاية العقول**، وقرَّره نجم الدين الكاتبي في **المفصل**. وذلك أن مبناه على أنه إذا أمكن الكذب؛ امتنع التعريض، وإذا امتنع الكذب؛ أمكن التعريض، وهو غير مسلم. فلا بد له من دليل، ولن يجدوا إليه من سبيل. كيف وهو مستلزم أن يكون التعريض غير ممكن أصلًا؟ والواقع يكذبه. ولم لا يجوز أن يكون كلا الكذب

---

(259) سبق التعريف به.

(260) أي: الكذب.

(261) الرازي، **المحصل**، ص 154. قوله: «غير سديد»، هو جواب قوله: «وأما ما قيل في جواب هذا المنع المذكور ...إلخ». فالمعنى: «وأما ما قيل في جواب هذا المنع المذكور ... فغير سديد».

والتعريض ممكنين معًا؟

قولكم: «لأنه يؤدي إلى أن لا يُحكَم على شيء من الأخبار بالكذب».

قلنا: باطل. وما المانع من أن تكون القرائن الظاهرة عند الإخبار قاضيةً بالعلم الضروري، أن المخبر لم يقصد بخبره خلاف ظاهره؟ ومع ذلك؛ فلا بد من الصدق أو الكذب جزمًا. على أن قولكم: «ولإمكان أن يكون لغرض آخر» = لا يتجه، لا على أصولكم، ولا على أصولنا.

أما على أصولكم؛ فلانتفاء الغرض في أخباره تعالى، سواء كان المراد بالأخبار في الكلام اللفظي أو النفسي القديم عندكم.

وأما على أصولنا؛ فلأنه لا يجوز على الحكيم ما يفضي إلى الحيرة واللبس؛ تفريعًا على إثبات الحكمة. ولمثل هذا لا يجوز في أخباره -عليه الصلاة والسلام-؛ لأنه مبلغ عن الله تعالى، فلا يصح أن يكون ذلك منكم كلامًا إلزاميًا. هذا بالنظر إلى أخباره تعالى وأخبار رسله عليهم الصلاة والسلام.

وأما بالنظر إلى سائر الأخبار، ممن يجوز عليه الكذب [104 ب] كالصدق؛ فالضرورة العقلية قائمة على بطلان ما ادعيتم. كيف والتخاطب والتفاهم بين الناس لا يحتاج إلى أكثر من سلامة الآلات وارتفاع الموانع عن المدركات؟

وبهذا يُعلم أن قولنا: «فالضرورة العقلية قائمة على بطلان ما ادعيتم» = ليس من ادعاء الضرورة في محل النزاع، فليُفهم.

لا يقال: قد يكون التعريض غير ممكن؛ لأنه ربما بلغ الخوف بالمخبِر إلى حدٍّ يتعذر عليه فيه النطق بالجملة، فضلًا عن التعريض. ومع ذلك فإنه يكذب؛ لتوفّر دواعيه إلى عصمة النبي.

لأنا نقول: إذا بلغ المخبِر إلى هذا الحال؛ سقط السؤال وارتفع الإشكال؛ إذ يكون المخبر حينئذٍ كمن سبقه لسانه إلى ما لا يريده من الأقوال؛ فلا قُبح، ولا ذم، لا سيما والحامل للمؤمن على إنجاء النبي وعصمته وحفظه، والدفع للظالم عنه = أبلغ وأوفر

وأكبر من الحامل له على الإخبار بالصدق والترفع عن رذيلة الكذب. كذا أشار إليه أبو الهذيل، وقرره صاحب **الغايات** -رحمهما الله تعالى-. وأما الباقون من أصحابنا؛ فالظاهر من كلامهم منعُ تعذرِ التعريض وعدمِ إمكانه رأسًا.

الوجه الرابع من وجوه الجواب

رابعها: ما قيل من أن الفعل قد يكون له اعتباران. فهو من حيث كونه إخبارًا بالشيء لا على ما هو به = قبيح، ومن حيث كونه يفيد نجاة النبي = حَسَن، فَلَمْ يلزم انقلاب القبيح حسنًا، بل القبيح قبيح في نفسه أزلًا وأبدًا، أي: إن القُبح ثابت في نفس الأمر، وكذا الحُسن -كما مر-. وعلى هذا؛ فبطلان اللازم الذي ادعوه = ممنوع.

وهذا السند للمنع مسطورٌ في بعض كتب الإمامية، لكنه لا يعجبني؛ لِما قد ذكرناه في موضع آخر من التشنيع على الأشاعرة، حيث قالوا: للفعل جهتان:

جهة صدوره عن الله تعالى، وهو لا يقبح منها، وجهة الكسب من العبد، وهي التي يتصف بالقبح منها -كما قالوا-، وإن كان بين المسلكين فرقٌ يُعرَف بأدنى تأمل.

الوجه الخامس منها

خامسها: الذي اعتمده صاحب **الغايات** -رحمه الله ورضي عنه-، ودل عليه كلام الماوردي في آخر كتابه **أدب الدنيا والدين**، حيث صرّح بأن الشرع في تحريمه للكذب النافع؛ زاد على العقل. ولعلنا نورد كلامه بلفظه، في موضع يليق به إن شاء الله تعالى. وهو الجواب عن الشبهة بتسليم المستنَد للازم الشرطية المذكورة، ومنع انتفاء اللازم.

أما تسليم المستنَد؛ فلأن الكذب المتضمن عصمة نبي = لا يقبح -كما قلتم-، لكن عدمَ قبحِه شرعيٌّ.

وأما منع انتفاء اللازم؛ فلأن القبيح العقلي -أي: ما يُعلم بضرورة العقل- لا يتخلف أصلًا. لكن الكذب المعلومَ قبحُه بضرورة العقل؛ ليس إلا ما كان كذبًا لا نفع فيه ولا دفْع ضرر.

وأما ما كان فيه نفعٌ أو دفعٌ؛ فقبحه إنما يعلم بالشرع، أي: بالكتاب والسنة والإجماع.

أما الكتاب والسنة؛ فعمومات الذمِّ للكذب، فلا يخرج إلا ما خصَّه دليل.

وأما الإجماع؛ فظاهر. وقد خص الدليلُ مثلَ الكذبِ في الجهاد والصلح، ومع الزوجة، وغير ذلك مما هو مسطور في السنة.

فثبت أن الكذب القبيح بضرورة العقل = لا يحسن أصلًا. وإنما السمعي هو الذي قد يرتفع القبحُ عنه. وعُلِم أن علة قبح الكذب المعلوم بضرورة العقل = مركبة من إثبات ونفي.

أما الإثبات؛ فهو كونه إخبارًا بالشيء لا على ما هو به. وأما النفي؛ فهو كونه لا نفع فيه ولا دفع ضرر، بل هما نفيان في اعتبار العقل. فإذا انتفى أحد هذين الجزأين كصورة المستنَد -أعني المثال-؛ انتفى القبح العقلي؛ ضرورةَ انتفاء المركب بانتفاء جزئه. وقد انتفى الجزء الثاني في ما ذكرتم من المثال، وذلك الجزء هو كونه لا نفع فيه ولا دفع ضرر، فالمستنَد -على هذا- مسلَّم، أي: زاول القبح في هذا الكذب المذكور. لكن قبحه ليس عقليًا -أي: معلومًا بضرورة العقل كما قررناه-، فخرج المستنَد عن محل النزاع، فلا يصلح مستندًا لكم. وبقي انتفاء اللازم ممنوعًا على حاله، أي: إن القبح المعلوم بضرورة العقل لا يتخلف.

وأما ما أورده بعض أهل العدل على هذا الجواب، من أنه يلزم منه أن يكون الكذب العاري عن النفع والدفع؛ غير قبيح لكونه كذبًا، بل لأجل كونه عبثًا، وفيه نقض أصول كثيرة، وقواعدة شهيرة = فمما لا ورود له في التحقيق؛ لأنه لا يلزم من عدم قبحه لمجرد كونه كذبًا، أن يكون قبحُه لمجرد كذبه عبثًا؛ فإن صاحب هذا الجواب ما قال بأنه لا يُعتبر جانبُ كونه كذبًا، بل قال: إن علة قبح الكذب المعلومِ قبحُه بضرورة العقل؛ مركبةٌ -كما بيناه-. فكونه كذبًا = أحدُ جزأيها، وكونُه عبثًا -مثلًا- هو الجزء الآخر؛ بناء على أن ما لا نفع فيه ولا دفع = عبثٌ. فكيف يلغَى أحد الجزأين، ويُحكَم بأن القبح لمجرد الجزء الآخر لا غير، مع العلم باعتبار الجزأين كليهما

عند صاحب هذا الجواب؟ فافهم هذا؛ فإنه -مع وضوحه- قد خفي على الفاضل عبد الله النجري، فأورد في **شرح القلائد** هذا الإيراد المذكور. وما أراه إلا عن غفلة، ولو تنبه لما ذكرناه؛ لعلم أن الإيراد لا يتجه أصلًا.

فقد ظهر بما ذكرناه في هذه الوجوه: صحةُ ما ذهبنا إليه، وبطلانُ ما تمسكتم به من مثال الكذب بكل وجه، وعلى كل تقدير، بحمد ذي الطول لا إله إلا هو إليه المصير.

لا يقال: تكثير هذه الوجوه في الجواب = تعسير واضطراب.

لأنا نقول: إنما أردنا سقوط كلام الخصم على كل تقدير لا يُستراب.

ولمثل هذا أكثر جار الله -رحمه الله- الكلام في تأويل قوله تعالى: ﴿خَتَمَ ٱللَّهُ عَلَىٰ قُلُوبِهِمْ﴾ [البقرة: 7]، حتى قال بعض المجبرة: «اضطربت آراء المعتزلة في هذا المقام». وسببُه الغفلة منه عن أصول المعتزلة، وعدم معرفة مواقع الكلام.

مزيد توضيح لعدم الفرق بين مذهبَي البصرية والبغداذية

وأما ما يقال من أن بعض هذه الوجوه التي ذكرتَها لا يلائم مذهب المعتزلة القائلين بالحسن والقبح ذاتًا، وهم الذين وقع كلام المعترض بصدد مذهبهم، وإنما يجري على مذهب البصرية منهم، وهم القائلون بأنه إنما يقبُح القبيح ويحسُن الحسن لوقوعهما على وجوه واعتبارات، ولا نزاع معهم = فليس بشيء؛ لأنه لا فرق بين المذهبين أصلًا -أي: مذهب البغداذية والبصرية، كما أشرنا إليه سابقًا-، بل لا قائل بأنه يحسن الحسن ويقبح القبيح لذاتيهما -أي: نفس الأكوان-؛ فإن كلًا من العدل والظلم، والحكمة والعبث، ورد الوديعة وجحودها وانتهابها = أكوانٌ -كما لا يخفى-، فيلزم -على هذا- اتحادُ ماهيّة الحسَن والقبيح أيضًا؛ لأن كلًا منهما أكوان.

ولو قيل: إن مرادهم -أي القائلين بالحسن والقبح الذاتيين-: أنه يقبح القبيح -مثلًا- [105 أ] لكون هذه الذات والعين؛ لزم أن يُعلَّل الشيء بأنه ليس غيره؛ لاستواء قولنا: «علة هذا الشيء؛ هو كونُه إياه»، وقولنا: «علة هذا الشيء؛ هو كونه ليس إلا إياه»، وهو معنى قولنا: «ليس غيره».

وهذا -مع كونه مما لا يقول به عاقل- يلزم منه اتحاد ماهية الحسن والقبيح أيضًا؛ لكون كل واحد منها ليس غيره، فيحسن القبيح لكونه ليس غيره، ويقبح الحسن لذلك، فلا يُتصوَّر تمامُ ماهيةِ حَسَن ولا قبيح. فظهر: أنه لا قائل بهذا القول -على ما فهمه المعترض وغيره-. وإنما أرادت البغدادية ملاحظة جعل الوجوه والاعتبارات من تمام الذات -أي: ذات الفعل- بحسب العقل. فالظلم -مثلًا- قبحُه عندهم ذاتيٌّ، بمعنى أنه لا يكون ظلمًا إلا وهو قبيح في ذاته، أي: لا يكون ضررًا خالصًا إلا وذاته قبيحة. ولا كلام في أنهم ملاحظون وقوعَه على الوجه الذي صار معه ظلمًا، كالبصرية، فلا خلاف أصلًا -كما مر-. أَوَلَا ترى أنهم جميعًا مصرِّحون بأن الكذب يقبح لكونه كذبًا -أي: إخبارًا بالشيء لا على ما هو به- وبعضهم يزيد تلك الزيادة التي عرفتها آنفًا، وأن الظلم يقبح لكونه ضررًا عاريًا عن نفعٍ ودفعٍ واستحقاق؟ وهذه قيود واعتبارات لا محالة، لازمة في المذهبين، معتبرة عند أهل القولين، وهم مصرحون بذلك في مواضع من كتبهم الكلامية.

غاية ما في الباب: أن هؤلاء ملاحظون مجموعَ القيد والمقيَّد، من حيث كونه كذلك، جاعلون لهما شيئًا واحدًا، وذاتًا مستقلة. وهؤلاء نظروا إلى أن المقيَّد لا يحسن ولا يقبح إلا مع القيد؛ لِما علمت من أن مجرد الأكوان لا يصلح أن يكون مناطًا لحسن ولا قبح. لكنهم لم يلحظوا المجموع -من حيث كونه مجموعًا- كالأولين، وإنما جعلوا نفس المقيَّد ذاتًا مستقلة عن القيود، والقيود خارجة عنها؛ فهما شيئان -أعني المقيّد والقيود-، بل أشياء. والخلاف لفظي -كما حققه غير واحد-.

ولهذا؛ تجد كلام بعض الإمامية في هذا البحث متلونًا؛ تارةً مثل كلام البصرية، وتارة مثل كلام البغدادية؛ لعلمهم أنه لا فرق بين المذهبين إلا من حيث العبارات والاعتبارات. وكذا ابن القيم -رحمه الله- لم يفرق بين المذهبين -كما يظهر لك من عباراته التي سقناها سابقًا-.

كلامٌ في أنه لا يلزم معرفة جميع الاعتبارات

وينبغي أن يُعلم اتفاقُهم على أنه لا يلزم معرفة جميع الاعتبارات -كما سبقت إشارة

إلى ذلك-. فلا يَرِد نحوُ ما توهمه المعترض في النسخ، من الحرمة إلى الوجوب وغير ذلك. وقد كفيناك مؤنة البحث في ما سلف، وأزلنا عنه غطاءه. وإنما أردنا هنا تحديد فائدة وتأكيد قاعدة، فلتكن منك على ذُكرٍ، وفكرة مساعدة.

ولنرجع إلى خصوص كلام المعترض، ونوضحْ طرفًا من فساده، غير ما سبق ضمنًا، على ما حكاه عن أهل مذهبه واعتقاده، فنقول:

قد اعترف الشيخ ابن الحاجب، والقاضي العضد، ومن تبعهما من أهل الحواشي، أن هذا الاحتجاج الذي أورده المعترض لا ينتهض على الجبائية القائلين بالوجوه والاعتبارات، ومنهم المؤلف -أعني ممن يقول بالوجوه والاعتبارات-.

فاستدلال المعترض مستنِدًا إلى الكذب المتخلِّفِ عنه القبحُ -كما زعم-؛ جديرٌ بأن يقال فيه: إن مستنده الكذب. ولذا لم يعتمده الباقلاني، والجويني، وغيرهما، إلا على القائلين بالحسن والقبح الذاتيين.

وهذا المعترض جعل الإيراد بمحاذاة هذا القول، وكلامَه الأول بإزاء مذهب القائلين بالوجوه والاعتبارات. ألا تراه حكى عن المعتزلة أن للفعل جهةً محسِّنة؟ وهذا أنسب بأن يكون هو مذهبَ «الوجوه والاعتبارات»، لا مذهب «الذات»، فقد انعكس على المعترض كلامُ أصحابه الأشاعرة، ووقع في هذه الغلطة الظاهرة.

فإن قلتَ: أليس قد قررتَ أن مرجع القول بالوجوه والاعتبارات، ومرجع القول بالذات = إلى معنى واحد من دون فرق بينهما؟

قلتُ: نعم، لا فرق بينهما في التحقيق. لكن الأشاعرة -ومنهم هذا المعترض- قد زعموا أن بينهما فرقًا يُبتَنى عليه مثلُ هذا الذي أشرنا إليه -أعني ما نقلناه عن ابن الحاجب والعضد وغيرهما-. فالمعترض قد بنى على هذا الغلط، فقد وقع في غلط آخر غير ما وقع فيه الأشاعرة من الغلط الذي وقع فيه أيضًا بعض المتأخرين من المعتزلة؛ لأنهم اعتمدوا على ما وجدوه في بعض كتب الأشاعرة، وهو خلاف الحق والتحقيق.

فأنت قد عرفت أنه لا قائل بالحسن والقبح ذاتًا -على ما فهموه-؛ فسقط جميع ما

حاولوه، ويكون اعتراف ابن الحاجب والعضد وغيرهم بعدم نهوض هذا الاحتجاج على الجبائية[262]؛ إقرارًا منهم بعدم نهوضه على المذهبين، وإعلانًا بسقوطه وضعف دخوله في البين. وليكن كلام المعترض ساقطًا على درجتين.

لا يقال: قد أشار في الإيراد إلى مذهب الوجوه والاعتبارات، حيث قال: «أو بواسطةِ لازمِ الذات».

لأنا نقول: هذا تخليط ناشئٌ عن جهل بسيط.

أما أولًا؛ فلأنه قال: «احتج الأشاعرة بأن القبح لو كان ذاتيًا». إلى آخره. وهذا ينادي بأن الإيراد ليس إلا بصدد القائلين بالذات. فكيف يلائم الإشارةَ إلى مذهب الوجوه والاعتبارات؟

وأما ثانيًا؛ فلما عرفت من أنه لم يقل أحدٌ بالقبح -مثلًا- اللازمِ للذات بالمعنى الذي لا يزول -كما توهمه-. فإنه لا بد عند الجميع من وقوع الفعل على بعض الوجوه والاعتبارات التي هي خارجة عن ذاته التي هي مجرد الأكوان، وأن بعض الوجوه مُلغًى، وبعضَها معتبرٌ اتفاقًا. فكل قيد ووجه يحكم العقل الصحيح بحسن النقل أو قبحه معه؛ فليكن منظورًا إليه معتبرًا في تمام الحسن والقبح وجودًا وعدمًا، وما لا؛ فلا عند الفريقين من البصرية والبغداذية.

قوله: «فإن القبيح، كالكذب، قد يحسن إذا كان فيه عصمة نبي من ظالم... إلخ».

قلنا: عبارتك هذه السخيفة ذاتُ إيهام، وإشارتك عن يدك [105 ب] الضعيفة ما قُطِعَت عن الإبهام. وأراك قد اعترف بمذهب خصمك، واغترفت من وخيم وهمِك. فإن كان مرادك أن القبيح عقلًا قد يحسن عقلًا؛ فقد أقرَّيْت -على ما في كلامك من عِوَج- بالحسن والقبح عقلًا، ولا محيص لك ولا مخرج.

وإن كان مرادك أن القبيح عقلًا قد يحسن شرعًا أو العكس -أي: إن القبيح شرعًا قد يحسن عقلًا-؛ فهل أصرح من هذا في القول بالحكم العقلي؟ والأمر فيه ظاهر جلي.

(262) ينظر: الإيجي، **شرح مختصر المنتهى**، ج 2، ص 35.

ولا يخفى أيضًا فساد القول بأن القبيح شرعًا قد يحسن عقلًا، وأما عكسه -وهو أن القبيح عقلًا قد يحسن شرعًا-؛ فقد عرفت ما أسلفناه من تقرير ذلك المنع؛ لاستنادهم إلى الكذب.

وإن أردت أن القبيح شرعًا قد يحسن شرعًا؛ فقد خرجت إلى مذهبك عن جادّة الإصابة للصواب، وشغلت الحيز بما ليس من محل النزاع في هذا الباب، كما هو ظاهر لأولي الألباب.

مناقَضَةٌ للأشاعرة في قولهم: «إن الكذب صفة نقص»، وقولهم: «إنه قد يتصف بغاية الحسن»

ولنورد عليك ما أوردتم في مسألتكم هذه مسألة الكذب، فنقول: قد لزمكم أيضًا اجتماعُ الحسن والقبح الشرعيين، فما كان جوابَكم فهو جوابُنا. وذلك أن الكذب عندكم قبيح شرعي، ودفعُ الظالم، وإنجاء المتوعَّدِ بالقتل ظلمًا = حَسَن شرعي. وقد اجتمعا في ما أوردتم من الكذب.

وأما قوله: «بل يجب».

فجوابه: الاستفسار. فإن أراد أنه يجب دفع الظالم بالكذب الصراح؛ فدفعُه أظهر من شمس الصباح. وإن أراد بغير الكذب؛ فمسلَّم. لكن لا يفيده ولا يجديه نفعًا.

وأما قوله: «فقد اتصف الكذب بغاية الحسن»؛ فكلامٌ كَذِبٌ في غاية القبح. ومع ذلك؛ قد اشتمل على تكذيب المعترض وأمثاله، حيث يقولون: «نحن نسلم نقص الكذب وامتناعَه على الله تعالى، وعلى رسُله عليهم الصلاة والسلام». فإذا كان هذا كلامهم في نفي قبح الكذب وجوازه بل حُسنِه، بل اتصافِه بغاية الحسن؛ فليت شعري ما هو الكذب الذي اعترفوا بأنه نقص؟ وهل هو جنس آخر غير هذا الذي اتصف بغاية الحسن -كما قالوا-؟ أو هو من هذا الجنس بعينه؟ فلم لا يجوز من الباري تعالى، وهو الذي له الحكم ولا معقب لحكمه، و﴿لَا يُسْئَلُ عَمَّا يَفْعَلُ وَهُمْ يُسْئَلُونَ ﴿٢٣﴾﴾ [الأنبياء: 23]، كما يجادلون بأمثال هذه الآيات من قبيل «كلمة حق يراد بها باطل»؟

يجادلون في الحق بعد ما تبين لهم، فما كانوا ليؤمنوا بما كذبوا به من قبل، سيعلمون غدًا من الكذاب الأشر. وقد نبهناك على صنيعهم في ما سبق، وسنزيده تأكيدًا في ما يلحق.

وأما قوله: «وإلا لما زال، وكذا الحسن، وإلا لما عرض للكذب بعد أن لم يكن»؛ فلا أدري ما محصله وما يروم به. وقد اختبط في معنى الذاتي، وكلامه هذا ينبئ على أنه قد ظن أن الكذب ليس وصفًا للكلام يحصل ويزول، إنما هو كالجوهرية والعرضية في الجوهر والعرض؛ فما هذه الغفلة؟ وماذا الذي تثمر له هذه العبارات النازحة عن الإنصاف بالجملة؟

فإن الكلام نفسه -الذي هو موصوف الكذب- يعرض بعد إن لم يكن، فضلًا عن وصفه الذي هو الصدق والكذب، وكذلك سائر الأشياء.

ومع ذلك فقد عرفت أن قوله: «وإلا لما زال» = باطل. فإن الكذب ما زال -كما بيناه في مستندات المنع-. لكن الرجل لا يبالي على أي جنبيه وقع، وليس في يديه من هذه المباحث والمباني إلا الأوهام والأماني.

فقوله: «فظهر أنهما ليس عقليين» = من جملة أمانيه وأوهامه الفاسدة، ولا رَجَع فسادُها إلا عليه؛ إذ لا يخفى على أحدٍ أن هذا القول بأنهما ليس عقليين وأنهما شرعيان = لا يتم له معه جزم بصحة الشريعة -كما مر-، ولا يتم له تنزيه الباري تعالى عن الكذب في الكلام اللفظي، وإلا لزم أن بعض أفعاله داخلة تحت الحدِّ الشرعي.

ومن أجل هذا قال إمام الحرمين: إنه لا يستقيم تنزيه الرب جل جلاله عن الكذب إلا على مذهب المعتزلة، وقال صاحب **تلخيص المحصل** مثل ذلك، وقال العضد قريبًا منه، وقد مر وسيأتي التذكير به إن شاء الله.

ومن الأدلة السمعية على أن قبح الكذب مركوز في العقول بدون واسطةِ شرع؛ ما حكاه الله عن مؤمن آل فرعون، حيث قال: ﴿وَإِن يَكُ كَـٰذِبًا فَعَلَيْهِ كَذِبُهُۥ﴾ [غافر: 29]؛ إذ ليس المراد أن قبح كذبه وسوء عاقبته ووزره؛ يرجع عليه إذا كان كاذبًا؛ فمؤمن آل فرعون يخاطب القوم بهذا الخطاب، مع علمه بأنهم لا يثبتون الشرع، فضلًا عن أن يعتقدوا قبح الكذب وسوء مغبته بالشرع لا بالعقل. وهم أيضًا ما ردّوا قوله، ولا قالوا: «لا قبح في الكذب، ولا عقاب فيه، ولا وزر على صاحبه». بل علموا أن

هذا الذي قال به المؤمن كلام إنصاف تام قاطع للمجادلة. وهذا دليل على أنهم لا ينكرون قبح الكذب، وسوء عاقبته، ووخيم مشربه، مع نفيهم للشرع بالكلية.

والأدلة على هذا المعنى كثيرة، لكن المعترض معرض عما لا يطابق هواه، ولا يوافق غرضه.

وفي أمثال هذه السماجات التي يوردها ما يوضح العذر في عدم التوجه إليها، ويذود العاقل عن شغل الأوقات بالكلام عليها. وإنما أخرجَنا إلى ذلك ما جُبِلَت عليه طباع كثير ممن عرفناهم، حيث نراهم إذ لم يُستكمل الجوابُ ويكنْ شاملًا للأطراف؛ ظنوه نوعًا من القصور والاعتراف. ثم ما نراهم عليه من حسن الظن بهؤلاء الذين دينهم وديدنهم إيراد الشبه في منع حكمة الله وعدله، ودفع وجوب شكره على فضله.

نكتة في الحكمة

وها هنا نكتة شريفة، وهي أن سعد الدين صرّح في **شرح النسفية**، بأن من تمنى أن لا يُحرَّم قتلُ النفس بغير حق؛ فإنه يكفر.

قال: «لأنه حرمته في جميع الأديان موافقةٌ للحكمة، ومن أراد الخروج عن الحكمة؛ فقد أراد أن يُحكَم بما ليس بحكمة، وهذا جهل منه بربه تعالى»[263]. هذا كلامه. ومنه تعرف حال من قال بجواز صدور القبائح الصِّرفة من الحكيم عز وجل، كما أومأ إليه المعترض تبعًا لأصحابه، وأن لزوم الكفر في حقه أظهر من المتمني المذكور -في التحقيق-؛ فإن المتمني كالمتلهف على بتِّ الحكمة بتحريم الظلم، وفي ذلك اعتراف منه بالحكمة من حيث المعنى، وإذعان بأن بَتَّ الحكمة بذلك أمرٌ معلوم من الحكيم تعالى، ولا كذلك القائل بجواز خلاف الواقع بالحكمة، فافهمه، فإنه من المراصد، وبه تزداد يقينًا بأن كلام المعترض مبنيٌّ على فاسد.

لا يقال: إنه -أي: سعد الدين- قال بهذا المنقول عنه، بناءً على مذهب صاحب

(263) التفتازاني، **شرح العقائد النسفية**، ص 107.

العقائد(264)؛ فإنه ماتريدي، وهم يثبتون الحكمة، ويقولون بالتحسين والتقبيح العقليين، وهما أساس إثبات الحكمة؛ فلا حجة فيه على الأشعري كسعد الدين.

لأنا نقول: هذا باطل.

أما أولًا؛ فلأن عادته التنبيه على ما لا يرضاه مذهبًا له، فما ترك التنبيه هنا على ذلك إلا لكونه مرضيًا عنده.

وأما ثانيًا؛ فلأن الأشاعرة يزعمون أنهم يثبتون الحكمة. وأصولُهم وإن كانت لا تساعدهم على إثبات الحكمة، إلا أن مجرّد زعمهم ودعواهم لإثبات الحكمة؛ يُسقط السؤال المذكور ويدفعه.

وأما ثالثًا؛ فقد وقع مثل هذا الكلام لسعد الدين في شرح المقاصد، بل كلامه ناطق بالحكمة في كثير من الموارد.

[عودٌ إلى تحرير محل النزاع: هل الثواب والعقاب داخلان في التحسين والتقبيح العقليين؟]

ولما قال المؤلف -رفع الله ذكره-: «لنا في جميع ذلك: تصويب العقلاء... إلخ»(265).

قال المعترض: «لا خفاء في أن تصويب العقلاء من مَدَح أو أحسَنَ إلى المحسن، بعد ثبوت أن ما صدر عنه إحسانٌ = لا كلام فيه؛ لأنه مما يلائم الغرض، ويوافق المصلحة. ولاشك أن مُدرِكَه العقلُ اتفاقًا، وليس محل النزاع. وإنما الكلام في أن هذا الفعل الصادر؛ يخص الشخص الأول، سواء كان ملائمًا لغرض أو غير متعلق به غرض بملاءمة أو منافرة = هل يدركُ العقل -مع قطع النظر عن الشرع- أنه مما يستحق أن يمدح فاعلُه عاجلًا، ويثاب عليه آجلًا أم لا؟ فإن هذا هو محل النزاع».

---

(264) أي: الإمام النسفي.
(265) المنصور بالله، الأساس، ص 22.

أقول: افتريت -يا أخا الأكراد- باعترافك. وذلك أنك في كتابك هذا المنبئ عن عدم إنصافك = لم تزل في كل موقف من مواقف النزاع في ما لا ثواب فيه ولا عقاب بالاجماع تقول: «هذا مبني على الحسن والقبح عقلًا» -كما مر ذلك مفصلًا- [106 أ].

فمِثلُ قولك على قول المؤلف -الآتي إن شاء الله: «لأن من أراد من مملوكه الفسادَ... إلخ»-: «مبني على أصلكم الفساد من تحكيم العقل في الحسن والقبح، ولا حكم له عندنا؛ فإنا قد أبطلناه، وبينا أنه لا حاكم إلا الله». هذا كلامك في ذلك الموضع الذي لا يتأتى ولا يُتصوَّر دخول الثواب والعقاب فيه = اعتراف منك بافترائك هنا، وإكذاب لنفسك بنفسك، وكفى الله المؤمنين القتال. وله نظائر ستأتي مجملة ومفصلة بلا إشكال.

وأما قولك: «سواء كان ملائمًا لغرض أو غير متعلق... إلخ»؛ فليت شعري، من أين عرفته في مذهب المعتزلة؟ ولو نَطَقَت السبع الشدادُ لأفصَحَت عن كَذِبِك يا أخا الأكراد؛ إذ لا يقول بما ذكرت أحد من المعتزلة ولا من غيرهم من العدلية في سالف الآباد، بل هم مصرحون بخلافه على رؤوس الأشهاد.

قال: «ولا شبهة في أنه لا دلالة في هذا الدليل عليه أصلًا؛ لأن هذا الدليل إنما يدل على أن من صدر عنه إحسان إلى شخص، فجازاه الآخر بالمدح والإحسان؛ استحسنه العقلاء. أو صدر منه إساءة إلى شخص، فجازاه الآخر بالذم والعقاب كذلك؛ استحسنه العقلاء. وهذا لا كلام فيه؛ لأنه ليس محل النزاع. وإنما المطلوب إثبات إحسانٍ أوَّلًا، حتى يتفرع عليه مقابلتُه بمدح وإحسان. ولم يثبت بهذا الدليل أصلًا؛ لأنه سلَّم أولًا بثبوت أن هذا الفعل الصادر من الشخص الأول؛ إحسان قطعًا، ثم بنى عليه تصويبَ العقلاء مادحَه والمحسنَ إليه؛ جزاءً. وهو مصادرة على المطلوب، المستلزم للدور المحال. وإنما الشأن في إثبات أن هذا الفعل الأول إحسان، ولهذا استحق المدح والإحسان جزاءً، ودونه خرط القتاد. فانظر -يا أخا الأكياس- من أين جاء لك الالتباس، وعليك بالإنصاف، فقد طلبته من صاحبك، وإياك والعصبية، وقد تبريتَ عنها في أوائل كتابك فلا ترجع إليها».

أقول: الإنصاف من أحسن الأوصاف، لكن هذه ملاوذة من المعترض، وروغان واعتساف. وإلا فما أظنه يخفاه أن مراد المؤلف من هذا الاستدلال: ما هو مشهور في كلام شيوخ الاعتزال، من أن حُسن الإحسان كالعدل، وقُبحَ الإساءة كالظلم = مما اتفق عليه العقلاء. وذلك لأن تصويب المدح مدحٌ، وتصويب الذم ذمٌّ. بل ربما كان التصويب أولى بالدلالة على حُسن الحَسَن وقُبحِ القبيح؛ فكأن المؤلف يقول: «قد أطبق العقلاء على حسن مثل العدل والإحسان، وقبح الإساءة والعدوان، على اختلاف الأزمان والأديان، والبلدان واللسان، والأغراض والعادات، والرسوم والمواصفات، فلولا أنه مركوز في العقول؛ لما وقع عليه الاتفاق بين جميع العقلاء في جميع الآفاق، حتى الذين لا يدينون بدين، ولا يقولون بشريعة كالدهرية والبراهمة».

اعتراف الرازي والسعد بأن حُسن نحوِ العدل، وقبحَ نحوِ الظلم، مما تدركه العقول، ويتعلق به المدح والذم. وذلك هو مطلوب القائلين بالحسن والقبح عقلًا، كالمعتزلة وسائر العدلية

وهذا الكلام مما لم يجد الرازي وسعد الدين وغيرُهما جوابًا عنه إلا بالإذعان بما تدركه العقول من الملاءمة والمنافرة، ومتعلَّق المدح والذم في مجاري العقول. وقد عرفت مرارًا أنه عين ما تقوله المعتزلة، وإن أبى الأشاعرة.

قال الرازي في **المحصل**، بعد إيراده لنحو ما ذكرناه ما نصه: «والجواب: إن أردت به العلم الضروري بحصول الملاءمة والمنافرة للطبيعة؛ فذاك مما لا نأباه. وإن أردت به غيره؛ فممنوع»(266). انتهى.

قلنا: لم نُرِد غيرَه، ولا تعرُّض لنا على ما زعمتم أن الثواب والعقاب من ماهيته.

وقال سعد الدين في **شرح المقاصد**، بعد إيراد نحو ما ذكرناه أيضًا، ما نصُّه: «والجواب: منع الاتفاق على الحسن والقبح بالمعنى المتنازع فيه، و هو كونُه متعلَّق المدح والذم عند الله، واستحقاق الثواب والعقاب في حكمه، بل بمعنى ملاءمة

---

(266) الرازي، **المحصل**، ص 154.

غرض العامة وطباعهم وعدمها، ومتعلَّق المدح والذم في مجاري العقول والعادات. ولا نزاع في ذلك»(267). انتهى.

قلنا: هذا هو مذهبنا بعينه، ولا نعني ما ادعيتم أنه محل النزاع -كما مر موضحًا مكررًا-.

وقد علم ذلك كل من نظر في مدارج النزاع المتفرعة على هذا الأصل، حتى قال الزركشي في **شرح الجمع**: «إن قومًا توسطوا، فقالوا: 'إن القبح واستحقاق الذم عليه؛ ثابت بالعقل، وأما العقاب؛ فمتوقف على الشرع'». وحكاه كثير من أصحابهم وغيرهم. قال: «وهو المنصور؛ لقوته من حيث الفطرة وآيات القرآن»(268). انتهى. كما نقله عنه صاحب **الإيثار**. قال: «وقد سبق أن تسليم هذا القدر من التحسين والتقبيح العقلي = يوجب الموافقة على إثبات الحكمة في أفعال الله»(269). إلى آخر كلامه. وهو حق؛ فالإحسان الممدوح على فعله؛ ثابت بالعقل من دون نزاع، لمن يعترف بحكمة الله تعالى. وقد سبق التنبيه على ذلك مرارًا.

فقول المعترض: «وإنما المطلوب إثبات إحسان... إلخ» = جهلٌ منه بمحل الاتفاق وبمحل النزاع، وبمراد المؤلف رحمه الله؛ لأنه -قدس الله روحه- ما ادّعى ثبوت إحسانٍ بالمعنى المتنازع فيه -بزعم الخصم-، بل مجرد ما يستحسنه العقل، سواء ورد الشرع أم لا.

وقد عرفتَ أن من سوَّى بين رجلين؛ أحدُهما معروف بمطل الوديعة والكذب، وإيذاء الجار وهتك المحارم وسَرَقِ الأمتعة، والآخر معروف برد الودائع والصدق، وصيانة الجار والذب عن المحارم وستر العورات، وحفظ متاع الغير، وبالجملة،

---

(267) التفتازاني، **شرح المقاصد**، ج 2، ص 151.

(268) أبو عبد الله بدر الدين محمد بن عبد الله بن بهادر الزركشي، **تشنيف المسامع بجمع الجوامع**، تحقيق سيد عبد العزيز وعبد الله ربيع (القاهرة: مكتبة قرطبة للبحث العلمي وإحياء التراث، 1998)، ج 1، ص 143.

(269) هذا كلام صاحب **الإيثار**، تعقيبًا منه على كلام الزركشي، ينظر: ابن الوزير اليماني، **إيثار الحق**، ص 343.

فأفعالها جميعها كالمتضادة = فهو -أي: الذي يسوي بينهما- مكابرٌ لعقله، معاند لفطرته؛ فلا يُلتفت إليه عند العقلاء، بل ربما ذموه ذمًا مكررًا.

والمعترض ادعى أنه مصادرة على المطلوب، فأقلَّ الحياءَ وأكثرَ الوقاحةَ؛ إذ نسب مثل الإمام الرازي وسعد الدين وغيرهما من الأشاعرة، إلى عدم معرفة المصادرة، والجهل منهم بعدم الحاجة إلى الاعتراف بمتعلَّق المدح والذم، والملاءمة والمنافرة.

فقوله: «وهو مصادرة على المطلوب» = ميلٌ منه عن المطلوب، وكأنه لم يعرف ما ذكرناه عن الإمام الرازي والسعد والزركشي وغيرهم، ﴿وَكَأَيِّن مِّنْ ءَايَةٍ فِي ٱلسَّمَٰوَٰتِ وَٱلْأَرْضِ يَمُرُّونَ عَلَيْهَا وَهُمْ عَنْهَا مُعْرِضُونَ ١٠٥﴾ [يوسف: 105].

ثم ما سلم هو من مناقضة نفسه بنفسه؛ لأنه قال أولًا: «إن محل النزاع ليس إلا: هل يُدرِك العقلُ -مع قطع النظر عن الشرع- أنه مما يستحق أن يُمدح فاعلُه عاجلًا، ويثاب عليه آجلًا؟... إلخ». وهنا قال: «إنما الشأن في إثبات أن هذا الفعل الأول إحسانٌ... إلخ». واطَّرح ذكر الثواب والعقاب، فاعتبروا يا أولي الألباب.

ثم لا اشتباه في أن المصادرة إنما تلزم أن لو جعل المؤلف مُدَّعاه جزءًا من دليله، لكنه ليس كذلك كما عرَفتَه مما أوضحناه. وحاصل معناه: أن إطباق العقلاء على تصويب من مدح المحسنَ مثل العادل، والصادق، وذمَّ المسيءَ مثل الجائر والكاذب = يدلُّ على حسن الأول وقبح الثاني. فإذا قلتُ مثلًا: «هذا الفعل حسن؛ لأنه لو لم يكن حسَنًا لما أطبق العقلاء على تصويب المدح لفاعله [106 ب]. لكنا نجدهم مطبقين على ذلك؛ فثبت حسنُه». ونقول -مثلًا-: «هذا الفعل، كالجور والكذب، قبيح؛ لإطباق العقلاء على تصويب الذم لفاعله. وكل ما كان كذلك ثبت قبحه». فأين المصادرة يا أخا الأشاعرة؟

ولك أن تقرره بوجه آخر، لا يلزم منه أن يكون إحدى مقدِّمَتي الدليل عين المدَّعى المستلزم للمصادرة، وهو ظاهر، فلا حاجة إلى مزيد إيضاحه.

وفي قوله: «لأنه سلَّم أولًا ثبوت... إلخ» = مناقشة. فكان الصواب أن يقول: «لأنه ادَّعى» -كما لا يخفى على من عرف معنى المصادرة-، والخطب يسير.

هذا، وقد ظهر أن ثبوت ما ادعاه المؤلف على طرف الثمام، باعتراف السعد والإمام، وليس دونه خرط القتاد يا أخا الأكراد.

نعم، قد زعموا -كما زعمتَ- أن محل النزاع ما ذكرتَ. وهي مغالطة قديمة الميلاد، عالية الإسناد. وإنما تتايعوا فيها وتتابعوا عليها؛ لعلمهم أن إنكارَ مثلِ قبح الظلم، وحسن العدل، في العقول = مكابرةٌ وعناد. وأنت ما باليت بذلك، فقلت: «إنما الشأن في إثبات أن هذا الفعل الأول إحسان»؛ فوقعت في ما فروا عنه، مع مناقضة نفسك في ما ادّعيتَ أنه هو محل النزاع؛ تبعًا لهم.

قف على أنه إذا كان النزاع بين المعتزلة والمجبرة في أكثر المواضع مبنيًا على قاعدة الحسن والقبح، باعتراف الأشاعرة؛ لم يبق لإدخال الثواب والعقاب معنًى في المتنازَع فيه، في مسألة الحسن والقبح

هذا، وأنت خبير بأن أكثر الخلافيات بين المعتزلة والمجبرة؛ متفرعةٌ عن الحسن والقبح عقلًا، كوجوب التمكين، واللطف، والبيان، وقبول التوبة، وحسن البعثة، ومسألة الأفعال بين الجبر والاعتزال، والقول بأن الله تعالى يرزق العبد حرامًا، ويسوقه إليه أو لا. فإن ذلك بهذا الاعتبار مبني على قاعدة الحسن والقبح. وبالجملة؛ أفعال الباري وأحكامه تعالى.

وقد اعترف صاحب **شرح المواقف** في هذا البحث -أي: بحث الرزق-، بأن التحسين والتقبيح منشأ كثير من المنازعات -كما سيأتي-، حيث صرح بأن الحكم على الله تعالى بـ«يجوز ولا يجوز» = مبني على هذه القاعدة. ولا يتأتى إدخال الثواب والعقاب في تلك المقامات أصلًا -كما مر، وسيأتي مفصلًا-.

ولهذا، رضي المعترض بمناقضة نفسه هنا، فقال: «إنما الشأن... إلخ»، وله نظائر تقتضي أصرحَ من هذا. وقد صرَّح أيضًا بمثل ما صرح به شارح **المواقف** على قول المؤلف -رحمه الله-: «فصلٌ: وما يفعل الله تعالى قطعًا = لا يقال إنه واجب... إلخ».

فليراجع في ما سيأتي إن شاء الله تعالىٰ.

وبالجملة، فالأمر أوضح من ذلك. وإن فعلَهم = نقيضُ السعي في إبانة المسالك وإعانة السالك. ولهذا، تعجَّب الشيخ محمود الخوارزمي وغيره من أصحابنا، من شغل المجبرة للحيِّز بذكر الثواب والعقاب، وهم علىٰ علم بما هو المتنازع فيه. ولا شك في عدم جريان ذلك في مثل تكليف ما لا يطاق، وقهر العباد علىٰ المعاصي والكفر، وجبرهم علىٰ ذلك كله، بل إيجاده منهم، ثم تعذيبهم علىٰ فعله، وغير ذلك من المواضع التي اختلف فيها الفريقان؛ بناء علىٰ قاعدة الحسن والقبح عقلًا.

وليس العجب إلا من مثل الإمام الرازي -كما مر-، لا سيما وقد اطلع علىٰ مقالات المعتزلة، ولعله اطلع علىٰ مثل كلام الشيخ محمود المذكور. وكلامُه الآتي قريبًا نقلُه عن **المحصل** -حيث قال: «من صُوَر النزاع: قبحُ تكليفِ ما لا يطاق... إلخ»[270]- مما يزيد الناظر عجبًا!

وكذا العجب من مثل القاضي العضد، والفاضل التفتازاني، والسيد المحقق علي الجرجاني، وغيرهم من المحققين، لا من مثل المعترض وأمثاله من المقلدين. إلا أن التفتازاني قد أشار تلك الإشارة السابقة عن **شرح المقاصد**، وهي -كما ذكرناه هنالك- مرشدةٌ إلىٰ المقصود. وهكذا السيد المحقق، قد أشار في **شرح المواقف** إلىٰ المقصود.

وقد أوضحنا -في ما مر- أن الكلام في الحسن والقبح = مع قطع النظر عن الشرع والشارع؛ فأيُّ وجهٍ لإدخال الثواب والعقاب الآجلَين في المعنىٰ المتنازع فيه، وهما في فروع الشرائع؟ وهل هذا إلا من باب خلط الشرعي بالعقلي؟

فمن ذكر من متأخري المعتزلة الثواب والعقاب = فليس مراده إلا أن الحُسن والقبح في معرض ذلك، لا أنهما داخلان في ماهية المتنازَع فيه. مع أن من تعرض لذلك لم يُرِد بالثواب والعقاب ما يظنه الخصوم، وإنما المراد مُطلقُ المجازاة والمكافأة، من دون ذكر آجل وعاجل. ومحصله ما ذكرناه سابقًا في صدر المسألة، من استتباع

---

(270) الرازي، **المحصّل**، ص 153.

التعظيم والحطِّ، وكون الحسن والقبح في معرض ذلك.

ولهذا قال صاحب **التنقيح والتوضيح** ما نصه: «على أن الأشعري يسلِّم الحُسن والقُبح عقلًا، بمعنى الكمال والنقصان، وإن أنكرهما بمعنى: أنه لا يوجد في العقل شيءٌ يثاب العاقل أو يعاقب لأجله. فنقول: إن عنى أنه لا يجب على الله الإثابة والعقاب لأجله؛ فنحن نساعده في هذا. وإن عنى أنه لا يكون في معرض ذلك؛ فهذا بعيدٌ عن الحق»(271). انتهى. وهذا الكلام وإن كان فيه ما فيه = مما ينبهك على صحة ما ذكرناه، وأن الاعتراف بصفة الكمال والنقص = غيرُ الاعتراف بالحسن والقبح عقلًا. لكن لعلّهم إنما اضطروا إلى أخذ الثواب والعقاب في محل النزاع؛ لأنهم ما تجاسروا على إنكار متعلَّق المدح والذم، كالإحسان والإساءة، وصفة الكمال والنقص، كالصدق والكذب.

فالمعترض إن أراد بقوله: «إنما الشأن في أن هذا الفعل... إلخ»: أن العقل لا يُدرِك الإحسان -كما هو ظاهر كلامه-؛ فقد وقع في ما فرّوا عنه -كما مر-، واقتحم ما لم يتجاسروا [107 أ] عليه ظاهرًا، مع ما عرفت سابقًا من مناقضة دعواه ودعواهم في محل النزاع.

وإن أراد: أن الشأن في أن العقل يدرك أن هذا الفعل إحسان -أي: متعلَّق المدح عاجلًا والثواب آجلًا- كما ادَّعوا أنه هو محل النزاع؛ فقد وقع أيضًا في مناقضةٍ في غير ما موضع؛ حيث يقول: «إن قاعدة الحسن والقبح منشأ المنازعة في أفعال الباري وأحكامه تعالى، وأن هذا يجوز وهذا لا يجوز». وذلك لما عرفت مرارًا من أنه لا معنى لإدخال الثواب والعقاب فيها، فضلًا عن العاجل والآجل. فدعوى الأشاعرة ومن قلدهم -كالمعترض-، أن المتنازع فيه هو ما ذكروه في بيان محل النزاع = يكذّبها قولهم في جميع مواطن الجدال المتعلقة بأفعال الله وأحكامه تعالى: «هذا مبني على الحسن والقبح عقلًا». مع كون تلك المواطن نازحةً عن مجال الثواب والعقاب قطعًا واتفاقًا -كما سبق-.

(271) ينظر كلامه في: التفتازاني، **شرح التلويح**، ج 1، ص 354.

نكتةٌ عن الرازي في أن الثواب والعقاب بمعزِلٍ عن المعنى المتنازَع في الحسن والقبح، فتدبّر

أَلَا ترىٰ أن الرازي -وهو عمدةُ من بعده من الأشاعرة- قال في **المحصل**، بعد هذا المعنىٰ الذي زعموا أنه هو محل النزاع، ما نصه: «من صور النزاع: قُبحُ تكليفِ ما لا يطاق، فنقول: لو كان قبيحًا؛ لما فعله الله تعالىٰ، وقد فعله؛ بدليل أنه كلَّف الكافر بالإيمان مع علمه أنه لا يؤمن به»(272). إلىٰ آخر كلامه. فانظره يزدك يقينًا. ثم انظر كيف يفترون علىٰ الله الكذب، وكفىٰ به إثمًا مبينًا. ولا أدري كيف صدور مثل هذا الكلام من مثل هذا الإمام؟ فإن كل أحد يعلم أنه لا ثواب ولا عقاب في هذه الصورة التي زعم أنها من صور النزاع. ومن كرَّر النظر في كلامهم لم يجد ذكرهم للثواب والعقاب إلا تُرسًا يتخذونه لرد سهام التوبيخ في المضائق، ولكنه يُرمَىٰ به ويُطرح عند الحقائق، كما طرحه الرازي في الكلام المذكور، حيث جعل تكليف ما لا يطاق من صور النزاع، مع امتناع الثواب والعقاب فيها أيّ امتناع.

وكذا المعترض؛ ما ذكر الثواب والعقاب إلا في أول البحث، واطَّرَحه في جميع ما يأتي من المواضع التي هي بمعزل عن الثواب والعقاب. بل إنما يقول: «هذا تحكيمٌ للعقل»، «هذا مبني علىٰ أصلكم الفاسد في الحسن والقبح»، ونحو ذلك من العبارات التي هي شاهدة عليه بالافتراء في هذا المقام، ومناديةٌ بأعلىٰ صوتها بأنه -كمشايخه- رافضٌ لما للعقل من الأحكام، لا بمجرد ما قال إنه محل النزاع؛ غشًّا للقاصرين عن معرفة الكلام، ومدارك النزاع والخصام.

وقد قال سعد الدين ما عرفته سابقًا، من «أن مبنىٰ التعرض للثواب والعقاب علىٰ أن الكلام في أفعال العباد». هذه عبارته المنقولة -في ما سبق- عن **شرح المقاصد**. ومعناها ظاهرٌ في أنه لا يتأتىٰ في ما وقع النزاع فيه من أفعال الباري وأحكامه. وهي معظم ما وقع النزاع فيه، وأن دعوىٰ المعتزلة في ما هو أعم من أفعال العباد. ففي كلامه شاهدُ صدقٍ علىٰ مطلوبنا، بل هو اعتراف بأن محل النزاع بريء عن مدخلية

---

(272) الرازي، **المحصل**، ص 153.

الثواب والعقاب.

وقد طال المجال في هذا المقال، فأفضى إلى الإطناب؛ رَومًا لإزالة اللبس ودفع الارتياب؛ فلنقتصر على هذا القدر، ولنورد هنا شيئًا من حجج الأصحاب، وإن كان الكلام في هذا البحث ظاهرًا ما عليه حجاب، لكن إيراده في هذا المقام كالبرهان لما ادَّعيناه، والبيان لما نقمناه على الخصوم ونعيناه. فلا نورد هنا إلا ما هو مسطور في كتبهم، مشهور في تحزّبهم وتصحيح مذهبهم، فنقول:

استدلالٌ على ثبوت الحسن والقبح عقلًا، أورده سعد الدين في «شرح المقاصد» و«التلويح»

قال سعد الدين في شرح المقاصد ما نصه: «الخامس: -أي من وجوه ستة أوردها من أدلة المعتزلة-: أنا قاطعون بأنه يقبح -عند الله تعالى- من العارف بذاته وصفاته أن يُشرِك به، وينسب إليه الزوجة والولد، وما لا يليق به من صفات النقص وسمات الحدوث، بمعنى أنه يستحق الذم والعقاب في حكم الله، سواء ورد الشرع أو لم يرد.

والجواب: أن مبنى القطع = على استقرار الشرائع على ذلك، واستمرار العادات بمثله في الشاهد، فصار قبحه مركوزًا في العقول، بحيث يُظنُّ أنه مجرد حكم العقل.

السادس: لو لم يكن وجوب النظر -وبالجملة أول الواجبات- عقليًا؛ لزم إفحام الأنبياء عليهم السلام، وقد مر بجوابه.

ولقوة هاتين الشبهتين؛ ذهب بعض أهل السنة -وهم الحنفية- إلى أن حُسن بعضِ الأشياء وقبحَها = مما يُدرَك بالعقل، على ما هو رأي المعتزلة، كوجوب أول الواجبات، ووجوب تصديق النبي عليه والسلام، وحرمة تكذيبه، دفعًا للتسلسل، وكحرمة الإشراك بالله، ونسبة ما هو في غاية الشناعة إليه، على من هو عارف به وبصفاته وكمالاته، ووجوب ترك ذلك. ولا نزاع في أن كل واجب حَسَن، وكلَّ حرام

قبيحٌ»(273). إلى آخر كلامه.

اعتراف صاحب التلويح بأن الجزم بصدق النبي عليه الصلاة والسلام، وامتناع كذبه عقليٌّ، كالتصديق بوجود الباري تعالى

وإيضاح ما أشار إليه من التسلسل: ما ذكره في **التلويح**. فلنورده بتمامه؛ فإن فيه أيضًا شهادةً لنا على ما ادعيناه. قال فيه ما نصه: «تمسّك على كون حسن الأفعال وقبحها عقليين، بوجهين:

الأول: أن تصديق أول أخبار من ثبتت نبوته؛ واجب عقلًا. وكل ما هو واجب عقلًا؛ فهو حسن عقلًا.

أما الصغرى: فلأنه لو كان شرعيًا لتوقّف على نص آخر يوجب تصديقه؛ فالنص الثاني: إن كان وجوب تصديقه [107 ب] بنفسه؛ لزم توقف الشيء على نفسه. وإن كان بالنص الأول؛ لزم الدور، وإن كان بالنص الثالث؛ لزم التسلسل.

وأما الكبرى: فلأن الواجب عقلًا = أخصُّ من الحَسَن عقلًا -على ما سبق-. ويلزم من ذلك: أن يكون تركُ الصدق حرامًا عقلًا، فيكون قبيحًا عقلًا. وحاصل الثاني: أن وجوب تصديق النبي -صلى الله عليه وسلم- موقوف على حُرمة كذبه. ولو جاز ذلك؛ لما وجب تصديقه. وحرمة كذبه عقلية؛ إذ لو كانت شرعية؛ لتوقف على نص آخر، وهو أيضًا مبني على حرمة كذبه، فإما أن يثبت بذلك النص فيتوقف على نفسه، أو بالأول؛ فيدور، أو بالثالث؛ فيتسلسل. والحرمة العقلية تستلزم القبح العقلي. ويلزم من ذلك أن يكون صدقه واجبًا عقلًا.

والجواب: أن وجوب التصديق وحرمة الكذب، بمعنى جزم العقل بأن صدقه ثابت، فكذبه ممتنع؛ لِما قامت عليه من الأدلة القطعية = مما لا نزاع في كونه عقليًا، كالتصديق بوجود الصانع.

---

(273) التفتازاني، **شرح المقاصد**، ج 2، ص 152-153.

وأما بمعنى استحقاق الثواب والعقاب في الآجل؛ فيجوز أن يكون ثابتًا بنص الشارع على دليله، وهو دعوى النبوة وإظهار المعجزة؛ فإنه بمنزلة نصٍّ أنه يجب تصديق كل ما أخبر به ويحرُم كذبُه، أو بحكم الله بوجوب طاعة الرسول. غاية ما في الباب: أن ظهوره يتوقف على تكلم النبي عليه والسلام بعد ما ثبت صدقه بالدليل القطعي»(274). انتهى. ولا يخفى ما فيه من الاعتراف بمذهب خصمه؛ فإنه صرّح بأن الجزم بصدق النبي -عليه الصلاة والسلام- عقلي بلا نزاع، كالتصديق بوجود الصانع. وهل يقول مثبت الحسن والقبح بأكثر من هذا؟ اللهم إلا أن يكون المراد شيئًا آخر، فأوضِحوه على الوجه المحروس، ولا عطر بعد عروس. لكنا لم نجد لكم من الأدلة القطعية إلا التشبث بالعادات والأدلة الإقناعية. وقد عرفتَ ما في قوله(275): «وأما بمعنى استحقاق الثواب... إلخ»، وأن إدخالها في المعنى المتنازع فيه = بعيد عن سَنَن التوجيه، ورَوَغانٌ لا يخفى على النبيه، ولِواذٌ مشوب بالتمويه. وأما الكلام على لزوم إفحام الأنبياء عليهم السلام؛ فسيأتي لنا فيه ما يغني اللبيب ويكفيه.

ثم لا يخفاك أن المقصود من هذا الاستدلال، هو: إثبات الحسن والقبح على كل حال -أي: في ما هو أعمُّ من أفعال العباد وأفعال الكبير المتعال-، وليس المراد -خصوصًا في الوجه الثاني- أن مجرد الوجوب والحرمة على العبد = يستلزم الحسن والقبح، حتى يؤتَى في الجواب بالثواب والعقاب. بل المراد: أنه لو لم يكن الحسن والقبح في نفس الأمر؛ لارتفعت الثقة بصدق النبي عليه الصلاة والسلام. وحينئذٍ، لا يجب تصديقه في شيء من الأحكام.

بيان الملازمة: أنه متى ارتفع الحسن والقبح مطلقًا = جاز تصديق الكاذب بإظهار المعجزة على يديه. والجواز ينافي القطع بصدقه، فلا يجب تصديقه. وفساد اللازم ظاهر.

---

(274) التفتازاني، **شرح التلويح**، ج 1، ص 355.

(275) أي: التفتازاني في نصه السابق.

بحث مع صاحب التلويح

وبهذا يتضح: أنه وقع في الجواب نوعُ اضطراب، وأين الثواب والعقاب في حق رب الأرباب؟ بل في ظني أنه وقع فيه خبط وخلط بين وجوب الصدق في حق النبي عليه الصلاة والسلام، وبين وجوب تصديقه من الأنام. والذي وقع في الاستدلال هو الأول، كما يظهر من قوله: «ولو جاز ذلك؛ لما وجب تصديقه».

والجواب إنما هو في الثاني، كما يظهر من قوله: «فإنه بمنزلة نصٍّ أنه يجب تصديق كل ما أخبر به». وإن كان قد عطف عليه قول: «ويحرم كذبه»، فليتدبر.

لا يقال: يجوز أن يُجعَل الكذبُ -في قوله: «موقوف على حرمة كذبه»- بمعنى التكذيب -أي: على حرمة تكذيبه-.

لأنا نقول: هذا هو الوجه الأول من وجهَي التمسك. وأيضًا، فإن عدم جواز التكذيب لا يثبت إلا بعد عدم جواز الكذب؛ فلا فائدة حينئذٍ في حمل الكذب على التكذيب.

واعلم أن في هذا الجواب -أيضًا- مخالفةً لما صرَّح به الأشاعرة، من أن الجزم بصدق الأنبياء -عليهم السلام- ليس عقليًا محضًا، وإنما هو عادي -كما مر-، وسيأتي نقله من كلام صاحب المواقف، بل كلامه في شرح المقاصد في بحث المعجزة كذلك.

ومما يؤيد ما ذكرناه من هذه المخالفة: أنه قال: «كالتصديق بوجود الصانع». ولا شبهة أن ذلك عقلي محض، لا عادي ولا سمعي.

ثم إن في هذا الكلام ميلًا إلى مذهب إمام الحرمين، من اعتبار التصديق بالمعجزة = من جنس الكلام. وقد عرفت في صدر الكتاب ما فيه. على أن كلام إمام الحرمين إنما كان فرارًا عما أشرنا إليه هنالك.

وأما هذا الكلام الذي هنا؛ فإنه قد بناه على الجزم بصدق النبي -عليه السلام-، وامتناع كذبه؛ لِما قامت عليه من الأدلة القطعية، وأنه مما لا نزاع فيه -كما قال-، فلا حاجة معه إلى اعتبار التصديق في المعجزة كلامًا إنشائيًا، وإخباريًا، فليُفهَم. وفي الجواب أيضًا -مع التصريح بقِدم الحُكم كما مر-؛ ما يستلزم تكليف الغافل بل

المعدوم، إن لم يتوقف الوجوب على الظهور المذكور. فإن توقف؛ لزم مثلُ ذلك المحذور -أي: إما توقف الشيء على نفسه أو الدور-. وهو مستلزمٌ توقفَ الشيء على نفسه كما لا يخفاك، أو التسلسل، سواء أُخِذ الثواب والعقاب [108 أ] في محل النزاع -كما فعلوا- أو لا -كما هو الإنصاف-.

وأنت خبير بأنه لا وجه لتقسيمه الجواب إلى القسمين اللذين أوّلُهما قوله: «فيجوز أن يكون ثابتًا بنص الشارع»، إلى قوله: «فإنه بمنزلة نص... إلخ». وثانيهما قوله: «أو بحكم الله القديم»؛ لِما عرفتَ من أن رجوعهما = إلى خطاب الشارع القديم عندهم.

هذا، وقد اتضح للمنصف مما أوردناه وأردناه؛ أي المذهبين أقرب للصواب، وأن المعنى المتنازع فيه؛ في جانبٍ عن آجل الثواب والعقاب، بل لا معنى للتشبث بجعلهما من محل النزاع في هذا الباب، بل هو -في أكثر مواطن الخلاف- هِيامٌ في السراب.

[هل شكر المنعم واجب عقلًا؟]

ولما قال المؤلف -رحمه الله-: «**قالوا: لو سُلِّم على التنزُّل**[276]**، لم يُسلَّم في مسألتين:**

الأولى: شكر المنعم؛ لأن النعم عند الله حقيرة... إلخ»[277].

قال المعترض: «حاصل الدليل: أن العقل قبل ورود الشرع بالأمر بالشكر الدالِّ على وجوبه شرعًا = لا يقطع بنظره الفكري بأنه لو ترك شكر المنعم ذمَّه العقلاء ونسبوه إلى ما يكرهه؛ لأنه يرى أن ما عليه من النعم، بجنب ملك الله الواسع، كلقمة بجنب مُلكِ المَلِك. فكما أن العقل لا يحكم حكمًا قطعيًا بنظره، أنه لو ترك الثناء على المَلِك لأجل إعطاء اللقمة ذمه العقلاء = كذلك لا يقطع بأنه لو ترك شكر المنعم الحقيقي على نعمته التي عنده؛ ذمه العقلاء. بل ربما يرى أنه لو أثنى على المَلِك بإزاء

---

(276) أي: لو سلّمنا كلامكم في التحسين والتقبيح العقليين من باب التسليم الجدلي والتنزّل؛ فنحن ننازعكم في وجوب شكر المنعم عقلًا؛ وسترى الأسباب المذكورة في درج الكلام.
(277) المنصور بالله، **الأساس**، ص 22.

اللُّقمة عُدَّ ساخرًا لا شاكرًا. وكل ما كان كذلك؛ لم يكن تركُه موجِبًا لذم العقلاء؛ فلم يكن واجبًا عقلًا؛ لأن معنى الواجب العقلي هو أنه: لو تركه؛ ذمه العقلاء، ونسبوه إلى ما يكرهه، ككونه ساخرًا في مثالنا، فليُفهَم».

أقول: لا حاصل لهذا الحاصل، والقياس هذا باطل، ولعل أوَّلَ من أتى بهذا التحقير لنعم الله تعالى؛ أبو إسحاق الإسفراييني -كما أشار إليه ابن الحاجب في **مختصر المنتهى**، وأقره العضد، والتفتازاني-(278). ثم تلاحق الأشاعرة في هذه الشنعة بالمظاهرة، متهالكين على تحقير ما عظمه الله تعالى من آلائه الظاهرة، فما زالوا يسخرون منها، ويحقرونها، ﴿يَعۡرِفُونَ نِعۡمَتَ ٱللَّهِ ثُمَّ يُنكِرُونَهَا﴾ [النحل: 83]، فانظر كيف بلغت المحافظة على حق الأسلاف إلى رفض حق الله تعالى، وتحقير نعمته التي عظمها في كلامه الذي لا يأتي الباطل من بين يديه ولا من خلف بلا خلاف. ولطالما حسّنّا الظنَّ بهم، وما زلنا نلتمس الهدى في نصوصهم وكتبهم، وقلنا: لا ينبغي أن يتفق هذا الجمهور على صميم الباطل المهجور، فوراء هذا الغرام مرام، وتحت هذا النِّدام مُدام، «وإذا عُصارةُ كل ذاك أثام»(279)، فلا يستفزك بأقوالٍ أقوامٌ، ولا توحِشْك قلةُ السالك لسبيل الحق واهتضام أهله؛ فقد قال من قال في بدوِّ الإسلام: ﴿وَمَا نَرَىٰكَ ٱتَّبَعَكَ إِلَّا ٱلَّذِينَ هُمۡ أَرَاذِلُنَا بَادِيَ ٱلرَّأۡيِ وَمَا نَرَىٰ لَكُمۡ عَلَيۡنَا مِن فَضۡلِۭ بَلۡ نَظُنُّكُمۡ كَٰذِبِينَ﴾ [هود: 27]، فاكتفوا لضلالهم بالظن الناشئ عن قلة أهل الحق في عيونهم، وما علموا أن طريق الحق أجلُّ من أن يسلكها الأكثر الموصوفون بما قال تعالى: ﴿وَمَآ أَكۡثَرُ ٱلنَّاسِ وَلَوۡ حَرَصۡتَ بِمُؤۡمِنِينَ ١٠٣﴾ [يوسف: 103].

وقد أشار -صلى الله عليه وآله وسلم- إلى قلة أهل الحق، حيث قال: «لا تزال طائفة من أمتي على الحق»(280)، وقال: «ومن فارق الجماعة شبرًا فقد خلع ربقة

---

(278) لم أقف على إشارة إلى الإسفراييني في الكتاب المذكور. وموطن مسألتي التنزل المشار إليهما في: الإيجي، **شرح مختصر المنتهى**، ج 2، ص 95-96.

(279) شطر بيت لأبي نواس.

(280) ابن الأثير، **جامع الأصول**، ج 10، ص 36-37، حديث 7496.

الإسلام»[281]، أو كما قال. ففي تسمية أهل الحق «طائفة» و«جماعة» = رمزٌ إلى قلّتهم. وكفاك في قوله تعالى: ﴿ثُلَّةٌ مِّنَ ٱلْأَوَّلِينَ ۝١٣ وَقَلِيلٌ مِّنَ ٱلْآخِرِينَ ۝١٤﴾ [الواقعة: 13، 14].

ولنرجع إلى ما نحن بصدده، فنقول: هذا الذي أورده المعترض تحصيلًا للدليل -كما قال-؛ هو معنى ما ذكره العضد في **شرح المختصر** المذكور آنفًا. إلا أن في هذا الكلام نوعًا من الإنصاف، وشيئًا من الغلط.

أما إنصافه؛ فلأنه حذف من البَيْن ذكر الثواب الآجل الذي زعم -سابقًا-؛ تبعًا لأسلافه، أنه من محل النزاع، وحرر هذا الكلام على وجه خالٍ عن تلك المغالطة التي ما سلم منها الرازي والعضد وسائر الأتباع، حتى وقع فيها بعض أصحابنا المتأخرين؛ بسبب ملابسة كتب الأشاعرة من دون نظر صادق، ولما رأوه من ذكر بعضٍ للثواب والعقاب على جهة الاستتباع للمدح والذم، فظنوا أنهما داخلان في ماهية الحسن والقبح، أو لازمان، بحيث إن محل النزاع ليس إلا ما هُما منه. ثم زادوا قولهم: «آجلًا» -أي في الآخرة-، وذلك من الغلط بمكانٍ قد نُبِّهتَ عليه. كيف والثواب والعقاب الآجلان من توابع التكليف الذي هو بمحض التفضل عند المعتزلة؟ إلا ما اشتهر عن أبي القاسم الكعبي، ولكن ليس كلامه كما يتبادر إلى بعض الأوهام، بل هو -كما سيأتي تحقيقه إن شاء الله-.

المسألة الأولى من مسألتَي التنزّل -على ما قالوا-

ولنتكلم هاهنا على هذه الجملة التي أوردها المعترض، ونبيِّنْ ما انفرد بالغلط فيه، وما تبع به غيره، فنقول: قوله: «لا يقطع بنظره الفكري... إلخ» = غيرُ قويم.

أما أولًا؛ فلأنه قد يقال: هذا لا يلائم مذهب الأشعري. وذلك أن الناس اختلفوا في حصول العلم عقب النظر الصحيح، فقال الأشعري: «لا يجب حصوله. إنما هو بطريق اطِّراد العادة. فقد يتخلف؛ إذ المؤثِّرُ في حصوله هو الله تعالى، وإن كان العبد كاسبًا له ومتمكنًا منه، كسائر أفعاله الاختيارية». واعترضه الأستاذ أبو إسحاق

(281) المرجع نفسه، ج 1، ص 290، حديث 76.

الإسفراييني، بأنه لو كان متمكنًا منه؛ لأمكنه تركه -كما مر-، لكن اللازم باطل فالملزوم مثله. وسيأتي لهذا هذا البحث تمام في موضع يليق به إن شاء الله تعالى.

المذاهب في حصول العلم عقِبَ النظر

وقال الباقلاني، والأستاذ أبو إسحاق الإسفراييني، والرازي في **البيان والبرهان**، والجويني -وهو اختيار الرازي في **المحصل**-، ويفهم من كلام الطوسي في **التجريد**: «إنه يجب، لكن لا على طريق التولد»[282]، كما يقوله أكثر المعتزلة، وبعض الفلاسفة أيضًا -أعني القول بالتولد- كما حكاه الكاتبي في **المفصل**، «ولا على أنه مكتسب بقدرة العبد»[283]، كما يقوله الأشعري وأتباعه -وهم جمهور الأشاعرة-، أعني أنهم يقولون: «إن العلم الحاصل عقب النظر؛ مكتسب للعبد كسائر أفعاله بقدرته القلبية، والمؤثر في حصوله هي قدرة الباري تعالى عقب النظر، بطريق العادة الجارية، كسائر أفعال العبد». فالفرق بين مذهبهم ومذهب هؤلاء المذكورين؛ هو: أن هؤلاء يقولون: «إنه لا دخل لقدرة العبد فيه، وإنما هو واقع وجوبًا بقدرة الله تعالى بلا واسطةِ كسبٍ فيه للعبد أصلًا». هكذا أشار إليه بعض الأشاعرة. وعندي أنه وهمٌ، لا سيما بالنظر إلى مَنْ عدا الباقلاني من هؤلاء المذكورين.

والظاهر من مذهبهم: أن العلم المذكور حاصل بقدرة العبد وجوبًا ولزومًا لا يتخلف عن العلم بالمقدمتين والنظر الصحيح؛ فمذهبهم كمذهب المعتزلة القائلين بالتولد المذكور. فإنهم -كما عرفت- يقولون بأن العلم حاصل عن النظر بقدرة العبد وجوبًا لا يتخلف أصلًا. إنما الفرق بين المذهبين: أن هؤلاء -الذين هم المعتزلة- قائلون بأنه بطريق التولد -كما عرفت-، وأولئك لا يقولون به -أي: التولد-. هذا ما

---

(282) صرح به الرازي في: الرازي، **المحصّل**، ص 43، أما الطوسي فقال: «وكسبيّ العلم يحصل بالنظر مع سلامة جزأيه ضرورةً، ومع فساد أحدهما قد يحصل ضده، وحصول العلم عن الصحيح واجب». ينظر: الطوسي، **تجريد العقائد**، ص 105.

(283) تكملة لقول الباقلاني والرازي والجويني، أي: إن حصول العلم لا يجب عن طريق التولّد -وهو مذهب أكثر المعتزلة وبعض الفلاسفة-، ولا عن طريق الكسب -وهو مذهب الأشعري وجمهور أتباعه-.

عندي في مذهبهم، والله أعلم.

نعم، لعل الأستاذ أبا إسحاق الإسفراييني قائل بأنه حاصل بالقُدرَتين على قاعدته في سائر الأفعال، لكنه نقل عنه شارح **جمع الجوامع**(284) أنه يقول بأنه واقع بطريق الضرورة لا الاختيار.

وأما جمهور الفلاسفة؛ فهم على أصلهم في الفيض إيجابًا من المبدأ الفياض، بحسب الاستعدادت والقوابل في جميع الحوادث، والعلم منها.

وقال أبو الهذيل: «ليس ذلك بطريق التولد، بل بفعل الناظر» -أي: لا على أنه بواسطة موجبِه كالمتولد عند غيره-.

وقال الجاحظ: «بل بطبع المحَلّ»، على قاعدته المعروفة. فكلام المعتزلة في هذه المسألة واختلافهم فيها = من ذيول اختلافهم في أفعال العباد المتولدة. وسيأتي تحقيق مذهب الجاحظ وغيره.

وكذلك كلام جمهور الفلاسفة والأشاعرة في هذه المسألة؛ مبني على مذهبهم في أفعال العباد، وأنها خلق الله تعالى بطريق جري العادة، وكسبٌ للعباد عند الأشاعرة -كما عرفت-، وواقعة بقدرة العبد بحسب الفيض إيجابًا عند الفلاسفة.

وأما كلام الباقلاني، والأستاذ، والجويني، والرازي، والطوسي؛ فقد يقال: إنه ليس على مذاهبهم في أفعال العباد؛ لاختلافهم فيها واتفاقهم هنا. وتحقيقه يخرجنا عما نحن بصدده من بيان خطأ المعترض؛ لأنه أشعري. وقد عرفت أن الأشعري قائل بجواز تخلُّفِ العلم وعدمِ حصوله عقب النظر الصحيح جزمًا؛ لأن المؤثر فيه هو الباري بحسب العادة فقط.

فكلام المعترض لا يجري على مذهب الشيخ الأشعري، إذ لا قطع عنده، ولا لزوم، حتى يقال: «لا يقطع بنظره الفكري»، وإنما يجري على أي هذه المذاهب؛ فلا يصح الإتيان [108 أ] بمثل هذا الكلام من المعترض، في معرض الاستدلال على

---

(284) في: أبو زرعة العراقي، **الغيث الهامع**، ص 61.

المعتزلي؛ إذ له أن يقول: عدم القطع عندك -أيها المعترض- لعلة أخرى غير ما أنت بصدد إبطاله من إدراك العقل لوجوب شكر المنعم. وتلك العلة هي: أن حصول العلم عندكم بعد النظر الفكري = غير لازم. بل النظر عندكم لا يفضي إلى العلم، فإنه بقدرةٍ منفردةٍ كسبًا، وحصولُه بمحض خلق الله تعالى، عادةً بلا لزوم. فيجوز أن يخلقه الله -عند الأشعري-، ويجوز أن لا يخلقه كسائر أفعال العباد. بل قد صرح الإمام الرازي بأنه يجوز خلق الجهل عقبَه(285). وأنت مصرح بنحوه في ما سيأتي من الكلام على مسألة: «**سَمِيعٌ بَصِيرٌ**»، كتصريحك في مسألة الرؤية بأنه لا اعتماد على العادة.

وأما أن كون العلم عقب النظر بمحض خلق الله عادةً؛ فهو من أشهر مذاهب الأشعري. وإنما رغب عنه مثلُ إمام الحرمين، والإمام الرازي، وغيرهما، كما رغبوا عن مذهبه في مسألة الأفعال؛ فإن المأخذ واحد، والأصل هو ذلك الأصل بعينه -كما عرفته آنفًا-. ولهذا قال شارح **التجريد**: «إن هذا المذهب -أي إن العلم بالمقدمتين؛ علةٌ للعلم بالنتيجة أو مستلزمٌ له-؛ لا يصح مع القول باستناد جميع الممكنات إلى الله تعالى ابتداءً، وإنما يصح إذا حُذِف قيد الابتداء، وجُوِّز أن يكون لبعض آثاره تعالى مدخلٌ في بعضٍ، بحيث يمتنع تخلُّفُه عقلًا، فيكون بعضُها متولِّدًا عن بعض، وإن كان الكل واقعًا بقدرته». انتهى.

وأراد به: أن مثل مذهب الباقلاني، والأستاذ، والجويني، والإمام الرازي، ومن تبعه = يلائم مذهب الأشعري القائل بأن جميع الممكنات مستندة إلى القدرة القديمة ابتداءً. لكن الرازي والأستاذ، وإمام الحرمين، وغيرهم = مصرِّحون بخلاف مذهب الأشعري في الأفعال، وسيأتي إن شاء الله، فلا إشكال، فضلًا عن الحاجة إلى التوفيق في المقال.

وهاهنا نُكتةٌ لم أعثر في كتب الفريقين على ذكرها، وهي: أن هذا المذهب الذي ذهب

(285) قال الرازي في **المحصل**: «حصول العلم عقيب النظر الصحيح = بالعادة عند الأشعري، وبالتولد عند المعتزلة، والأصح: الوجوب لا على سبيل التولد. أما الوجوب؛ فلأن كل من علم أن العالم متغيِّر، وكل متغير ممكن = فمع حضور هذين العلمين في الذهين يستحيل أن لا يعلمَ أن العالم ممكِن»، ثم قال: «النظر الفاسد لا يولّد الجهلَ ولا يستلزمه عند الجمهور منا ومن المعتزلة، وقيل: إنه قد يستلزمه، وهو الحق عندي». ينظر: الرازي، **المحصل**، ص 43. لهذا؛ فقول المؤلف إن الرازي صرّح بجواز خلق الجهل عقبَه = مشكل أمام نص الرازي على استحالة ألّا يعلم من حضرت لديه مقدمتان منتجتان. غير أن الأشعرية بعامة يرون أن حصول العلم لا يكون إلا بتأثير الله، ويجوز أن يخلق الله الجهل عقيب النظر.

إليه الأشعري؛ يستلزم أن العالِم بالنتيجة الحاصلة عن المقدمتين؛ ليس هو العبد الذي يفتكر، بل الباري سبحانه وتعالىٰ. وهذا الإلزام ليس من قبيل ما أنكره سعد الدين علىٰ النصير الطوسي، وما أنكره المعترض علىٰ المؤلف في ما سيجيء إن شاء الله تعالىٰ من قوله: «ويلزم أن يجعلوا الله تعالىٰ كافرًا... إلخ»؛ فإن مثل ذلك الإلزام دائر علىٰ الألسنة، مسطورٌ في أكثر كُتُب الفنِّ -وسيأتي وجهه إن شاء الله-. وإنما المراد من هذه النكتة: أنه قد تقرر في مذهب الأشعري: أن كل ما كان خارجًا عن محل قدرة العبد؛ فإنه لا يكون له مكسوبًا؛ إذ الكسب لا يتعلق بغير ما يكون في محل قدرته -كما سيأتي بيانه مؤيَّدًا بالنقل منهم-، وهو من الأمور المعروفة عندهم، لا ينكره أحد من محققيهم.

ولا يخفىٰ أن العلم الحاصل عن المقدمتين -أعني العلم بالنتيجة-، ليس في قدرة الناظر دفعُه بعد علمه بالمقدمتين علىٰ الوجه الأكمل. فالأشعري إن أنكر ذلك، وادَّعىٰ التمكن من ترك العلم الحاصل عن المقدمتين؛ لم يبق له دليل علىٰ وجوب النظر شرعًا؛ لأنه إنما يجب؛ لأنه هو المفضي إلىٰ المعارف الإلهية. ولا يُتصوَّر إفضاؤه إليها مع التمكن من ترك العلم الحاصل عنه.

وإن اعترف بعدم التمكن منه -كما هو الحق-؛ فلا كسب فيه أصلًا، فلا يكون هو العالِم؛ لأنه لا يكون عالمًا إلا إذا كان كاسبًا، ولا يكون كاسبًا إلا إذا كان متمكنًا.

وإن قال بأنه في محل القدرة القلبيّة -كما يقوله أصحابنا-؛ فليقل بأنه يتمكن العبد من تركه، أو يقل بأنه متولد عن النظر كما يقوله جمهور أصحابنا. وكل ما كان متولدًا؛ لم يقدح فيه كونُ العبد غير متمكن من تركه. لكنه لا يقول بواحد من هذين الأمرين.

أما التوليد؛ فظاهر. وأما عدم التمكن؛ فضروري. ولذا ألزمه الإسفراييني بما مر. ومذهبه أيضًا لا يأبىٰ ذلك. فتبيّنَ بهذا أنه لزمه لزومًا ظاهرًا أن العالِم هو الله تعالىٰ لا العبد.

ولعل أمثال هذه النكتة هي التي حقَّقَت -عند الأستاذ، وإمام الحرمين، والإمام الرازي، وغيرهما- أن مذهب الشيخ الأشعري في هذا الشأن واضح البطلان.

فإن قلت: إن العبدَ العالِمَ قد قام به العلم، من دون تصور خلاف في ذلك. وكلما كان كذلك؛ كان هو العالِم حقيقة؛ لأن الموصوف بالشيء هو: من قام به الشيء، لا مَن حصَّله.

قلتُ: هذه مصادرة ظاهرة. وأيضًا؛ فإذا كان المعتَبَرُ في صحة إسناد الشيء إلى العبد؛ هو كونَه قائمًا به، ومحلًا له وليس أمرًا وراء ذلك؛ فقد سقط زعم الأشعري أن المصحِّح للإسناد إليه هو كونه كاسبًا، وبطل الفرق بين العبد والجماد بلا مقال.

الاستناد إلى حصول العلم بالنتيجة عن المقدمتين، على جواز التركّب في العلل العقلية؛ مبنيّ على أنه بطريق اللزوم

واعلم أنهم قالوا: إن هذا من مستنداتهم على جواز تركُّب العلل العقلية، كما هو مذهب الفلاسفة والمعتزلة، أعني أنهم قالوا: «إن العلم بالنتيجة، الحاصل عن العلم بالمقدمتين = دليل على جواز كون العلة العقلية مركبة». فقال الرازي في **المحصل** ما لفظه: «يجوز أن تكون مركبة، خلافًا لأصحابنا. لنا: إن العلم بكل واحدة من المقدمتين لا يستلزم العلم بالنتيجة. والعلم بهما يوجِبُ العلم بالنتيجة»[286]. انتهى. وعلى هذا المذهب إمام الحرمين؛ تفريعًا على القول بأن العلم عقب النظر الصحيح = حاصل بطريق الوجوب، لا بالعادة.

وأما ثانيًا: فلأن وجوب شكر المنعم ثابت ببديهة العقل عند شيوخ الاعتزال. وقد وافقهم على ذلك الإمام الرازي في بعض كتبه الكلامية -كما مر-.

وقال القشيري في **رسالته**: «إن الشكر عند أهل التحقيق، هو: الاعتراف بنعمة المنعم على وجه الخضوع»[287]. انتهى. ولا خفاء في أن وجوب هذا الشكر والاعتراف على وجه الخضوع والتعظيم للمنعم = ثابت بالعقل الصِّرف، من دون

(286) الرازي، **المحصل**، ص 108.

(287) أبو القاسم القشيري، **الرسالة القشيرية**، تحقيق عبد الحليم محمود (القاهرة: مطابع مؤسسة دار الشعب، 1989)، ص 311.

تصور خلاف مع الإنصاف، ولا حاجة للعقل في إثباته إلى نظر وفكر، وطلبِ مقدِّماتٍ تؤدي إلى العلم بوجوبه وثبوته -كما صرح به مشايخ الاعتزال-. فكيف يُدخِل المعترض ذكر النظر الفكري في معرض التنزل لهم؟

وبهذا يندفع ما عسى أن يقال: إنه لا يتم منا الاعتراض المتقدم على المعترض، بأن ما أورده لا يلائم مذهب الأشعري؛ نظرًا إلى أن قوله: «لا يقطع بنظره الفكري»؛ صحيح في معرض التنزل للخصم القائل بالتولد ونحوه.

نعم، يَرِد ما يقال: إن الاستناد إلى العلوم العادية؛ لا يقدح في الجزم بالمعلومات كما في التواتر. وجوابه بما سبقت به الإشارة إليه أول الكتاب(288).

ثم نقول: قوله: «لو ترك الثناء لأجل اللقمة» = غلطٌ منشأُه عدم معرفة ماهية الشكر عند المعتزلة. فإنه -عندهم- هو: «الاعتراف بنعمةٍ على ضربٍ من التعظيم»؛ فلا يصح قوله: «لو ترك الثناء». وهب أنه جهل مذهب المعتزلة، ولم يطلع على كتبهم؛ فهل جهل كتب أصحابه الأشاعرة؟ ولم يعلم أن المحققين منهم قد علموا أن الشكر الذي وقع النزاع فيه ليس هو اللفظ والثناء؟ وقد تنبه لذلك جمال الدين الإسنوي في **شرح منهاج البيضاوي**. ولعلنا نورد عبارته في ما سيأتي إن شاء الله.

فإن كان المعترض جاهلًا لذلك كله؛ فهل جهل اللغة العربية، ولم يعلم ما معنى الشكر فيها؟

وإذا كان كذلك فلا لوم عليه؛ لأنه من الأكراد، لا من العرب العارفين بلغتهم. وإلا لعلم أنه لا يصح ادعاؤه بأن هذا هو معناهُ لغةً؛ لأنه في اللغة: «فعلٌ ينبِئ عن تعظيم المنعم؛ بسبب كونه منعِمًا». وهو معروف. ولو سُلِّم؛ لم يتم مع اصطلاح الخصوم في معرض الاعتراض عليهم. كيف وهو اصطلاح قد وافق كلام الشارع؟ كما سيجيء.

وأما قوله: «لو أثنى على المَلِك بإزاء اللقمة عُدَّ ساخرًا لا شاكرًا»؛ فقد كفانا في رده

(288) يراجع فصل «بطلان استدلال الأشاعرة بالعادة؛ فرارًا منهم من القول بالتحسين والتقبيح العقليين».

بعضُ فضلاء ما وراء النهر من الماتريدية، فقال ما حاصله: «لا يخفى عليك أنه يختلف ذلك باختلاف أحوال الشاكرين. فإن كان الشاكر في غاية الإفلاس والفقر، بحيث لم يقع على لقمة في بيته، وكان مع ذلك مائلًا إلى الدنيا، طالبًا لها، راغبًا في الحقير منها؛ فمثل هذا إن بالغ في الشكر؛ لم يُعَدَّ شكرُه استهزاءً، كالعطشان المشرف على الهلاك من العطش، لو أعطاه أحدٌ قدحًا من الماء -مع كثرة الماء-؛ فإنه وإن بالغ في الثناء، لا يُعَدُّ مستهزئًا عند العقلاء، بل يرحمونه كلما أظهر الالتذاذ والشكر، ويصوِّبونه.

وأما إن كان له شيء؛ فلم يكن في غاية الفقر والحاجة إلى الماء والزاد -مثلًا-؛ فقد يُعدُّ شكرُه استهزاءً. وكل ما كان في الغُنية وعدمِ الحاجة قريبًا ممن أنعم عليه بذلك الشيء الحقير = كان الاستهزاء منه في تكرير الشكر أقوى وأشد، والأمر فيه أظهر وآكَد. ما ذاك إلا لأن العلم بعدم حاجته إلى ذلك الشيء الحقير، وعدمِ اعتداده به = يصرف شكره عن ظاهره -كما هو محسوس-».

ثم قال ذلك الفاضل: «فانظر إلى حالنا بالنسبة إلى نعم الله، وفقرِنا بالنسبة إلى غناه، وفي قدرتنا بالنسبة إلى قدرته الكاملة الشاملة التي يبتدي بالنعم قبل استحقاقها، وليس شكرُنا لفائدة المشكور، بل لإظهار الاعتقاد.

نعم، لو كان الشكر يرجع إلى المشكور؛ لكانت حقارته مانعةً منه عند [109 أ] العقل. فحقارة ما يأتي به العبد الضعيف لا تضر، بل تنفع في عدم كونه مستهزئًا؛ لأن الشيء كلَّما حقُر = قرُبَ من عدمه. والمقابلة بالأمر العظيم في مكافأة نِعَم المنعم الغني العظيم؛ هو الذي يفضي إلى المجازاة والمباراة والاستهزاء به، وإظهار الغنية عنه». انتهى مع زيادة تلخيص. ومنه يُعلَم أنه قد انعكس مطلوب المعترض بلا محيص.

ثم نقول: قد وقعت -يا أخا الأكراد- في أمرين؛ كلٌّ منهما نازح عما أنت عليه من الاعتقاد:

أحدهما: أنك اعترفت بمذهب خصمك من حيث لا تدري. وذلك لأنك قررت قبح السخرية. وإنما يُحكَم بكونها قبيحةً بطريق العقل، لا سيما مع كونها في جانب المنعِم الحقيقي، وإن قل إنعامه عندك وحقُر، فإنما زاد قبح السخرية لذلك. فثبَت أن

للمنعم حقًا يحسُن في مقابلته الشكر، لا السخرية. وذلك الحق الذي ثبت، وزاد لأجله قبح السخرية؛ هو مراد خصمك. فقد وقعت في ما لا تريده وأنت لا تشعر به، وقررت وقوعك فيه بقولك: «ككونه ساخرًا في مثالنا»، فليُفهَم.

لا يقال: إن الكلام مبنيٌّ على التنزل؛ فلا يلزمه.

لأنا نقول: إن التنزل ليس إلا في حكم العقل إجمالًا، ثم نقض وجوب الشكر؛ لعدم القطع به؛ نظرًا إلى حقارة النعم -كما ادعاه-. فالإقرار بقبح السخرية خارج عمّا وقع فيه التنزل. فهو اعتراف بمذهب خصمه على رغمه -كما لا يخفى على متأمل منصف-.

ثانيهما: أنك تعلم أن الله تعالى قد كرر طلب الشكر لنعمته مطلقًا. فهو تعالى قد كرر طلب السخرية على ما قدّرتَ وأقررتَ. وأنت قد حكمت بقبح تلك السخرية؛ فقد كرر تعالى طلب القبيح عندك في غير ما موضع من كلامه عزّ وجلّ، المنزل على نبيه عليه الصلاة والسلام. وهذا باطل بالنص والاتفاق؛ لأن المجبرة جميعهم لا يخالفون في امتناع طلبه تعالى للقبيح امتناعًا شرعيًا، بمعنى أنهم يوافقوننا على أن الله تعالى لا يأمر بالقبيح كالسخرية. لكنا نستدل على ذلك بالعقل والنقل معًا. وهم يستدلون عليه بمجرد النقل، كقوله تعالى: ﴿إِنَّ ٱللَّهَ لَا يَأۡمُرُ بِٱلۡفَحۡشَآءِ﴾ [الأعراف: 28]، ونحو ذلك.

فاندفع بهذه الإشارة ما ذكره البيضاوي في **المنهاج** -كما سيأتي نقله-. وحاصله: أن الله تعالى يجوز منه أن يأمر بالسخرية؛ لأن إيجاب المشروع لا يستدعي فائدة. وإنما قلنا: «إنه يندفع»؛ لأنا بيّنّا أنهم موافقون لنا على امتناع الأمر بنحو السخرية. لكنهم يقولون: إنه امتنع بالسمع لا بالعقل.

وأيضًا فقد أشار الجمال الإسنوي في **شرحه**، إلى بطلان قوله: «إيجاب المشروع لا يستدعي فائدة»، وقال: إنه مخالف لما نصُّوا عليه في باب القياس، كما سيأتي أيضًا. فقد نبه على أن هذا الجواب لو صح؛ لما صح كلامهم في القياس، حيث قالوا: «إن الاستقراء دالٌّ على أن الله تعالى شرع أحكامه في مصالح العباد تفضلًا».

قلت: قد نقل العضد في **المواقف** و**عيون الجواهر** إجماعهم على أن الله راعى الحكمةَ في ما خلق وأمر؛ تفضلًا[289]. ولذا كرر هذا المعنى في **شرح مختصر ابن الحاجب** في «مباحث القياس»، ورفض تلك الفضيحة التي قالوا بها تبعًا للفلاسفة القائلين بالإيجاب، أعني زعمهم أنه -تعالى- لو فعل فعلًا، وأمر بأمر لأجل شيء من الأشياء؛ للزم أنه مستكمِلٌ بالغير لا بذاته تعالى -كما سيجيء الكلام عليه-[290]. فاتضح أن ما أوردوه علينا من السخرية والاستهزاء = لازمٌ لهم بعينه، فما أجابوا به فهو جوابنا، بل جوابنا قد ظهر بحمد الله. وعليهم الجواب عما ألزمناهم به من أن الله تعالى قد كرر الأمر والطلب للسخرية والاستهزاء بجنابه تعالى وتقدس، مع جزمهم بأنه يمتنع ذلك امتناعًا شرعيًا.

ثم نقول: أنت قد أشرت إلى أن الشكر قد يكون قبيحًا. وفي هذا جهلٌ فاحشٌ بمذهب خصومك. فإن من مذهبهم: أن وجوب الشكر بالقضية العقلية الصِّرفة التي لا تنقلب أصلًا، ولا يصح التردد في مقتضاها، وإلا بطلت الثقة بالعقول، وببطلانها بطلانُ الثقة بالشرائع جميعًا.

قف على أنه لا يصحّ نسخ الشكر، فضلًا عن قبحه، كما صرّح به ابن الملاحمي

ولهذا قال الشيخ محمود الخوارزمي -رحمه الله-: «لا يصح نسخ شكر المنعم فضلًا عن قبحه». وهو كما قال، وذلك لأن الشرع إنما ثبت بالعقل. فإذا اطُّرِحَتْ أحكامُ العقل؛ بطل الاعتماد على الشرع. ومذهبُكم إنما بُنِيَ عليه باعترافكم؛ فانظروا ماذا ترون.

فإن قلت: إنكم لم تطّرحوا أحكام العقل كلها، بل إنما اطَّرحتم حكمه في الحسن والقبح.

---

(289) الجرجاني، **شرح المواقف**، ج 8، ص 194.

(290) قال العضد الإيجي في الكتاب المشار إليه: «والحكم لا يكون إلا لباعث إما وجوبًا أو تفضلًا»، ينظر: الإيجي، **شرح مختصر المنتهى**، ج 3، ص 354.

قلت: لا يخفى أن المتَّهمَ غير مقبول في شهادته مطلقًا. فإذا اطّرحتم حكم العقل في شيء من الأشياء التي يشهد بها كالحسن والقبح؛ فقد اتهمتموه. وكل من كان متهمًا فإنه غير أهل للشهادة؛ فلا تُحِلُّونه عامًا وتحرِّمونه عامًا. وسيأتي لهذا إتمام إن شاء الله تعالى.

وأيضًا، فقد غفلت أنت وأمثالُك، حيث سوَّيتم بين ما كان بضرورة العقل، وما كان بدلالته. والشكر -كما ذكرنا- من القضايا الضرورية. فكيف يُظَنُّ أنه يَصُدُّ عنه مجردُ تجويزِ كونِه سخريَّةً -كما قلت-؟ كأنك لم تعلم أن قبح السخرية المجوَّزَ -على تقدير صحة كلامكم-؛ لا يدفع وجوب الشكر الضروري. من ذا الذي سمعتَه يجعل تجويز القبيح الاستدلاليّ، كالسخرية -بزعمك-؛ قادحًا في الوجوب الضروري، كوجوب الشكر؟

نكتةٌ ظريفة

وكفاك أنك -في ما مضى- صرت تدفع وجوب صدق ربك تعالى بحسن الكذب في ذلك المثال. وهنا صرت تدفع وجوب شكر ربك بالسخرية، وأخذت في المجاولة والمجادلة؛ لغمط نعمته السَّنيَّة الواضحة، المتعددة الجلية ﴿وَإِن تَعُدُّواْ نِعۡمَتَ ٱللَّهِ لَا تُحۡصُوهَآۗ﴾ [إبراهيم: 34]، ﴿وَأَمَّا بِنِعۡمَةِ رَبِّكَ فَحَدِّثۡ﴾ [الضحى: 11]، ﴿وَٱشۡكُرُواْ نِعۡمَتَ ٱللَّهِ إِن كُنتُمۡ إِيَّاهُ تَعۡبُدُونَ﴾ [النحل: 114]، ﴿يَٰٓأَيُّهَا ٱلنَّاسُ ٱذۡكُرُواْ نِعۡمَتَ ٱللَّهِ عَلَيۡكُمۡۚ﴾ [فاطر: 3]، ﴿ٱعۡمَلُوٓاْ ءَالَ دَاوُۥدَ شُكۡرٗاۚ وَقَلِيلٞ مِّنۡ عِبَادِيَ ٱلشَّكُورُ﴾ [سبأ: 13].

فإن قلت: ما وجه أمر المعترض بالفهم في قوله: «ككونه ساخرًا في مثالنا»؛ مع أن مقصوده واضح في ظاهر الأمر؟

قلتُ: أراد أنه إذا أحسن الناظر التفهمَ للمثال المذكور؛ لاح له أنه قد انعكس مطلوبُ القائلين بوجوب الشكر عقلًا؛ لأنه صار فاعلُ ما يُعتَقَد أنه واجب عقلي؛ مذمومًا ومنسوبًا إلى ما يكرهه من كونه ساخرًا، فانعكس الأمر، وصار الواجب العقليُّ حرامًا عقليًا؛ إذ لا معنى للواجب العقلي إلا ما يُذَمُّ على تركه. وهذا صار يُذَمُّ على فعله، وهو معنى الحرام العقلي؛ إذ لا معنى له إلا ما يُذَمُّ على فعله. هذا تقرير شبهته، وتوضيح مراده بالأمر المذكور، وسيأتي تصريحه بهذا الذي أَمَر هنا بفهمه كما جرت عادته.

قف على أن الحكم بالحسن والقبح دائرٌ مع العلم بالأوصاف المعتبَرة، لا مع التجويزات

وأنت بعد معرفتك بما سبق؛ تعلم ما فيه من الاعتراف بمذهب خصمه من حيث لا يشعر؛ فإن في القول بقبح السخرية تسليمًا للقبح العقلي صريحًا. فلم يقع من مراده على غير هذا الاعتراف، لا على جعل الشكر من جنس السخرية بمجرد التشكيكات والتجويزات الباردة. فقد أوضحنا -في ما سلف- أن العلم بالحسن والقبح دائر مع العلم بالأوصاف المعتبرة والوجوه المتحققة، ولا دخل للتجويزات والاحتمالات.

وعلى هذا، فلك أن تقول للمعترض وأصحابه: لو ثبت قبح الشكر لتجويز كونه سخرية؛ لحسُنَت السخرية لتجويز كونها شكرًا كذلك.

ثم إنها سفسطة؛ إذ ما من شيء إلا ويجوز أن يقال: «يَحتمِل كذا»، و«يجوز أنه كذا». [109 ب] وإن في ذلك إبطالًا للشرائع، وتجويزًا لانتفاء التكاليف، وإنه كفر بواح، وهذا أولى مما يقال: إنه يلزم منه تكليف ما لا يطاق؛ لأن الخصم يلتزمه، بل كل التكاليف عنده كذلك -كما مر، وسيأتي في موضعه إن شاء الله تعالى-.

المسألة الثانية من مسألتَيِ التنزُّل

قال المؤلف: «الثانية: حكم الأشياء قبل ورود الشرع؛ فلا يُدرك العقلُ فيها جهةَ حُسن ولا قُبح؛ إذ هو تصرفٌ في ملك الغير بغير إذنه»(291).

قال المعترض: «لا يخفى ما في هذا الكلام من الخبط والتخليط.

أما أولًا؛ فلأنه زعم، أوّلًا، أنهم بعد أن سلَّموا حكم العقل في الحسن والقبح؛ لم يسلِّموا مسألتين، وما ذكروه في الثانية صريح في رد حكم العقل في الحسن والقبح، وهو مناقض لما ذكره من تسليمهم.

وأما ثانيًا؛ فلأن القائلين: 'لا حاكم إلا الشرع' هم الأشاعرة لا المعتزلة -كما نقله

---

(291) المنصور بالله، **الأساس**، ص 22.

أولًا-. فعند الأشاعرة -بناءً على أصلهم-: لا حكم من الأحكام الخمسة للأفعال قبل الشرع. وما ذكره في التعليل من قوله: 'إذ هو تصرف في ملك الغير بغير إذنه'؛ فهو كلام المعتزلة؛ فإنهم قسموا الأفعال قسمين: ما يدرِك العقلُ جهةَ حسنه أو قبحه، فينقسم إلى الأقسام الخمسة، وما لا يدرِكُ، فلا يحكم العقل فيه بحكم خاص تفصيلي.

وأما على الإجمال؛ فقيل بالحظر، وبالإباحة، وبالتوقف. واستدلوا على الحظر بما ذكره، من أنه 'تصرفٌ في ملك الغير بغير إذنه'؛ فيحرم. فالتعليل إنما هو لأحد الأقوال الثلاثة في الأفعال التي يدرك العقلُ جهةَ حسنها أو قبحها، لا لمطلق الأفعال قبل الشرع.

وقوله: 'الثانية: حكم الأشياء قبل ورود الشرع'. إلى آخره = دالٌّ على أن منطلَق الأفعال كذلك. وهو لا يقول به المعتزلة الذين لهم التعليل، والأشاعرة حيث قالوا: 'لا حاكم إلا الشرع'، ولم يحكموا على فعلٍ ما من الأحكام الخمسة قبل الشرع. فلا يمكن أن يكون التعليل لهم؛ فالذي له التعليل لا يقول بأن الأشياء مطلقًا قبل الشرع لا يُدرِك العقل جهة حسنها أو قبحها. والذي يقول ذلك ليس التعليل له؛ فانظر هذا الخبط والتخليط، والله من ورائهم محيط، والناقد بصير، وإلى الله المصير».

أقول: قد لاحظ المعترض كلام المؤلف هنا بما لعله رآه في كلام ابن الحاجب، والقاضي العضد؛ تحريرًا لهاتين المسألتين المبنيتين على التنزُّل -كما قالوا-، مع أنهم لم يراعوا حق التنزل. وحينئذٍ، رمى المؤلِّفَ بالخبط والتخليط. ولو اطَّرح هذه الملاحظة؛ لعلم أنه هو الواقعُ في الخبط والتخليط، والحقيقُ بالتغليظ في التغليط. ولم لا يجوز أن المؤلف -رحمه الله- جعل ذلك التنزل على نحو آخر، غير ما في كلام ابن الحاجب والعضد؛ استنباطًا من الأصول؟

وحاصل مراده -رحمه الله-: أنهم -أي: الأشاعرة- يقولون: «لو سُلِّم حكمُ العقل قبل الشرع؛ لكان الحُكم نفسُه تصرُّفًا في ملك الغير»؛ لأن التصرف أعمُّ من أن يكون قوليًا أو فعليًا أو غير ذلك، كقضاء العقل بالحكم. ألا يراهم كيف جعلوا نفس الشكر تصرفًا؟ فيكون قوله: «إذ هو تصرف في ملك الغير» = من طرف الأشاعرة، ويكون هو أيضًا عينَ ما وقع به التنزل -أي: نفس المتنزَّل فيه-؛ لما عرفت من أن قبح

التصرف في ملك الغير بغير إذنه -عقلًا- ليس إلا عند المعتزلة وسائر العدلية؛ فصدوره من الأشاعرة = تنزُّل.

وبهذا يظهر بطلان قول المعترض: «فلأنه زعم أولًا أنهم سلموا حكم العقل»، إلى قوله: «وما ذكره في الثانية صريح في رد حكم العقل... إلخ»، وقوله: «وما ذكره في التعليل من قوله: 'إذ هو تصرف'»، فافهم.

إيضاح ما وقع من الغلط لبعض الأشاعرة، في مسألتي التنزّل، كابن الحاجب والعضُد

واعلم أن هذا الذي ذكرناه في بيان مراد المؤلف = أحسنُ مما أورده الأشاعرة. فإنهم خبطوا في مذهب المعتزلة. ومن أَمثَلِهم القاضي العضد. وقد وقع له في هاتين المسألتين سقطات في **شرح أصول ابن الحاجب**.

ففي المسألة الأولى؛ قوله -من طرف المعتزلة- «أن الفائدة للعبد في الدنيا: الأمن من احتمال العقاب لتركه ...إلخ»(292)، أي: فائدة وجوب الشكر عقلًا. وهو غلط لا يليق بتحقيقه؛ فإن المعتزلة إنما ذكروا الفائدة المذكورة في وجوب النظر لا وجوب الشكر. وذلك أنهم قالوا -في معرض الاستدلال على وجوب النظر عقلًا-: إن كل من رأى ما عليه من النعم المتجددة، مع علمه أنها ليس من فعل نفسه، ولا من فعل سائر المُشاهَدين = جوَّز أن لها محدثًا قد أنعم بها عليه. فالإخلال بشكره جالب للخوف؛ لِما ثبت عند العقل من وجوب شكر المنعم، وقد تقرر أيضًا أن الإخلال به يكون في معرض الذم والعقاب؛ لأن ذلك خاصية الواجب. وليس المراد بالعقاب إلا معناه اللغوي، لا العقاب الأخروي، كما أنه ليس المراد بالشكر هنا الاعتراف على ضرب من التعظيم؛ فإياك أن تغلط.

وأما ما ذكره الإسنوي في كتابه **نهاية السؤل شرح منهاج البيضاوي**، من قوله: «إن المراد بالشكر الذي وقع فيه النزاع: هو اجتناب المستخبثات العقلية، والإتيان

---

(292) الإيجي، **شرح مختصر المنتهى**، ج 2، ص 95.

بالمستحسنات العقلية، وأن المنعم هو الباري تعالى»[293] -كما مرّ وسيأتي-؛ فهو وإن كان صحيحًا باعتبار، لكنه فاسد من جهة تخصيص المنعم -وهو أعمّ-، ومن جهة تعميم اجتناب المستخبثات، والإتيان بالمستحسنات. فإن الاعتراف بنعمة المنعم على ضرب من التعظيم = أخصُّ من الاجتناب والإتيان المذكورين. وكأنه أخذ هذا الكلام من عبارة الرازي. ولو نقلها بلفظها لكان صوابًا. فإن الرازي لا يجهل المعنى الذي أراده أصحابنا، ولذا مال في ذلك إلى مذهبهم، وقال في بعض كتبه بوجوبه؛ فسَلِم مما وقع فيه غيره من الغلط على أصحابنا رحمهم الله.

وقد صرح ابن القشيري في **الرسالة** بمذهب أصحابنا بعينه في الشكر، ونسبه إلى أهل التحقيق؛ فإنه قال ما لفظه: «وحقيقة الشكر -عند أهل التحقيق-: الاعتراف بنعمة المنعم على وجه الخضوع». انتهى. وهذا المعنى للشكر ليس بغريب، بل هو قريب مما حكاه المُلَّا عبد الرحمن الجامي[294] شارح **الكافية**، في كتابه المسمى بـ**النفحات**، عن الحكيم الترمذي صاحب **نوادر الأصول**، وهو قوله: «الشكر: تعلق القلب بالمنعم». انتهى[295]. وربما وافق هذا الاصطلاحُ الصحيحُ قولَه تعالى: ﴿ٱعْمَلُوٓاْ ءَالَ دَاوُۥدَ شُكْرًاۚ﴾ [سبأ: 13]، على بعض التفاسير، وقولَ النبي عليه وعلى آله الصلاة والسلام: «أفلا أكون عبدًا شكورًا؟»[296]؛ جوابًا منه -عليه السلام- لمّا قالوا له -وقد رأوا قدميه الشريفين يتفطران من طول قيام الليل والصلاة-: «لم تصنع هذا -يا رسول الله- وقد غفر الله لك ما تقدم من ذنبك وما تأخر؟». أخرجه البخاري، ومسلم، وأبو داود، بروايات متقاربة عن عائشة، وعن المغيرة.

وفي شرح القاضي زكريا على **رسالة القشيري**، ما لفظه: «الشكر: فعلٌ ينبئ عن تعظيم المنعِم، من حيث إنه منعم على الشاكر وغيره»[297]. انتهى. ومثل هذه العبارة

(293) الإسنوي، **نهاية السول**، ص 55-56.

(294) نور الدين عبد الرحمن بن أحمد الجامي (ت. 898هـ)، مفسر، صوفي، شرح **فصوص الحكم** لابن عربي، وشرح **الكافية** لابن الحاجب، وغير ذلك.

(295) الملا عبد الرحمن الجامي، **نفحات الأنس من حضرات القدس** (القاهرة: الأزهر الشريف، [د. ت])، ص 399.

(296) ابن الأثير، **جامع الأصول**، ج 6، ص 64-65، حديث 4172.

(297) زكريا الأنصاري، **إحكام الدلالة**، ج 1، ص 545.

في حقيقة الشكر كثير، فلا نطول بذلك. إنما المراد هو الإشارة إلى أن أصحابنا ما جاؤوا بشيء غريب غير معروف في كلام غيرهم حتى ينكر عليهم. وقد مر قريبًا في كلام بعض الماتريدية، أنه يكون لإظهار [110 أ] الاعتقاد.

ثم قالوا -أي: المعتزلة-: «ومع الإخلال بالشكر؛ يداخله خوفٌ لانقطاع النعم، ويلحقه غمٌّ، وهو ضرر ناجز بالقلب فيجب كشفه؛ لأن عدم كشفه عن النفس في = معرض الذم» -كما مر أوائل الكتاب-.

وأوجبوا خطورَ هذا المعنى بالبال؛ إما من قِبَل النفس؛ لتوفر أسبابه وبواعثه، أو من قِبَل الله تعالى؛ لئلا يكون مفضيًا إلى القول بتكليف الغافل. هذا كلامهم. فجاء العضد -تبعًا لابن الحاجب وغيره- وقال بما قال في الفائدة، وهو خطأ بلا فائدة.

وفي **منهاج البيضاوي** ما نصه: «ولأنه -أي الشكر- لو وجب إما لفائدةٍ للمشكور -وهو منزَّه-، أو للشاكر في الدنيا؛ فإنه مشقة بلا حظٍّ، أو في الآخرة؛ فلا استقلال للعقل فيها.

قيل: يَدفع ظنَّ ضررِ الآجل.

قلنا: قد يتضمنه؛ لأنه تصرف في ملك الغير، وكاستهزاءٍ لحقارة الدنيا بالقياس إلى كبريائه تعالى، ولأنه ربما لا يقع لائقًا.

قيل: ينتقض بالوجوب الشرعي.

قلنا: إيجاب المشروع لا يستدعي فائدة»(298). انتهى.

قال الإسنوي في **شرحه** ما نصه: «الفرع الأول: أن شكر المنعم لا يجب عقلًا؛ خلافًا للمعتزلة، والإمامِ فخر الدين في بعض كتبه الكلامية.

وليس المراد بالشكر هو قول القائل: 'الحمد لله والشكر لله تعالى'، بل المراد: اجتناب المستخبثات العقلية، والإتيان بالمستحسنات العقلية. والمنعِم هو الباري سبحانه وتعالى، والدليل على عدم الوجوب: النقل والعقل.

---

(298) الإسنوي، **نهاية السول**، ص 55.

أما النقل؛ فقوله تعالىٰ: ﴿وَمَا كُنَّا مُعَذِّبِينَ حَتَّىٰ نَبْعَثَ رَسُولًا﴾ [الإسراء: 15]. فانتفاء التعذيب قبل البعثة؛ دليل علىٰ أنه لا وجوب قبلها».

إلىٰ أن قال: «وأما الدليل -وهو الدليل العقلي-؛ فلأنه لو وجب؛ لامتنع أن يجب إلا لفائدة؛ لأنه عبث، والعقل لا يوجب العبث».

ثم قال: «ويمتنع أيضًا أن يجب لفائدة؛ لأن تلك الفائدة؛ لا جائز أن تكون راجعة إلىٰ المشكور -وهو الباري تعالىٰ-، ولا إلىٰ الشاكر في الدنيا؛ لأن الاشتغال بالشكر كلفةٌ عاجلةٌ، ومشقة علىٰ النفس، لا حظ لها فيه. ولا في الآخرة أيضًا؛ لأن العقل لا يستقل بمعرفة الفائدة في الآخرة، أو بمعرفة الآخرة نفسها، دون إخبار الشارع».

ثم قال: «ولقائل أن يقول: لا نسلم انحصار القسمة في عَوْد الفائدة إلىٰ الشاكر والمشكور، ولا بد من إبطال عَوْدها إلىٰ غيرهما أيضًا.

قال الآمدي في **الإحكام**: 'فقد تكون الفائدة راجعة إلىٰ الشاكر في الدنيا. وكون الشكر مشقةً = لا ينفي حصول فائدة مترتبة عليه، كاستمرار الصحة وسلامة الأعضاء الباطنة والظاهرة، وزيادة الرزق، ودفع القحط، إلىٰ غير ذلك مما لا يحصىٰ. بل الغالب أن الفوائد لا تحصل إلا بالمشاق؛ فقد يكون الشكر سببًا لشيء من هذه الفوائد، علىٰ معنىٰ أنه يكون شرطًا في حصوله.

وأيضًا، فقد يكون الشيء ضررًا، ويكون دافعًا لضرر أزيد منه، كقطع اليد المتأكّلة'».

ثم قال[299]: «الثاني: أن الشكر لله تعالىٰ علىٰ نعمه كأنه استهزاء بالله تعالىٰ».

ثم قال: «قوله: 'قيل: ينتقض بالوجوب الشرعي'»، إلىٰ أن قال: «والجواب: إن مذهبنا أنه لا يجب تعليل أحكام الله»، إلىٰ أن قال: «لكنه قد نص في القياس علىٰ أن الاستقراء دالٌّ علىٰ أن الله تعالىٰ شرع أحكامه لمصالح العباد؛ تفضلًا وإحسانًا. وهذا يقتضي أن الله لا يفعل إلا لحكمة، وهذا ينافي المذكور هنا»[300]. انتهىٰ.

---

(299) أي: الإسنوي.

(300) الإسنوي، **نهاية السول**، ص 55-57.

ففي هذا الكلام إشارات إلى ما في كلامهم. وقد أعرض عن التنبيه على سقوط قولهم: «إن الشكر لله تعالى على نعمه كأنه استهزاء»؛ اكتفاءً منه بما ذكره في معنى الشكر؛ فإنه لا يصح هذا الاستهزاء على ذلك المعنى كما نبهنا عليه أولًا. فانظر كم هذا الخبط في هذه المسألة من هؤلاء الناس، وكم خبطوا في الفائدة.

وفيها أيضًا قوله -أي: قول العضد؛ تبعًا لابن الحاجب أيضًا-: «لاحتمال العقاب على الشكر، إما لأنه تصرف في ملك الغير... إلخ». وهذا قد وقع فيه غير العضد، وابن الحاجب. بل أكثرهم قد أوردوا ذلك. ألا ترى أن البيضاوي جعله صدرًا للرد الذي رد به -كما مر نقله-؟

وهذا منهم سقوط فاحش؛ لِما عرفتَ من أن الشرع لا يجيء بمناقضة العقل الصِّرف، وإلا لتهدمت أركانه، فإنما استقرَّ على صِرف العقل بنيانُه. والشكر مما ثبت بالقضية الصِّرفة؛ فكيف يجوز كونُ الحَسَنِ الواجبِ الصِّرف = قبيحًا مستوجبًا للعقاب؟ هذا -لعمرك- هو الخبط. وستعرف قريبًا، ما على قوله: «لأنه تصرف في ملك الغير».

وفيها أيضًا قولُه -أي: العضد-: «كالاستهزاء». وقد عرفت ما فيه سابقًا.

بيان مذهب المعتزلة في حسن ذمِّ من اغتصب على غيره شيئًا يختصّ به ذلك الغير

وفي المسألة الثانية قوله: «حرمة التصرف في ملك الغير = ممنوع»؛ فإنه -مع ما تسمعه فيه من المراوغة- لا يتجه في نفسه؛ لأن المعتزلة إنما ادَّعت حسن الذم لمن اغتصب على غيره شيئًا اختص به، كثوبه وزاده ونحو ذلك، مما يكون الغاصب له في معرض ذم العقلاء؛ لشائبة الإضرار بالمأخوذ عليه، ولِما يناله من مسيس الحاجة إليه. والذي تمنعه الشريعة ليس إلا تفاصيل هذا الذي تدركه العقول -أعني أن لبعض الأشخاص ببعض الأشياء اختصاصًا يُعدُّ المانع لهم عنه = في معرض الذم-. وقد اعترف بهذا الرازي، والعضد نفسه قد صرح به.

وفيها أيضًا قوله: «ولو سُلِّم؛ فمُعارَضٌ بما في المنع من الضرر الناجز. ودفعه عن النفس واجب عقلًا... إلخ»؛ فإنه خروج فاحش عن أصل المسألة؛ لِما عرفتَ من أن إدراك الضرر الناجز بالنفس مستلزِمٌ لإدراك جهة الحُسن في الفعل، وجهة القبح في المنع، وأنه خروجٌ عما هو المفروض من محل النزاع، ورجوعٌ إلى الحكم بإدراك العقل لغاية أحكامه. ولِمَ لا ودفع الضرر الناجز واجب بضرورة العقل عند جميع أهل العدل، بل عند جميع العقلاء الخالين عن التعصبات؟

وأنت قد عرفت ما ذكرناه في وجوب النظر، وستقف على أنه قد تنبه لهذا من تنبه من شُرّاح **المختصر**(301).

وفيها قوله أيضًا: «والجواب: المعارضة بأنه ملك الغير، فيحرم التصرف». وهذا سقوط من مثلِ العضُد؛ فإنه قال -أولًا- في الجواب على القائلين بالحظر: «إن حرمة التصرف في ملك الغير = ممنوع». وهنا قال في -معرض الرد على القائلين بالإباحة-: «بأنه ملك الغير؛ فيحرم التصرف». فصار العضد يضرب باليدين، ولا يتوجه أن يقال: إنه تنزل في كلا المقامين، ولا في أحدهما دون الآخر.

قف على تحقيق مذهب المعتزلة في حرمة التصرّف في ملك الغير، وعدم جري ذلك في حق الباري تعالى

ثم إن منع المعتزلة للتصرف في ملك الغير = ليس إلا على ذلك الوجه الذي عرفتَه آنفًا، أي ما كان ذلك الغير في معرض الحاجة والتضرر، لا في مِلك المالك المطلق، والغنيِّ المتقدِّس عن احتمال الضرر، وتجويزِ الاحتياج -تعالى الله عن ذلك-. فالاعتبارات التي أدركتها العقول في أملاك العباد = منتفيةٌ في حقه عز وجل. وكفاك أن تجويز التضررِ، واحتمالِ الاحتياج إلى ما يملكه = منتفٍ في حقه تعالى قطعًا واتفاقًا. وهي من الاعتبارات التي أدركتها العقول في أملاك العباد، بل هي رأس تلك الاعتبارات. ألا ترى أنهم بنوا الحرمة على أن ذلك ظلم؟ وحقيقة الظلم: «إنزال

(301) أي: مختصر ابن الحاجب.

الضرر بالغير» كما سيأتي. فأين الضرر في حق رب الأرباب؟

وبهذا يظهر فساد إيراد ابن الحاجب والعضد ومن قلدهما -كالمعترض- منعَ التصرف في ملك الغير عقلًا؛ حجة للقائلين بالحظر، كفساد احتجاجهم لأهل القول بالإباحة: بأنه «خَلَقَ العبدَ وما ينتفع به. فالحكمة تقتضي الإباحة، وإلا كان عبثًا». وهذا منهم خطأ يعرفه من عرف مذهب المعتزلة من كتبهم لا من كتب خصومهم الذين لا يقيمون لهم ميزانًا.

ومن العجائب غفلة العضد، كابن الحاجب وغيره من الأشاعرة، عن هذا الخطأ! مع أنهم قد صدَّروا المسألة بما لا يقضي العقل فيه بحسن ولا قبح. ثم أوردوا هذا الذي لا مزيد عليه عند المعتزلة في حكم العقل بقبحه -أعني التصرف في ملك الغير، والعبث اللازم من عدم الإباحة- على ما وهمه هؤلاء الأشاعرة.

وقد عرفت أن قبح التصرف في ملك الغير؛ من القضايا الصِّرفة، كالعبث. وهذه منهم هفوة لا جفوة.

وقد اعتذر سعد الدين في **حاشيته على شرح العضد**، فقال ما محصله: إن الحكم الذي نُفِي إدراكُ العقلِ له في صدر المسألة؛ هو الحكم الخاص التفصيلي. والحكمَ الذي لزم ثبوته من حرمة التصرف في ملك الغير -مثلًا-؛ إجمالي، فلا تناقض(302). وقد قلده المعترض في هذا، كما أشار إليه بقوله: «فلا يحكم العقل فيه بحكم خاص تفصيلي... إلخ» [110 ب]. وهذا اعتذار أقبح من الذنب.

أما أولًا؛ فلأن أكثر أحكام الحسن والقبح عقلًا لا تدرك إلا من وجه إجمالي، وقد اعترف به هو أيضًا في **التلويح**، كما سلفت حكايته عنه. فكان يلزم -على قَوْدِ كلامِه- أن تجري هذه الثلاثة المذاهب في ما لا يحصى من الأحكام، ويكون جميعها داخلة في هذه المسألة المترجمة بعدم إدراك العقل فيها بحسن ولا قبح.

وأما ثانيًا؛ فلأن القول بحرمة التصرف في ملك الغير = مستلزِمٌ لإدراك جهة القبح

(302) ينظر كلام التفتازاني في حاشيته على: الإيجي، **شرح مختصر المنتهى**، ج 2، ص 103.

تفصيلًا. فلو سُلِّم ذلك لارتفع النزاع بين المعتزلة، ورجعت الثلاثة الأقوال إلى الحظر، وستعرف قريبًا أن القائلين بالحظر لم يذهبوا إلى أن العلة هي «حرمة التصرف في ملك الغير»، وإلا كان خروجًا عما هو فرض المسألة. لكنهم جعلوا عدم إدراك العقل جهة الحسن = كافيًا في الحكم بالقبح.

ومن الغرائب أيضًا: أن سعد الدين -بعدما أورد هذا الكلام- قال: «وبهذا يظهر فساد اعتراض الشارحين على صورة التصرف في ملك الغير، وصورةِ الضرر الناجز، وأمثالِ ذلك، بأنها خارجة عن محل النزاع؛ لاستلزام الحكم بالتحريم جهةَ القبح. ثم جوابهم يمنع ذلك، وأن المراد: احتمال الضرر»[303]. انتهى. وأنت تعرف أن الشارحين أصابوا في الاعتراض، وأخطأوا في الجواب.

هذا، وقد استغنينا بما ذكرناه هنا على كلام ابن الحاجب، والعضد، والسعد = عن الكلام على ما أورده المعترض؛ إذ الكلامُ = الكلامُ[304]، وإنما المعترض عوَّل عليهم.

تحقيق حكم الأفعال قبل الشرع على ما ذكره الفاضل الأصفهاني في «شرح طوالع البيضاوي»

إلا أنه بقي كلامٌ في حكاية مذاهب المعتزلة التي ذكرها تبعًا لهم ولمثل ابن السبكي والمحلّي، فنقول:

مِن أحسنِ مَن أوضحَ هذه المسألة: شمس الدين محمود بن عبد الرحمن الأصفهاني، شارحًا لكلام القاضي البيضاوي في **الطوالع**[305] حيث قال: «الفرع الثاني في حكم الأفعال قبل الشرع، الصادرة عن الإنسان، لا يخلو: إما أن تكون اضطراريَّةً ليس له الترك، كالتنفس في الهواء وغيره، فلا بد من القطع بأنه غير ممتنع، إلا إذا جُوِّزَ وقوعُ تكليف ما لا يطاق. وإما أن تكون اختيارية، كأكل الفاكهة وغيرها؛ ففيها ثلاثة مذاهب -على ما ذكره الإمام في **المحصول**، وتبعه المصنف في **المنهاج**-.

(303) المرجع نفسه.
(304) أي: كلام المعترض هو عين كلام هؤلاء، ولهذا استغنى المؤلف بمناقشتهم هم عن مناقشة المعترض.
(305) وقفت عليه في شرح **المنهاج**.

الأول: أنها مباحة. وهو عند المعتزلة البصرية، وطائفة من الفقهاء الشافعية والحنفية.

والثاني: أنها محرمة. وهو عند المعتزلة البغدادية، وطائفة من الإمامية، وأبي علي بن أبي هريرة، من فقهاء الشافعية.

الثالث: التوقف. وهو ما ذهب إليه أبو الحسن الأشعري، وأبو بكر الصيرفي، وطائفة من الفقهاء.

قال الإمام في **المحصول**: 'ثم هذا التوقف؛ تارةً فُسِّر بأنه لا حكم. وهذا لا يكون وقفًا، بل قطعًا بعدم الحكم، وتارةً بأنّا لا ندري أنه إباحة أو حظر'.

قال المصنف: 'فسَّر الإمامُ التوقُّفَ بعدم الحكم. والأَولى أن يفسَّر بعدم العلم. وذلك لأن مذهب الشيخ أبي الحسن الأشعري: أن الحكم قديم. وعدمُ القديم ممتنعٌ. فإن أُريد بعدَم الحكم: عدمُ تعلُّقه؛ لأن الحكم وإن امتنع عدمُه، بحسب الذات، فلا يمتنع بحسب التعلق؛ لتوقف التعلق على البعثة = فهو أيضًا غير مناسب لمذهبه؛ لأن تعلق الحكم غيرُ متوقف على البعثة عنده؛ لتجويزه التكليف بما لا يطاق. فإن غايته: أن يكون الحكمُ قبل البعثة متعلقًا بالأفعال، ولا يعلم المكلّفُ ذلك، ويلزم التكليف بما لا يطاق.

فالمراد بعدم العلم: عدمُ العلم بتعلقه. وعلى تقدير تعلُّقه: عدمُ العلم بواحد من الخمسة على التعيين»(306). انتهى.

قلت: قد اشتمل هذا الكلام على تدقيق لمذهب الشيخ تامٍّ، مع عدم التعرض لأدلة القائلين بالحظر والإباحة -على ما في كتب الأشاعرة-؛ لما في ذلك من المناقضة لتصدير المسألة بـ«عدم إدراك الحكم».

ولا تغفل عمّا في كلام البيضاوي من الإعلان بِقِدَم الحُكم، وجوازِ تعلُّقِه قبل البعثة، وما في ذلك من جواز تكليف من لا يَعْلم، بل وقوع ذلك؛ لتعلَم صحة ما

(306) أبو الثناء محمود بن عبد الرحمن، شمس الدين الأصفهاني، **شرح المنهاج للبيضاوي**، تحقيق عبد الكريم النملة (الرياض: مكتبة الرشد، 1999)، ج 1، ص 125-127.

سندّعيه في مسألة «تكليف ما لا يطاق».

وليس هذا الكلام مما اختصّ به البيضاوي في **الطوالع**؛ فإنه قد صرَّح به غيرُه، وصرَّح به هو أيضًا في **المنهاج**. وعبارته فيه هكذا: «الأَوْلى أن يُفَسَّر بـ'عدم العلم'؛ لأن الحُكم قديمٌ عنده، ولا يتوقف تعلُّقه على البعثة؛ لتجويزه التكليف بالمحال»(307). انتهى. يعني: أنه لا وجه للقول بامتناع التعلق قبل البعثة، إلا على تقدير امتناع التكليف بالمحال، وليس من مذهب الأشعري.

فاندفع ما ذكره الإسنوي في **شرحه**، حيث قال: «وأما قوله: 'ولا يتوقف تعلُّقه... إلخ' = فضعيف؛ لأنه لا يلزم من تجويزه التكليف بالمحال، أن يكون التعلق عنده سابقًا على البعثة...إلخ»(308). وإنما قلنا: إنه يندفع؛ لأنا أشرنا إلى أن البيضاوي ما أراد أنه يلزم من القول بجواز التكلف بالمحال، أن يكون التعلق سابقًا على البعثة. بل أراد أن أنه: إذا كان الحكم قديمًا عند الأشعري = ما جاز له أن يمنع تعلقه قبل البعثة. لأن غايتَه لزومُ التكليف بالمحال، وهو مذهبه.

نعم، يلزم -على هذا- أن يكون التكليف بالمحال واقعًا -كما هو تحقيق مذهب الأشعري- باعترافه في الشرح وغيره.

فإن قلت: ما وجه تبرُّؤِ الأصفهاني عن عُهدة قول البيضاوي: «إن الإمام فسره بعدم الحكم»؟

قلت: قد أوضحه الإسنوي في **شرح المنهاج**، حيث قال: «فأما قوله: 'وفسره الإمام بعدم الحكم'؛ فممنوع، فإن عبارته في هذه المسألة هكذا: 'هذا الوقف تارةً يفسَّر بأنه لا حكم، وهذا لا يكون وقفًا، بل قطعًا بعدم الحكم، وتارة بأنَّا لا ندري: هل هناك حكم؟'»(309). إلى آخر ما نقله الأصفهاني كما تراه، ثم قال: «إن الإمام في آخر هذه المسألة؛ اختار تفسيره بعدم العلم»، فليُراجع.

(307) المرجع نفسه.
(308) الإسنوي، **نهاية السول**، ص 59.
(309) المرجع نفسه.

وقوله: «فالمراد بعدم العلم... إلخ»، أي: لا نعلم بتعلقه ولا بعدم تعلقه، وعلى تقدير تعلقه أيضًا؛ لا نعلم بواحدٍ من الخمسة.

حكاية المحلّي عن الباقلّاني أن قول بعض فقهائهم بالحظر وبعضهم بالإباحة؛ لغفلتهم عن تشعّب ذلك عن أصول المعتزلة

واعلم أن المحلّي حكى، في **شرح جمع الجوامع**، عن الباقلاني: أن قول بعض فقهائهم بالحظر -كابن أبي هريرة-، وبعضهم بالإباحة؛ إنما هو لغفلتهم عن تشعُّب ذلك عن أصول المعتزلة. قال: «وإن قول بعض أئمتنا بالوقف -كالأشعري-، مرادُه: نفي الحكم»[310]. انتهى. وقد عرفت ما فيه، وأنه إن أراد نفيَ الحكم العقلي؛ فلا اختصاص لنفيه بهذه المسألة؛ لأنه نافٍ له مطلقًا. وإن أراد الشرعي؛ فهو قديم لِقِدم الخطاب النفسي. وإن أراد تعلقه؛ فلا وجه لذلك، إلا الفرار من تجويز التكليف بما لا يطاق، وهو لا يمنعه. وبالجملة فما كان ينبغي أن يُذكَر للأشعري خلافٌ في هذه المسألة.

نكتة اختلاف المعتزلة، وبيان علة الذهاب إلى الإباحة والحظر والوقف

وأما أصحابنا [111 أ]؛ فالنكتة في اختلافهم في هذه المسألة: ما سبقت إليه إشارةٌ من عدم إدراك العقل لحرمة التصرف في ملك الرب الغني تعالى. فالذي رجع إلى الحظر = نظر إلى أن عدم إدراك الحسن يكون كافيًا في القبح. والذي مال إلى الإباحة نظر إلى أن عدم إدراك القبح يكون كافيًا في الحسن، أو كأنه قال: «لا حرج في الإباحة»، أو هي راجعة إلى التخيير. والواقف وقف حيث انتهت به قَدَم النظر والإدراك، فأصاب وسَلِم. فإن ما لا إدراك فيه لا حكم فيه. وهذا أقرب مما أبداه سعد الدين، حيث قال في **تلويحه** ما نصُّه: «فإن قلت: إذا كان الخلاف في ما لم يُدرك العقلُ حسنَه ولا قبحَه -على ما ذكرتم-، فكيف يصح القول بحرمته أو إباحته؟

(310) العطار، **حاشية العطار**، ج 1، ص 96.

قلت: المراد بالإباحة: جواز الانتفاع خاليًا عن أمارة المفسدة، وبالحرمة: عدمُه. وهذا لا ينافي عدمَ إدراكٍ فيه لخصوصية صفةٍ محسِّنةٍ أو مقبِّحةٍ»(311). انتهى.

وقد ظهر مما أوردناه للناقد البصير: من هو الذي وقع في التخليط، وصار ببئس المصير. ونحن إنما انتصرنا للمؤلف؛ لظلم المعترض له، وما للظالمين من نصير.

قف على أن تقييد الأشاعرة لنفي حكم العقل بالخمسة؛ تقييد منحَلٌ، بل باطل؛ لأنهم نافون لحُكم العقل رأسًا، كما في أفعال الله تعالى

تنبيـه

لا يزالون يقولون: «لا حكم من الأحكام الخمسة»، فيقيدون بالخمسة في مركز المجادلة -كما فعل المعترض هنا-. وإذا خَلَوْا عنها = نَفوا حكم العقل مطلقًا، كما يفعل المعترض في سائر المواضع -كما مر، وسيأتي-، وكما قال البيضاوي في مختصره من **الكشاف**: «إن أول من أثبت حكم العقل، وقال بالتحسين والتقبيح العقليين = إبليس. حيث زعم أنه لا يؤمَرُ الفاضل بالسجود للمفضول» -كما سيأتي إن شاء الله-. فأين هذا الحكم من الأحكام الخمسة؟ وكلامهم في هذه المناقضة كثير. ويكفي في التنبيه هذا اليسير. فتقييدهم هنا بالخمسة = من جنس تقييدهم لمحل النزاع في الحسن والقبح بالثواب والعقاب آجلًا. ألا تراهم إذا نوزعوا في مباحث أفعال الباري تعالى؛ قالوا: «لا حكم للعقل أصلًا، وهو تعالى مالكٌ يفعل ما يشاء، فلا يقبح منه تعالى إيجاد الفجور والفحشاء، وحكمه غير مردود، فلا تدخل أحكامه تحت الحدود»؟

الكلام في جواب المسألة الأولى [من مسألتي التنزُّل]

ولما قال المؤلف: «والجواب عن الأولى: أن اللقمة حقيرة ... إلخ»(312).

(311) التفتازاني، **شرح التلويح**، ج 2، ص 227.
(312) المنصور بالله، **الأساس**، ص 22.

قال المعترض: «قد اعترفتَ بأن نعم الله حقيرة عنده تعالى. فإما أن يكون المراد: أنها حقيرة عنده في نفس الأمر، والعقل لا يدرك حقارتها، وإنما يدرك أنها جليلة؛ فلذا كانت جليلة عند السامع من العقلاء. أو المراد أنها حقيرة عنده في نظر العقل، سواء كانت حقيرة في نفس الأمر أو جليلة.

لا سبيل إلى الأول، وإلا لما طلب الشكر عليها، ولما تمدَّح بالامتنان بها، ولما وصفها بالعظمة، إلى غير ذلك من الأمور الدالة على جلالتها في نفس الأمر؛ فتعين الثاني.

فنقول: إذا كانت نعم الله حقيرةً في نظر العقل عنده لسعة ملكه = لم يهتد العقل بنظره إلى أن الشكر عليها واجب ما لم يرد به الشرع. لأن الواجب العقلي: ما كان تركُه موجِبًا لذم العقلاء. وما كان حقيرًا في نظره = لا يحكُم العقلُ أنه لو تَرك الشكر عليه ذمَّه العقلاء؛ لأن ذم العقلاء إنما يتوجه على من ترك أمرًا يُعتَدُّ بشأنه. بل ربما لو تحدث بالنعمة ذمَّه العقلاء، ونسبوه إلى ما يكرهه، من كونه ساخرًا لا شاكرًا؛ لحقارة التحدث في نظره، بالنسبة إلى واسع مُلْك المنعِم. وكلما كان كذلك؛ لم يكن واجبًا عقلًا، فهو واجب شرعًا. والتمثيل بالبدرة[313] غيرُ مطابِقٍ. وكأنه أشار إلى هذا بقوله: 'ولو سلّمنا... إلخ'.

أما قوله: 'لزم أن يجعلوا لله صفة نقص... إلخ'؛ فهو كلامٌ ناشئٌ عن الغفلة عن أصل المقصود. فإن الأشاعرة صرَّحوا بأن شكر المنعم واجب شرعًا لا عقلًا؛ خلافًا للمعتزلة، وردّوا على المعتزلة قولَهم بأنه واجب عقلًا، بأمور، منها: ما نقله هنا.

ومعنى كونه واجبًا شرعًا: أنه لا يُعلَم وجوبُه إلا من جهة الشرع؛ بناء على أن العقل بنظره -قبل ورود الشرع- لا يهتدي إلى وجوبه؛ لما مر بيانه. فإذا جاء به الشرع؛ ظهر للعقل أنه واجب، وأن تاركه مستحق للعقاب، فآمن به وصدق، كسائر ما جاء به الشرع، وهو عين القبول للشرع، لا الردّ.

فإن أنصفتَ؛ رأيت أنك قد رجعت إلى الحق من حيث لا تشعر، حيث التجأت -في الرد على الأشاعرة- إلى عين ما هو الرد عليك. فإنَّك إنما أثبتَّ الأمر بالتحدث

(313) البدرة: كيس فيه مقدار من المال لا يقل عن ألف درهم.

بالنعمة، وعَظَمة المُلك والفضل؛ بما ورد في الشرع لا بالعقل. وهم إنما ردُّوا الوجوب العقلي لا الشرعي. بل أثبتوا الشرعيَّ وصرحوا به. فالردُّ عليهم بهذه الآيات؛ هو عين الرد على نفسك؛ لأنه مذهبهم الذي تحاول الرد عليه. وهذه حجة لهم لا عليهم. ويحق الله الحق بكلماته ولو كره المبطلون.

ثم إنك صرحت بأنه لا إكفار ولا تفسيق إلا بدليل قطعي سمعي. وقلت في 'فصل الدليل': 'إن طابق الواقعَ سُمِّيَ حُجةً، وإلا فشبهة'. وما ذكرتموه ليس مطابقًا للواقع؛ لأن الواقع: أن الأشاعرة قائلون بوجوب شكر المنعم بلا شبهة -كما هو مشحون به كتبهم-، فما ذكرتموه في الرد عليهم في صورة الدليل = شبهةٌ أُلبِسَت عليك بحجة، بلا شبهة.

وقد قلتَ: 'يُعرَف كونُه شبهةً بإبطاله بقاطع'. وإبطال ما ذكرتموه يحصل بمجرد التنبيه على أن الأشاعرة قائلون بوجوب شكر المُنعم شرعًا. فإنك إن راجعت كُتُبَهم [111 ب]؛ رأيتها مشحونة بذلك، فقد حصل قاطعٌ -وأيُّ قاطع!- على إبطال ما ذكرتموه، فثبت أنه شبهة -وأيُّ شبهة!-. وإذا ثبت أنه شبهة بلا شبهة؛ لم يحصل لكم دليل سمعي قطعي على تكفيرهم. وقد صرَّحتَ بأنه لا يجوز التكفير إلا بقاطع، وقد كفَّرتَ بغير قاطع، فقد ارتكبت عمدًا ما لا يجوز، وهو إثم. والأصل في كل معصية عمدًا أن تكون كبيرة عندكم، وهي محبطة للإيمان، فتكفيرك للأشاعرة منقلب عليك. وكفى الله المؤمنين القتال، والحمد لله رب العالمين».

أقول: كل من كمُل استعدادُه، وسَلِم من داء العناد فؤادُه؛ لا يخفى عليه اضطراب هذا الكلام وفسادُه.

أما قوله: «فإما أن يكون المراد: أنها حقيرةٌ عنده في نفس الأمر... إلخ» = فمغالطة واضحة. فإن المؤلف -رحمه الله- يختار أنها حقيرةٌ عند الله، جليلةٌ عند العبد، فلها اعتباران: بالنسبة إلى الله تعالى، وبالنسبة إلى العبد. وكذلك نفس الأمر على هذا، أي: إنها بالنسبة إلى الله تعالى = حقيرة في نفس الأمر، وبالنسبة إلى العبد = عظيمةٌ فيه(314).

على أن إتيان المعترض بذكر «نفس الأمر» = من تمام تلبيسه، ومع ما ذكرناه، يسقط

---

(314) أي في نفس الأمر كذلك.

جميعُ ما حاوله من تقرير البحث وتأسيسه، وينهار قوله: «لا سبيل إلى الأول، وإلا لما طلب الشكر عليها»؛ إذ الطلب والتمدح، والوصف بالعِظَم = لحسن موقعها من العبد، ولأنه لا يأتي بها، ويوصلها إلى العبد، إلا هو تعالى.

وأما بالنسبة إليه عز وجل؛ فجميع ما كان وما يكون = حقير. ولو صح أنه تعالى لا يطلب إلا عظيمًا عنده، وبالنسبة إليه عز وجل؛ لسقط الأمر والطلب وجميع التكاليف التي هي محض التفضل منه تعالى على عبيده، لا يعود إليه منها شيء.

ومن غفلة المعترض هنا: أنه ذهل عن أصله الذي هو مُصارِعٌ دونه، ومُقارِعٌ عنه - أعني نفي الحسن والقبح عقلًا-. وذلك أنه قال: «وإلا لما طلب الشكر عليها، ولما تمدح بالامتنان بها». ومن فروع هذه القاعدة التي ذهب إليها المعترض وقارع عنها: أنه لا يفعل الباري تعالى فعلًا لغرض، وكذلك أحكامه بريئة عن العلل والأغراض، فله تعالى -على هذه القاعدة- أن يطلب الشكر عليها ولو كانت حقيرة، بل له تعالى أن يتمدح بها ولو كانت نقمةً لا نعمةً، وله أن ينوِّه بإيصالها إلى العبد، وطلبِ الشكرِ عليها طلبًا متكررًا، مع عدم كونها نعمةً في نفس الأمر.

كما أنهم حين قال لهم أصحابنا: «لِمَ طلب تعالى الإيمان من الكافر، مع كونه ممتنعًا منه؟» = ما أجابوا إلا بذلك الجواب العاطل، فقالوا: «لا يُسأَلُ عما يفعل»، وهي كما اعترف إمام الحرمين في **النظامية**، بأنها «كلمة حقٍّ أريد بها باطل»[315]. فما لك -يا أخا الأكراد- غفلت عن أصلك الذي أنت في خلال المقارعة والمصارعة عنه؟ وحينئذٍ ظهر أن قولك: «لا سبيل إلى الأول» = مما يجاب عنه بقول الأول:

خلِّ السبيل لمن يبني المنار بِه واقعد فإنك أنت الطاعم الكاسي

لأنك وقعت في مذهب خصمك من ثلاثة وجوه:

أحدها: الاعتراف بأن وصفه تعالى لنعمته بالعِظَم = دالٌّ على جلالتها. وهذا اعتراف صحيح صريح بأن جلالتها ثابتةٌ من وراء الشرع، وأن الشرع مُظهِرٌ لذلك، لا

(315) الجويني، **النظامية**، ص 44.

مُثبِتٌ له، وزاد ذلك وضوحًا قولُك: «لم يهتد العقل بنظره ما لم يرِد الشرعُ»، أي: فإذا ورد؛ أظهر له ما هو ثابتٌ في نفس الأمر. وهذا مخالف لقاعدة الأشاعرة، بل هو اعتزال صِرفٌ. ألا ترى أن المعتزلة عرَّفوا التكليف بأنه: «إعلامُ الله العبدَ بأن له في الفعل والترك جلب نفع أو دفع ضرر... إلخ»؟ فجعلوا الشرع مبيِّنًا لما لا يهتدي إليه العقل، مع ثبوته في نفس الأمر، فليُفهَم. وللمعترض من جنس هذا الغلط على أصلهم كثيرٌ في هذا الكتاب، وقد نبهنا على ما سنح لنا منه.

ثانيها: أنه تعالى لا يعظِّم شيئًا إلا وهو عظيم في نفسه ولو بالنسبة إلى العبد. وهذا خلافُ قولهم عند المجادلة: «إنه تعالى يفعل ما يشاء ويحكم بما يريد»، ونحو ذلك من كلمات الحق التي يراد بها باطل في مجادلة العبيد.

وإنما قلنا: «إنه وقع في الاعتراف بهذا»؛ لأن قوله: «لا سبيل إلى الأول... إلخ»؛ مؤدَّاه هذا المعنى، بل هو صريحُه؛ فقد اعترف بخلاف مذهب الأشاعرة وهو لا يشعر.

ثالثها: الاعتراف بالتفرقة بين الأشياء في نفس الأمر ما بين جليل وحقير، وقليل وخطير. وهذا عين مذهب المعتزلة، وخلاف مذهب الأشاعرة. ولا يصح تأويله بأنه إلزامي لا حقيقي؛ لأنه احتج بأن الله قد عظَّمها وتمدّح بها، فلا تكون حقيرة.

وأما قوله: «من كونه ساخرًا» = فهو التصريح بما أشار إليه سابقًا وأمر بفهمه، وقد أبطلناه وأبطلنا ما بناه عليه، فلا حاجة في التوجه إليه.

وأما قوله: «والتمثيل بالبدرة غير مطابق» = فغير مطابق؛ لأن المؤلف -رحمه الله- لم يُرد أن البدرة كاللقمة، وإنما أراد أن الحقارة والعِظَم = من الأمور النسبية [112 أ]. فكما أن البدرة حقيرة بالنسبة إلى من مَلَكَ الدنيا، وملك جبالًا من ذهب؛ فكذلك هي عظيمة بالنسبة إلى من هو من الفقراء.

وأما التسليم الجدلي الذي توهَّم المعترض أنه ليس إلا بصدد المثال، حيث قال: «وكأنه إلى هذا أشار بقوله: 'ولو سلمنا'»؛ فلا إلمام له بالمثال، وإنما هو رجوع إلى كلية القاعدة، وتسليمٌ بطريق الجدل لمن ادَّعى أن كل نعم الله حقيرة، وأن التحدث بها سخريةٌ عقلًا.

وأما قوله: «فهو كلام ناشئ عن الغفلة» = فمردود عليه. أي: إنه ناشئ منه عن غفلة. وما أدري كيف توهم أنه ينجيه من قبح الإلزام بأن الله تعالى أمر أن يُسخَرَ به تعالى؛ أنْ قال: «إن الأشاعرة مصرِّحون بأن شكر المنعم واجب شرعًا»؛ فإنه بمثابة قوله: «ما ألزمتمونا به؛ فنحن ملتزمون له، من كونه تعالى أمر أمرًا مكررًا بأن يُسخر منه ويُستهزَأ به».

كذبوا في ما يزعمون. إنما عظَّم عظيمًا، وقال حقًا، ﴿فَقَدْ كَذَّبُوا۟ بِٱلْحَقِّ لَمَّا جَآءَهُمْ ۖ فَسَوْفَ يَأْتِيهِمْ أَنۢبَـٰٓؤُا۟ مَا كَانُوا۟ بِهِۦ يَسْتَهْزِءُونَ ۝٥﴾ [الأنعام: 5].

وأما قوله: «فإذا جاء الشرع ظهر للعقل أنه واجب»؛ فإن أراد به: أنه يظهر للعقل ما هو ثابت في نفس الأمر؛ فاعتراف بمذهب خصمه -كما مر-. وإن أراد: أن الحكم الشرعي قديمٌ لا يُعلَم إلا بأن يُظهرَه الشارع بالبعثة؛ فمع كون مناقضًا لما تقدم له -حيث قال: «لا حكم عند الأشاعرة من الأحكام الخمسة»؛ فنفى الأحكامَ قبل الشرع نفيًا كليًا-؛ لا يجديه أيضًا؛ إذ لا يظهر للعقل بعد ورود الشرع أن الخطاب النفسي كان قديمًا؛ وهو ظاهر. على أنا ننقل لزوم السخرية في الخطاب النفسي أيضًا. وحينئذٍ، فللمؤلف أن يقول: «هل حسَّن الشارع -من الشكر على نعمته ونحو ذلك- شيئًا حسنًا في نفسه أو قبيحًا؟ أو لا حسن ولا قبيح؟ ولا رابع لهذه الثلاثة:

والأول عينُ مذهبنا.

والثاني باطل قطعًا واتفاقًا.

والثالث مناقضٌ لقولكم بالسخرية.

فأخبرونا: على أي وجه كان تحسين الشارع لمثل الشكر والتحدث بنعمته؟ وهو جارٍ في جميع الأحكام».

وأما قوله: «وإبطال ما ذكرتموه يحصل بمجرد التنبيه»، إلى قوله: «فقد حصل قاطع» = فمضحِك. وليت شعري، من ذا الذي يقول غيرك -يا أخا الأكراد-: إن الإعلان بمذهبه المتنازَعِ في فساده = قاطعٌ في بطلان ما أورد الخصم لبيان فساده؟

ثم قلت: «وأيُّ قاطع!»؛ ظنًا منك أن خصمك لو عرف أنه مذهبك؛ لانقطع بلا تردد. يا عجباه، كيف ينازعك خصمك في فساد مذهبك، ويورد الحجج على بطلانه، ويطوِّل ذكره ردًّا وإيرادًا، وتزيده أنت تقريرًا وإقرارًا؛ ثم تقول: «إنه يُبطِل ما ذكره خصمُك بمجرد التنبيه على مذهبك الذي هو بصدد إبطاله»! فما هذا الذي وقعَتْ فيه المجادلة والمحاولة؟ وعلامَ هذه المناظرة والمناضلة؟

التنبيه -في أدب البحث- هو: ما يُذكَر لإزالة خفاء البديهيّ

ولقد أفرطت في التلبيس، حيث زعمتَ أنك قد أتيت بقاطع، ثم ما كفاك ذلك حتى زعمت أن مذهب بطلان خصمك بديهي، حيث قلت: «إن بطلانه يحصل بمجرد التنبيه»؛ إشارةً منك إلى ما تقرر بين أهل أدب البحث، من أن التنبيه هو: «ما يُذكَرُ لإزالة خفاء البديهيِّ». ثم ما كفاك ذلك حتى زعمت أنه لا يحصل دليل سمعيٌّ سوى ما زعمتَ إبطالَه. وأصحابك أنفسُهم مصرِّحون بالاعتراف بأنه لا يلزم من عدم دليل معين؛ عدمُ المدلول. فإن كنت تعلم هذا -كما هو الظاهر؛ لأنك قد نقلت شيئًا منه في كتابك-؛ فتجاهلك قبيح، بل خداع لا يغنيك شيئًا، بل يضرك. أَوَلَم تسمع قوله تعالى: ﴿يُخَٰدِعُونَ ٱللَّهَ وَٱلَّذِينَ ءَامَنُواْ وَمَا يَخۡدَعُونَ إِلَّآ أَنفُسَهُمۡ وَمَا يَشۡعُرُونَ ۝٩﴾ [البقرة: 9].

فإن لم تكن عالمًا به؛ فلا يُعذِرُك جهلك عن مثل هذه الجرأة بالتكفير بمجرد الافتراء على خصمك أنه يقول: «كل كبيرة كفرٌ»، وأنت قد علمت مذهبه، ونقلت قوله: «إن المنازل ثلاث»، ﴿وَمَنۡ أَظۡلَمُ مِمَّنِ ٱفۡتَرَىٰ عَلَى ٱللَّهِ كَذِبًا أَوۡ كَذَّبَ بِٱلۡحَقِّ لَمَّا جَآءَهُۥٓۚ أَلَيۡسَ فِي جَهَنَّمَ مَثۡوٗى لِّلۡكَٰفِرِينَ ۝٦٨﴾ [العنكبوت: 68].

هذا على فرض صحة ما أتيتَ به في هذا الكلام المكشوف عند ذوي الأفهام. ثم ما كفاك ذلك حتى رتَّبت عليه تكفير خصمك بالإلزام، وقلت: «وكفى الله المؤمنين القتال، والحمد لله رب العالمين».

إذا ما قضيت الدَّيْنَ بالدَّيْنِ لم يكن ... قضاءً، ولكن كان غُرمًا على غُرمِ

ولو تعقَّلت كلامك؛ لعلمتَ أنك ما زدت على الاعتراف بمذهب خصمك الذي

أنت مضلِّلٌ له فيه، بل مكفِّرٌ له من أجله -أعني الحسن والقبح كما سياتي-. وحينئذٍ، فأنت ساعٍ في وبالك، وباغٍ لضلالك.

ما تصنع الأعداء في جاهل   ما يصنع الجاهل في نفسه

فإن أنصفتَ من نفسك؛ اعترفت بما ذكرناه من مناقضتك ولبسك، وتيقنت بأنك إنما أرحت خصمك من تطويل مسافة الإلزام لك، بأن الباري تعالى أمر أمرًا مكررًا بالسخرية، وسابقتَه إلى غاية ما يريده من تقبيح طريقتك الغَوِيَّة، فاعترفت بمطلوبه جهارًا، وأعلنت بما ألزمك به إسرارًا، ولقد أذكرَنا حالُك بحال من سمع قارئًا يتلو قوله تعالى: ﴿يَتَجَرَّعُهُۥ وَلَا يَكَادُ يُسِيغُهُۥ﴾ [إبراهيم: 17]، فقال: «اللهم اجعلنا ممن يتجرعه ويسيغه» [112 ب].

[الكلام في جواب المسألة الثانية من مسألتي التنزّل]

ولما قال المؤلف: «وعن الثانية: التمكين من أملاكه، مع خلق العقل المميِّز = إذْنٌ ... إلخ»(316).

قال المعترض: «فيه تخبيط.

أما أولًا؛ فلأن من لا يقول بإدراك العقل جهةَ الحسن والقبح -كما نقله في الثانية-؛ لا يقول بأن العقل مميِّز. فقوله: 'مع خلق العقل المميز' = أوّلُ البحث وعينُ المتنازع؛ فأخذُه في الدليل = مصادرةٌ على المطلوب المستلزم للدور المحال.

وأما ثانيًا؛ فلأن الدليل المذكور من المعتزلة للحظر؛ إنما هو لأفعالٍ لم يُدرك العقلُ جهةَ حسنها وقبحها، لا مطلقًا -كما مرَّ-. فخلق العقل، مع تسليم كونه مميِّزًا يدرك جهةَ حسنِه وقبحِه = لا يقوم حجةً على إباحة ما لم يدرك فيه جهة حسنه أو قبحه، وهو ظاهر».

أقول: فيه أيضًا تخبيط، منشَأُه ما مر له من التخليط، في فهم تلك المسألة الثانية، على الوجه الذي قررناه. لكنه لو تأمل هنا كلام المؤلف -رحمه الله-؛ لعلم أن المراد له

(316) المنصور بالله، **الأساس**، ص 23.

بـ«التصرف في ملك الغير»: ليس إلا نفس حكم العقل، وإلا لم يكن لتوسيط ذكر العقل هنا جهة؛ إذ كان يكفي أن يقول: «التمكين من أملاكه = إِذْنٌ».

وأما نفي المعترض لتمييز العقل؛ فترجمةٌ عن عذره في ما خلط فيه، وإقرارٌ بأنه صدر منه عن غير تمييز، مع ما فيه من التصريح بالنفي لمطلق حكم العقل وتمييزه بالمرة. وهو تكذيب لنفسه ولأمثاله في قولهم: «إن محل النزاع في الحسن والقبح، ليس إلا ما كان فيه الثواب والعقاب آجلًا»، وقولهم: «إنهم لا ينكرون إدراك العقل وتمييزه مطلقًا». فما هذه المناقضة؟ وما هذا الصنيع الشنيع؟ ﴿بَلِ ٱلْإِنسَٰنُ عَلَىٰ نَفْسِهِۦ بَصِيرَةٌ ﴿١٤﴾ وَلَوْ أَلْقَىٰ مَعَاذِيرَهُۥ ﴿١٥﴾﴾ [القيامة: 14، 15].

على أن الأشاعرة معترفون بتمييز العقول وإدراكها؛ لأن ذلك ضروري، كما أشار إليه الرازي، وسعد الدين في الكلام المنقول عنهما سابقًا، وهو مشهورٌ في كلامهم بلا مُناكرٍ، إلا أنهم حاولوا بيان الفرق بينهم وبين خصومهم، بأن سمّوا هذا التمييز والإدراك بـ«الملاءمة» و«المنافرة»، كما في كلام الرازي. وربما اعترفوا بمتعلَّق المدح والذم، كما في كلام سعد الدين. فالمعترض هنا منكر للضرورة، وقد عرفت حال منكر الضروري. وبهـذا يظهر أن كلام المؤلف بريء عن المصادرة.

نعـم، قد يجري منهم مناقضة لأنفسهم، وينفون في بعض المواضع حكم العقل رأسًا. وذلك لا يقتضي كون كلامه -رحمه الله- تعالى مصادرةً. إنما يكون قدحًا عليهم بالتلوُّن في دين الله، وإنكار ما قد علموه بضرورة عقولهم، واعترفوا به تصريحًا وتلويحًا.

كلامٌ لسعد الدين، في الاعتراف بعدم النزاع من المعتزلة في كون العقل لا يستقل بإدراك كثير من الأحكام، وعدم النزاع من الأشاعرة في افتقار الشرع إلى العقل، وأن الدليل لا يكون سمعيًا صِرفًا، فليُحفَظ

قال سعد الدين في التلويح، عند الكلام في العقل من باب «المحكوم عليه»، ما نصُّه: «لا نزاع للمعتزلة في أن العقل لا يستقل بدَرَك كثير من الأحكام على

تفاصيلها»، إلى أن قال: «ولا نزاع للأشاعرة في أن الشرع محتاج إلى العقل، وأن للعقل دخلًا في معرفة الأحكام، حتى صرَّحوا بأن الدليل إما عقلي صِرف، وإما مركب من عقلي وسمعي. ويمتنع كونُه سمعيًّا صِرفًا؛ لأن صدق الشارع، بل وجود كلامه إنما ثبت بالعقل»(317). انتهى.

وبه يزداد انتفاءُ المصادرة وضوحًا، ويُعلَم صحة ما قدمناه تصريحًا وتلميحًا، وإن شئت زدناه توضيحًا، فنقول:

أما اعترافه(318) بأن المعتزلة لا ينازعون في أن العقل لا يستقل بدَرَك كثير من الأحكام = فظاهر لا غبار عليه، وإن كان الأشاعرة المتعطلون عن الإنصاف قد يناقضونه ويقولون: «إن المعتزلة يزعمون أنهم غنيُّون بالعقول عن الشرائع». وهذا الباطل قد جرى عليه المعترض في كتابه هذا مرارًا.

وأما اعترافه -أي: السعد- بأن الأشاعرة مقرُّون بأن الشرع محتاج إلى العقل، وأن صدق الشارع إنما يثبت عندهم بالعقل = فاعترافٌ -في الحقيقة- بأنهم لا ينازعون في التحسين والتقبيح عقلًا في مثل ذلك -أي: صدق الشارع مثلًا-. وذلك لأنهم إنما يثبتون صدق الشارع بالعقل؛ نظرًا إلى أن الكذب نقصٌ يمتنع في حق الشارع. وهذا هو عين ما تقوله المعتزلة في تمييز العقل، وعين تحكيمه في القبح. فإن تسمية القبيح العقلي «نقصًا» = أمرٌ لفظي لا يترتب عليه خلاف.

فاتضح: أن المعترض غافلٌ عن هذا كله. فإن لم يكن غافلًا فهو متغافل. وهيهات أن ينفعه رميه للمؤلف بالتخبيط والتخليط، والله من ورائهم محيط.

ثم إن للمؤلف أن يقول: «سلَّمنا نفيكم لتمييز العقل رأسًا. لكن المسألة كانت مبنية على التنزل منكم. وشأن المتنزِّل إرخاء العِنان، وإظهار الاعتراف بمذهب خصمه في ما تنزل فيه؛ استدراجًا له، وإلا لم يكن متنزلًا. فذِكرُ تمييز العقل في الجواب عما وقع فيه التنزُّل = صواب عند أولي الألباب».

---

(317) التفتازاني، **شرح التلويح**، ج 2، ص 334-335.
(318) الكلام هنا تعليق على ما قاله التفتازاني.

وأما قوله: «فلأن الدليل المذكور من المعتزلة... إلخ»؛ فقد استغنيتَ عن بيان غلطه فيه، حيث توهَّم أن المؤلف = بصدد الرد لكلام القائلين بالحظر من المعتزلة. وما علم المعترض أنه بصدد مناقضة الأشاعرة النافين لأحكام العقول؛ بناء على أن حكم العقل تصرُّفٌ في ملك الباري تعالىٰ بغير إذنه.

وأما قوله: «لا يقوم حجةً علىٰ إباحة ما لم يدرِك»؛ فصدر منه عن عدم إدراك. وذلك لأن نفي الإدراك تفصيلًا = لا يستلزم نفيَ مطلقِ الإدراك، وهو ظاهر لمن له أدنىٰ إدراك. أما لو انتفىٰ مطلقُ الإدراك؛ لم يبق لحكم العقل ساحة، لا في الحظر ولا في الإباحة. فارجع إلىٰ ما ذكرناه سابقًا في نكتة الاختلاف بين المعتزلة.

[هل العقل مستقل بإدراك حسن الأشياء وقبحها؟]

قال: «وأما الاستدلال بقوله تعالى: ﴿فَأَلْهَمَهَا فُجُورَهَا وَتَقْوَاهَا ۝٨﴾ [الشمس: 8]، على استقلال العقل بإدراك [113 أ] حسن الأشياء وقبحها = فهو مما لا يتم لهم، فلا يقوم حجةً على ما ذكروه. فلنذكر -أولًا- ما فسَّره به صاحب الكشاف؛ بناءً على قاعدته، ثم يأتي البيان -على أنه لا يتم- إن شاء الله، فنقول:

قال في الكشاف: 'ومعنى إلهام الفجور والتقوى: إفهامُها وإعقالُـها، وأن أحـدَهما حسَنٌ، والآخرَ قبيحٌ، وتمكينُه من اختيار ما يشاء منهما، بدليل قولـه تعـالى: ﴿قَدْ أَفْلَحَ مَن زَكَّىٰهَا ۝٩ وَقَدْ خَابَ مَن دَسَّىٰهَا ۝١٠﴾ [الشمس: 9، 10]، فجعلـه فاعـلَ التزكيـة والتدسية، ومتولِّيهما'(319). انتهى.

وهذا مبني على قاعدتين من قواعد الاعتزال:

أولاهما: أن الحُسن والقُبح عقليان. وثانيتُهما: أن العبد خـالقٌ لأفعالـه الاختياريـة، بقدرتِه وإرادته، من غير مَدخَلٍ لقدرة الله تعالى وإرادته فيه. وكلتاهما باطلتان.

أما الأولى؛ فلأنه لا يخلو: إما أن يكون أفهمَها الأمرين، ولم تزل عالمةً بهما بالفعل، غيرَ غافلةٍ، سواء أخبر بهما الشرع أو لم يخبر. أو أفهمها ثم غفلت عنها، حتى إذا جاء

(319) الزمخشري، الكشاف، ص 1205.

العقل تنبَّهتْ من رقدة الغفلة، واستقلَّ العقل بإدراكهما ثانيًا من غير احتياج إلى الشرع في شيء منهما. أو أفهَمَهَا الأمرين ثم غفلت عنهما، حتى إذا جاء العقل استقلَّ بإدراك بعضٍ من كلٍّ منهما، وتوقف في بعضٍ منهما، حتى إذا جاء الشرع كشف عنه. أو أفهمها الأمرين ثم غفلت عنهما بالكلية ولم تتذكر شيئًا منهما، حتى إذا جاء الشرع وذكَّرها بهما فتذكرت إن كانت ممن يخشى، وانحصر الأمر في هذه الشقوق الأربع.

لا سبيل إلى الأول ولا إلى الثاني، وإلا لما احتيج إلى إرسال الرسل لإلزام الحجة. لكن التالي باطلٌ؛ ضرورةَ أن الغفلة حاصلة واقعة محققة. وقد اعترف به صاحب الكشاف في تفسير قوله تعالى: ﴿وَمَا كُنَّا مُعَذِّبِينَ حَتَّىٰ نَبْعَثَ رَسُولًا﴾ [الإسراء: 15]، قال: 'بعثة الرسل من جملة التنبيه على النظر، والإيقاظ من رقدة الغفلة'[320]. انتهى.

ولا إلى الثالث، وإلا لكان واقعًا. ولم يكن واقعًا. أما من المشرك والكافر؛ فظاهر؛ لأن الإيمان شرط في صحة العبادات بأسرها. وقد اعترف به صاحب الكشاف في تفسير الآية المذكورة، حيث قال: 'والعمل بها -أي: بالشرائع- لا يصح إلا بعد الإيمان'. انتهى.

فلو كان عقلُها مستقلًا بإدراك شيء من الفجور والتقوى الشرعيين، المشروطين بالإيمان؛ لدلَّـها أوّلًا على نحو عمل الحسنات، والاجتناب من السيئات؛ ضرورةَ عدمِ تحقُّقِ المشروط إلا بشرطه. لكنْ لم يدلَّـها على الإيمان، فانتفى الشرط، فانتفى المشروط.

وأما من الموحِّد بنظره العقلي في أيام الفترة؛ فلأن العقل لا يستقل بنظره الفكري أنَّ ثَمَّ حشرًا للأجساد بعد موتها، كما اعترف به رئيس العقلاء الذي هو ابن سينا، حيث قال في كتابَي النجاة والشفاء: 'يجب أن يُعلَم أن المعاد، منه ما هو مقبول من الشرع، ولا سبيل إلى إثباته إلا من طريق الشريعة، وتصديق خبر النبي، وهو الذي للبدن عند البعث'. ثم قال: 'ومنه ما هو مُدرَكٌ بالعقل والقياس البرهاني، وقد صدَّقه النبوَّةُ، وهو السعادة والشقاوة الثابتتان، بالقياس إلى الأنفس، وإن كان الأوهامُ منَّا تقصُر عن تصوُّرِهما الآن'[321]. انتهى.

---

(320) المرجع نفسه، ص 592.

(321) أبو علي بن سينا، **النجاة في الحكمة الإهية**، عني به محيي الدين صبري الكردي، ط 2 (القاهرة: مطبعة السعادة، 1938)، ص 291.

فها هو ذا رئيس العقلاء، قد صرَّح بأنه لا طريق إلى إثبات الحشر الجسماني إلا الشريعة الحقة.

فنقول: إذا لم يكن للعقل أن يدرك بنظره ذلك = لم يدرك أن ثَمَّ ثوابًا على التقوى، وعقابًا على الفجور آجلًا؛ لأن الثواب والعقاب في الآجل = فرعٌ على تحقق الآجل، ولم يتحقق له في نظره بل تحقق عدمُه. وإذا لم يتحقق؛ لم يَعلم أن للمتقين مفازًا، حدائق وأعنابًا، وكواعب أترابًا.

نعم، إثبات الحشر الروحاني يقتضي إثبات مكارم الأخلاق. وتحصيلُ صفات الكمال والنقص = تُدركه العقول بالاتفاق.

فتعين الشقُّ الرابع، وهو: أن الغفلة حاصلةٌ، والتذكيرَ من الشرع خاصةً. وهو المطلوب. ومصداقه من السنة المطهرة: ما رواه الإمام أحمد عن أُبيّ بن كعب في قول الله عزَّ وجلّ: ﴿وَإِذْ أَخَذَ رَبُّكَ مِنۢ بَنِىٓ ءَادَمَ مِن ظُهُورِهِمْ ذُرِّيَّتَهُمْ﴾ [الأعراف: 172]، في حديث طويل، وفيه: 'إني سأرسل إليكم رُسُلي، يذكرونكم عهدي وميثاقي، وأُنزِل عليكم كتبي'. الحديث. والكتاب العزيز مشحون بالأمر بالتذكير، وبالله التوفيق».

أقول: تأملْ هذه الشقوقَ التي شقَّ بها الإنصاف، وتدبَّرْ هذه المراوغة، والحيفَ الذي لا يحتار في حافاته إلا من حاد عن الطريق وحاف.

وهكذا حال من يريد مجرد المغالبة والمجادلة بالباطل؛ يلفِّق على خصمه أكاذيب لا يقول بها، ثم يردُّها -بزعمه-؛ بناءً على أنه قد رد مذهب خصمه.

ولا يخفى على العارف المطلع، أن إدخالهم للثواب والعقاب آجلًا في ذلك المعنى الذي زعموا أنه هو محل النزاع = من جملة تلفيقاتهم الباطلة؛ ترويجًا وتدريجًا لضعفاء النظر وسخفاء الفِكَر، والعارف لا ينخدع ولا يغتر بهذا الهذر، بل يعلم أن غايته إبطالُ للمعنى الذي أدخلوا فيه الثواب والعقاب، والحدائق والأعناب، وهو نازح عن هذا الباب، كما أوضحنا ذلك لذوي الألباب. فإبطاله لا يجدي نفعًا، وغاية الأمر أن يكون إبطالًا لمعنًى أخصَّ من المعنى المتنازع فيه؛ لأن النزاع = في مطلق الأفعال، أعمَّ من أفعال العباد وأفعال الكبير المتعال. فإدخال الثواب والعقاب في هذا المطلق محالٌ

وأيُّ محال. وإذا كان إبطالًا لمعنًى أخصَّ؛ لم يلزم بطلانُ ذلك المعنى الأعم؛ لأنه لا يلزم من بطلان الأخص بطلانُ الأعمّ -كما مر غير مرة-. فأي فائدة ومعنًى لما أورده المعترض -كغيره- من الزّيف والحيف؟ أَوَهكذا يصنع من يعلم أن إلى ربك الرجعى؟ كلا! لو عمل بمقتضى ذلك؛ لما حال عن الحق وحاف.

ولنــورد شطرًا من حيفه، ونسرد نزرًا من كثيرِ زيفِه، فنقول:

اعـلم أنه لا نزاع بين الأشاعرة والماتريدية والمعتزلة في «إلهام الفجور والتقوى» و«التمكين»، من الإتيان بهما.

كلامٌ لسعد الدين في معنى «إلهام الفجور والتقوى»، و«التزكية»، و«التدسية»

ولهذا لما أورد هذه الآية صاحب **التنقيح والتوضيح**، في حجية الإجماع؛ لم يزد سعد الدين في **التلويح** على أن قال: «ومعنى تنكير النفس: التكثيرُ، وقيل: المراد نفس آدم عليه السلام. ومعنى إلهام الفجور والتقوى: إفهامُها وتعريفُ حالهما، والتمكين من الإتيان بهما. ومعنى تزكيتها: ازديادها بالعلم والعمل [113 ب]. ومعنى تدسيتها: نقصُها وإخفاؤها بالجهالة والفسوق. وليس معنى إلهام الفجور والتقوى: أن تعلم كل خير وشر»(322). إلى آخر ما قاله. وإنما يتهيأ النزاع في التمكين من خُلَّص الجبرية، فكلام المعترض هنا مبنيٌّ على محض الجبر وخلاصة التجهم.

أما الكلام في الإلهام؛ فمن كان قائلًا بالحسن والقبح كصاحب **التنقيح** وسائر الماتريدية؛ فلا نزاع لهم مع المعتزلة في ذلك. ومن نفاه كالأشاعرة؛ فالإلهام عندهم = بالشرع. وللمعتزلي أن يقول: «إن قوله تعالى: ﴿**فَأَلْهَمَهَا فُجُورَهَا وَتَقْوَاهَا** ⑧﴾ [الشمس: 8] = جاء في طراز قوله تعالى: ﴿**وَنَفْسٍ وَمَا سَوَّاهَا** ⑦﴾ [الشمس: 7]، ومن تمامه. وذلك مما لا نظر له إلى الشريعة أصلًا؛ إذ ليس المعنيُّ بـ﴿ **وَنَفْسٍ وَمَا سَوَّاهَا** ⑦﴾ [الشمس: 7]، فأرسل إليها رسلًا، وأنزل عليها كتبًا. وهو واضح».

---

(322) التفتازاني، **شرح التلويح**، ج 2، ص 108.

إذا عرفت ما ذكرناه؛ لاح لك خبطُ المعترض، وعدمُ إنصافه، وطمعُه الفارغ في الاعتراض على جار الله وما أورده في **كشافه**.

أضـــحى يســـدُّ فــمَ الأفعــى بأُصــبعه

يكفيــه مــا قــد تُلاقــي منــه أصــبعُه

ولنزده وضوحًا فنقول:

ليس مرادُ جار الله إلا أن ثبوت الإلهام والإفهام بحسن التقوى وقبح الفجور = يُشعِر بأنهما ثابتان في نفس الأمر، بل يقتضي ذلك، أي: حسنَ أحدهما وقبحَ الآخر، لا أنه تعالى هو الذي حسَّن وقبَّح هذا، ولم يكن أحدهما حسنًا في نفسه والآخر قبيحًا كذلك. إذ لو كان تعالى هو المحسِّن والمقبِّح بالشرع الذي أوجده؛ لم يبق للإلهام جدوى؛ ضرورةَ الاكتفاء عنه بالخطاب الناطق بالحسن والقبح.

ثم إن الزمخشري -رحمه الله- لم يُرِد أن النفس بالإلهام تعلم كل خير وشر، ولا يدَّعي استقلال العقول بمعرفة جميع الأحكام -كما مر-، وإلا لبطل عليه تسعةُ أعشار **كشّافه**، وفيه مواضع مناديةٌ بهذا المعنى. ولكن لا حياة لمن تنادي.

وقد عرف واعترف بهذا من أنصف، كما سلف عن سعد الدين في الكلام المنقول عن **التلويح**. فقول المعترض: «وقد اعترف به صاحب **الكشاف**» = من جملة القعقعة. إذ لا مُناكِر من المعتزلة في ما قاله جار الله هنالك، كما لا مُناكِر في أن الإيمان شرطٌ في صحة الأعمال. بل إن أُريد به مجرد التصديق؛ فشَطْرٌ عندهم.

التزكية والتدسية = مما لا يجري في أفعال العبد -على ما هو مذهب المجبِرة القائلين بالكسب-

ثم إن الزمخشري استظهر على ما ادّعاه بالتمكين المفهوم من قوله تعالى: ﴿قَدۡ أَفۡلَحَ مَن زَكَّىٰهَا ٩﴾ [الشمس: 9]. الآية؛ نظرًا إلى أنه لولا التمكين؛ لما كان للإلهام معنى. واستدل على التمكين بجعل العبد فاعلَ التزكية والتدسية ومتولِّـيَهما، وليس من باب الاستدلال بأن الفعل إنما يُسنَدُ حقيقةً إلى من يوجِده ويؤثر فيه -كما يقوله العدلية-،

حتىٰ يقع المنع والتشكيك بأنه قد يُسنَد حقيقةً أيضًا إلىٰ من قام به، وكان محلًا له -كما يقوله الأشاعرة-. إنما المراد: أن التزكية والتدسية = من الأفعال الخاصة التي لا يفعلها -عند الأشاعرة- إلا الله تعالىٰ، ولا يزكِّي العبدُ نفسَه كما لا يدسِّيها -عندهم-، لا إيجادًا ولا كسبًا. أما الإيجاد؛ فظاهر. وأما الكسب؛ فلأنه -كما عرفتَ- لا يتعدّىٰ عن محلِّ القدرة -كما صرح به الأشاعرة-. وليست التزكية والتدسية في محل القدرة؛ فلا دخل لكسب العبد فيهما -عندهم-، إنما الله تعالىٰ هو المزكِّي والمدسِّي.

ولذا استشهد صاحب **الكشف**[323] بالحديث الآتي قريبًا إن شاء الله، واضطُر -كغيره ممن تقدّمه- إلىٰ أن جعل الضمير المرفوع في ﴿زَكَّىٰهَا﴾ و﴿دَسَّىٰهَا﴾ لله عزَّ وجلّ. وذلك أنّه تفطن لعدم تأتّي الكسب أصلًا، واطّلَع علىٰ كلام جار الله في **الكشاف**، حيث قال: «وأما قول من زعم أن الضمير في 'زكّىٰ' و'دسَّىٰ' لله تعالىٰ، وأن تأنيث الضمير الراجع إلىٰ 'مَنْ'؛ لأنه في معنىٰ النفس = فمن تعكيس القدرية[324] الذين يورّكون[325] علىٰ الله قدرًا هو بريء منه ومتعالٍ عنه، ويحيون لياليَهم في تمحُّل فاحشةٍ ينسبونها إليه»[326]. انتهىٰ. فكأنه فهم أن جار الله إنما أورد هذا؛ علمًا منه بأنه لا ملاذ للمجبرة وراءه؛ إذ الدعوىٰ بأن الإسناد من حيث الكسب = باطلةٌ لِما ذكرناه.

لا يقال: إن التزكية والتدسية، وإن لم يكن للكسب دخلٌ فيهما -لخروجهما عن محل القدرة-، إلا أن إسنادهما إلىٰ العبد = لكونهما مما ينشأ عن كسبه الواقع في محل قدرة.

لأنا نقول: إن هذا عدولٌ عن الأصل -الذي هو الحقيقة إلىٰ المجاز- من غير دليل، سوىٰ مجرد المذهب. وأيضًا، فلا نسلم أن التزكية والتدسية مما ينشأ عن الكسب؛ لأن ذلك مناقضٌ لقولهم بأنه لا يتعدىٰ عن محل القدرة.

وإذا عرفت هذا؛ ظهر لك تخبيط المعترض -في ما سيأتي-، وأن مرمىٰ جار الله من

---

(323) لعله يقصد أبا حفص عمر بن عبد الرحمن القزويني (الشهير بالسراج) (ت. 745هـ)، وكتابه الشهير الموسوم بـ**الكشف على الكشاف**. ولا أعلم أنه قد طُبع، لكني صادفت قطعة محققة منه في رسالة دكتوراه، والله أعلم.

(324) المراد بالقدرية هنا عند الزمخشري: المجبِرة.

(325) التوريك: نسبة المرء ذنبه إلىٰ غيره.

(326) الزمخشري، **الكشاف**، ص 1206.

وراء فهم مثلِ المعترِض؛ فإنه لا يكاد يتنبه لمثل هذا المسلك الجليل الدقيق. والله ولي التوفيق.

أما قوله: «لا يخلو: إما أن يكون المراد ... إلخ»؛ فلنا أن نجيب عنه باختيار الثالث، وإن كان قد أغنانا عنه ما ذكرناه في بيان مراد جار الله.

قوله: «ولا الثالث وإلا لكان واقعًا، ولم يكن واقعًا. أما من المشرك والكافر؛ فظاهر»، إلى قوله: «فانتفى الشرط؛ فانتفى المشروط».

قلت: هذا غلطٌ يضحك منه العقلاء. فإن فيه خروجًا من إلهام الفجور والتقوى، إلى العمل بهما بل بالتقوى فقط. وإلا فأيُّ معنى لقولك: «أما من الكافر والمشرك؛ فظاهر»؟ فالمنتفي منهما ليس إلا [114 أ] العمل، لا الإلهام والإدراك، وهو ظاهر.

وشيء آخر، وهو أن إلهام الفجور والتقوى مجمَعٌ عليه -كما عرفت-، وإن وقع الخلاف من الأشاعرة في كونه بالشرع. فلو لزم من اتهام الفجور والتقوى وإدراكهما وقوعُ الإيمان بالفعل -كما هو مقتضى كلامه-؛ لكان الناس جميعًا متقين ﴿وَمَا وَجَدْنَا لِأَكْثَرِهِمْ مِنْ عَهْدٍ وَإِنْ وَجَدْنَا أَكْثَرَهُمْ لَفَاسِقِينَ﴾ [الأعراف: 102].

وأيضًا، فلو ثبت هذا الكلام الذي جاء به؛ لوقع خلل في قوله تعالى: ﴿وَقَدْ خَابَ مَن دَسَّىٰهَا ﴿١٠﴾﴾ [الشمس: 10]، بعد قوله تعالى: ﴿فَأَلْهَمَهَا فُجُورَهَا وَتَقْوَىٰهَا ﴿٨﴾﴾ [الشمس: 8]؛ نظرًا إلى أن الإلهام مستلزمٌ للتقوى الذي هو التزكية؛ فلا تدسية. لكن التالي باطل بالقطع والاتفاق.

وأما قوله: «وأما مِن الموحِّد بنظره العقلي... إلخ»؛ فمبعزلٍ عن التوجيه، بل يُحاشى كلامُ العقلاء عما فيه.

أما أولًا؛ فلأن المفروض في هذا الشق الثالث -على ما قاله-، هو: أن العقل استقلَّ بإدراك بعضٍ في كلٍّ منهما، وتوقَّفَ في بعضٍ من كلٍّ منهما، حتى إذا جاء الشرع كشف عنه. فكيف ذهب هنا إلى استقلال العقل بكلٍّ منهما واستغنائه عن الشرع بالكلية، حتى في أمر المعاد وما في الجنة من الحدائق والأعناب؟ ﴿إِنَّ هَٰذَا لَشَيْءٌ عُجَابٌ﴾ [ص: 5].

إدراك الجزاء والمكافأة لا يستلزم إثبات الدار الآخرة ونحو ذلك

وأما ثانيًا؛ فلأن الذي ادعاه الخصم إنما هو مجرَّدُ إدراك الفجور والتقوى، وأن أحدَهما قبيحٌ والآخرَ حسن -كما هو صريح عبارة الزمخشري-، ولا تعرُّض لذكر الثواب والعقاب. فما للمعترض وللتعرض لحشر الأجساد، والتبجح بالاطلاع على كلام ابن سينا في أمر المعاد، حتى كأنه قد جاء بما يعجز عنه الأفراد، ولا يقدر على التكلم فيه قادحٌ ولا رادٌّ؟

ونحن نقول له: يا أخا الأكراد، أما علمت أن مجرد إدراك ماهية الفجور والتقوى، وقبحِ أحدِهما وحسنِ الآخر = لا يفتقر إلى العلم بالمعاد، فضلًا عن العلم بالحدائق والأعناب، والكواعب الأتراب؟ وإنما نشأ غلطك من إدخال الثواب والعقاب.

على أنّا نقول: سلَّمْنا ما فهمتَ من إدخالهما. لكن لم حملتَهما على ما حملتَ؟ ولم لا يجوز أن المراد منهما: مُجرَّد الجزاء والمكافأة، أعمَّ مما هو في الدنيا والأخرى؟ وهو لا يلزم من إدراك مجرد الجزاء والمكافأة؛ إدراكُ أن للمتقين مفازًا؛ حدائق وأعنابًا، فلا يلزم إدراكُ المعاد.

سلَّمنا إدراكَ المعاد. لكن لم لا يجوز أن يكون أعمَّ من حشر الأجساد برمتها، وإنما هو عود الجملة المنسابة في البدن، التي هي أهل الجزاء والمكافأة؟

فظهر: أن قولك: «لم يعلم أن للمتقين مفازًا؛ حدائق وأعنابًا، وكواعب أترابًا» = قولٌ لا يحثو على وجه قائله إلا ترابًا[327].

قف على كلامٍ عن «الكشّاف»، في أن منكِرَ الإعادة منكِرٌ أمرًا جليًّا لا ينكره إلا مكابر، كما أشار إليه النص القرآنيّ

ثم نقول: كيف عدلت إلى كلام ابن سينا، وتركت الذي خلق طورَ سينا؟ وقد قال

(327) ورد في هامش النسخة: «في هذه السجعة من اللطف والرشاقة، ما لا يخفى على الفطن من إشارةٍ إلى آخر السورة، أعني: ﴿وَيَقُولُ ٱلْكَافِرُ﴾... إلخ».

-وهو أصدق القائلين-: ﴿قُلْ هَلْ مِن شُرَكَآئِكُم مَّن يَبْدَؤُا۟ ٱلْخَلْقَ ثُمَّ يُعِيدُهُۥ﴾ [يونس: 34].

قال جار الله في **الكشاف**: «فإن قلتَ: كيف قيل: ﴿قُلْ هَلْ مِن شُرَكَآئِكُم مَّن يَبْدَؤُا۟ ٱلْخَلْقَ ثُمَّ يُعِيدُهُۥ﴾، وهم غير معترفين بالإعادة؟

قلت: قد وُضِعت إعادة الخلق -لظهور برهانها- موضع ما إنْ دفعَه دافعٌ كان مكابرًا رادًّا للظاهر البيِّن الذي لا مدخل للشبهة فيه؛ دلالةً على أنهم في إنكارهم لها منكرون أمرًا مُسلَّمًا، معترفًا بصحته عند العقلاء.

وقال لنبيه: ﴿قُلِ ٱللَّهُ يَبْدَؤُا۟ ٱلْخَلْقَ ثُمَّ يُعِيدُهُۥ﴾؛ فأمره أن ينوب عنهم في الجواب، يعني: لا يدعُهم لجاجُهم ومكابرتُهم أن ينطقوا بكلمة الحق؛ فكلم عنهم»(328). انتهى. وجار الله -رحمه الله- وإن كان من خصوم المعترض؛ فقد ارتضى جمهورُ الأشاعرة المتأخرين عنه هذا الكلامَ منه. بل نقله بعضهم بلفظه. فإن كنت في شك من ذلك؛ فراجِع **مختصر** القاضي البيضاوي(329).

فاتضح: أن إثبات دار الجزاء والمكافأة = أمرٌ قد نطق القرآن بأن منكرَه مكابرٌ، دافع للظاهر. فلو سلمنا ما ذكره المعترض؛ لكفانا ما في هذه الآية؛ إذ ليس المراد فيها أن الإعادة ثابتة بالسمع والشرع، وإلا لم يخلُ الكلام من شائبة الدَّور، فليُفهَم.

وأما ثالثًا؛ فلأن قولك: «وإذا لم يتحقق؛ لم يعلم أن للمتقين مفازًا... إلخ» = باطلٌ من وجه آخر، وهو أن علم الحدائق والأعناب ليس بأَوْلَى من علم شجرة الزقوم وغيرها من أليم العذاب. فما بالك اقتصرت على أحدهما دون الثاني؟

وأما رابعًا؛ فلأنه لو كان كلام ابن سينا في أمر المعاد لازمًا لخصمك -يا أخا الأكراد-؛ للزمك أيضًا كلامُ ابن سينا في الحسن والقبح العقليين؛ فإنه قائل بهما على حدِّ مذهب خصمك. فلماذا ارتضيت أن تُلزِمَ خصمَك بكلامه، ولم ترض أن يُلزِمَك هو بكلامه؟

وأما خامسًا؛ فلأن كون ابن سينا رئيس العقلاء -كما قلت- على فرض تسليمه =

(328) الزمخشري، **الكشاف**، ص 463.

(329) البيضاوي، **أنوار التنزيل**، ج 3، ص 112.

لا يلزم منه أن يكون كلامه مقبولًا في كل مقام عقلي، وإلا [114 ب] للزمك القول بقدم العقول، والهيولى الأولى، والزمان، ونفي الجزء، وأبدية العالم، وإحالةِ الخرْق والالتئام على الفلك(330)، والقول بالإيجاب المحقّق، وغير ذلك مما هو قائل به -كمن قبله من الفلاسفة العقلاء-، وأنت أبصر بشأنك في ذلك.

وأما سادسًا؛ فلأن قولك: «نعم، إثبات الحشر الروحاني يقتضي إثبات مكارم الأخلاق... إلخ» = اعترافٌ بمذهب خصمك من حيث لا تشعر، بل قد زدت على ما يقوله الخصم؛ لأنه لا يدّعي أحد من المعتزلة، ولا من سائر العدلية، أنه يُدرَك أمرُ المعاد بصِرف العقل، إنما إدراكه له مركَّبٌ بين السمع والعقل. وأنت قد زعمت -بحسب ما ظهر من عبارتك- أنه يُدرَك الحشرُ الروحانيّ. وبذلك تستعد النفوس الأبية لمكارم الأخلاق، وتسعى في تحصيل الكمال، وتتنزح عن سمات النقص في الأفعال، وهما مُدرَكَان -كما قلت- بالاتفاق. وهل صفةُ الكمال والنقص غيرُ ما يعنيه خصمك بالحسن والقبح؟

وقد اعترف بهذا رؤساء الأشاعرة، أي: إن القول بصفة الكمال والنقص = عينُ القول بالحسن والقبح عقلًا، كما أن القول بتميُّز مكارم الأخلاق عن مساوئها = ليس إلا من قاعدة الحسن والقبح عقلًا.

ولهذا صحَّ لنا أن نستدل على ما ذهبنا إليه بقوله -عليه الصلاة والسلام-: «بُعثت لأتمم مكارم الأخلاق»، وفي رواية: «صالح الأخلاق». وقد مر ذكره.

وفي عبارتك هذه غلط من وجوه:

أحدها: أنك قلت: «المشروطين بالإيمان». ولا يخفى على أحدٍ أن الفجور ليس مشروطًا بالإيمان، بل قد يكون مناقضًا له، فيا عجباه منك!

ثانيها: أنك قلت: «ضرورةَ عدم تحقق الشروط إلا بشرطه». ولا يخفى على أحدٍ

(330) يشير إلى مسألة إحالة الخرْق والالتئام على الأفلاك، التي يذكرها الفلاسفة؛ إذ يدّعون أن الأفلاك والكواكب والأجرام السماوية، يستحيل عليها الخرق والالتئام. ويلزم من هذا الادعاء لوازم، أبطلها المتكلمون وناقشوها.

أيضًا أن الشرطية والمشروطية ليست إلا بين الإيمان ونفس العمل بالتقوى، لا بين الإيمان وإدراك الفجور والتقوى -كما هو المفروض-. فما هذا التخليط؟

ثالثها: أنك قلت: «نفسُ إثبات الحشر الروحاني = يقتضي إثبات مكارم الأخلاق». فإن أردت أن كل من ثبت عنده الحشرُ الروحانيُّ ثبتت له مكارمُ الأخلاق = فواضح البطلان؛ إذ لم تثبُت مكارمُ الأخلاق لكل من أثبت المعادَ روحانيَّه وجسمانيَّه، فضلًا عن الروحاني فقط.

وإن أردت: أن إدراك هذا يقتضي إدراك هذا = فلا خصوصية لمكارم الأخلاق، بل تكون مساوئُ الأخلاق أيضًا مدرَكَةً ولو تبعًا، فبضدِّها تتبيَّنُ الأشياء. على أنه لا ملازمة بين إدراك الحشر الروحاني ومكارم الأخلاق. وهو واضح.

وإن أردت: أن كل من أثبت الحشر الروحاني؛ أثبت مكارم الأخلاق، بمعنى أن كل من اعتقد أن الحشر الروحاني ثابتٌ؛ اعتقد أن مكارم الأخلاق متميزة عن مساوئها، وقال بأن هذا أمر ثابت = فهذا أنت -أيها المعترض- مثبتٌ للحشر الروحاني والجسماني أيضًا، ولم تعترف بأن مكارم الأخلاق ثابتة في نفس الأمر، ولا متميزة عن مساوئها إلا بالشرع؛ لأنك فسرت مكارم الأخلاق ومساوئها بصفات الكمال والنقص.

وقد قال الفحول من رؤساء أصحابك الأشاعرة: «إن صفة الكمال والنقص ما لها معنى إلا الحسن والقبح عقلًا». وهو اعتراف منهم بعدم دخول الثواب والعقاب في المعنى المتنازع من الحسن والقبح -كما سلف وسيأتي أيضًا-. فأنت، إذن، نافٍ مثبتٌ، وكفى بهذا جهلًا.

ومما يوضح نفيَك لهذا المعنى: قولُك -في ما مضى من الكلام على الجواب في الثانية من مسألتي التنزل-: «إن من لا يقول بإدراك العقل جهةَ الحسن والقبح = لا يقول بأن العقل مميِّزٌ». هذا كلامك. وهو صريحٌ في نفي تمييز العقل بلا شبهة. وكما أنه إنكار لإدراك العقل لتميُّز مكارم الأخلاق عن مساوئها؛ هو أيضًا إنكار للضرورة -كما مر-، ولِما أنت مثبت له هنا. فانظر ماذا ترى.

رابعها: أنك -كما يظهر- رأيت هذا الكلام -أعني إثبات مكارم الأخلاق وتحصيل الكمال والنقص- في كلام بعض الفلاسفة، فنقلته برمَّته، ولم تتنبّه على أن مذهبهم في الحسن والقبح هو مذهب المعتزلة بعينه.

وقد ذكرنا أن محل النزاع بين المعتزلة والمجبرة = بريء عن الثواب [115 أ] والعقاب آجلًا.

خامسها: أنك أتيت بلفظ «التحصيل»، وعطفت «النقص» على «الكمال»، وغفلت عن أنه لا يسعى أحد في تحصيل النقص. فما كان لإتيانك بالتحصيل حاصل، إنما هو نقض باطل.

سادسها: أن ذكرك للتحصيل لا يلائم مذهبك في أن العبد ليس له إلا الكسب، ولا حظَّ له من مُسمَّى التحصيل. فكيف تقول: «وتحصيل صفات الكمال والنقص»؟ فقد اعترفت بمذهب خصمك وأنت لا تشعر.

سابعها: أنك كررت ذكر النظر، وتشبثت بعدم استقلاله، وغفلت عن مذهبك في حصول العلم عقيب النظر، وأنه بمحض خلق الله تعالى على جهة العادة، فيجوز الجهل عقيب النظر الصحيح -كما مر-. وحينئذ، لو قيل لك: إن عدم استقلال النظر لا يفيدك؛ لأن الله تعالى لم يخلقه بل خلق الجهل عقيبه. وقد كررت هذا في مواضع ذاهلًا عن أصلك، مسترسلًا مع عقلك. ولنزده إيضاحًا؛ ليظهر لكل ناظر سوءُ جهلك، فنقول:

إن النظر عندكم -أيها الأشاعرة- ليس موجِبًا للعلم بطريق التوليد -كما يقوله المعتزلة- ولا بطريق أخرى -كما يقوله بعض أوائل الأشاعرة-، وإنما هو بخلق الله تعالى مقارِنًا لقدرةٍ حادثةٍ للعبد الناظر. وليست هذه القدرة هي القدرة على النظر؛ لتقدمها؛ إذ هي مقارنة للنظر المتقدم على العلم بالضرورة، والقدرةُ لا تتقدم عندكم -أيها الأشاعرة-، فثبت أنها قدرة أخرى قلبية، حادثة، مقارنة للعلم المخلوق، غيرُ مؤثرة فيه، وليس بينها وبين القدرة على النظر تلازم؛ فلا تلازم أيضًا بين العلم والنظر؛ إذ كل منهما مقارن لقدرة حادثه غير القدرة الأخرى، وكل منهما حاصل بخلق الله وتأثيره تعالى عند وجود القدرة عليه بطريق العادة.

وبهذا يندفع ما يقال: «إن جري العادة = في حكم اللزوم العقلي». ووجه الاندفاع ظاهر مما أشرنا إليه، حيث أشرنا إلى أن اللزوم العادي -على فرض تسليمه-، إنما هو بين القدرة المقارنة للعلم، وبين العلم الحاصل بتأثير الله تعالى عند حدوث القدرة عادةً، وليس التلازم العادي بين النظر والعلم.

وأيضًا، فإذا كان للعلم قدرة غيرُ قدرة النظر -كما هو مقتضى مذهب الأشعري-؛ كان الناظر متمكِّنًا من ترك العلم بعد كمال النظر الصحيح -كما أشار إليه الأستاذ أبو إسحاق الإسفراييني-. وإذا كان متمكنًا من تركه؛ ارتفع التلازم بينه وبين النظر بالكلية؛ إذ لا معنى للملزوم إلا: «ما يستلزم حصولُه حصولَ لازمه بغير اختيارِ مختارٍ». وعلى فرض التلازم العادي بين العلم والنظر، كالتلازم العادي بين الإحراق ومماسة النار -على ما قالوا-؛ يلزم مقارنة العلم للنظر، كما يلزم مقارنة الإحراق للمماسة. وحينئذ تكون القدرة على النظر قدرةً على العلم أيضًا؛ لوجوب مقارنتها عند الأشعري. لكن ليست القدرة على النظر عين القدرة على العلم عنده -أي الأشعري كما عرفت-، ويلزم أيضًا حصولُ العلم عند أول نظر، ومعلوم أنه غير حاصل بل غير صحيح.

وعلى فرض أنه لا يلزم مقارنةُ العلم للنظر؛ لا نسلِّم امتناع التخلف عقلًا، وإن كانت العادة جارية بعدم التخلف؛ لأن النظر -على هذا المذهب- لا دخل له في حصول العلم أصلًا، بل إنما هو بخلق الله تعالى. فجاز أن الله تعالى لا يخلق العلم عقب النظر الصحيح في المقدمات المنتجة، لا سيما على القول بأنه تعالى هو المُضِلُّ لعباده، والمُغوي لهم، والملبِّس عليهم، وأن عادته خرقُ العادات. فافهم هذا الإيراد يا أخا الأكراد، وتفطن للمقصود والمراد.

ثامنها: أنك جعلت قيد الاستقلال = لإخراج ما كان عن توهُّمٍ -كما جرت عادتك-، حتى سمَّيت توهم القدرة والاختيار؛ قدرةً واختيارًا غير مستقِلَّين. فليزم على هذا -مع ما فيه من القباحة المذكورة أول الكتاب- نقيضُ مطلوبك. إذ يقال: سلَّمنا أن العقل لا يستقلُّ، بل يتوهَّم الاستقلال في الإدراك؛ لكن هذا التسليم لا يضرنا ولا ينفعك، بل يضرك؛ لأنك نافٍ للإدراك مطلقًا، وأما نحن فيكفينا في إثبات الإدراك تسليمُك له، ويبقى البحث في أن الإدراك ليس إلا عن توهم التأثير، وأن

المؤثر حقيقةً هو الله تعالى. وذلك من أبحاث مسألة «خلق الأفعال»، ولنا ولك فيها ذلك المجال. وأما في هذا المقام فقد بطل كلامك بكل حال.

وأما قوله: «فتعيَّن الشق الرابع، وهو: أن الغفلة حاصلة» = فالغفلة فيه حاصلة؛ لِما في لفظ «الغفلة» من الإشعار بأن الفجور والتقوى ثابتان، وإنما وقعت عنهما غفلةٌ. وهل يقول المعتزلي بأكثر من هذا الواضح الجلي؟

ولقد زاد هذه الغفلةَ بالتذكير في قوله: «والتذكير من الشرع»؛ فإنه أيضًا منادٍ بأن المذكَّر به ثابتٌ في نفس الأمر، وإنما غاب عن الذاكر.

وأما الحديث الذي أورده دليلًا على مطلبه؛ فلا شبهة له فيه -على تسليم صحته-. لأن التذكير فيه ليس إلا للعهد والميثاق الواقع في قوله تعالى: ﴿أَلَسْتُ بِرَبِّكُمْ قَالُواْ بَلَىٰ﴾ [الأعراف: 172]، ولا تعرُّضَ فيه للفجور والتقوى.

فإن قيل: الإقرار بالربوبية والإيمان بالله من جملة التقوى، كما أن الجحود والكفر من جملة الفجور.

قلنا: هذا خلاف ما جرى عليه المعترض في هذا الكلام؛ لأنه جعل الإيمان شرطًا لا شطرًا -كما مر في قوله: «لا يصح إلا بعد الإيمان... إلخ»-. فكلامه ناقض لكلامه. على أنه لو تأمل هذا الحديث الذي رواه الإمام أحمد بن حنبل، وكذا الآية -أي: قوله تعالى: ﴿أَلَسْتُ بِرَبِّكُمْ﴾- لعرف أنه ما أورد إلا حجةً عليه لا شبهةً له؛ لأنه تعالى ما خاطبهم في ذلك العالم إلا بالعقل لا بالشرع، ولا استشهدهم على أنفسهم إلا ما هو في عقولهم من وجوب معرفته، كسائر ما في القرآن. وإلا فما وجه همزة التقرير في قوله تعالى: ﴿أَلَسْتُ بِرَبِّكُمْ﴾؟ فالآية والحديث مناديان بخلاف مذهب المعترض الذي هو بصدد إثباته، ﴿يُخْرِبُونَ بُيُوتَهُم بِأَيْدِيهِمْ وَأَيْدِى ٱلْمُؤْمِنِينَ﴾ [الحشر: 2].

وهذا كله بناء على ما ذهب إليه البعض، من أن الكلام على حقيقته. أما إذا كانت الآية -وكذا الحديث- من باب التمثيل -على ما ذهب إليه كثير من المفسرين-؛ فالأمر أوضح.

قال سعد الدين في **التلويح** على هذه الآية، ما محصله: «إنه ذهب كثير من المفسرين

إلى أن هذه الآية من باب التمثيل. والمراد: نصب الأدلة على الربوبية والوحدانية المميزة بين الضلال والهدى، كقوله تعالى: ﴿وَكُلَّ إِنسَٰنٍ أَلْزَمْنَٰهُ طَٰٓئِرَهُۥ فِى عُنُقِهِۦ﴾ [الإسراء: 13]». قال: «وتحقيق ذلك إلى علماء البيان»(331).

وقال بعض العدلية: «إن ما روي عن كعب الأحبار فيه نظر». قال: «وإنما هو من قبيل قوله تعالى: ﴿فَقَالَ لَهَا وَلِلْأَرْضِ ٱئْتِيَا طَوْعًا أَوْ كَرْهًا قَالَتَآ أَتَيْنَا طَآئِعِينَ﴾[فصلت:11]، ﴿إِنَّمَا قَوْلُنَا لِشَيْءٍ إِذَا أَرَدْنَاهُ أَنْ نَقُولَ لَهُ كُنْ فَيَكُونُ﴾ [النحل: 40]، وأمثالهما.

هذا والقاضي الماوردي -رحمه الله- نقل هذا التفسير عن الكلبي ومقاتل -وكلاهما غير مقبول-. ومن الغرائب أنه نقل عنهما: 'أن الله تعالى مسح على ظهر آدم بين مكة والطائف، فخرج من صفحة ظهر آدم المنيّ'. إلى آخر ما حكاه عنهما».

وقال صاحب **التوضيح**: «إن الذمة في اللغة هي: العهد. فإذا خلق الله الإنسان محل الأمانة؛ أكرمه بالعقل والذمة، حتى صار أهلًا لوجوب الحقوق له وعليه»(332). انتهى. وتمام توضيحه في **التلويح**.

واعلم أن المعترض قد غفل عن أن هذا الحديث الذي حكاه عن الإمام أحمد بن حنبل؛ يناقض الحديث الذي جعلوه دليلًا لهم على الجبر، أعني حديث القبضتين -«هؤلاء للجنة ولا أبالي، وهؤلاء للنار ولا أبالي»(333). الحديث الصحيح عندهم-. فمن المعلوم المرتكز في العقول السليمة، أن الحكيم -سبحانه وتعالى- لا يُشهِدهم على أنفسهم، ويعترفون له بالربوبية، ويَشهَدون بذلك، ويأخذ عليهم العهد والميثاق، ثم يقبضهم ويلقيهم في النار. هذا خارج عن الحكمة والعدل.

فإن قلتَ: القبضتان متقدمتان على الإشهاد والعهد والميثاق.

قلتُ: ذلك أعظم في الشناعة؛ لأنهم إذا أشهدهم على أنفسهم بأنه تعالى ربهم؛ فقد استحقوا البُعد من النار.

---

(331) التفتازاني، **شرح التلويح**، ج 2، ص 337-338.
(332) المرجع نفسه، ص 337.
(333) السيوطي، **جمع الجوامع (الجامع الكبير)**، ج 2، ص 207، حديث 493/ 4982.

ولذا قال المعترض وأصحابه بأن من يدخله الله النار من أهل الكبائر؛ لا بد أن يخرجه إلى الجنة. وقالوا: «إن هذا مقتضى العدل، وعدم الإضاعة لعمل العامل من الإيمان وغيره» -عندهم-. فما ظنك إذا نظرت إلى أخذه تعالى للعهد والميثاق منهم بعد أن قبضهم وألقاهم في النار وحكم عليهم بها؟ فأي معنى للعهد والميثاق؟ فتأمل.

ولنقتصر على هذا المقدار من بيان خبطه في هذا المقام؛ فإنه مما يتضح للناظر بأدنى إلمام. ألا ترى قوله في هذا الشق الذي اختاره، وزعم تعيُّنه: «فتذكَّرَت إن كانت ممن يخشى»؟ هذه عبارته. فقيَّد التذكُّر للأمرين معًا بالخشية، حتى كأن التذكر للفجور والتقوى؛ هو نفس التقوى [115 ب]، حيث لا تكون إلا ممن يخشى؛ فيا عجباه منه! أما يخشى الله في هذه المجازفة وعدم الحياء؟ وكأنه انتقل ذهنُه إلى قوله تعالى: ﴿سَيَذَّكَّرُ مَن يَخۡشَىٰ ۝١٠﴾ [الأعلى: 10]، لكن أين هذا من هذا؟

خاتمة

اعلم أن نفاة الحكمة يزعمون أنهم إنما نفوا تحكيم العقل، وصانوا الشرع، وعظموا الخالق تعالى بتنزيه أفعاله وأحكامه عن العلل والأغراض. وذلك شبيه بحال اليهود، حيث ظنوا أنهم إنما صانوا شريعة موسى -على نبينا وعليه الصلاة والسلام-، وعظموها عن النسخ.

ثم إنهم -أي: نفاة الحكمة- يرتادون الشُّبَه التي تشكك على عقول الضعفاء؛ رَومًا لإطفاء ما خلقه الله من نور العقل الذي جعله الله حجته على عبيده، ولولاه لتهدمت أركان الشرع؛ فإنه لم يُعلَم وجودُ الشارع ولا وجودُ الشرع إلا بِصِرف العقل، وقد احتج به تعالى في ما لا يحصى من كلامه؛ فهم إنما يسعون -في الحقيقة- لتكدير فِطَرهم، وتضليل نَظَرِهم، ويرضون أن يتعلموا جَهْل ما علموه، حتى ﴿وَنَسُواْ حَظّٗا مِّمَّا ذُكِّرُواْ بِهِۦۚ وَلَا تَزَالُ تَطَّلِعُ عَلَىٰ خَآئِنَةٖ مِّنۡهُمۡ﴾ [المائدة: 13]؛ رعياً لحقّ الأسلاف، وسعيًا في إقامة مراكز الخلاف، ولو صَدَقوا اللهَ لكان خيرًا لهم.

قال سعد الدين في **شرح المقاصد**، حاكيًا عن علماء ما وراء النهر، ما نصُّه: «فإنَّ خَلْقَ العقل مائلًا إلى المحاسن، نافرًا عن القبائح؛ بمنزلة الخطاب، في كونه دليلًا على الأمر

والنهي»[334]. إلى آخر ما قال. وهو كلامٌ جارٍ على مذهب الاعتزال، وقاعدة العدل والتوحيد، من دون مخالفة إلا في شيء، وهو: أن قوله: «في كونه دليلًا على الأمر والنهي»؛ فإنهم أرادوا بذلك أن الخطاب دليلٌ على الأمر والنهي النفسيين -كما هو مذهب الأشعري، والماتريدي، في إثبات الكلام النفسي، وكون الخطاب اللفظي دليلًا عليه بالقرينة-. ولذا قال الأشعري: «إن الأمر اللفظي ليس له صيغةٌ تخصُّه؛ فقول القائل: 'افعل' = متردد بين الأمر والنهي» -بزعمه-. وسيجيء التذكير بهذا إن شاء الله تعالى.

وقد اختلف أصحاب الأشعري في معنى قوله: «إن الأمر اللفظي ليست له صيغة تخصه». وقد أشرنا هنا إلى معناه ومراده. وذلك لأن الأمر اللفظي، إذا لم يكن عبارة عن النفسي، ودالًا عليه إلا بانضمام القرينة لا بنفسه؛ فلا صيغة له تخصه على هذا. فالعجب من اختلاف أصحابه في معنى كلامه ومراده.

ونحن نقول: إنهم لم يذهبوا إلى أن اللفظي دالٌّ على النفسي، إلا من حيث كون الأمر اللفظي دالًّا على الطلب والاقتضاء النفسي -كما صرَّحوا به-، وسيأتي نقله عن الإمام الرازي وغيره.

وهذا الطلب النفسي = ليس كلامًا -كما توهموه-. ولا ملازمة بين كونه طلبًا نفسيًا، وبين كونه كلامًا نفسيًا. ومجرد دعوى الملازمة العاطلة عن الدليل = مطرودة عن مقاعد السمع.

بل نقول: إن هذا الطلب النفسي هو الإرادة. ولذا قلنا: إن الأمر يستلزم الإرادة. ولو ادعينا الإجماع على هذا لكان لدعوانا وجه؛ إذ قد وافقونا على ثبوت الطلب والاقتضاء النفسي. لكنهم سمَّوه «كلامًا» من عند أنفسهم، خلافًا لأهل اللغة. وبيت الأخطل لا حجة لهم فيه، كما سيأتي إن شاء الله تعالى.

وهذا كله استطراد، وليس هنا بمراد. إنما المراد: أنهم إذا كانوا قائلين بأن الخطاب اللفظي، ليس إلا دليلًا على النفسي بواسطة القرينة، حتى زعم الشيخ الأشعري أن الأمر اللفظي لا صيغة له؛ نظرًا إلى ذلك؛ لأنه مجرد فعل من الأفعال المخلوقة = فما

(334) التفتازاني، **شرح المقاصد**، ج 2، ص 174.

باله لا يقول بأن خلق الله للعقل مميِّزًا مائلًا إلى المحاسن، نافرًا عن المساوئ = بمنزلة الخطاب في دلالته على الطلب النفسي الذي سمَّوه بـ«الكلام النفسي»؟ بل ينبغي أن دلالة العقل على ذلك أقوى من دلالة الخطاب اللفظي؛ لأن اللفظ دلالته وضعية. ولذا، لم يفد يقينًا عند الجمهور، بخلاف العقل. ولعمري لقد بيَّن الصبح لذي عينين، والحمد لله رب العالمين.

هذا، وقد اشتهر عن الإمام الأعظم أبي حنيفة النعمان -رحمه الله- أنه قال: «لا عذر لأحد في الجهل بالله تعالى؛ لِما يراه من خلق السماوات والأرض. وإن لم يبعث إليهم رسولًا فيجب عليهم معرفته تعالى بعقولهم». انتهى. وعسى أن نذكرك به في موضع آخر.

ولقد صدق من قال من المنصفين المطلعين على كلام الفريقين: «إنهم -أي: المجبرة من الأشاعرة وغيرهم من نفاة الحسن والقبح عقلًا-، اجتهدوا في تحسين مذهبهم بمجرَّد عبارات مزخرفة، ليس تحتها أثارة من علم، مثل تسمية الحكمة بـ'العلة'، وإيهامهم أن القول بالحكمة يقدح في كون الله تعالى غنيًا. وهذا من أبطل الباطل. ولو كان ذلك يقدح في غناه تعالى؛ وجب أن يقدح في غناه وجوبُ وصفه بكونه عليمًا، قديرًا، سميعًا، بصيرًا، إلى سائر الأسماء الحسنى، خصوصًا كونه تعالى مريدًا، ولزم مذهب الملاحدة في نفي جميع أسمائه تعالى». انتهى.

وطالما كان يخطر هذا المعنى ببالي، ولا أزال أتعجب من صنيعهم.

وقد قال صاحب **تلخيص الكفاية**: «للحنفية: العقل آلة يُعرف بها حسن الأشياء وقبحها، ووجوب الإيمان، وشكر المنعم. والمعرِّف والموجِب هو الله تعالى، لكن بواسطة العقل. ودليل ذلك أن قول رسول الله -صلى الله عليه وآله وسلم- خبرٌ محتمِلٌ للصدق والكذب. وإنما يتميز صدقه بالمعجزة. والفاصل بين المعجزة والمخرَقة؛ هو العقل. فحينئذ، مدارُ المعارف على العقل»(335). انتهى. فقد تبين المقصود مما نقلناه وأوردناه، وأن الحق هو ما زعم المخالفون أنه هو الاعتزال.

---

(335) ورد شيء كهذا في **البداية من الكفاية** للصابوني، والذي لخّص فيه كتابه **الكفاية في الهداية**، ينظر: نور الدين الصابوني، **البداية من الكفاية في الهداية في أصول الدين**، تحقيق فتح الله خليف (القاهرة: دار المعارف، 2000)، ص 150.

ومنه يُعلَم: أن ما ذكره المؤلف -رحمه الله- في «باب الشريعة»، من أن القرآن جاء بتقرير حكم العقل؛ مستدلًا بقوله تعالى: ﴿فَأَلْهَمَهَا فُجُورَهَا وَتَقْوَاهَا ۝٨﴾ = قول منصور بالبرهان، مؤيد بالقرآن. فمن سعى في تعطيل حكم العقل؛ فإنما سعى في إبطال الشرائع بأسرها، وهو -في الحقيقة- ساعٍ في إبطال مذهبه المبني على الشرع، فقد سعى لإبطال ما يروم تصحيحه، كما لا يخفى على أرباب الإنصاف من الناظرين ﴿رَبَّنَا افْتَحْ بَيْنَنَا وَبَيْنَ قَوْمِنَا بِالْحَقِّ وَأَنتَ خَيْرُ الْفَاتِحِينَ﴾ [الأعراف: 89].

[الوجه الثاني من اعتراض المعترض على استدلال صاحب الأساس بالآية: ﴿قَدْ أَفْلَحَ مَنْ زَكَّاهَا﴾، والرد عليه]

قال: «وأما الثانية؛ فلأنه ما أثبتها إلا بالاستدلال بقوله تعالى: ﴿قَدْ أَفْلَحَ مَن زَكَّاهَا ۝٩ وَقَدْ خَابَ مَن دَسَّاهَا ۝١٠﴾، حيث أسند الفعلين إلى 'من'، ولا حجة فيه؛ لأن مجرد الاستناد، ولو اقتضى الفاعلية -بمعنى الخالقية للفعل- لكان هذا مناقضًا لقوله تعالى: ﴿خَالِقُ كُلِّ شَيْءٍ﴾، ولا تناقض في القرآن.

فإن قلت: لا مناقضة إلا إذا كان شيء عامًا لأفعال العباد، وهو مبني على أصلكم، ونحن لا نسلمه.

قلت: فاستثناء أفعال العباد من 'شيء' -كجعل إسناد 'قد أفلح'، و'قد خاب'، إلى 'من'؛ دليلًا على أنه خالق لهما= مبني على أصلكم، ونحن لا نسلمه. فلا بد من بناء الدليل على أمر مسلَّمٍ عندنا وعندكم، حتى ننظر إلى ماذا يستقر الأمر. فإما أن يتم الدست لنا أو لكم.

فنقول وبالله التوفيق: قد سلمتم أن 'ما' في قوله تعالى: ﴿وَاللَّهُ خَلَقَكُمْ وَمَا تَعْمَلُونَ ۝٩٦﴾ [الصافات: 96] = موصولة، واخترتموه على كونها مصدرية، فنحن إذا بينا أن الآية دالَّةٌ على أن خلق أعمال العباد لله تعالى، على تقدير كون 'ما'؛ موصولةً -على ما هو المختار عندكم-، وإنما العبد كاسب = فقد تم الدست لنا، كما يتم لنا على تقدير كونها مصدرية أيضًا.

فنقول وبالله التوفيق: إن 'ما' في قوله تعالى: ﴿وَٱللَّهُ خَلَقَكُمۡ وَمَا تَعۡمَلُونَ ٩٦﴾؛ إما مصدرية أو موصولة. فإن كانت مصدرية؛ كان المعنى: 'خلقكم وعَمَلَكم'[336]، وهو صريح في المقصود. وإن كانت موصولةً؛ كان المعنى: «خلقكم والذي تعملونه». وحينئذ، فإما أن يُبيَّن بقولنا: 'مِن أعمالِكم'، أو بقولنا: 'مِن الأصنام'. فإن كان الأول؛ كان صريحًا في المقصود أيضًا، وإن كان الثاني؛ فكذلك. لأن الصنم عبارة عن مجموع الجسم وشكلِه المخصوص الحاصلِ من نحتهم وتشكيلهم كما هو ظاهر. وقد صرح به صاحب الكشاف، حيث قال: 'والأصنام جواهر وأشكال'[337]. فلو لم يكن المجموع من الجوهر وشكلِه المخصوص الحاصل من تشكيلهم، مخلوقًا له تعالى = لم يكن الصنم مخلوقًا له؛ ضرورةَ أن الكل لا يتحقق إلا عند تحقق أجزائه. واللازم باطل؛ لأن الفرض أن 'ما' موصولة، وأنه عبارة عن الأصنام، ولا شبهة أنه مفعول ﴿خَلَقَكُمۡ﴾، والمعنى: 'خلقكم وخلق الأصنام التي تعملونها'. فلا بد أن يكون مجموع الصنم، من الجوهر، وشكله الحاصل بتشكيلهم = مخلوقًا له تعالى؛ تحقيقًا لصحة [116 أ] إيقاع 'خَلَقَ' على 'ما' الموصولة، العبارة عن الأصنام.

ولا شك أن المجموع إذا كان مخلوقًا له تعالى؛ كان الشكل -كالجوهر- مخلوقًا له تعالى. وإذا كان الشكل مخلوقًا له تعالى؛ كان التشكيل -الذي هو من أعمالهم- مخلوقًا له؛ ضرورةَ أن هذا الشكل المخصوص، إنما حصل بتشكيلهم؛ فلا يمكن أن يكون مخلوقًا لله تعالى بعد حصوله ووجوده بتشكيلهم؛ لأنه تحصيل للحاصل، وهو محال.

ولا شبهة في أن الجوهر -قبل تشكيلهم- لم يكن صنمًا، والخلق إنما وقع على 'ما' الموصولة، التي هي عبارة عن الأصنام؛ فاستحال أن يكون المراد: خَلَقَه قبل تشكيلهم. وإذا امتنع -بعد تشكيلهم وقبل تشكيلهم- تعيَّن أن يكون مخلوقًا له عند تشكيلهم بعين تشكيلهم الذي هو عملهم، أعني: أنّ خلقَه تعالى هو خلقُه بعين عملهم، فيكون عينُ عملِهم مخلوقًا له البتة؛ لاستحالة أن يكون الشكل -الذي هو أثر تشكيلهم-

(336) أي: خلقكم، وخلق عملَكم، بتحويل المصدر المؤوّل (وما تعملون)، إلى المصدر الصريح (عملَكم).
(337) الزمخشري، **الكشاف**، ص 909.

مخلوقًا له تعالى. ولم يكن التشكيل مخلوقًا له؛ لأن الشكل لا يترتب إلا على التشكيل، فإذا لم يكن التشكيل بخلقه؛ لم يكن الشكل مرتَّبًا على خلقه، بل على فعلهم، والفرض أن الشكل مخلوق له تعالى؛ فيلزم أن يكون التشكيل أيضًا مخلوقًا له بالضرورة، وهو المطلوب. وبالله التوفيق».

أقـول: كأنها ضاقت على المعترض أرض الجدل بما رحُبَت، واطّلعت نار الحق الموصدة على فؤاده فما خَبَت، حتى لم يقابلها إلا بهذا الدَّست المخروق، والتحطيب المسروق.

وها هو ذا يتصعد طالبًا للتصويب لأصحابه، ونصرتهم بالتقريب، ولسان الحال يقول له: إنهم كانوا في شك مريب، ولو ترى إذ فزعوا فلا فوت، وأُخِذوا مِن مكان قريب. ثم لم يأت في تركيب هذا الدست عن جهله المركَّب، إلا بما يفت في عضده، ويرجع بالنقض على منتهى مقصده، ورعاية معتقده. ونحن من وراء المنع لهذه التلفيقات المجموعة، والمقدمات الممنوعة، نقول:

أولًا: مالكم -أيها المجبرة- تعتمدون في إثبات الجبر، وخلق الأعمال، على مثل هذا العموم الذي في قوله تعالى: ﴿خَٰلِقُ كُلِّ شَيۡءٖ﴾ [الأنعام: 102]؟ فإن حجة الله وحجة النبي -عليه وعلى آله الصلاة والسلام- قائمةٌ على أهل الكفر والعناد. ولو صح لكم في القرآن دليلًا على خلق الأعمال أو على الجبر؛ لسقطت الحجة على كل كافر.

وقد قال -صلى الله عليه وآله وسلم- في بعض أدعيته: «بك خاصمت، وإليك حاكمت»(338)، أي: خاصمت ودافعت بما آتيتني من البراهين والحجج، وقمعتُ بالحجة من عاند فيك، وحاكمت إليك من منع من قبول الحق والإيمان الذي أمرت به. وهذا الحديث في **عدة الحصن الحصين**(339). ولو كان ما يقولونه حقًا في الجبر وخلق الله لأعمال العباد؛ لسقط مثل هذا الكلام والدعاء، لكن اللازم باطل قطعًا وإجماعًا.

هذا مع علمكم أنه -أي: العموم- ظنّيٌّ عندكم، وعلمِكم بأن مسألة الأفعال = من المسائل العلميّة التي لا يُعتَمَد فيها على الظنيّات. وأنتم قد ردّيتم بهذا على العدلية، لمّا

---

(338) ابن الأثير، **جامع الأصول**، ج 4، ص 232-233، حديث 2212.

(339) كتاب لمحمد بن الجزري الدمشقي (ت. 833هـ).

سمعتموهم يستدلّون بعمومات الوعيد على دخول عصاة المسلمين في مقتضاه، وجهلتم أنهم يقولون: «عمومات الوعيد يجب القطع بظواهرها»، لَمَدْرَكٍ آخر، مذكور في محله من كتبهم.

ثم ما كفتكم هذه المناقضة الظاهرة، حتى بنيتم عليها ما بنيتم من الصوامع والبِيَع، وزعمتم أن الذي أسنده الله إلى عباده من أعمالهم = ليس لهم فيه تأثير أصلًا، وأنه تعالى أسند إليهم عين تأثيره عزّ وجلّ. ثم قلتم: إنه لو لم يكن الأمر كذلك؛ لزمت المناقضة لقوله تعالى: ﴿خَٰلِقُ كُلِّ شَيْءٍ﴾. وقد مثّل العضد للعموم المخصوص بهذه الآية، كما صرّح به في **شرح المختصر الحاجبي**(340).

ثم نقول: مالكم التفتُّم إلى هذا العموم، وهو من قبيل «الظاهر» لا من قبيل «النص»؟ وكل ظاهرٍ = قابلٌ للتأويل إجماعًا، فتركتم تأويله وأوّلتم الإسناد، وأخذتم بأول الآية، وتركتم آخرها؛ فإن آخرها قوله تعالى: ﴿لَّا تُدْرِكُهُ ٱلْأَبْصَٰرُ وَهُوَ يُدْرِكُ ٱلْأَبْصَٰرَ﴾ [الأنعام: 103]. الآية. وإنما اشتغلتم بتأويلها.

ثم نقول: إذا كان الأمر كما زعمتم في الإسناد، وأنه لا يقتضي التأثير والإيجاد؛ فقد انقلب الأمر عليكم؛ لأنكم إذا قلتم بأن إسناد أعمال العباد إليهم، [إنما يقتضي أنهم كاسبون لها، فالآيات والأحاديث الذي تستدلون بها على أن الله خالق لأعمال العباد= قد دلت على أن الكسب مخلوق لله تعالى؛ لأنها لم تدل -على ما قررتموه أنتم- إلا على أن الله تعالى خالق لأعمال العباد التي هي أعمالهم حقيقة، وليست أعمالهم حقيقة إلا إذا كانت كسبًا لهم؛ فقد رجع استدلالكم بتلك الآيات والأحاديث على أن كسب العباد مخلوق، وهذا مع كونه محالًا اتفاقًا، يصير نصبًا للأدلة في غير محل النزاع].

ثم نقول: لا شبهة أنكم بمثل هذه الشبهة التي لاحت لكم في قوله تعالى: ﴿وَٱللَّهُ خَلَقَكُمْ وَمَا تَعْمَلُونَ ﴿٩٦﴾﴾ = ما اعتمدتم إلا على الزيغ والبهتان، والاتّباع لما تشابه من القرآن، إنما تحتجون لعُبَّاد الأصنام على الباري تعالى، وعلى الأنبياء عليهم السلام؛ فإنها إذا كانت أعمالهم مخلوقة لله تعالى؛ فقد سقط الذم وارتفع الملام، بل قد جئتم بما لم

(340) قال العضد الإيجي: «تخصيص العام جائز إلا عند شذوذ»، إلى أن يقول: «ولنا أيضًا: كثرة وقوعه مثل: ﴿ٱللَّهُ خَٰلِقُ كُلِّ شَيْءٍ﴾». إلخ. ينظر: الإيجي، **شرح مختصر المنتهى**، ج 3، ص 8.

يكن لهم في مرام، وزدتم رجسًا إلى رجسهم التامِّ.

كلُّ رِجسٍ، يزيده الخُلُقُ السُّو ءُ سفاهًا، والمِلَّةُ العوجاءُ

حديث صحيح في أن الذين يتّبعون ما تشابه من القرآن، هم الذين سمّى الله تعالى، فليحذَروا

أخرج مسلم بن الحجاج في صحيحه، عن عائشة -رضي الله عنها- قالت: قال رسول الله صلى الله عليه وسلم: «إذا رأيتُم الذين يتَّبعون ما تشابه منه؛ فأولئك الذين سمَّى اللهُ فاحذروهم»[341]. انتهى.

وأخرج أحمد، والترمذي، وغيرهما، عن أبي أمامة -رضي الله عنه- قال: قال رسول الله صلى الله عليه وسلم: «ما ضل قوم بعد هدى كانوا عليه إلا أوتوا الجدل»، ثم تلا: ﴿مَا ضَرَبُوهُ لَكَ إِلَّا جَدَلًا بَلْ هُمْ قَوْمٌ خَصِمُونَ﴾ [الزخرف: 58][342]. انتهى.

ولا شبهة في أن هذا وأمثاله جارٍ في حق من جاء بمثل هذا الذي تلقَّفه المعترض، فنمَّقه وزخرفه، وأنهم لو تركوا فِطَرَهم عن التغيير = كانوا على هدى. فإنهم ساعون في تجاهل ما علموه بضرورة عقولهم، وباذلون الجهد في جحود ما قد تيقّنوه، وصاروا يحرِّفون الكلم عن مواضعه، ويزخرفون الباطل، ويبالغون في تتبع مواقعه.

كما أنه لا شبهة في أنهم يتَّبعون ما تشابه من القرآن ابتغاء الفتنة ﴿لَقَدِ ٱبْتَغَوُا۟ ٱلْفِتْنَةَ مِن قَبْلُ وَقَلَّبُوا۟ لَكَ ٱلْأُمُورَ حَتَّىٰ جَآءَ ٱلْحَقُّ وَظَهَرَ أَمْرُ ٱللَّهِ وَهُمْ كَٰرِهُونَ ۝٤٨﴾ [التوبة: 48]. وقد حذر الله ورسوله منهم. ولا خفاء على من له أدنى تمييز وإنصاف، أن هذه الآية الكريمة حجةٌ على المجبرة، وليس لهم فيها شبهة في الحقيقة.

أمّا أولًا: فلأنها مَسُوقةٌ لذم عُبَّاد الأصنام، وتسفيه أحلامهم، وتضليل آرائهم الفاسدة. ولا شك في أن ذمهم وتضليلهم وتسفيههم = يتناول كلَّ من كان على رأيهم

(341) **صحيح مسلم**، ج 4، ص 2053، حديث 1 (2665).

(342) ابن حنبل الشيباني، **المسند**، ج 36، ص 493، حديث 22164.

الفاسد؛ فكيف مَنْ أراده منهم؟ فكيف من أوقعهم في ذلك ولولاه لما وقع منهم شيء من ذلك أصلًا؟ وهذا هو ما يعتقده المجبرة في حق الله تعالىٰ؛ فإنه -عندهم- هو المُوقِع لعبَّاد الأصنام في الذي نقم عليهم، بل هو الفاعل له، والمؤثر فيه، تعالىٰ عن ذلك.

وأما ثانيًا؛ فلأن الآية المذكورة ناطقةٌ بأنهم -أي: عُبَّاد الأصنام- ناحتون للأصنام، وعاملون فيها أعمالًا وهي الأشكال. ولا نزاع لأحد من المجبرة، في أن الآثار الخارجة عن محل قدرة العبد = لا تُسنَدُ ولا تُضاف إلا إلىٰ قدرةٍ مؤثرةٍ مُحَصِّلةٍ، لا إلىٰ قدرةٍ كاسبةٍ. فقد لزمهم -بمقتضىٰ هذا- أن تلك الأشكال والآثار التي في الأصنام = واقعةٌ وحاصلةٌ بتأثيرٍ من عُبَّاد الأصنام لا من الله تعالىٰ؛ لأنه سبحانه أضافها إليهم، مع كونها خارجةً عن محل قدرتهم. ولا دخل لكسبهم فيها، بدون تصور خلاف لأحد من المجبرة. وما لا يكون للعبد مكسوبًا = فإنه لايكون إليه منسوبًا. لكن الله تعالىٰ قد نسبها إليهم؛ فتكون أعمالًا لهم. وليس كونها أعمالًا لهم بمعنىٰ أنها مكسوبة لهم؛ إذ لا دخل للكسب فيها -كما عرفت-. فلزم أنهم هم المؤثرون فيها بقدرتهم واختيارهم بلا نزاع -كما عرفت-؛ فيمتنع أن يؤثر فيها الباري تعالىٰ، وإلا لزم أثرٌ واحدٌ بين مؤثِّرَين تامَّيْن، وهو ممتنع اتفاقًا. وسيأتي لهذا مزيد توضيح في مواضع، فاحفظه فإنه من المراصد الحاسمة لتشبثهم بهذه الشبهة وأمثالها، مما حذر الله من اتِّباعه.

ولا شبهة في أن صنيع هذا المعترض وأمثاله = اتباعٌ لما تشابه من القرآن، فليُحذَروا اتِّباعًا لأمر الرحمن، بلسان نبيه عليه الصلاة والسلام.

ومن العجائب: أنه جاء بهذا الكلام علىٰ هذه الآية الكريمة؛ بيانًا لبناء الدليل علىٰ أمرٍ مُسلَّم -بزعمه-. فإن أراد: أن هذا الذي أورده = مُسلَّمٌ عند خصمه؛ فهي فرية بلا مرية، أو مجازفة بغير دِرَيَة. وإن أراد: أن كون الموصول عبارةً عن الأصنام، في قوله تعالىٰ: ﴿وَٱللَّهُ خَلَقَكُمۡ وَمَا تَعۡمَلُونَ ٩٦﴾ = أمرٌ مسلَّمٌ عند الخصم؛ فلا يفيده في تمام دليله. بل ستعلم أنها مصادرة علىٰ المطلوب، بل ستعلم أنه بنىٰ دليله علىٰ ما ليس مسلَّمًا عند المعتزلي ولا عند الأشعري؛ فهذا مما يُقضَىٰ منه العَجَب!

ثم نقول: لا شك أن جار الله -رحمه الله تعالىٰ- لم يستدل بمجرَّد الإسناد؛ لِـما عرفتَ من أنه لا خصوصية لهذه الآية -أي: قوله تعالىٰ: ﴿قَدۡ أَفۡلَحَ مَن زَكَّىٰهَا ٩﴾-. فإن القرآن

الكريم من أوله إلى آخره = مشحونٌ بذلك، وإلا فما معنى ﴿إِيَّاكَ نَعْبُدُ وَإِيَّاكَ نَسْتَعِينُ ۝٥﴾ [الفاتحة: 5]؟ وغيرها إلى: ﴿قُلْ أَعُوذُ بِرَبِّ ٱلنَّاسِ ۝١﴾ [الناس: 1]؟

وقد اعترف بذلك الرازي في **النهاية**(343)، وحكاه عنه سعد الدين في **شرح المقاصد**. ولم يجد بدًا -أي: الرازي- من القول بأن الفعل = بمجموع قدرة العبد وداعيته، وهو اعتزال مستور -كما أشار إليه السعد، وهو مشهور. وأما إمام الحرمين؛ فقد كشف القناع في **النظامية**، ونطق بالحق بلا محاباة، وإن أباه من اتبع أباه.

وإنما الذي أراده جار الله -رحمه الله- هو ما سبقت الإشارة إليه، من أنه لا مجال للجدال بالكسب في فعل التزكية والتدسية؛ [لأن الكسب عند أهله عبارة عن «قيام الفعل بالعبد»، ولا فعل من التزكية والتدسية يقوم بالعبد. ولا يكون محصِّلًا له، بل المحصِّلُ له غيره -كما تدعيه الأشاعرة في سائر أفعال العباد-].

اعتراف الرازي في مفاتح الغيب بأن التزكية: تحصيل الزكاء

وبهذا ظهر أن معنى التزكية: «تحصيلُ الزَّكاء»، والتدسية: «تحصيلُ النقص والإخفاء». وقد اعترف بهذا المعنى الإمام الرازي في تفسيره الكبير الموسوم بـ**مفاتح الغيب**، فقال في تفسير قوله تعالى [116 ب]: ﴿وَلَٰكِنَّ ٱللَّهَ يُزَكِّي مَن يَشَآءُ﴾ [النور: 21]: «التزكية كالتسويد والتحمير. فكما أن التسويد: 'تحصيلُ السواد'؛ فكذا التزكية: 'تحصيل الزكاء في المحل'»(344). هذا لفظه. وهو اعتراف -بحمد الله- بما أشار إليه جار الله، فمن شاء فليراجعه. وحينئذ فلا مجال للكسب؛ لأن التحصيل ليس من شأنه(345)، وإنما شأنُه -عند مُثبتِه- هو «القيام» و«المحلّيّة» -كما مر-، لا الإيجاد والتحصيل.

فإن قلت: إن أول هذه الآية التي فسرها الإمام الرازي = دليلٌ على مذهب المجبرة. فإنه تعالى قال: ﴿وَلَوْلَا فَضْلُ ٱللَّهِ عَلَيْكُمْ وَرَحْمَتُهُۥ مَا زَكَىٰ مِنكُم مِّنْ أَحَدٍ أَبَدًا وَلَٰكِنَّ ٱللَّهَ يُزَكِّي مَن يَشَآءُ﴾ [النور: 21].

(343) أي: **نهاية العقول**.

(344) الرازي، **مفاتيح الغيب**، ج 23، ص 186.

(345) أي: ليس من شأن الكسب، فلا علاقة بين الكسب والتحصيل.

قلتُ: هذا خيال كاذب.

أما أولًا: فلأن الفضل والرحمة لا يستلزمان الجبر وخلق الأفعال، بل ينافيانه، وهو ظاهر.

وأما ثانيًا: فلأن ذكرَ الفضل والرحمة قرينةٌ على أن المراد بتزكيته تعالى لعباده = ليست عبارة عن «تحصيل الزكاء»، وإنما هي مجاز عن فضله ورحمته وألطافه المتداركة، وإلا لناقض قوله تعالى: ﴿قَدْ أَفْلَحَ مَن زَكَّىٰهَا ۝٩﴾. الآية.

وأما ثالثًا: فلأنه تعالى قد قال في الآية الأخرى: ﴿وَلَوْلَا فَضْلُ ٱللَّهِ عَلَيْكُمْ وَرَحْمَتُهُۥ لَٱتَّبَعْتُمُ ٱلشَّيْطَٰنَ إِلَّا قَلِيلًا﴾ [النساء: 83]. ومعلوم أنه [لو كان تعالى هو المحصل للزكاء -الذي هو الطاعة- في العباد، ولا تأثير لهم فيها أصلًا؛ لما صح هذا الاستثناء في هذه الآية، وهو ظاهر أيضًا.

فاتضح أنه لا يصح للرازي حمل التزكية في الآية المذكورة على تحصيل الزكاء حقيقة، وإنما أفادنا الاعتراف بأن الحقيقة في معنى التزكية هي: «تحصيل الزكاء»]، فيكون قول الله تعالى: ﴿قَدْ أَفْلَحَ مَن زَكَّىٰهَا ۝٩﴾ = حجةً للعدلية.

ومن ادعى أن التزكية هنا ليست على حقيقها فعليه البيان؛ لأنه يدعي خلاف الأصل، ويجنح عن الظاهر.

ولما وضح هذا المعنى لصاحب **الكشف**، وانكشف له ما سبق ذكره في بيان ما أشار إليه جار الله؛ رضي بالدخول في ذلك التعكيس المذموم هنالك، وأعرض عما سوى ذلك التقدير المرجوح، بل الباطل، وزعم أنه هو الراجح؛ لأنه علم أنه لا بدَّ منه، «مُكرَهٌ أخاك لا بطل». وإلا كانت الآية -أي: قوله تعالى: ﴿قَدْ أَفْلَحَ مَن زَكَّىٰهَا﴾- حجةً على أصحابه، فقال في **حاشيته على الكشاف**: «والمرجَّحُ أن يرجع الضمير المستتر إلى الله، والمفعول إلى 'مَن' بتأويل النفس؛ لـما جاء في الصحيح، عن زيد بن أرقم، أن رسول الله -صلى الله عليه وسلم- قال: 'آت نفسي تقواها، وزكِّها أنت خير من زكاها، أنت وليُّها ومولاها'[346]». انتهى.

(346) ابن الأثير، **جامع الأصول**، ج 4، ص 371، حديث 2416.

فانظر هذا الفاضل كيف رأى أن هذا التأويل المتمحَّل أسهل عليه من جحود ما أشار إليه جار الله. وإنما قلنا: «إنه متمحَّل»؛ لأنَّ جَعْلَ الضمير في «زكَّى» و«دسَّى» = لله تعالى، والضميرِ المؤنّثِ المفعولِ فيهما = لـ'مَن'؛ بناءً على تأويله بالنفس، أي: نفس العبد، مع أنَّ بناءَ «قد أفلح» و«قد خاب» للمذكَّر = مما لم يُعهَد في نظمٍ ولا نثرٍ، مع أنه يستلزم الحذف، بل هو جارٍ مجرى الإلغاز والتعمية. وعلى فرض صحة وقوعه في العربية الفصيحة؛ ففيه عدول عن الأصل، وإنما هو من إثار التعصبات للآباء والأجداد، الجارية مجرى المكابرة والعناد. [ولقد صدق جار الله حيث سمّاه تعكيسًا» و«محْلًا» لنصرة المذهب والاعتقاد.

والعجب من ناظر يجنح إلى هذا، و لا يلتفت إلى ما أخرج البزار، عن جابر بن عبد الله -رضي الله عنه-، عن النبي صلى الله عليه وسلم في قول الله تعالى: ﴿قَدْ أَفْلَحَ مَن تَزَكَّىٰ﴾ [الأعلى: 14]، قال: «من شهد أنْ لا إله إلا الله»، ﴿وَذَكَرَ ٱسْمَ رَبِّهِۦ فَصَلَّىٰ﴾ [الأعلى: 15]، قال: «هي الصلوات الخمس، والمحافظة عليها، والاهتمام بها»(347).

وأخرج أيضًا عن ابن عباس -رضي الله عنهما- قال: لما نزلت ﴿إِنَّ هَٰذَا لَفِى ٱلصُّحُفِ ٱلْأُولَىٰ ﴿١٨﴾ صُحُفِ إِبْرَٰهِيمَ وَمُوسَىٰ ﴿١٩﴾﴾ [الأعلى: 18، 19]. انتهى.

احتجاج الحسن على الحجّاج بقوله تعالى: ﴿وَقَدْ خَابَ مَنْ دَسَّاهَا﴾

والأمر واضح غيرُ خفيٍّ، حتى إنه لم يتجاسر على إنكاره رئيس الجبابرة الحجاج بن يوسف الثقفي، حين احتج عليه الحسن البصري -رضي الله عنه- بهذه الآية، فقال له: «لو كان الله هو الذي دساها؛ لما خيَّب نفسه»، تعالى عما يقول الظالمون علوًا كبيرًا.

هذا، ولا شك في أنه يجوز -عند المجبرة- أن يقال: إن الله تعالى هو «المزكّي» و«المدسّي»، وهم قد صرحوا أن الأفعال التي تُسند إلى العباد بطريق القيام والمحلية، كـ«صلّى»، و«صام»، و«آمنَ»، و«كفر» = لا تُسنَدُ إلى الله تعالى. كما تبرّأ المعترِض عما ألزمهم به المؤلف -في ما سيأتي-، من أنه يلزمهم أن يُسمَّى الله تعالى «كافرًا» لإيجاده الكفرَ، وقال بما قاله هنالك. فما بالهم لا يمنعون هنا أن يقال: «إن الله هو المُزكِّي

(347) لم أجده في البزار، لكن انظر: الهيثمي، **مجمع الزوائد**، ج 7، ص 137، حديث 11488.

والمُدسِّي» كما ارتضاه صاحب **الكشف**، وزعم أنه المرجَّح؟ ولم جاز مثل ما في هذا الحديث الذي أخرجه مسلم وغيره، عن زيد بن أرقم، أنه كان النبي -عليه الصلاة والسلام- يقول: «آت نفسي تقواها، وزكها أنت خير من زكاها، أنت وليها ومولاها»(348)، مع أنهم قد قرروا أن الفعل إنما يُسنَد حقيقةً إلى من قام به؟

ولهذا قال المعترض: «لا حجة في مجرد الإسناد إلى 'من'». وأنت إذا تأملت ما في هذا الحديث من الإتيان باسم التفضيل -أعني قوله: «خير من زكاها»-؛ زادك يقينًا بما أشرنا إليه. ونظير هذا ما سنذكره -إن شاء الله- من قولهم: «إن الله تعالى هو المسَعِّر»(349)؛ فوصفوه -تعالى- بما لا يستحق الوصف به إلا العباد؛ نظرًا إلى قاعدتهم المذكورة. فكيف يوصف -تعالى- بالتسعير الذي يكون من أفعال العباد، كما في المواضعة على سعر معين؟ ولذا، نهاهم النبي -عليه الصلة والسلام- كما سيأتي.

وبالجملة، ففي أمثال هذا الذي ذكرناه، ما يدل على اضطرابهم وبطلان قولهم: «إن الفعل إنما يُسنَد حقيقةً إلى من قام به، دون من حصَّله وأثَّر فيه»، وعلى دقة المسلك الذي أشار إليه جار الله -رحمه الله-، وعلى ضعف نظر المعترض وفساد قوله: «ما اثبتها إلا بالاستدلال»، إلى قوله: «لو اقتضى الفاعلية بمعنى الخالقية... إلخ».

ثم نقول: قد اعترفتم بأن استدلالكم على خلق الأعمال بالعموم، في مثل قوله تعالى: ﴿ٱللَّهُ خَٰلِقُ كُلِّ شَيۡءٖ﴾ = لا يتم. بل لابد من البناء على أمرٍ مسلَّم عند الكل، وما وجدتم إلا التشبُّث بما هو أَوْهَى من التشبث بمثل ذلك العموم. وهو ما لاح لكم في قوله تعالى: ﴿وَٱللَّهُ خَلَقَكُمۡ وَمَا تَعۡمَلُونَ﴾، مع أنكم تعلمون بأن هذه الآية -أيضًا- لا يتم استدلالكم بها على الوجه الذي زعمتم، إلا على فرض تمام الاستدلال بالعموم؛ لأنها لا تتناول أعمال العباد جميعَها -كما زعمتم-، إلا بطريق العموم في ما هو متوقف على تمامِه، وتمامُه متوقف على تمامها أيضًا؛ فلزمكم الدور المحال باعترافكم.

---

(348) **صحيح مسلم**، ج 4، ص 2088، حديث 73 (2722).

(349) أي: محدِّد الأسعار للسلع. فهناك من يعتقد أن أسعار السلع في السوق إنما هي بتحديد الله لا بتحديد وزارة التجارة، أو تحديد الباعة والتجار!

هذا، ونحن نعلم أن قولكم بأن إسناد الله تعالى أعمال العباد إليهم لا يقتضي تأثيرَهم فيها. بخلاف عموم مثل قوله تعالى: ﴿ٱللَّهُ خَٰلِقُ كُلِّ شَيۡءٖ﴾؛ فإنه يقتضي أنه تعالى هو المؤثِّرُ في أعمال العباد كلها بزعمكم = عينُ الحيف والانحراف، والعمل بالتشهي والتحكم، لا بالإنصاف.

على أنه قد مر أن جار الله -رحمه الله- ما استدل بمجرد الإسناد، بل بشيء آخر لم يفهمه بعض الأشاعرة والأكراد.

ولئن نزلنا عن هذا المقام، وسلمنا أن الزمخشري إنما استدل بمجرد الإسناد؛ فالمطلوب أيضًا تامٌّ، شاء المعترض أم أبى.

قوله: «لو اقتضى الفاعلية بمعنى الخالقية».

قلنا: ماذا أردت بهذا الكلام؟ فإن كان نزاعك في مجرد تسمية فعل العبد «خلقًا»، مع الإقرار منك بأن العبد محصِّلٌ له، ومؤثِّرٌ فيه = فالأمر هيِّن، وإن قد هوَّله إمام الحرمين في **النظامية**، بعد اعترافه بأن العبد محصِّلٌ لفعله، ومُوجِدٌ له بقدرته. وإنما فرارُه من تسمية العبد «خالقًا». وذلك خطب يسير.

منعُ أبي القاسم وعبّاد من إطلاق «الخلق» على أفعال العباد

فإن أبا القاسم الكعبي -وهو من كبار بغداذية المعتزلة-؛ قد منع من إطلاق «الخلق» على غير فعل الله تعالى؛ بناءً على أن اللغة توقيفية. وكذا يمنع من ذلك الشيخ أبو الحسين البصري، وأتباعُه القائلون بأن أفعال العباد هي الأكوان، من الحركة والسكون ونحوهما، وليست عندهم من جملة الذوات الحقيقية التي توصف بـ«الخلْق»، و«الخروج من العدم إلى الوجود»؛ إذ ليست أشياء حقيقية؛ فلا معنى لوصفها بأنها «مخلوقة». وهذا -أعني القول بأن أفعال العباد ليست أشياء حقيقية- قد عزاه الشيخ مختار(350) إلى المحققين من المعتزلة، وهو مذهب الإمام يحيى بن حمزة، وغيره من أهل البيت -رضي الله عنهم-.

(350) يعني الشيخ مختار بن محمود العجالي الشهير بتقي الدين النجراني، صاحب كتاب **الكامل في الاستقصاء** (وهو مطبوع).

وعلى هذا المذهب، لا يصح وصف أفعالنا بـ«الخلق» -كما بينتُه-. ولم أجده في كلامهم هكذا موضحًا.

وكذا يمنع من ذلك -أي: إطلاق «الخلق» على أفعالنا- الشيخ عباد بن سليمان الصيمري، من المعتزلة أيضًا؛ بناءً على قاعدته من اعتبار المناسبة الطبيعية؛ فلا يصح -عنده- نقلُ الأسماء عن معانيها الأصلية؛ لـما بينها وبين مسمَّياتها من المناسبة الطبيعية.

بل المعتزلة وسائر العدلية كافة = قائلون بأنه يمتنع -شرعًا- إطلاقُ «الخلق» على فعل العبد، وإن جاز -لغةً- عند بعضهم في ما كان مقدَّرًا[351] -كما مر وسيأتي-.

وكلام جار الله في **الكشاف** يميل إلى مذهب أبي الحسين، ويُحتَمَلُ أنه على مذهب الجمهور؛ فإنه قال في سورة الرعد ما نصه: «لا خالق غيرُ الله، ولا يستقيم أن يكون له شريك في الخلق»[352]. انتهى. ومثله ما ذكره في سورة العلق، وسيأتي أيضًا.

وعلى الجملة، فإن واحدًا من المعتزلة وسائر العدلية = لا يذهب إلى جواز إطلاق «الخلق» على غير فعل الله تعالى مطلقًا، وإن توهمه بعض أهل العصبية.

وإن كان نزاعك في إطلاق «الخلق» مع عدم الاعتراف منك بالتحصيل [117 أ]؛ بناءً على أن «الخلق» و«التحصيل» و«الإيجاد» و«التأثير»، أسماء متقاربة، لا يوصف فعل العبد بشيء منها أصلًا؛ لأنه ليس إلا محلًّا وظرفًا لما يخلقه الله تعالى فيه من الأفعال، على ما هو مذهب الشيخ الأشعري وأتباعه في الكسب = فجوابه المنعُ. فإن الاستدلال بالآيات وسائر السمع على أن الله تعالى خالقٌ لما نشاهده في الأعيان كالسماء، والأرض = إنما جاء من مجرد الإسناد. فلو لم يكن الإسناد مفيدًا للتأثير والإيجاد؛ لم يمكن الاستدلال بتلك الآيات وغيرها من السمع، على أن الله تعالى خالق للسماء والأرض، وموجد لنا ولما فينا من الحواس والقدرة وغير ذلك مما لا يحصى. مع

---

(351) ما كان مقدّرًا: أي ما كان عن تقدير من العبد، أي -بلغتنا العصرية-: عن تخطيط ونظر، فهذا يجيز بعض المعتزلة إطلاق وصف «الخلق» عليه، من باب اللغة، لا من باب الشرع، ويستندون في هذا إلى قول الشاعر:

ولأنت تخلق ما فريت وبعـ ... ـضُ الناس يخلقُ ثم لا يفري

(352) الزمخشري، **الكشاف**، ص 538.

أن الأشاعرة ومن يحذو حذوهم معتمدون على مجرد السمع -بزعمهم-، ورافضون لحكم العقل -بوهمهم-.

لا يقال: إنهم ما استدلوا على ذلك بالآيات المشتملة على الإسناد، بل بالآيات المشتملة على الخلق المستلزم للتأثير والإيجاد. سلَّمنا، لكنهم لا يتهمون العقول في أحكامها مطلقًا، وإلا لما ثبت لهم وجود الباري وحياته وعلمه وقدرته؛ فإن ذلك مما يتوقف عليه صحة السمع. فالاستدلال عليه بالسمع يستلزم دورًا ظاهرًا -كما صرحوا به-. وإنما يتهمون العقل في الحكم بالحسن والقبح فقط.

لأنا نقول:

أما الأول؛ فإذا اعترفوا به؛ لزمهم أن يكون معنى قوله تعالى: ﴿فَتَبَارَكَ ٱللَّهُ أَحۡسَنُ ٱلۡخَٰلِقِينَ﴾ [المؤمنون: 14]: فتبارك الله أحسن المؤثرين، والموجدين، والمحصِّلين، وهو اعتراف بالتأثير والإيجاد والتحصيل من العباد، وهو المطلوب. وفيه اعتراف أيضًا بتسمية فعل العباد «خلقًا».

وأيضًا، فيُشكِل عليهم قوله تعالى: ﴿خَلَقَهُۥ مِن تُرَابٖ ثُمَّ قَالَ لَهُۥ كُن فَيَكُونُ﴾ [آل عمران: 59]. وقد اضطروا في تفسير هذه [إلى الرجوع إلى ما أجاب به أبو مسلم المعتزلي(353) -رحمه الله-، حيث قال: «إن معنى الخلق: التقدير والتسوية، ويرجع معناه إلى العلم بكيفية وقوعه»، هذا ما ذكروه عن أبي مسلم، ورضيه الرازي وغيره منهم].

وأما الثاني: فلأنه لا معنى للقول بأن العقل متهم في شيء من الأحكام، ومأمون غير متهم في شيء منها -كما مر-؛ لأن ذلك يستلزم إما التحكم الباطل، أو أن وراء العقل حاكمًا آخر، يميِّز بين حكمه الصحيح والفاسد؛ فإما أن يكون هذا الحاكم الآخر هو السَّمع، أو شيئًا آخر.

لا سبيل إلى الثاني بالاتفاق؛ فرجع اعتمادهم على مجرد السمع، ولزمهم ما ذكرناه -كما ترى-.

---

(353) لعله يقصد أبا مسلم محمد بن بحر الأصفهاني (ت. 322هـ). له كتاب في التفسير، أفاد منه الفخر الرازي في تفسيره.

ثم نقول: إنه قد وقع في الكتاب والسنة ما لا يحصى من الإسناد إلى العبد في ما لا دخل فيه للكسب والمحلية أصلًا، كقوله تعالى: ﴿ فَأَوْحَيْنَآ إِلَيْهِ أَنِ ٱصْنَعِ ٱلْفُلْكَ بِأَعْيُنِنَا وَوَحْيِنَا﴾ [المؤمنون: 27]. الآية. فنوح -عليه السلام- صانع الفلك اتفاقًا، مع أن الفلك ليست في محل الكسب. والإسناد في الأمر أبلغ في المقصود من الإسناد في الخبر ونحوه. ومن ذلك قوله تعالى: ﴿ يَعْمَلُونَ لَهُۥ مَا يَشَآءُ مِن مَّحَٰرِيبَ﴾ [سبأ: 13]. الآية. مع أن المحاريب وما بعدها مما لا مجال فيه للكسب والمحلية. وكذا في قوله تعالى: ﴿قَالَ أَخَرَقْتَهَا لِتُغْرِقَ أَهْلَهَا﴾ [الكهف: 71]، فإن الخرق للسفينة ليس قائمًا به، وإنما القائم به هي الحركات التي وقع بها الخرق. فإسناد الخرق إليه حجةٌ على المعترض وأمثاله. بل هذه الآية التي استدلوا بها حجة عليهم؛ فإن قوله: ﴿ قَالَ أَتَعْبُدُونَ مَا تَنْحِتُونَ﴾ [الصافات: 95]، قد نطق إسناد النحت إليهم. وليس المراد به نفس الحركات التي وقع بها النحت؛ لاستحالة كونهم يعبدونها، فإنها في وقت العبادة قد صارت معدومةً، بل قد عدمت في ثاني أوقات وقوعها، وإنما المراد هو الحاصل بالنحت سواء كانت «ما» موصولة أو مصدرية. ولا مجال للكسب والمحلية في الحاصل بالنحت -كما عرفت-. فهذا الإسناد وأمثاله = ليس إلا إسناد التأثير والتحصيل، لا إسناد الكسب [والمحلية]. وإذا عرفت هذا؛ ظهر لك أن الكتاب والسنة ناطقان بقيام الحجة على بطلان مذهب الكسب والجبر الذي يدعيه أمثال المعترض، وأنه يكفي الاستدلال بمثل هذه الإسنادات على أن العبد مؤثر في أفعاله وموجد لها بقدرته واختياره، وقد عرفت أنه قد طفح بها الكتاب والسنة. وذلك من أعظم الحجج على المعترض وأمثاله من المجبرة.

ثم نقول بعد ذلك: إن السنة الشريفة قد جاءت أيضًا بما يدل على تسمية فعل العبد «خلقًا». وذلك في ما روى ابن عمر -رضي الله عنه- قال: قال رسول الله صلى الله عليه وسلم: «إن أصحاب هذه الصُّوَر، يُعذَّبون يوم القيامة، يقال لهم: أحيوا ما خلقتم»(354). أخرجه البخاري، ومسلم، والنسائي. فقوله: «ما خلقتم» = يدل على ذلك.

لا يقال: إنما هو تهكم بهم، وكلما كان كذلك؛ لم يدل على ما ذُكِر بل على نقيضه.

(354) **صحيح البخاري**، ج 3، ص 63، حديث 2105.

لأنا نقول: لو سلَّمنا التهكم؛ فليس إلا في قوله: «أحيوا»، لا في قوله: «ما خلقتم»؛ إذ لو كان في قوله: «ما خلقتم» أو في مجموع الجملتين؛ لكان معناه: «أحيوا ما زعمتم أنكم خلقتموه، والخالق له غيركم». وهذا فاسد؛ إذ لا معنى للتوبيخ والتهكّم بقولك: «أحيوا ما خلقه غيرُكم»؛ لأن الخلق هنا إما أن يكون متناولًا لتحصيل تلك الصور أو لا.

إن كان الأول؛ كان الكلام حينئذ متضمنًا لتنزيههم عن التصوير، وقد كان الذم والتوبيخ والتهكم من أجله، هذا خلف.

وإن كان الثاني؛ فكذلك؛ لأنه لم يتعلق الذم والتوبيخ بتصويرهم بل بالخلق، وقد فرضنا أنه -أي: الخلق- لم يتناول تحصيلهم للصور، ولم يتطرَّق إليه بوجه، فهم بمعزل عنه وعن دعواه، فليُفهَم.

وأيضًا، فالحديث المذكور تقبيح وذم لفعل تلك الصور. لكنَّ الأشاعرة مجمعون على أنها -أي: الصور- من فعل الله ابتداءً بلا واسطةِ كسبٍ للعباد؛ لأن الكسب لا يتعدى عن محله إلى مثل تلك الصور أصلًا -كما سيجيء بيانه باعترافهم-، وإنما الذي يتعدى إلى مثل الصور المذكورة، هو: التأثير -أعني الحاصلَ عن القدرة المؤثرة في الفعل-. وحينئذ، فلا نزاع لهم في أن تلك الصور إنما حصلت بالخلق والتحصيل لا بالكسب. وهم لا يخالفوننا في أن التقبيح والذم إنما كان من أجل الفعل لتلك الصور. وقد عرفت أن فعلها لا يكون إلا خلقًا، إجماعًا. ولا يُتصوَّر كونُه كسبًا، فلزم أن الذم لأصحاب الصور؛ من أجل أنهم خلقوها وحصَّلوها، فافهم هذه النكته الجليلة النافعة؛ فإليها يُساق الحديث، وبها تعرف أن الأحاديث الكثيرة التي في ذمِّ المصوِّرين = من أقوى الحجج على المعترض وأصحابه الأشاعرة، وأنه يلزم -على مذهبهم- أن النبي -عليه السلام- لـمّا دخل الكعبة وغيّر ما فيها من التصاوير؛ قد غيَّر خلق الله تعالى، ودخل في زمرة الذين قال فيهم إبليس ﴿وَلَآمُرَنَّهُمْ فَلَيُغَيِّرُنَّ خَلْقَ ٱللَّهِ﴾ [النساء: 119]، وحاشاه -صلى الله عليه وآله وسلم- عن هذا.

وأيضًا، فالتوبيخ يومئذٍ لهم -أعني المصوّرين- ليس إلا من أجل أنهم صوَّروا صُوَرَ الحيوان الذي لا يحييه إلا الله تعالى؛ فمناط الذم والتوبيخ والتهكم دائرٌ على

الحياة، ولا تعلق له بمطلق التصوير. ولهذا، لم يرِدِ النَّهي بحرمة التصوير لغير الحيوان. بل قال كثير من العلماء بأن ما لا يَحيَا مثلُه في العادة؛ لا يجب تغيير صورته.

فتبيَّن: أن مرجع الذم والتوبيخ والتهكم = إلى هذا المعنى، وأنه ليس إلا في قوله: «أحيوا»، لا في قوله: «ما خلقتم»؛ لأنه قد أُضيفَ فعلُ الصُّوَر إليهم، فيلزم أنهم خلقوها وحصَّلوها -أي: تلك الصور كما عرفت-، فلا يكون التوبيخ في هذه الجملة -أي جملة: «خلقتم»-، ولا في مجموع الجملتين معًا، وإلا لتعلق الذم بمطلق التصوير، حتى تصوير الشجر، والحجر، وسائر النقوش والصنائع والأوضاع، من العمارات والمأكولات المصنوعة. ولذا قال ابن الأثير في **المثل السائر** في وصف التمر، ما نصه: «وأحسن من ذلك، أنه معدود من الحلوى، وإن كان من ذوات الغِراس. ولا فرق بينهما سوى أنه من خلق الله، وتلك من خلق الناس»(355). انتهى.

فإن قلتَ: إنه قد روي في **الجامع الكافي**(356)، عن عيسى بن زيد بن علي بن الحسين بن علي -رضي الله عنهم-، أن رجلًا سأله عن أفعال العباد، فقال: «هي من الله خَلقٌ، ومن العبد فِعْلٌ. لا تسأل عنها أحدًا بعدي».

قلت: هي رواية منقطعة الإسناد. وعلى فرض إسنادها؛ فهي آحادية لا يُتمسَّك بمثلها في هذا المطلب ونحوه، إجماعًا. وهذا إذا لم تقبل تأويلًا صحيحًا، وأنا أراها قابلة له. ولم لا وقد عرفتَ أن الخلق هو: التقدير، وأن تقدير الله تعالى لأفعال العباد، ليس بمعنى: إيجادها، المستلزم للمجبر المبطل للتكليف، بل هو التحديد في العلم، أي: إنه علم خاص -كما هو رأي المحققين من الفريقين-؟

على أن بعض المحققين من أتباع أهل البيت -رضي الله عنهم- قد استراب في صحة كثير مما في هذا الجامع من الروايات المنقطعة، عن بعض جماعة من أهل البيت -رضي الله عنهم-، وأشار إلى أنها روايات باطلة لا تصح عنهم. كيف وبعضها مخالف لمذهبي الفريقين؟

---

(355) ضياء الدين نصر الله بن محمد بن الأثير، **المثل السائر في أدب الكاتب والشاعر**، تحقيق أحمد الحوفي وبدوي طبانة، ط 2 (القاهرة: دار نهضة مصر، [د. ت])، ج 2، ص 39.

(356) لعله يقصد **الجامع الكافي في فقه الزيدية** لأبي عبد الله محمد بن علي بن الحسن العلوي الكوفي (ت. 445هـ).

ثم نقول: لاشك ولا خلاف في أن الكتاب والسنة ناطقان بتمكن العباد من أفعالهم. وكل من كان متمكنًا من أفعاله؛ كان مؤثرًا فيها.

أما الصغرىٰ فبالاتفاق -كما ذكرناه-. وأما الكبرىٰ؛ فلأنه لا معنىٰ لتمكنهم من أفعالهم إلا تمكنهم من تأثيرهم فيها؛ إذ لا معنىٰ لتمكنهم من كونهم كاسبين لها؛ لأنه لا معنىٰ للكسب إلا كونُهم محلًا لما يخلقه الله فيهم، حال كونهم قادرين مريدين بقدرة وإرادة لا تأثير لهما أصلًا -كما صرّح به أهل الكسب-، ولا معنىٰ لتمكنهم من كونهم محلًا لما يخلقه الله فيهم؛ لأنه لا يُتصوَّر التمكن مما كان التأثير فيه مستندًا إلىٰ الغير، مع أن الأشاعرة ما قالوا بأن الكسب عبارة عن «مجرد المحلية فقط»، بل قالوا: «إنه عبارة عن: كون العبد محلًا لما يخلقه الله تعالىٰ فيه، مع كونه قادرًا مريدًا بقدرة وإرادة لا تأثير لهما في الفعل أصلًا» -كما مر-.

وعلىٰ هذا، فلا يُتصوَّر التمكن من الكسب، وإلا لزم أن يكون العبد قادرًا علىٰ أن يكون قادرًا علىٰ أن يكون قادرًا مريدًا بقدرة وإرادة لا أثر لهما في الإيجاد والترجيح، وهو محال. كما أنه يستحيل أن يكون متمكنًا مما هو مستند [117 ب] إلىٰ الغير.

ولا يخفىٰ أنه لو جاز أن يكونوا متمكنين من كونهم محلًا لما يخلقه الله فيهم من الأفعال؛ لجاز أن يوصف المكان الذي يقع فيه الضرب بأنه متمكن من الضرب الواقع فيه. لكن اللازم باطل قطعًا وإجماعًا؛ فالملزوم باطل أيضًا. فعُلِم: أن تمكن العباد من أفعالهم هو التمكن المعقول، المعلوم في اللغة. وظهر: أنه كلما كان متمكنًا من الفعل الصادر عنه بالاختيار؛ كان مؤثرًا فيه. والأشاعرة ونحوهم معترفون بالتمكن في ما يَدَعون وَيَذَرون -كما مرَّ-، ومنكرون للجبر الخالص في ما يدَّعون، ويجادلون بجدالٍ قد تَدَمَّر، وإذا جاء الحق بطل ما كانوا يعملون ويفترون، وانكشف أنهم معتمدون علىٰ ما هم له منكرون ﴿وَلَهُمْ أَعْمَٰلٌ مِّن دُونِ ذَٰلِكَ هُمْ لَهَا عَٰمِلُونَ﴾ [المؤمنون: 63].

ومن زعم أن ما في الكتاب العزيز والسنة الشريفة وأقوال الحكماء وسائر العقلاء، من إسناد أعمال العباد إليهم؛ ليس هو الإسناد المعقول المعلوم من لغة العرب، وإنما هو عبارة عن مجرد كونهم محلًا لما يؤثر فيه الباري تعالىٰ، وأنه عز وجل إنما يطلب منهم بالأوامر والنواهي مجرد المحَلّية لما يخلقه فيهم تعالىٰ = فعليه البيان. ولن يجدوا إلىٰ ذلك

سبيلًا على مرور الأزمان.

وقد ظهر بهذا: أن استدلال جار الله -رحمه الله- لو كان بمجرد الإسناد؛ لكفاه ذلك؛ إذ لا يُسنَد الفعلُ حقيقةً إلا إلى من حصَّله. فالضارب هو: من حصَّل الضربَ، لا من قام به. وهذا مركوز في العقول السالمة عن التغييرات. ألا ترى أن بعض الخصوم قد ينطق به في حال الغفلة عن مذهبه وتعصبه؟ حتى وقع ذلك من سعد الدين في **شرح النسفية**، ووقع مِن غيره في غيره.

وشيء آخر، وهو: أنه سيأتي لنا قريبًا -إن شاء الله تعالى- نقلُ شيء من صرائحهم بأن المطلوب من العبد المكلف هو تحصيل الفعل وإيجاده، حتى فرَّعوا على ذلك كثير من التفاريع المذكورة في كتبهم المعتبرة في أصول الفقه.

وإذا كان الأمر كذلك؛ فقد دلَّ صنيعهم وكلامهم هنالك على أن العبد المكلف محصِّلٌ موجِدٌ لفعله.

لا يقال: إن طلب التحصيل والإيجاد؛ لا يستلزم التحصيلَ والإيجادَ. فمن أين يلزم أن العبد المكلف محصِّلٌ موجِدٌ لفعله؟ لا بد لذلك من دليل. ولم لا يجوز أنه يُطلَب منه تحصيلُ الفعل وإيجادُه، ولا يكون له في تحصيله وإيجاده أثرٌ ولا نصيبٌ، وإنما يكون له مجرد الكسب والمحَلّيّة؟

لأنا نقول: إذًا؛ لا يقع الامتثال من أحد من العباد أصلًا. واللازم باطل قطعًا وإجماعًا؛ فالملزوم مثله.

فاتضح: أن طلب التحصيل والإيجاد من العبد، وإن لم يستلزم التحصيل والإيجاد؛ لكنه يدل عليه، من حيث إنه لو لم يكن العبد محصِّلًا موجِدًا لما طُلِب منه؛ لم يكن ممتثلًا فاعلًا لما كُلِّف به. وهذا جارٍ في الأوامر والنواهي الشرعية جميعها، وقد جهله المعترض وغيره.

وأيضًا، فقد اعترف بعضُ أصحابه بما مؤَدَّاه: أن الله تعالى إذا طلب التحصيل والإيجاد؛ دلَّ ذلك على التحصيل والإيجاد، من حيث إن العاقل لا يُطلَب ما لا يجوز وقوعُه.

قال سعد الدين في **شرح التلخيص** ما نصُّه: «فإن العاقل لا يطلب ما لا يجوز وجوده»[357]. انتهى، منقولًا مما كتبه على قوله:

قد طلبنا فلم نجد لك في السؤ　　دُدِ، والمجد والمكارم مثلًا

لا يقال: هذا الطلب غير الطلب الذي هو مدلول صيغة الأمر والنهي، فإن المراد به هو: «السعي في تحصيل المطلوب».

لأنا نقول: لو سلمنا هذا؛ لقلنا: إن الطلب بالصيغة = من جملة السعي في تحصيل المطلوب، بل هو أبلغ؛ لدلالته على أمر قائم بالنفس. ولذا؛ ذكر في **إيضاح المفصَّل**[358] أن الطلب لا يكون إلا لغرض، وإلا كان عبثًا[359]. وحُكِيَ ذلك عن الخليل، وقد نقله عنه السيد المحقق في **حاشيته على المطول**[360]. بل قول صاحب **التلخيص** في أول الإنشاء: «إن كان طلبًا استدعى مطلوبًا غير حاصل»[361]؛ كالصريح في هذا المعنى.

ومن الغرائب أن صاحب **الإيثار** حام حول التنويه بذكر الشهرستاني صاحب **نهاية الأقدام**، حيث زعم أن حدوث الفعل ووجوده ليس مطلوبًا من العبد المكلف، فلا يكون أثرًا لقدرته، وإنما أثرُ قدرتِه هو كونُ الفعل طاعةً مثلًا. ولنورد كلامه فنقول:

قال في **الإيثار** ما لفظه: «وقد بالغ الشهرستاني في رد مذهب المعتزلة، وعارضهم بمعارضات جدلية، معارضةَ عارفٍ لمذهبهم، محقِّقٍ لمقصدهم، فقال: 'إن الحدوث والوجود صفةٌ غيرُ مطلوبة من العبد ولا ممنوعة ولا محمودة ولا مذمومة من هذه الجهة؛ لأنها مشتركة بين الحَسَن والقبيح؛ إذ كلٌّ منهما حادث موجود، وإنما ينبغي أن يُضاف إلى العبد ما طُلِب منه أو نُهِيَ عنه، وهو أمرٌ أخصُّ من ذلك، وهو كون الحدوث طاعةً أو

(357) سعد الدين التفتازاني [وآخرون]، **شروح التلخيص** (بيروت: دار الكتب العلمية، [د. ت])، ج 2، ص 140.

(358) لعله يقصد كتاب ابن الحاجب **الإيضاح في شرح المفصل**.

(359) الجرجاني، **الحاشية على المطول**، ص 270.

(360) المرجع نفسه.

(361) التفتازاني [وآخرون]، **شروح التلخيص**، ج 2، ص 237.

معصيةً، وهما أثر قدرتِه عند الأشعري، وهما المقابَلان بالجزاء. وعند المعتزلة: أثر قدرة العبد هو الوجود والحدوث، ولا قُبحَ فيهما ولا حُسن»[362]. انتهى.

ولم يتعرض له صاحب **الإيثار** وكأنه رضيه.

ونحن نقول: إن بطلانه لا يخفى على العارف المطلع، وذلك من وجوه:

أولها: أنّ كون الوجود والحدوث طاعةً أو معصيةً = أمرٌ اعتباريٌّ محض، فلا يصح أن يكون مطلوبًا للحكيم أصلًا، ولا أن يكون منهيًا عنه رأسًا، ولا يُتصوَّرُ ذلك، كما لا يُتصوَّر أن يكون متعلقًا للقدرة والإرادة. وإنما الذي يصلح أن يكون متعلقًا للقدرة والإرادة؛ هو وجود الفعل وحدوثه.

وتقرير ذلك أن نقول: إن كون الفعل طاعةً أو معصيةً = أمرٌ اعتباريٌّ عدمي. وكلّما كان كذلك؛ امتنع طلبه. والأشاعرة أولى الناس بتسليم الكبرى من هذا القياس. ألا ترى إلى ما ذكروه في أصول الفقه من أن المطلوب في النهي هو الكفّ؛ لأنه هو الذي يصح طلبُه ويصح أن يكون متعلقًا للقدرة والإرادة، لا أن لا يفعل؛ فإنه لا يصح طلبه؛ لأنه أمر عدمي، فلا يصح تعلق القدرة والإرادة به، كما صرحوا به في كتبهم المؤلفة في هذا الفن؟ بل قد تعرض لذلك السيد المحقق في **حاشية المطوَّل**، ولعلنا نورد ما يتوجه على ذلك في مكان يليق به إن شاء الله.

وأما الصغرى فغنيةٌ عن الإيضاح. ولسنا نريد أن كل اعتباري فإنه عدمي؛ إذ هذه الكلية مما يرد عليه المنع. بل المراد أن كون الفعل طاعة أو معصية، إما أن نقول إنه حال من الأحوال التي لا تتصف بوجود ولا عدم، وكلما كان كذلك؛ لم يصلح أن يكون متعلقًا للقدرة والإرادة، وإما أن نقول: أنه أمر اعتباري، بالمعنى الذي يرادف الأمر العدمي. ولذا قيل بِقِدَم الأمور الاعتبارية، كما قيل بِقِدَم الأعدام الأزلية. ولهذا المقام تمام ليس هذا موضعه.

ثانيها: أنه لا معنى لكونه مطيعًا -مثلًا- إلا كونه ممتثلًا للطلب، أي: فاعلًا للمطلوب منه. فلو كان المطلوب منه؛ هو كونه مطيعًا = لزم الدور المحال؛ إذ لا يكون مطيعًا حتى

(362) ابن الوزير اليماني، **إيثار الحق**، ص 296.

يكون ممتثلًا فاعلًا للمطلوب منه، ولا يكون ممتثلًا فاعلًا للمطلوب حتى يكون مطيعًا، فظهر الدور -كما ترى-، وتبين لك أنه يجب أن يكون المطلوبُ هو: حدوث الفعل ووجوده؛ فبإيجاد العبد إيّاه امتثالًا للطلب = يصير مطيعًا، وهو واضح، وإن خفي على الشهرستاني، وعلى صاحب **الإيثار**.

لا يقال: إن الشهرستاني ما أراد أن المطلوب من العبد هو كونه مطيعًا، حتى يلزم الدور المذكور، بل أراد أن المطلوب منه هو كون الفعل طاعةً مثلًا.

لأنا نقول: إن الدور المذكور لازم على هذا أيضًا، ولا فرق بينه وبين ما ذكرناه كما لا يخفى على متأمل منصف، فلا نطول ببيانه.

على أن هذا لا يصح دعواه في غير الأوامر والنواهي الشرعية اتفاقًا، أعني ما لا دخل فيه للطاعة والمعصية من أوامر العباد ونواهيهم التي في ما بينهم، كقولك لصاحبك: «قم ولا تقعد».

ثالثها: أن الفريقين قد صرحوا [118 أ] في أصول الفقه أيضًا بأن الأمر بالفعل = لطلب الماهية، فلا يستلزم التكرار ولا المرة الواحدة. لكن الامتثال يحصل بها -أي: بالمرة الواحدة-؛ لكونها ضرورية؛ لامتناع حصول الماهية بدونها.

وهذا تصريح منهم بأن المطلوب هو نفس تحصيل الماهية. ولهذا قال القاضي زكريا في الكلام على الأخبار من **اللب وشرحه** ما نصه: «وطلب ذكر الماهية: استفهام. وطلب تحصيلها أو تحصيل الكف عنها: أمر أو نهي»(363). انتهى. فالمطلوب -على هذا- هو نفس إيجاد الفعل. بل صرح الجلال الأسيوطي في **الإتقان** أن هذا ضروري، أي: إن المطلوب هو إيجاد المأمور به بالضرورة.

وعلى هذا؛ فالأشاعرة قد وافقوا المعتزلة، وزادوا بما لا يدعيه المعتزلة. ويختص الأشاعرة بشيء آخر، وهو: أنهم قد صرحوا في أصول الفقه أيضًا في مسألة أن التكليف يتعلق بالفعل قبل المباشرة، بأن مرادهم بهذا التعلق هو: التعلق الإلزامي -

---

(363) زكريا الأنصاري، **غاية الوصول**، ص 98.

بزعمهم-، وهو -عندهم-: «اعتقاد وجوب الفعل» -على ما صرّحوا به-. وممن صرح بذلك إمام الحرمين الجويني، والإمام الغزالي، والجلال المحلي، والقاضي زكريا في **شرح اللب**، وفي **حاشيته على جمع الجوامع**(364). وهذا يدل على اعترافهم بأن المطلوب هو وجود الفعل -كما ترى-. وهو ظاهر عند التأمل.

ولقد قال الزركشي في كتابه الموسوم بـ**البرهان في علم القرآن** بما هو أصرح من ذلك وأوضح، فإنه قال فيه ما لفظه: «ويعلم كلُّ أحد بالضرورة، أن مقتضى 'أقيموا الصلاة' و'آتوا الزكاة' ونحوه: طلب إيجاد المأمور به، وإن لم يَعلم أن صيغة 'افعل' للوجوب. فما كان من هذا القسم؛ لا يُعذَرُ أحدٌ يدّعي الجهل بمعاني ألفاظه؛ لأنه معلوم لكل أحد بالضرورة»(365). انتهى. وقد نقله الجلال الأسيوطي في **الإتقان** أيضًا، في النوع الثامن والسبعين في معرفة شرائط المفسر وآدابه. فانظر كيف صرح فيه بأن المطلوب من المكلف هو إيجاد المأمور به، وما كفاه هذا التصريح المناقض لمذهبهم حتى قال: «إن ذلك ضروري». وما كفاه التصريح بالضرورة مرة واحدة، حتى صرح بها مرتين -كما ترى-.

وهب أنهم غفلوا عن هذا، فكيف غفلوا عما في **تلخيص** ابن القزويني، حيث قال في أحوال متعلقات الفعل ما نصُّه: «ومعنى الأول: أَوْجِد القراءة»(366). انتهى. فأين هذا من قولهم: إن العبد القارئ ليس له من القراءة إلا مجرد الكسب -الذي هو عبارة عن المحلية- دون إيجاد القراءة؟ وأين هذا من قول الشهرستاني الذي رضيه صاحب **الإيثار**، حيث زعم أن «مؤثر الفعل: صفة غير مطلوبة من العبد... إلخ». والمقام لا يتسع لاستيفاء كلماتهم المنادية بأن المطلوب من العبد هو: نفس إيجاد الفعل، لا اكتسابه.

فإما أن تكون هذه مناقضةً تجري منهم حال الغفلة، أو أن تكون على سبيل العمد. إن كان الأول؛ فهي دليل على أن مذهب العدلية مما تشهد به الفطرة السالمة من

(364) ينظر: العطار، **حاشية العطار**، ج 1، ص 283.

(365) بدر الدين محمد بن عبد الله بن بهادر الزركشي، **البرهان في علوم القرآن**، تحقيق محمد أبو الفضل إبراهيم، ط 3 (القاهرة: مكتبة دار التراث، 1984)، ج 2، ص 166.

(366) محمد بن عبد الرحمن القزويني، **تلخيص المفتاح** (كراتشي: مكتبة البشرى، 2010)، ص 45.

التغييرات. ولذا جرى ذلك منهم حال الغفلة عن معركة النزاع.

وإن كان الثاني؛ فاعتراف صريح بأن المطلوب من العبد هو: إيجاد الفعل الذي كُلِّف به، لا اكتسابه، واعتراف أيضًا بحقية مذهب العدلية. فثبت المطلوب على التقديرين، والحمد اللّٰه رب العالمين.

رابعها: أنهم -أي: الأشاعرة- قد اعترفوا بدلالة الأمر والنهي على قدرة العبد المأمور المنهيّ وإرادته. وسيأتي تصريح المعترض بذلك. وهذا منادٍ بأن المطلوب من العبد هو وجود الفعل المأمور به، لا كونُ العبد محلًا لوجوده، ولا كونه -أي: الفعل- طاعةً -مثلًا-. فإنّا لو فرضنا أن المطلوب هو شيء من ذلك؛ لم يكن في الأوامر التكليفية دلالة على قدرة المكلف وإرادته أصلًا. بل نقول: إنه لا يصح أن يكون واحد من هذين الأمرين المذكورين مطلوبًا للحكيم تعالى؛ لأنه إذا وُجِد الفعل -كالصلاة مثلًا-؛ كان مصيرُها طاعةً = أمرًا ضروريًا، فيمتنع أن يكون أثرًا العبد. والحكيم -تعالى- لا يطلب من العبد إلا ما هو من الأمور التي تكون أثرًا له. وكذلك كون العبد محلًا للأثر الحاصل من غيره؛ فإنه -أي: كونه محلًا له بعد حصوله فيه- أمرٌ ضروريٌّ. وقبل حصوله لا يُتصوَّر أن يكون محلًا له باختيار العبد، بل هو أمر ضروري. فكيف يكون مطلوبًا للحكيم من العبد؟

خامسها: أن سعد الدين قد صرح في **شرحه للنسفية**، بأن الخلاف بين المعتزلة والأشاعرة في أفعال العباد، إنما هو في الحاصل بالمصدر، لا في نفس المصدر الذي هو من الأمور الاعتبارية. وسيأتي -إن شاء الله- نقل كلامه. وهذا يُشعِر بأن المطلوب هو وجود الفعل وحدوثه، فليُفهَم وجهُ إشعاره بذلك.

على أن كثيرًا مما هو حاصل بالمصدر = خارجٌ عن محل القدرة. وكلما كان كذلك؛ فلا يتعلق به الكسب عند الأشاعرة ومن يحذو حذوهم -كما مر-. وكلما كان كذلك؛ فلا يصح أن يكون المطلوب فيه هو الكسب اتفاقًا، فالمطلوب فيه هو وجود الفعل وحدوثه.

ثم إن قول سعد الدين: «إن الخلاف في الحاصل بالمصدر» = يُشعِر بأنهم يقولون بأنه من أفعالنا. وقد يكون الحاصل بالمصدر خارجًا عن محل القدرة؛ فالقول بأنه من أفعال العباد؛ يستلزم أنه حاصل بتحصيلهم، لا أنه باكتسابهم؛ لأنه لا دخل للكسب

في الخارج عن محل القدرة، باعتراف سعد الدين وسائر الأشاعرة، فتدبر هذا. وقد صرح في **شرح المواقف** بنسبة إيجاد أفعالنا إلينا، كما ذكره في تقرير مذهب النظّام، والعلّاف، وجعفر بن حرب، وطائفة من معتزلة البصرة في قولهم بإيجاب الإرادة للمراد. وسيأتي نقله في الكلام على ما حكاه المعترض عن الدواني.

سادسها: أن إمام الحرمين، والغزالي، والنووي، والسبكي، وابنه، والقاضي زكريا، وغيرهم، قد صرحوا في أصول الفقه أيضًا بأن الأمر بشيء معين = ليس نهيًا عن ضده.

قالوا: «لجواز أن لا يخطر الضد ببالِ حالَ الأمر»(367). وهذا مبني على أن المطلوب هو وجود الفعل وحدوثه، لا كونه طاعةً، مثلًا. كيف وقد مثلوا ذلك بالأمر بالقيام؟ فإنه ليس نهيًا عن القعود. ولو كان كلامهم مبنيًا على أن المطلوب هو كون وجود الفعل وحدوثه طاعةً -كما زعمه الشهرستاني-؛ لم يصح قولهم: «لجواز أن لا يخطر الضدُّ ببالٍ».

أما أولًا؛ فلأن التضادّ لا يكون إلا بين أمرين وجوديين -كما سيجيء إن شاء الله-، وكونُ الفعل طاعةً = أمرٌ اعتباريٌّ عدميٌّ -كما بيناه آنفًا- فلا يكون له ضد.

وأما ثانيًا؛ فلأنه لو كان المطلوب هو كون الفعل طاعةً؛ لم يُعقَلِ القول بأنه يجوز أن لا يخطرَ كونُه معصيةً ببال، بل لا يبقى للكلام معنى.

ثم نقول: كيف يصح حينئذ تمثيلهم بالقيام والقعود؟ فإنه -على ما ذكره الشهرستاني- غير صحيح؛ إذ ليس المأمور به هو نفس القيام، بل هو كونه طاعة.

سابعها: أنهم قد صرحوا في أصول الفقه أيضًا، بأن الفعل المقدور الذي لا يتم الواجب إلا به -أي: بوجوده وحدوثه-؛ فإنه واجب بوجوب ذلك الواجب. وهذا مبني على أن المطلوب هو نفس وجود الفعل وحدوثه، لا كونه طاعة؛ فإنه ليس نفس المطلوب، ولا هو الواجب أيضًا، وهو ظاهر. ألا ترى أنهم قد مثلوا لذلك بغسل جزء من الرأس؛ لتمام غسل الوجه، فجعلوا غسل الجزء من الرأس واجبًا؛ لتمام الواجب الذي هو غسل الوجه جميعه؟ فكيف يُتصوَّر هذا على ما ذكره الشهرستاني، من كون

---

(367) ينظر: العطار، **حاشية العطار**، ج 1، ص 490.

المطلوب هو كون الفعل طاعة؟ لأنه لو كان هو المطلوب؛ لكان هو الواجب، فلا يكون غسل الوجه هو الواجب؛ فتأمله.

فإن قلت: إن الوجه الثالث، والرابع، والخامس، والسادس، قد دلَّت على خلاف ما صرّح به الأشاعرة وبنوا عليه مذهبهم، من أن العبد ليس له إلا مجرد الكسب فقط؛ لأنها دلت على أن المطلوب من العبد هو وجود الفعل وحدوثه، ولا يُطالَب إلا بما هو من آثاره، وصادرٌ من قِبَلِه لا من قِبَلِ غيره. فعُلِم من هذا أنهم لا يقولون بأن المطلوب هو وجود الفعل وحدوثه -كما دلت عليه هذه الوجوه المذكورة-، بل المطلوب عندهم هو الكسب، ونحو كون العبد مطيعًا.

قلت: أما نحن فقد بينا -بهذه الوجوه- أنهم قد وقعوا في المناقضة -كما مر-؛ إذ وقعوا في القول بأن المطلوب من العبد هو وجود الفعل وحدوثه. وأما هم فإما أن يكونوا معترفين بمناقضة أنفسهم، وإما أن يكونوا قائلين بأن المطلوب هو وجود الفعل نفسه. وعلى كلا التقديرين؛ قد اعترفوا بفساد ما ذهبوا إليه، وصحة مذهبنا كما بيناه آنفًا وسالفًا، حيث ذكرنا أنه يلزم مذهبنا من الاعتراف بأن المطلوب هو وجود الفعل.

ومما ينبّه اللبيب على أنهم قائلون بأن المطلوب من العبد هو وجود الفعل: أنهم لم يعترضوا على إمام الحرمين، والإمام الغزالي؛ إذ قالا بأن التعلق -أي: تعلق التكليف بالفعل- ينقطع حال المباشرة له، وإلا لزم طلب تحصيل الحاصل. فما أجابوهما بأن المطلوب عندهم ليس هو التحصيل، [بل ...](368). وهم وإن كانوا قائلين بأن العبد ليس له إلا مجرد الكسب؛ لكنهم لا يمنعون أن يُطالَب بما ليس من آثاره؛ لأن غايته تكليف مالا يطاق، وهم لا يمنعونه -كما عرفتَ- [118 ب].

بل قال إمام الحرمين في **البرهان**: «إن جميع التكاليف عندهم تكليف بما لا يطاق» -وقد أشرنا إليه سابقًا-.

ثم إن الكسب -على ما فسروه به- أمرٌ اعتباريٌّ، ككون الفعل طاعةً. وقد بينا أولًا أنه لا يصح المطالبة به من الحكيم تعالى، وإنما الذي يصح أن يطالب به، ويصح أن

(368) غير واضح في الأصل. ولا هو واضح كذلك في النسخة ب.

يكون أثرًا للعبد؛ هو تحصيل الفعل. وأنت قد عرفت أن القول بمجرد الكسب مع القول بأن المطلوب من المكلف هو وجود الفعل = يستلزم أنه لم يقع امتثال للأوامر والنواهي الشرعية من أحد من المكلفين، وأن بطلان اللازم مجمعٌ عليه.

فإن قلت: إن كثيرًا منهم قد فسّروا الكسب بكون العبد محلًا لما يخلقه الله فيه، حال كون العبد قادرًا مريدًا بقدرة وإرادة لا تأثير لهما في الفعل وتحصيله، فلا يتم هذا.

قلت: بل هو تام وزيادة؛ لأن الكسب -على هذا التفسير- لو كان هو المطلوب من العبد؛ فإما أن يكون قادرًا على تحصيله ومحصِّلًا له، أو لا.

لا سبيل إلى الأول؛ لأنه يستلزم أن يكون العبد قادرًا على أن يخلق لنفسه قدرة وإرادة غير مؤثرتين في فعله، وقادرًا على أن يكون محلًا لما يخلقه الله فيه، مع أن أمر المحَلّيّة مستند إلى غيره، وهو الله تعالى. وكلاهما محال. بل يلزم أن يكون خالقًا لقدرته وإرادته -كما مرّ-، ولا أشنع من هذا اللازم.

وإن كان الثاني؛ لزم عدم الامتثال -كما لزم على التفسير المذكور أولًا- وأيضًا يلزم العبث في حقه تعالى.

ثامنها: أن الآيات القرآنية، والأحاديث النبوية، ناطقةٌ بما ذكرناه، فقوله تعالى: ﴿ٱرْكَعُواْ وَٱسْجُدُواْ﴾ [الحج: 22]، وقول النبي -صلى الله عليه وآله وسلم- «ارموا الجمار»، ونحو ذلك = ليس المطلوب فيه إلا إحداث الركوع والسجود والرمي وإيجادها. والأشعري أولى من المعتزليّ بتسليم هذا المعنى؛ لأن الوجود عند الأشعري = عين الموجود، فيكون طلب هذه الأشياء طلبًا لوجودها لا محالة، وإلا لم يكن الوجود عينًا للموجود. وذلك واضح جدًا.

تاسعها: أن كون وجود الفعل وحدوثه -حال كونه طاعةً مثلًا- فرعُ كونه أداءً للواجب. فكيف يُعقل القول بأن كونه طاعةً = نفسُ الواجب المطلوب؟ وفي ذلك لزوم تقدّم الشيء على نفسه، وهو ظاهرٌ أيضًا.

ولنقتصر على هذه الوجوه التسعة؛ ففيها ما ينبّه على فساد ما وقع فيه الشهرستاني. مع أن الأشاعرة كثيرًا ما يصرّحون بما يقتضي أن العبد هو الموجِد والمحصِّل لأفعاله،

ويغفلون عن مذهبهم في الكسب.

وههنا شيء يدل أيضًا على فساد ما نقله صاحب **الإيثار** عن الشهرستاني، وإنما أخرناه مع قوّته؛ لأنه مما لا يفهمه كثير من الناس على وجهه؛ وذلك أنا نقول:

لا يُتصَوَّر أن يقدر العبد على كون الفعل طاعةً أو معصية، مع عدم قدرته على ذات الفعل وإيجاده؛ لأنه لا يقدر على صفة الذات من لا يقدر على الذات. وكون الفعل طاعةً أو معصيةً صفةً لذات الفعل، [ككون الكلام أمرًا أو نهيًا؛ فإنه لا يقدر على ذات (...) هو ما يذكره (...) أوائل علم التوحيد](369)، [.....](370). قال الرازي: «إن كلام الباقلاني في غاية الضعف»، وهو هذا الذي حكاه صاحب **الإيثار** عن الشهرستاني بعينه ومينه. ولا خفاء في أن الباقلاني إمام من أئمتهم المبرزين، إلا أن تقويم الأعوج صعب. وكل واحد منهم قد تورط في تقويم اعوجاج مذهب الأشعري وما سلم له، ولا سلم من المناقضة، والتهافت الظاهر عند كل ناظر، وصدق النظر في كلامهم وإطلاقاتهم يشهد بما ذكرته، فمن شاء راجَعَ.

ألا ترى إلى قول المعترض: «الحاصل من نحتهم وتشكيلهم»؟ ثم ما كفاه هذا التصريح باسم التحصيل مرة واحدة، بل صرح به مرارًا في هذا المقام -كما ترى- ﴿يُخْرِبُونَ بُيُوتَهُم بِأَيْدِيهِمْ وَأَيْدِي الْمُؤْمِنِينَ﴾ [الحشر: 2].

وأما قوله: «لكان مناقضًا لقوله تعالى: ﴿اللَّهُ خَالِقُ كُلِّ شَيْءٍ﴾»؛ فقد ناقضه هو، وأجاب على نفسه، حيث اعترف بأن المناقضة التي أشار هنا إليها = لا تلزم إلا على تقدير العموم لأفعال العباد، ودون إثباته خرط القتاد.

ومن عجائبه: أنه بعد هذا الاعتراف، إنما استدل على خلق الأعمال بالعمومات. ففي كلامه ما يستلزم الدور المحال. ولو تأمل في هذه الآية التي استدل بها، وعلم

(369) كلام غير واضح في النسخة الأصل، وأكملناه من النسخة ب، وهو فيها على هذا الوجه كما ترى.
وخلاصته: أن من لا يقدر على الذات لا يقدر على صفة الذات، ثم أشار المؤلف إلى أن هذه المسألة مبحوثة في أوائل أبواب التوحيد في كتب علم الكلام، وإثبات الصانع، حيث يبحث المتكلمون قدرة الفاعل على ذات الفعل نفسه، وإلا لم يكن قادرًا على صفته من باب أولى. والله أعلم.

(370) كلام غير واضح في النسخة الأصل، وفي النسخة ب.

وجه توسيط الأمر بالعبادة في قوله تعالى: ﴿لَآ إِلَٰهَ إِلَّا هُوَ خَٰلِقُ كُلِّ شَيۡءٖ فَٱعۡبُدُوهُ﴾ [الأنعام: 102] = لعلم أن أفعال العباد من وراء هذا العموم؛ لتنزُّه كلام الحكيم عن اللاغية، وتعاليه سبحانه عن المطالبة بالعبادة في الكلام الدال على أنها من آثاره تعالى لا من آثار العباد المطالبين بها، فعُلِم بهذا أنها خارجة عن العموم، وإلا لم يتوسط الأمر بها بين العمومين، كما لا يخفى على منصف.

واعلم أنه قد قال الفاضل بن أبي شريف المقدسي، في **حاشيته على جمع الجوامع** - وهو من أجلد الناس في نصرة مذهب الأشعري-: «إن الملجئ للأشاعرة إلى التوسط بين مذهبَي الجبر والاعتزال؛ هو لزوم محذور على كل حال. أما مذهب الجبر؛ فلأنه يلزم عليه إنكار الضروريات وهو عين المكابرة. وذلك أنا نعلم بالضرورة أن لقدرة العبد وإرادته مدخلًا في بعض الأفعال -كحركة البطش-، دون بعض -كحركة الارتعاش والنبض-. وأما مذهب المعتزلة؛ فلأنه يلزم عليه إنكار البرهان، وهو سفسطة؛ فقد قام البرهان -عقلًا ونقلًا- أن الله خالق كل شيء».

قال: «وقد بحث عليه شيخنا ابن الهمام في **المسايرة**، فقال: 'إن ما ذكروه من قيام البرهان عقلًا = ممنوع. فإن ما ذكروه غير لازم -كما يُعلَم بأدنى تأمل-. وأما النقليات فإنما تلجئ لو لم تكن عموماتٍ تحتمل التخصيص. أما إذا كانت عموماتٍ تحتمله، ووُجِد ما يوجب التخصيص = فلا. لكنَّ الأمر كذلك. وذلك المخصِّص أمر عقلي، وهو أن إرادة العموم فيها = تستلزم الجبر المحض المبطل للأمر والنهي، وأما قولكم: قدرة العبد تتعلق بالمقدور لا على وجه التأثير -وهو الكسب-؛ فمجرد ألفاظ لم تُحصِّلوا لها معنى. ونحن إنما نفهم من الكسب: التحصيل. وتحصيل الفعل المعدوم ليس إلا إدخاله في الوجود، وهو إيجاده». انتهى ما ذكره ابن أبي شريف، ونقله عن شيخه المحقق ابن الهمام. وهو شافٍ كافٍ بحمد الله تعالى في إبطال ما يحاوله المعترض من الاستدلال بالعمومات، وجعله قول الله تعالى: ﴿وَٱللَّهُ خَلَقَكُمۡ وَمَا تَعۡمَلُونَ ٩٦﴾ [الصافات: 96]، حجةً لمذهبه ودعواه: أن الإسناد لا يفيد مسمَّى التحصيل، وتشبثه بالكسب الذي ليس هو إلا مجرد عبارة للقال والقيل.

ومثل ما ذكره ابن الهمام قد ذكره إمام الحرمين. وقريبٌ منه ما ذكره الإمام الرازي

في **المحصَّل**. وأما سعد الدين؛ فقد جال كلامه في **التلويح**، وطاب وطال، وحام حول الاعتزال والاعتدال.

فليت أن المعترض اطلع على مثل ذلك كله. فإن كان قد اطلع عليه؛ فليت أنه أنصف حتى يترك الطبخ في هذا الدست المخروق، ويطَّرحَ النفخ بهذا البهت المطروق، ويظهر له من هو الذي سهمُه قامرٌ، ودسته تامٌّ، ويعلم أن الاستدلال بمجرد الإسناد = كافٍ لجار الله(371) في تمام المطلوب والمرام.

[هذا، وقد مر لنا أن القاضي العضد مثّل في **شرحه للمختصر الحاجبي**، للعموم المخصوص بقول الله تعالى: ﴿ٱللَّهُ خَٰلِقُ كُلِّ شَيۡءٖ﴾ [الزمر: 62]. الآية. فإذا كان هذا العموم مخصوصًا بالإجماع؛ فكيف يقول المعترض إنه يلزم مناقضة هذه الآية من الآيات الدالة على أن العبد محصل لأفعاله، لو كانت دالة على ذلك -بزعمه-؟ وكيف يقول: إن الاستدلال بمثل ﴿قَدۡ أَفۡلَحَ مَن زَكَّىٰهَا﴾ [الشمس: 9]، مثل الاستدلال بقوله: ﴿ٱللَّهُ خَٰلِقُ كُلِّ شَيۡءٖ﴾؟ وكيف استدل بالعموم المخصوص إجماعًا؟]

فقوله: «فاستثناء أفعال العباد من شيء... إلخ» = تعكيس للبحث، فإنا نحن المانعون للعموم، وهو المتشبث به؛ بناءً على أصلهم في الجبر، ونحن لا نسلمه، وهو المدعي أن الإسناد لا يفيد التحصيل، وإنما يقتضي المحَلّيّةَ ومجرد القيام أو مجرد الأوهام، نحن من وراء المنع لهذه الأباطيل في كل مقام. فماله ولقوله: «مبني على أصلكم»، ونحن لا نسلمه، وهو يعلم أن الأمر بالعكس، وأنه هو المدعي؟

وهذا الدست الذي جاء به؛ قد اعترف هو آخرًا -من حيث لا يشعر- بأنه دست مخروق. وذلك أنه ما رجع إلا إلى التشبث بشبهة العلم. وفي ذلك اطِّراح لجميع ما رتبه على هذا الدست.

وأما قوله: «فاخترتموه على كونها مصدرية... إلخ» = فمن غفلته؛ لأنا إنما اخترناه لكون هذه الآية إنما جاءت لبيان أن الذي يعبدونه بجهلهم مخلوقٌ لله تعالى، كالعابدين العاملين له؛ فإنهم مخلوقون لله عز وجل. وما جاءت لبيان أن عملهم وكفرهم مخلوق

(371) أي: الزمخشري.

له تعالىٰ، وإلا انعكس معناها وانهدم مبناها.

فهذا من مرجِّحات اختيارنا لكونها موصولة علىٰ كونها مصدرية. ولو قلنا بأنها مصدرية لما ضرَّنا ولا نفعكم؛ إذ لا يتم دلالتها علىٰ خلق أعمالهم أصلًا؛ لأن العمل قد يُطلَق علىٰ المعمول بالمجاز المشهور، أو هو حقيقة عُرفيَّة، كما تقول: «هذا البابُ عملُ النجار فلانٍ»، و«هذا الخاتم من عمل فلان الصانع»، فأطلقت اسم «العمل» علىٰ «المعمول» من غير نكير، لا سيما علىٰ ما ذكره سعد الدين، من أن الكلام ليس إلا في الحاصل بالمصدر -كما مر-. وحينئذ فيكون المراد من الآية المذكورة: «والله خلقكم، وخلق أحجار الأصنام»، كما هو كذلك علىٰ تقدير كون «ما» موصولة.

فإن قلت: إن إطلاق اسم العمل علىٰ المعمول مجاز، والأصل هو الحقيقة، فلا يُعدل عنه إلا لدليل، وأين الدليل؟

قلت: الدليل هو لزوم الجبر المحض علىٰ تقدير كون المراد بالعمل ما يعمّ أعمالهم وكفرهم وعبادتهم للأصنام. وكلما كان كذلك؛ وجب فيه العدول عن الأصل والظاهر اتفاقًا، كما عرفته من كلام ابن الهمام الذي نقله ابن أبي شريف، وهو معلوم عند كل ناظر.

فاتضح: أن معنىٰ هذه الآية إنما يتم علىٰ ما ذهبنا إليه من كون «ما» موصولة. وأما لو كانت مصدرية؛ لم يلزم دلالتها علىٰ خلق الأعمال اتفاقًا؛ لوجوب صرفها عن ظاهرها المستلزم لبطلان الأوامر والنواهي، بل لبطلانها نفسها.

وإنما يكون النزاع مع خُلَّص المجبرة والجهمية المكابرين للضرورة، وكفاهم شهادة الفريقين علىٰ ضلالهم. فالمعترض إذا كان منهم -كما هو مقتضىٰ كلامه في كثير من المواضع-؛ فقد سقطت المناظرة معه، وإلا كانت في هذا المقام لا في هذه الآية، أعني أنه تكون المقاولةُ معه والمدافعة له في إنكاره للضرورة.

وأما قوله: «وإنما العبد كاسب»؛ فقد لاح لك أنه كلام كاذب. وأما قوله: «كان المعنىٰ: 'خَلَقَكم وعَمَلَكم'، وهو صريح في المقصود»؛ ففساده ظاهر.

أما أولًا؛ فلأنه لا يتم كونه صريحًا [119 أ] في مقصوده إلا بعد تسليم مقدماتٍ؛ كلُّ

واحدة منها وراء منعٍ كالجبل.

الأولىٰ: أنه لا يلزم صريح الجبر علىٰ هذا التقدير. لكنه لازم باعتراف الخصم، وكل ما لزم منه محض الجبر = كان ممنوعًا بالاتفاق.

الثانية: أنه لا يجوز كونُ «العمل» مجازًا عن «المعمول» كالأحجار -علىٰ ما عرفت-، أي: «خلقكم وخلق الأحجار»؛ فتجوُّزٌ بالعمل عمّا فيه العمل. وستعلم أن المجاز لازم علىٰ المذهبين باعتراف السبكي -وهو من الأجلاد في هذا المذهب-. ثم بعد تسليم هاتين المقدمتين؛ لا بد من تسليم مقدمة أخرىٰ، وهي: صحة الجمع بين الحقيقة والمجاز، حيث يراد بـ«العمل»: مجموعُ الجواهر والأعراض، أعني الأحجار -مثلًا- والأشكال التي هي من عملهم حقيقة، أو تسليم أن المراد ليس إلا الإعراض فقط -أي: الأشكال-، وهو ممنوع أشد المنع.

فإن قيل: لم لا يجوز أنه من باب «عموم المجاز»، لا من «الجمع بين الحقيقة والمجاز»؟

قلت: هو أيضًا خلاف الأصل. فلا يُعدَل عنه إلا بدليل، ولا دليل إلا تصحيح الجبر.

ثم بعد تسليم هذه المقدّمات؛ لا بد من تسليم العموم لجميع أفعال العباد، من الطاعات والمعاصي، حتىٰ عبادة الأصنام التي وقع اللوم والإنكار من أجلها. ومنعُه أوضح من أن يُشرَح.

ثم بعد تسليم هذه المقدمات المجموعة الممنوعة؛ لا بد من تسليم كون العموم صريحًا لا ظاهرًا، وفيه كلام مذكور في أصول الفقه.

فانظر -أيها المعترض- كم بينك وبين كونه صريحًا في مقصودك؟

ثم بعد هذا كله؛ لا بد من تسليم كون العموم المخصوص حجةً قاطعةً وصريحًا في مدلوله. وذلك لأن الكسب هو: العمل الذي من قِبَلِ العباد -علىٰ مذهبكم-، وهو ليس بمخلوق لله تعالىٰ، فيثبت به التخصيص للعموم المذكور، فلا يكون حجة

باعترافك في ما سيأتي. فكيف يكون صريحًا في مقصودكم؟

بل نقول: إنه لا عمل للعباد -عندكم- إلا مجرد الكسب -كما صرحتم به-. فما هي الأعمال التي كانت الآية صريحةً في أنها مخلوقة لله تعالى -بزعمك-؟ فإما أن تزعم أنها صريحة في خلق الكسب أو لا.

إن كان الأول؛ بطلت إضافة الأعمال إلى العباد باعترافكم؛ لأنكم قد صرحتم بأنها إنما أضيفت إلى العباد بواسطة الكسب لا بواسطة التأثير -كما قلنا-. فإذا كان الكسب مخلوقًا لله تعالى؛ لم يكن من قِبَلِهم. وكلما كان كذلك؛ لم يصح إضافة الأعمال إليهم -كما مرّ-، فتكون إضافتها إليهم حجةً للعدلية عليكم؛ لأنها إذا لم تكن الإضافة إضافة الكسب؛ كانت إضافة التأثير. وحينئذ، لا يصح أن الخلق في الآية متناول للأعمال، وإلا لزم التناقضُ، والأثرُ الواحد بين مؤثِّرَين تامَّين، وكلاهما محال.

وإن كان الثاني؛ كان الكسب غير مخلوق، بل لا يكون شيئًا أصلًا، فلا يكون عملًا للعباد، ولا حاصلًا من قِبَلِهم. وكل ما كان كذلك؛ لم يكن لهم أعمال هم لها عاملون -كما نص عليه التنزيل-؛ لأنكم قد صرحتم بأن معنى كون الشيء -كالفعل- معمولًا للعبد = هو كونه مكسوبًا له، فما لا يكون مكسوبًا = لا يكون معمولًا ولا مفعولًا.

ولهذا زعم التفتازاني في **شرح المقاصد**، أن المتقدمين من المعتزلة أخطأوا حيث استدلوا على فساد مذهب الجبر. فإنه -تعالى- لو كان موجدًا لأفعال العباد؛ لكان فاعلًا لها... إلخ»، فقال -أي التفتازاني-: «إن الفاعل إنما يطلق على من قام به الفعل»(372)، يعني الكاسب للفعل -بزعمه-. فإذا لم يكن للعباد أعمال بمقتضى ما ذكرتُ من الاستدلال؛ فكيف يمكنك -يا أخا الأكراد- أن تقول: إن هذه الآية صريحٌ في كون أعمال العباد مخلوقة لله تعالى؟ وهي إنما تدل على أنه لا أعمال لهم -بزعمك-. وذلك مناقض لقوله تعالى: ﴿وَلَهُمْ أَعْمَالٌ مِّن دُونِ ذَٰلِكَ هُمْ لَهَا عَامِلُونَ﴾ [المؤمنون: 63]، فافهم.

(372) التفتازاني، **شرح المقاصد**، ج 2، ص 139.

وأما هذا الذي ذكره التفتازاني من تخطئة المعتزلة؛ فباطل باعترافه -كما سيجيء إن شاء الله تعالىٰ-.

وأما ثانيًا؛ فلأنه لو كان صريحًا في المقصود؛ للزم تناقض بين الآيتين[373]. لكن اللازم باطل قطعًا واتفاقًا؛ فكذا الملزوم.

بيانُ اللزوم: أن المعنى يصير هكذا: «تعبدون أحجارًا نحتُّمُوها بأيديكم، على الكيفية التي أردتم، لكن لا لوم عليكم؛ فإنكم أنتم وعبادتكم لها من خلق الله تعالىٰ وفعله وتأثيره، ولا أثر لكم في عبادتكم لها أصلًا، ولا في كفركم بالله، بل هو المؤثر في كفركم». تعالىٰ عن ذلك علوًا كبيرًا.

وأما ثالثًا؛ فلأن كون الأشكال معمولةً لهم = إنما يتم على مذهب الأشعري إذا كانت مكسوبة لهم؛ لامتناع أن يكون الشيء معمولًا للعبد غيرَ مكسوب له عنده. لكنّها -أي: الأشكال- ليست مكسوبة لهم؛ لما مرّ وسيأتي أيضًا، من أن الكسب -عندهم- لا يتعدى عن محل القدرة. والأشكال ليست في محل القدرة، بلا شبهة ولا إشكال، ولا تكون معمولة لهم -على قاعدة الأشعري-؛ فلا يصح إضافتها إليهم. وحينئذ لا تكون الآية صريحًا في مقصوده، بل لا يصح تسمية الأشكال والصور «عملًا» لهم، ولا «معمولًا» على مذهب الأشاعرة. فمن قال منهم بأنها أعمال لهم، وقال: إن الله تعالىٰ سماها أعمالًا لهم في الآية المذكورة -حيث قال عز وجل: ﴿وَٱللَّهُ خَلَقَكُمۡ وَمَا تَعۡمَلُونَ﴾-؛ فقد اعترف بأن هذه الآية حجةٌ لنا لا شبهةٌ لهم؛ لأن تسمية الأشكال «أعمالًا» لهم = لا يتم إلا على مذهبنا في القول بالقدرة المؤثرة؛ لأنها هي التي تتعدى عن محلها إلى ما هو خارج عنه -كالأشكال-، بخلاف القدرة الكاسبة؛ فلا تتعدى عن المحل باعترافهم، فلا يكون الإشكال حينئذ معمولًا لهم -أي: عُبَّاد الأصنام-، فسقط هذا من يد المعترض. فما بقي إلا أن المراد منها: نفس الجواهر، وهو ظاهر. فمن سَلَّم هذا؛ فقد سَلِم من المناقضة.

(373) يقصد آية: ﴿وَٱللَّهُ خَلَقَكُمۡ وَمَا تَعۡمَلُونَ﴾ [الصافات: 96]، وآية: ﴿وَلَهُمۡ أَعۡمَٰلٞ مِّن دُونِ ذَٰلِكَ هُمۡ لَهَا عَٰمِلُونَ﴾ [المؤمنون: 63].

ومن لم يسلّمه، بل استدل بالآية على أن الأشكال مخلوقة لله تعالى؛ نظرًا إلى أنها معمولة لهم، وقد وقع الخلق في الآية عليها -كذوات الأصنام-؛ إذ الخلق واقع على «ما» التي عبارة عن الأصنام، التي هي جواهر وأعراض، أو هو واقع على نفس الأعراض -أي: الأشكال والصُّوَر فقط-؛ على التقديرين -كما صنع المعترض-؛ فقد وقع في مناقضة نفسه بنفسه؛ لأن الاعتراف بأن الأشكال معمولةٌ لهم = عينُ الاعتراف بمذهب خصمه؛ إذ لا يدعي أنها مكسوبةٌ لهم؛ لِما عرفتَ من أن القدرة الكاسبة -بزعمهم- لا تتعدى إلى مثل الأشكال، فما هي إلا معمولةٌ للقدرة المؤثرة، حاصلة بها، وهو عين مذهبنا باعترافه. فإذا قال: «إنها مخلوقة لله تعالى»؛ لزمته مناقضة أخرى، ولزمه تحصيل الحاصل، وهو ظاهر.

الدليل إذا تطرّق إليه الاحتمال بطل به الاستدلال

وأما رابعًا؛ فقد تقرر: أن الدليل إذا تطرق إليه الاحتمال؛ بطل به الاستدلال. والمعترض معترف بذلك في مواضع. منها ما في كلامه الآتي عند قوله تعالى: ﴿وَيَتْلُوهُ شَاهِدٌ مِّنْهُ﴾ [هود: 17]. فكيف يكون هذا صريحًا في مقصوده؟ والاحتمال في مقصودنا حاصل، بل قائم، بل ظاهر، بل راجح، بل هو مقتضى الآية، وما عداه باطل، باعتراف من أنصف من الخصوم؛ لإفضائه إلى محض الجبر. وكل ما أفضى إلى الجبر المحض = كان باطلًا بالاتفاق؛ لعدم الخلاف في بطلان الجبر المحض.

اعتراف صاحب «الكشف» بأنه لا يتم للأشاعرة الاستدلال بقوله تعالى: ﴿وَاللَّهُ خَلَقَكُمْ وَمَا تَعْمَلُونَ﴾، على الجبر

هذا، وقد قال صاحب الكشف: إن الإنصاف أنه لا يتم لأصحابه التمسك بهذه الآية، مع شدة حرصه على تقويم مذهب الشيخ الأشعري، وتجلده في ذلك. لكنه أبقى للإنصاف قسطًا(374). وكأنه تنبه لما ذكرناه، وأن الأشكال القائمة بالأصنام ليست عملًا ولا معمولًا لهم على مذهب الشيخ؛ لخروجها عن محل القدرة. [فالاعتراف بأن

(374) كذلك فخر الدين الرازي اعترف بهذا في تفسيره الكبير، فمن شاء فليراجع.

هذه الآية قد نطقت بأنها -أي: الأشكال القائمة بالأصنام- من أعمالهم، حجةٌ للمعتزلة؛ لأنهم هم الذين يقولون: إن الخارج عن محل القدرة يضاف إلى العبد ويُنسَب إليه، من حيث وقع بواسطة فعلٍ في محل القدرة كالأشكال المذكورة، فإنها بواسطة التشكيل باعتراف المعترض، وإن قالوا: إن «ما» مصدرية، وإن المراد بـ﴿مَا تَعْمَلُونَ﴾؛ نفسُ عملهم الذي هو كسبهم؛ فكذلك يسقط الاحتجاج بالآية؛ لأن الكسب لا يُتصوَّر أن يتعلق به الخلق والإيجاد أصلًا].

فجَعلُ الآيةِ دليلًا على خلق الأعمال = لا يتم على هذا المذهب أصلًا، بل ربما كان حجة له لا عليه[375] -كما مرّ، وسيأتي مفصلًا-. هذا مع الإفضاء إلى محض الجبر لو تم الاستدلال في الجملة، ورفض حكم العقل الذي به ثبت الشرع.

وقد رد كبار الأشاعرة بمثل هذا على خُلَّص المجبرة النافين للقدرة والاختيار اسمًا ومعنًى، وذكروا أن في ذلك رفضًا لقواعد الشرع، وإبطالًا للثقة بما جاء به المرسلون عليهم السلام، كما اعترفوا بذلك عند تمسك المشبهة والمجسمة بظواهر الكتاب والسنة.

وقد ذكر الرازي مثل هذا في **المحصَّل**، والكاتبي في **المفصل**، والسيوطي نقلًا عن بعض المحققين في **الأشباه والنظائر النحوية**، عند الكلام على مسألة أن رحمة الله قريب من المحسنين. وقد ذكر مثله سعد الدين، واللقاني، وغيرهم.

وبالجملة، فهو أشهر من أن يوضحه القلم، بل هو نارٌ على علم، ومن تتبع كتبهم المعتبرة؛ عرف ما ذكرناه وسلّم.

وأما قوله [119 ب]: «فإما أن يبيَّن بقولنا: 'من أعمالكم'... إلخ»؛ فمع أنه باطل بما تقدم؛ يَرِدُ عليه أيضًا أنه إن أراد بهذا البيان نفسَ أشكالِ الأصنامِ من دون جواهرها؛ فلا دلالة في الكلام عليه، بل يكون خارجًا عما سيق الكلام لأجله من الذم والتوبيخ لهم، موجبًا لتفكيك النَّظْم، وتَحريف المعنى. وإن أراد بالأعمال الطاعات والمعاصي -كما هو مطلوبه-؛ فأَظْهَرُ.

---

(375) يبدو أن هناك خللًا في نظم الكلام أثناء النسخ، وهو ظاهر. وصواب العبارة هكذا: «فجعلُ الآية دليلًا على خلق الأعمال = لا يتم على هذا المذهب أصلًا، بل ربما كان حجةً عليه لا له».

وإن أراد أعم من ذلك، أي: ما يشمل الأشكال وسائر الأعمال؛ ففيه جمعٌ بين ما لا يصح أن يضاف إليهم ولا يكون عملًا لهم -أعني الأشكال كما عرفت-، وبين ما يصح إضافته إليهم من أعمالهم المكسوبة لهم، أي: ما يكون واقعًا في محل القدرة، ويصح أن يطلق عليه اسم «المكسوب» و«المعمول»، كالتشكيل، وهو من الجمع بين الضب والنون(376).

هذا مع لزوم ما ذكرنا في التقديرين الأولين. وعلى ثلاثتها أيضًا فساد آخر؛ وهو أن المبيِّن -بالكسر، اسمُ فاعل- نفسُ المبيَّن -بالفتح، اسمَ مفعول-. ويلزم أيضًا أن الكسب مخلوق بخلق الله، وموجود بإيجاده تعالى، وهو محال قطعًا وإجماعًا.

وإنما قلنا: إنه يلزم ذلك؛ لأن عملهم -الذي هو التشكيل المخلوق لله بزعمه-؛ ليس معناه إلا الكسب عند الأشاعرة. فإذا كان التشكيل نفسه مخلوقًا لله؛ كان الكسب مخلوقًا له تعالى، وحاصلًا بتحصيله وإيجاده سبحانه وتعالى.

هذا، ولا يخفاك أن المعترض تارةً يجعل دلالةَ هذه الآية على خلق التشكيل = دلالةَ مطابقةٍ، ويجعل دلالتها على خلق الأشكال والصور القائمة بالأصنام = التزامًا -كما أشار إليه في هذا الموضع-.

وتارةً يعكس، فيجعل دلالة هذه الآية على خلق الأشكال المذكورة = مطابقَةً، [وعلى التشكيل التزامًا -كما سيأتي إن شاء الله-. وتارة يجعل دلالتها على خلق الأشكال تضمُّنًا، حيث تكون «ما» موصولةً، ويكون المعنى هكذا: «والله خلقكم، وخلق الذي تعملونه من الأصنام التي هي أجسام وأشكال» -كما صرح به في هذا الموضع أيضًا-. ففي كلامه تلوُّنٌ واضطراب، يعرفه المتأمل عن نظر صادق، فليُفهَم.

ثم إن الاحتمالات -بحسب الظاهر- ثلاثة: الجواهر فقط، والمجموع من الجواهر والأعراض، ومجرد الأعراض فقط. هذه ثلاثة احتمالات. والمعترض اقتصر على احتمالين منها فقط؛ الثاني والثالث، وأعرض وأغمض عن الأوَّل الأَوْلى بالذِّكر؛ تعاميًا

---

(376) هو من أمثال العرب، يضرب في الجمع بين المتناقضات، كالجمع بين الضبّ وهو حيوان برّي، والنون: أي الحوت، وهو حيوان لا يعيش إلا في البحر.

عن الحق الذي ما عليه رِتَاجٌ؛ ليرتِّب على ذلك ما يريده من تقويم الاعوجاج، لكنه لا يخفى على منصفٍ خروجُه عن المنهاج، وتنكُّبُه عن طريقة الاحتجاج، كأنه لم يسمع قول الله تعالى: ﴿وَأَسِرُّواْ قَوْلَكُمْ أَوِ ٱجْهَرُواْ بِهِۦٓ إِنَّهُۥ عَلِيمُۢ بِذَاتِ ٱلصُّدُورِ ١٣﴾ [الملك: 13]. وهذه الآية حجةٌ عليه، وعلى أصحابِه المجبِرة، في أنهم -كسائر العباد- هم الموجِدون لأفعالهم وأقوالهم.

أما أولًا؛ فلأن الله تعالى أسند القول المذكور إلى العباد المخاطَبين في قوله تعالى: ﴿وَأَسِرُّواْ قَوْلَكُمْ﴾. الآية.

وأما ثانيًا؛ فلأنه قال في آخرها: ﴿أَلَا يَعْلَمُ مَنْ خَلَقَ وَهُوَ ٱللَّطِيفُ ٱلْخَبِيرُ﴾ [الملك: 14]. وما قال تعالى: «ألا يعلم ما خلق». ولو كان القول الذي أسنده إليهم من خلقه تعالى -كما يزعمه المعترض وأصحابه المجبرة-؛ لكان الأَوْلى في الاحتجاج على العباد بالعلم لما يكون منهم من القول؛ أن يقول تعالى في هذه الآية: «ألا يعلم ما خلق وهو اللطيف الخبير»، لا سيّما على ما صرح به الأشاعرة، من أن إيجاد الشيء يستلزم العلم به تفصيلًا، فليُفهَم.

وأما قوله: «وقد صرح به **الكشاف**»؛ فكلام لا يصدر عمن انكشف له مراد صاحب **الكشاف** -رحمه الله-، وإنما حكاه المعترض حكاية الصَّدى، ولم يعرف معناه؛ لِـما ران على قلبه من التعصب الذي هو للقلوب كالصَّدا.

فإن الزمخشري وجه السؤال -على ما هو شأن أرباب التعليم والتفهيم، لا نصرة الأسلاف والعظام الرميم- فأشار -رحمه الله- إلى أنه لا يصح أن يكون الشيء الواحد مخلوقًا لله تعالى، معمولًا للعبد؛ إيماءً منه إلى أن ذلك من توارد المؤثرَيْن على أثر واحد. والآية الكريمة قد نطقت بإضافة العمل إليهم قطعًا، ولا معنى لإضافة العمل إليهم إلا إضافة التأثير، ولا فرق بين قولك: «هذا عمل فلان»، وقولك: «هذا أثره وتأثيره». ولذا قال الله: ﴿وَنَكۡتُبُ مَا قَدَّمُواْ وَءَاثَٰرَهُمۡۚ﴾ [يس: 12]. وحينئذ، فيكون ظاهر الآية فيه نوع خفاء يُحتاج إلى إزالته؛ لأنها نطقت بإضافة عملهم وأثرهم إليهم، كما نطقت بأن المعمول مخلوق لله تعالى. وجَعلُ الشيء الواحد مخلوقًا لله تعالى ومعمولًا للعبد في

حالة واحدة = ليس إلا من جهالات المجبرة ومكابرتهم.

ثم أجاب -رحمه الله- بأن «الأصنام جواهر وأشكال»، وأن المخلوق لله منها = غيرُ المعمول لهم؛ إذ المخلوق له -تعالى- هي الجواهر، والمعمول لهم ما تعلقت به قُدَرُهم، وهي الأعراض والأشكال. فزال الإشكال، وارتفع السؤال، وصار معنى الآية الكريمة هكذا: «والله خلقكم وخلق الأحجار التي تعملونها أصنامًا»، كقولك: «الله تعالى هو الذي خلق الباب والكرسيَّ الذي عملهما النجار»، فانصرف معنى الخلق إلى نفس الخشب، والعملُ إلى نفس أثر النجار، من التربيع والتسوية على الكيفية المخصوصة. ولا شك أن أثر النجار مستأخِر بزمانٍ عن خلق الله تعالى لذات الباب والكرسي. فلا يكون المعنى: أن الله خلقهما في حال عمل النجار، ولا بعده، ولا أن يراد: أن الله خلق الجواهر قبل النِّجارة، والأعراض والأشكال في حالها؛ لأنه مع فساده = مستلزم للإضمار بلا حاجةٍ إليه، بل الحاجة إلى خلافه؛ لئلا يلزم اجتماع مؤثرين على أثر واحد، والجبرُ المحضُ، واختلال معنى الآية.

فظهر مراد جار الله، وأنه لا يلزم أن يجتمع المؤثران على أثر واحد، كما لم يلزم كونُ الشيء الواحد مخلوقًا لله تعالى، معمولًا لغيره أصلًا. وهو بيِّنٌ لا يخفى على منصف.

وإذا البيِّنات لم تغنِ شيئًا فالتماس الهُدى بهنَّ عناءُ

﴿ ۞ إِنَّ شَرَّ ٱلدَّوَآبِّ عِندَ ٱللَّهِ ٱلصُّمُّ ٱلۡبُكۡمُ ٱلَّذِينَ لَا يَعۡقِلُونَ ﴿٢٢﴾ وَلَوۡ عَلِمَ ٱللَّهُ فِيهِمۡ خَيۡرٗا لَّأَسۡمَعَهُمۡۖ وَلَوۡ أَسۡمَعَهُمۡ لَتَوَلَّواْ وَّهُم مُّعۡرِضُونَ ﴿٢٣﴾ ﴾ [الأنفال: 22، 23].

وبهذا الذي ذكرناه؛ يلوح لك ما في كلام المعترض من المصادرة. وذلك أنه لا يتم له دلالةُ الآية على خلق الأعمال، إلا إذا كان الخلق واقعًا على الأشكال كالجواهر. لكنه لا يصح ذلك إلا إذا كانت الأشكال معمولة لهم. لكنها ليست معمولةً عند الأشاعرة؛ لخروجها عن محلّ القدرة.

وعلى فرض أنها معمولةٌ لهم -عندهم- لا يصح أن يكون الخلق واقعًا عليها، إلا إذا صح أن يكون الخلق واقعًا على عين عمل العباد. لكنه لا يصح ذلك إلا بعد صحة قاعدة الجبر، وجواز كون الشيء الواحد مخلوقًا لله تعالى، معمولًا للعبد، فظهر الدور المحال.

فإن قلت: بل المصادرة في كلام صاحب **الكشاف** على الوجه الذي قررته؛ لأنه زعم أنه لا معنى لإضافة العمل إليهم في قول الله تعالى: ﴿وَمَا تَعْمَلُونَ﴾، إلا إضافة التأثير، وهذا عين مذهبه ومذهب المعتزلة. وأما الأشاعرة فإنهم يقولون: إن إضافة العمل إليهم في الآية المذكورة، إنما هي إضافة الكسب والاكتساب، لا إضافة التأثير والإيجاد والتحصيل.

قلتُ: هذا باطلٌ، بل محال قطعًا وإجماعًا؛ لأنه إذا كان المراد بقوله تعالى: ﴿وَمَا تَعْمَلُونَ﴾؛ هو عملهم، الذي هو عبارة عن كسبهم واكتسابهم؛ للزم أن الخلق الواقع من الله تعالى -كما دلت عليه هذه الآية- قد تعلق بنفس الكسب والاكتساب، فيلزم أن الله تعالى خلق الكسب والاكتساب وأوجده. لكن الكسب مما لا يُتصوَّر أن يتعلق به الخلق والإيجاد؛ لأنه أمر اعتباري -باعتراف الأشاعرة-، ولأنه لو كان الكسب من جهة الله تعالى؛ للزم أنه -تعالى- صار كاسبًا، وهو محال. ولأنه يلزم أن كسب العبد صار موجودًا في الخارج، وهذا محال لا يرضاه الأشاعرة؛ لأن كسب العبد لو اتصف بالوجود؛ لم يكن بينهم وبين المعتزلة خلاف إلا في اللفظ والعبارة إن اعترفوا بأن العبد محصِّلٌ لكسبه. ويلزمهم المناقضة إذا قالوا: إن الله تعالى يخلقه في العبد. وإن لم يعترفوا بأن العبد محصِّلٌ لكسبه؛ فقد سقطت دعواهم للكسب. وقد غفل المعترض عن هذا كله، وإنما أوردناه لإفادة الناظر، فليُتأَمَّل.

وأيضًا، فجار الله -رحمه الله- قد أشار بهذا الكلام إلى ضلالة المجبرة من الأشاعرة ونحوهم، حيث يزعمون أن إضافة الأعمال إلى العباد؛ إضافة الكسب والاكتساب، لا إضافة التأثير والتحصيل؛ لأن مرجع الكسب إلى محض المحلّيّة -كما مرّ، وسيأتي مرارًا في مواضع عديدة-. ومحلّ العمل لا يكون عاملًا للعمل. إنما العامل من أوجد العمل في المحلّ وصيّر المحلّ محلًا لما يوجَد فيه. وإلا جاز أن يقال: «إن الجماد عامل لما يخلقه الله فيه». وأما ما زعمته الأشاعرة من أن هذا لا يتجه إلا على من ينفي قدرة العبد وإرادته، كالجهمية والخُلَّصِ من المجبِرة؛ من الملاوذات التي لا تنفعهم؛ لأنهم إن اعترفوا بأن مدار صحّة الإسناد والإضافة إلى العبد على وجود قدرته وإرادته الحقيقيتين؛ فقد اعترفوا بمذهب الزمخشري وسائر العدلية، وإلا انتظموا في سلك إخوانهم الخُلّص من الجبرية

والجهمية؛ فليقل المعترض ما شاء، وكفى الله المؤمنين القتال.

وأما قوله: «لا يتحقق إلا عند تحقق أجزائه»؛ ففيه فسادٌ ما كأنه خطر ببال المعترض، وهو أنه لا يتم إلا على القول ببقاء الأشكال [120 أ] الحاصلة بتشكيلهم. لكنها أعراض، وكل عرض لا يبقى على مذهب الأشعري -كما عرفتَ-. وكلما كان كذلك لم يتم الاستدلال، فليُتأمَّل.

وأما قوله: «إنما حصل بتشكيلهم»؛ فاعتراف بمذهب خصمه من حيث لا يريده، وقد كرره مرارًا -كما ذكرناه-. وإذا كان فعلهم تحصيلًا وإيجادًا؛ فقد بطلت دعوى الكسب، وثبت الاعتزال، وانقطع الجدال. وحينئذ، فلا بد من تسليم ما أشار إليه جار الله -رحمه الله- من أن المخلوق لله هو الجوهر، والمعمول لهم هو العرَض، وإلا لزم توارد المؤثِّرَين التامَّيْن على أثر واحد، فأين أنت -يا أخا الأكراد- عن الثابت لكم من الاعتقاد؟

وأما قوله: «بالضرورة، وهو المطلوب، وبالله التوفيق»؛ فلا صحة له ولا توفيق. أما عندنا فظاهر. وأما عندهم؛ فلأنهم مصرِّحون بأن الله تعالى يخلق الأشياء عند الأسباب لا بالأسباب. فمن أين يثبت كون التشكيل مخلوقًا لله تعالى، على فرض كون الشكل مخلوقًا له، فضلًا عن كونه ضروريًا؟ فإن لقائلٍ أن يقول: سلمنا أن الأشكال مخلوقة لله تعالى -على ما زعمتم بناءً على قاعدة الجبر-. لكنا لا نسلِّم أن التشكيل مخلوق له تعالى بالضرورة؛ نظرًا إلى أنه تعالى لا يحتاج في خلق الأشكال إلى الترتب على التشكيل، بل إنما يُحدِث الأشكال ابتداءً بلا واسطة التشكيل، كما قلتم: إن الله تعالى يخلق عند السبب. كيف ومن مذهبكم أن ما خرج عن محل القدرة -كالأشكال-؛ فهو فعل الله تعالى بلا واسطةِ كسبِ العبد؟ وما كان في محلّها -كالتشكيل-؛ فبواسطة كسب العبد، ففرقتم بين ما كان في محل القدرة وغيره. فمن أين يلزم -على مذهبكم- أن يكون التشكيل مخلوقًا لله تعالى بالضرورة؛ نظرًا إلى قاعدتكم؟ فاتضح أن استنتاجه مِنْ هذا الشكل خَلْقَ التشكيل = من جملة الأباطيل، وحسبنا الله ونعم الوكيل.

[هل للكسب علاقة بالفعل الإنساني؟]

قال: «ثم نقول: إذا كان أعمالهم مخلوقة لله تعالى ابتداءً بلا واسطة؛ لم يكن لقدرتهم وإرادتهم تأثير في أعمالهم. وقد رأينا أن الله قد نسب العمل إليهم في قوله: ﴿تَعْمَلُونَ﴾، فدل على أن لهم مدخلًا، بسببه صحّ أن يُنسَبَ إليهم العمل، ويؤمرون بالمأمورات، ويُنهَوْن عن المنهيات.

وبالجملة، صحَّ بسببه أن يُكلَّفوا بالتكاليف الشرعية بأسرها. ففتشنا على هذا الأمر الذي صار سببًا لصحة إسناد العمل إليهم، وصحة الأمر والنهي؛ فوجدناه الذي عبر عنه الشيخ الأشعري بـ'الكسب'، وهو الذي عبَّر عنه في الكتاب بالكسب في نحو قوله تعالى: ﴿لَهَا مَا كَسَبَتْ﴾ [البقرة: 134]، وقوله تعالى: ﴿فَمَآ أَغْنَىٰ عَنْهُم مَّا كَانُواْ يَكْسِبُونَ﴾ [الحجر: 84]، وهو[377] كما قال الشيخ الأشعري: 'تعلق قدرة العبد وإرادته بالفعل عند خلقه تعالى الفعل فيه؛ من غير تأثير لقدرته وإرادته في الفعل استقلالًا، فالله تعالى خالق، والعبد كاسب'».

أقول: عجبًا لك يا موقد النبراس! كيف حفظت الجبر وأضعت الاختيار، حتى صرت تفتش عليه، والقرآن بين ظهرانيكم ناطق من أول إلى آخره: ﴿وَلَقَدْ مَكَّنَّٰكُمْ فِى ٱلْأَرْضِ وَجَعَلْنَا لَكُمْ فِيهَا مَعَٰيِشَ ۗ قَلِيلًا مَّا تَشْكُرُونَ﴾ [الأعراف: 10]، ﴿وَٱلَّذِينَ كَذَّبُواْ بِـَٔايَٰتِنَا وَٱسْتَكْبَرُواْ عَنْهَآ أُوْلَٰٓئِكَ أَصْحَٰبُ ٱلنَّارِ ۖ هُمْ فِيهَا خَٰلِدُونَ﴾ [الأعراف: 36]، ﴿مَن جَآءَ بِٱلْحَسَنَةِ فَلَهُۥ خَيْرٌ مِّنْهَا وَهُم مِّن فَزَعٍ يَوْمَئِذٍ ءَامِنُونَ ﴿٨٩﴾ وَمَن جَآءَ بِٱلسَّيِّئَةِ فَكُبَّتْ وُجُوهُهُمْ فِى ٱلنَّارِ هَلْ تُجْزَوْنَ إِلَّا مَا كُنتُمْ تَعْمَلُونَ ﴿٩٠﴾﴾ [النمل: 89، 90]، ﴿ٱعْمَلُواْ مَا شِئْتُمْ ۖ﴾ [فصلت: 40]، ﴿فَمَن شَآءَ فَلْيُؤْمِن وَمَن شَآءَ فَلْيَكْفُرْ ۚ﴾ [الكهف: 29]، ﴿إِنَّ ٱللَّهَ لَا يُغَيِّرُ مَا بِقَوْمٍ حَتَّىٰ يُغَيِّرُواْ مَا بِأَنفُسِهِمْ ۗ﴾ [الرعد: 11]، ﴿قَدْ جَآءَكُم بَصَآئِرُ مِن رَّبِّكُمْ ۖ فَمَنْ أَبْصَرَ فَلِنَفْسِهِۦ ۖ وَمَنْ عَمِىَ فَعَلَيْهَا ۚ﴾ [الأنعام: 104]، ﴿مَّا عَلَى ٱلرَّسُولِ إِلَّا ٱلْبَلَٰغُ ۗ﴾ [المائدة: 99]، ﴿يُخَٰدِعُونَ ٱللَّهَ وَٱلَّذِينَ ءَامَنُواْ وَمَا يَخْدَعُونَ إِلَّآ أَنفُسَهُمْ﴾ [البقرة: 9]،

---

(377) أي: الكسب.

﴿وَمَكَرُواْ وَمَكَرَ ٱللَّهُۖ وَٱللَّهُ خَيۡرُ ٱلۡمَٰكِرِينَ﴾[آل عمران: 54]، ﴿وَإِن يُرِيدُوٓاْ أَن يَخۡدَعُوكَ فَإِنَّ حَسۡبَكَ ٱللَّهُۚ﴾ [الأنفال: 62]. فالذي هو حَسْبُه؛ لا يكون مريدًا لخَدْعِهِ -عليه السلام-، وقد دل كل ذلك على أنهم متمكنون مختارون، ﴿وَلَهُمۡ أَعۡمَٰلٞ مِّن دُونِ ذَٰلِكَ هُمۡ لَهَا عَٰمِلُونَ﴾ [المؤمنون: 63].

فهل يجهل معاني أمثال هذه النصوص، ويعلم مثل كسب الأشعري ونقوش الفصوص(378)؟ ولعمري؛ إن بنيان الاختيار في نظر العقول مركوز مرصوص، ولا يجهله إلا مثل المعترض جهل إنكار، فما أحسن -هنا- قول الجزّار:

جَهِلتُــه فَقْــرًا فكنــتُ الَّــذي أَضَــلَّهُ اللهُ عَــلَى عِلْــمِ

أولم تسمعوا قوله عزوجل: ﴿ٱللَّهُ ٱلَّذِي خَلَقَكُم مِّن ضَعۡفٖ ثُمَّ جَعَلَ مِنۢ بَعۡدِ ضَعۡفٖ قُوَّةٗ﴾ [الروم: 54]؟ ولا خفاء في أن القوة إنما تفارق عدم القوة = بالتأثير. فإثبات قوة ليس لها تأثير أصلًا، وإنما لها مجرد الاسم المحض = ليس إثباتًا لما أثبته الله تعالى وامتن به علينا، وإنما هو نفيٌ صريحٌ في التحقيق. وإنما يرضى به من لم يوفق للاعتراف بمقتضى قوله تعالى: ﴿وَٱللَّهُ جَعَلَ لَكُمُ ٱلۡأَرۡضَ بِسَاطٗا ١٩ لِّتَسۡلُكُواْ مِنۡهَا سُبُلٗا فِجَاجٗا ٢٠﴾ [نوح: 19، 20]. وما قال: «ليسلُك بكم». ولو كانوا لا يؤثّرون في السلوك فيها؛ لم يكن في جعلها بساطًا لهم فائدة.

وقوله سبحانه وتعالى: ﴿فَإِن تُبۡتُمۡ فَهُوَ خَيۡرٞ لَّكُمۡۖ وَإِن تَوَلَّيۡتُمۡ فَٱعۡلَمُوٓاْ أَنَّكُمۡ غَيۡرُ مُعۡجِزِي ٱللَّهِۗ﴾ [التوبة: 3]. الآية. وهي دالة -أولًا- على التمكن والاختيار، وإلا لمن يكن للترديد بين التوبة والتولِّي معنًى أصلًا. ثم إنها دالّةٌ على أنهم هم المؤثِّرون في أفعالهم، وإلا لم يكن لقوله تعالى: ﴿فَٱعۡلَمُوٓاْ أَنَّكُمۡ غَيۡرُ مُعۡجِزِي ٱللَّهِۗ﴾ [التوبة: 3] = معنًى؛ لأنه إذا كان تعالى هو المؤثِّرَ في تولِّيهم، والموجِدَ له؛ كيف يقول: «أنتم لا تعجزوني في توليكم»؟ ﴿وَبَشِّرِ ٱلَّذِينَ كَفَرُواْ بِعَذَابٍ أَلِيمٍ﴾ [التوبة: 3]، أجازيهم به في الآخرة على تولِّيهم الذي فعلوه. وهو ظاهر.

---

(378) إشارة إلى كتاب **فصوص الحكم** لابن عربي، وكان المعترض من أنصاره.

وقوله تعالىٰ: ﴿ إِنَّ ٱلَّذِينَ يُلۡحِدُونَ فِيٓ ءَايَٰتِنَا لَا يَخۡفَوۡنَ عَلَيۡنَآۗ ﴾ [فصلت: 40]. فكيف يكون تعالىٰ هو المؤثر في الإلحاد في آياته، ثم يقول ذلك؟ -أي: قوله تعالىٰ: ﴿ إِنَّ ٱلَّذِينَ يُلۡحِدُونَ فِيٓ ءَايَٰتِنَا لَا يَخۡفَوۡنَ عَلَيۡنَآۗ ﴾ [فصلت: 40]، ﴿وَسَيَحۡلِفُونَ بِٱللَّهِ لَوِ ٱسۡتَطَعۡنَا لَخَرَجۡنَا مَعَكُمۡ يُهۡلِكُونَ أَنفُسَهُمۡ وَٱللَّهُ يَعۡلَمُ إِنَّهُمۡ لَكَٰذِبُونَ ﴾[التوبة: 42]؟-. ولا يتم تكذيبهم إلا إذا ثبتت استطاعتهم من كل وجه.

وأيضًا، فالاستطاعة حقيقةٌ في القدرة، ولا تُصرَف الآية عن ظاهرها بغير دليل أصلًا.

وقوله تعالىٰ: ﴿أَلَمۡ تَرَ كَيۡفَ فَعَلَ رَبُّكَ بِأَصۡحَٰبِ ٱلۡفِيلِ ١ أَلَمۡ يَجۡعَلۡ كَيۡدَهُمۡ فِي تَضۡلِيلٖ ٢﴾ [الفيل: 1، 2]. ومن المعلوم الذي لا يخفىٰ علىٰ مميِّزٍ أنه لا معنىٰ لأن يقال: إن الله تعالىٰ هو الذي جعل كيدهم، وهو الذي جعله في تضليل.

فإن قيل: إن الذي جعله -تعالىٰ- في تضليل هو نفس كسبهم للكيد، ولا مانع من أن يكونوا كاسبين للكيد، ويكون الله تعالىٰ جاعلًا له في تضليل.

قلنا: هذا فاسد ليس عليه تعويل، وليس له تحصيل.

أما أولًا؛ فلأن الكسب أمر اعتباري -باعتراف أهل الكسب-؛ فلا يصلح متعلَّقًا للجعل، كما دلت عليه الآية.

وأما ثانيًا؛ فلأنه -علىٰ فرض تحققه- لا يفارق الإيجاد والتحصيل الواقع من الله تعالىٰ؛ فلا يكون العبد كاسبًا للفعل، حتىٰ يكون الله تعالىٰ جاعلًا له؛ فيلزم من تضليل الكسبِ تضليلُ الجَعْلِ المستند إلىٰ الله، فيكون قوله تعالىٰ: ﴿أَلَمۡ يَجۡعَلۡ كَيۡدَهُمۡ فِي تَضۡلِيلٖ﴾ = دالًّا علىٰ أنه تعالىٰ جعل جعله وفعله في تضليل.

فانظر -يا أخا الأكراد- ما هذه اللوازم والأباطيل، وكيف خفيت عليك مع ظهورها، وظهر لك الكسب مع خفائه علىٰ كل لبيب نبيل. لكن قد قال تعالىٰ: ﴿فَإِنَّهَا لَا تَعۡمَى ٱلۡأَبۡصَٰرُ وَلَٰكِن تَعۡمَى ٱلۡقُلُوبُ ٱلَّتِي فِي ٱلصُّدُورِ﴾[الحج: 46]. نعوذ بالله من الخذلان، ونسأله اللطف والتوفيق، فمن حظي به فقد حظي بتجارة لن تبور. وأما أنت فبعت الاختيار الذي هو شمس النهار، بالكسب الذي هو ظلمة بين يديك إذا

بُعثِر ما في القبور. وما أشبه حالك بحال سَلْمِ الخاسر الذي باع المصحف بالطنبور، أو خزاعة الذين باعوا مفتاح الكعبة بزقِّ خمرٍ من أقبح الخمور.

أما التفتَّ أدنى التفاتٍ إلى بعض الآيات؟ أما نظرت إلى موضع من مواضع هذا الذي أضعتَه وحفظت ضدَّه؟ هيهات هيهات، أين أنت عما في جُمَلِ القرآن وتفاصيله؟ ما أنت إلا من الذين يتبعون ما تشابه منه ابتغاء الفتنة وابتغاء تأويلِه.

ولنتعرَّض لشيء مما في هذه الجملة.

أما قوله: «إذا كان أعمالهم مخلوقةً... إلخ»؛ فمن أمانيه الفارغة، وتخيُّلاته الزائغة. وأنت قد عرفت أنه مبني على تلك المراوغة.

ثم نقول: لو كانت أعمالهم وقبائحهم مخلوقةً لله تعالى -كما افتريتموه يا أخا الأكراد-؛ لكانت حسنةً؛ لقوله تعالى: ﴿ٱلَّذِىٓ أَحۡسَنَ كُلَّ شَىۡءٍ خَلَقَهُۥ﴾ [السجدة: 7]. الآية. وعلى هذا؛ فالأصنام بأشكالها مما خلقه الله وجعله حسنًا، وكذلك عبادتهم لها. وكفى بهذا شناعة ومناقضة لمثل قوله تعالى: ﴿إِنَّ هَٰٓؤُلَآءِ مُتَبَّرٞ مَّا هُمۡ فِيهِ وَبَٰطِلٞ مَّا كَانُواْ يَعۡمَلُونَ﴾ [الأعراف: 139]. وهل ما وصفه تعالى بأنه باطلٌ يكون حسنًا؟

وهب أنه لا مناقضة في هذا؛ فهل يقول عاقل: إن مثل الفجور والزنا واللواط؛ أفعالٌ واقعة بخلق الله، وقد أحسنها كما أحسن كل شيء خلقه؟ إنا لله وإنا إليه راجعون.

ولو نظر المعترض في الفاتحة والمعوِّذتين؛ لعلم أن الله بريء عن خلق أفعال العباد.

أما الفاتحة؛ فلأن قوله تعالى: ﴿وَإِيَّاكَ نَسۡتَعِينُ﴾ [الفاتحة: 5]؛ أدلُّ دليل على أن العبد فاعل ومؤثر في فعله الذي استعان بالله على إيجاده وتحصيله؛ إذ لا يصح الاستعانة بالغير على فعله -أي الغير، كما مر-.

وأما المعوذتان؛ فلأن قوله تعالى: ﴿قُلۡ أَعُوذُ بِرَبِّ ٱلۡفَلَقِ ١ مِن شَرِّ مَا خَلَقَ ٢ وَمِن شَرِّ غَاسِقٍ إِذَا وَقَبَ ٣ وَمِن شَرِّ ٱلنَّفَّٰثَٰتِ فِى ٱلۡعُقَدِ ٤﴾ [الفلق: 1-4]؛ يفيد المغايرة بين الذي خلقه الله تعالى وبين ما كان من أفعال العباد وآثارهم. ولو كان ما خلق الله عامًّا لأفعال العباد؛ لكفى قوله: ﴿قُلۡ أَعُوذُ بِرَبِّ ٱلۡفَلَقِ ١ مِن شَرِّ

مَا خَلَقَ ﴿٢﴾﴾. وهو ظاهر. [والأصل عدم العطف للخاص على العام؛ فعلى مدعيه البيان.

وأما المعوذة الثانية: فلأن قوله تعالى: ﴿قُلْ أَعُوذُ بِرَبِّ ٱلنَّاسِ ﴿١﴾ مَلِكِ ٱلنَّاسِ ﴿٢﴾﴾ إلى قوله: ﴿مِن شَرِّ ٱلْوَسْوَاسِ ٱلْخَنَّاسِ ﴿٤﴾﴾[الناس: 1-4]؛ يدل على أن العبد -كإبليس- مؤثِّرٌ في أعماله، وإلا لم يصح التعوذ منه؛ إذ لا يصح التعوذ من المحلّ الذي يقع فيه ما يُتعوَّذُ منه، فليُفهَم].

وأما قوله: «فدل على أن لهم مدخلًا»؛ فإقرارٌ بمذهب خصمه. وتبقى دعواه بأن ذلك المدخل هو الكسب = في حيّز المنع، فضلًا عن أن ذلك المدخل ليس إلا مجرد التوهم الباطل -كما هو رأي المعترض-، حيث قال: «إن العبد يَتوهَّم أن له قدرةً مؤثِّرةً واختيارًا». فالعجب كل العجب ممن يرضى أن يأتي مجادلة خصومة العقلاء العلماء، بمثل هذه الخرافات بلا حياء، ويعتقد أن توهم العبد للقدرة المؤثِّرة والاختيار في الفعل؛ هو الذي صار سببًا لصحّة إسناد الفعل إليه، وصحة الأمر والنهي له، وأنه ليس هناك أمرٌ محقَّقٌ وراء هذا التوهم الباطل، يدور [120 ب] عليه التكليف، ويصير سببًا للأمر والنهي وإسناد العمل.

وقد دل كلامه هنا على أن الإسناد لا يصح إلا إلى من له في الفعل مدخل. وهذا خلاف ما أنبأَنا عنه كلامُه السابق، من أنه لا حكم للإسناد. وسيصرح بأنه لا يقتضي أكثر من المحلّيّة.

وعلى رأيه هو؛ ليس هناك إلا التوهم الفاسد، فقد رفض هذه المدخلية بالجملة، بل قد صرح بذلك في توجيه شبهة العلم.

على أن كلامه مضطرب؛ فتارةً ينفي المدخلية ولا يعترف بأكثر من التوهم الفاسد الذي مرجعه إلى العدم المحض، وتارة يعترف بالمدخلية، لكنه يقول: إن التأثير والمدخلية -استقلالًا- ليس بحاصل للعبد.

ثم قد علمت قاعدته في معنى الاستقلال. فحاصل كلامه اضطراب وسراب، وبنيانه آيل إلى الخراب.

وأما قوله: «بسببه صح أن يكلفوا»؛ فتصريح عجيب بما نفاه من الحسن والقبح، وتحكيم العقل -كما قال-. وذلك أن القول بأنه لا يصح التكليف إلا إذا كان للعبد مدخلٌ في الفعل؛ إنما يصلح لمن يقول بالحسن والقبح وحكم العقل -كالمعتزلي-. أما الأشعري -كالمعترض وأمثاله-؛ فلا يتوجه منه البحث عن صحة التكليف. ولم لا وهم إذا نوزعوا إنما يقولون في ما يعتذرون: ﴿لَا يُسْـَٔلُ عَمَّا يَفْعَلُ وَهُمْ يُسْـَٔلُونَ ٢٣﴾ [الأنبياء: 23]. فأين غفلت -يا أخا الأكراد- عن قاعدتكم القائمة، ومجادلتكم الدائمة؟

ثم إن هذا الكلام الذي ذكرته على حين غفلة من معتقدك، وفترة من تجلدك، كما أنه تصريح بإثبات ما نفيتموه من الحسن والقبح العقليين = كذلك هو في حكم الصريح في إثبات ما نفيتموه من أن العبد قادر على التأثير في أفعاله، ومختار متمكن. وذلك لأن صحة استدعاء الفعل منه ومطالبته به؛ إنما تدور على كونه كذلك -أي: قادرًا على التأثير في ما أُمِرَ به ونُهِيَ عنه، مختارًا متمكنًا من ذلك-، حتى تكون مطالبته بالفعل، واستدعاؤه منه = مفارِقةً لمطالبة الجماد الذي يستحيل منه الامتثال ما دام جمادًا. وهذه المفارقة لا تتم إلا مع كونه -أي: العبد- كما ذكرناه. ولا يصح رجوع الصحة المذكورة -أي: صحة المطالبة والاستدعاء والحث والزجر- على مجرد اسم القدرة والاختيار أو توهمهما. وعلى هذا؛ فالطلب في الأمر والنهي؛ ليس إلا طلب التأثير والتحصيل، لا طلب الاكتساب والمحلية، وإلا لم يكن العبد مفارقًا للجماد بمجرد كونه محلًّا لما يخلقه الله فيه.

وأيضًا، فالكسب إنما يستفاد -بزعمهم- من ثبوت الطلب التكليفي؛ فلو كان الطلب متوجهًا إلى الكسب لا إلى التأثير، وكان المطلوب من العبد هو الكسب؛ لَما كان مستفادًا من نفس الطلب، بل من شيء آخر. وتوضيحه: أنّ عِلْمَنا بأن المطلوب هو الكسب = متوقفٌ على علمنا بالكسب نفسه، لكن علمنا بالكسب؛ إنما يستفاد من نفس الطلب، بملاحظةٍ لعلمنا بأن الحكيم لا يطالب بالفعل من لا قدرة له عليه ولا إرادة.

فظهر: أن طلب الكسب لا يثبت حتى يثبت الكسب، ولا يثبت الكسب حتى يثبت الطلب، وإنه دور محال.

وأيضًا، فلا معنى للمطالبة بالكسب؛ لأنهم قد فسروه بتفاسير، لا يصح أن يكون مطلوبًا على واحد منها، كقولهم: إنه عبارة عن كون العبد قادرًا مريدًا بقدرة وإرادة غير مؤثرتين؛ فإنه لا يصح مطالبته بكونه قادرًا مريدًا كذلك. وبالجملة؛ فلا يصح طلب الكسب، بل إنما يصح طلب تحصيل الفعل والتأثير فيه.

وإذا كان المطلوب هو التأثير في إيجاد الفعل وتحصيله؛ لم يقع الامتثال إلا بذلك، لا بمجرّد المحليّة، التي هي عبارة عن الكسب والاكتساب، ولا بمجرد كونه قادرًا مريدًا بقدرة وإرادة غير مؤثرتين في الفعل، ولا بغير ذلك من الاعتبارات والتفاسير التي فسروا بها الكسب.

وقد وقع الامتثال من البعض كالأنبياء قطعًا وإجماعًا، فلزم أن أفعال العباد آثارٌ حاصلة بتأثيرهم وتحصيلهم، وتبيّن أن المعترض مناقضٌ لتفريعهم وتأصيلهم.

وأما قوله: «ففتَّشنا عن هذا الأمر»؛ فقد عرفت ما فيه. وكيف يكون كسب الأشعري الذي ماحدث ذكره إلا في أواخر القرن الثالث؛ هو الذي دار عليه التكليف في اعتقاد السلف الصالح؟ وهو -على أنه ليس من هدْيِ محمدٍ عليه الصلاة والسلام، وإنما هو من محدثات الأمور- ليس إلا مجرد اسم -كما كررنا ذكر ذلك-، وإلا لما سكت عن ذكره خير القرون. بل ليس شيئًا يذكر حتى يقال: «سكتوا عن ذكره». وكفى بكلام الله تعالى سندًا، وبهدْي محمد عليه الصلاة والسلام هُدًى. وإذا كان قد سكت عنه القرآن وخير القرون؛ فما هو إلا من محدثات الأمور التي اتِّباعُها بالضلال مقرون.

وقد حاول كبار الأشاعرة أن يقيموا ميزانه، ويُقَعِّدوا بيانه، فما قدروا أن يوضحوه بأكثر من «المحَلّيّة» -أي: كون العبد محلًا لما يخلقه الله فيه-. ولهذا جزموا بأن الكسب لا يتعدى عن المحل؛ لعلمهم أنه ليس شيئًا وراء المحلية، فافهمه. وسيأتي توضيحه في مقام آخر إن شاء الله تعالى.

[ومن العجائب: ما زعمه بعض الأشاعرة، من أن كسب الأشعري؛ هو المذكور في كتاب الله سبحانه كقوله تعالى: ﴿هَلْ تُجْزَوْنَ إِلَّا بِمَا كُنتُمْ تَكْسِبُونَ﴾ [يونس: 52]،

وقوله تعالىٰ: ﴿وَلَا تَكْسِبُ كُلُّ نَفْسٍ إِلَّا عَلَيْهَا﴾ [الأنعام: 164]. الآية. ﴿وَمَن يَكْسِبْ خَطِيٓـَٔةً أَوْ إِثْمًا ثُمَّ يَرْمِ بِهِۦ بَرِيٓـًٔا فَقَدِ ٱحْتَمَلَ بُهْتَٰنًا وَإِثْمًا مُّبِينًا ﴿١١٢﴾﴾ [النساء: 112]، فكأن هذا البعض حسب أن القرآن أنزل على اصطلاح الأشعري، لا على اللغة العربية]؛ إذ المعلوم من أن اللغة أن اسم «الكسب»، واسم «العمل»، واسم «الفعل» أسماء مترادفة. وإنما يُطلق اسم «الكسب» على فعل العبد؛ لأنه فعلُ جارحةٍ، والجوارح في اللغة تُسمَّىٰ «كواسب» -كما في **صحاح الجوهري** وغيره-.

والمعترض جرىٰ على ما جرىٰ عليه هذا البعض من المتعصبين. فقوله: «الذي عبر عنه في الكتاب... إلخ»؛ من هذا الباب. فإن كان المعترض مطلعًا على اللغة؛ فقد أراد زيادة التلبيس بجعله لاصطلاح الأشعري معلومًا من القرآن. وإن كان جاهلًا باللغة -كما هو شأن كثير من الأكراد-؛ فكفىٰ بجهله داءً مانعًا عن هذا، وعما هو أولىٰ منه بالنظر. فإن القرآن ما نزل إلا بلغة العرب، والمتكلم في معانيه وهو جاهل باللغة = يقع في خبط عشواء، ويُضحِك على نفسه العقلاء الكُملاء.

هذا، ولا يخفىٰ عليك أن لفظ «الكسب» المذكور في القرآن، لو كان دليلًا على كسب الأشعري؛ لكان لفظ «الأثر»، المذكور في القرآن أيضًا؛ دليلًا لنا على تأثير العبد في أفعاله، قال تعالىٰ: ﴿وَنَكْتُبُ مَا قَدَّمُوا۟ وَءَاثَٰرَهُمْ﴾ [يس: 12]. على أن في مثل هذه الآية دليلًا لنا من وجه آخر: وهو أن الآثار التي ذكرها المفسرون = خارجةٌ عن محل الكسب، وقد أضافها الله إليهم. فهذه الإضافة إضافة التأثير إجماعًا؛ لأن الكسب لا يتعدىٰ عن المحل، فأين أنت -يا أخا الأكراد- عن مثل هذه الآية؟ ولها نظائر وأشباه، ظاهرة لذوي الانتباه.

وأما قوله: «وهو تعلق قدرته وإرادته» = فتلبيس. لأن التعلق -عندهم- ليس إلا من الله تعالىٰ، لا من العبد. وبالجملة؛ فالفعل بجميع جهاته مخلوق لله تعالىٰ، ولا أثر للعبد في شيءٍ ما -كما كررناه-. وسيصرح بذلك المعترض في ما سيأتي إن شاء الله تعالىٰ.

وأما قوله: «استقلالًا»؛ فلا يلائم ما جرىٰ عليه، من أنه ليس للعبد إلا الأوهام الفاسدة فقط؛ فقيدُ الاستقلال لغوٌ؛ إذ لا تأثير عنده، لا استقلالًا ولا غيره.

نعم، هذا الكلام منه جارٍ على القاعدة التي نبهناك عليها أول الكتاب، من أنه

يسمِّي توهُّم التأثير «تأثيرًا غير مستقل»، وتوهم القدرة «قدرةً غير مستقلة»، وتوهم الاختيار «اختيارًا غير مستقل»، فتعجَّبْ من هذا الصنيع الشنيع.

أما لو حملنا قيد الاستقلال في كلامه على ظاهره؛ لكان محض الاعتزال؛ إذ المعتزلة وإن قالوا بأن العبد هو الموجِدُ لأفعاله والمؤثر فيها؛ فلا يدَّعون أنه هو الذي أوجد لنفسه القدرة المؤثرة، بل الباري تعالى هو خالق القُوَى والقُدَر بلا منازع. ولهذا صحَّ لنا أن ندَّعي اعتزال إمام الحرمين؛ لقوله بمثل مذهب المعتزلة، إلا أنه يقول: «إن التأثير بطريق الإيجاب»، كما هو مذهب الفلاسفة. وهذا هو المشهور عنه، وقد صرح به في **النظامية**[379].

قال ابن أبي شريف، بعد أن نقل مثل هذا عن إمام الحرمين: «والذي في **الإرشاد**، و**لوامع الأدلة** لإمام الحرمين؛ الجري على قول الأشعري»[380]. انتهى. وسيأتي مثله لسعد الدين في المنقول عن **شرح المقاصد**.

قف على أن رؤساء الأشاعرة المثبتين لتأثير العبد في شيءٍ ما؛ لا يبقى بينهم وبين المعتزلة خلاف

وسنشير -في ما يأتي لنا أيضًا- إلى أن من قال بتأثير قدرة العبد في شيءٍ ما = لم يبق بينه وبين المعتزلة كبير خلاف، كالباقلاني القائل بأن قدرة العبد مؤثِّرةٌ في صفة الفعل من كونه طاعة أو معصية مثلًا، وأبي إسحاق الإسفراييني القائل بأنه واقع بمجموع القدرتين، والإمام الرازي -على ماحكاه عنه في **شرح المقاصد**-[381]، وهو مثل مذهب إمام الحرمين، وكذا الإمام الغزالي؛ فإن قوله في أصول الفقه: «إنه ينقطع التكليف عند المباشرة، وإلا لزم طلب تحصيل الحاصل» = يُشعِر بأن المكلَّف مؤثِّر في ما طُلِب منه، ومُحصِّلٌ له، فليُفهَم. وهذا القول المذكور قد قال به إمام الحرمين أيضًا -

(379) لم أقف على هذا «التصريح» في **العقيدة النظامية**.
(380) ابن أبي شريف، **الفرائد**، ص 313.
(381) تجد هذه الأقوال المحكية في: التفتازاني، **شرح المقاصد**، ج 2، ص 126.

كما حكاه عنهما ابن السبكي وغيره-[382].

وبالجملة فليس بين مثل هؤلاء -الذين هم رؤساء الأشاعرة- وبين المعتزلة في هذه المسألة = خلاف يعتدُّ به [121 أ] لاسيما الجويني، والإسفراييني، والرازي؛ فإنهم رفضوا مذهب الأشعري وقالوا بمطلق التأثير من العبد في أفعاله.

ولهذا قال ابن أبي شريف في **حاشيته على شرح العقائد**، في خلال ذكر مذهب الأشعري: «إنه خالفه محققون من أصحابه». يشير إلى هؤلاء وغيرهم.

وأما المعترض فصمَّم على خالص الجبر، ومن العجائب نفيُه لقدرة العبد مع إثباته لتعلقها. أما نفيه للقدرة؛ فقد صرح به أولًا وآخرًا. ولذا؛ لم يُثبِت للعبد إلا توهم القدرة والاختيار. وأما إثباته لتعلقها؛ فصريح كلامه هنا شاهد بذلك، وقد صرح بمثله في مواضع يعرفها الناظر في هذا الكتاب. وأما أن هذا من العجائب فظاهر.

أما أولًا؛ فلأن ثبوت تعلق القدرة؛ فرعُ ثبوتها في نفسها؛ فكيف يثبته وينفيها؟

وأما ثانيًا؛ فلأنه لا معنى لتعلقها بدون تأثيرها -كما مرّ-. ألا ترى أن من قال: «إن العلم يتعلق بالمعلوم، ولا يفيد انكشافه أصلًا»؛ فإنه يُعد إما جاهلًا أو مكابرًا؟ ولا فرق بينه وبين من قال: «إن القدرة تتعلق ولا تؤثر». كيف وقد عرفت أن شأنها التأثير، وأن دعواهم أن القدرة القديمة تعوقها؛ دعوى مجردة عن البرهان؛ لتصحيح الجبر الخالص.

والمعترض قد تكلم هنا في بيان مذهب الأشعري بما تأباه طريقته في كتابه هذا؛ لأنه قد تمسك بالأوهام التي شهد هو بأنها أوهام فاسدة. وحينئذ فقد زاد على الأشعري في الجبر، بل خالفه في الحقيقة؛ لأن كلامه -أي الأشعري- مُجمَل، وإن كان قد أضاف جميع ما في العالم من الفجور والضلال والفحشاء إلى الله تعالى إيجادًا وتأثيرًا، من دون أثر للعباد في شيء من ذلك. فكلام المعترض أعلى وأجلى في الجبر؛ لأنه نفى القدرة -أي: قدرة العبد- بأوضح عبارة، وإن راوغ ولاوَذَ.

(382) هذا ما حكاه عنه السبكي في جمع الجوامع، ينظر: العطار، **حاشية العطار**، ج 1، ص 283.

قف على أن الرّبّ لا يكون منه إلا الخير المحضُ

واعلم أنه قال في أول «باب الشريعة» -مما سيأتي إن شاء الله في الكلام على قوله تعالى: ﴿مَآ أُنزِلَ إِلَيۡكُم مِّن رَّبِّكُمۡ﴾-، ما نصُّه: «فإن الرب لكونه مربيًا ومبلغًا للشيء إلى كماله شيئًا فشيئًا = لا يكون ما أنزل إلينا منه -حيث إنه منه- إلا ما فيه صلاحنا، وهدايتنا، وكمالنا، لا فسادنا، وضلالنا، ونقصاننا». هذا كلامه. وقد مرّت إشارة إليه. وهو إن لم يكن اعترافًا صريحًا بأن الرب تعالى لا يكون منه إلا محض الخير والصلاح والهداية والكمال، لا الفساد والضلال، وأنه اعتراف ببطلان الجبر، وسقوط جميع الشُّبَه المتمَسَّكِ بها في إثباته؛ وإلا كان الفرق تحكُّمًا محضًا، حيث يقال: إنه لا يُنزِل إلا ما فيه صلاحنا، بخلاف الخلق؛ فإنه يخلق -تعالى- ضلالنا، وفسادنا، ويريده منا -تعالى الله عن ذلك-. وكيف لا يكون الفرق تحكمًا وقد بينا أن هذا القرآن اللفظي الذي أنزله علينا = من صفات الأفعال اتفاقًا بين المعتزلة والأشاعرة، إلا العضد ومن قلده؟ ولئن سلّمنا أنه ليس من صفات الأفعال -على ما ذهب إليه العضد ومن قلده كالمعترض-؛ فلا نسلِّم الفرق بين «ما أنزل» و«ما خلق» في هذا المعنى؛ لأن مناط الحكم هو: كونُه -تعالى- ربًّا، والرب لا يُوقِعُ من يربّيه إلا في الخير المحض، باعتراف المعترض. وإلا فكيف يكون ربًا مبلغًا إلى الكمال على التدريج -كما قالوا-؟ فقد بطل ما تمسَّك به مِن أمثال هذه الآية باعترافه من حيث لا يشعر، والحمد لله رب العالمين.

ومما يوضح بطلان هذا المذهب: قولُه تعالى: ﴿فَبَدَّلَ ٱلَّذِينَ ظَلَمُواْ قَوۡلًا غَيۡرَ ٱلَّذِي قِيلَ لَهُمۡ﴾ [البقرة: 59]، ومثله قوله تعالى: ﴿وَمَن يَتَبَدَّلِ ٱلۡكُفۡرَ بِٱلۡإِيمَٰنِ فَقَدۡ ضَلَّ سَوَآءَ ٱلسَّبِيلِ﴾ [البقرة: 108]. ولو كان قولهم وفعلهم الأول خلقًا لله تعالى؛ لَما صح عليه التبديل؛ إذ لا تبديل لخلق الله. وإذا كان خلق الله تعالى ليس له من تبديلٍ بنصِّ التنزيل؛ فأيُّ مجال للتأويل؟

ومما يوضحه -أيضًا- أن الله تعالى قد وصف بعض أفعال العباد بأنه باطل. فلو كانت من خلقه تعالى؛ لم يصح أن يوصف شيء منها بأنه باطل. لكن التالي منتفٍ؛ فالمقدَّمُ مثلُه، والملازمة وبطلان اللازم ظاهرٌ معلوم بالنص. فإن الله تعالى قال: ﴿وَمَا

﴿خَلَقۡنَا ٱلسَّمَآءَ وَٱلۡأَرۡضَ وَمَا بَيۡنَهُمَا بَٰطِلٗاۚ﴾ [ص: 27]، ولاشك أن أفعال العباد لو كانت مخلوقة له تعالىٰ وكان بعضها باطلًا؛ لزم الكذب في مثل هذه الآية وغيرها، مما هو في معناها من الكتاب والسنة. وقد قال تعالىٰ: ﴿إِنَّ هَٰٓؤُلَآءِ مُتَبَّرٞ مَّا هُمۡ فِيهِ وَبَٰطِلٞ مَّا كَانُواْ يَعۡمَلُونَ﴾ [الأعراف: 139]. ولها نظائر. والأمر ظاهر.

ومما يوضحه ما روىٰ البخاري، عن أبي هريرة قال: قال رسول الله صلىٰ الله عليه وسلم: «يقول الله -عز وجل-: كذَّبني ابن آدم ولم يكن له ذلك، وشتمني ولم يكن له ذلك. فأما تكذيبه إياي فقوله: لن يعيدني كما بدأني، وليس أول الخلق بأهون عليَّ من إعادته، وأما شتمه إياي فقوله: اتخذ الله ولدًا. وأنا الأحد الصمد لم يلد ولم يولد، ولم يكن له كفوًا أحد»(383). كذا ذكره القرطبي في **شرح الأسماء الحسنى**.

ولا خفاء في أنه لو كان -تعالىٰ- هو خالق أفعال ابن آدم والموجِد لهذا القول من التكذيب والشتم؛ لبطل معنىٰ هذا الحديث. بل نقول: إن الذي قال: «إن الله تعالىٰ هو الموجد لقول من قال بنفي المعاد، واتخاذ الولد» = فهو الذي شتم الله وكذبه -سبحانه-؛ فإنه نسب إليه تعالىٰ ما نزَّه نفسه عن الأمر به، وادعىٰ أنه هو الموجِدُ له والمؤثِّرُ فيه، لا يحصله غيره -تعالىٰ-. وأين الإيجاد والتحصيل من الأمر؟ فسبحان الله عما يصفون. وهل يتجاسر عاقل علىٰ أن يقول بما يلزم منه أن الله -تعالىٰ- هو الذي كذب نفسه وشتمها؟ تعالىٰ الله عما يقول الظالمون علوًا كبيرًا.

وذلك لأن مقتضىٰ قاعدة الجبر: أن التكذيب والشتم = من آثاره -تعالىٰ- وتحصيله، ولا أثر للعبد في شيءٍ منه.

ولا يمكن للجبري أن يقول: إن التكذيب والشتم لا يكون إلا بالنسبة إلا العبد؛ لأنا نقول: إن التكذيب والشتم تكذيبٌ وشتمٌ في نفس الأمر، أعمَّ مما هو في أفعال العبد، أو في أفعال المعبود. ولو ادّعىٰ أنه لا يوصف بالتكذيب والشتم إلا ما صدر علىٰ جهة القيام والمحليّة -كما قالوا في الكسب-؛ لم يُتصوَّر أن يسند التكذيب والشتم إلىٰ الله تعالىٰ، لا سيما في الكلام اللفظي الحادث. لكنه يلزم من ذلك أنه تعالىٰ ما كذَّب

(383) **صحيح البخاري**، ج 6، ص 180، حديث 4974.

المشركين ولا شتم المنافقين، والنص بخلافه في الكتاب المبين.

ومما يوضحه -أيضًا- قوله تعالى: ﴿وَسْـَٔلْ مَنْ أَرْسَلْنَا مِن قَبْلِكَ مِن رُّسُلِنَآ أَجَعَلْنَا مِن دُونِ ٱلرَّحْمَٰنِ ءَالِهَةً يُعْبَدُونَ ﴿٤٥﴾﴾ [الزخرف: 45]. فإن الله تعالى لو كان هو الذي جعل الأصنام كما هي عليه من الصور والأشكال، وجعلها معبودةً لعُبَّادها، بحيث إنه تعالى هو الذي أوجد اتخاذَهم لها آلهةً من دونه تعالى = لَما صدقت الآية المذكورة. لكن اللازم باطل قطعًا واتفاقًا؛ فالملزوم مثله. وما يقال من أن المراد من هذه الآية: «اسأل: هل حكمنا بعبادة الأوثان؟»؛ فلا ينفع المجبرة؛ لأنه -تعالى- إذا كان هو الذي جعلها آلهة تُعبَد؛ فقد قضى بذلك وحكم به؛ فلا ينفعهم هذا التأويل.

ومما يوضحه -أيضًا- قوله تعالى: ﴿قَدْ خَسِرَ ٱلَّذِينَ قَتَلُوٓاْ أَوْلَٰدَهُمْ سَفَهًۢا بِغَيْرِ عِلْمٍ وَحَرَّمُواْ مَا رَزَقَهُمُ ٱللَّهُ ٱفْتِرَآءً عَلَى ٱللَّهِ ۚ قَدْ ضَلُّواْ وَمَا كَانُواْ مُهْتَدِينَ ﴿١٤٠﴾﴾ [الأنعام: 140]. ولا خفاء في أن من قال: «إن الله تعالى هو الذي خلق منهم التحريم وأوجده فيهم بقدرته وإرادته» -كما هو مذهب المعترض وأصحابه الأشاعرة- أعظمُ افتراءً ممن أضاف التحريم إلى الله بطريق الأمر والنهي، لا سيما عند الأشاعرة القائلين بأن الأمر والنهي لا يستلزمان الإرادة والكراهة.

ثم إنه قال تعالى -في ما بعد هذه الآية من الآيات-: ﴿سَيَقُولُ ٱلَّذِينَ أَشْرَكُواْ لَوْ شَآءَ ٱللَّهُ مَآ أَشْرَكْنَا وَلَآ ءَابَآؤُنَا وَلَا حَرَّمْنَا مِن شَيْءٍ ۚ كَذَٰلِكَ كَذَّبَ ٱلَّذِينَ مِن قَبْلِهِمْ حَتَّىٰ ذَاقُواْ بَأْسَنَا ۗ قُلْ هَلْ عِندَكُم مِّنْ عِلْمٍ فَتُخْرِجُوهُ لَنَآ ۖ إِن تَتَّبِعُونَ إِلَّا ٱلظَّنَّ وَإِنْ أَنتُمْ إِلَّا تَخْرُصُونَ ﴿١٤٨﴾﴾ [الأنعام: 148]. فالآيتان قد نطقتا بذم المجبرة؛ الأولى: في خلق الأفعال. والثانية: في إرادته تعالى للضلال. ومرجع ذلك إلى قاعدة الحسن والقبح. وهذا صريحُ ما لا يأتيه الباطل من بين يديه ولا من خلفه.

فليتأول المعترض كيف شاء، فالحق قد وضح على رغم أنفه ﴿وَلَوِ ٱتَّبَعَ ٱلْحَقُّ أَهْوَآءَهُمْ لَفَسَدَتِ ٱلسَّمَٰوَٰتُ وَٱلْأَرْضُ وَمَن فِيهِنَّ ۚ﴾ [المؤمنون: 71]، ﴿وَٱلَّذِينَ ءَاتَيْنَٰهُمُ ٱلْكِتَٰبَ يَعْلَمُونَ أَنَّهُۥ مُنَزَّلٌ مِّن رَّبِّكَ بِٱلْحَقِّ ۖ فَلَا تَكُونَنَّ مِنَ ٱلْمُمْتَرِينَ﴾ [الأنعام: 114]، ﴿وَإِنَّ كَثِيرًا لَّيُضِلُّونَ بِأَهْوَآئِهِم بِغَيْرِ عِلْمٍ ۗ إِنَّ رَبَّكَ هُوَ أَعْلَمُ بِٱلْمُعْتَدِينَ﴾ [الأنعام: 119].

[عودة إلى مناقشة الاستدلال بآية ﴿وَاللَّهُ خَلَقَكُمْ وَمَا تَعْمَلُونَ﴾، على أن الله موجِدُ أفعال العباد]

قال: «فإن قلتَ: كيف تقوم الحجة عليهم في إنكار عبادتهم لما ينحتونه، بأن الله خلقهم وخلق عملهم، وقد زعم صاحب الكشّاف أنك لو قلت: 'والله خلقكم وخلق عملكم؛ لم تكن محتجًا عليهم'؟

قلت -وبالله التوفيق-: الحجة -على هذا التقدير- قائمة عليهم بساقيها من غير تزلزل، آخذةٌ بمخانقهم عند من لم يمنعه حجاب التعصب لمذهبه عن درك الحق وفهمه.

وأما على مذهبه وتقديره؛ فالحجة غير قائمة أصلًا، وإن زعم أنها لا تقوم حجة إلا على مذهبه. وبيان ذلك: أنه لا شبهة في أنهم ما عبدوا الأصنام التي عملوها -بنحتهم- أصنامًا، إلا بعد نحتهم إياها وتشكيلها على حسب ما أرادوه، كما ينادي عليه قولُه تعالى: ﴿أَتَعْبُدُونَ مَا تَنْحِتُونَ﴾. فكان الداعي لهم إلى عبادتهم إياها -من بين سائر الأجسام-؛ هو تميُّزُها من بين سائر الأجسام بهذه الأشكال المخصوصة، الحاصلة لها بتشكيلهم وعملهم؛ ضرورةَ [121 ب] أنه لو كان الجسم -بما هو جسم- مستحقًا عندهم لأَنْ يُعبد؛ لما خصُّوا جسمًا عن جسمٍ بالعبادة. لكنهم قد خصُّوا. فنقول:

لو كان الأشكال المخصوصة حاصلةً بخلقهم وإرادتهم، من غير مدخليةٍ لقدرة الله تعالى وإرادته في ذلك -كما تقول المعتزلة ومن يحذو حذوهم-؛ كانت الأصنام متميزةً -من بين سائر الأجسام المخلوقة لله- بشيءٍ لم يكن مخلوقًا لله. وإذا تميزت بذلك؛ اتجه في الأوهام الغالبة على عقول أصحابها أنها تستحق أن تُعبَد من دون الله؛ محتجةً بقياس فاسد، مبني على مقدمة وهمية كاذبة، شبيهةٍ بمقدمة صحيحة يقينية».

أقول: أما السؤال فراسخ، وأما الجواب فبينه وبين الحق فراسخ. على أن المعترض استرَق معنى السؤال من كلام جار الله، وهو غير ملائم لمذهب النافين لأحكام

العقول -كالمجبرة-؛ لِما عرفتَ من أن البحث عن قيام الحجة وعدمه = من فروع إثبات الحسن والقبح عقلًا. وفي الجواب على ما به = دَعَاوَى:

أولها: الدعوى التي بنى عليها جميع كلامه، وهي: أن الموصول(384) الذي أوقعَ الخلقَ عليه؛ ليس إلا عبارة عن الجواهر والأشكال، أو عن الأشكال وحدها. وقد عرفت أن كونه عبارة عن الجواهر فقط -كالأحجار-؛ هو الذي يقتضيه السياق، وتقوم به الحجة على ساق، ولا تقوم بغيره أصلًا -كما مر، وسيأتي إن شاء الله-.

الثانية: دعواه أن الداعي لهم إلى عبادة الأصنام -من بين سائر الأجسام-؛ ليس إلا كونها متميِّزة بآثارٍ ليست من الله، حتى إنه لو ثبت عندهم أن أشكال الأصنام من آثار الله تعالى؛ لَمَا عبدوها -بزعمه-. وهذا، مع كونه بهتًا يحيِّر العقول؛ قد أكذبه الله فيه، حيث أخبر -تعالى- عنهم بأنهم قالوا: ﴿مَا نَعْبُدُهُمْ إِلَّا لِيُقَرِّبُونَآ إِلَى ٱللَّهِ زُلْفَىٰٓ﴾ [الزمر: 3]، وقالوا: ﴿هَٰٓؤُلَآءِ شُفَعَٰٓؤُنَا عِندَ ٱللَّهِ﴾ [يونس: 18]، ﴿وَلَا يَمْلِكُ ٱلَّذِينَ يَدْعُونَ مِن دُونِهِ ٱلشَّفَٰعَةَ﴾ [الزخرف: 86]، ورمز إلى ذلك قوله تعالى: ﴿ءَأَتَّخِذُ مِن دُونِهِۦٓ ءَالِهَةً إِن يُرِدْنِ ٱلرَّحْمَٰنُ بِضُرٍّ لَّا تُغْنِ عَنِّى شَفَٰعَتُهُمْ شَيْـًٔا وَلَا يُنقِذُونِ ﴿٢٣﴾﴾ [يس: 23]، وقوله تعالى: ﴿وَمَا يَتَّبِعُ أَكْثَرُهُمْ إِلَّا ظَنًّا﴾ [يونس: 36] -أي: ظنَّ أنها تشفع لهم عند الله-، وغير ذلك من الآيات الدالّة على أنهم لو علموا أو ظنّوا أن أشكال الأصنام بتأثير الله تعالى؛ لتهالكوا في عبادتهم لها، وكان ذلك غايةً في فتنتهم بها، واتخاذهم لها آلهةً شفعاءَ عند الله تعالى، مقرِّبةً إليه زلفى. ومثل هذا لا يكاد يخفى على مميِّز. ولذلك اعترف به المعترض في حال غفلته كما سيأتي.

وقد أشار الإمام الرازي في **مفاتح الغيب**، وصرح ابن حجر المكي في **الفتاوى** بأن قوم سيدنا إبراهيم -على نبينا وعليه الصلاة والسلام-، إنما كانوا يقولون بإلهية النجوم دون الأصنام، وإنما كانوا يعبدونها تقرُّبًا إلى النجوم. وقد جرى على ذلك كثير من علماء الشافعية. وأصل الكلام في ذلك: أنه ورد السؤال على قول سيدنا إبراهيم -عليه السلام-: ﴿هَٰذَا رَبِّى﴾، وقوله -عليه السلام-: ﴿لَآ أُحِبُّ ٱلْأَفِلِينَ﴾؛ فإن

(384) الموصول أي «ما»، في قوله تعالى: ﴿وَٱللَّهُ خَلَقَكُمْ وَمَا تَعْمَلُونَ ﴿٩٦﴾﴾، بتفسير كونها موصولة، لا مصدرية.

الأول يستلزم بظاهره الكُفرَ، وهو لا يجوز على الأنبياء -عليهم السلام-، لا قبل البعثة ولا بعدها، اتفاقًا.

والثاني: استدلال بالأفول على انتفاء ألوهية الكوكب. ومعلوم أنه قد شاهده آفلًا قبل ذلك مرارًا متعددة؛ لعِظَم شأنه.

وأجيب عن الإشكالين بأن كلامه -عليه السلام- بصدد قومه، وجارٍ على حالهم؛ لإرخاء العنان وتحقيق الاستدلال على بطلان معتقدهم وإلزامهم الحجة، وإلقامهم الحجر، ودفعهم إلى المحجَّة بإثبات وحدانية الذي فطر السماوات والأرض، ونفي الشركاء مطلقًا.

فوَرَد على هذا الجواب: أن انتفاء ألوهية الكواكب لأفولها = لا يستلزم انتفاء سائر الشركاء كالأصنام والأوثان.

فأجابوا عنه: بأن قوم إبراهيم -عليه السلام- ما كانوا يعتقدون إلا إلهيَّة الكواكب دون الأصنام؛ لأنهم كانوا منجمين. والألوهية مدارها على التأثيرات، ولا يرون مؤثِّرًا إلا النجوم والكواكب. ومن هنا ورد أن «من صدَّق منجمًا فقد كفر بما أنزل على محمد»(385) -عليه وعلى آله الصلاة والسلام-.

ومحصَّل الكلام: أن المعترض ضل في ضلاله الذي حكاه عن عُبَّاد الأصنام، من أنهم عبدوها لكونها تميَّزت بالأشكال، وأن المستحق عندهم للعبادة هو المستحق للألوهية؛ فكلامه ضلال في ضلال، وخيال في خيال. وإنما كان عباد الأصنام يعتقدون أن عبادتها تقربهم إلى الكواكب أو إلى الله زلفى. وسننقل عن **شرح المقاصد** -قريبًا إن شاء الله- ما يوضح هذا، خصوصًا ما حكاه السعد عن الإمام الرازي.

وستعلم أن تشنيع حالهم وتقبيح ضلالهم، ليس في مجرد قوله تعالى: ﴿وَٱللَّهُ خَلَقَكُمْ وَمَا تَعْمَلُونَ ﴿٩٦﴾﴾، بل في مجموع الجملتين -أي: ﴿أَتَعْبُدُونَ مَا تَنْحِتُونَ﴾. الآية-؛ لأن اتخاذ الإنسان لنفسه معبودًا ينحته بيده، ويصوره كيف يشاء؛ غاية في الضلالة، ونهاية في الجهالة.

---

(385) لم أقف عليه بهذا اللفظ.

ولهذا قال البوصيري في **الهمزية**، ذامًّا اليهود:

قتلوا الأنبياء، واتّخـذوا العجــ ـــل، ألا إنهـم هـمُ السـفهاءُ

قال ابن حجر في شرحه، ما لفظه: «كزكريا، ويحيى، وغيرهما، جاء أنهم قتلوا في يوم واحد سبعين نبيًّا، ثم أقاموا سوق نُقلِهم ومعايشهم، واتخذوا العجل إلهًا ومعبودًا، مع أن السامريّ هو الذي صاغه بحضرتهم من الحُليّ الذي استعاره من القبط قبل غرقهم، وألقى فيه من تراب أخذه من تحت حافر فرس جبرائيل الذي جاء به لفرعون، حين دخل وراءهم البحر لمّا انفرق لهم»[386]. إلى آخر كلامه.

فقوله: «مع أن السامريّ... إلخ»؛ بيان لموقع التعجيب من سفاهتهم؛ إذ جعلوا إلههم شيئًا شاهدوه مصنوعًا بصنعة واحد منهم، ولم ينكروا -لعقولهم الضالة- أن الذي يكون كذلك لا يكون أهلًا للعبادة، ولا مجرد التوجه إليه، فضلًا عن الرجاء لنفعه ودفعه، وهذا ظاهر.

وإنما أوردناه؛ لأن ابن حجر مرضيٌّ عند المعترض، فهذا هو قد دلّ كلامه هنا على ضلال المعترض؛ إذ هو عكس ما قاله، كما لا يخفى على ذي مُسكة.

حديث للبخاريّ في بيان أصل عبادة الأصنام

وقد أخرج البخاري في صحيحه، عن ابن عباس -رضي الله عنهما-: «أن ودًّا، وسُواعًا، ويغوث، ويعوق، ونَسرًا؛ أسماء رجال صالحين من قوم نوح، فلما هلكوا أوحى الشيطان إلى قومهم أن انصبوا إلى مجالسهم التي كانوا يجلسون فيها أنصابًا، وسموها بأسمائهم ففعلوا، فلم تُعبَد. حتى إذا هلك أولئك ونُسِخ العِلمُ = عُبِدت»[387]. انتهى.

وقريب منه في **الكشاف**، في تفسير سورة نوح -عليه السلام-، ومثله في **سيرة ابن هشام**، وغيره من أهل التأريخ والأثر؛ الدالة على أن عُبَّاد الأصنام والأوثان، إنما

(386) ابن حجر الهيتمي، **المنح المكية**، ص 435-436.

(387) **صحيح البخاري**، ج 6، ص 160، حديث 4920.

عظمت فتنتهم، من حيث إنهم يرون أن تلك الأنصاب المعبوداتِ متميِّزةٌ بما لا تأثير للبشر فيه. ألا ترى إلى قوله: «فلمْ تُعبَدْ، حتى إذا هلك أولئك، ونُسِخ العلمُ»؟ فإنه في حكم التصريح بأن أولئك العابدين لها لو أنهم عملوا ما علمه الأولون، من أنها مجعولة على الوجه المذكور، منصوبة بفعلهم = لم يعبدوها؛ لأن العقل الصحيح يستقبح عبادة المجعول بجعل جاعل من البشر.

فتبيَّن: أن ما ادّعاه المعترض وافتراه على عُبَّاد الأصنام، من أنهم إنما عبدوها لأنهم اعتقدوا أن أشكالها حاصلة بإيجادهم لها بقدرتهم وإرادتهم، لا بقدرة الله وإرادته، وإلا لما عبدوها -بزعمه-؛ باطل بالكتاب والسنة، في الصحيح الذي قال -تبعًا لغيره-: إنه أصحُّ الكتب بعد كتاب الله، وبكلام من هو مرضيٌّ عنده، وهو ابن حجَر.

ومن العجائب: أنه قد ناقض نفسه بنفسه، وذلك أنه قال -في ما سيأتي على كلام المؤلف رحمه الله، في الخوض في هذه الآية- ما نصُّه: «فإن الأشكال إنما هي أثر تشكيلهم حِسًّا؛ فهو أبعد من استحقاقها العبادة عند العقل، من المجموع الذي أحدُ جزأيه الجسم الذي هو أثر صنعة الله بلا واسطة مخلوق، كما لا يخفى». انتهى. وها هو ذا قد خفي عليه هذا المعنى مع وضوحه. ما ذاك إلا من آثار التعصب لمذهب الجبر ﴿ لَا يَزَالُ بُنْيَـٰنُهُمُ ٱلَّذِى بَنَوْا۟ رِيبَةً فِى قُلُوبِهِمْ ﴾ [التوبة: 110].

وأعجب من هذا: ما ذكره في «فصل الإرادة»، من أن الشيطان «يوهِم عُبَّاد الأصنام أن عبادة الأصنام عبادةٌ لله تعالى». هذا كلامه الآتي هنالك إن شاء الله. فقد أكذب نفسه بنفسه في ما ادعاه هنا من أن عُبَّاد الأصنام إنما خصوها بالعبادة لأنها تميزت عندهم بما ليس من آثار الله، فاستحقَّت العبادة دونه، وصارت مظنّة النفع والضر سواه تعالى. فاعتبروا يا أولي الألباب.

وستقف على أن الصنم المسمَّى بـ«إساف» = كان رجلًا، فمسخه الله حجرًا. وكذلك «نائلة»؛ كانت امرأةً، فمسخها الله حجرًا. وكانوا يعبدونهما، مع علمهم بأن ما فيهما من الأشكال المخصوصة = ليست من آثارهم، بل من آثار الله تعالى. فلذا، تهالكوا على عبادتهما ووضعوهما تجاه الكعبة، وكانوا ينحرون عندهما.

ومن البيّن المعلوم عند كل مميِّز: أنه لا يتأتّى أن عُبَّاد الأصنام يذهبون إلى أن الموصوف بما ليس من آثار الله = أحقُّ وأولى بالعبادة مما هو موصوف بآثاره عز وجل لا غير، مع تسليمهم أنه تعالى هو الخالق لهم ولجواهر الأصنام، كما نطق به المعترض بل نطق [122 أ] به الفرقان ﴿وَلَئِن سَأَلْتَهُم مَّنْ خَلَقَهُمْ لَيَقُولُنَّ ٱللَّهُ﴾ [الزخرف: 87]. الآية. لأنه إذا لم يكن عند العقول أن عبادة الخالق أولى من عبادة المخلوق = فلا أقل من أن يكون عند جميع العقول أن عبادة مخلوق الخالق الحقيقي المطلق = أولى وأحق من عبادة ما هو معمول لمخلوق.

فإن قلت: إذا كان الأمر على هذا؛ فكيف موقع قوله تعالى: ﴿وَٱللَّهُ خَلَقَكُمْ وَمَا تَعْمَلُونَ ﴿٩٦﴾﴾؟

قلت: لا شبهة في أن الذمّ لهم، والتقبيح لحالهم = ليس في مجرد قوله تعالى: ﴿وَٱللَّهُ خَلَقَكُمْ وَمَا تَعْمَلُونَ ﴿٩٦﴾﴾، بل في مجموع الجملتين، أي: كيف تعبدون ما تنحتونه بأيديكم، وتصورونه كما شئتم، حذفًا من أجزائه، وتسوية لأعضائه؟ وهل يكون المعبود معمولًا مفعولًا، والمرجوُّ للنفع ودفع الضر منحوتًا تحت تصرف الراجي لنفعه ودفعه؟ وهلّا وجهتم العبادة إلى الخالق لكم وللأحجار التي توجهتم إلى نحتها، وعملتم ما عملتم فيها من التصوير والتشكيل؟ وهذا ما لمح إليه جار الله، ولا شك أن الحجة لا تقوم إلا على تقديره.

كلامٌ للرازي نقلَه سعدُ الدين، في وجه اختصاص عُبّاد الأصنام إياها بالعبادة، وتأويلاتهم في ذلك -أخزاهم الله-

ومما يبطل ما جاء به المعترض: ما ذكره سعد الدين في **شرح المقاصد**، قال في أصناف المشركين ما نصُّه: «ومنهم عبدة الملائكة، وعبدة الكواكب، وعبدة الأصنام.

أما الملائكة والكواكب؛ فيمكن أنهم اعتقدوا كونَها مؤثِّرةً في عالم العناصر، مدبرةً لأمور قديمة بالزمان، شفعاءَ العباد عند الله، مقرِّبةً إياهم إليه. وأما الأصنام؛ فلا خفاء في أن العاقل لا يعتقد فيها شيئًا من ذلك.

قال الإمام: 'فلهم في ذلك تأويلات باطلة:

الأولى: أنها صوَر أرواح تدبر أمرهم، وتعتني بإصلاح حالهم -على ما سبق-.

الثاني: أنها صور الكواكب التي إليها تدبير العالم، فزينوا كلًّا منها بما يناسب ذلك الكوكب.

الثالث: أن الأوقات الصالحة للطلسمات القوية الآثار = لا توجد إلا أحيانًا من أزمنة متطاولة جدًا، فعملوا لذلك طلسمات لمطلوب خاص يعظمونه ويرجعون إليه عند طلبه.

الرابع: أنهم اعتقدوا أن الله تعالى جسم على أحسن ما يكون من الصُّوَر، وكذا الملائكة، فاتخذوا صورًا وبالغوا في تحسينها وتزينها وعبدوها لذلك.

الخامس: أنه لـمّا مات لهم مَنْ هو كامل المرتبة عند الله تعالى؛ اتخذوا تمثالًا على صورته، وعظّموه تشفعًا إلى الله تعالى وتوسلًا إليه'»(388). انتهى. ولم يكن لما جاء به المعترض عينٌ فيه ولا أثر. وناهيك بالإمام الرازي واستيفائه للمقصود وبسطه للكلام.

ومما يبطل ما جاء به أيضًا، ما ذكره ابن هشام صاحب **السيرة** وغيره، من أن الصنم المسمَّى بـ«إساف»، والصنم المسمَّى بـ«نائلة» -وهما اللذان كانا بمكة، على موضع زمزم-؛ ممسوخان حجرين. وكان إساف رجلًا، ونائلة امرأةً. قال: «وهو إساف بن ربعي، ونائلة بنت ديك، فوقع إساف على نائلة في الكعبة المشرفة، فمسخهما الله حجرين». إلى آخر كلامه. وعلى هذا؛ فقد فسد وانهدم ما بناه المعترض -كما ترى-، فلا حاجة إلى تطويل الكلام.

الثالثة: دعوى الضرورة في امتناع تخصيص جسم دون جسم بالعبادة، لو كان الجسم -بما هو جسم- مستحقًا عندهم لأن يُعبد -كما قال-. وهذه الدعوى باطلة من وجوه:

---

(388) التفتازاني، **شرح المقاصد**، ج 2، ص 64.

أولها: أنا نسأله عن تخصيصهم أيضًا بالنحت والتشكيل لجسم دون جسم؛ فإن من المقرر في مذهب المعترض: أنه لا تأثير لإرادتهم في التخصيص أصلًا، ولا معنى للإرادة إلا الصفة المخصصة. فإذا انتفى تأثيرها في التخصيص؛ فليست بإرادة حقيقية. ومحصَّله: أنه لا معنى لكون الشيء مخصِّصًا إلا كونُه مؤثِّرًا في تخصيص شيء. فإذا ثبت أنه لا تخصيص من قِبَلهم، وإنما هو من قِبَل الله تعالى؛ فقد سقط كلام المعترض وبطل بالكلية.

وبهذا يظهر لك ما في قوله: «على حسب ما أرادوه»، وقوله: «لما خصوا جسمًا عن جسم... إلخ». فإن تأسيس مذهبه أن الله -سبحانه وتعالى- هو المخصِّص؛ لأنه هو المؤثر في التخصيص والتشكيل؛ فما وقع -أي: التشكيل- إلا على حسب ما أراده -تعالى- لا ما أرادوه. ولهذا قال المعترض -في ما سيجيء له-: «إن قول الله تعالى: ﴿فَمَن شَآءَ ٱتَّخَذَ إِلَىٰ رَبِّهِۦ سَبِيلًا﴾ [المزمل: 19]؛ لا يدل على أن للعبد مشيئة مستقلة». وقد عرفتَ ما معنى «الاستقلال» عنده. وقال -في ما سيأتي له قريبًا-: «إن أفعال العباد واقعة بتقديره تعالى». يعني: أن الله هو المؤثر في إيجادها.

وقال: «إنها واقعة كذلك شاؤوا أم أبوا». ثم أردف بذكر الحديث الذي رووه: «ما شاء الله لا ما شاء الناس». إلى آخر كلامه الآتي، في السؤال الذي أورده: أن العلم تابع للمعلوم، فراجعه.

هذا، وهو -أيضًا- يعلم أن العدلية ما قالوا: إن هذه الآية دليل على أن العبد هو الذي حصَّل لنفسه المُكْنة، واستقل بنفسه، من دون أن يخلقه الله كذلك -أي: قادرًا متمكنًا مختارًا-.

فالمعترض إنما يريد نفْيَ إرادة العبد في الحقيقة -كما لا يخفى-.

وأيضًا، فإنا إذا قلنا: هذا التشكيل -مثلًا- وقع على حسب ما أراده فاعله = فليس المراد إلا الموجِدَ له، والمؤثِّر فيه، والمحصِّل له لا غيره.

فإن قلتَ: إنه قد يقال: إن تشكيلك -يا زيد- وقع على حسب ما أُريدُه -والمتكلم عمرو، مثلًا-.

قلتُ: هذا انتقال عن المقصود؛ لأن الكلام = في التشكيل -الذي هو نفس الإيقاع المسمَّى بالمصدر، والذي يصح أن يكون واقعًا على حسب ما أراده عمرو مثلًا-؛ إنما هو الحاصل بالمصدر. والمراد: أن الحاصل بالإيقاع طابَقَ قصْدَ عمرو، وجاء كما يحبّه ويستحسنه، فافهم الفرق.

وعلى فرض التسليم، أي: تسليمِ أنَّ لعُبَّاد الأصنام، عند المعترض وأصحابه، إرادة ومشيئة، وأنها أثَّرت في تخصيص جسم دون جسم آخر = فنسأله عن هذا التخصيص، ونقول: لا بدَّ له من بيان الوجه فيه. فلِمَ خصوا الحجر مثلًا دون الشجر؟ بل لِـم خصُّوا بعض الأحجار دون بعض؟ فلا بد من اعترافه ببطلان هذه الدعوى.

ثانيها: أن الأشكال لو كانت هي التي قضت باستحقاق الأصنام للعبادة، وخصَّصتْها من بين الأجسام؛ لكان بنو آدم أولى وأحق بذلك من الأصنام؛ لأنهم اختصوا بالأشكال المخصوصة، مع زيادة كونهم مِئِنَّةً للنفع والضر؛ لاقتدارهم على الحركة والبطش وسائر الأفعال. فكان يجب -على قود كلامه- أن يعبد المشركون بعضُهم بعضًا.

حال عُبّاد الأصنا م في الهند

ثالثها: أنا وجدنا في الهند كثيرًا من عُبَّاد الأصنام، إذا شاهدوا صخرة عظيمة على هيئة مخصوصة؛ خرّوا لها سجدًا، مع أنه لا أثر فيها لشيء من الأشكال المخصوصة. والظاهر أن هذا حال عُبّاد الأوثان في كل زمان، وأنهم مفتونون بمطلق الأحجار والأجسام.

قال في **الكشاف**، في سورة الفرقان من تفسير قوله تعالى: ﴿أَرَءَيْتَ مَنِ ٱتَّخَذَ إِلَـٰهَهُۥ هَوَىٰهُ أَفَأَنتَ تَكُونُ عَلَيْهِ وَكِيلًا ﴿٤٣﴾﴾ [الفرقان: 43]، ما نصُّه: «ويروى أن الرجل منهم كان يعبد الحجر، وإذا رأى أحسنَ منه صورةً؛ رمى به وأخذ آخر»(389). انتهى.

وفي تفسير سورة النجم على قوله تعالى: ﴿أَفَرَءَيْتُمُ ٱللَّـٰتَ وَٱلْعُزَّىٰ﴾ [النجم: 19]، ما

(389) الزمخشري، **الكشاف**، ص 747.

نصُّه: «وعن مجاهد: كان رجل يلتّ السويق بالطائف، وكانوا يعكفون على قبره، فجعلوه وثنًا. والعُزَّى كانت لغطفان، وهي سَمُرة»(390). إلى آخر كلامه.

فهم ضالون مفتونون بالأحجار والأجسام من ذلك الزمان. وما يجري منهم من تخصيص الصور المشَكَّلة، قد عرفت عِلَّته ووجهه في الحديث المتقدم.

وقال البيضاوي في **أنوار التنزيل** ما نصُّه: «والعُزّى: شجرة لغطفان، كانوا يعبدونها، فبعث إليها رسول الله -صلى الله عليه وسلم- خالد بن الوليد رضي الله عنه، فقطعها. وأصلُها: تأنيث الأعزّ. ومناة: صخرة كانت لهذيل وخزاعة، أو لثقيف»(391). انتهى.

فقد شهد على المعترض شاهدٌ من أهله بأنه مكابر، خابط في جهله؛ فإنه صرح بأنهم كانوا يعبدون الأشجار والأحجار الخالية عمَّا لبني آدم فيه أثر من سائر الآثار، فضلًا عن أن يكون الأمر كما ذكره المعترض في هذا الكلام المنهار.

وهكذا حال عُبّاد الأصنام قد ضلت عقولهم بعبادة الأجرام، ومنهم من رأيناه في الهند يشير بالسجود للحجر والأنهار ولكبار الأشجار، ويصير خاشعًا خاضعًا متوجّهًا عند طلوع الشمس والقمر. وسألت بعضهم عن ذلك، فقال: من دينهم تعظيم كل عظيم في عيونهم.

رابعها: أن أولئك المشركين، لـمَّا قال لهم إبراهيم -على نبينا وعليه الصلاة والتسلم-: ﴿بَلْ فَعَلَهُۥ كَبِيرُهُمْ هَٰذَا فَسْـَٔلُوهُمْ إِن كَانُوا۟ يَنطِقُونَ﴾[الأنبياء: 63]، إنما رجعوا إلى أنفسهم وقالوا: ﴿أَنتُمُ ٱلظَّٰلِمُونَ﴾ [الأنبياء: 64]، أي: ما هؤلاء الأصنام بمظنة لشيء من الضر والنفع؛ لأنها ليست إلا من الجلامد. وكل ما كان كذلك؛ كان بمعزل عن الضر والنفع، سواءً اختصَّ بشكل مخصوص أو بقي على حاله الأصلية، والخلقة الربانية.

(390) المرجع نفسه، ص 1060.
(391) البيضاوي، **أنوار التنزيل**، ج 5، ص 159.

ثم إنهم بعد أن رجعوا إلى أنفسهم ﴿نُكِسُواْ عَلَىٰ رُءُوسِهِمۡ لَقَدۡ عَلِمۡتَ مَا هَٰٓؤُلَآءِ يَنطِقُونَ﴾ [الأنبياء: 65]، فقال ﴿أَفَتَعۡبُدُونَ مِن دُونِ ٱللَّهِ مَا لَا يَنفَعُكُمۡ شَيۡـٔٗا وَلَا يَضُرُّكُمۡ ٦٦ أُفّٖ لَّكُمۡ وَلِمَا تَعۡبُدُونَ﴾ [الأنبياء: 66، 67]، ولم يجيبوا بشيء مما زوَّره المعترض وافتراه عليهم تصحيحًا لقاعدة الجبر. ولكنه -بحمد الله- ما لبث أن أكذب [122 ب] نفسه بنفسه، وكفاك مؤنَةَ باطلِه ولَبسِه.

ومما يكذب دعواه: أن اليهود عبدوا عزيرًا، والنصارى عبدوا المسيح، وبنو مُلَيح عبدوا الملائكة -كما نطق به الكتاب والسنة-، مع أن بني مليح ما رأوا الملائكة ولا عرفوا أشكالهم.

وكذا القوم الذين جاء القرآن بأنهم كانوا يعبدون الجن -على بعض التفاسير-. وكذا قوم إبراهيم -عليه السلام-؛ كانوا يعبدون الكواكب، والقمر، والشمس، كما كانوا يعبدون الأصنام. وكذا عُبَّاد العجل الذي أخرجه السامري وله خوار، إنما عبدوه لأنهم سمعوا خواره، وما عهدوا ذلك في ما كان بفعل البشر، وما عظمت به فتنتهم إلا لذلك. ولو كان كغيره من الصور المصوَّرة، والجلامد الصامتة؛ لَـمَا عظمت به الفتنة. وكذا قوم فرعون عبدوه دون غيره من البشر الذين يُرجَى منهم مطلق النفع والدفع. ما ذاك إلا لأنهم رأوا أن ضره ونفعه أجلّ وأكثر. وعبادة الوثنية للأصنام هي من هذا القبيل.

فإن كانت عبادة هؤلاء لأجل أن تشفع لهم وتقربهم إلى الله زلفى؛ فعبادة الأصنام كذلك، وسقط جميع كلام المعترض. وإن كانت لأجل مظنّة النفع بغير الشفاعة والتقريب إلى الله زلفى؛ كانت عبادة الأصنام بعيدة عن ذلك، وكان شأن عُبَّاد الأصنام أن يعبدوا بني آدم، أو الملائكة، أو الجن، أو الكواكب؛ لِمَا عرفتَ من أن بني آدم أنفسهم مظنّةُ النفع والضر، وكذا الملائكة والجن، دون الأصنام التي يكفيها من أوصاف العجز عن النفع والضر؛ كونُها جلامد منحوتة، فضلًا عن كون قبولها للنحت والتشكيل؛ هو الذي صيَّرها أهلًا للنفع والضر. فما بقي إلا أنهم خصوها بالعبادة؛ ضلالةً منهم، وظنًا أنها شفعاؤهم عند الله تعالى، وأنها تقرِّب إليه زلفى، أو على أحد الوجوه السابقة التي نقلها سعد الدين عن الإمام الرازي.

أما ما جاء به هذا الرجل؛ فمِمَّا يستعاذ من الخذلان المُوقَع في مثله.

الرابعة: دعواه أن المشركين نافون لإرادة الله لِـمَا فعلوه -كما قال-، «من غير مدخلية لقدرة الله وإرادته في ذلك -كما يقول المعتزلة ومن يحذو حذوهم-». إلى آخر ما قال.

وهذه الدعوى منه مُصادِمةٌ لصريح ما حكاه الله تعالى في مواضع من كلامه الذي هو تنزيل من حكيم حميد، كقوله تعالى: ﴿لَوْ شَآءَ ٱللَّهُ مَآ أَشْرَكْنَا﴾ [الأنعام: 148]، وغيرها من الآيات الناطقة بأن مذهب المشركين على حدِّ مذهب المجبرة، لا على مذهب المعتزلة.

كلام الحسن بن أبي الحسن البصري رضي الله عنه أن الله بعث سيدنا محمداً عليه الصلاة والسلام إلى العرب وهم قدرية[392] يحملون ذنوبهم على الله تعالى

وعن الحسن البصري -رضي الله عنه- أنه قال: «بعث الله محمدًا إلى العرب وهم قدرية -أي: تبعًا لمن قبلهم- يحملون ذنوبهم على الله تعالى. وتصديقُه: ﴿وَإِذَا فَعَلُوا۟ فَـٰحِشَةً قَالُوا۟ وَجَدْنَا عَلَيْهَآ ءَابَآءَنَا وَٱللَّهُ أَمَرَنَا بِهَا﴾ [الأعراف: 28]». وقد حكاه سعد الدين في **شرح المقاصد**[393]، وصرفه إلى غير معناه؛ إذ علم أن جار الله قد أورده في **الكشاف** وارتضاه. والحق واضح بلا اشتباه.

ولهذا قال العلامة أحمد بن تيمية الحنبلي: «من ظن أن القَدَر حجةٌ لأهل الذنوب؛ فهو من جنس المشركين الذين قال الله عنهم: وقالوا ﴿لَوْ شَآءَ ٱللَّهُ مَآ أَشْرَكْنَا﴾ [الأنعام: 148]. الآية. ثم قال تعالى: ﴿كَذَٰلِكَ كَذَّبَ ٱلَّذِينَ مِن قَبْلِهِمْ﴾ [الأنعام: 148]، إلى قوله: ﴿قُلْ فَلِلَّهِ ٱلْحُجَّةُ ٱلْبَـٰلِغَةُ فَلَوْ شَآءَ لَهَدَىٰكُمْ أَجْمَعِينَ﴾ [الأنعام: 149]. ولو

---

(392) قدرية هنا بمعنى: المجبِرة. ذلك أن مصطلح «القدرية» يُطلق على طائفتين: طائفة تنفي القدر، وطائفة تثبته، وذلك لحديث «القدرية مجوس هذه الأمة»، وكلا الطائفتين ترمي الأخرى به.

(393) التفتازاني، **شرح المقاصد**، ج 2، ص 144.

كان القدر حجةً = لم يعذب الله المكذبين للرسل»[394]. إلى آخر ما قال -جزاه الله خيرًا-. والمعترض وأمثاله قد جروا على الاحتجاج بالقدر، ونفوا حجة الله على عباده، وقالوا: «إن الله تعالى شاء شركَ المشركين وتكذيبَ المكذِّبين». وهذا أعظم مما قاله الذين حكى الله عنهم قولهم: ﴿لَوْ شَآءَ ٱللَّهُ مَآ أَشْرَكْنَا﴾، وإن كان المراد واحدًا.

مذهب المجبرة في أن كل واقع في العالَم مرادٌ للّه تعالى، كمذهب المشركين القائلين: ﴿لَوْ شَاءَ اللّهُ مَا أَشْرَكْنَا﴾، بإقرار الأشاعرة

ولولا أن كبار الأشاعرة علموا أن ما ذم الله تعالى به المشركين قد تناولهم وعاد إليهم = لـَمَا تفصَّوا عنه؛ لكون مقالتهم = هي هذه المقالة الضالة بعينها، فجاؤوا بحديثٍ كذبٍ، ودعوى باطلة من جنس اللعب، وقالوا: «إن النَّقْمَ من الله والذم والتقبيح = ليس لأجل ما نطقت به الآيات من دعوى المشركين أن شركهم بمشيئة الله تعالى، فإن ذلك حق لا يذمه الله، لأنه مذهب أهل السنة. وإنما لأجل دعوى للمشركين ضمنية، وهي: أن كل ما شاءه الله فقد رضيه». وأنت تعرف أن هذه المقدمة الكلية الضمنية ليست إلا من أكياسهم، ولا لائحة لها ولا رائحة في كلام الله الذي حكاه تعالى عن أولئك المشركين. وإنما أتى بها القوم تَفَصِّيًا عن اللوم، وهو واقع بهم ذلك اليوم. وأول من زخرفها الرازي، وتبعه المقلِّد والموازي.

فدعوى المعترض هنا مخالِفةٌ لما اعترف به مشايخ الأشاعرة وكبار المجبرة، من أن مذهب المشركين موافق لمذهبهم في أن «كلَّ واقعٍ مرادٌ»، فأين أنت يا أخا الأكراد؟

الخامسة: دعواه على المشركين أنهم قاسوا تميز الأصنام بالأشكال على تميز الناحتين لها بالاختيار في الأفعال، فاستحقت أن تُعبَد من دون الكبير المتعال. وهذه الدعوى باطلة بما تقدم، وبأنه لو صح ما افتراه من هذا القياس الفاسد؛ لَعَبدوا المقيس عليه دون المقيس، فكان بنو آدم أولى باستحقاق العبادة من الأصنام؛ لـِمَا ذكرناه في ما مرَّ.

---

(394) تقي الدين أحمد بن عبد الحليم بن تيمية، **الفرقان بين أولياء الرحمن وأولياء الشيطان**، تحقيق عبد القادر الأرناؤوط (دمشق: دار البيان، 1985)، ص 132-133.

وأيضًا، يلزم سقوط الحجة في الآية على هذا التقدير الذي مال إليه المعترض؛ لأنه منادٍ بأنهم جعلوا الأشكال التي تميزت بها الأصنام؛ مناطَ استحقاقها للعبادة. وحينئذٍ لا تقوم الحجة عليهم بالتنبيه على أن الله تعالى هو الذي خلقهم وخلق تلك الأصنام؛ لأن مدارهم على الأشكال، ولا يرون استحقاق العبادة إلا بواسطتها، فلا يُجدي عندهم نفعًا تنبيهُهم على الخالق الذي يستحيل في حقه أن يكون متصفًا بالشكل والصورة.

وأيضًا، فلا يخلو حالهم إما أن يكونوا عبدوا الأصنام لاعتقادهم أنهم هم الذين نحتوها، أو أن يكونوا عبدوها لأنها تميزت بالأشكال الحاصلة فيها.

إن كان الأول = كان قوله تعالى: ﴿أَتَعْبُدُونَ مَا تَنْحِتُونَ﴾ مطابقًا لاعتقادهم، فلا تكون الهمزة للإنكار التوبيخي، وهو ظاهر.

وإن كان الثاني؛ فالحجة غير قائمة عليهم ببيان أن الخالق -سبحانه وتعالى-؛ لأنها بمعزل عن ذكر الأشكال -كما مر-.

فإن قال المعترض: بل الحجة قائمة عليهم، من حيث إن قوله تعالى: ﴿وَاللَّهُ خَلَقَكُمْ وَمَا تَعْمَلُونَ﴾ = تندرج تلك الأشكال تحت عمومه.

قلنا: على فرض تسليمه؛ تكون هذه الآية التي حكاها الله عن إبراهيم -عليه السلام- قاضيةً بتقوية اعتقادهم في الأصنام؛ لأنهم يعلمون -حينئذ- أن أشكالها حصلت فيها بتأثير الله وخلقه، فتكون -حينئذ- قادرةً على النفع والضر، كالذين قاسوها عليهم، وهم بنو آدم، لأنهم لا يعتقدون أن الأشكال التي في بني آدم، حاصلةٌ بفعلهم وتأثيرهم، بل بفعل الله وتأثيره تعالى ﴿وَلَئِن سَأَلْتَهُم مَّنْ خَلَقَهُمْ لَيَقُولُنَّ اللَّهُ﴾ [الزخرف: 87].

ولقد كان فحول الأشاعرة بين تقديم رِجْلٍ وتأخير أخرى في تقويم اعوجاج الاحتجاج بهذه الآية، متحيرين في ترتيب نظم الآية، وصحة معناها على ما يطابق مذهبهم، فما تجاسروا على مثل هذه الدعوى التي أقدم عليها المعترض، فأراح نفسه من حيث تعب القوم، ودخل من حيث حاولوا الخروج، «إذا لم تستح فاصنع ما شئت».

ويحتمل أنه أراد: أن فساد قياسهم وكذب مقدمتهم، إنما كان لِما ثبت على قاعدة الجبر من أن الله خالق الأعمال كالعُمّال، فلا يصح أن يُعتَقَد استحقاقُ الأصنام للعبادة لتميزها بالأشكال وصيرورتها أهلًا للنفع والضر قياسًا على العباد؛ لأن الأشكال التي في الأصنام خلقُ الله تعالى، والعبادُ أيضًا غير متمكنين من أفعالهم؛ لأن الله تعالى هو الخالق لها، فبطل القياس. هذا ما يحتمله كلامه، وهو ظاهر البطلان. وسيأتي في كلامه ما يشعر بأن المشركين يعقلون معنى كسب الأشعري [123 أ]، ويفهمون من الآية الكريمة أن عين عملهم الذي باشروه، والنحت الذي تولَّوْه وأثَّروه؛ هو عين ما أوجده الله وخلقه وأثر فيه، من دون تأثير لهم في شيء منه.

وفي هذا الاحتمال فساد آخر، وهو: أنه يُفهَم منه أن الأصنام لو تميزت بالأشكال عن تأثير العباد؛ لم تكن المقدمة وهمية كاذبة، ولا كان القياس فاسدًا وبطلانه أوضح من الواضح. كيف وتقبيح ضلالهم في الآية الكريمة إنما جاء من هذه الحيثية؟ أي: كيف تجعلون معبودكم ما تؤثِّرون فيه وتصوِّرونه؟ فلو أضفتَ التأثيرَ في التصوير إلى الله؛ لسقط التقبيح والتشنيع عليهم من هذه الحيثية، وخرجنا إلى كلام مغسول عن الاحتجاج، بل خارج عن المنهاج -كما أشار إليه جار الله رحمه الله-.

وشيء آخر، وهو: أن في نَوْطِ الذم بالعبادة، وتعليقه به = يُشعِر(395) بنكتةٍ لطيفة، وبيانها يستدعي تمهيدًا، وهو أن العبادة: غاية الخضوع والتذلل، ومنه: «ثَوْبٌ ذو عَبَدَةٍ»، إذا كان في غاية الصفاقة وقوة النسج.

ولذلك لم يُستعمَل إلا في الخضوع لله تعالى؛ لأنه مولى أعظمِ النِّعمِ، فكان حقيقًا بأقصى غاية الخضوع -ذكره العلامة رحمه الله في **الكشاف**-.

وإذا عرفت هذا؛ فمعنى هذه الآية: «كيف تخضعون غاية الخضوع، وتذَلَّلون نهاية التذلل، لِـمن كنتم بالأمس تنحتونه وتأخذون من أجزائه ما شئتم كسرًا وقطعًا؛ لتسويته على الوجه الذي تريدونه بلا خضوع له، ولا ذلة ولا خوف منه، ولا استحياءٍ؟ فما عدا مما بدا؟ وما بال معبودكم بالأمس محلًا للقطع والضرب بالآلات، واليوم صار محلًا للخوف والخضوع واستحقاق العبادات؟». فتأمل هذا؛ فإن مرجعه

---

(395) يبدو أن في النظم خللًا، والصواب أن يقال -مثلًا-: «أن في نوط الذم بالعبادة، وتعليقه به ما يُشعر... إلخ».

-في التحقيق- إلى قولهم: «إن نَوْط الحكم بالمشتق يقتضي عِلِّيَّة المأخذ». وهو اللائق هنا بالبلاغة القرآنية. وقد غفل عنه أمثال المعترض، واشتغلوا بالأشكال، مع أنها ليست أعمالًا لعُبَّاد الأصنام، إلا على مذهب العدلية -كما عرفتَ-.

ثم إن المعترض ما اكتفى بما سمعتَه من تشكيكه وتشكيله، بل زاد في تحويله لمعنى كلام الله بتهويله وتطويله؛ ابتغاء الفتنة، وابتغاء تأويله، فاسمع ما جاء به في توضيحه وتفصيله.

[استمرار المعترض في الاحتجاج بآية ﴿واللّهُ خَلَقَكُم وَمَا تَعْمَلُونَ﴾، والرد عليه]

قال: «وتوضيح ذلك: أنه لا يستحق العبادة إلا النافعُ الضارُّ؛ لأن العبادة هي الطاعة والانقياد. وما لا يُرجى نفعه ولا يُخشى ضرُّه = لا يستحق أن يُطاع ويُنقاد له، وهو ظاهر.

ولا يكون نافعًا ولا ضارًا على الإطلاق إلا القادر على كل شيء؛ لأن من يقدر على شيء دون شيء = لا يستحق العبادة من جميع المخلوقات؛ لجواز أن يكون بعض المخلوقات نفَعَهُ في بعض هذه الأشياء التي لا يقدر هو عليها، وضرَّه من بعضها الآخر.

فإذا لم يقدر على إيصال النافع إليه ودفع الضار عنه؛ لم يستحق العبادة له، وهو ظاهر أيضًا.

فنقول: إذا تميَّزت الأصنام بشيء لم يكن مخلوقًا لله تعالى، بل لم يكن مقدورًا له -عند المعتزلة-؛ لأنه مقدور قادر آخر، وهو من جملة المحال، والمحال ليس بمقدورٍ اتفاقًا؛ اتجه عند الوهم أن تكون الأصنام نافعةً ضارّةً من دون الله تعالى. فإذا قيل لهم: 'أتعبدون ما تنحتون، والله خلقكم وخلق جواهر الأصنام التي تعملونها بخلقكم؟'؛ كان لهم أن يقولوا: 'نحن لا نعبد ما هو مخلوق لله خاصة، وإنما نعبد المخلوق الموصوف بما ليس من مخلوقاته ومقدوراته، وكل ما كان كذلك؛ جاز أن يكون نافعًا

ضارًا من دونه، وكل ما كان كذلك؛ استحق أن يُعبَد' = لم يقم الكلام حينئذ حجةً عليهم -كما ترى-.

فإذا قال: يا هؤلاء، ما حصل هذه الصفة إلا من خَلْقِكم. وخَلْقُكُم ما جاء إلا من قدرتكم. وقُدرتكم ما حصلت لكم إلا بخلق الله تعالى، فرجع الأمر إليه، فلا يستحق أن يُعبد إلا هو. فإن تم له هذا؛ كان الحجة هو هذا الكلام، لا قوله تعالى: ﴿وَٱللَّهُ خَلَقَكُمْ وَمَا تَعْمَلُونَ﴾. والنزاعُ فيه بلا شبهة.

فأما إذا كان المعنى: 'والله خلقكم وخلق عملكم'؛ قام حجةً عليهم قيامًا راسخًا. وذلك لأنه لـمّا كان هذه الأشكال التي تميَّزت بها الأصنام -من بين سائر الأجسام- إنما حصل لها بتشكيلهم الذي هو من عملهم، فإذا قيل لهم: 'أتعبدون ما تنحتون توهمًا منكم أنها تستحق العبودية لها، بما تميزت به من بين سائر الأجسام، والله خلقكم وخلق عملكم الذي من جملته تشكيلكم المترتب عليه أشكالـُها التي بسببها أضلتكم أوهامكم، والحال أنها ما اتصفت بهذه الأشكال إلا بخلقه تعالى إياها فيها بعين تشكيلكم الذي هو بخلقه؛ فأنّى يُتصوَّر منها النفع والضر الداعي إلى استحقاقها العبودية من دون الله تعالى، وليس لها شيء من ذاتها وصفاتها إلا من الله تعالى؟ وما كان ذاته وصفاته وكل شيء هو من الله تعالى، أنى يستحق أن يعبد من دونه؟ فبماذا تعبدونها من دون الله؟ ﴿أَفَتَعْبُدُونَ مِن دُونِ ٱللَّهِ مَا لَا يَنفَعُكُمْ شَيْـًٔا وَلَا يَضُرُّكُمْ ﴿٦٦﴾ أُفٍّ لَّكُمْ وَلِمَا تَعْبُدُونَ مِن دُونِ ٱللَّهِ أَفَلَا تَعْقِلُونَ ﴿٦٧﴾﴾ [الأنبياء: 66، 67]'؛ كان الكلام حجة عليهم قاطعةً، آخذةً بمخانقهم، ملقمةً إياهم الحجر، لمن بعين الإنصاف نظر واستبصر».

أقول: قد بان -بحمد الله- وظهر، من هو بعين الإنصاف نظر فاستبصر، ومن هو الذي ألجأته عبادة الهوى والتعصب التام إلى ما يؤدي إلى الاعتذار لعُبَّاد الأصنام، وهكذا تطويح الأهواء بالدين، وتحريف التعصب للكلام، والأمر كما قاله أبو تمام:

وعبادة الأهواء في تطويحها بالدين، مثل عبادة الأصنام

اعلم أن هذا الكلام الناطق بأن الله تعالىٰ هو الذي صوَّر الأصنام، وجعلها -تعالىٰ- معبودة من دونه، بأن أوجد عبادتهم لها = قد صادم ما دل عليه قوله تعالىٰ: ﴿أَجَعَلْنَا مِن دُونِ ٱلرَّحْمَٰنِ ءَالِهَةً يُعْبَدُونَ﴾ [الزخرف: 45] مصادمةً ظاهرةً.

فليت شعري، ماذا يكون معنىٰ هذه الآية علىٰ ما أبداه المعترض؟ فإنه صرح بأن الله تعالىٰ هو الذي جعل الآلهة -التي هي الأصنام-، وجعلها معبودةً بأن جعلهم عابدين لها، فلا يبقىٰ للإنكار معنًىٰ في قوله تعالىٰ: ﴿أَجَعَلْنَا مِن دُونِ ٱلرَّحْمَٰنِ ءَالِهَةً يُعْبَدُونَ﴾.

ومن استرسل به التعصب الباطل إلىٰ هذه الغاية؛ فقد كفاك مؤنة جداله، لكنا نوضح ضلاله في مقاله.

فكما أنه أتىٰ بهذا التوضيح؛ نحن أيضًا نوضح ما فيه من جزافه وانحرافه ووهمه علىٰ وجه صحيح.

أما قوله: «لا يستحق أن يُعبَد إلا النافع الضار» = فحقٌّ. لكن قد وقع المعترض بإيراده في مناقضة، وما خلا عن التلبيس.

أما المناقضة؛ فبيانها: أن قوله: «لا يستحق أن يُعبَد إلا النافع الضار» = اعترافٌ بحكم العقل. وذلك لأن هذا الاستحقاق لعبادة النافع الضار دون غيره = عقلي محض، بدون تصور خلاف.

ولا معنىٰ لحكم العقل باستحقاق النافع الضار للعبادة والتذلل، إلا حُكمُه بحسن ذلك وقبحِ خلافه، كتعظيمِ من لا يستحق التعظيم، وهو بعينه [123 ب] قولٌ بالحسن والقبح العقليين. وإلا فمن أين ثبت له أنه لا يستحق أن يُعبد إلا النافع الضار؟ فإن إثباته بالشرع -مع أنه لا يدّعيه- مستلزمٌ للدور؛ فقد اعترف هنا بتحكيم العقل بلا شبهة. وهو مناقض لمطلوبه في هذه الشبهة؛ فإنه ما أوردها إلا لإبطال الحسن والقبح -بزعمه-، فقد ناقض نفسه كما ناقض مذهبه، ووقع في ما هو متبرئ عنه أشدّ التبرؤ في مواضع من اعتراضاته.

ثم إنه يختص بمناقضة أخرىٰ، وهو: أنه قال: «إن من يقدر علىٰ شيء دون شيء = لا يستحق العبادة... إلخ». ثم ناقضه فورًا بأنّ عباد الأصنام حكموا باستحقاقها

للعبادة، وهم لا يدّعون قطعًا أنها قادرة على كل شيء. بل إنما افترى هو عليهم بأنهم أقاسوها على العباد، بجامع الأشكال -كما قال-. وليس العباد الذين عليهم أوقع القياس بقادرين على كل شيء، فضلًا عما أُقيس عليهم -أي: الأصنام-.

وشيء آخر، وهو: أنه يقال له: قولك: «لتميُّزها بما ليس من مقدور الله تعالى» = يقضي بأنهم يثبتون قادريته تعالى، وإحاطتَها بأنواع المقدورات، إلا ما كان من آثار البشر ومقدوراتهم، وكأنك تشير إلى أن عباد الأصنام = على مثل مذهب المعتزلة. فلأيِّ شيءٍ زعمتَ أنهم جعلوا الأصنام أحقَّ بالعبادة من خالق جواهرها تعالى، وقد قررت أن لا يستحق العبادة إلا النافع الضار على الإطلاق، وأنهم ما عبدوا الأصنام إلا لأنهم اعتقدوا كونها نافعة ضارة من دون الله؟ والذي يقتضيه قولك: «إنه لا يستحق العبادة إلا النافع الضار على الإطلاق»: أنه كلّما كان النافع الضار أكثر نفعًا وضرًا -في نظر العقل-؛ كان أولى بالعبادة ممن كان نفعه وضرُّه ليس إلا مجرد التميز بشيء يسير، ليس من آثار ذلك النافع الضار على الإطلاق، بل هذا الشيء اليسير ليس باقيًا -على مذهب الأشاعرة في عدم بقاء العَرَض-، وإنما يجدده النافع الضار على الإطلاق. وهذا الذي قررته أنتَ يقتضي أن عبّاد الأصنام المعترفين بقادرية الله تعالى -على ما اعترفت به في كلامك- لا يخصّون بالعبادة إلا اللهَ تعالى، لا الأصنام -كما زعمت-. فقد ناقضت كلامك بكلامك، ومهّدت مقدمات لا تُنتِج غير إفحامك، وبيانِ غلطك وأوهامك، نسأل الله العافية من مثل دائك الذي حال بينك وبين مرامك، فصرتَ كعابد الهوى، ناصرًا لعُبَّاد الأصنام، بمجادلتك عنهم وخصامك.

وأما بيان كونه تلبيسًا؛ فلأنه قال: «ولا يكون نافعًا ضارًا على الإطلاق، إلا القادر على كل شيء... إلخ». وجَعَلَه إرهاصًا لـِمَا أتى به من التعريض بذمّ العدلية، حيث قال: «إن فعل العبد ليس مقدورًا لله تعالى -عند المعتزلة-». وهذا مبني أيضًا على أمرين باطلين:

أحدهما: أن كون الباري تعالى نافعًا ضارًا على الإطلاق = يستلزم أنه -تعالى- هو المؤثِّر في تحصيل الطاعات والمعاصي بأسرها، ولا أثر لغيره فيها أصلًا، وهذا باطل.

أما أولًا؛ فلأن كونه تعالى نافعًا ضارًا على الإطلاق = لا يستلزم أن يكون -تعالى- هو المؤثر في تحصيل الطاعات والمعاصي؛ إذ يكفي في تحقق كونه تعالى نافعًا ضارًا على الإطلاق، إثابتُه على الطاعات، وعقابُه على المعاصي. بل يكفي في ذلك إجراء الألطاف على المطيع، وسلبُها عن العاصي. بل يكفي ذلك -بزعم الأشعري- نفسُ إيجاد العبد المطيع والعبد العاصي؛ بناءً على ما قاله من أن إيجاد الله للعبد الكافر = مضرةٌ خالصة، وأنه لا نعمة لله تعالى على أحد من الكفار.

وأما ثانيًا؛ فلأن كونه -تعالى- نافعًا ضارًا على الإطلاق = لا يستلزم أن يكون تعالى مستقلًا بإيجاد أفعال العباد بلا تأثيرٍ لهم فيها أصلًا، بل يكفي في ذلك مجرد تأثيره فيها، سواء كان ذلك مع تأثير العباد فيها -كما هو مذهب الأستاذ أبي إسحاق الإسفراييني- أو بتأثيره تعالى في الداعي الموجِب لتأثيرهم فيها -كما هو مذهب إمام الحرمين، والإمام الرازي-.

وهذا على التنزُّل وفرض الاستلزام -مع بُعدِه كلَّ البعد-؛ فمن أين للمعترض ما جنح إليه من استلزام كون الباري تعالى نافعًا ضارًا على الإطلاق؛ لكونه خالقًا لأفعال العباد بالاستقلال؟ وهل هذا إلا مجرد جُزافٍ وجدال؟

وأما ثالثًا؛ فلأن ورود «الضارّ» في عداد الأسماء الحسنى = لم يثبت في كلام الله تعالى، ولا في رواية متفق على صحتها. وإنما ورد في الرواية التي حسَّنها الترمذي، ولم يجزم بصحتها، كما جزم بالرواية عن أبي هريرة -كما سيجيء ذكره إن شاء الله تعالى في موضع لائق به-، وكذا جاء في رواية محمد بن إسحاق بن خزيمة، وقد نُقِل عنه التجسيم، فلا يوثَق بروايته في ذلك.

وأما رابعًا؛ فلأنّا لو سلَّمنا الرواية المذكورة؛ فهي إنما جاءت باقتران «الضار» بـ«النافع» وإردافه به. وحينئذ، فيصير هذان الاسمان كالاسم الواحد، كما في قولك: «هذا حلوٌ حامضٌ» -أي: مُزٌّ-. ولهذا قيل: إنه لا يجوز أن يكون الضمير العائد فيهما معًا؛ لاستلزام ذلك أن يكونا قد رفعاه -أي: الضمير المذكور-، وأنه اجتماع عِلَّتين مستقلتين على معلول واحد. ولا يجوز أن يكون الضمير في أحدهما دون الآخر؛ لأنه

يستلزم استقلاله بالخبرية وذلك فاسد؛ لأن المعنى على خلافه، فوجب أن يكون الضمير العائد من طريق المعنى؛ إذ المعنى: «هذا مُزٌّ» -كما عرفت-.

ولا يخفى أن المعنى المأخوذ من مجموع «الضار النافع»، هو: «مالك الضر والنفع»، ومالك الأمر كله. وذلك لا يقتضي ولا يستلزم أن يكون تعالى هو المؤثر في إيجاد أفعال العباد.

أو نقول: إن اقتران الضار بالنافع = دل على أن الاسمين صارا كالاسم الواحد المركب، كسائر المركبات التي لا يصح التكلم ببعضها دون بعض. والمعنى كالأول - أي: إنه تعالى مالك النفع والضر، ومالك الأمر كله-.

وستعرف أن مرجع «المالكية»(396) = إلى صفة «القادرية»، وأنه لا يلزم من القادرية على الشيء = إيجادُه وإيقاعُه، وإلا لوُجِدت جميع الممكنات دفعة واحدة. واللازم منتفٍ؛ فالملزوم مثلُه. وسيأتي لنا التذكير بهذا البحث في موضع آخر إن شاء الله تعالى.

ثانيهما -أي: ثاني الأمرين الباطلين-: أن عُبَّاد الأصنام كانوا على مذهب المعتزلة - بزعمه-. والقرآن يكذبه -كما عرفت سابقًا-.

ثم لا يخفاك أنه إن أراد كون فعل العبد خارجًا عن قادرية الله تعالى مطلقًا عند المعتزلة = فقد افترى.

وإن أراد: بقيدٍ = فلا ينفعه ولا يضرّهم، كما لم يضرّ أصحابَه المجبرةَ قولُهم: «إن الله لا يقدر -تعالى- على أن يُحدِث الكذب في كلامه اللفظي الحادث، كهذا القرآن اللفظي، المنتظم من الحروف المترتبة، ولا يقدر -تعالى- على إيجاد أصغر المعجزات لبعض الكذابين، ولا يقدر -تعالى- على الشرور والقبائح، بوصف كونها شرورًا وقبائح».

بل قد زعم المعترض -كما يدل عليه كلامه- أن الله تعالى لا يقدر على خلق القدرة المؤثِّرة للعبد؛ لأنه كخلق الشريك والثاني -بزعمه-.

---

(396) أي صفة «المالكية»، مصدرًا صناعيًا.

وهذا كله أبلغ مما نسبه إلى المعتزلة؛ لأنهم إنما منعوا كون مقدور العبد بعينه مقدورًا لله تعالى؛ لاستحالة مقدور بين قادرين. ولا خلاف بين الجمهور في امتناعه، فقالوا: «لا تتعلق قادريته -تعالى- بعين مقدور العبد». فمنعوا التعلق، مع إعلانهم بأن الله تعالى قادر على جميع أجناس المقدورات، فدخلت في ذلك مقدورات العباد بأسرها؛ فلا يلزم خروج شيء من أجناس المقدورات عن قادريته تعالى.

وأما مقدور العبد بالفعل؛ فالعلة فيه ما عرفتَ. على أن هذا ليس مذهبًا لجميع المعتزلة والعدلية، بل لبعضهم -كما سنحققه إن شاء الله تعالى-.

ثم إن نفْعَه وضرَّه -تعالى- بخلق القدرة المؤثرة للعبد = أبلغُ وأقوى وأشدُّ من نفعه وضره بخلق الآثار نفسها، كما أن ذلك أبلغ في قادريته تعالى، ونفوذ إرادته -كما عرفتَ-. فسقط تعريض المعترض بذم العدلية، ورجع الذم عليه وعلى أصحابه الجبرية، القائلين بعدم قادرية الله تعالى على إحداث قدرة العبد المؤثرة، وعلى إحداث أقل ألفاظ الكذب، وأصغر المعجزات على يد الكاذب، إلى آخر ذلك.

ولـمّا كان جار الله -رحمه الله تعالى- قد أشار في هذا البحث لمسألة مقدور بين قادرين، وامتناع ذلك -كما يأتي قريبًا إن شاء الله-، وتعرَّض المعترض في هذا المقام لذلك أيضًا؛ تعريضًا بذم العدلية = حَسُن الكلام عليه؛ فلنبسط في ذلك بعض البسط فنقول:

[مسألة مقدور بين قادرين، والمذاهب فيها]

قد اتفق الفلاسفة بأسرهم، وجمهور المتكلمين على امتناع مقدور بين قادرين.

أما الفلاسفة؛ فلامتناع توارُد العِلَّتين [124 أ] على معلول واحد. ولذا، خصصه بعضهم بالمعلولات الشخصية -أي: دون النوعية-، كحرارة الماء بالنار والشمس معًا.

وأما المتكلمون؛ فقد أحالوا ذلك من جهة واحدة، كأن يكون القادران مؤثرين في إيجاد المقدور وتحصيله. وحينئذ، زعم الأشاعرة جواز كون فعل العبد مقدورًا بين الباري تعالى وبين العبد؛ بناءً على اختلاف الجهة، وأن للباري تعالى جهة الإيجاد والتأثير، وللعبد جهة الاكتساب والمحلية. وكلامهم مضمحل عند التحقيق، باعتراف مثل إمام الحرمين وغيره. بل مرجعه إلى المناقضة؛ إذ لا يقال لمحل الفعل: «إنه قادر

على الفعل»، فضلًا عن أن هناك مقدورًا بين قادرين؛ الباري تعالى، والعبد.

ولهذا قال سعد الدين في **شرح العقائد** ما نصُّه: «فإن قيل: لا معنى لكون العبد فاعلًا بالاختيار إلا كونُه موجِدًا لأفعاله بالقصد والإرادة. وقد سبق أن الله تعالى مستقلٌّ بخلق الأفعال وإيجادها. ومعلومٌ أن المقدور الواحد لا يدخل تحت قدرتين مستقلتين.

قلنا: لا كلام في قوة هذا الكلام ومتانته. إلا أنه لما ثبت بالبرهان أن الخالق هو الله وحده. وبالضرورة أن لقدرة العبد وإرادته مدخلًا في بعض الأفعال -كحركة البطش-، دون البعض -كحركة الارتعاش-؛ احتجنا في التفصّي من هذا المضيق، إلى القول بأن الله خالق، والعبد كاسب. وتحقيقه: أن صَرْفَ العبد قدرته وإرادته إلى الفعل = كسبٌ، وإيجادَ الله الفعلَ عقيب ذلك = خلقٌ، والمقدور الواحد داخل تحت قدرتين مختلفتين»(397). انتهى المراد من كلامه، وفيه شهادةٌ بما ادَّعيناه، وشهادة أيضًا بكذب ما تبجّح به في **شرح المقاصد**، من أنه لا معنى لكون العبد فاعلًا لأفعاله، إلا كونُها قائمةً -أي: إنه محلٌّ لها-، وأن الله تعالى هو الموجد لها، لكن العبد هو الفاعل حقيقةً. هذا حاصل كلامه في **شرح المقاصد**. ولعلنا ننقله بلفظه في ما سيأتي. فإن السعد ابتهج به، حتى أورده مرتين في الكتاب المذكور، وقال ما معناه: إنه ما كان يظن أنه يخفى مثل هذا على علماء المعتزلة، وإنما كان يجري من عوامهم في الأسواق، حتى رأى ذلك من العلماء في الأوراق. فها هو ذا قد خفي عليه ذلك، كما يخفى على عوام المعتزلة، بل صار أعظم منهم؛ لأنه زاد عليهم بالمناقضة، إذ اعترف هنا بأنه لا معنى لكون العبد فاعلًا بالاختيار، إلا كونُه موجِدًا لأفعاله. وقال: «لا كلام في قوة هذا الكلام ومتانته». وعلى هذا؛ لا يكون العبد فاعلًا بالاختيار حقيقةً، فضلًا عن أن يكون هو الفاعل حقيقة.

واللغة عند استقرائها التام تكذِّب المدعي أن الإسناد يكون حقيقةً لمجرد القيام. وهذه الدُّلسة التي تبجح بها سعد الدين وغيره منهم قريبةُ الميلاد، بدليل ما ذكره الحافظ أبو عبد الله الذهبي في كتابه الذي ترجم فيه للنبلاء، فإنه قال حاكيًا عن **فنون ابن عقيل** ما لفظه:

---

(397) التفتازاني، **شرح العقائد النسفية**، ص 58.

«قال عميد المُلْك: قدم أبو المعالي -يعني إمام الحرمين الجويني-، وكلم أبا القاسم بن برهان في العباد: هل لهم أفعال؟

فقال أبو المعالي: إن وجدتَ آيةً تقتضي ذا فالحجة لك. فتلا: ﴿وَلَهُمْ أَعْمَٰلٌ مِّن دُونِ ذَٰلِكَ هُمْ لَهَا عَٰمِلُونَ﴾ [المؤمنون: 63] -ومدَّ بها صوته-، وكرر ﴿هُمْ لَهَا عَٰمِلُونَ﴾، وقوله تعالى: ﴿لَوِ ٱسْتَطَعْنَا لَخَرَجْنَا مَعَكُمْ يُهْلِكُونَ أَنفُسَهُمْ وَٱللَّهُ يَعْلَمُ إِنَّهُمْ لَكَٰذِبُونَ ﴾ [التوبة: 42] -أي: إنهم كانوا مستطيعين-. فأخذ أبو المعالي يستروِحُ إلى التأويل. فقال -أي: ابن برهان-: إنك باردٌ. تتأول صريح كلام الله؛ ليصح بتأويلك كلامُ الأشعري، وأكله ابن برهان بالحجة، فبُهِت»(398). انتهى. فما بهت إمام الحرمين إلا لعلمه بأن الحجة قد لزمته، وأنه لامعنى لعامل العمل وفاعله إلا موجدُه. ولو كان عنده -أي: إمام الحرمين- أدنى شعور بمثل ما ذكره سعد الدين في **شرح المقاصد**، من أن العامل والفاعل، هو: «من قام به الفعل وكان محلًا له» = لما بُهِتَ وتحيَّر، ولم يجد جوابًا يُتصوَّرُ. وهكذا كان أوائل المجبرة، يتحيرون في مقامات المناظرة بينهم وبين المعتزلة. ولا تزال المعتزلة يسخرون بهم في كل مقام.

والظاهر أن هذه المناظرة بين الجويني وابن برهان = في مبتدأ أمر الجويني وأوائل عصره؛ لأنه رجع في آخر الأمر إلى اطراح مذهب الشيخ الأشعري بل ضلَّله. كما أشار إلى ذلك في آخر مؤلفاته التي في **النظامية**. وعندي أيضًا أن سعد الدين لا يجهل ما ذكرناه. ففي هذا الكلام الذي ذكره في **شرح العقائد** جَوَلانٌ يحوم حول الاعتراف بالحق ويشير إليه، لكنه كما قيل:

في فمــــي مـــــاء وهـــــل ينطـــق [مـــن في فيـــه مـــاءُ؟]

أما قوله: «لـِمَا ثبت بالبرهان»؛ فقد عرفت سابقًا ما قاله ابن الهمام في منع دعوى هذا البرهان، وما هو أيضًا مما يخفى على مثل سعد الدين؛ فالأمر كما ذكرناه. والله أعلم.

وأما قوله: «وتحقيقه أن صرف العبد... إلخ»؛ فلا يخلو: إما أن يكون معنى هذا الصرف هو: قصد استعمال القدرة -على ما ارتضاه بعضهم-، أو جعل القدرة متعلقة

(398) الذهبي، **سير أعلام النبلاء**، ج 18، ص 469.

بالمقدور -كما ارتضاه الخيالي(399) وغيره-.

لا سبيل إلى الأول؛ لأن قَصْدَ استعمال القدرة = فرعٌ على ثبوت القدرة في نفسها، لكنها -على مذهب الأشاعرة- مقارِنةٌ للمقدور. فهذا القول يقتضي أن توجد القدرة ولا تستعمل في شيء. فلا يتمشى على مذهب المعترض أصلًا.

ولا إلى الثاني أيضًا؛ لأن المعترض قد صرح -في ما سيأتي- أن التعلق عندهم مخلوق لله تعالى، -أي: بلا واسطةِ اكتساب-. فكيف يكون من جهة العبد؟

اعتراف البيضاوي بأنه لا مدخل للعبد عندهم في الفعل؛ لأن تصميم العزم مخلوق أيضًا، وإنكار السلف للمناظرة في ذلك

ولهذا زيَّف البيضاوي مثل هذا الكلام. قال الفاضل محمود الأصفهاني في **شرح الطوالع**: «قال المصنف -يعني البيضاوي-: 'وهذا أيضًا مشكل؛ فإن تصميم العزم أيضًا فعلٌ مخلوقٌ لله تعالى، فلا مدخل للعبد أصلًا. ولصعوبة هذا المقام؛ أنكر السلف على المناظرين في هذا المقام؛ لأنه، بحسب الغالب، يؤدي المناظرة فيه إلى رفع الأمر والنهي، أو الشرك بالله تعالى'»(400). إلى آخر كلامه. فعُرِف منه أن صرف القدرة، كتصميم العزم = فعل الله تعالى -عندهم-. وفيه الكلام.

فانتفت المدخلية رأسًا، وخرج الكلام عن فرض مقدورٍ بين قادرين، ولم يبق إلا قادرٌ واحدٌ فقط.

فتبين بهذا: أن ما ذكره صاحب **الإيثار** -رحمه الله- من أن الفرق بين ما هو من قِبَل الله تعالى، وبين ما هو من قِبَل العبد -على مذهب الأشاعرة-؛ ضروريٌّ -بزعمه-؛ باطل بلا ريبة، ولا خفاء في بطلانه باعتراف مثل البيضاوي، وهو من المهرة في هذا الفن وغيره.

واتضح أيضًا أن قول السعد: «وإيجاد الله الفعلَ عقيب ذلك... إلخ» = باطلٌ على

---

(399) شمس الدين أحمد بن موسى الخيالي (ت. 861هـ)، له الحاشية المشهورة على شرح السعد للعقائد النسفية.

(400) شمس الدين الأصفهاني، **مطالع الأنظار**، ص 192.

مذهبهم؛ لأنه منادٍ بتقديم قدرة العبد على الفعل.

واتضح لزوم ما ذكره البيضاوي -على مذهبهم- من رفع الأمر والنهي وبطلان الشرائع؛ لأنه يكون أمر العبد ونهيُه المتقدمُ على الفعل = أمرًا ونهيًا لمن لا يقدر. ومع المقارنة؛ لا دخل له في إيجاد المأمور به، ولا اجتناب المنهي عنه.

أما دعواه -أي البيضاوي- لزومَ الشرك = فقعقعةٌ ليس تحتها منفعة، وإلا لزم الشرك من إثبات علم العبد ووجوده وحياته؛ إذ لا فرق بين صفة وصفة، كصفة القدرة المؤثرة وغيرها من الصفات -كما كررناه في مواضع-.

وأما حديث الخالقية؛ فقد عرفت ما فيه فلا نعيده. ثم لا يخفاك أن صرف الإرادة -على ما أشار إليه سعد الدين- لا يصح أن يُفسَّر بأحد التفسيرين المذكورين في صرف القُدرة.

أما الأول؛ فلأنه لا معنى لقصد استعمال الإرادة. وهو ظاهر.

وأما الثاني؛ فلأنهم قد قالوا بأن تعلُّقَها -أي: الإرادة- لذاتها، كإرادة الباري -كما صرّح به الكمال(401) الخيالي وغيره-. وأما قوله -أي: سعد الدين-: «لكن بجهتين... إلخ»؛ ففيه بحث:

أما أولًا؛ فلِمَا ذكرناه سابقًا. ولا خفاء في أن الفعل -عندهم- بجميع جهاته = مخلوق لله تعالى، ولا أثر للعبد في جهة من جهاته أصلًا.

إيضاح بطلان قولهم: يجوز كون المقدور الواحد بين قادرٍ موجِد وقادرٍ كاسب

وأما ثانيًا؛ فلأن الأمر كما ذكره العلامة الحسن بن أحمد بن مُتَّوَيْه -رحمه الله تعالى-؛ فقال في بحث «مقدور بين قادرين»: «واعلم أنه لا فرق بين تجويز ذلك من جهة واحدة، أو من جهتين مختلفتين، كالكسب والحدوث -إن عُقِل الكسب-؛ لأنه إذا لم

(401) لقب الخيالي شمس الدين، لكن حاشيته على شرح السعد للعقائد النسفية، حشّى عليها إسماعيل القرماني المعروف بقره كمال (ت. 920هـ). فلعل المؤلف خلط بينهما. أو لعله أراد أن يقال: كما صرّح به الكمال على الخيالي، وهو تعبير مطروق.

تنفك إحدى الجهتين من الأخرى = فلزوم ما تقدَّم ظاهر. ومتى جوَّزنا انفصال إحداهما عن الأخرى -على ما قال برغوث والأشعري-، فما تقدم [124 ب] أيضًا يبطله. ويلزم جوازُ وجود الفعل من جهة الكسب ولا حدوث هنالك، وإلا لبطل كون أحدنا قادرًا على هذا الفعل. فإن هذه الصحة لو وقفت على وجود أمر يتعلق باختيار الغير = قَدَح في كون أحدٍ قادرًا»(402). إلى هنا كلام ابن مُتَّوَيْه -رحمه الله-.

وأراد -بما تقدم له- دليلَ امتناع مقدورين قادرين، وهو مشهور بين الفريقين وإن اختلفت العبارات. وإيضاح ما ذكره: أن الكسب والخلق إما أن يجوز انفكاك أحدهما عن الآخر أو لا.

إن كان الأول -كما هو مذهب برغوث والأشعري-؛ لزم أن يكون الفعل مكسوبًا وهو لم يبرز في حيز الوجود. لكن اللازم باطل قطعًا واتفاقًا. وكذا يلزم وجود الفعل بالخلق وهو غير مكسوب، مع فرض كونه فعلًا للعبد -كما هو فرض المسألة-، وبطلانه أيضًا ظاهر؛ إذ يلزم منه أن يكون الفعل الواحد مكسوبًا غيرَ مكسوب، وإنه اجتماع النفي والإثبات على شيء واحد، وبطلانه أَجْلى البديهيات.

وإن كان الثاني -أي: عدم جواز الانفكاك-؛ لزم ما ذكرناه أيضًا لزومًا ظاهرًا -أي: كون الفعل مكسوبًا غير موجود-، وذلك لأن قادرية الكاسب على كسبه = تنافي توقف كسبه على أمر غير قدرته وإرادته وتمامِ الشرائط التي من جهته، وإلا لخرج عن كونه قادرًا، وقد فرضتموه قادرًا. هذا خلْف.

وبهذا يُعلَم أن ما يدعيه المعترض -في ما سيأتي- ناقلًا عن الدواني، من أنهم يثبتون قادرية العبد، وإنما ينفون تأثير قدرته؛ خلافًا لخُلَّص المجبرة والجهمية النافين لقدرة العبد رأسًا = دعوى باطلة، وأنه لا فرق بين الفريقين. وسيأتي اعتراف المعترض بذلك من حيث لا يشعر، فانظر كلامه في أول «كتاب التوحيد».

وقد عُلِم بهذا أيضًا بطلانُ ما ذكره صاحب **الإيثار** -رحمه الله تعالى-، حيث قال: «إن من الأمثلة التي يظهر فيها مقدورٌ بين قادرين: حملَ العَرش. فإن الله قد نسبه إلى

---

(402) ابن متويه، **التذكرة**، ج 2، ص 496.

حَمَلَته من الملائكة، مع أن الله تعالىٰ حامل لهم، ولِـمَا استقرَّ عليه من سماء وأرض. والحامل للقرار؛ حاملٌ لِـمَا عليه قطعًا. فثبت أن العرش محمول لله تعالىٰ، مع أنه محمول لحملته»[403]. انتهىٰ.

وإنما قلنا بأنه قد عُلِم بطلانه؛ لأنّا بيّنّا أن القادر المختار هو: «من لا يتوقف تأثيره في فعله علىٰ أمرٍ غير قدرته وإرادته وتمام الشرائط التي من جهته»؛ فحَمَلة العرش إذا ثبت أنهم حاملون له بقدرتهم وإرادتهم؛ فليس تأثيرهم في حَمْلِه متوقفًا علىٰ أمرٍ ليس من جهتهم أصلًا، بل هم حاملون له، سواء كان تعالىٰ حاملًا للسماوات والأرض أم لا؛ فهم مستقلون بتأثيرهم -أي: إن كل واحد منهم مستقل بتأثيره من دون مشارك له فيه، لا الباري تعالىٰ ولا غيره-. ألا ترىٰ إلىٰ حامل الكتاب في السفينة؟ فإنه مستقل بحمله، ولا دخل للريح والماء في ذلك؛ فلا يقال: إن حمله أثرٌ بين مؤثِّرَين -الماء والحامل للكتاب-؛ فإن هذا باطل لا سترة به أصلًا.

وأما لو فرضنا أن حملة العرش لا يقتدرون علىٰ التأثير في حمله، إلا علىٰ تقدير أن الله تعالىٰ حامل لما استقروا عليه من سماء وأرض، وحامل لهم أيضًا؛ فليسوا بقادرين حقيقةً، فلا يكون من باب «مقدور بين قادرين»، أصلًا.

نعم، المكان والقرار ضروري في حق القادر المختار منّا؛ لكوننا أجسامًا ثقيلة. والجسم الثقيل لا بدَّ له من مانع يمنعه عن الهُويِّ، كمكان وقرار يستقر فيه. لكن افتقارنا إلىٰ ذلك لا يستلزم عدم استقلالنا بآثارنا، وإلا لزم أن يكون الحامل للحجر في الدار غير مستقل بحملها؛ لأنه محمول في الدار. ويكون -حينئذ- لعامر الدار شَرِكةٌ في حمل الحجر؛ نظرًا إلىٰ أنه هو الذي أقام الدار، ولولا استقرار الحامل للحجر علىٰ القرار من سطح الدار؛ لـَما أمكنه حملُ الحجر.

وتوضيح الكلام في حَمَلَة العرش: أن أثرهم هو نقل جسم العرش عن قراره ومكانه الذي هو فيه كائنًا ما كان. وهذا النقل والحمل له عن مكانه وقراره = ليس إلا من آثارهم قطعًا، إذا كانوا قادرين حقيقةً. وكونُه -تعالىٰ- حاملًا للسماء والأرض وما

(403) ابن الوزير اليماني، **إيثار الحق**، ص 296-297.

بينهما؛ لا يستلزم أن يكون مؤثرًا في نقل العرش وحمله عن مكانه وقراره المذكور، وإلا فلا خصوص للعرش. بل يكون -تعالىٰ- شريكًا لنا في حمل جميع ما في الأرض والسماء من الأحجار وسائر الأجسام. فيكون حملي للقلم الآن مقدورًا بين قادرين. وهو ظاهر البطلان، لا يخفىٰ علىٰ ذي عينين.

هذا، وقد بان بما ذكرناه أن تعريض المعترض بذم العدلية المانعين لمقدور بين قادرين = عائدٌ عليه. مع أن إدخاله لهذا المعنىٰ مما لا يفيده أيضًا في مطلوبه، ولا حاجة إليه؛ لأن عُبَّاد الأصنام وإن اعتقدوا تميزها بما ليس من مقدورات الله تعالىٰ؛ إنما هو من مقدورات قادر آخر = لم يتجه عندهم أن تكون هذه الأصنام -لتميزها المذكور- نافعةً ضارةً من دون القادر المطلق، ومن دون القادر الذي أشكالُ الأصنام من مقدوراته -كالناحت لها من بني آدم-. بل ربما يتجه عندهم أنه هو أولىٰ من الأصنام باستحقاق العبادة؛ لأن ضرَّه ونفعَه صار عندهم متيقَّنًا، بخلاف الأصنام؛ فإنه متوهَّم قياسًا علىٰ هذا القادر الآخر. ومن ذا يعدل إلىٰ المقيس مع إمكان المقيس عليه، ويترك المحقَّق ويرتكب المتوهَّم؟ فانظر -يا أخا الأكراد- ماذا أفادك التعرض لما لا يعنيك.

وأما قوله: «نحن لا نعبد ما هو مخلوق لله تعالىٰ خاصة... إلخ»؛ فمبنيٌّ علىٰ أن الذم والتوبيخ لهم = ليس إلا في قوله تعالىٰ: ﴿وَٱللَّهُ خَلَقَكُمْ وَمَا تَعْمَلُونَ ﴿٩٦﴾﴾. لكن كل أحد يعلم أن الذم والتوبيخ = في الجملتين معًا -أي: أتعبدون ما تنحتون والله خلقكم وما تعملون، علىٰ ما ذكرناه سابقًا-.

ولنزده وضوحًا فنقول:

لا خفاء في أنك لو قلت: «كيف تجعل معبودك حجرًا كيَّفْتَه وشكلته بيدك، وجعلته علىٰ الصورة التي أردت؟ وهل ينبغي لك أن تتخذ ما هو داخل تحت تصرفك معبودًا لك؛ رجاء النفع منه ودفع الضرر؟ ولِمَ لا تعبد الله الذي خلقك وخلق ذلك الحجر؟» = لـَمَا بقي له إلا التقنّع برداء الخزي والذلة، والتلفع بمئزر الافتضاح من دون تَعلّة.

وظاهرٌ أن معنىٰ الآية: أنه لا ينبغي أن يَعبُد المخلوقُ المخلوقَ، علىٰ أنهما معًا مخلوقان لله، فضلًا عن أن يعبده، وهو الذي صوره وكيّفه، وقدّره ونحته حسبما تدبّره.

والحجة على هذا واضحة اللزوم -كما مر-. وأما على ما زعم المعترض؛ فلهم أن ينازعوا. فإذا قيل لهم: «أتعبدون ما تنحتون والله خلقكم وما تعملون؟»؛ أمكنهم أن يقولوا: «نحن بمقتضى هذا الكلام لا نعبد ما نحتناه نحن وأثّرنا فيه الأشكال، وإنما نعبد ما أوجد الله نحته وتشكيله وأثّر فيه. وما جعله كذلك إلا وقد أراد أن يكون لنا معبودًا. فقولك: 'والله خلقكم وما تعملون' إن كان دالًا على خلق الله لأعمالنا = راجعٌ إليك، وعائدٌ بالذم عليك، بل هو كلام متناقض في نفسه؛ لأن أولى الجملتين تعطي أنّا نحن الذين أوجدنا النحت فيه، والجملة الثانية تعطي أن الله هو الذي أوجده. وكذلك الجملة الأولى تقتضي ذمَّنا على ما أوجدناه من عبادة ما صوَّرناه، والثانية تفيد رفع الذم عنا؛ لـِمَا دلَّت عليه من أن الله هو الذي أوجد فينا [125 أ] هذه العبادة للأصنام، كالتصوير الذي فيها». فتأمل -يا أخا الأكراد- هل لهذا الكلام رادٌّ؟

أما حديث الكسب؛ فلا تقدر أن تدَّعي أن عبّاد الأصنام كانوا يعقلونه. كيف وقد تحير في معناه كبار أصحابكم الأشاعرة؟ وهم إلى الآن في ظلماتهم يعمهون، وفي تصحيح مدلوله تائهون.

نعم، كلامك هنا يقتضي أن عُبّاد الأصنام يعقلون مذهب الكسب، ولا ينكرون أن يكون الشيء الواحد مخلوقًا لله، وواقعًا بتأثيره سبحانه وتعالى، حال كونه معمولًا للعبد، وواقعًا بإحداثه، وأنهم يعرفون أن الإسناد إلى العِباد لا يستلزم التحصيل والإيجاد، وإنما يقتضي أن يكونوا محلًا للأعمال التي يوجدها الله تعالى فيهم من الطاعات والمعاصي وسائر الأفعال، وأنهم بمعزل عن تحصيل شيء من أعمالهم.

ومن تجاسر على أن يقول: إنهم -أي: عُبّاد الأصنام- أقاسوا ذلك القياس الذي ذكره المعترض = لم يستقبح أن يقول: إنهم يعرفون كسب الشيخ الأشعري، ويدينون به.

وأما قوله: «ذلك لأنه لَـمّا كان الأشكال التي تميزت به الأصنام... إلخ»؛ فمع كونه باطلًا -بما تقدم-؛ فيه شيء آخر، وهو: أن قوله: «إنما حصل بتشكيلهم»؛ يفيد أن تشكيلهم يسمى «تحصيلًا»، وأن حصول الأشكال مستندٌ إليهم لا إلى الباري تعالى، وهو خلاف مذهبه، وعينُ مذهب المعتزلة وغيرهم من العدلية رحمهم الله.

وسيأتي قريبًا -إن شاء الله- تصريحُه بأن الأشكال ما حصلت إلا بتشكيلهم اتفاقًا. فتصريحه بهذا الاتفاق؛ من عجائب الاتفاق، مع أنه على مذهبهم باطل بالاتفاق؛ إذ لا دخل -على هذا المذهب- للتشكيل في الصور والأشكال الحاصلة في الأصنام، من دون تصور خلاف لأحد من الأشاعرة -كما سنأتي عليه الآن-. وقد مر التنبيه على هذا الاعتراف بأن العبد محصل لأفعاله.

وأما قوله: «أضلَّتكم أوهامُكم»؛ فلا يجري على مذهبه أيضًا؛ لأنهم مصرحون بأن الله تعالى هو المُضِل حقيقةً. فإن أراد هنا المجاز؛ فلا يتم على مذهبه كما يُعلم بأدنى تأمل.

وأما قوله: «بعين تشكيلكم... إلخ»؛ فكلامُ من عميت عينه عن مذهبه الذي يجادل عنه. وذلك لأن مذهبه -كسائر أصحابه الأشاعرة-: أن الصور والأشكال الحاصلة في الأصنام = لا دخل فيها لعمل العباد أصلًا؛ لأنها غير مكتسبة لهم، بل واقعة بخلق الله تعالى ابتداءً، بدون واسطةِ كسبٍ من العبد؛ لخروجها عن محل الكسب -كما أشرنا إليه سابقًا، وسنوضحه لاحقًا-. وتكرر التذكير به حتى يكون لكمال النصح مواقعًا مطابقًا.

والمراد هنا هو: التنبيه على بطلان قوله: «بعين تشكيلكم». وإنما الذي يصح -على مذهبه- أن يقال: إنها -أي: الأصنام- ما اتّصفَت بهذه الأشكال إلا بمحض خلقه وعمله -سبحانه وتعالى- بدون واسطةٍ لكم في عملها وحصولها البتة. فكلام المعترض يضرب بعضه وجه بعض، فليته أنصف وتأمل.

واعلم أن من أوضح ما يدل على فساد هذا الكلام، وافترائه على عُبَّاد الأصنام: ما حكاه الله تعالى عن سيدنا إبراهيم -على سيدنا محمد وعليه وعلى آلهما الصلاة والسلام-. وذلك حيث قال تعالى في سورة الشعراء: ﴿وَٱتْلُ عَلَيْهِمْ نَبَأَ إِبْرَٰهِيمَ ﴿٦٩﴾ إِذْ قَالَ لِأَبِيهِ وَقَوْمِهِۦ مَا تَعْبُدُونَ ﴿٧٠﴾ قَالُوا۟ نَعْبُدُ أَصْنَامًا فَنَظَلُّ لَهَا عَٰكِفِينَ ﴿٧١﴾ قَالَ هَلْ يَسْمَعُونَكُمْ إِذْ تَدْعُونَ ﴿٧٢﴾ أَوْ يَنفَعُونَكُمْ أَوْ يَضُرُّونَ ﴿٧٣﴾ قَالُوا۟ بَلْ وَجَدْنَآ ءَابَآءَنَا كَذَٰلِكَ يَفْعَلُونَ ﴿٧٤﴾﴾ [الشعراء: 69-74]. فما قالوا: «بل ينفعونا أو يضرون؛ لأنهم اختصوا بأشكال ليست من آثار الله تعالى، بل من آثار العباد»، كما افتراه أخو الأكراد. وإنما أعربوا عمّا

هم عليه من التقليد للآباء والأجداد، وأعرضوا عن دعواهم كونَ الأصنام في أنفسها مظنّةً لشيء من النفع أو الدفع؛ ترفعًا منهم عن المكابرة والعناد.

ومثل ذلك ما حكاه تعالى في سورة الأنبياء عنه -عليه السلام- من قوله تعالى: ﴿فَجَعَلَهُمْ جُذَاذًا إِلَّا كَبِيرًا لَّهُمْ﴾، إلى قوله عز وجل: ﴿أَفَتَعْبُدُونَ مِن دُونِ ٱللَّهِ مَا لَا يَنفَعُكُمْ شَيْـًٔا وَلَا يَضُرُّكُمْ ﴿٦٦﴾ أُفٍّ لَّكُمْ وَلِمَا تَعْبُدُونَ مِن دُونِ ٱللَّهِ أَفَلَا تَعْقِلُونَ ﴿٦٧﴾﴾ [الأنبياء: 58-67]. فما وجدوا من الحيلة في مدافعة تضليله لعقولهم، وتسفيهه لآرائهم، إلا أن قالوا: ﴿حَرِّقُوهُ وَٱنصُرُوٓا۟ ءَالِهَتَكُمْ﴾ [الأنبياء: 68]. ما ذاك إلا لأنهم علموا أن من عبد شيئًا لا يقدر -ذلك الشيء المعبود- أن يدفع عن نفسه شيئًا كالقطع، والجذّ، والنحت، والتشكيل، بحذف الأجزاء = لجديرٌ أن يُضلَّل، ويقال له: «خيبةً لك وجدْعًا، أتعبد ما لا يملك لك ولا لنفسه نفعًا ولا دفعًا؟»، وهل يقول عاقل: إن لهذا الكلام منعًا؟ إلا عند من رام تستير الفضيحة بنصب العداوة لمن قَرَعَه بالحجة، والبغضاء لمن فلجَه بالحق الواضح الواقع في المحجّة. فعند ذلك يفعل ما أمكنه من أذيَّته، والإضرار به، والفحش في حقه -كما فعل المعترض مع جار الله، وكما قالوا: ﴿حَرِّقُوهُ وَٱنصُرُوٓا۟ ءَالِهَتَكُمْ﴾ -.

قال جار الله في هذا الموضع من **الكشاف**: «عن ابن عمر -رضي الله عنه- أن الذي أشار بإحراقه رجل من أعراب العجم -يريد: الأكراد-»(404). انتهى.

فعُلِم أن ما أوردته -يا أخا الأكراد- وتلوته من قول رب العباد: ﴿أُفٍّ لَّكُمْ وَلِمَا تَعْبُدُونَ﴾. الآية = حجةٌ عليك ليس لها رادٌّ؛ لأن عباد الأصنام ما التفتوا إلى ما ذكرتَه أنت عنهم، بل قهرَتْهم الحجة، وفَلَجهم الحق؛ فلم يقدروا على إنكار كون آلهتهم لا تملك دفعًا ولا نفعًا، وإلا لدفعَتْ عن أنفسها جذًّا وقطعًا، لكنها صارت جذاذًا، ولم تجد عن الجذّ معاذًا ولا ملاذًا. وكيف لا، وقد أمكن الناحت لها أن يقطّعها أوصالًا وأفلاذًا.

فاتضح من هذا: أن قوله تعالى: ﴿أَتَعْبُدُونَ مَا تَنْحِتُونَ﴾ = جارٍ هذا المجرى

(404) الزمخشري، **الكشاف**، ص 682.

الواضح، كما لا يخفى على من لم يستحوذ عليه التعصب استحواذًا.

وهاهنا **نكته** توضح غفلة المعترض، وهي: أن قول الله في سورة الأنعام: ﴿وَيَوْمَ نَحْشُرُهُمْ جَمِيعًا ثُمَّ نَقُولُ لِلَّذِينَ أَشْرَكُوٓا۟ أَيْنَ شُرَكَآؤُكُمُ ٱلَّذِينَ كُنتُمْ تَزْعُمُونَ ﴿٢٢﴾ ثُمَّ لَمْ تَكُن فِتْنَتُهُمْ إِلَّآ أَن قَالُوا۟ وَٱللَّهِ رَبِّنَا مَا كُنَّا مُشْرِكِينَ ﴿٢٣﴾ ٱنظُرْ كَيْفَ كَذَبُوا۟ عَلَىٰٓ أَنفُسِهِمْ ۚ وَضَلَّ عَنْهُم مَّا كَانُوا۟ يَفْتَرُونَ ﴿٢٤﴾﴾ [الأنعام: 22-24]. وإنما قلنا: إن هذه النكتة توضح غفلته؛ لأنه زعم أن عباد الأصنام قد يحتجّون بما ذكره من الباطل -كما بيّناه-. ولو كان الأمر كما توهّمه من أن الله تعالى هو الموجد لعبادتهم للأصنام، ولا تأثير لهم فيها أصلًا؛ لكانت هذه حجة عظيمة، قائمة على سيدنا إبراهيم عليه السلام، بل تكون حجة لهم يوم يقوم الأشهاد، فلا يحتاجون إلى أن يكذبوا على أنفسهم، وينكرون أنهم كانوا مشركين -كما أخبر الله عنهم في هذه الآية-. وهل حجةٌ أكبر وأعظم من إظهار كمال البراءة عن التأثير منهم في الشرك؟

فقد غفل المعترض عن هذا [الواضح]، وسنكرر التنبيه عليه؛ لأجل إكمال النصائح، وبيان غفلة المعترض وجهله في اشتغاله بتقرير أمثال هذه الفضائح، ولم يلتفت أدنى التفات إلى ما لا يأتيه الباطل من بين يديه ولا من خلفه؛ إذ هو مشحون بالأدلة الدالة على إبطال عسْفه، وما جاء به هنا من الخيالات الكاذبة، والمحالات الخاربة الخائبة، عند أهل الأنظار الثاقبة.

ونكتة أخرى، يحسن أن نختم هذا الكلام بإيرادها، وهي: أن سيدنا إبراهيم -على نبينا وعليه الصلاة والسلام-؛ قد احتج على عُبَّاد الأصنام احتجاجًا عقليًا، كما حكاه الله عنه من قوله عز وجل: ﴿أَتَعْبُدُونَ مَا تَنْحِتُونَ﴾. الآية المذكورة آنفًا، وغيرها من الآيات الناطقة بأن العقول السليمة؛ تأبى عبادة ما لا يملك نفعًا ولا دفعًا.

فما تلاه المعترض من قول الله تعالى: ﴿أُفٍّ لَّكُمْ وَلِمَا تَعْبُدُونَ مِن دُونِ ٱللَّهِ ۖ أَفَلَا تَعْقِلُونَ﴾ = واقع به [125 ب] وبأصحابه المجبرة.

ومن الغرائب: غفلتُه عن صريحِ آخِرِ هذه الآية الكريمة -أي: قوله تعالى: ﴿أَفَلَا تَعْقِلُونَ﴾-؛ فإنه احتجاج عليهم بمحض العقل، وتقريع لهم بسوء فعلهم، وقبح صنيعهم في العبادة لمن لا يستحقها في نظر العقول الصحيحة. فكيف صحّ وجاز في

عقولهم -لو كانوا يعقلون- عبادةُ أحجار وجمادات لا تملك نفعًا ولا دفعًا؟ وكيف لم يستقبحوا اختصاصها بالعبادة من دون الله تعالى، وهو النافع الدافع على الإطلاق؟ فهو -في نظر العقول- الحقيق بالعبادة، والمستحق للعبودية له سبحانه وتعالى، دون غيره من سائر الأشياء؛ من يعقل وما لا يعقل، فضلًا عن الجمادات والأحجار. فمن عبدوها حقيقون بأن يُسفَّهوا بالتسفيه والتقريع الشنيع، والذم والتوبيخ الفظيع، وأن يقال لهم: ﴿أُفٍّ لَّكُمْ وَلِمَا تَعْبُدُونَ مِن دُونِ ٱللَّهِ أَفَلَا تَعْقِلُونَ﴾؛ لأنهم خالفوا مقتضى حكم العقل -الذي هو حجة الله على العبد-. ولذا احتج -سبحانه وتعالى- بالعقل في مواضع، ووبخ من عدل عن حكمه -أي: العقل-، كهؤلاء الذي قيل لهم: ﴿أُفٍّ لَّكُمْ وَلِمَا تَعْبُدُونَ مِن دُونِ ٱللَّهِ أَفَلَا تَعْقِلُونَ﴾. فيالكِ من حُجّةٍ على المعترض في هذه الآية الكريمة؛ إذ لا خفاء في أن هذا منافٍ لمذهبه ومذهب مشايخه الأشاعرة. ولهذا أنكروا الفرق بين التوحيد والشرك، وقالوا: «إنه لا فرق بينهما إلا من حيث استمرار العادات، واستقرار الشرائع والنبوات» -كما مر نقله عن **شرح المقاصد**-، وهو معروف من مذهبهم، مأنوس في كتبهم.

والمعترض إنما اشتغل بالتشكيل والأشكال، ولم يخطر له ما عليه من الوبال ببال. ثم إنه ما اكتفى بما طوّله من المجال، الذي كله مزالق وأوجال(405)، ولم يقع فيه على غير الاعتراف بمذهب الاعتزال، من حيث لا يشعر في ما أطال، بل هو دائر يروم تصحيح الضلال، وتوضيح المحال، فاسمع ما قال:

[ردّ المعترض على تفسير الزمخشري لآية ﴿واللّهُ خَلَقَكم وما تَعْمَلونَ﴾، وجوابُ المؤلِّف]

قال: «ولننقل كلام صاحب الكشاف في تفسير هذه الآية، ونتكلم عليه على التفصيل؛ ليتضح الأمر زيادة اتضاح، ويتبين انحرافه عن سواء السبيل، فنقول:

قال صاحب الكشاف في قوله تعالى: ﴿وَٱللَّهُ خَلَقَكُمْ وَمَا تَعْمَلُونَ﴾: 'يعني: وخلق ما

---

(405) جمع وَجل، أي كله مزالق ومخاوف.

تعملونه من الأصنام، كقوله: ﴿بَل رَّبُّكُمْ رَبُّ ٱلسَّمَٰوَٰتِ وَٱلْأَرْضِ ٱلَّذِى فَطَرَهُنَّ﴾ [الأنبياء: 56]، أي: فطر الأصنام'.

قال: 'فإن قلت: كيف يكون الشيء الواحد مخلوقًا لله تعالى، معمولًا لهم، حيث أوقع خلقَه وعملَه عليها جميعًا؟

قلت: هذا كما يقال: عمل النجارُ البابَ والكرسيَّ، وعمل الصانعُ السوارَ والخلخال، والمراد: عمل أشكال هذه الأشياء، وصُوَرها دون جواهرها، والأصنامُ جواهرُ وأشكالٌ، فخالقُ جواهرِها الله تعالى، وعاملو أشكالِها = الذين يشكلونها بنحتِهم وحذفِهم بعضَ أجزائها؛ حتى يستوي الشكل الذي يريدونه'. إلى هنا كلامه.

فأقول وبالله التوفيق: سلّمنا أن المراد عمل أشكال الأصنام فقط، لا مجموعها المركب من الجواهر والأشكال. لكنه يلزم أن يكون حاصل المعنى: 'والله خلقكم وخلق ما تعملونه من أشكال الأصنام'. ويرجع إلى قولنا: 'والله خلقكم وخلق أشكال الأصنام التي تعملونها'، وهو ظاهر، غني عن البيان لمن أنصف، كما إذا قلنا: 'خلق الله ما عمله النجار من الكرسي' -والفرض أن النجار ما عمل من الكرسي إلا شكله باعترافكم-؛ كان المعنى: 'خلق الله ما عمله النجار من شكل الكرسي'، ويرجع إلى قولنا: 'خلق الله شكل الكرسي الذي عمله النجار'. وبالاتفاق إن الأشكال ما حصلت إلا بتشكيلهم الذي هو عملهم؛ فلو لم يكن عملهم -الذي هو التشكيل- مخلوقًا لله تعالى؛ لم تكن الأشكال مخلوقةً له تعالى؛ لأنها ليست إلا أثر التشكيل. لكن اللازم من كلامهم -شئتم أو أبيتم-: أنه خلق الأشكال التي عملوها -كما مر أنه حاصل كلامهم-. فلا بد أن يكون تشكيلهم -الذي هو عملهم- مخلوقًا لله تعالى، وهو المطلوب. فما أتى في الجواب عن السؤال إلا بما هو حجة عليه، وهو يظن أنه حجة له، ﴿وَمَا يَخْدَعُونَ إِلَّآ أَنفُسَهُمْ وَمَا يَشْعُرُونَ﴾، ﴿وَلَا يَحِيقُ ٱلْمَكْرُ ٱلسَّيِّئُ إِلَّا بِأَهْلِهِۦ﴾. اللهم إني أعوذ بك من المكر والاستدراج من حيث لا أشعر، في ساعة من ليل أو نهار، يا أرحم الراحمين».

أقـول: قد بلغت قلة الحياء من المعترض إلى ما سمعته من الأذاء[406] للعلامة -وهو جار الله-؛ رومًا منه للإلباس. ولو اقتصر على بيان مقصوده لم يكن عليه سبيل ولا بأس، إنما السبيل على الذين يظلمون الناس.

أما الأذاء لجار الله -رحمه الله- فلعل سببه ما مرَّ نقله عن **الكشاف**، من أن الذي أشار بإحراق سيدنا إبراهيم -عليه السلام- رجل من الأكراد. وما ضرَّ بدر التِّم أن نبح الكلبُ.

وأما اللِّواذ والإلباس؛ فالأمر فيه واضح لمن كان له قلب. وقد سلف منا بيان ما أشار إليه جار الله في هذا السؤال والجواب. ونحن نزيده هنا إيضاحًا شافيًا لأولي الألباب، وجريًا على ما مجرى عليه المعترض من التكرير والإسهاب، فنقول:

لا يخفى على المنصف الطالب لإصابة الصواب، أن جار الله لم يرد أن ينبه على إشكالٍ عظيمٍ ينشأ من مفهوم الآية المذكورة، وإنما أراد أن ينبِّه على أنه لا معنى لكون العبد عاملًا للعمل إلا كونُه محصِّلًا له، ومُخرِجًا له عن العدم إلى الوجود، وإلا كان الإسناد إليه = إسنادًا إلى المحلّ، وهو مجاز، فلا يُعدَل عن الحقيقة إليه أصلًا إلا لدليل، وأين الدليل؟ فالعمل: «إيجاد المعمول»، كما أن الخلق: «إيجاد المخلوق اختراعًا بتقدير». فيترتب على هذا التنبيه: أن كون الشيء الواحد مخلوقًا لله تعالى، معمولًا للعباد = من قبيل مقدور بين قادرين، وهو محال لا يجوِّزه إلا شذوذ.

والقول به هنا من جهالات المجبرة، فوجَّه السؤالَ -رحمه الله- بناءً منه على امتناع مقدور بين قادرين، وأثر بين مؤثرين تامين. وأشار إلى أن الله تعالى قد أضاف إليهم نحت المنحوت، وسمّاه معمولًا لهم، ولا معنى [126 أ] للمعمول حقيقة، إلا ما حصَّله العامل -كما اعترف به المعترض سابقًا ولاحقًا-، حتى قال: «إنه بالاتفاق».

والله تعالى قد أوقع خلقه -في هذه الآية الكريمة- على ما سمّاه معمولًا لهم، ويمتنع أن يكون الشيء الواحد معمولًا لاثنين فصاعدًا، من دون تصور خلاف لأحد من المجبرة. إنما خالفوا في امتناع المقدور بين قادرين من جهتين -بزعمهم الباطل-؛ بناءً منهم

(406) كذا، والمقصد الإيذاء.

على أن معنى العمل غيرُ معنى التحصيل والإيجاد، وأنه معنى القيام والمحلية -كما عرفت-. ففي كلامهم مصادرة تستلزم دورًا محالًا، وافتراءً على أهل العقل واللغة.

وأجاب -أي: جار الله رحمه الله- بما هو فصل الخطاب في هذا المقام، وهو: أن المعمول -على ما هو الحق- ليس شيئًا واحدًا حتى يلزم توارد العاملين على معمول واحد، والمؤثرين التامين على الأثر الواحد، بل هو شيئان بل أشياء؛ جواهر وأشكال. فتأثير الباري واقع على الجواهر، أي: إنها حاصلة بتحصيله تعالى فَطْرًا، وابتداعًا، وخلقًا، واختراعًا، وتأثير العباد واقع على الأعراض والأشكال، أي: إنها حاصلة بتحصيلهم لها، تكييفًا وتصويرًا، وحذفًا لبعض أجزائها، وتسويةً لبعضٍ، على الوجه الذي أرادوه هم، لا أنه أراده الله تعالى -كما أشار إليه رحمه الله-، وأتى أولًا بقوله تعالى: ﴿ٱلَّذِى فَطَرَهُنَّ﴾؛ إشارةً إلى أن أثره تعالى هو هذا المعنى، أعني أنه تعالى أوجد أحجار الأصنام فَطْرًا، وابتداعًا، وخلقًا، واختراعًا -كما نبهنا عليه هنا-. ولو كان المراد من قوله تعالى: ﴿ٱلَّذِى فَطَرَهُنَّ﴾: خلقَ مجموع الجواهر، والأعراض -التي هي الأشكال الحاصلة بنحتهم وتصويرهم الذي أحدثوه بقدرتهم وإرادتهم-؛ لما صح إطلاق الفَطْر عليها؛ إذ لا يصح أن يطلق لفظ «الفَطْر» على ما للعباد فيه دخل؛ لأن أفعال العباد ليست فَطْرًا، إجماعًا.

فإن المجبرة لا ينازعون في أنه يمتنع إطلاق «الفَطْر» على الواقع بكسب العباد، ولو كان بخلق الله تعالى -كما هو مذهبهم الباطل-. والتشكيل للأصنام واقع بكسب العباد عند أهل هذا المذهب. وقد اعترف المعترض بأن الأشكال إنما حصلت بتشكيلهم، وعلى هذا فلا يصح أن يُطلَقَ «الفَطْرُ» على المجموع من الجواهر والأشكال.

فتبين بهذا: أن أخا الأكراد في وادٍ، وجار الله في واد، وأنه ما وقع على شيء من المراد، وظهر للمنصف المميز أن قوله: «لكنه يلزم أن يكون حاصل المعنى: 'والله خلقكم وخلق ما تعملونه من أشكال الأصنام... إلخ» = مما يُنشِدُ عنده جارُ الله بلسان الحال قول من قال: «أريها السُّهى وتريني القمر».

فهو -لعمري- قول من لم يفهم ما أراده جار الله من السؤال والجواب اللذين أوردهما وأرادهما. وذلك لأن المعترض لم يتعرض في كلامه لِما أشار إليه جار الله من

امتناع مقدور بين قادرين، واستحالة كون معمولهم مخلوقًا لله تعالى؛ نظرًا إلى أن العامل هو: موجِدُ العمل، كالخالق: موجِد الخلق. والشيء لا يتعلق به الإيجاد مرَّتين، والأثر لا يكون حاصلًا بين مؤثرين تامين، اتفاقًا بين الفريقين، بل بين سائر العقلاء من الفلاسفة وغيرهم -كما عرفت-.

ولا فَهِم مراد جار الله رحمه الله تعالى بذكر قوله تعالى: ﴿ٱلَّذِى فَطَرَهُنَّ﴾، فصدَّ عن سواء السبيل، وجهل منزع الدليل.

وكان على المعترض أن يتعرض لذلك كله، ويبين أن كونهم عاملين للأشكال، وناحتين للأحجار = لا يستلزم أن يكونوا محصِّلين لتلك الصور المخصوصة فيها، وموجِدين لها بإرادتهم واختيارهم، ولن يجد إلى بيان ذلك سبيلًا.

أما أولًا؛ فلأنه لا دليل على أن العبد يكون عاملًا للعمل، ولا يكون محصِّلًا له، بل يكون المحصل له غيره -وهو الباري تعالى-. والقائل بهذا متقول على أهل العقل واللغة، مفترٍ عليهم -كما ذكرناه-.

وأما ثانيًا؛ فلأن المعترض قد اعترف -من حيث لا يشعر- بأن أعمال العباد = تحصيلٌ -كما مرّ-.

وأما ثالثًا؛ فلأن العمل الذي أسنده الله إلى العباد؛ إن كان هو نفس المحلية -أي: كونهم محلًا لما أحدثه الله من العمل كما هو مذهبهم-؛ لم يصح أن يسمى عملًا لهم، وإلا لصح أن يسمَّى العملُ الحاصلُ في المكان والزمان = عملًا للزمان والمكان -كما مر-، وهو ممتنع إجماعًا. وإن كان شيئًا وراء هذه المحلية؛ امتنع أن يكون مخلوقًا لله تعالى؛ لأن ذلك يستلزم أثرًا بين مؤثرين تامين، والأشاعرة لا يخالفون في امتناعه، وإنما يجيزون مقدورًا بين قادرين من جهتين -كما مر-، أي: قادر محصل مؤثر، وقادر كاسب -بزعمهم-. ولا معنى لكونه كاسبًا إلا كونُه محلًا للعمل الذي يحصله فيه غيره -وهو الباري تعالى-، فيكون -في التحقيق- خارجًا عن مقدور بين قادرين، وإنما يكون مقدورًا بين قادرٍ ومحلٍّ للمقدور. ولا شك في أن كل مقدور كذلك؛ إذ العمل لا بد له من محلٍّ يحصل فيه. فاتضح بهذا: أن العمل الذي أسنده الله إلى العباد؛

إن كان شيئًا وراء المحلية المذكورة؛ امتنع أن يكون مخلوقًا له -تعالى- اتفاقًا، فافهم [126 ب]، فإنه لا يخلو عن دِقَّة.

هذا، وكان على المعترض أن يتعرض لما أشار إليه جار الله بقوله: «حتى يستوي الشكل الذي يريدونه». فإنه -رحمه الله- أشار بقوله: «يريدونه» إلى أن تلك الأشكال حاصلةٌ باختيارهم وإرادتهم. وهذا لا يجري على مذهب الأشاعرة؛ لأنهم قائلون بأن ما خرج عن محل قدرة العبد لا يكون مكسوبًا له -كما مر-. وما لا يكون مكسوبًا له لا يكون باختياره وإرادته أصلًا. وهم لا ينكرون أن تلك الأشكال خارجة عن محل قدرة العباد، فلا تكون مما يجري على إرادتهم -كما هو مذهب الأشاعرة-. فما للمعترض لم يتعرض لهذا؟

وأيضًا، فعندي أن جار الله -رحمه الله- قد أومأ بذكر إرادتهم = إلى أن الله تعالى لم يرد ما أرادوه -كما مرت إشارة-. وكلما كان كذلك امتنع أن يكون تعالى مؤثرًا فيه؛ لأنه قادر مختار، فلا يخلو فعل من أفعاله الاختيارية عن إرادته عز وجل. وإنما كان ما أرادوه غير مراد له تعالى؛ لكونه قبيحًا، كما دل على ذلك قوله تعالى: ﴿لَوۡ أَرَدۡنَآ أَن نَّتَّخِذَ لَهۡوٗا لَّٱتَّخَذۡنَٰهُ مِن لَّدُنَّآ إِن كُنَّا فَٰعِلِينَ ١٧ بَلۡ نَقۡذِفُ بِٱلۡحَقِّ عَلَى ٱلۡبَٰطِلِ فَيَدۡمَغُهُۥ﴾ [الأنبياء: 17، 18]. الآية. فقد دلت على أنه -تعالى- لا يريد ما أرادوه، كما لا يخفى على اللبيب المنصف.

لا يقال: إن هذه الآية إنما دلت على أنه -تعالى- لو أراد أن يتخذ لهوًا لاتخذه لنفسه عز وجل، كأن يتخذ -تعالى- صاحبة وولدًا، وغير ذلك من اللهو -تقدس وتعالى عن ذلك علوًا كبيرًا- وهذا مفهوم الآية بل صريحها. ولم تدل على أنه لا يريد أن الأصنام تُنحَت وتُعبَد من دونه، وأن العباد يشركون به، ويقولون: إن له صاحبة وولدًا -كما هو مذهب الأشاعرة وسائر المجبرة-. وأين هذا من ذاك؟

لأنا نقول: لا خفاء في أنه -تعالى- لا يُتصوَّر ولا يمكن بوجه من الوجوه، أنه -تعالى- يتخذ لنفسه صاحبة وولدًا، أو شيئًا من اللهو -تعالى وتقدس عن ذلك كله-. فلا معنى للامتداح بعدم إرادته، وبأنه تعالى لو أراده لفعله واتخذه. وإنما يصلح

التمدح بعدم إرادة الممكن لذاته، لا المحال -كما مرت إشارة إليه-.

وأنت تعلم أنه لا فرق بين إرادتك للولد، وبين إرادتك أنه يُنسب إليك الولد، بل إذا قبُح الأول ولم يحسن؛ كان الثاني أقبح؛ لأنه قد زاد على الأول بكونه كذبًا في الواقع ونفس الأمر. فاتضح لك ما أردناه.

ولعلنا نزيده إيضاحًا، فيكون المعنى: أنه -تعالى- لا يريد أن يُنسَب إليه اتخاذ الولد والصاحبة واللهو، وسائر ما نسبه المشركون إليه تعالى. وهذا يستلزم أنه -عز وجل- لا يريد شيئًا من القبيح الباطل، كما دل عليه أيضًا آخر هذه الآية، أي: قوله تعالى: ﴿ بَلْ نَقْذِفُ بِالْحَقِّ عَلَى الْبَاطِلِ ﴾، أي: فكيف نريده؟

وبالجملة، فهذه الآية تكفي المجبرة في ردعهم عن الافتراء على الله بأنه يريد الباطل المشار إليه في هذه الآية. ويريد نحت الأحجار أصنامًا وعبادتها من دونه، وأن ذلك كله بإيجاده تعالى وتحصيله، دون أهل الشرك والباطل، نعوذ بالله من ذلك، فقد افتروا على الله الكذب، وأجازوا أن تكون أعمال العباد أعمالًا له سبحانه وتعالى. بل أوجب المعترض ذلك؛ فرارًا عن لزوم الشرك وعدم التوحيد -بزعمه الفاسد-. وهذا الزعم ربما وجدته في كلام غيره منهم، فهم قد أطبقوا على أن أعمال العباد أعمالٌ له تعالى، أي: إنها بخلقه وتحصيله. فيلزم أن تكون بإرادته -عز وجل-، وإلا لم يكن قادرًا مختارًا -تعالى-.

نعم، سيأتي إن شاء الله تمسك المعترض بالكسب؛ ظنًا منه أن دعواه تنفعه، وأنه لا بأس بكون أعمال العباد أعمالًا له -تعالى-، وأنه من قبيل مقدور بين قادرين، من جهتين مختلفتين -كما مر-. وقد عرفت سقوطه سابقًا، وأن السعد التفتازاني اعترف اعترافًا صريحًا بأنها إنما دعت الحاجة إلى التفصِّي عن مضيق اللزوم لمقدور بين قادرين في أفعال العباد -بزعمه-. وأما هذا المقام فلا حاجة تدعو إلى ارتكاب ذلك؛ لإمكان صرف خلق الله إلى الجواهر، وعمل العباد إلى الأعراض -التي هي الأشكال- إمكانًا لا عوج فيه ولا ريب ولا إشكال، بل هو مقتضى الآية ومفهومها، كما يدل على ذلك قوله تعالى: ﴿ الَّذِي فَطَرَهُنَّ ﴾؛ فقد نُبِّهْتَ على أن «الفَطْر» إنما ينصرف إلى مجرد الجواهر؛ فإن الأشكال الحادثة بفعل العباد لا يصح أن يُطلَق عليها لفظ «الفَطْر».

ولو فرضنا أنها حاصلة بخلق الله تعالىٰ -كما هو مذهب المجبرة-؛ لأن كل ما للعباد فيه دخلٌ = لا يُطلق عليه «الفطر» أصلًا -كما مر-.

لا يقال: إنه لا دخل للعباد في نفس الأشكال عند المجبرة؛ لخروجها عن محل القدرة. وكل ما كان خارجًا عن محل قدرة العبد؛ فلا يكون له دخل فيه؛ لأنه ليس مكسوبًا، فلا يكون إليه منسوبًا، بل يكون من أفعال الله تعالىٰ بلا واسطةِ كسبٍ، بل ابتداءً عندهم -كما مر وسيأتي-. وحينئذ فيصح أن يطلق عليه اسم «الفَطْر» و«الاختراع».

لأنا نقول: هذه حجة علىٰ الخصم، لا حجة له؛ لأن الله -تعالىٰ- قد نسب الأشكال المذكورة إلىٰ العباد، وأضافها إليهم، كسائر ما نسبه إلىٰ العباد من الأفعال الخارجة عن محل الكسب والقدرة الكاسبة، فلزم من ذلك أنها من أفعال العباد بطريق التحصيل، لا بطريق الكسب، وهو المطلوب.

ثم نقول: إن الله -سبحانه- لم يطلق اسم «الفَطْر» إلا علىٰ ما هو خَلْقٌ له -تعالىٰ- بغير واسطة، بل ابتداءً، فيلزم من ذلك أن الخلق في الآية -التي نحن بصددها- متوجِّهٌ إلىٰ نفس الجواهر التي لا دخل للعباد في تحصيل شيء منها -كما مر-.

ثم إن الذي يوضح هنا بطلان تشبثهم بالكسب ونفيهم له في الحقيقة، هو أنهم قد قالوا بأنه عبارة عن «كون العبد محلًا لما يخلقه الله فيه، مع ثبوت قدرة وإرادة للعبد غير مؤثرتين في ما يخلقه الله فيه من الفعل» -كما مر وتكرر-. فقالوا عند ذلك بأن لقدرة العبد وإرادته مدخلًا في الفعل.

وحينئذ، نسألهم عن هذه المدخلية؛ هل يقولون: إنها ثابتة في الفعل بمعنىٰ الكسب -كما هو الظاهر-؟ لأنه هو الذي يتصف بأنه فعل العبد حقيقة. أو يقولون: إنها ثابتة في الفعل بمعنىٰ الإيجاد، والتأثير، والإيقاع؟

لا سبيل إلىٰ الأول؛ لأنه يستلزم مدخلية الشيء في نفسه، ولأنه يستلزم كسب الكسب، ويستلزم غير ذلك من المحالات.

ولا إلىٰ الثاني؛ لأن مدخلية الإرادة والقدرة في الإيقاع والتأثير والإيجاد = تستلزم

تأثيرهما، وإلا فلا مدخلية لهما فيه أصلًا.

ولنوضح ذلك في [حق الإرادة، فنقول]: إن مدخلية القصد والإرادة في إيقاع الفعل وتأثيره [وإيجاده] = لا تُتَصوَّرُ بدون أن تكون مخصِّصةً ومرجِّحةً له في الجملة، وهذا هو تأثير الإرادة. فمن نفاه فقد نفى مدخليتها. ومن نفى مدخليتها فقد نفى الكسب بالكلية. وهكذا الكلام في القدرة.

ومما يدلك على أنهم نافون للكسب، وأنهم نافون للقدرة والإرادة -كالجهمية-: أنهم [قد قالوا]: إن العبد لو كان موجدًا لأفعاله؛ لكان قاصدًا لها. لكن التالي باطل -بزعمهم-؛ فالمقدم مثله. ثم استدلوا على بطلان التالي بما يستلزم -لو صح- انتفاءَ قدرة العبد أيضًا -كما قررناه وكررناه-. فالكسب باطل باعترافهم لو عقلوا. وقد ذكرنا اعتراف إمام الحرمين بأن أعمال العباد: تحصيل وإيجاد، وكذا الإمام الرازي رفع عقيرته بضعف الاعتماد على الكسب، وأشار إلى أنه سراب بقيعة. والمعترض أيضًا قد اعترف بما يقتضي ذلك من حيث لا يشعر -كما مر، وسيأتي إن شاء الله مرارًا-، بل صرح في هذا الكلام بأن الأشكال إنما حصلت بفعل العباد اتفاقًا، حيث قال: «وبالاتفاق إن الأشكال ما حصلت إلا بتشكيلهم... إلخ».

وحينئذ، فلزوم مقدور بين قادرين، من جهةٍ لا من جهتين = لازم له لا محالة. اللهم إلا أن يعترف بأن العبد غير قادر أصلًا، وأنه لا قادر إلا الله تعالى، وأنه لا فرق بينهم وبين الجهمية وخُلَّص الجبرية -كما هو الحق-. لكنه خلاف ما سيأتي له -إن شاء الله تعالى- من أنهم إنما ينفون التأثير من قدرة العبد، لا وجودها في نفسها.

وإنما قلنا: إن كلامه هنا [127 أ] كلامُ من لم يُفْتَهَم له مرادُ جار الله؛ لِـمَا سبق، ولأنه قال أيضًا: «خلقَ اللهُ ما عمله النجار من شكل الكرسي»؛ فلم يعرف أوّلًا مراد جار الله بما ذكره من حديث الكرسي والنجار، وأنه إنما أراد: أن إطلاق عمل النجار على خشب الكرسي = من المجاز المشهور؛ إذ لا شك في صحة قولك: «هذا الكرسيُّ عملُ النجار فلان، وهذا الباب من عمل النجار فلان»، مع أن النجار لم يوجِد بعمله إلا الأشكال، لا الخشب، وهو ظاهر.

قف على كلام السبكي في أن إطلاق المعمول على جملةِ ما للإنسان فيه عملٌ = مما لا شك في جوازه

ولهذا قال السبكي: «لا شك في جواز الإطلاق، قال تعالى: ﴿لِيَأْكُلُواْ مِن ثَمَرِهِۦ وَمَا عَمِلَتْهُ أَيْدِيهِمْ﴾ [يس: 35]». انتهى كما حكاه عنه السيوطي في **الأشباه والنظائر النحوية**. وسيأتي نقله بلفظه(407).

فقول المعترض: «من شكل الكرسي... إلخ» = من باب: «أريها السُّهى وتريني القمر».

ثم إن كل عاقل يعلم أنه لو قال القائل: «خَلَقَ الله ما عمله النجار»؛ لم يفهم منه إلا أن الخشب التي نجرها النجار كرسيًا = مخلوقةٌ لله تعالى، لا أن تربيع الكرسي ونِجارتَه فعل الله تعالى -كما تجاسر على ذلك المعترض-. وكفى بمثل هذا العناد الذي وقع فيه؛ بسبب نصرة مذهب الجبر؛ رادعًا عن كل مذهب لا مستند له إلا تقليد الأسلاف، والشغف بالشغب والخلاف.

ولقد أوضح جار الله المقام فضل إيضاح لذوي الألباب، فلم يكتف بالكرسي والباب، بل زاد السِّوار والخلخال؛ رفعًا لما عساه أن يُتوهَّم من الإشكال لمن في قلبه مرض، وتحقيقًا لشهرة المجاز في إطلاق العمل على جملة المعمول من الجوهر والعرَض. فإن الصانع لا يوجِد إلا نفسَ شكل السوار، ولا يؤثر إلا في تكييف الخلخال على شكله المخصوص أيضًا دون جواهرهما من الفضة ونحوها، فإن الله هو المستقل بإيجادها، مع صحة قولك: «هذا السوار والخلخال مما عمله الصانع فلان، أو عَمَلٌ له، أو من معمولاته»، كل هذا جارٍ في اللسان، مشهور في التخاطب بلا نكير، ولطالما يقال: «هذا المحراب من عمل فلان»؛ مع أنه لا أثر له في إيجاد الحجر والطين، وسائر ما هو من المادة، وإنما أثره في البنيان والصورة.

(407) السيوطي، **الأشباه والنظائر في النحو**، ج 4، ص 118-119.

وقد خفي هذا على المعترض مع أنه في وضوح شمس النهار، ولا يكاد يخفى على الصانع والنجار، وكفاك عليه شاهدًا قوله تعالى: ﴿يَعْمَلُونَ لَهُۥ مَا يَشَآءُ مِن مَّحَٰرِيبَ وَتَمَٰثِيلَ وَجِفَانٍ كَٱلْجَوَابِ﴾ [سبأ: 13]. لكن المعترض لم يتعقل معنى السؤال ولا ما حاصل الجواب، بل لم ينظر إلى قول رب الأرباب: ﴿لِيَأْكُلُوا۟ مِن ثَمَرِهِۦ وَمَا عَمِلَتْهُ أَيْدِيهِمْ﴾ [يس: 35]، على التفسير الواضح لذوي الألباب. ولو أحاط بثمره وأدار في ما عملته يد جار الله عينَ نظره؛ لعلم مواقع عمله، وسوءَ زلله، وسلك مسلك المهتدين. ولكن الله تعالى يقول: ﴿كَذَٰلِكَ نَطْبَعُ عَلَىٰ قُلُوبِ ٱلْمُعْتَدِينَ﴾ [يونس: 74].

توضيح أن المجاز في قوله تعالى: ﴿واللّهُ خَلَقَكُم وَمَا تَعمَلُونَ﴾ = لازم على مذهبَي العدلية والمجبرة

وأما ما يقال في هذا المقام، من أن المجاز مرجوحٌ مع إمكان الحقيقة، وما ذهب إليه المعترض لا يلزم فيه من ارتكاب المجاز = فليس بشيء.

أما أولًا؛ فلأن المجاز لازم على المذهبين معًا. أما مذهبنا؛ فقد وضح، وفيه كلام سيأتي لنا التعرض له إن شاء الله. وأما مذهب المعترض وسائر المجبرة؛ فلأنه لا يخلو: إما أن يراد بالمعمول: مجرد التصوير والتشكيل، أو الصورة والأشكال الحاصلة عنه.

وعلى كل تقدير؛ فالمجاز لازم. أما على الأول؛ فالتجوُّز في إقامة المصدر مقام المفعول = فلأنه قد سمَّى المصدر -أعني التصوير والتشكيل- معمولًا.

وأما على الثاني؛ فلأنه قد تقرّر بينهم: أن ما يوجَد في غير محل القدرة -كالصورة والأشكال- لا يُنسَب إلى العبد أصلًا، ولا دخل للكسب فيه -كما سلف وسيأتي أيضًا-. فإذا أضيف إلى العبد؛ فبطريق المجاز. وستقف في كلام السبكي الآتي نقله على ما يُحقِّق ما ادعيناه هنا، مع زيادة.

هذا، وقد نبهنا أنه لا يصح -على مذهبهم- أن يراد بقوله تعالى: ﴿مَا تَعْمَلُونَ﴾: نفس التشكيل -الذي هو عمل العباد حقيقة عندهم-، ولا أن يراد به نفس الأشكال أيضًا.

أما أولًا؛ فلأن عملهم -الذي هو التشكيل- عبارة عن كسبهم -على ما هو مذهب هؤلاء الأشاعرة-، والكسبُ لا يُتصَوَّر أن يتعلق به الخلق والإيجاد -كما عرفت-.

وأما الثاني؛ فلأن الصور والأشكال القائمة بالأصنام = ليست عندهم عملًا لعُبَّاد الأصنام، ولا يُتصوَّر -عندهم- أن يكون من أعمال العباد؛ لأن أعمال العباد كسب واكتساب، وليست الصور والأشكال المذكورة كسبًا واكتسابًا، ولا حاصلة بالكسب والاكتساب، بل هي عندهم حاصلة بمحض خلق الله لها، وإيجاده -سبحانه-، بلا واسطةٍ من العباد أصلًا. هذا هو مذهب الأشاعرة كما عرفته غير مرة، حيث نبهناك على أن الكسب لا يتعدى إلى مثل الصور والأشكال القائمة بالأصنام.

وعلى هذا فقد لزمهم المجاز، ولم يتم لهم المقصود. بل تكون الآية حجة عليهم على التقديرين، أي: تقدير أن المراد بـ﴿مَا تَعۡمَلُونَ﴾: نفسُ التشكيل أو نفسُ الأشكال القائمة بالأصنام.

أما أنها حجة عليهم على التقدير الأول؛ فلأنها تدل على أن أعمال العباد = مما يتعلق به الخلق والإيجاد، ويصح أن تكون في الواقع مخلوقة موجودة، وهذا ليس مذهبهم -أي: الأشاعرة-؛ فإن أعمال العباد -عندهم- لا يُتصوَّر أن يتعلق بها الخلق والإيجاد، من حيث كونُها أعمالًا لهم حقيقةً؛ لأن أعمالهم حقيقةً لا تكون إلا كسبًا واكتسابًا، والكسب والاكتساب لا يُتصوَّر أن يكون مخلوقًا موجودًا. فالاعتراف بخلقه ووجوده -كما هو مقتضى استدلالهم بهذه الآية- اعتراف بمذهب المعتزلة وسائر العدلية.

وأما أنه حجةٌ على التقدير الثاني؛ فلِمَا أشرنا إليه، من أن قوله تعالى: ﴿وَمَا تَعۡمَلُونَ﴾، لو كان متناولًا لنفس الأشكال المذكورة؛ لكان في هذه الآية دلالة على أنها -أي: الأشكال- من أعمالهم حقيقةً. وهذا مذهب المعتزلة؛ لأنهم هم الذي يقولون بأن الأشكال ونحوها = من أعمال العباد حقيقةً.

وأما ثانيًا؛ فلأن إمكان الحقيقة ممنوع؛ إذ يلزم من ذلك صريحُ الجبر، ومحضُ التجهم، وهو مبطِل للأوامر والنواهي باتفاق. وكل ما كان كذلك؛ كان مبطِلًا

للتكليف. وكل ما لزم منه بطلانُ التكليف، وهدمُ الشرائع = وجب العدول عنه اتفاقًا -كما أشار إليه بن الهمام في الكلام السابق-. وليس بنادر في كلامهم؛ فإنه قد صرح به جماعة من رؤسائهم.

أما قول المعترض: «وبالاتفاق إن الأشكال ما حصلت إلا بتشكيلهم»؛ فمما اتفق له فيه الاعتراف اتفاقًا في حال غفلته، فأقرَّ -من حيث لا يشعر- بإثبات ما نفاه من مذهب خصمه وهو يسعى في إبطاله -كما سبق، وقد تكرر منه-. وبيان ذلك هنا: أن قوله: «وبالاتفاق إن الأشكال ما حصلت إلا بتشكيلهم» = اعترافٌ بمذهب خصمه من ثلاث جهات:

أولاها: الاعتراف بأن فعلهم: تحصيل الاكتساب، وإلا فما معنى قوله: «إن الأشكال ما حصلت إلا بتشكيلهم»؟ وهل هو إلا اعتراف بأن فعلهم تحصيل؟ وهل معنى التحصيل إلا معنى الإيجاد؟ وهذا عين مذهب العدلية، وخلاف مذهب المجبرة القائلين: بأنه لا أثر للعبد في التحصيل والإيجاد لشيء من أفعاله الاختيارية، وإنما هو كاسب -أي: محل لِـمَا يخلقه الله تعالى فيه من أفعاله-، فهذا من المعترض اعتراف من هذه الجهة.

ثانيتها -أي: تلك الجهات-: أنه اعتراف بأن الأشكال ما حصلت إلا بتشكيلهم، وزعم أنه بالاتفاق بين الفريقين، وغفل عن كون الأشكال المذكورة خارجةً عن محل القدرة، وأن كل خارجٍ عن محل القدرة = فلا دخل فيه للكسب -عندهم-. وكل ما كان كذلك فلا يكون من أفعال العباد أصلًا، بل من أفعال الله تعالى ابتداءً بلا واسطةِ كسبٍ من العبد، فضلًا عن واسطة تحصيل وإيجاد، كما دل عليه صريح كلام المعترض، وهو ظاهر لكل مميز.

ثالثتها: الحصر في قوله: «ما حصلت إلا بتشكيلهم»؛ فإنه إن أراد بالتشكيل: اكتسابهم التشكيل = فلا يصح قطعًا وإجماعًا؛ لأن الاكتساب لا يكون به تحصيل، بل ذلك محال؛ لأن الاكتساب ليس أمرًا موجودًا، وإنما مرجعه إلى محض الاعتبار -كما لا يخفى-، والتحصيل يستلزم وجود المحصَّل، والوجود لا يكون حاصلًا عن العدم.

ومن أنكر هذا، وادّعى أن الاكتساب ينشأ عنه تحصيل للفعل؛ فقد صار نزاعه للمعتزلة وسائر العدلية راجعًا إلى مجرد اللفظ والعبارة، لا إلى المعنى، من دون منازع من المجبرة. وهل الاعتزال شيء غير هذا الاعتراف؟ فانظر -يا أخا الأكراد- هل التناقض المتكرر المتنوع المكشوف بين الناس = في كلامك أو في كلام أخي الأكياس(408)؟ ولو تأملت لعلمت أن ما زعمت الاتفاق عليه؛ هو عين ما وقع نزاعكم فيه؛ فإنكم معلِنون [127 ب] بالبراءة من القول بأن العبد محصِّلٌ لأفعاله.

وأما قوله: «فلم يكن عملهم -الذي هو التشكيل- مخلوقًا لله تعالى... إلخ»؛ فظاهر الفساد على قاعدتهم من أن الله تعالى خالق الممكنات ابتداءً، وأنه تعالى يخلق عند الأسباب لا بالأسباب. فلم لا يجوز -على هذا المذهب- أن يكون تعالى خالق الأشكال دون التشكيل؟ وقد أوضحناه في ما سلف فلا نعيده.

وشيء آخر غير ما قد مر، وهو: أنه إن أراد بالتشكيل المذكور: نفسَ المصدر -أعني ما هو جزء من مَدلول الفعل، وهو الإيقاع والإحداث-؛ فلا وجود له في نفسه. إنما هو أمر اعتباري -كالكسب الذي فسروه بالمحلية-؛ فلا يلزم من دلالة الآية الكريمة على أن الأشكال الموجودة في الخارج مخلوقة لله تعالى = أن يكون ذلك الأمر الاعتباري -الذي لا وجود له في الخارج أصلًا- مخلوقًا لله تعالى، كالمصدر الذي هو إيقاع الفعل. كيف وهو المعبَّر عنه بـ«الكسب» -كما صرح به بعضهم-، وليس الكسب شيئًا وراءه -كما هو مقتضى كلام الجمهور-؟ ويمتنع أن يكون الكسب الذي زعموه مخلوقًا لله تعالى، وإلا فهو التجهم المحض، والجبر الخالص، بل هو الكفر؛ لتصريحهم بأن العبد هو الكاسب -أي: إن الكسب من قِبَلِه لا من قِبَل الباري تعالى-، وتصريحهم بأن المطيع والعاصي هو الكاسب للطاعة والمعصية -أي: الذي وقع كسبهما مِن قِبَلِه-، فيلزم أن يكون الباري -تعالى وتقدس- مطيعًا وعاصيًا، إلى غير ذلك من الأوصاف الحاصلة بحصول الكسب من قِبَله تعالى.

---

(408) أخو الأكياس - كما ظهر مرارًا من نقل كلام المعترض - هو مؤلف كتاب **الأساس** الذي يناديه المعترض دومًا بـ«يا أخا الأكياس».

وإن أراد: ما هو الحاصل بالمصدر، كما قال سعد الدين في **شرح المقاصد**، من أنه لا كلام بين الفريقين إلا في الحاصل بالمصدر؛ فلا شك أن الحاصل بالمصدر، هي الصور والأشكال، وغير ذلك من حذف بعض الأجزاء والتسوية ونحو ذلك؛ فلا يفيده في مطلوبه؛ نظرًا إلى أنه إنما يحاول الدلالة على أن التشكيل -الذي هو عملهم ومتعلَّق كسبهم- مخلوق لله تعالى.

وأما قوله: «فما أتى في الجواب من السؤال إلا بما هو حجة عليه»؛ فأمره كما ذكرناه، من أنه لم يتعقَّل معنى السؤال، ولا ألمَّ بالمراد في الجواب، وإلا لعلم أنه حجة بالغة. لكنه إنما اشتغل بما زيّنه لهم الشيطان من نتائج الخذلان، وقال: «لا غالب اليوم من الناس»، ولو تراءت الفئتان لنكص على عقبيه، ورجع يضرب أصدريه.

وأما قوله تعالى: ﴿وَمَا يَخْدَعُونَ إِلَّآ أَنفُسَهُمْ وَمَا يَشْعُرُونَ﴾ [البقرة: 9]؛ فمما لا يصح على مذهبه ومذهب أصحابه المجبرة، كقوله تعالى: ﴿وَلَا يَحِيقُ ٱلْمَكْرُ ٱلسَّيِّئُ إِلَّا بِأَهْلِهِۦ﴾ [فاطر: 43]. وهو ظاهر، كما لا يخفى بأدنى نظر.

معنى الاستدراج، وهو لا يصح على قاعدة الجبر

وكذلك لا يصح -على مذهبهم- الاستعاذةُ من المكر والاستدراج، كما سنذكره في ما سيأتي إن شاء الله من أن المكر والاستدراج وأمثالهما لا يتم لها معنًى صحيح إلا إذا كان العبد مؤثرًا في أفعاله متمكنًا؛ ليَتصوَّرَ أن يكون ممكورًا به مستدرَجًا، حتى يتورط في شؤم ضلاله، ويتهالك على اقتراف قبائح أعماله.

أما إذا لم يكن إلا محلًا لما يحدثه الله فيه من الضلال، ويوجِده -تعالى- من أعماله من دون تأثير له فيها؛ فأنى يصح معنى الاستدراج والمكر؟

قال في **الكشاف**: «الاستدراج: استفعال من الدرجة، بمعنى الاستصعاد والاستنزال درجةً بعد درجةٍ»، إلى أن قال: «ومعنى سنستدرجهم: سنستدنيهم قليلًا قليلًا إلى ما يهلكهم ويضاعف عقابهم، من حيث لا يعلمون ما يراد بهم، وذلك أن يواتر نعمته عليهم، مع انهماكهم في الغي. فكلما جدد عليهم نعمةً ازدادوا بطرًا وجددوا معصية،

فيتدرَّجون في المعاصي بسبب ترادف النعم، ظانّين أن تواتر النعم أَثَرةٌ من الله وتقريب، وإنما هي خذلان وتبعيد؛ فهو استدراج، نعوذ بالله منه»(409). انتهى.

وإذا لاح لك ما أشار إليه، وتأملت ايضًا في ما نبهناك أولًا عليه؛ ظهر لك أن جميع ما في الكتاب العزيز والسنة الشريفة من نحو الاستدراج والمكر وأمثالها = مشعِرةٌ كمالَ الإشعار بها للعبد من القدرة المؤثِّرة والاختيار، في جميع ما يحدثه من الأعمال والآثار، وأنها من جملة حجج العدلية على المجبرة، كما يعرفه المنصفون من النُّظّار. فقول المعترض: «اللهم إني أعوذ بك من المكر والاستدراج، من حيث لا أشعر في ساعة من ليل أو نهار» = دعاءٌ لا يستقيم على مذهبه الذي بُنِي على شفا جُرُف هارٍ؛ فانهار.

ثم نقول: إنه -تعالى- ما مكر بك -يا أخا الأكراد- إلا من حيث تشعر، حيث اشتغلت بمذهب الأشعري، وأنت بشعورك مبصرٌ لسبيله، فعدَلت عن المحكم إلى المتشابه من تنزيله؛ ابتغاء الفتنة وابتغاء تأويله. لكنك لم تورد إلا ما هو حجة عليك، ووبالٌ عائدٌ إليك. وبه ظهر أنك أنت المنحرف عن سواء السبيل، وأن جورك على جار الله جارٍ مجرى قولهم: «ذبابةٌ تطنُّ في أذن فيل». وإنما استفدتَ به ارتكاب ذنبٍ تؤخَذُ به في يومٍ شرُّه مستطير، وضرُّه مستطيل.

[هل «ما» في آية ﴿وَاللَّهُ خَلَقَكُمْ وَمَا تَعْمَلُونَ﴾ موصولة أم مصدرية؟]

قال: «ثم قال -أي: جار الله رحمه الله-: **'فإن قلتَ: فما أنكرت أن تكون ما مصدرية لا موصولة، ويكون المعنى: والله خلقكم وعملكم -كما تقوله المجبرة-؟**

قلت: أقرب ما يبطل هذا السؤال -بعد بطلانه بحجج العقل والكتاب-: أن معنى الآية يأباه إباءً جليًا، وينبو عنه نبوًا ظاهرًا. وذلك أن الله عز وجل قد احتج عليهم بأن العابد والمعبود جميعًا خلقُ الله تعالى، فكيف يعبد المخلوقُ المخلوقَ؟ على أن العابد

(409) الزمخشري، **الكشاف**، ص 397.

منهما هو الذي [128 أ] عمل صورة المعبود وشكْلَه. ولولاه لما قَدَر أن يصوّر نفسه ويشكِّلَها. ولو قلت: والله خلقكم وخلق عملكم؛ لم تكن محتجًا عليهم ولا كان لكلامك طِباقٌ.

وشيء آخر، وهو: أن قوله تعالى: ﴿وَمَا تَعۡمَلُونَ﴾ = ترجمةٌ عن قوله: ﴿مَا تَنۡحِتُونَ﴾، و'ما' -في قوله: ﴿مَا تَنۡحِتُونَ﴾- موصولةٌ لا مقال فيها، فلا يَعدل بها عن أختها إلا متعصبٌ لمذهبه من غير نظرٍ في علم البيان، ولا تبصر لنظم القرآن'[410].

إلى هنا كلامه.

أقول وبالله التوفيق: قد اكتفى في الرد والقول بعدم قيام الحجة، على تقدير أن تكون 'ما' مصدريةً، بمجرد الدعوى من غير دليل، حيث لم يزد على قوله: 'لم تكن محتجًا عليهم، ولا كان لكلامك طباقٌ'، وما كان ينبغي له، وقد علمت مما مر بيانه أن الحجة لا تقوم عليهم على مذهبه ولو كانت موصولةً، وأن الحجة على تقدير كونها مصدريةً؛ قائمةٌ عليهم قيامًا غير متزلزل».

ثم قال المعترض: «لأن لهم أن يقولوا: إنما نعبد هذا الموصوف بأمر لم يخلقه الله. وما هو موصوف بما لم يخلقه الله = لِمَ لا يجوز أن يكون قادرًا على نفع عابده، وضر غير عابده من دون الله؟ كما أنا لمّا كنا موصوفين بما لم يخلقه الله فينا من أفعالنا الاختيارية؛ كنا قادرين على خلق ما نشاؤه ونختاره».

إلى أن قال: «وفساد قياسهم لا يوجب الاستغناء عن حجة أخرى. أَوَلا يُرى أن سيدنا إبراهيم الخليل -على نبينا وعليه الصلاة والسلام وعلى سائر الأنبياء الكرام وعلى آلهم وأصحابهم الأعلام- لـمّا احتج على الذي حاجَّه في ربه فقال: ﴿رَبِّيَ ٱلَّذِي يُحۡيِۦ وَيُمِيتُ قَالَ أَنَا۠ أُحۡيِۦ وَأُمِيتُ﴾ [البقرة: 258]؛ ما استغنى عن إقامة حجة أخرى، مع فساد قوله؟ بل انتقل إلى ما لا يقدر فيه على نحو ذلك الجواب؛ ليبهته أول شيء».

(410) المرجع نفسه، ص 909.

إلى أن قال: «وأما قوله: وشيء آخر... إلخ»؛ فعلى تقدير تسليم أن قوله: ﴿مَا تَعۡمَلُونَ﴾؛ ترجمةٌ عن قوله: ﴿مَا تَنۡحِتُونَ﴾، وتسليمِ أن 'ما' في قوله: ﴿مَا تَنۡحِتُونَ﴾ موصولةٌ بلا مقال = لا يضرنا كون 'ما' موصولةً، ومبيَّنة بقولنا: 'من الأصنام'؛ لـمَا اعترف به أن ما عملوها هي الأشكال، وقد أوقَعَ خَلْقَه على ما عملوها، فيرجع المعنى ضرورةً إلى قولنا: 'والله خلقكم وخلق ما تعملونه من الأشكال'، وهو في معنى: 'والله خلقكم وخلق الأشكال'.

ولاشك أن الأشكال التي عملوها = أَثَرُ تشكيلهم بالضرورة؛ فلا يمكن أن تكون مخلوقة له -تعالى- إلا بأن يكون التشكيل -الذي هو عملهم- مخلوقًا له تعالى؛ إذ لو أمكن أن تكون تلك الأشكال مخلوقةً لله تعالى، من غير أن يكون التشكيل مخلوقًا له؛ لزم أن لا تكون الأشكال أثر تشكيلهم، بل أثرًا لخلقه تعالى بلا واسطةِ فعلِهم. لكنها أثر تشكيلهم بالاتفاق وبالضرورة؛ فلا بد أن يكون التشكيل مخلوقًا له -تعالى-، حتى يصح إيقاع خلقه على ما يعملونه من الأشكال.

فإذا لزم ذلك؛ رجع معنى الكلام على تقدير الموصولة، إلى معناه على تقدير المصدرية لا محالة. ولا تقوم حجةٌ عليهم إلا إذا رجع المعنى إلى ما هو مؤدَّى الكلام على تقدير المصدرية -كما بيناه غير مرة- وهو المطلوب. وبالله التوفيق.

فقد ظهر -عند المنصفِ- المتعسفُ والمتعصبُ لمذهبه من هو، ولا ننكر فضلَه -أي فضل صاحب الكشاف- في غير المذهب؛ فإنه -كما قال- له نظرٌ في البيان، وله تبصُّرٌ في غير ما يتعلق بالمذهب لنظم القرآن. والله ﴿يَخۡلُقُ مَا يَشَآءُ وَيَخۡتَارُۗ مَا كَانَ لَهُمُ ٱلۡخِيَرَةُۚ﴾ [القصص: 68]، ﴿وَلَا يُحِيطُونَ بِشَيۡءٖ مِّنۡ عِلۡمِهِۦٓ إِلَّا بِمَا شَآءَۚ﴾ [البقرة: 255]».

أقـول: هكذا تحريف المعترض لكلام جار الله ﴿أَفَأَمِنُواْ مَكۡرَ ٱللَّهِۚ فَلَا يَأۡمَنُ مَكۡرَ ٱللَّهِ إِلَّا ٱلۡقَوۡمُ ٱلۡخَٰسِرُونَ ٩٩﴾ [الأعراف: 99]، ﴿وَقَدۡ كَانَ فَرِيقٞ مِّنۡهُمۡ يَسۡمَعُونَ كَلَٰمَ ٱللَّهِ ثُمَّ يُحَرِّفُونَهُۥ مِنۢ بَعۡدِ مَا عَقَلُوهُ وَهُمۡ يَعۡلَمُونَ﴾ [البقرة: 75].

أما قوله: «قد اكتفى في الرد... إلخ»؛ فغفلةٌ منه، وجهلٌ لما أرداه جار الله -رحمه الله- من أن الآية جاءت لتقبيح حالهم الشنيع، ونفي جهلهم وضلالهم الفظيع، من حيث إنهم

جعلوا المخلوق معبودهم دون الخالق، بل جعلوا معبودهم معمولَهم الذي أحدثوا نحته بأيديهم، وأثَّروا ما أثّروا فيه، من حذف بعض أجزائه، وتصرفوا فيه كما أرادوا من القطع والعمل والتأثير؛ لتحصيل صورته، وتسوية شكله، على الوجه الذي يريدونه. ولا شك أن هذا المعنى مما يفوت بالكلية على تقدير إضافة التأثير في النحت والعمل إلى الله تعالى، بل لا يصير للكلام طِباقٌ ولا التئام؛ إذ يصير المعنى: «كيف تعبدون ما تنحتون؟ لكنكم إنما تعبدون ما نحته الله وأثَّر فيه الأشكال، كما أنه تعالى هو الذي خلقكم، وخلق كل ما يجري منكم من هذه العبادة المنحرفة والضلال». وهذا هو ما أشار إليه جار الله -رحمه الله-، فما اكتفى إلا بكافٍ وافٍ بالمطلوب، شافٍ لكثير من أمراض القلوب. وما عليه إذا لم تفهم البقرُ، ولا يلزمه أن يذود المجبرةَ عن سقر.

ثم لا شبهة في أن «ما»، في قوله تعالى: ﴿مَا تَنۡحِتُونَ﴾ = موصولةٌ بلا مقال؛ إذ لم يعبدوا النحت وإنما عبدوا المنحوت -كما ذكرناه سابقًا-. وكونُ الثانية ترجمةً عنها = بمعنى: أن المعمول في الثانية هو المنحوت في الأولى، لا أنه شيء آخر يقتضي أن تكون «ما» -في: ﴿مَا تَعۡمَلُونَ﴾- موصولةً؛ ليأتلف النظم ويلتئم المعنى بلا تفكيك. وإذا كانت الأُختان موصولتين؛ لم يبق للسؤال الذي أورده جار الله توجيهٌ عند تأمل الجواب، ويكون المعنى: «والله خلقكم وخلق ما تعملونه من أحجار الأصنام التي عمدتم إلى [128 ب] نحتها، وعملتموها لكم آلهةً يُعبَدون».

وإذا عرفت هذا؛ ظهر لك أن قول المعترض: «وما كان ينبغي له» = ما كان ينبغي له! إن كان قد علم أن هذا هو الذي أراده جار الله، وإلا فكفى بالجهل داءً؛ لكن الجاهل لا يُعذر إذا تعرض لِـما لم يُحِط به علمًا، وتجاوز حده عدوانًا وظلمًا.

أما قوله: «وقد علمت -مما مر بيانه- أن الحجة لا تقوم عليهم»؛ فيا عجباه منه! بينما الناس جميعهم من موالف ومخالف يرون أن الجبر مبطِل لحجج الأنبياء -عليهم السلام-؛ إذ صار المعترض يدّعي أنه لولا الجبر لما صحت الحجة، ولقامت حجة عُبَّاد الأصنام على إبراهيم -على نبينا وعليه الصلاة والسلام-، فاعتبروا يا أولي الأحلام.

وأما قوله: «وأن الحجة على تقدير كون 'ما' مصدرية قائمة... إلخ»؛ فقد عرفت -في ما سلف- بطلانَه. وإنا نقول: بل لا حجة في الآية للمجبرة على تقدير كون «ما»

مصدريةً أيضًا؛ لما بيّنّاه من أنه يُطلَق العمل على المعمول في المجاز المشهور، كما يقال: «هذا السيف عملُ الحدَّاد فلان، وهذا الدملج من عمل الصانع فلان»، من دون مانع لإطلاقك اسم «العمل» على نفس جوهر المعمول. فيكون المعنى -على تقدير «ما» مصدرية أيضًا-: «والله خلقكم وخلق الأحجار»، وتقديرُه: «خلقكم وخلق عملكم -أي: الأحجار التي وقع عليها عملكم-». وكيف لا يُحمَل على هذا والجبر باطل بضرورة العقل والنقل؟ وسيعترف بذلك المعترض من حيث لا يشعر.

وأما قوله: «ولأن لهم أن يقولوا: 'إنما نعبد هذا الموصوف... إلخ'»؛ فمن الباطل على جانب قد أوضحنا طرفًا منه في ما سلف، وهو بيِّنٌ لكل مميِّز، كبطلان ما افتراه عليهم من هذا القياس المشار إليه بقوله: «كما أنّا لـمّا كنّا موصوفين بما لم يخلقه الله».

وفيه فساد آخر، وباطلٌ -غير ما مر-، وهو: أنه لا يخلو: إما أن يكون هؤلاء العُبَّاد للأصنام على طريقة المعتزلة في خلق الأفعال -كما هو ظاهر ما جنح إليه المعترض من هذا المقال-، أو أن يكونوا على طريقة الأشاعرة ونحوهم من المجبرة.

إن كان الأول؛ فهم وإن كانوا يرون أن الأشكال والصور القائمة بالأصنام؛ أعمالُهم -على ما هو مذهب المعتزلة-، لكنهم إذا سمعوا قوله: ﴿قَالَ أَتَعْبُدُونَ مَا تَنْحِتُونَ ﴿٩٥﴾ وَٱللَّهُ خَلَقَكُمْ وَمَا تَعْمَلُونَ ﴿٩٦﴾﴾؛ ما تبادر إلى أذهانهم إلا ما تبادر إلى ذهن صاحب **الكشاف**، وذهن المؤلف. وهو المتبادر عند كل ذي فطرة سليمة، من أن المخلوق لله تعالى هي أجسام الأصنام والأحجار المنحوتة -مثلًا-؛ لاستحالة أن يكون المراد مجموع الأجسام والأشكال القائمة بها؛ لأن ذلك يستلزم توارد المؤثرين على أثر واحد، وهو محال. وحينئذ، فإذا كانوا قد اعتقدوا أن الأصنام إنما استحقت العبادة لاختصاصها بالأشكال -التي هي من فعل غير الله، كما زخرفه المعترض-؛ فلا تقوم هذه الآية حجةً ولا شبهةً أصلًا؛ فإنها بمعزل عنه.

وإن كان الثاني -أي: إنهم على طريقة الأشاعرة ونحوهم من المجبرة-؛ فكذلك لا تكون الآية حجة عليهم؛ لأنها حينئذ تدل على أن الأشكال القائمة بالأصنام خلق لله تعالى، وهم لا ينكرون ذلك، ولا يدَّعون أن لهم فيها كسبًا؛ لأنها خارجة عن محل الكسب. فالاحتجاج عليهم بهذه الآية = بمثابة: السماء فوقنا والأرض تحتنا. بل لا

يصح اعتقادهم لتأثير غير الله تعالىٰ في شيء من الأفعال، بل تكون هذه الآية مَضَرَّةً عليهم إذا كانوا علىٰ طريقة الأشاعرة؛ لأنها ترشدهم إلىٰ أن مذهب المعتزلة هو الحق؛ لأن هذه الآية أضافت عمل الأشكال إليهم. وهذا مذهب المعتزلة بعينه، والمعترض متخبط في غفلة قلبه ورَيْنه.

ومما يُقضىٰ منه العجب: قياسُهُ الأشكالَ علىٰ الأعمالِ. وأين هذا من ذاك؟ وأين السَّمَك من السِّماك(411)؟

وأما قوله: «أَوَلَا يُرَىٰ أن سيدنا إبراهيم»، إلىٰ قوله: «ما استغنىٰ عن إقامة حجة أخرىٰ» = فحجة عليه شاء أم أبىٰ. لأنه لو كان ما ادعاه المعترض صحيحًا، من أن الآية التي نحن بصددها لبيان أن الأعمال مخلوقة لله تعالىٰ، وأنها حجة قاطعة لعُباد الأصنام من هذه الحيثية، علىٰ الوجه الذي قرَّره وزوّره = لاكتفىٰ سيدنا إبراهيم -علىٰ نبينا وعليه وعلىٰ آلهما الصلاة والسلام- بمثل ذلك، ولقال لذلك الذي قال: أنا أحيي وأميت: «إن إحياءك وإماتتك = من آثار الله، لا من آثارك. وجميع أعمالك مخلوقة لله من دون إيجادٍ منك لشيء من ذلك». لكنه -عليه الصلاة والسلام- عدل عن مثل هذا الكلام إلىٰ ما هو الحجة القاطعة. فانظر -يا أخا الأكراد- ماذا أفادك تعرضك لقصة سيدنا إبراهيم، وهي منادِيةٌ بأن ما ادعيته باطل. وإلا فلماذا عدل إبراهيم إلىٰ الإتيان بالشمس من المشرق، وطلب من ذلك المعاند أن يأتي بها من المغرب؟ بل لماذا قال: «ربي الذي يحيي ويميت»، دون أن يقول: «ربي الذي خلق العباد وأوجد أعمالهم»؟ فِلأَمْرٍ ما أتىٰ في الحجة بما هو فعل لله تعالىٰ، وأثرٌ من آثاره -أي: الحياة والموت-، فليُدرَك.

وأما قوله: «ومبيَّنةٌ بقولنا: 'من الأصنام'»؛ فهذا البيان هو عين الدعوىٰ. إنما البيان -علىٰ فرض الحاجة إليه، وفرض إجمال الآية الكريمة- هو ما ذكرناه في قولنا: «من أحجار الأصنام»؛ لـِما ذكرناه سابقًا من أن إرادة الأشكال فقط، أو مجموع الجواهر والأشكال = لا يصحّ أصلًا، وإلا لتناقض معنىٰ الجملتين في الآية.

وقوله: «لـِمَا اعترف به أن ما عملوها هي الأشكال» = مبنيٌّ علىٰ ذلك الخبط الناشئ عن الانحراف عن مراد الزمخشري، أو التحريف له.

(411) السِّماك: نجمٌ من النجوم.

وأما قوله: «فيرجع المعنى ضرورةً... إلخ» = فمن الأماني الأشعبية. وهل ادعاء الضرورة في موضع نزاع العقلاء = مقبولٌ، فضلًا عن دعوى الضرورة في ما هو باطل بالضرورة، كما اعترف به رؤساء الخصوم، وأئمة المجبرة؟ والمعترض -كما يأتي له قريبًا- على أنه لا يعقل كلُّ عاقل من قولك: «الله تعالى خالق ما ينحتون من الجبال»؛ إلا أن المراد: أنه تعالى خالق جواهرها، ولا يُفهَم أنه خالقها بعد النحت.

كذلك قولك: «الله -تعالى- خالق ما نحته المشركون من الأصنام» = لا يُفهَم منه إلا أنه -تعالى- خالق أحجارها مثلًا؛ لأنه -عز وجل- خالق النحت والمؤثر في التصوير. اللهم إلا أن يكون السامعون لكلامك من المجبرة، الذين صار التلفُّتُ إلى الجبر دينَهم وديدنهم، كالمعترِض المفترِضِ تحريفَ كلام الله تعالى إلى هذه المسالك. وهو من باب: «دعوني فهذا كله قبر مالك»، أو من قبيل ما قيل:

هـذه عـادةُ المحبّين مـن قبـ ـلُ، على كل منزلٍ، لا محالـةْ

وحبُّك للشيء يعمي ويصم.

وأما قوله: «ولا شك أن الأشكال التي عملوها أثرُ تشكيلهم»؛ فإقرار بأنه هم المؤثرون في أفعالهم، وإلا فما معنى قوله: «أثر تشكيلهم»؟

وكل ذي نظر = يعلم أن ذلك يستلزم أن يكون التشكيلُ نفسُه تأثيرًا لا اكتسابًا؛ فقد أقرَّ بمذهب خصمه من هذه الحيثية، ومن حيثية أخرى، وهي: أنه أقرّ -في هذا الكلام- بأن الأشكال أثرُ تشكيلهم، ومذهبه أن تشكيلهم مجرد كسب، والكسب لا يتعدى إلى ما يخرج عن المحل من الأفعال، كالأشكال، وإنما الذي يتعدى عن المحل فعلُ العبد الذي هو تأثير -كما هو مذهب العدلية-، فإقراره بأن الأشكال أثرٌ عن التشكيل، وحاصلةٌ عنه = إقرار بمذهب خصمه، واعترافٌ بصحة ما هو مبالِغ ومجتهد في إبطاله ﴿يُخْرِبُونَ بُيُوتَهُم بِأَيْدِيهِمْ وَأَيْدِى ٱلْمُؤْمِنِينَ﴾ [الحشر: 2].

ثم ما اقتصر على هذين الإقرارين والاعترافين بالتأثير، بل زاد قولَه: «بالضرورة»؛ فاعترف بالحق من مذهب خصمه، وأحوجه الحال إلى ذلك على رغمِه، كما أحوجه الحال -في ما سبق- إلى الاعتراف بالتحصيل، وقال: «إن ذلك بالاتفاق». فقد اعترف

مرارًا بصحة مذهب الزمخشري، وبطلان مذهبه بالضرورة، كما اعترف هو -كغيره- أن الجبر المحض باطل بالضرورة، وهو هنا إنما يحاول إثباته. فكلامُه باطل بالضرورة -باعترافه-، وكفى الله المؤمنين القتال، والحمد لله رب العالمين.

وحينئذ، فيرجع كل ما اقترفه في جانب جار الله من السبِّ [129 أ] إليه، ويعود ذلك الذمّ والتضليل عليه. وهذا هو ما وعدْنا به سابقًا. وهو عين ما أشار إليه جار الله -رحمه الله- بقوله: «بعد بطلانه بحجج العقل»، أي: إن العقل قاضٍ بتمكُّن العبد من أفعاله، وأنه هو المؤثر فيها، وإلا لم يبق فرق بين حركة البطش والارتعاش، كما اعترف به سعد الدين، من أن الضرورة قاضية بأن لقدرة العبد وإرادته مدخلًا في الأول دون الثاني، بعد قوله: «إنه لا معنى لكون العبد فاعلًا بالاختيار إلا كونُه موجدًا لأفعاله». ولم يأت في الجواب عن هذا إلا بما عرفتَه سابقًا.

ومن المعلوم أن مدخلية القدرة لا يُتصوَّر أن ترجع إلا إلى التأثير لا إلى غيره. ومدخلية الإرادة لا ترجع إلا إلى الترجيح والتخصيص، لا إلى شيء آخر. فقد اعترف سعد الدين بمذهب المعتزلة اعترافًا غامضًا، وإلا لم يصح له إثبات مدخلية القدرة والإرادة؛ لأن مجرد تعلقهما بالفعل بلا ترجيح ولا تأثير = لا دخل له في الفعل الذي هو إيقاع وتأثير وتحصيل.

وتحقيقه أن نقول: إن تعلقهما -أي: القدرة والإرادة- إما أن يكون بالكسب الذي يدّعيه الأشاعرة، أو بالتأثير الذي يدعيه المعتزلة وسائر العدلية.

لا سبيل إلى الأول؛ لاستلزامه أن يكون الشيء متعلقًا بنفسه؛ لأنهما -أي: القدرة والإرادة- من ماهية الكسب -كما صرحوا به-. فكيف يقال: إنهما متعلقان بالكسب؟

فبقي الثاني، وهو: أنهما متعلقان بالتأثير. فالاعتراف بأن لهما مدخلًا في الفعل الاختياري -كما صرّح به السعد-؛ اعترافٌ بأنهما مؤثرتان في التحصيل والترجيح -أعني في تحصيل الفعل وترجيحه-؛ لأنه قد ثبت أن المراد بالفعل = لا يصح أن يكون إلا الإيقاع والتحصيل والتأثير، لا الكسب. وثبوت مدخليتهما في الإيقاع والتأثير = عينُ القول بأنهما مؤثران فيه، وإلا فلا مدخلية أصلًا، فافهمه؛ فإنه لطيف نافع.

والمعترض معترف أيضًا -في ما سيأتي- بالاختيار؛ بناءً على أن إثباته ضروري، وأن إنكاره إنكارٌ للضرورة. والاعتراف بالاختيار حقيقةً = اعترافٌ بمثل ما اعترف به السعد. فالمعترض معترف بمذهب خصمه، لكنه بعد ذلك نكس على راسِه، ورجع عن الشمس إلى الظلمة؛ ركونًا على نبراسه.

وأما قوله: «فلا يمكن أن تكون مخلوقة الله» = فتهوُّرٌ؛ نظرًا إلى مذهبه -كما ذكرناه في ما مر-. فإن الله قادر، وخَلقُ الأشكال -بلا تشكيل- ممكنٌ للقادر المختار تعالى. بل نقول: إن ذلك مقتضى معنى الخلق؛ فإنه الاختراع. فلو كان تعالى خالق الأشكال؛ لـَمَا كان خلقُه لها بواسطة التشكيل بالآلات، لا سيَّما مع ظهور التشكيل في فعل غيره عز وجل. كيف وهو القادر لذاته؟ وهل هذا من المعترض إلا نسبة للعجز إلى القادر المطلق عز وجل، وقولٌ بعدم اقتداره -تعالى- على بعض الممكنات؟

وفي قوله: «الذي هو عملهم»؛ إشارة إلى أن عملهم لا يتعدى عن التشكيل إلى الأشكال، على قاعدة شيخه الأشعري، ولا دخل لكسبهم في الصور الحاصلة في الأصنام، وإنما هو في مجرد التصوير الواقع في محل القدرة. فالصور والأشكال ليست معمولًا لهم، ولا عملًا أيضًا. وهو ما ذكرناه عنهم -أي: الأشاعرة- سابقًا.

وبه يُعلَم: أن دلالة الآية على كون «ما» موصولةً، وعلى فرض كونها مصدرية = لا يتم للمجبرة إلا على فرض صحة هذا الذي ارتكبه المعترض، ولزوم المجاز لا محالة.

واعلم أنه يرِدُ هنا مناقشةٌ على قوله: «الذي هو عملهم»، وهي أن يقال: إن التشكيل الذي كانت الأشكال أثرًا له -كما قلتَ-، وهو الذي لا يمكن أن تكون الأشكال مخلوقة لله تعالى بدون أن يكون مخلوقًا له تعالى = ليس هو نفس الكسب الذي يطلق عليه أنه «عملهم»، بل هو التأثير. وأما الكسب؛ فليست الأشكال أثرًا له، ولا يمتنع أن تكون مخلوقة لله بدونه.

وحينئذ، فلا يصح قوله: «الذي هو عملهم»، بل كان المطابق أن تقول: «الذي هو ملاقٍ لعملهم»؛ لأنه تأثير وإيجاد. وقد قالوا: «إن قدرته -تعالى- تتعلق بالفعل تعلق التأثير والإيجاد، وقدرة العبد تتعلق به تعلق الكسب والاكتساب، وأن الذي يسمَّى

عملًا للعبد وفعلًا له؛ هو الكسب، لا الإيجاد والتأثير والتحصيل».

ولهذا قال سعد الدين: «إن الله تعالىٰ لا يوصف بأنه فاعل للقبيح، وإن كان موجِدًا له»(412)، فتأمل. فإن المعترض قد غفل غفلة كلية عن تحقيق مذهبهم، وغفل عن كون الآية -علىٰ هذا- لا تفيد أن أعمالهم مخلوقةٌ له تعالىٰ، وإنما تفيد -علىٰ ما قرره- أن التشكيل -الذي هو تأثير وإيجاد للأشكال- مخلوقٌ لله تعالىٰ. فإن كانوا يسمون هذا التأثير «كسبًا»، ويزعمون أنه مخلوق لله = عاد النزاع بيننا وبينهم لفظيًا في الكسب والتأثير، أي: إن الذي نسميه نحن: «تأثيرًا» = يسمونه هم: «كسبًا». لكنهم لا يقولون: إن الكسب مخلوق لله تعالىٰ. وهذا يقتضي اعترافهم بانتفاء دلالة هذه الآية علىٰ خلق الأعمال وكفىٰ الله المؤمنين القتال.

وقوله: «لزم أن لا تكون الأشكال أثر تشكيلهم... إلخ» = تقريرٌ للاعتراف بتأثيرهم في التشكيل، وهو عين مذهب خصومه العدلية، وقد زاد ذلك تقريرًا وتأكيدًا بقوله: «لكنّها أثر تشكيلهم بالاتفاق والضرورة»، فأوقد نارًا لغيره ضوؤها ونورُها، وعليه حرُّها وسعيرُها.

وأما قوله: «فلا بدّ أن يكون التشكيل مخلوقًا لله تعالىٰ حتىٰ يصح»؛ فمصادرةٌ ظاهرةٌ؛ إذ لا يصح إيقاعُ خلقه -تعالىٰ- علىٰ ما يعملونه من الأشكال، حتىٰ يكون التشكيل مخلوقًا له تعالىٰ. لكنه إنما لزم أن كون التشكيل مخلوقًا له -عز وجل-؛ ليصح إيقاع خلقه علىٰ ما يعملونه من الأشكال، فظهر الدور المحال.

ثم إنا نستفسره عن هذا الوجوب المعبَّر به عنه بقوله: «لا بد». فإما أن يكون عقليًا أو عاديًا أو شرعيًا.

لا سبيل إلىٰ الأول -علىٰ مذهبه في نفي حكم العقل-. وعلىٰ فرض أن هذا الوجوب ليس من أحكام العقل التي لا تجري علىٰ مذهبه؛ لا نسلم أن هذا الحكم أيضًا يجري علىٰ مذهبه؛ لأنه حكمٌ علىٰ الله تعالىٰ، وقد قال: «إنه لا حكم عليه -تعالىٰ- مطلقًا». ومع ذلك؛ فقد مر أنه -تعالىٰ- قادرٌ علىٰ أن يخلق الأشكال، ولو كان

(412) قال التفتازاني: «وما يقال إنه لا معنىٰ لفاعل القبيح إلا موجِدُه = ليس بشيء؛ فإن الظالم من اتصف بالظلم، لا من أوجده في محل آخر». التفتازاني، **شرح المقاصد**، ج 2، ص 139.

التشكيل أثرًا لغيره تعالىٰ -علىٰ ما هو مذهب المعترض وأصحابه الأشاعرة-.

ولا سبيل إلىٰ الثاني؛ لأنا لا نعلم عادةً جرت بهذا، والقائل بالعادة قائل بالمصادرة المستلزمة للدور المحال.

ولا سبيل إلىٰ الثالث؛ لعدم الـمَدْرَك في الشرع لمثل هذا. ومن ادعىٰ مَدْرَكًا شرعيًا فقد افترىٰ، أو كان متلاعبًا بالشريعة، أو جاهلًا بها. ومع ذلك لا يخلو عن التورط في لزوم الدور المحال.

هذا، والعجب كل العجب، أن المعترض -مع ظهور هذا كله، وظهور أنه لو ثبت أن الله هو الذي صوّر الأصنام وشكّلها بالأشكال المخصوصة الداعية إلىٰ عبادتها من دونه تعالىٰ = لبطل الذم لعباد الأصنام، ولسقط اللوم عنهم في العبادة؛ إذ تصير من آثار الله تعالىٰ لا من آثارهم- ما اكتفىٰ بتقويم قاعدته الباطلة، حتىٰ زعم أن الحجة لا تتم إلا علىٰ فرض هذه التمحّلات العاطلة؛ رومًا لترويج الجبر المورِّط، وحَوْمًا علىٰ تدريج الضلال المفرط.

ثم ما اكتفىٰ، حتىٰ بسط لسانه علىٰ جار الله بسخيف الكلام، وعاد عليه بالذم والملام. والأمر كما ذكره جار الله، حيث قال في تفسير قوله تعالىٰ: ﴿قَالُواْ حَرِّقُوهُ وَٱنصُرُوٓاْ ءَالِهَتَكُمۡ﴾ [الأنبياء: 68]: «وهكذا المبطل، إذا قُرِعتْ شبهتُه بالحجة وافتضح؛ لم يكن أحدٌ أبغضَ إليه من المُحق، ولم يبق له مفزع إلا مناصبته، كما فعلت قريش برسول الله -صلىٰ الله عليه وآله وسلم- حين عجزوا عن المعارضة»(413). انتهىٰ كلامه.

وهو كما ذكره -رحمه الله-. ألا ترىٰ أن عباد الأصنام، لـمّا غلبهم بالحجة إبراهيم -عليه السلام- إنما قالوا: ﴿حَرِّقُوهُ وَٱنصُرُوٓاْ ءَالِهَتَكُمۡ﴾، كما أشار عليهم ذلك الرجل الذي روي أنه من الأكراد؟ وقد مر عن ابن عمر رضي الله عنه.

وأما قوله: «رجع معنىٰ الكلام... إلخ»؛ فجارٍ مجرىٰ أضغاث الأحلام -كما بيناه-. وهو غنيٌّ عن إيضاح الأقلام. فقد ظهر عند المنصف البصير، من هو المتعصب لمذهبه بلا هدىً ولا كتاب منير.

---

(413) الزمخشري، **الكشاف**، ص 682.

[نقاشٌ في كون «ما» في قوله: ﴿خَلَقَكُمْ وَمَا تَعْمَلُونَ﴾ موصولةً]

قال: «ثم قال صاحب الكشاف: 'فإن قلت: اجعلها موصولةً، حتى لا يلزمني ما ألزمتَ، وأريد: وما تعملون من أعمالكم.

قلت: بل الإلزامان في عنقك، لا يفكُّهما إلا الإذعان للحق. وذلك لأنك وإن جعلتها موصولة؛ فإنك في إرادتك بها العملَ = غيرُ محتج على المشركين، كحالك وقد جعلتها مصدرية. وأيضًا، فإنك قاطعٌ بذلك الوُصْلة بين ﴿مَا تَعْمَلُونَ﴾ و﴿مَا تَنْحِتُونَ﴾، حيث تخالف بين المرادين بهما، فتريد بـ﴿مَا تَنْحِتُونَ﴾: الأعيانَ التي هي الأصنام، وبـ﴿مَا تَعْمَلُونَ﴾: المعاني التي هي الأعمال. وفي ذلك فكُّ النظم وتبتيره، كما إذا جعلتها مصدرية'(414). انتهى كلامه.

أقـول وبالله التوفيق: بل الإلزامان في عنق من ينكر الاحتجاج بالآية، على تقدير أن تكون 'ما' مصدريةً، لا يفكهما إلا الإذعان للحق.

فإنا قد بينا -آنفًا وقبله- أن الكلام لا يقوم حجةً إلا على تقدير كون 'ما' مصدريةً، حقيقةً أو حكمًا، أعني أن الكلام على تقدير كون 'ما' مصولةً = لا يقوم حجةً إلا إذا وقع معناه إلى ما هو معنى الكلام على تقدير كونها المصدريةَ.

وقد بينا قيام الحجة عليهم على تقدير كون 'ما' مصدرية، وعدم القيام [129 ب] على تقدير كون 'ما' موصولة، إن لم يرجع إلى معنى الكلام إذا كان 'ما' مصدرية.

وإذا أثبت هذا؛ تبين أن الإلزام في عنق المنكر لمعنى الكلام على تقدير كون 'ما' مصدرية، لا في عنق القائل به. وهذا المنكر هو أنت ومن يحذو حذوك. فالإلزام في عنقك وعنق القائل بقولك جزاءً وفاقًا ﴿إِن تَسْخَرُواْ مِنَّا فَإِنَّا نَسْخَرُ مِنكُمْ كَمَا تَسْخَرُونَ ۝٣٨ فَسَوْفَ تَعْلَمُونَ﴾ [هود: 38، 39].

ودعوى قطع الوُصلة وفكِّ النظم وتبتيرِه = ممنوعةٌ. وعلى تقدير تسليمها؛ لا

(414) المرجع نفسه، ص 909.

يضرنا؛ لـمَا عرفت أن معنى الكلام على تقديرها موصولة = يرجع إلى المعنى على تقدير كونها مصدريةً البتة. وسيجيء زيادة إيضاح وبسط لهذا المقام -إن شاء الله تعالى- في أوائل 'كتاب العدل'، فليُنظر هناك».

أقــول: ليس في هذا الكلام ما ينبغي الالتفات إلى البحث فيه، إنما هو مجرد أماني وتخيلات وتمويه. والمعترض لم يعرف ما أراده جار الله بقوله: «الإلزامان في عنقك... إلخ»، فقال: «بل الإلزامان في عنق من ينكر... إلخ».

ومعلوم أن الذي أراده جار الله بالإلزامين: ما سبق ذكره في كلامه الذي نقله المعترض، أعني قوله رحمه الله: «قلت: أقرب ما يبطل به هذا السؤال بعد بطلانه بحجج العقل... إلخ». ونحن قد أوضحنا هنالك أن الاحتجاج عليهم، من حيث إنهم عبدوا مخلوقًا صوّروه وأثروا فيه ما أرادوه من الشكل. فلو ذهبتَ إلى أن المراد: «وما تعملون من أعمالكم»؛ لأضعت هذا الاحتجاج عليهم؛ إذ ينتفي -حينئذ- كون التصوير والتشكيل صادرًا عنهم، وإنما يكون صادرًا عن الله تعالى، فلا يبقى للتشنيع عليهم مجال، كحالك وقد جعلتها مصدرية. هذا مع فوات الطباق للنظم؛ إذ يكون قوله تعالى: ﴿أَتَعْبُدُونَ مَا تَنْحِتُونَ﴾ في وادٍ، وقوله تعالى: ﴿وَٱللَّهُ خَلَقَكُمْ وَمَا تَعْمَلُونَ﴾ = في واد آخر. والذم والتوبيخ ليس إلا بمجموع الجملتين -كما أشار إليه جار الله، وبيناه في ما سلف-.

وأما في كلام المعترض؛ فلا يتأتى هذان الإلزامان أصلًا، ولا ما يجري مجراهما. فكيف يقول: «بل الإلزامان في عنق من ينكر... إلخ»؟ وهل هذا منه إلا مقاولة زائغة، ومطاولة فارغة؟ ﴿وَمِنَ ٱلنَّاسِ مَن يُجَٰدِلُ فِى ٱللَّهِ بِغَيْرِ عِلْمٍ وَيَتَّبِعُ كُلَّ شَيْطَٰنٍ مَّرِيدٍ ۝٣﴾ [الحج: 3]. وإياه ومشايخَه المجبرةَ عنى جارُ الله بقول **الكشاف** في تفسير هذه الآية: «وما أرى رؤساء أهل الأهواء والبدع والحشوية المتلقبين بالإمامة في دين الله تعالى، إلا داخلين تحت هذا دخولًا أوّليًا، بل هم أشدُّ الشياطين إضلالًا، وأقطعهم لطريق الحق، حيث دونوا الضلال تدوينًا، ولقنوه أشياعهم تلقينًا، وكأنهم ساطوه بلحومهم ودمائهم»(415). إلى آخر كلامه رحمه الله.

(415) الزمخشري، **الكشاف**، ص 690.

وأما قوله: «وقد بينا قيام الحجة... إلخ»؛ فأراد به ذلك البيان الذي يشهد العقل والنقل ببطلانه، بل هو نفسه قد اعترف ببطلانه -كما نقلنا كلامه الآتي-.

وأما قوله: «ودعوىٰ قطع الوُصلة... إلخ»؛ فغلط فاحش. فإن كلام صاحب **الكشاف** صريح في أن منشأ قطع الوصلة هو: جعل المراد في ﴿مَا تَعْمَلُونَ﴾: المعانيَ -أي: الأعمال-، وفي ﴿مَا تَنْحِتُونَ﴾: الأعيان المنحوتة، مع أن المفهوم من نظم القرآن الكريم هو أن ﴿مَا تَنْحِتُونَ﴾: هو ﴿مَا تَعْمَلُونَ﴾ بعينه. فقول المعترض: «وعلىٰ تقدير تسليمها لا يضرنا» = خبط. وأيُّ معنًى تحت قوله: «إن معنىٰ الكلام علىٰ تقدير كونها موصولة... إلخ»؛ نظرًا إلىٰ ما أراده صاحب **الكشاف** من قطع الوصلة، وفك النظم وتبتيره؟

نعم، هو من المعترض اعتراف بقطع الوصلة، وفك النظم وتبتيره، فهو من باب: «صدق الواشون في ما زعموا»(416)، أو قوله: «صدقوا، ولكنْ غمرتي لا تنجلي»(417).

وأما قوله: «وسيجيء زيادة إيضاح»؛ فضيقُ عَطَن، ورجوع إلىٰ غير وطن. وقد أغرب حيث أورد هنا من هذا الهذيان الذي ظن أنه بيان؛ ما أضنىٰ الأفئدة والأذهان، ثم قال: «وسيجيء زيادة إيضاح». وستقف -إن شاء الله تعالىٰ- علىٰ ما في هذه الحوالة من البوار والافتضاح. لكن الرجل ما في جرابه إلا هذه الآية يجعلها شبهةً له، بتلوين العبارات، وتدوين الإشارات. ولو نظر للآيات الدالة علىٰ نقيض مذهبه، والأحاديث المخالفة لمأربه ومشربه، وترك العصبية، وتمسك بذيل الإنصاف؛ لاعترف بأن ما جاء به في هذه الشبهة، والتشبث بهذه الآية؛ مخالف للأدلة النقلية والعقلية، والآيات والأحاديث الشريفة النبوية، ومخالف للضرورة أيضًا. وليت أنه التفت بعض التفات

(416) وهو شطر بيت للبهاء زهير:

صدق الواشون فيما زعموا ... أنا مغرًى بهواها مغرَمُ

(417) والبيت كاملًا هكذا:

زعم العواذل أنني في غمرةٍ ... صدقوا ولكن غمرتي لا تنجلي

وهو من الشواهد النحوية.

إلى قول الله تعالى: ﴿إِنَّ ٱللَّهَ لَا يُغَيِّرُ مَا بِقَوْمٍ حَتَّىٰ يُغَيِّرُوا۟ مَا بِأَنفُسِهِمْ﴾ [الرعد: 11]، وقوله: ﴿ذَٰلِكَ بِأَنَّ ٱللَّهَ لَمْ يَكُ مُغَيِّرًا نِّعْمَةً أَنْعَمَهَا عَلَىٰ قَوْمٍ حَتَّىٰ يُغَيِّرُوا۟ مَا بِأَنفُسِهِمْ﴾ [الأنفال: 53]، وقوله تعالى: ﴿وَلَوْلَا دَفْعُ ٱللَّهِ ٱلنَّاسَ بَعْضَهُم بِبَعْضٍ لَّفَسَدَتِ ٱلْأَرْضُ﴾ [البقرة: 251]. الآية.

فأما الآيتان الأوليان؛ فأمرهما في مخالفة مذهبهم ظاهر جدًا. وأما الآية الثالثة؛ فلأنه لا يصح لهم تفسيرها بإيجاب الله تعالى للجهاد، وذهابهم إلى أنه هو معنى الدفاع المضاف إلى الله تعالى، ولا تفسيرها بأن معنى دفاع الله: خلقُه للأفعال في العباد، وإيجاده تعالى لها فيهم -على ما هو مذهبهم في الجبر وخلق الله للأفعال-.

أما أنه لا يصح لهم التفسير الأول؛ فلأنه لا معنى للدفاع بالأمر بالجهاد إذا كان -تعالى- هو الخالق للكفر في الكفار والموجد له فيهم وعلى أيديهم، ولا يعني هذا الدفاع شيئًا.

وأيضًا، فمن المقرر عند المجبرة من الأشاعرة وغيرهم: أنه تعالى قد يأمر بالجهاد ولا يريد وقوعه. فأين الدفاع المضاف إليه تعالى إذا كان يأمر بالجهاد ولا يريد وقوعه؟

وأيضًا؛ فلأن من المعلوم المقرّر عندهم: أنه لا فساد = بناءً على نفي الحسن والقبح عقلًا، فلا فساد، ولا يُتصوَّر منه -تعالى- ذلك. فكيف يُتصوَّر -حينئذ- فسادُ الأرض إذا فعل تعالى كفر الكافرين وخلقه فيهم، وأوجده على أيديهم؟ وما معنى دفاع الفساد الذي لا يُتصوَّر وقوعه منه تعالى؟

فإن قيل: هو فساد بالنسبة إليهم.

قلنا: هذا لا يغني من الحق شيئًا؛ لأنهم لا يقولون بأن الله تعالى يدافع الفساد الواقع من بني آدم بالنسبة إليهم، وإلا لم تقع معصية قط. وكيف يدافعه وهو -تعالى- الفاعل له بقدرته واختياره؟ ولذا تأولوا قوله تعالى: ﴿وَٱللَّهُ لَا يُحِبُّ ٱلْفَسَادَ﴾ [البقرة: 205]، وجعلوا المحبة أخصَّ من الإرادة، وزعموا أنه -تعالى- يفعل الأفعال القبيحة كلها وهو غير راضٍ ولا محبٍّ لها.

وأما أنه لا يصح لهم التفسير الثاني؛ فلأنه لا معنى لخلق الكفر والقبائح في العباد،

والتمدح بأنه لولا دفاعه -تعالىٰ- لفسدت الأرض؛ لأنه -حينئذ- يصير مدافعًا لنفسه بنفسه، ومتمدحًا بما لا معنىٰ له، بل ربما معناه -عند تحقيقه- راجعٌ إلىٰ السخرية؛ فإن من أفسد البلاد والعبادَ، ثم قال: «لولا دفاعي الناس بعضهم ببعض؛ لفسدت البلاد والعباد» = لضحكوا منه، وقيل له: «هذه سخرية، بل لولا أنت ما وقع الفساد، ولا احتيج إلىٰ الدفاع»، وصار الأمر كما قيل:

يدٌ تشجُّ وأخرى منك تأسوني(418)

فتبين: أنه لا يصح للمعترض وأصحابه شيء من التفسيرين المذكورين.

فلو أن المعترض نظر في أمثال هذه الآيات، وترك الترهات والشبهات والتشبثات بقول الله تعالىٰ: ﴿وَٱللَّهُ خَلَقَكُمْ وَمَا تَعْمَلُونَ﴾ = لكان أولىٰ بذكائه وفهمه. ولكنه أخلد إلىٰ مذهبه وأسلافه، فلذا ارتكب ما ارتكبه في اعتسافه.

كلام للسبكي نقله السيوطي

واعلم أن ما أورده وردَّده من الكلام علىٰ هذه الآية، والاستدلال بها علىٰ الجبر = مأخوذ من مواضع قد اعترف الأذكياء منهم تصريحًا وتلويحًا بضعف الاعتماد عليها. فلنورد شيئًا عرض لنا الآن إيرادُه فنقول:

نقل الجلال السيوطي في **الأشباه والنظائر النحوية** عن تقيّ الدين السبكي كلامًا في إعرابه قولَه تعالىٰ: ﴿وَٱعْمَلُوا۟ صَٰلِحًا﴾، ومنه ما نصه: «الرابع -أي: من وجوهٍ في ذلك-: أن غير الله تعالىٰ لا أثر لفعله في الذوات إجماعًا، أعني: لا يفعل ذاتًا، وهذا متفق عليه بيننا وبين المعتزلة، وقامت عليه الأدلة العقلية، ولم يذهب أحد إلىٰ خلافه. ولهذا قال أصحابنا: إن أعمال العباد مخلوقة لله تعالىٰ، واحتجوا بقوله تعالىٰ: ﴿وَٱللَّهُ خَلَقَكُمْ وَمَا تَعْمَلُونَ﴾. وحاولت المعتزلة الجواب بجعل 'ما' موصولةً، فيكون المراد: الأصنام، وهي مخلوقة لله تعالىٰ بالاتفاق، فردَّ أصحابنا هذا الجواب [130 أ] بأن الآية للرد عليهم في عبادتهم إياها.

---

(418) البيت:

إني لأُكثِرُ مما سُمْتَني عجبًا ... يدٌ تشجُّ وأُخرَى منك تأسوني

وهم لا يعبدونها من حيث ذواتها، وإنما عبدوها من حيث هي معمولةٌ بنحتهم وتصويرهم، كأنه قال: 'أتعبدون ما تنحتون، والله خلقكم ونحْتَكم؟'، أو 'والنحت الذي تنحتونه؟' أو 'والمنحوت الذي صورتموه'؟ فهذه ثلاثة تصاوير لأهل السنة:

أحدها: أن تكون موصولةً، والمراد بها: المصدرية. وبعض النحاة يقدّره هكذا في كل مكانٍ أُريدَ فيه المصدرية، وينكر جعلها مصدرية، وإن كان المشهور خلافه. وعلى هذين التقديرين؛ الدلالة من الآية لأهل السنة ظاهرة جدًا»(419).

قلت: بل باطلة جدًا؛ لأن عملهم -عند أهل السنة- عبارة عن كسبهم. والكسب ليس مما يتعلق به الخلق والإيجاد؛ لأنه أمر اعتباري. ولو كان مما يتعلق به الخلق والإيجاد؛ لكان موجودًا. فإن أضيف -حينئذ- إلى العبد؛ كان فعلُ العبد وكسبُه موجودًا. فإن كان موجودًا بإيجاده وحده؛ فهو مذهب المعتزلة بعينه، إلا أنهم لا يسمّونه «كسبًا» بل «فعلًا» فقط. وإن كان بإيجاده وإيجاد الله تعالى؛ لزم إما الاشتراك الذي يقول به الأستاذ الإسفراييني، وإما حصول الموجود الواحد بين موجودين، والأثر بين مؤثِّرَين تامَّين، وهو محالٌ إجماعًا وقطعًا عند التحقيق.

فظهر بهذا: أنه لا يصح أن الخلق في هذه الآية متناولٌ لعمل عباد الأصنام -الذي هو كسبهم على مذهب أهل السنة-؛ نظرًا إلى أن «ما» في الآية = مصدرية أو موصولة، والمراد هو المصدر -كما قال-. وإذا لم يصح أن يكون الخلق في الآية متناولًا لنفس عملهم -الذي هو الكسب عند من أثبته-؛ لم يصح أيضًا أن يكون في الآية دلالة على أن الصور والأشكال القائمة بالأصنام المنحوتة = مخلوقة لله -كما زعمه المعترض-؛ لأنه ما استدل على ذلك الأمر، حيث إن العمل -الذي هو التشكيل- إذا كان مخلوقًا لله بمقتضى الآية؛ كانت الأشكال -التي هي أثر عنه- مخلوقة له تعالى. وقد بطل الأصل؛ فبطل ما بناه عليه.

وأيضًا، فقد أضاف الله العمل إليهم في قوله: ﴿وَمَا تَعْمَلُونَ﴾. فإن كان المراد بـ﴿مَا تَعْمَلُونَ﴾: تعملون نفس الأشكال -كما دل عليه كلام المعترض في مواضع-؛ فقد لزم

(419) السيوطي، **الأشباه والنظائر في النحو**، ج 4، ص 113.

أنها -أي: الأشكال- عملٌ لهم. لكن أهل السنة -الذين هم الأشاعرة- لا يقولون: «إن الأشكال والصور من أعمال العباد»، وإنما هذا من مذهب المعتزلة وسائر العدلية. فالآية هذه حجة لهم على الأشاعرة من هذا الوجه أيضًا -كما نبهنا عليه في مواضع-.

تصريح السبكي بأن القدرة الحادثة لا تؤثر في غير محلّها، وعلى هذا، فجميع الصور المترتّبة على أفعال العباد كصورة الصنم ونحوه، ليست عملًا لهم أصلًا، ولا من عملهم

ولنرجع إلى كلام السبكي فنقول:

ثم قال: «والثالث أن تكون موصولة، والمراد بها: المنحوت، بقيد النحت. وفيه جهتان: ذاته -ولم يعبد من جهتها-، وصنعته -وهي التي عُبِد من جهتها-. وهي مخلوقة لله بمقتضى الآية. ودلَّت الآية على أنها معمولة لهم.

فإن ثبت أن الصورة الحاصلة في الصنم معمولةٌ للآدمي؛ وقعت الدلالة من الآية لأهل السنة من الآية[420]، وإلا تعيّن أن يكون العمل نفسه؛ فتصح الدلالة لأهل السنة.

والراجح من هذين الأمرين سنذكره.

الخامس[421]: الصورة الحاصلة في الموادّ على قسمين:

أحدهما: ما لا أثر لفعل العباد فيه البتة، بل هو من فعل الله وحده، إما بسببٍ من العباد، أو بلا سببٍ منهم يحاولونه، فيوجِد اللهُ تلك الصورة عنده. وذلك هو الصور الطبيعية، وهي كالذوات، فلا يقال: إنها مفعولة للعباد البتة.

والثاني: ما هو أثر صنعة العبد، وهي الصورة الصناعية. ومن أمثلة ذلك: الصورة الحاصلة في الصنم بنحت العباد وتصويرهم. هل نقول: إن تلك الصورة معمولةٌ للعباد

---

(420) كذا.

(421) انتقل من الثالث إلى الخامس، كذا في الأصل.

أو لله تعالى؟ ولا شك أن على مذهب السنة = لا تردُّد في ذلك؛ فإن الكل بفعل الله، وإنما التردد على مذهب المعتزلة.

أو بالإضافة الكسبية على مذهب أهل السنة؟

والحق أن ذلك ليس من فعل العباد ولا من كسبهم؛ فإن القدرة الحادثة لا تؤثر في غير محلها. فإذا قلنا: 'صوَّر المشركُ الصنمَ' = لم يكن من فعل المشرك إلا التصوير القائم به، والصورةُ الناشئة عنه = من فعل الله. فلا يقال فيها: إنها معمولة للعباد إلا على جهة المجاز، وإنما يقال: هي مصوَّرة، كما يقال في زيد المتعلق به الضرب: إنه مضروب.

فإذا قلنا: 'عمل المشركُ الصنمَ'؛ ففي الكلام مجاز، بخلاف قولنا: 'صوَّر المشركُ الصنمَ'. وسببه: أن 'عمل' = فعلٌ عامٌّ، و'صوَّر' = فعلٌ خاصٌّ، وسيأتي الفرق بين الأفعال الخاصة والعامة.

فقولنا: 'عمل' = يقتضي أن الصنم معمولٌ لمن أُسنِد إليه، وليس شيء من الصنم، لا من مادته، ولا من صورته = فعلًا للعبد، ولا من عمله. فكيف يكون مجموعه من عمله؟ فلا بد من مجاز. وفي جهة المجاز وجوه:

أحدها: أن يكون استُعمِل 'عمل' في معنى 'صوَّر' استعمالًا للأعم في الأخص.

الثاني: أن يكون على حذف مضافٍ، كأنه قيل: 'عَمِل تصويرَ الصنمِ'، فلا يكون التصوير -على هذا- مفعولًا به، بل مصدرًا. وهذان الوجهان هما أقرب الوجوه التي خطرت لنا، فلنقتصر عليهما.

وبالثاني يقوى أن المراد في قوله تعالى: ﴿وَمَا تَعْمَلُونَ﴾: التصوير. فتكون حجةً لأهل السنة».

ثم قال: «إذا قلتَ: 'عمل محرابًا'؛ فإن أسندت الفعل إلى الله؛ صحَّ وانتصب محرابًا على أنه مفعول به، وهو أيضًا مفعول -أي: مطلق-، ومنه قوله تعالى: ﴿مِّمَّا عَمِلَتْ أَيْدِينَآ﴾ -وقد بينا وجه ذلك في ما سبق-.

وإن أسندت إلى غير الله، فقلتَ: 'عمل النجارُ محرابًا'؛ لم يكن المحراب مفعولًا

نفسه؛ لـِما قدَّمنا أن عمل العباد لا يتجاوزهم، ولأن مادة المحراب ليست معمولة للعباد، وهي جزء المحراب؛ فأولى أن لا يكون الكل معمولًا لهم. وفي جعله مفعولًا = مجازٌ؛ فإن النجْر واقعٌ على المحراب وقوع الضرب على زيد، فكان المجاز في لفظ 'عمل' ليس إلا.

وإن جعلت 'عمل' على حقيقته؛ فإن جعلته على حذف مضاف -كما سبق-؛ فالتقدير: 'عمل تصوير محراب'؛ فالتصوير مصدر. وإذا حُذِفَ وأقيم المحراب مقامه؛ أُعرِب مفعولًا به على المجاز.

وإن قدَّرْتَ: 'عمل صنعة محراب' على أن تكون الصورة الحاصلة في المحراب معمولًا -بخلاف ما قلنا في ما سبق-؛ كان كذلك أيضًا. وإن جعلت المحراب معمولًا، باعتبار أنه محل العمل إطلاقًا لاسم المحل على الحال؛ لزم المجاز أيضًا. فالمجاز لازم على كل تقدير.

ولا شك في جواز الإطلاق. قال تعالى: ﴿لِيَأْكُلُوا۟ مِن ثَمَرِهِۦ وَمَا عَمِلَتْهُ أَيْدِيهِمْ﴾»(422). انتهى المراد نقله من كلام السبكي مع طوله.

[ردّ المؤلّف على كلام السبكي الذي نقله السيوطي]

ففيه شهادة لنا بما ذكرناه -في ما سبق- من أن الصور والأشكال الحاصلة في الأصنام = ليست معمولة للعباد، ولا مكسوبة لهم -على ما هو الحق عند الأشاعرة-، وأن المجاز لازم على كل تقدير، بل هو لازم للأشاعرة دون العدلية من جهتين، أي: على تقدير كون «ما» موصولة -وذلك من جهة جعل الصور والأشكال الحاصلة في الأصنام عملًا لهم، وذلك إنما يكون بطريق المجاز، كما صرح به السبكي في هذا الكلام-. ومن جهة جعل ذوات الأصنام معمولةً -فإن فيه مجازًا، من حيث إنها [130 ب] إنما كانت محلًا للعمل.

ولا بد من مجاز آخر غير هذين، وهو: أنه استعمل قوله: ﴿تَعْمَلُونَ﴾ في معنى:

(422) السيوطي، **الأشباه والنظائر في النحو**، ج 4، ص 113-119.

«تصوِّرون»؛ لـِما أشار إليه من أن الصنم في قولك: «عَمِل المشركُ الصنمَ» = ليس منصوبًا على أنه مفعول به، إلا بعد التجوز في لفظ «عمل»، وجعْلِه على حذف مضاف، أي: «عمل تصويرَ الصنمِ». وعلى هذا؛ لا يبقى لهم متمسَّكٌ على تقدير كون «ما» موصولة؛ إذ لا شبهة في أنه لو قيل: «والله خلقكم وما تصوِّرون» أو «ما تعملون تصويرَه» = لم ينصرف إلا إلى مجرد الجواهر؛ لأن الأصنام والأشكال ليست نفسها مصوَّرة بل جواهر الأصنام هي المصوَّرة والمشكَّلة، وهي محل التصوير والتشكيل.

ومما يؤيد هذا: ما أخرجه الطيالسي وغيره، عن أسامة بن زيد -رضي الله عنه- قال: «دخلت مع رسول الله -صلى الله عليه وسلم- الكعبة، ورأى صورًا، فدعا بدلو من ماء، فأتيتُه به، فجعل -صلى الله عليه وسلم- يمحوها ويقول: 'قاتل الله قومًا يصوِّرون ما لا يخلقون'»(423).

قال القسطلاني في **المواهب اللدنّيّة**: «رجاله ثقات»(424).

ولا شبهة أن معنى الحديث: أنه لا ينبغي أن يكون المصور إلا الخالق تعالى لا غيره. والمراد: بيان أن ذوات الأشياء المصوَّرة = مخلوقة له -عز وجل- كسائر الذوات التي فطرها، وليس المراد: بيان أنها مخلوقة له -تعالى- بعد تصويرهم لها بقيد تصويرهم، وإلا لم يستقم الذم لهم، المتضمنُ للنهي. فإن تصويرهم لها مرتين = محال؛ لأنه تحصيل الحاصل، فليُتدبَّر فإنه -مع وضوحه- قد يخفى على بعض الناس.

وبهذا الذي ذكرناه يظهر: أن قوله: «والمراد بها المنحوت بقيد النحت»؛ مع أنه مجرد دعوى = لا ينفعهم ولا يضرنا؛ لأنا لو سلمنا أن المراد هو: «المنحوت بقيد النحت»؛ لم نسلِّم أن النحت مخلوق، ولا الصور والأشكال الحاصلة به؛ لأنا نقول: إن المعنى: «والله خلقكم وخلق الأحجار التي أثّرتم فيها الصور بنحتكم». فتبين: أن كون المراد هو «المنحوت بقيد النحت»؛ لا يستلزم دلالة الآية على خلق النحت، ولا خلق ما حصل به من الصور والأشكال.

---

(423) الهيثمي، **مجمع الزوائد**، ج 5، ص 173، حديث 8890.

(424) شهاب الدين أحمد بن محمد القسطلاني، **المواهب اللدنية بالمنح المحمدية**، تحقيق صالح أحمد الشامي، ط 2 (بيروت: المكتب الإسلامي، 2004)، ج 1، ص 592.

على أنا قد ذكرنا في غير هذا الموضع أن قائلًا لو قال: «أنا الذي أعطيت لفلانٍ ما صاغه الصائغ خاتمًا»، أو «ما نجره النجار بابًا»؛ لم يلزم إلا أنه هو الذي أعطى الفضة -مثلًا- والخشب، ولا يلزم أنه أعطاها بعد الصياغة والنجر إلا بدليل خارجي، وإن كانت الفضة والخشب مقيدة بكونها هي التي صاغها الصائغ ونجرها النجار، فليُفهَم.

وأما قوله -أعني السبكي-: «وهي التي عُبِد من جهتها»؛ فمنادٍ بترجيح كون «ما» موصولةً؛ إذ لم يعبدوا المنحوت من جهة نفس النحت -الذي هو المصدر-، وإنما عبدوه -على زعم الأشاعرة- من جهة الصورة الحاصلة في الصنم.

وما السبكي ممن يخفى عليه هذا، فلعله إيماء منه إلى ضعف كون «ما» مصدرية، وأن تلك التصاوير التي حكاها عن أصحابه = باطلة، ماعدا الثالث منها.

وفي قوله: «ودلت الآية على أنها معمولة لهم... إلخ» = شهادةٌ لمذهبنا بالصحة، فاحفظها فإنها من شهادة الأضداد.

وفي قوله: «فإن ثبت أن الصورة الحاصلة في الصنم معمولةٌ للآدمي... إلخ» = تقرير وتحقيقٌ لهذه الشهادة؛ لأنه يعلم أن الصورة الحاصلة في الصنم = ليست معمولةً للآدمي -على مذهب الأشاعرة، كما صرح به نفسه-.

فدلالة الآية على أنها -أي الصورة المذكورة- معمولة للآدمي = دلالةٌ على عين مذهب العدلية، وخلاف مذهب الأشاعرة؛ لأنها إذا كانت الصورة المذكورة معمولة للآدمي، بمقتضى دلالة الآية؛ فلا معنى لذلك إلا كونُها -أي: الصورة- من آثار فعل الآدمي وتحصيله؛ إذ لا دخل للكسب فيها -كما صرح به هو في هذا الكلام-.

وإذا كانت أثرًا للآدمي؛ امتنع أن يكون أثرًا لله تعالى، وإلا لزم توارد المؤثرين على أثر واحد. وحينئذ، يلزم أن يكون الذي توجه إليه الخلق هو نفس الجواهر. والذي هو أعمال الآدميين وآثارهم = هو نفس الأعراض والأشكال والصور الحاصلة منها.

ثم لا يخفى أن مبنى كلامهم على أن الرد على عباد الأصنام = ليس إلا في قوله تعالى: ﴿وَٱللَّهُ خَلَقَكُمْ وَمَا تَعْمَلُونَ﴾. والمعترض قد جرى على هذا -كما عرفت-. لكنا قد أوضحنا -في ما مر- أن الرد عليهم بمجموع قوله تعالى: ﴿أَتَعْبُدُونَ مَا تَنْحِتُونَ ﴿٩٥﴾

﴿وَٱللَّهُ خَلَقَكُمْ وَمَا تَعْمَلُونَ ٩٦﴾ -كما أشار إليه الزمخشري في الكلام السابق نقله عنه رحمه الله-.

وليس ذلك ميلًا مع المذهب ونصرة لقاعدة الاعتزال التي يدور عليها اللولب، بل إنما هو وقوف مع الدليل. فإن القرآن ما نزل بلغة الأكراد، وإنما نزل بلغة العرب. وقد اعترف ابن هشام في **المغني** أن قوله: ﴿أَتَعْبُدُونَ مَا تَنْحِتُونَ﴾ = للتوبيخ الناشئ من الهمزة[425]، وما قال أحد من العلماء: إن قوله: ﴿وَٱللَّهُ خَلَقَكُمْ وَمَا تَعْمَلُونَ﴾ = ليس فيه إنكار عليهم ولا توبيخ لهم، بل الكل معترفون بذلك، حتى المعترض.

ومن المعلوم الذي لا شبهة فيه: أن الإنكار والتوبيخ إنما سرى إلى هذه الجملة من الجملة الأولى التي هي: ﴿أَتَعْبُدُونَ مَا تَنْحِتُونَ﴾، فلو استقلت عنها، ولم يبق بينهما وُصلةٌ = لم يبق في جملة ﴿وَٱللَّهُ خَلَقَكُمْ وَمَا تَعْمَلُونَ﴾ **توبيخٌ ولا إنكار**؛ لعدم ما يدل عليه لفظًا.

فمن زعم أن الرد عليهم إنما كان بمجرد الجملة المذكورة -أي: قوله: ﴿وَٱللَّهُ خَلَقَكُمْ وَمَا تَعْمَلُونَ﴾-؛ فقد باعد الخطو في خطابه، وخالف مقتضى اللغة التي نزل بها التنزيل من حكيم حميد.

والمعترض أولى الناس بهذا، مع أنه قد قال في كتابه هذا بما يقتضي أن ابن هشام -عنده- الغايةُ، حتى قال: «إنه قد قيل: 'إنه أنحى من سيبويه'».

هذا، ولا شبهة في أن توبيخ عباد الأصنام إنما عظم موقعه بالنظر إلى قوله تعالى: ﴿أَتَعْبُدُونَ مَا تَنْحِتُونَ﴾؛ لـِما عرفت غير مرّةٍ من أن اتخاذ المنحوت المتصرَّف فيه بالكسر والقطع معبودًا مرجوًا للنفع والدفع = جهل عظيم، وجفاءٌ بالغٌ بصاحبه إلى أقبح الضلال الوخيم، مع ما فيه من تعكيس شأن العابد والمعبود؛ لأن العابد -على هذا- صار هو النافع للمعبود، والمرجوّ للدفع عنه.

وأيضًا، فإن الرد على عباد الأصنام والتقبيح لضلالهم بقوله تعالى: ﴿أَتَعْبُدُونَ مَا تَنْحِتُونَ﴾ = هو المطابق لما في القرآن في غير هذه الآية، كقوله تعالى: ﴿فَجَعَلَهُمْ

(425) ابن هشام، **مغني اللبيب**، ج 1، ص 93.

﴿جُذَٰذًا﴾ [الأنبياء: 58]. الآية. لأن المراد هو: أن الأصنام إذا كانت لا تدفع عن أنفسها الجَذَّ والتكسير؛ فكيف تستحق العبادة وتُرجَى للنفع ودفع الضر؟ ألا ترى أن المشركين ما قدروا على أكثر من قولهم: ﴿حَرِّقُوهُ وَٱنصُرُوٓاْ ءَالِهَتَكُمۡ﴾ [الأنبياء: 68]؟ وهذا أيضًا عليهم حجة أخرى؛ إذ الإله المعبود هو الناصر؛ فكيف يكون منصورًا؟ فهو اعتراف بأن الأصنام تحت الضرر والنفع من العابدين لها وغيرهم؛ فهي منحطة عن مرتبتهم، وهذا معنى قوله تعالى: ﴿أَتَعۡبُدُونَ مَا تَنۡحِتُونَ﴾.

وأما قوله: «وإلا تعيَّن أن يكون العمل نفسه»؛ فمجرد دعوى لا دليل عليها، بل لا شبهة.

وأما قوله: «وإنما التردد على مذهب المعتزلة»؛ ففيه غفلة عن قواعدهم. إذ لا تردد عندهم في استناد ذلك إلى العباد استنادَ تأثير وإيجاد.

أما قوله: «لا تؤثر في غير محلها»؛ فلا يجري على مذهب الأشعري؛ إذ القدرة الحادثة عنده لا تؤثر لا في محلها ولا في غير محلها. ولهذا اعترضوا على الإمام الرازي حيث وقع منه شيء من نسبة التأثير إليها، وسيأتي نقل كلام السيد في **شرح المواقف**، اللهم إلا أن يراد بالتأثير ما يعُمّ الكسبيَّ -على ما زعموا-، وهو كلام لا محصل له.

نعم، كون القدرة الحادثة لا يتعدى كسبُها عن محلها فلا يكون معمولًا لها ما خرج عن محلها = جارٍ على مذهب الأشعري بلا كلام. وإنما الكلام في التأثير فقط. فالقدرة المؤثرة هي التي يتعدى فعلها عن محلها، وأما الكاسب فلا يتعدى أصلًا -كما اعترف به الأشاعرة-. ويلزم على هذا المذهب الذي ذهبوا إليه؛ سقوطُ ما في الكتاب، والسنة، والخطب، والمواعظ، والحِكم، والمحاورات، من نسبة أفعال العباد الخارجة عن محل قدرتهم إليهم، بدون تصور خلافٍ في ذلك.

ومن أقرب ما يبطل هذا المذهب المذكور، قولُه تعالى: ﴿وَلَقَدۡ عَلِمۡتُمُ ٱلَّذِينَ ٱعۡتَدَوۡاْ مِنكُمۡ فِي ٱلسَّبۡتِ﴾ [البقرة: 65]. الآية. فسمّى -تعالى- فعلَهم اعتداءً وعاقبهم عليه. وذلك من فروع نسبته إليهم، مع القطع والإجماع على خروجه عن محل قدرتهم وكسبهم. وفي القرآن والسنة شيء كثير من هذا القبيل. وذلك يستلزم أن فعل العبد ليس بطريق الكسب الذي زعموه، بل بطريق التحصيل، والله حسبنا ونعم الوكيل.

وأما قوله: «وسببه أن 'عَمِل': فعل عام، و'صَوَّر': فعلٌ خاص»، إلى قوله: «وسيأتي الفرق» = فموداه أن «عَمَل» ونحوه؛ من الأفعال العامة كـ«صنع»، و«فعل». وليس مدلولُه [131 أ] إلا مطلق العلم والصنع -مثلًا-.

فإذا أُبقي على حقيقته؛ لم يصح أن يقال: إنه يتعدى إلى مفعول به كالصنم في المثال المذكور، وإنما يتعدى إليه إذا أريد به معنى خاصٌّ، كـ«صوَّر» في ذلك المثال. فحينئذ، ينتصب الصنم على أنه مفعول به؛ لأنه يصدق عليه حدُّ المفعول، فإنه محل فعل الفاعل. وإن شئت قلتَ: «وقع عليه فعل الفاعل». وكلتا العبارتين موجودة في كلام النحاة. وعلى هذا، فالمجاز من باب استعمال الأعم في معنى الأخص.

وأما على إبقائه على حقيقته؛ فلا يقال: إنه متعد أو لازم؛ لأن مدلوله: مطلَقُ العمل. ومطلق العمل أعمُّ من اللازم والمتعدي -كما قال-، وما كان أعم من شيئين = لا يقال: إنه واحد منهما. فإذا قلت: «عملتُ عملًا» أو «صنعت صنعًا»؛ فانتصابه على المصدر ليس إلا؛ لأن المفعول المطلق هو: ما يقع عليه اسم المفعول بلا قيد، كالمفعول به والمفعول معه.

نعم، إذا أردت بالفعل غير معناه -أعني الحدَثَ- وإنما أردت به المفعول به؛ كان مجازًا من هذه الحيثية، ومن حيثية أخرى، وهي: أن الحقيقة المفعول به هو: «ما وقع عليه فعلُ الفاعل» -على ما عرفت آنفًا-، وحقيقة المفعول المطلق، هو: «الصادر عن الفاعل». فالتغاير بينهما ظاهر، والمجاز حاصل، وفيه تأمل.

تحقيق نفيس في انتصاب مثل قولك: «خلق الله العالَمَ»

وبهذا الذي ذكرناه، يتبين سرُّ ما يقال: إن «صالحًا» من قوله تعالى: ﴿وَٱعۡمَلُواْ صَٰلِحًا﴾؛ ليس مفعولًا به، بل إما أن يكون نعتًا لمصدر محذوف، أو حالًا -كما نُقل عن سيبويه-. ويظهر أيضًا وجهُ ما صرح به الشيخ عبد القاهر الجرجاني في **أماليه**، وقد اختاره قبله أبو الفتح بن جِنّي في **أماليه** أيضًا، وتبعهما ابن هشام في **مغنيه**، من أن انتصاب «السماوات» و«العالَم» في قوله تعالى: ﴿خَلَقَ ٱللَّهُ ٱلسَّمَٰوَٰتِ وَٱلۡأَرۡضَ﴾ [العنكبوت: 44]، وقولك: «خلق الله العالم» = على المصدرية، دون أن يكون مفعولًا به.

واحتج الشيخ عبد القاهر -طاب ثراه- على ذلك، بأن المفعول به: عبارة عما كان موجودًا فأوجد الفاعل فيه شيئًا آخر، نحو: «ضربت زيدًا». والمفعول المطلق هو: الذي لم يكن موجودًا بل عدمًا محضًا، والفاعل يوجده(426). وهذا هو ما تقضيه العبارتان السابقتان عن النحاة في حقيقة كل منهما.

وقد أجاب عنه تاج الدين التبريزي، وشمس الدين الأصفهاني بما هو مذكور في **الأشباه والنظائر**(427)، وقال ابن هشام في **المغني**، بعد ما أورد مثل ما احتج به عبد القاهر -رحمه الله-: «إن منشأ توهم البعض أن المفعول المطلق لا يكون إلا حدثًا؛ هو أن النحويّين يمثّلون المطلق بأفعال العباد، وهم إنما يجري على أيديهم إنشاء الأفعال لا الذوات، فتوهّموا أن المفعول المطلق لا يكون إلا حدثًا. ولو مثلوا بأفعال الله تعالى عز وجل؛ لظهر لهم أنه لا يختص بذلك -أي بالحدث-، بل قد يكون المفعول المطلق ذاتًا كالمثالين المذكورين»(428).

وأنت خبير بأن في هذا الكلام من هؤلاء المذكورين = ميلًا إلى أن «الخَلق»: هو «المخلوق»، بل صرح بذلك أبو الفتح عثمان بن جني، وهي مسألة التكوين التي اشتهر الخلاف فيها بين الأصوليين.

ثم لا يذهب عليك أن «خَلَق» = ليس من الأفعال العامة؛ فإنه فعلٌ خاصٌّ. وإنما النكتة في مثل هذا: أن الخلق تناول الذات، فلم يصدق عليه حدُّ المفعول به، بل حد المفعول المطلق. وإذا تأملت هذا المقام؛ ظهر لك أن قوله تعالى: ﴿وَٱللَّهُ خَلَقَكُمْ وَمَا تَعْمَلُونَ﴾ = مما لا متشبث فيه للمجبرة أصلًا، وأن المراد: نفس الذوات الجوهرية، إيجادًا لها بعد العدم المحض، وأنه لا يصح إرادة الأعراض -أعني الأشكال- أصلًا؛ لأنه يلزم اعتبارٌ لا تدل عليه الآية بوجهٍ ما، وهو أن يراد خلقُ الجواهر قبل عملهم فيها، وإيجادُ الأعرض بعد عملهم؛ ضرورةَ أن الجواهر الحجرية خُلقَت يوم خلق الله السماوات والأرض، والأعراض التي عملوها متأخرة بزمان طويل -كما مر-.

---

(426) السيوطي، **الأشباه والنظائر النحوية**، ج 4، ص 121-122.

(427) المرجع نفسه، ص 122-123.

(428) بتصرف في: ابن هشام، **مغني اللبيب**، ج 6، ص 579-580.

هذا على تقدير أن تلك الأصنام منحوتة من أحجار. وأما على تقدير أنها من خشب -مثلًا-؛ بناءً على أن النحت لا يختص بالحجارة = فكذلك بين إيجادها وإيجاد الأعراض والأشكال القائمة بها = تفاوت في الزمان قطعًا. ومعلوم أن قول القائل: «خلق الله الذات الفلانية والشخص الفلاني» = لا يدل على أن تعالى خلق بعض تلك الذات أو الشخص في زمان، وبعضها في زمان آخر.

وهكذا لا يدل على أنه خلق جواهرها في زمان، وأعراضها القائمة بها في زمان آخر، فضلًا عن أن يكون بين الزمانين بُعد كثير، وأمد بعيد. والمدعي لذلك إنما يدعي خلاف الأصل:

أما أولًا؛ فلأن إطلاق الخلق على المجموع -أي: مجموع الجواهر المتقدمة والأعراض المتأخرة بزمان- يستلزم المجاز الذي هو خلاف الأصل.

وتوضيحه: أن قوله تعالى: ﴿وَٱللَّهُ خَلَقَكُمْ وَمَا تَعْمَلُونَ﴾ = يدل -بمقتضى تقرير المعترض- على أنه وقع الخلق حال عملهم. ولا شك في أن الجواهر مخلوقة قبل تلك الحال بزمان، ويستحيل تحصيل الحاصل وخلق المخلوق، فيلزم أنه أطلق خلق البعض على الكل، وخلْق الأعراض على خلق المجموع من الجواهر والأشكال، وإنه مجاز لا محالة. وكلما كان مجازًا؛ كان خلاف الأصل، وهو ظاهر.

وبهذا يتضح لك: أنه لا بد من الذهاب إلى المجاز من هذه الجهة -أي: مجاز إطلاق خلق الكل على البعض-، وأن العدلية كما قالوا: إن إطلاق الخلق على مجموع الأصنام ليس إلا مجازًا؛ لأن المخلوق لله إنما هي جواهرها فقط = فكذلك المجبرة المستدلون بهذه الآية، لا بد لهم من مثل هذا المجاز -كما مر-. غايته: أنهم صرفوا الخلق حقيقةً إلى الأعراض والأشكال، وهذا المجاز أبعد من المجاز الذي قالت به العدلية؛ لأن إطلاق الخلق على الجواهر المشتمل على الأعراض= أكثرُ من إطلاق الخلق على الأعراض القائمة بالجواهر، أعني: أنه لا يُتجوَّز بخلق العَرَض عن خلق المجموع من الجواهر والعرَض، بخلاف العكس، وهو ظاهر.

وأما ثانيًا؛ فلأن حق ما خُلِق بعضه في زمان، وبعضه في زمان آخر؛ أن يؤتى له

بالعبارة الدالة على ذلك التقدم والتأخر، كأن يقال: «خلق كذا يوم كذا»، وإلا لزم المجاز في الإطلاق.

وأما ثالثًا؛ فلأن الخلق للجواهر يكون بطريق الاختراع والفَطْر بلا واسطةِ أفعال العباد أصلًا، ولا كذلك الأعراض والأشكال -عند من قال: إن أفعال العباد مخلوقة لله-.

ولا شك أن إطلاق الخلق على ما هو مخلوق مخترع مفطور، وعلى ما هو مخلوق مع مدخلية الكسب -على ما هو مذهب المجبرة-؛ إطلاق يستلزم المجاز، فافهمه.

ومن الغرائب: أن السبكي قال في الكلام الذي نقله عنه السيوطي ما نصه: «إنما فرقنا بين الأفعال العامة والخاصة؛ لأن تعدي الفعل إلى المفعول = وصولُ معناه إليه. فالفعل الخاص -كالضرب مثلًا-؛ تعدِّيه بوصول الضرب إلى المضروب، ولا يلزم من ذلك أن يكون الضارب مؤثرًا في ذات المضروب -أعني موجدًا لها-. والفعل العام - كـ'عمل' مثلًا-؛ تعدِّيه بوصول معناه وهو العمل. والعمل: معنى عام في الذات وصفاتها، فلذلك اقتضى العمومَ وإيجادَ المعمول؛ حتى يقوم دليل على خلافه»(429). انتهى. وهذا هو ما أشار إليه الزمخشري -رحمه الله-في ذلك السؤال والجواب، حيث بيّن انتفاء لزوم مقدور بين قادرين؛ نظرًا إلى أن الله -تعالى- نسب العمل إلى عباد الأصنام. ولا معنى لذلك إلا الإيجاد -كما اعترف به السبكي هنا-، ولا يُتصوَّر فيه خلاف لأحد من أصحابه الأشاعرة، لا لأجل هذا التفريق بين الفعل العام والفعل الخاص، بل لأن الأشكال إذا كانت من عملهم -كما أضافها إليهم-؛ فلا يتصوَّر أن يكون عملهم لها كسبًا؛ لأنها ليست في محل الكسب، بل إنما يكون إيجادًا -كما أشار إليه جار الله رحمه الله تعالى-.

فما بقي إلا أن عملهم واقع على الأشكال، وخلْقَ الله تعالى واقعٌ على الجواهر، وإلا لزم مقدور بين قادرين وأثر بين مؤثرين، وهذا مما لا محيص لهم عنه، وإن لم يعترفوا به. وقد [131 ب] اعترف هنا السبكي بأن العمل يقتضي إيجاد المعمول، حتى يقوم

---

(429) السيوطي، الأشباه والنظائر في النحو، ج 4، ص 120.

دليل على خلافه. وأنت قد عرفت أنه لا دليل على أن الأشكال المعمولة في الأصنام مكسوبةٌ للعباد حتى يقال: إنها وإن كانت معمولةً لهم فالمراد أنها مكسوبة لهم، ولا دخل لهم في إيجادها؛ إذ لا خلاف للأشاعرة في أنه لا يُتصوَّر فيها الكسب. وقد اتفقنا -نحن وهم- على أنه قد أضيف عملُها إلى العباد. فإذا كانوا قد وافقونا على أن هذه الإضافة ليست إضافة الكسب؛ فقد تم الأمر والحمد لله.

ولو قالوا: إنها لـمّا أضيف عملها إلى العباد، وكان الكسب بمعزل عنها من حيث هي هي، وقد ثبت أن عمل العباد ليس إلا الكسب، لا الإيجاد = احتجنا إلى القول بأن المراد من عملها: ليس إلا العمل المؤثر فيها بحسب الظاهر حسًا، لا بحسب الحقيقة وهو الكسب، وليس إيجادًا لها؛ لأن الله تعالى قد أضاف إيجادها إلى نفسه سبحانه، فما هو إلا الكسب المرادف للمعنى المصدري، لا الحاصل بالمصدر.

قلنا: هل هذه إلا مصادرة تستلزم الدور المحال؟ إذ لا يصح أن يُحمل عمل العباد على غير معنى الإيجاد حتى يصح تناول خلق الله لعَيْنِ عملهم. لكنه لا يصح تناول الخلق لعَيْن عملهم إلا بعد أن يصح حمل عملهم على غير معنى الإيجاد، فظهر الدور -وقد مر-.

فيكون كل ما اشتمل عليه القرآن الكريم من الآيات الناطقة بأن العباد عاملون، ويعملون وغير ذلك = ليس معناه إلا أنهم هم الذين يوجدون أعمالهم من دون دليل على خلافه. وقد صرح الشيخ عبد القاهر بالإيجاد في الكلام المذكور آنفًا، وإن كان هو وابن جنّي من المعتزلة، لكنّهما تكلما بحسب ما جاءت به اللغة، وأثمره الاستقراء. فمن ادعى خلافه فعليه البيان.

وأما قوله: «وبالثاني يقوى أن المراد في قوله تعالى: ﴿وَمَا تَعۡمَلُونَ﴾: التصويرُ، فيكون حجة لأهل السنة»؛ ففيه ما ذكرناه سابقًا.

وأيضًا لا يبقى في الآية دلالة على أن جواهر الأصنام مخلوقةٌ لله تعالى، فيرتفع التشنيع عن عُبّادها من حيث كونُهم عبدوا مخلوقًا لله تعالى، وإنما يبقى من حيث إن التصوير مخلوق له تعالى. وهذا مع أنه باطل، وخلاف ما يفهمه كل عاقل = لا يتم إلا بعد ادّعاء أن عباد الأصنام اعتقدوا أنّ كون التصوير بتأثيرهم = أدعى لعبادتهم لها من

كونه بتأثير الله تعالىٰ -كما زعمه المعترض في ما أسلف-، حتىٰ يصح الرد عليهم بأن التصوير ليس إلا من آثار الله تعالىٰ وخلقه. لكن هذا مما يشهد ببطلانه العقل والنقل.

أما العقل؛ فظاهر، كما اعترف به المعترض من حيث لا يشعر، كما ذكرناه عنه -في ما مر- أنه قال -في ما سيأتي-: «فإن الأشكال إنما هي أثر تشكيلهم حسًّا، فهو أبعد من استحقاقها العبادة عند العقل من المجموع الذي أحد جزأيه الجسم الذي هو أثر صنعة الله تعالىٰ بلا واسطةِ مخلوق». هذا كلامه.

وأما النقل؛ فكذلك. لـِما ذكرناه سابقًا من الكتاب والسنة، وأنهم في عبادتهم لها علىٰ ضروب من الضلال، فتارة علىٰ أنها شفعاء، وتارة علىٰ أنها تقربهم إلىٰ الله زلفىٰ، وتارة علىٰ أنهم وجدوا آباءهم لها عابدين، إلىٰ غير ذلك من ضروب الضلال وأنواع المحال. ولقد كانوا يعبدون الصنم زمانًا ثم يرفضونه إلىٰ غيره، أو يأكلونه كما أكلت باهلة إلهها في عام المجاعة، وكان من حَيْسٍ، كذا في **الكشاف** وغيره. وفي بعض الحواشي أن الذي أكلوا إلههم حنيفةُ، قال الشاعر يهجوهم:

أكلت حنيفة ربّها … حين التقحُّم والمجاعَه

لم يرهبوا من ربهم … سوءَ المغبّة والتباعه

أحنيفُ هلّا إذ جَهِلْتِ … فَعَلْتِ ما فَعَلَتْ خُزاعَه

نَصَبَتْهُ من حجرٍ أصمَّ … وكلفوا العرب اتّباعَه

وقد طال المقال واتسع المجال، فلنقبض بنان البيان. وفي ما ذكرناه كفاية والله المستعان.

شبهة العلم [واستدلال المعترض بالعلم الأزلي على الجبر، وردّ المؤلف عليه]

قال: «ثم أقول: قد اعترف صاحب الكشاف في غير ما موضع من كشافه، بأن الله تعالى عالم في الأزل بكل شيء. وكذا مؤلف هذا الكتاب قد صرح قُبيلَ باب 'الاسم' بأن الله قد أحاط بكل شيء علمًا، بمعنى أنه لا يغيب شيء عن علمه. انتهى.

وإذا اتفقنا على أن الله بكل شيء عليم أزلًا؛ فنقول: إن ما علم الله صدوره من أفعال النفس، فجورًا كان أو تقوى؛ فهو واجب الصدور، وإلا جاز انقلاب العلم جهلًا. وما علم عدمَ صدوره منها؛ فهو ممتنع الصدور هنا؛ لـِما مرّ.

ومن المعلوم المسلم -عندنا وعندكم- أنه لا قدرة على الواجب والممتنع، ولا يخرج عنهما فعل العبد. فظهر أن العبد مضطر في عين اختياره الموهوم».

أقول: هذه شبهة العلم، التي ظهر عند الموالف والمخالف بطلان التمسك بها في إثبات الجبر، فضلًا عن إثبات نفي تأثير قدرة العبد بالكلية، كما سيصرح به المعترض نفسه؛ فإنه -في ما سيجيء- استدل بشبهة العلم على نفي تأثير العبد في شيء من أفعاله، مع أن كل أحد يعلم أن العلم بمعزل عن التأثير في شيء، وعن المنع من التأثير في شيء. ولكن الذين يبغونها عوجًا يحرفون الكلم عن مواضعه. وأقرب ما تُقرَع به مسامع أمثال المعترض في هذا المقام؛ معارضةٌ لا يعترضها أحد من ذوي الأفهام، فنقول:

إن الله تعالى كما علم صدور الفعل؛ فكذلك قد علم صدوره بقدرة العبد واختياره. فلو لم يكن العبد قادرًا مختارًا في صدوره؛ لزم انقلاب العلم جهلًا. فانظر -يا أخا الأكراد- كيف انعكس دليلك عليك، ورجع سهمك إليك. وكفى الله المؤمنين القتال، والحمد لله على كل حال.

ثم نقول: لا يخلو: إما أن يكون مجرد العلم كافيًا في وقوع الفعل أو لا يكون كافيًا، وإنما يكون وقوعه بقدرة وإرادة.

إن كان الأول؛ لزم انقلاب العلم قدرة؛ لأن المؤثر في الوقوع إنما هو القدرة لا العلم. فإذا أثّر العلم فهو قدرة وليس علمًا، وهذا هو الانقلاب المحال.

وإن كان الثاني؛ فإما أن يكون للعلم مدخل في التأثير والوقوع، أو لا مدخل له.

لا سبيل إلى الأول؛ للزوم ما تقدم أيضًا، ولأنه لو كان له مدخل؛ لم يبق القادر المختار قادرًا مختارًا، أعمَّ من الباري تعالى والعبد؛ لأنه لا معنى للقادر إلا «من يقع منه الفعل عند داعيته وإرادته»، من دون توقفٍ على شيء آخر. فإن حصل التوقف على شيء آخر غير الداعية والإرادة؛ كان ذلك قدحًا في القادرية. لكن المعترض وأصحابه الأشاعرة يزعمون

أن العبد عندهم قادر مختار، وأنهم بهذا فارقوا الجهمية والخلص من الجبرية المكابرين للضرورة العقلية والشرعية. فالقول بأن للعلم دخلًا في التأثير والإيقاع للفعل = يستلزم التجهم والجبر الخالص المستلزم سقوط التكاليف وبطلان الشرائع.

هذا، وكأنه لـمّا علم أن ذلك الدست الذي جاء به في التشبث بقوله تعالى: ﴿وَٱللَّهُ خَلَقَكُمْ وَمَا تَعْمَلُونَ﴾ = غير تام، وتفطن لكونه دستًا مخروقًا لا ينفَق عند ذوي الأفهام؛ جاء بهذه الشبهة التي قد جفَّت بها الأقلام، وصدَّرها بقوله: «قد اعترف صاحب **الكشاف** في غير ما موضع»، ولم يلتفت إلى أن صاحب **الكشاف** قد حسم طمعه وطمع أمثاله في التعلق بالعلم في غير ما موضع أيضًا. منها ما ذكره في سورة القصص من تفسير ما حكاه الله -عز وجل- عن فرعون من قوله: ﴿مَا عَلِمْتُ لَكُم مِّنْ إِلَٰهٍ غَيْرِي﴾ [القصص: 38]. وذلك أنه قال ما نصه: «قصد بنفي علمه بإله غيره، نفيَ وجوده [132 أ]، ومعناه: 'ما لكم من إله غيري'، كما قال الله تعالى: ﴿قُلْ أَتُنَبِّـُٔونَ ٱللَّهَ بِمَا لَا يَعْلَمُ فِي ٱلسَّمَٰوَٰتِ وَلَا فِي ٱلْأَرْضِ﴾ [يونس: 18]، معناه: 'بما ليس فيهن'. وذلك لأن العلم تابع للمعلوم، ولا يتعلق به إلا على ما هو عليه. فإذا كان الشيء معدومًا لم يتعلق به موجودًا»(430). إلى آخر كلامه -رحمه الله-.

فهذا منه تنبيه لأمثال المعترض، بأنه ليس في أيديهم من التشبث بشبهة العلم إلا التراب، وأن ركونهم إليها ركونُ الظمآن إلى لامع السراب. وكيف لا، وفرعون -على هذا- قد عقل أن العلم تابع لا متبوع؛ فهو أجمل حالًا من المعترض الذي مؤدَّى كلامه تعكيس المفهوم، وتنكيس الموضوع.

كلام للتفتازاني وللسمرقندي في إبطال التشبّث بالعلم لإثبات الجبر

ولننقل شيئًا من كلام أهل مذهبه، فنقول:

قال سعد الدين في **شرح العقائد النسفية** ما نصه: «فإن قيل -بعد تعميم علم الله

(430) الزمخشري، **الكشاف**، ص 802.

وإرادته-: الجبر لازم قطعًا؛ لأنهما إما أن يتعلقا بوجود الفعل؛ فيجب، أو بعدمه؛ فيمتنع. ولا اختيار مع الوجوب والامتناع.

قلنا: يعلم ويريد أن العبد يفعله أو يتركه باختياره؛ فلا إشكال.

فإن قيل: فيكون فعله الاختياري واجبًا أو ممتنعًا، وهذا ينافي الاختيار.

قلنا: ممنوع؛ فإن الوجوب بالاختيار محقِّقٌ للاختيار، لا منافٍ له. وأيضًا، منقوض بأفعال الباري تعالى»(431). انتهى.

وقال السمرقندي في **الصحائف** ما نصه: «الرابع -أي من الوجوه التي احتجوا بها-: ما علم الله وقوعه؛ فهو واجب. وما علم عدمه؛ فهو ممتنع؛ لامتناع الجهل. والواجب والممتنع غير مقدور.

والجواب: أن العلم وعدمَه تابعٌ لهما، فلا يكون مؤثرًا فيهما. وأيضًا، ذلك منقوض بقدرة الله تعالى»(432). انتهى.

وقال نجم الدين الكاتبي في **أوائل المحصل**؛ ردًا لاحتجاج الإمام الرازي على وقوع التكليف بما لا يطاق، ما لفظه:

«قوله: 'إنه واقع؛ لأن الله إن علم وقوعه = وجب... إلخ'.

قلنا: لم قلتم بأن وجوب وقوعه ينافي وقوعه بقدرة العبد؟ لاحتمال أن يكون وجوب وقوعه؛ لوجوب وقوعه بقدرة العبد، أي: لا لسبق العلم بوقوعه. فإن الله كما علم وقوعه؛ علم وقوعه بقدرة العبد»(433). انتهى.

ولقد أجاد. فإن منشأ وقوع الفعل ليس إلا قدرة العبد لا العلم. فأي دخل له في وجوب وقوعه؟ فتأمل هذا.

ولا شبهة في أن تعميم القول بمنافاة سبق العلم للاختيار = مستلزم للكفر، كما اعترف به ابن الحاجب في **مختصر المنتهى**، والقاضي العضد في **شرحه**، وغيره من

---

(431) التفتازاني، **شرح العقائد النسفية**، ص 58.

(432) السمرقندي، **الصحائف**، ص 387-388.

(433) الكاتبي، **المفصل**، ورقة 23 أ؛ قارن بـ: الكاتبي، **شرح المحصل**، ص 157.

الأولين والآخرين. لكن بعضهم حاول دفع النقض، وبيان الفرق بين أفعال الباري -تعالى- وأفعال العبد، كصاحب **المواقف**، ومن تبعه كالخيالي في **حاشية شرح العقائد**، وابن أبي شريف في **حاشيته** أيضًا.

وأما سعد الدين؛ فهو وإن تعرض في **شرح المقاصد** لدفع النقض، وبيان الفرق؛ فقد أشار هنالك إشارة خفية إلى بُعدِه. ولهذا لم يتكلف له في هذا الكلام المنقول عن **شرح العقائد**.

كلام للأشاعرة في الفرق بين أفعال الباري تعالى وأفعال العباد؛ لئلا يلزم عدمُ اختياره تعالى

ولنورد ما ذكروه. وأخصر عبارة في ذلك ما ذكره الخيالي، حيث قال ما نصه: «وقد يجاب بأن الاختيار هو: التمكن من إرادة الضد، حال إرادة الشيء لا بعدها. وكان يمكن في الأزل أن تعلَّق إرادته تعالى بالترك بَدَل الفعل، وليس قبل تعلُّقها تعلُّقُ علمٍ مُوجِب؛ إذ لا قَبْل للأزل، بخلاف إرادة العبد، فتدبّر»(434). انتهى.

وغيرُ خافٍ عنك أن هذا اختراعُ معنًى للاختيار لم يقل به أحد، فهو باطل في نفسه، فضلًا عن أن يكون رافعًا للبطلان عن غيره. وسيأتي الفرق المذكور. وعلى فرض كونه معنًى صحيحًا في نفسه = فغايته المجاز، فيلزم أن الباري تعالى ليس مختارًا إلا مجازًا، لا حقيقةً. وكل ما كان ثبوته مجازًا = صح نفيُه حقيقةً، فيكون نفي الاختيار عن الباري حقيقةً. وإنه كفر بلا شك.

وأيضًا، فنحن نقول: إن شبهة العلم جاءت من المجبرة في مقابلة الضرورة، وكل شبهة كذلك؛ فهي مطرودة عن مقاعد السمع. وإنما قلنا: إنها في مقابلة الضرورة؛ لأنا نعلم أن الإنسان متمكن من ذبح نفسه، ومتمكن من الأفعال التي هو عازم جازم على تركها. وهذا التمكن أمر معلوم عند كل أحد، حتى عند أمثال المعترض -كما اعترف به في ما سيجيء إن شاء الله-.

---

(434) حسن بن عبد القادر الجوري، **حاشية الجوري على حاشية الخيالي على شرح العقائد النسفية** (بيروت: دار الكتب العلمية، 2017)، ص 252.

وإذا كان الإنسان متمكنًا مما يعلم أنه لا يفعله تمكنًا معلومًا بالوجدان؛ فذلك جارٍ في علم الله تعالىٰ. وكما أن العبد إذا فعل ما علم أنه لا يفعله؛ لم يكن فعله مستلزمًا لانقلاب علمه جهلًا؛ لأنه إنما علم أنه لا يفعله باختياره -أي: إنه يتركه إذا اختار تركه-؛ فلا يقدح في علمه كونُه فَعَلَه مختارًا لفعله = فكذلك الباري تعالىٰ، بمعنىٰ: أنه لا يقدح في اختياره تعالىٰ، ولا اختيار عباده، سابقُ علمه الأزلي بما سيكون، بل يحقق ذلك. لأنه إنما سبق علمه بما سيكون اختيارًا. فالقول بانتفاء الاختيار = قدحٌ في العلم في الحقيقة -كما سنكرره-.

وأيضًا، فإن وجودَ العلم وعدمَه = علىٰ سواء، بمعنىٰ: أنا لو فرضنا أن الله تعالىٰ لا يعلم الحوادث الجزئية -كما هو قول بعض المعطلين-؛ لم يلزم منه -علىٰ مذهب المجبرة- كونُ العباد مختارين لأجل عدم العلم السابق. فكيف ألزمونا بالجبر لأجل ثبوته -أي: العلم السابق-؟ وما كنا نظن أن أحدًا من العقلاء يجعل عالـِمية الباري تعالىٰ موجِبةً لعدم قادريته -عز وجل-، ولا مؤثرة في أفعال خلقه، حتىٰ سمعنا هؤلاء الذين يظنون أنهم مفارقون للجهمية، وقائلون بأن العباد متمكنون. ولـمّا سمعنا هذا منهم عرفنا حقيقة حالـِهم، وأنهم هم الخُلَّصُ من الجبرية.

هذا، وقد ظهر مما ذكرناه أولًا أن ما ذكره الخيالي معدود في الخيالات الكاذبة.

وأيضًا، فمناط الشبهة هو: تجويز انقلاب العلم جهلًا. والانقلاب المدّعىٰ إنما ينشأ -بزعمهم- من وقوع ما سبق العلم بعدم وقوعه. وحينئذ، فلو فرضنا أن الله تعالىٰ فعل ما سبق علمُه بعدم فعله؛ فإما أن يقولوا: إنه يلزم الانقلاب المذكور، أو يقولوا: إنه لا يلزم.

إن كان الثاني؛ فقد سقطت الشبهة من أصلها. وإن كان الأول؛ فإما أن يقولوا: إنه -تعالىٰ- مختار في نفس ذلك الفعل المفروض، أو ليس بمختار.

لا سبيل إلىٰ الثاني؛ لأنه كفر صراح. فبقي الأول، وهو المطلوب. وذلك جارٍ في حق العبد بلا فرق؛ لأن ذلك الفرق الذي تخيّله الخيالي وغيره = غايتُهُ: إثبات إمكان تعلق الإرادة في الأزل عند تعلق العلم السابق. وهذا لا يستلزم ثبوت الاختيار في ما لا يزال، علىٰ تقدير استحالة خلاف المعلوم ووجوب المعلوم.

وأيضًا، فإمكان الحوادث كلِّها = أزليٌّ -كما اعترف به المعترض في ما سيأتي-. وعلى هذا، فالإمكان الذي ذكروه في تعلق إرادة الباري تعالى = جارٍ في إرادة العبد، أي: إنه ثبت لها إمكان التعلق في الأزل، وإلا لزم الانقلاب من الإمكان إلى الامتناع، وإلى الوجوب. والفَرقُ تحكُّم.

وأيضًا، فلا معنى للاختيار عند أهل الإسلام إلا التمكن من الفعل والترك، بمعنى: أنه إن شاء فعل وإن شاء ترك. ونحن نقول: إن العبد = بهذه المثابة. فما أوردته المجبرة قدحًا فيها، وإلزامًا بالجبر في أفعال العبد = فذلك جارٍ في أفعاله -تعالى-. وما في العدول إلى تعريف الاختيار بهذا المعنى الجديد، إلا مجرد القول بانتفاء الاختيار في حقه -تعالى- بالمعنى الحقيقي المشهور. وفي ذلك قباحة لا تخفى، بل هو كفر -كما اعترف به ابن الحاجب، والعضد، وغيرهما-. وما أشبه هذا العدول إلى تعريف الاختيار = بعدول الفلاسفة إلى تعريف المختار بأنه: «من إن شاء فعل وإن لم يشأ لم يفعل»؛ إذ نفوا اختياره -تعالى- بالمعنى الحقيقي الصحيح؛ فلم ينفعهم عدولُهم، ولم يتجاوز اختيارُهم عن اللفظ والعبارة باتفاق المتكلمين المثبتين للقادر المختار. والأمر هنا كذلك.

وأيضًا، ففي قوله: «وكان يمكن... إلخ» = إشعارٌ بأن التعلقات الأزليةَ اختياريةٌ، وهو ظاهر الفساد.

أما أولًا؛ فلأن الأزل بريء عن الأمور الاختيارية.

وأما ثانيًا؛ فلأنهم مصرحون -كما سيأتي- أن الإرادة تتعلق لذاتها. وذلك إعلان منهم بأنه لا اختيار للباري تعالى في تعلقاتها الأزلية. وإذا ارتفع الاختيار؛ لم يبق لقوله: «وكان يمكن في الأزل... إلخ»، وجهُ صحةٍ أصلًا.

هذا، ولئن سلمنا ما اخترعوه من معنى الاختيار؛ فكما أنه لا ينفعهم في لزوم انتفاء اختياره -تعالى- بمعناه الحقيقي = كذلك لا يضرنا. لأنا نقول: إن إرادة العبد، وإن كانت في نفسها حادثةً؛ فقد أراد منه تعالى أن يكون مختارًا، واختيار العبد = من جملة ما تعلقت به إرادة الباري عز وجل. فإذا كانت أفعالُه اختياريةً بذلك المعنى؛ فكذلك أفعال العبد. إذ يقال: «كان يمكن في الأزل أن تتعلق إرادة الله تعالى بترك العبد باختياره، بدلًا عن فعله باختياره». وما كان جوابكم؛ فهو بعينه جوابنا.

فقد ظهر: أن هذا الذي تكلّفوا له = لا يصح على مذهبهم، كما لا يصح إلزاميًا للمعتزلة؛ لأنهم بين قائلٍ بحدوث إرادة الباري وأنها من صفات الأفعال، وقائلٍ بأن معنى إرادته لأفعاله هو: أنه فعلها وهو غيرُ ساهٍ ولا مُكرَهٍ، ولأفعال غيره هو: أنه أمر بها. وبعضهم على إرجاع الإرادة إلى العلم بالمصلحة. وعلى هذا [132 ب] فبطلان قوله: «وكان يمكن في الأزل» = ظاهر.

ثم إنك إذا حققت النظر؛ وجدت قوله: «حال إرادة الشيء لا بعدها» = مضمحلًا، بل متناقضًا في نفسه؛ لأنه لا معنى لإثبات الحال بدون الزمان؛ لكنْ لا زمان في الأزل، كما هو مقتضى قوله: «إذ لا قبل للأزل». وبالجملة، فانتفاء القبلية والبعدية الزمانية في الأزل؛ هو بعينه انتفاء الحالية الزمانية. ولا يصح أن يكون المراد: هي الحالية الذاتية -على ما هو مذهب الفلاسفة-. فإذًا قد تناقض الكلام.

وأيضًا، فإنا نردد الكلام على قوله: «إن تعلّق إرادته بالترك بدل الفعل»، فنقول: لا يخلو: إما أن يكون المراد: إمكان تعلق الإرادة بالترك حال إرادة الفعل = مع إرادة الفعل أو مع عدمها.

إن كان الأوّل؛ فلا تمكُّنَ، بل هو راجع إلى البعدية. وإن كان الثاني؛ فلا إرادةَ للفعل.

وإذا انتفت إرادة الفعل رأسًا؛ فكيف تثبتون لها حالًا، وثبوت حال الشيء فرع ثبوت الشيء في نفسه؟ فليتدبر.

واعلم أن الرازي أعظمُ من زخرفَ هذه الشبهة -أعني شبهة العلم- على ما جرت به عادته من الشغف بالتشكيكات. حتى إنه لما قرر في **المحصَّل** أدلة المعتزلة، وما أورده من طرفهم على بطلان الكسب واضمحلاله، ولم يجد بُدًّا من التسليم لِـما أوردوه = رجع إلى إيراد هذه الشبهة؛ بناءً على أنها لازمة للفريقين، وأضاف إليها شبهة الداعي. فالجبر -بزعمه- لازم على المذهبين. وقال: «إن بعض أذكياء المعتزلة كان يقول: 'إن هاتين الشبهتين هما العدوّان للمعتزلة، ولولاهما لتمّ الدست لنا'»(435). وهذا من الرازي تشكيك وتبديل، ومِن هذا الذي زعم أنه ذكي = ضَعْفٌ وتغفيل.

(435) الرازي، **المحصل**، ص 151.

أما الرازي؛ فلأنه نفسه قد اعترف في مواضع بسقوط التمسك بها حتى في هذا الكتاب -أعني **المحصل**-، في خلال مذهب عباد بن سليمان الصيمري، حيث قال فيه ما لفظه: «وأما عَبّاد؛ فزعم أن ما علم الله -تعالى- أنه يكون = فهو واجب. وما علم أنه لا يكون = فهو ممتنع. والواجب والممتنع غير مقدورَين»(436). قال: «والجواب: أن هذا يقتضي أن لا يكون لله تعالى مقدورٌ أصلًا؛ لأن كل شيء فهو إما معلوم الوجود، وإما معلوم العدم»(437).

قال: «ثم نقول: إنه وإن كان واجبًا -نظرًا إلى العلم- لكنه ممكن في نفسه، فكان مقدورًا. ولأن العلم بالوقوع = تبَعٌ للوقوع الذي هو تبَع القدرة. والمتأخر لا يُبطِل المتقدم»(438). انتهى.

ومنه يزداد ظهورًا بطلانُ قول المعترض: «فهو واجب الصدور»، إلى قوله: «ومن المعلوم المسلَّم -عندنا وعندكم- أنه لا قدرة على الواجب... إلخ».

ومما يزيد بطلانه ظهورًا: أنه قد تقرر -عندنا وعندهم وعند جميع العقلاء من الفلاسفة وغيرهم-: أن العلل الغائية والأغراض المقصودة = لا تُتصَوَّر في الأفعال الصادرة بالإيجاب -كما مر-. ومن المعلوم -عندنا وعند الأشاعرة وسائر المجبرة وغيرهم- أن أفعال العبد القادر المختار = تجري فيها العلل الغائية والأغراض المقصودة. وذلك ينافي أن تكون صادرةً بطريق الإيجاب. وهذا ليس مما غفل عنه الرازي -في ظني-. لكن كان كلامه في أفعال الله. وهي -عندهم- غيرُ معلَّلةٍ بالأغراض.

هذا، والحكاية عن عبَّادٍ = فيها نظر ليس هذا موضع ذكره وبسطه. والمراد هنا: أن الرازي معترفٌ ببطلان شبهة العلم، بل قائل بما مؤدَّاه: أن التمسك بها ضلالة؛ لجريها في أفعال الله تعالى.

وأما هذا الذي زعم ذكاءه؛ فلأنه لو علم أن العلم تابعٌ للمعلوم = لانحلّ عنه هذا

(436) المرجع نفسه، ص 133.
(437) المرجع نفسه.
(438) المرجع نفسه.

الخيال الموهوم. وأما الداعي؛ فلأنه لا يدور عليه الفعل وجودًا ولا عدمًا؛ ضرورةَ أنه قد يحصل لمن يقدر على الفعل؛ فلا يفعله، وقد يحصل الفعل بغير داعٍ -على ما يراه البعض في أفعال الساهي والنائم-.

وإنما غفل الرازي عن هذا الواضح؛ لتوهمه أن الداعي واسطةٌ موجِبةٌ للفعل؛ أخذًا مما فهمه من كلام أبي الحسين البصري، ولم يعلم مراد أبي الحسين بـ«وجوب الفعل عند حصول الداعي»، وسيجيء توضيحه في موضع يليق به إن شاء الله تعالى.

[تناقض الأشاعرة في فعل العبد أمجبور عليه مقسور أم حرٌّ مختار؟]

وقد اغترّ ابن الحاجب وغيره بمثل ما وقع فيه الرازي. ثم إنهم وقعوا في مناقضةِ ما توهّموه. ولنورد هنا شيئًا من ذلك فنقول:

مما تمسكوا به في إبطال كون العبد قادرًا مختارًا في الأفعال، وثبوتِ كونه مجبورًا مقسورًا: أنهم قالوا ما معناه: «لو كان العبد متمكنًا من شيء من أفعاله؛ لكان متمكنًا من حركة يده إلى جهة اليمين، بدلًا من حركتها إلى جهة الشمال. لكن اللازم باطل؛ فالملزوم مثله.

أما الملازمة؛ فظاهرة بذاتها. وأما بطلان اللازم؛ فلأنه لو كان متمكنًا من الحركة المذكورة؛ فلا يخلو: إما أن يكون إيجاده لها بمرجِّحٍ، أو لا. والثاني محال؛ لِـما تقرّر من أن الفاعل إذا استوت دواعيه إلى كلا الفعلين على السواء = امتنع أن يفعل أحدَهما بعينه إلا لمرجِّحٍ له دون الفعل الآخر.

فبقي الأوّل، وهو أن يكون إيجاده لها -أي: الحركة المذكورة مثلًا- بمرجِّحٍ لا محالة. وحينئذ، فإما أن يجب إيجاده لها عند المرجح أو لا.

لا سبيل إلى الثاني؛ لأنه إذا لم يَجِب؛ جاز تراخيه بعد المرجِّح بالضرورة، فيكون وقوعُه بعد هذا التراخي = بغير مرجِّح؛ إذ الأوقات مستوية، فلا وقت أولى من وقت

بوقوعه فيه، وهذا محالٌ -كما مر-.

فبقي الأول، وهو: أنه يجب إيجاده لها عند المرجِّح، فإن كفى هذا الوجوب في رفع الاختيار والتمكن؛ فقد تم المطلوب، وإلا نقلنا الكلام إلى هذا المرجِّح الذي وجب عنده الإيجاد للحركة المذكورة. فإما أن يكون من فعل الله، أو من فعل العبد.

لا سبيل إلى الثاني؛ لأنا ننقل الكلام إلى مرجِّحه، ثم إلى مرجِّح المرجِّح، إلى أن يدور أو يتسلسل، وكلاهما محال. فلزم الأول، وهو: أنه من فعل الله تعالى، وقد فرضناه -أي: المرجِّح- موجِبًا، فيلزم أن العبد لا يكون متمكنًا من الحركة المذكورة. وهو المطلوب في بيان بطلان اللازم».

هذا هو تقرير ما زعموه في هذه الشبهة. وهي عندهم أقوى ما يتمسكون به. ومع ذلك؛ قد اعترف بن الحاجب بفسادها، من حيث إنها تستلزم القدح في المعلوم لنا بالضرورة من الفرق بين المتمكن المختار وبين المضطر، فلا يبقى فرق بين حركة المرتعش -مثلًا- وبين حركة المختار للحركة، وكل ما استلزم قدحًا في المعلوم بالضرورة = كان باطلًا، كشُبَهِ أهل السفسطة والقادحين في البديهيات. ثم إنها لو تمت؛ لاستلزمت انتفاء التمكُّن في حق الباري تعالى، وذلك باطل قطعًا وإجماعًا بين المتكلمين.

هذا، ونحن نجيب عنها بجواب آخر، غير ما اعترفوا به فنقول:

لا نسلم بطلان اللازم المذكور في كلامكم.

قولُكم: «لا يخلو: إما أن يكون إيجاده لها بمرجح، أو لا... إلخ».

قلنا: لنا أن نختار الثاني -أي: إنه لا بمرجِّح-. وأنتم قد سلمتم ذلك في مقاولتكم مع الفلاسفة، حتى [صرح الإمام الفخر الرازي بأنا نعلم بالضرورة أن الفاعل] لا يحتاج إلى المرجح في إيجاده لأحد المتساويين. ولنا أن نختار الأول -أي: إنه بمرجِّح-.

قولكم: «إما أن يجب إيجاده لها عند المرجح، أو لا».

قلنا: نختار الثاني، وهو: أنه لا يجب ذلك؛ لأنا نقول: إن المرجح هو: اختيار الفاعل، فيجوز أن يختار الفعل عند المرجح بلا فاصل، ويجوز تراخي الاختيار، ولا

وجوب مع الاختيار؛ لتنافي قضيتَيْهما.

قولكم: «فيكون وقوعه بعد هذا التراخي بغير مرجِّح... إلخ».

قلنا: قد ظهر بطلانه، وأن المرجِّح هو الاختيار.

قولكم: فإن كفى هذا الوجوب... إلخ».

قلنا: قد بيّنّا أنه لا وجوب مع الاختيار.

قولكم: «إما أن يكون من فعل الله، أو من فعل العبد».

قلنا: لنا أن نختار الأول، وهو: أنه من فعل الله تعالى، لا بمعنى: أنه -تعالى- يخلق الاختيار للعبد؛ فإن ذلك مما لا نقول به، [بل بمعنى: أنه تعالى خلق العبد بصفة القدرة، وجعله بحيث يتمكن من أفعاله ويختار ما شاء أن يفعله وما شاء أن يتركه، وإلا لَـما كلّفه وطالبه بالفعل والترك. ونحن قد أبطلنا قولكم: «إنه موجِب»؛ لمناقضة الإيجاب والاختيار.

ولنا أن نختار الثاني، ولا يلزم التسلسل كما ذكرتم؛ لأن كون الفاعل مختارًا لفعله = أمرٌ اعتباريٌّ. وكلما كان كذلك = لم يحتج إلى الإيجاد عن مرجِّحٍ آخر، وهو ظاهر]. فانجلت الشبهة بحذافيرها.

ثم نقول: إن فيها اعترافًا ببطلان ما زعمتم من أنكم مفارقون للجهمية بإثبات القدرة والإرادة والتمكن للعبد، واعترافًا -أيضًا- بأنه لا يتم التمكن من الفعل لمن لا يتمكن من إيجاده؛ لأنكم أخذتم «الإيجاد» في تقرير هذه الشبهة -كما لا يخفى-. ثم إنها لو فرضنا تمامها؛ فلا تدل على مدَّعاكم في أن الله تعالى يخلق أفعال العباد، وإنما غايتها الدلالة -بزعمكم- على نفي تمكنهم. وأين هذا من ذاك؟ وبالجملة، فهذه الشبهة أخت شبهة العلم والحمد لله رب العالمين.

هذا والمعترض كأنه اطّلع على ما قاله أصحابه في فساد شبهة العلم، وعلم أنهم مصرحون -فضلًا عن غيرهم- بأن العلم تابعٌ لا متبوع، فلا أثر له في المعلوم وجودًا ولا عدمًا، ولا وجوبًا ولا امتناعًا؛ إذ لم يمكِنهم إنكارُ ذلك وقد قام عليه دليل العقل والنقل.

أما العقل؛ فظاهر، وأما النقل؛ فلأن كلام الله تعالى قد أشار إلى أن العلم تابع للمعلوم في مواضع، منها ما في سورة يونس، وذلك قوله تعالى: ﴿قُلْ أَتُنَبِّـُٔونَ ٱللَّهَ بِمَا لَا يَعْلَمُ فِى ٱلسَّمَٰوَٰتِ وَلَا فِى ٱلْأَرْضِ﴾ [يونس: 18]. ومنها ما في سورة الرعد، وذلك قوله تعالى: ﴿قُلْ سَمُّوهُمْ أَمْ تُنَبِّـُٔونَهُۥ بِمَا لَا يَعْلَمُ فِى ٱلْأَرْضِ﴾ [الرعد: 33]، ومنها ما في سورة المؤمن، وذلك قوله تعالى: ﴿تَدْعُونَنِى لِأَكْفُرَ بِٱللَّهِ وَأُشْرِكَ بِهِۦ مَا لَيْسَ لِى بِهِۦ عِلْمٌ﴾ [غافر: 42].

فإن هذه الآيات وأمثالها مشيرة إلى أن العلم تابع للمعلوم -كما يُعلَم بأدنى تأمل-. ولم ينكر أحد أن العلم لا يكون بغير معلوم؛ فالمعلوم أصلٌ لثبوت العلم.

فحاول -أي: المعترض- التفصّي عن هذا؛ لتصحيح الجبر بما حاصله مصادرةٌ على المطلوب، في كلمات غثة، وترويجاتٍ رثة، لا تروج إلا عند من قلبُه مقلوب؛ فانظر كلامه نظرَ منصفٍ ذي توفيق غيرِ مسلوب.

[هل بين العلم الأزلي والجبر علاقة؟]

قال: «فإن قلتَ: العلم تابع للمعلوم على معنى أنهما متطابقان، والأصل في هذه المطابقة هو المعلوم. أَلَا ترى أن صورة الفَرَس -مثلًا- على الجدار، إنما كانت على هذه الهيئة المخصوصة؛ لأن الفرس -في حد نفسه- هكذا؟ وَلَا يُتصوَّر أن ينعكس الحال بينهما، فالعلم بأن زيدًا سيقوم غدًا -مثلًا- إنما يتحقق إذا كان في نفسه بحيث يقوم فيه، دون العكس؛ فلا مدخل للعلم في وجوب الفعل وامتناعه، وسلب تأثير القدرة والاختيار، وإلا لزم أن لا يكون الله تعالى فاعلًا بالاختيار، اتفاقًا.

على أنه معارَضٌ بأن علمه تعالى قد سبق أزلًا بصدور الأفعال بالاختيار؛ فتكون اختيارية.

قلت: كون العلم تابعًا للمعلوم بهذا المعنى = لا يضرنا ولا يُجديكم؛ لأن قوله تعالى: ﴿وَٱللَّهُ خَلَقَكُمْ وَمَا تَعْمَلُونَ﴾، وما في معناه من الآيات، وقوله صلى الله عليه وسلم: 'إن الله صانع كلِّ صانع وصنعتِه». أخرجه البخاري في خلق أفعال العباد، وابن أبي عاصم، والحاكم، والبيهقي في الأسماء والصفات، والضياء المقدسي في

المختارة عن حذيفة رضي الله عنه، وما في معناه من الأحاديث الصحيحة = مما يدل دلالة قطعية، على أن أفعال العباد مخلوقة لله تعالى، على ما سبق به علمه أزلًا. وكلما كان كذلك؛ كان علمه سابقًا بأن أفعال العباد صادرةٌ عنهم بخلقه وقدرته وإرادته، عند تعلق إرادتهم بها، من غير تأثيرٍ لقدرتهم فيها حقيقةً واستقلالًا؛ لأنهم كانوا في أنفسهم -أزلًا- على حالة [133 أ] تقتضي أن تكون أفعالهم -في ما لا يزال- مخلوقةً لله تعالى عند تعلق إرادتهم بها، من غير تأثيرٍ لقدرتهم فيها. فعلم الله تعالى منهم ذلك أزلًا؛ لأنهم في أنفسهم كذلك، لا أن الأمر بالعكس.

فظهر: أن كون العلم تابعًا بالمعنى المذكور = لا ينافي كون أفعال العباد مخلوقة لله تعالى بقدرته واختياره، من غير مدخل وتأثير لقدرتهم فيها حقيقةً؛ لأن الكتاب والسنة قد دلّا على أن علمه تعالى إنما تعلق بأفعال العباد على هذا المنهج الذي قررناه. فتكون مقدّرةً عليهم شاؤوا أم أبوا. ما شاء الله لا ما شاء الناس. والمشيئة تابعة للعلم الأزلي. وكل ما كان كذلك؛ فما علم وقوعه فلا بد من وقوعه، وما علم عدمه فلا يقع البتة؛ لكون العلم متبوعًا للمشيئة. وكل ما كان كذلك؛ كان للعلم مدخل -وأيُّ مدخل- في وجوب الفعل وامتناعه، وسلب القدرة والاختيار الحقيقيين المستقلَّين. فبطل قولكم: 'لا مدخل للعلم في وجوب الفعل... إلخ'».

لزوم المصادرة المستلزمة للدور، من الاستدلال بسبق العلم بالجبر، على ثبوت الجبر

أقول: ما في هذا الكلام من المصادرة والتخبطات الظاهرة = مكشوفُ العوار عند المعتزلة والأشاعرة.

أما المصادرة؛ فلأنه استدل بسبق العلم على الجبر، ثم اعترف بأن دلالة العلم على ما زعمه من الجبر = مبنيةٌ على دلالة الآيات والأحاديث: أن الله خالق الأفعال كما يشاء أن يخلقها. وهو قد قال -آخرًا-: «إن المشيئة تابعةٌ للعلم». فإذًا، قد توقفت دلالة العلم في نفسه على دلالة الآيات والأحاديث التي زعمها، ودلالتُها في نفسها متوقِّفةٌ على ثبوت المشيئة منه -تعالى- لخلقِ أفعال العباد، وثبوتُ المشيئة تابعٌ لثبوت العلم -كما قال-؛ فظهر الدور المحال.

ودور آخر، وهو: أن أصحابه الأكابر قد فسروا «القضاء والقدر» بـ«علم الغيب». فقوله: «فتكون مقدَّرة عليهم» = استدلالٌ بالقدر على أن العلم إنما سبق بخلق الله للأعمال، وهو دور -كما ترى-. وسيأتي له تمام.

ولك أن تقول: إنه قد صار استدلاله بالعلم لغوًا. لأنه إذا لم يكن الاعتماد في الدلالة إلا على الآيات والأحاديث -التي زعم أنها أدلة على الجبر قاطعة-؛ لم يبق للاستدلال بالعلم جهةٌ أصلًا. مع أن أصحابه المجبرة قد جعلوا العلم شبهةً على حِدة. فاستدلالُه بالعلم بعد استدلاله بقوله تعالى: ﴿وَٱللَّهُ خَلَقَكُمْ وَمَا تَعْمَلُونَ﴾ = في حيِّز اللاغية. لأنه هنا إنما قال: «لا يضرنا ولا يجديكم؛ لأن قوله تعالى: ﴿وَٱللَّهُ خَلَقَكُمْ وَمَا تَعْمَلُونَ﴾... إلخ». وهو ظاهر. فأي فائدة لك -يا أخا الأكراد- في الاستدلال بالعلم؟

وأما قوله: «وما في معناه من الآيات»؛ فمجرد دعوى للإيهام على القاصرين الذين لا يعرفون ماذا أراده، وما معنى الآيات. وأنت قد عرفت أنه يريد تلك العمومات في مثل قوله تعالى: ﴿ٱللَّهُ خَٰلِقُ كُلِّ شَىْءٍ﴾. وهو قد اعترف -في سؤاله الذي أورده على نفسه أولًا- أن الاستدلال بمثل ذلك = غيرُ تام، بل هو مستلزم للمصادرة المستلزمة للدور المحال، كما أشار إليه هنالك وقال: «إنه لا بد من بناء الدليل على أمر مسلَّم عند الخصم»، كما ذكره في ذلك السؤال، وما رجع في جوابه إلا على الاعتماد على هذه الآية -التي هي قوله تعالى: ﴿وَٱللَّهُ خَلَقَكُمْ وَمَا تَعْمَلُونَ﴾-، ثم رجع إليها هنا في جوابه على هذا السؤال الوارد على شبهة العلم.

فصحّ واتضح: أنه ليس عندهم في الاستدلال على مذهبهم في الجبر إلا هذه الآية التي بينها وبين مطلوبهم مراحل، وغايتها: أن تكون شبهةً من شُبَه خُلّص المجبرة والجهمية، وليس عندهم وراءها شيء في كتاب الله. فهل تكفي وحدها في مقابلة جميع ما في القرآن من النصوص التي لا تخفى على إنسان من الأعيان؟ ويكفي المتشبث بآية واحدة في الخسران = أنه متشبث بشبهةٍ باعترافه لو أنصف وأقام الميزان؛ لأنه قد تقرر أن المتشابه في القرآن أقل من المحكم، ولا أقل من الواحد. فانظر -يا أخا الأكراد- هل أنتم من الذين يتبعون ما تشابه منه ابتغاء الفتنة وابتغاء تأويله؟ والله المستعان.

نكتة شريفة في أن قوله تعالى: ﴿وَلَوْ كُنْتُ أَعْلَمُ الْغَيْبَ﴾. الآية. دليلٌ على أن ما سبق به العلم ممكنُ التحوّل

وهاهنا شيء آخر يدل دلالة واضحة على بطلان التشبث بالعلم. وذلك قول الله تعالى: ﴿وَلَوْ كُنتُ أَعْلَمُ ٱلْغَيْبَ لَٱسْتَكْثَرْتُ مِنَ ٱلْخَيْرِ وَمَا مَسَّنِيَ ٱلسُّوٓءُ﴾ [الأعراف: 188]؛ تعليمًا لسيد الأولين والآخرين محمد -صلى الله عليه وآله الطاهرين-. فلو كان ما سبق به العلم غيرَ ممكنِ التحوُّل أو كان العبدُ غير مؤثر في فعله ولا اختيار له فيه؛ لم يصح معنى هذه الآية الكريمة؛ نظرًا إلى أن السوء الذي سبق به العلم = غيرُ ممكنِ الانقلاب والتحول، وكذا الخير الذي سبق به العلم = غير ممكن الزيادة. فكيف قيل: ﴿لَٱسْتَكْثَرْتُ مِنَ ٱلْخَيْرِ وَمَا مَسَّنِيَ ٱلسُّوٓءُ﴾؟ والتعليق بين المقدم والتالي في الآية، إنما يصحّ إذا كان التالي ممكن الوقوع، على تقدير وقوع المقدّم، وإلا لم يتفاوت الحال بين ثبوت المقدم وعدمه، أي: حصول علم الغيب وانتفاؤه. لكن الآية قد دلت على تفاوت الحال اتفاقًا، ومعناها -على ما في **الكشاف**-: «ولو كنت أعلم الغيب؛ لكانت حالي على خلاف ما هي عليه، من استكثار الخير واستغزار المنافع، واجتناب السوء والمضار، حتى لا يمسني شيء منها، ولم أكن غالبًا مرة، ومغلوبًا أخرى في الحروب، ورابحًا وخاسرًا في التجارات، ومصيبًا ومخطئًا في التدبيرات»(439). انتهى. أي: «بل لا أكون إلا غالبًا ورابحًا ومصيبًا؛ لاطلاعي على حقائق الأحوال، ومواقع المصالح والمفاسد، فلا أختار منها إلا خيرها ومحامدها، ولا أكون إلا متجنّبًا ضرها ومفاسدها». فالتعليق والربط في هذه الآية بين المقدم والتالي؛ بحسب الإمكان والوقوع معًا -كما لا يخفى-، فتأمل.

وهذه النكتة مما قادني إليه الفكر، ولم يتعرض جار الله لأكثر مما سمعت. ثم رأيت الفاضل أحمد بن كمال باشا(440) قد تنبه لما ذكرته، فأورده في بعض رسائله(441) والله

---

(439) الزمخشري، **الكشاف**، ص 399.

(440) هو شيخ الإسلام أحمد بن سليمان الشهير بابن كمال باشا (ت. 940هـ)، طبعت رسائله قديمًا في جزأين، ومنها رسالة في الجبر والقدر، وهي التي أشار إليها المؤلف.

(441) قال ابن كمال باشا: «وفي قوله تعالى: ﴿وَلَوْ كُنتُ أَعْلَمُ ٱلْغَيْبَ لَٱسْتَكْثَرْتُ مِنَ ٱلْخَيْرِ وَمَا مَسَّنِيَ ٱلسُّوٓءُ﴾ = دلالة على أن التقدير ليس بملزم. فإنه لو كان ما يصيب كل شخص من الخير والشر مقدرًا بحيث لا =

الموفق.

فإن قيل: لِمَ لا يجوز أن يكون الربط والتعليق بين المقدم والتالي في هذه الآية = بحسب الوقوع بدون الإمكان؟

قلنا: باطل.

أما أولًا؛ فلأن النبي -عليه السلام- قد أراد أن يبيّن أن عدم قدرته على الاستكثار من الخير والدفع لما مسه من السوء = إنما كان لعدم اطلاعه على الغيب المحجوب، وأنه لو اطلع عليه لأمكنه ذلك؛ لأنه أمر ممكن في نفسه؛ إنما حال عنه عدم الاطلاع على الغيب المحجوب. وهذا يدل على أن الربط والتعليق بين المقدم والتالي = بحسب الوقوع والإمكان معًا -كما مر-.

وأما ثانيًا؛ فلأنه لو كان الربط بحسب الوقوع فقط دون الإمكان، بمعنى: أنه يجوز أن يكون التالي ممتنعًا = للزم أنه -عليه السلام- لا يقدر على الاستكثار عن الخير، ولا الدفع للسوء، ولو اطلع على الغيب المحجوب، فلا يكون قادرًا مختارًا. لكن اللازم باطل؛ فالملزوم مثله.

وأما ثالثًا؛ فلأنه لو كان الاطلاع على الغيب لا يجدي نفعًا؛ لجرى ذلك في حق الباري -تعالى-؛ بناءً على أنه لا يمكن الزيادة ولا النقصان في شيء من الممكنات المعلومة. لكن اللازم باطل بالقطع والإجماع والنصوص الكثيرة ﴿أَوَلَيْسَ ٱلَّذِى خَلَقَ ٱلسَّمَٰوَٰتِ وَٱلْأَرْضَ بِقَٰدِرٍ عَلَىٰٓ أَن يَخْلُقَ مِثْلَهُمۚ﴾ [يس: 81].

يحتمل الزيادة والنقصان؛ لما كان للتعليق المذكور وجه صحة. وتفصيل ذلك: أنه لو كان للتقدير تأثير يجعل المقدَّر على حد معين، خيرًا كان أو شرًا، حتمًا مقضيًا؛ لم يكن بدٌّ من حصول المقدَّر لمن قُدِّر له نفعًا كان أو ضرًا، ووصوله إليه مكروهًا كان أو مرضيًا، فيلزم من ذلك ألا يكون لقدرة العبد واختياره مدخل في جلب نفعه ودفع ضره، عالمًا كان بأسبابهما أو جاهلًا، واللازم منتف بما دل عليه النص المذكور، من تفاوت الحال بالعلم والجهل». ينظر: شمس الدين أحمد بن سليمان (ابن كمال باشا)، **مجموعة رسائل ابن كمال** (إسطنبول: نشر أحمد جودت، 1316هـ)، ج 1، ص 166-167.

هذا، ولا يخفاك أن هذه الآية الشريفة تدل على أن السابق في علم الغيب ليست قضايا مبتوتة فقط، بل قضايا مبتوتة وقضايا مشروطة، كما يدل على ذلك ﴿مَا يُبَدَّلُ ٱلْقَوْلُ لَدَيَّ﴾ [ق: 29]، و﴿يَمْحُواْ ٱللَّهُ مَا يَشَآءُ وَيُثْبِتُ وَعِندَهُۥٓ أُمُّ ٱلْكِتَٰبِ﴾ [الرعد: 39].

وأما إيراد المعترض لهذا الحديث الذي ذكره البخاري في كتابه المصنف في خلق الأفعال، وكذا هؤلاء الدعاة إلى هذا المذهب؛ فقد عرفت ما فيه أوائل الكتاب فلا نعيده، أعني أن الحديث إذا جاءت روايته من ذي بدعة، وكان مقوِّيًا لبدعته = كان غير مقبول، لا سيما إذا كان داعية إلى مذهبه، على ذلك التفصيل المعروف والمتفق عليه؛ فلا حاجة إلى إعادته.

ثم نقول: إنه قد أخرج البخاري في صحيحه، عن شدّاد بن أوس مرفوعًا: «سيد الاستغفار: اللهم أنت ربي، لا إله إلا أنت، خلقتني وأنا عبدك، وأنا على عهدك ووعدك ما استطعت، أبوء لك بنعمتك، وأبوء لك بذنبي، فاغفر لي، فإنه لا يغفر الذنوب إلا أنت، أعوذ بك من سوء ما صنعتُ»(442). الحديث. فأسند الصنع إلى نفسه. وذلك يستلزم أن يكون صانعًا لما صنعه حقيقةً، فلا يكون -تعالى- صانعًا له. كذلك فإن الأصل عدم الاشتراك، وعلى مدعيه البيان.

وروى أبوا دواد مرفوعًا: «من قال حين يصبح وحين يمسي: اللهم أنت ربي لا إله إلا أنت خلقتني وأنا عبدك، وأنا على عهدك ووعدك ما استطعت، أعوذ بك من شر ما صنعت». الحديث. وهو كالأول. وفيهما تصريح بالاستطاعة، وسيأتي التذكير بذلك إن شاء الله تعالى.

وعلى هذا، فالعبد صانع لِـما صنعه حقيقةً، فهذا الأصل. ومن ادعى المجاز فعليه البيان، كمن ادعى الاشتراك في: أن الله تعالى صانع لما صنعه العبد حقيقةً، والعبد كذلك صانع لما صنعه من أعماله حقيقةً. بل المجاز خير من الاشتراك -كما تقرر في موضعه-. وهو في هذا المقام بزيادة، أعني: أن القول بالاشتراك قريب من إثبات المشاركة بين العبد وربه -سبحانه وتعالى-.

(442) **صحيح البخاري**، ج 8، ص 67، حديث 6306.

الكلام في حديث: «إن الله يصنع كل صانع وصنعته»

واعلم أن هؤلاء المذكورين إنما رووا هذا الحديث عن أبي مالك الأشجعي، عن ربعي بن خراش، عن حذيفة.

قال البخاري في كتابه المذكور ما لفظه: «وأما خلق أفعال العباد؛ فقد ثنا عليّ بن عبد الله، ثنا مروان بن معاوية، ثنا أبو مالك، عن ربعي بن خراش، عن حذيفة قال: قال النبي -صلى الله عليه وسلم-: 'إن الله يصنع كلَّ صانع وصنعته'».

قال البخاري: «وتلا بعضهم -عند ذلك-: ﴿وَٱللَّهُ خَلَقَكُمْ وَمَا تَعْمَلُونَ﴾، فأخبر أن الصناعات وأهلها مخلوقة»(443). انتهى.

وقال أبو بكر أحمد بن عمر بن أبي عاصم: «ثنا محمد بن أبي بكر المقدسي، ثنا الفضل بن سليمان [133 ب]، ثنا أبو مالك الأشجعي، عن ربعي بن خراش، عن حذيفة -رضي الله عنه- قال: قال رسول الله -صلى الله عليه وسلم-: 'إن الله خلق كل صانع وصنعته'»(444). انتهى.

وقال البيهقي في **الأسماء والصفات**: «أنا أبو الحسين بن بشران، ببغداد، أنا أحمد أبو حمزة بن محمد بن العباس، ثنا محمد القعبيّ، ثنا مروان الفرازي، عن أبي مالك الأشجعي، عن ربعي بن خراش، عن حذيفة -رضي الله عنه- قال: قال رسول الله -صلى الله عليه وسلم-: 'إن الله عز وجل صنع كل صانع وصنعته'»(445).

وقال البيهقي -أيضًا- في كتاب **الاعتقاد**: «أنا أبو عبد الله الحافظ، ثنا أبو النصر الفقيه، ثنا عمر بن سعيد الدارمي، ثنا عليّ بن المديني، ثنا مروان بن معاوية، ثنا أبو مالك الأشجعي، عن ربعي بن خراش، عن حذيفة -رضي الله عنه- قال: قال رسول

---

(443) البخاري، **خلق أفعال العباد**، ص 46.

(444) أبو بكر عمرو بن أبي عاصم الشيباني، **السنّة** (ومعه **ظلال الجنة في تخريج السنة** للألباني) (بيروت: المكتب الإسلامي، 1980)، ص 158.

(445) أبو بكر أحمد بن الحسين البيهقي، **الأسماء والصفات**، تحقيق عبد الله بن محمد الحاشدي (جدة: مكتبة السوادي، 1412هـ)، ج 2، ص 6-7، حديث 570.

الله -صلى الله عليه وسلم-: 'إن الله يصنع كل صانع وصنعته'»(446). انتهى.

والذي عناه البيهقي بقوله: «أنا أبو عبد الله الحافظ»؛ هو شيخه الحاكم، فلا حاجة إلى حكاية سنده؛ لأن الإسناد واحد، فإذا عرفت هذا؛ قلنا: في الحديث كلام من جهات:

الأولى: أنه مخالف للقاطع من العقل. وكلما كان كذلك = كان غير معتبر، إلا إذا أمكن تأويله بما ترتفع به المخالفة. وقد يمكن تأويله بأن يقال: معنى قوله: «وصنعته»: ما فيه من الصنعة والصورة الحسنة، على نحو قوله تعالى: ﴿وَصَوَّرَكُمْ فَأَحْسَنَ صُوَرَكُمْ﴾ [غافر: 64]، ونحوها، أو أن المراد بالصنعة، هو: المصنوع، كالأحجار والخشب وسائر الجواهر المصنوعة -على ما عرفت من المجاز، وجواز تسمية الجوهر المصنوع صنعةً وعملًا-.

الثانية: أنه -إن لم يؤوَّل- مخالف للقرآن الكريم في قوله تعالى: ﴿وَعَلَّمْنَٰهُ صَنْعَةَ لَبُوسٍ لَّكُمْ﴾ [الأنبياء: 80]. ولو كان الباري تعالى هو الصانع لصنعة دواد -على نبينا وعليه الصلاة والسلام-؛ لم يبق للتعليم المذكور في الآية جهةُ صحةٍ، وهو واضح. وقوله تعالى: ﴿فَأَوْحَيْنَآ إِلَيْهِ أَنِ ٱصْنَعِ ٱلْفُلْكَ بِأَعْيُنِنَا وَوَحْيِنَا﴾ [المؤمنون: 27]، وقوله تعالى: ﴿وَيَصْنَعُ ٱلْفُلْكَ وَكُلَّمَا مَرَّ عَلَيْهِ مَلَأٌ مِّن قَوْمِهِۦ سَخِرُواْ مِنْهُ﴾ [هود: 38]، وغيرها من الآيات الكريمة.

ولا خفاء في أن هذه الآيات قد دلت على أن نوحًا -على نبينا وعليه الصلاة والسلام- يسمَّى «صانعًا»، كما دل الحديث المذكور على مثل ذلك أيضًا. فإما أن يكون نوح -عليه السلام- صانعًا لما صنعه حقيقةً أو مجازًا. والثاني باطل اتفاقًا. أما عندنا؛ فلأنه هو الذي أثَّر في ما صنعَه حقيقةً. وأما عندهم؛ فلأنه يُسنَد الشيءُ حقيقةً إلى من قام به.

فبقي الأول. وحينئذ، لا يكون الباري تعالى صانعًا حقيقةً لما صنعه نوح؛ دفعًا للاشتراك الذي هو خلاف الأصل، بل يكون تعالى صانعًا مجازًا، ويكون الحديث من

(446) أبو بكر أحمد بن الحسين البيهقي، **الاعتقاد والهداية إلى سبيل الرشاد**، تحقيق أحمد عصام الكاتب (بيروت: دار الآفاق الجديدة، 1981)، ص 144.

هذا الباب، فلا يقوم حجةً أصلًا. بل في إطلاق «الصانع» -بهذا الاعتبار- عليه تعالىٰ = نظرٌ لا يخفىٰ عند أهل التوقيف والتوفيق، والله الهادي إلىٰ أقوم طريق.

الثالثة: أنه لابد من توثيق مروان بن معاوية الفرازي؛ فإنه الذي روىٰ عنه عليُّ بن المديني في رواية البخاري في كتابه المذكور أوّلًا، وهو الذي روىٰ عنه البيهقي في **الأسماء والصفات**، وفي **الاعتقاد**. وكذا لا بد من توثيق الفضل بن سليمان. بل لابد من توثيق أبي مالك الأشجعي، بنقل كلام إمام معتبر عندنا في باب الجرح والتعديل. علىٰ أن المعترض ضبط اسم «خِراش» بالخاء المعجمة. وهو غلط. وهو حراش بالمهملة. وهو من رجال الصحيحين، وليس فيهما من اسمه «حراش» -بالمهملة- سوىٰ هذا، والد ربعي. نبه علىٰ ذلك ابن الصلاح في **علوم الحديث**.

الرابعة: أنه وقع في رواية البخاري: «يصنع كل صانع»، وفي رواية ابن أبي عاصم: «إن الله خلق كل صانع وصنعته»، وفي رواية البيهقي في **الأسماء والصفات**: «إن الله صنع كل صانع وصنعته»، وفي روايته -أي البيهقي- في كتاب **الاعتقاد**: «إن الله يصنع كل صانع وصنعته» كما هو عند البخاري في **خلق الأفعال**، وهو أيضًا عند البزار، كما هو عند ابن أبي عاصم، أي: «خلق كل صانع». وفي هذه الرواية التي ذكرها المعترض: «صانع كل صانع وصنعته»، وكأنها من كيسه وتلبيسه؛ إذ وجدها أدلَّ علىٰ مطلوبه وتأسيسه. لكنه قد قال أبو زرعة في **شرحه لجمع الجوامع** ما لفظه: «وتسمية الله تعالىٰ بـ'الصانع' اشتهَر علىٰ ألسنة المتكلمين، ولم يرد في الأسماء[447].

قال السبكي: «ولكنه قرئ شاذًا: ﴿**صنعةَ الله**﴾[448]. فمن اكتفىٰ بالإطلاق لورود الفعل؛ اكتفىٰ بذلك»[449]. قال الشارح المذكور: «قلت: ولو استشهد بقوله تعالىٰ: ﴿صُنْعَ ٱللَّهِ﴾ [النمل: 88]؛ لكان أولىٰ. والله أعلم»[450]. انتهىٰ.

وهذا دليل علىٰ أن هذه الرواية التي حكاها المعترض، لم تثبت؛ للتصريح فيها باسم «صانع»، بل لم تثبت الروايات كلها، وإلا لما احتاج السبكي إلىٰ ذكر القراءة الشاذة،

---

(447) أبو زرعة العراقي، **الغيث الهامع**، ص 728.

(448) أي: قوله تعالىٰ في سورة البقرة: ﴿فَٱلْفَرِقَٰتِ فَرْقًا﴾، ورد في قراءة شاذّة: ﴿**صنعة الله**﴾.

(449) أبو زرعة العراقي، **الغيث الهامع**، ص 728.

(450) المرجع نفسه.

مع أنه هو -والشارح المذكور- كانا من أهل العرفان بالأحاديث، والمعتمِدين عليها، ولا ينبغي جهلهما لمثل هذه الروايات كلها، مع أنها على طريقتهم.

هذا، وقد ذكر أرباب الحديث وعلمِ المصطلح: أن معرفة العلل الخفية، إنما تثبت بنحو جمع الروايات والنظر بين ألفاظ متونها. ومثل هذا الاختلاف إذا لم يكن تلوُّنًا واضطرابًا؛ فلا أقل من أن يكون مفيدًا لعدم الضبط. فإن مخرج الحديث مُتَّحِدٌ -كما عرفت-. ولعل البخاري إنما ترك روايته في صحاحه لنحو ذلك. على أنه قد أرشدك بقوله: «وتلا بعضهم -عند ذلك- ﴿وَٱللَّهُ خَلَقَكُمۡ وَمَا تَعۡمَلُونَ﴾» = أنه محتج لمذهبه؛ لا أنه راوٍ محضٌ. بل الكتاب إنما صنفه لهذا المعنى. فأي فرق -حينئذ- بين كلامه وكلام المصنِّفين من المجبرة؟ وكذا البيهقي؛ فإن كتابه المعروف بكتاب **الاعتقاد**؛ ليس دائرًا إلا على هذا المعنى.

وشيء آخر، وهو: أن هذا الحديث الذي رووه، يستلزم أن صنع الله تعالى بئس الصنع، أي: إنه يستلزم ذمَّ ما صنعه تعالى. وذلك أنه -عز وجل- قد قال في حق الذين كانوا لا يتناهون عن منكر فعلوه: ﴿لَبِئۡسَ مَا كَانُواْ يَصۡنَعُونَ﴾ [المائدة: 63]. فإذا كان تعالى صانعَ ما يصنعون -كما يزعمه المجبِرون المُجتَرُون(451)-؛ فقد ذم ما صنعه لا محالة. واللازم باطل قطعًا وإجماعًا؛ فالملزوم مثله.

لا يقال: إن ذمَّ ما صنعوه ليس إلا لكونه عملًا لهم، وليس تعالى عاملًا لعملهم، وإن كان هو الموجد له؛ لِـما تقرر عندهم من الفرق بين عامل العمل وموجده.

لأنا نقول: إنه -تعالى- بمقتضى هذا الحديث = صانعٌ لصنعهم، والصانع أخصُّ من العامل. فكلُّ صانعٍ عاملٌ من دون عكس -كما أشار إليه في **الكشاف**-. وأما ما يقال من أن ذم صنعهم إنما كان من حيث إن فيه تعدّيًا عن الحد الشرعي، ولا حدود لأفعاله تعالى -كما يزعمه المعترض في كثير من المواضع-؛ فليس بشيء.

أما أولًا؛ فلأن ذم ما كانوا يصنعون = مطلقٌ، لا دليل فيه على أن الذم إنما كان من الحيثية المذكورة.

---

(451) أي: المجترئون.

وأما ثانيًا؛ فلأن عدم تناهيهم = ليس فعلًا من الأفعال حتى يكون تعديًا عن الحد الشرعي؛ إذ هو عَدَمٌ.

سلّمنا أنه يتضمن كفًّا للنفس عن التناهي. فهذا الكفُّ -الذي هو فعل قلبي كما ذكروه في مباحث الأمر والنهي- لا يخلو: إما أن يكون مكسوبًا لهم أو لا.

إن كان الثاني؛ فظاهر. وحينئذ، يكون الذمُّ لمحض صنع الله تعالى.

وإن كان الأول؛ فلا خفاء في أنه لا معنى لكونه مكسوبًا لهم مع انتفاء كونه معمولًا لهم. إذ قد عرفت أنه -تعالى- هو العامل لذلك؛ لكونه صانعًا له -كما مرّ-. وإذا انتفى كونه مكسوبًا لهم؛ كان الأمر فيه ظاهرًا، كالتقدير الأول. فتدبر وافهم، والله أعلم وأحكم.

وبهذا يلوح لك: أن الحديث المذكور؛ لا يصح معناه على مذهب المعترض ومذهب أصحابه الأشاعرة؛ لأن [صنعة العبد المذكور في هذا الحديث؛ إما أن يراد بها صنعته التي هي صنعته حقيقةً أو لا.

لا سبيل إلى الأول؛ لأن صنعته -التي هي صنعته حقيقةً عندهم- إنما هي مجرد الكسب والمحلّيّة، لا الآثار والصور الخارجية؛ فإنها لا دخل فيها للكسب عندهم -كما مر-. فلا يكون صنعةً للعبد حقيقةً، فيلزم -على هذا التقدير- أن الكسب مصنوع لله تعالى، وهذا باطل اتفاقًا -كما مر-. ولا سبيل إلى الثاني؛ لأن الحديث إنما يفيد -على هذا- أن صنعة العبد: المجازية -أي التي لا تتصف بأنها صنعته إلا مجازًا لا حقيقةً-]، فيكون نصبًا للدليل في غير محل النزاع. إذ النزاع ليس في صنعة العبد المجازية -أي: التي ليست صنعته إلا مجازًا-.

بل الحديث -على هذا التقدير- حجة للمعتزلة وللعدلية على الأشاعرة؛ لأنه يفيد أن ما خرج عن محل الكسب = صنعةٌ للعبد. [والأصل الحقيقة؛ فيكون مؤثرًا فيه اتفاقًا؛ لأن الخصم معترف بأن ما خرج عن محل الكسب لا يكون إلا عن تأثير، فإضافته إلى العبد يفيد أنه مؤثر فيه -كما مر-. فليتدبر].

وأما قول المعترض: «من الأحاديث الصحيحة»؛ فقد عرفت أن أكثر تلك الأحاديث التي يزعم صحتها = لا تدل على مطلوبه أصلًا. بل ليس فيها أكثر من الاستدلال بالقَدَر، وهو والعلم من وادٍ واحد، فبناه للاستدلال بالعلم على تلك الأحاديث التي مرجعها إلى العلم، من باب بناء الشيء على نفسه، وتصحيح الدعوى بالدعوى نفسها. وهل هذا إلا تخبط؟ والعجب من قوله: «دلالةً قطعيةً»، وكلُّ أحدٍ يكذِّبه في هذا البهت، حتى أصحابه الأشاعرة. كيف وقد قال جمهورهم: «إن الدليل النقلي لا يفيد إلا الظن»، كما ذكره الإمام الرازي في **المحصل**(452)، ونجم الدين الكاتبي في **المفصل**(453)، والفاضل علي الكوشجي في **شرح التجريد**، وغيرهم؟ هذا كلامهم في الدليل الذي هو دليل، فما ظنك بما ليس إلا خيالًا كاذبًا، ووهمًا مجردًا؟ فيا عجباه من ادعاء [134 أ] كونه قاطعًا!

وأما قوله: «بخلقه وقدرته وإرادته عند تعلق إرادتهم»، وقوله: «مخلوقة لله تعالى عند تعلق إرادته... إلخ»؛ فقد عرفت سابقًا أنه تلبيس، وأن تعلق إرادتهم وقدرتهم - عند المعترض ومشايخه- مخلوق لله تعالى ابتداءً بلا واسطةٍ منهم كسائر أفعاله تعالى. وسيصرح بذلك المعترض. وقد ألغى هنا ذكر تعلق القدرة -أي: قدرة العباد-، وما ذكر إلا تعلق الإرادة مع أنه -في ما مضى وسيأتي- يذكر أن الفعل مخلوق في العبد عند تعلق قدرته وإرادته، وكأنه استبشع ما في ذكر ذلك من المناقضة لقوله السابق: «من غير تأثير لقدرتهم فيها حقيقة»، ولقوله اللاحق: «من غير مدخل وتأثيرٍ لقدرتهم فيها حقيقة... إلخ». وذلك لأن نفي مدخلية القدرة حقيقةً = نفيٌ في الحقيقة لتعلقها، وهكذا نفيُ تأثيرها في الفعل حقيقةً = نفيٌ لتعلقها؛ إذ لا تتعلق بالفعل إلا لكي تؤثر فيه، ولا تتعلق به إلا بترجيح الإرادة -أي: إرادة العبد-. والإرادة لا ترجِّح للقادر المختار أن يفعل فعلَ غيرِه أو ما لا طاقة له به.

---

(452) الرازي، **المحصل**، ص 45. وهو لم يقل: «الدليل النقلي»، بل قال: «الدليل اللفظي»، وبينهما فرق. فكيفية الصلاة مثلًا من النقليات، لكنها منقولة بالنقل العملي الحسّي المرئيّ، ونقلها بهذه الطريقة ليس نقلًا لفظيًا، فظهر الفرق. والله أعلم.

(453) قال نجم الدين الكاتبي: «ذهب المعتزلة وجمهور أصحابنا إلى أن الاستدلال بالدليل اللفظي لا يفيد اليقين». ينظر: الكاتبي، **شرح المحصل**، ص 183.

فظهر بهذا: أن القدرة لا تتعلق بالفعل إلا للتأثير فيه. فإذا كان تأثيرها ممتنعًا عند العاقل -كبعض المجبرة- امتنع تعلقها؛ لأنها لا ترجِّح لها الإرادةُ التعلقَ. هذا هو اللائق بالمعترض لو كان ذكيًا؛ لكنه قد خلط في غير هذا الموضع بمناقضة هذا، بل وفي هذا الموضع؛ لأنه أثبت للإرادة تعلقًا، وقد نفاها في الحقيقة -كما صرح بذلك آخرًا حيث قال: «شاؤوا أم أبوا»-.

واعلم أن الأشاعرة القائلين بأن للعبد قدرة وإرادة يتعلقان بفعله الاختياري ولا يؤثران فيه أصلًا = قد كابروا عقولهم في الحقيقة، ومالوا عن واضح الطريقة. وذلك لأن الصفات لا تُعرَف إلا من آثارها، وفوائدها، وغاياتها. ألا ترى أنه لا يُعرَف العلم إلا من إحكام الأفعال؟ فإنا إذا نظرنا إلى الفعل ووجدناه مُحكَمًا علمنا أن فاعله عَالِم؛ لأنا بإحكامه نعلم أنه انكشف لفاعله انكشافًا تامًا، حتى تمكن من إحكامه على الوجوه التي كان بها مُحكَمًا، ولا معنى للعلم إلا هذا، فإنه صفةٌ تقيد انكشاف متعلَّقها، وظهورَه عند المُدرِك الذي له الصفة. وهكذا الحياة؛ فإنّ كونَ الموجود حيًا = لا يُعلَم إلا من الآثار التي تدل على حياته. ولهذا كان العلم بأنه -تعالى- حيٌّ = مستفادًا من العلم بكونه -تعالى- عالمًا قادرًا؛ إذ لا يتصور اتصافُ غير الحيِّ بالعالمية والقادرية. وهكذا الوجود لا يُعلم إلا من آثاره الخارجية، ولهذا قالوا: «إن الوجود الخارجي مبدأُ الآثار الخارجية».

وقال جمهور المعتزلة وغيرهم: «إن الدليل على كونه -تعالى- موجودًا = هو تعلق الأفعال والآثار به -تعالى-؛ إذ لا يُتصوَّر أن الفعل والأثر الموجود = يتعلّق بفاعل معدوم». وهذا مما ينبهك على خطأ من زعم أن المعتزلة القائلين بثبوت الذوات في العدم = يثبتون الإله تعالى عالمًا قادرًا خالقًا للخلق، ثم إنهم يستدلون على وجوده بناءً على جواز كونه ثابتًا في العدم! وقد توهم ذلك الرازي آخذًا من كلام ابن الملاحمي. وليس هذا هو المقصود هنا، وإنما المقصود: ما نحن بصدده من الكلام على التعلق.

وإذا قد عرفت هذا الذي ذكرناه؛ فقدرةُ العبد لا دليل عليها إلا آثارُها، وإلا لزم أن يكون الدليل عليها أقوى من الدليل على قادرية الله تعالى؛ لأنا لم نستدل على

قادريته تعالىٰ إلا بآثارها، وكذلك الأشاعرة ما استدلوا علىٰ قدرته تعالىٰ إلا بالآثار، فلو قيل: «إن للعبد قدرةً عاطلةً عن الآثار» = لزم إثباتُ ما لا دليل عليه.

فإن قيل: «إنها معلومة بالوجدان»، وهو من الأدلة لمن قام عنده.

قلنا: ضعيف. وعلىٰ تسليمه؛ فالوجدان لا يدل علىٰ قدرةٍ لا تأثير لها. ومن ادّعىٰ هذا كذّبناه. بل نقول: إن الوجدان دالٌّ علىٰ قدرة وإرادة مؤثرتين. وتحقيق ذلك: أن القادر المختار يجد من نفسه أن له أن يقوم، وأن له أن يقعد -مثلًا-. فهذا الوجدان إنما يدل علىٰ قدرة وإرادة مؤثرتين في القيام والقعود، وإلا لم يجد من نفسه أن له أن يقوم، وأن له أن يقعد. بل إن الذي يكون له أن يقوم، وله أن يقعد = هو غيره، أعني: أن الذي يكون إليه اختيار القيام والقعود = هو غير القائم القاعد -كما تزعمه المجبرة من أنه هو الباري سبحانه وتعالىٰ-. وعلىٰ هذا؛ فالعاقل القادر المختار من العبيد = لا يجد أن له أن يقوم وأن له أن يقعد؛ فإن ذلك لغيره، لا له.

فظهر: أن الوجدان إذا دل علىٰ قدرة العبد وإرادته؛ لم يدل إلا علىٰ قدرته وإرادته المؤثرتين، لا علىٰ قدرةٍ وإرادةٍ عاطلتين.

فالعجب من تصريح الأشاعرة بأن قدرة العبد وإرادته يتعلقان بفعله، ولا يؤثران فيه شيئًا! فلا أدري ما هو هذا التعلق؟ فإن الصفة لا تتعلق بما يصلح تعلقها به، إلا وتكتسي من تعلقها به حكمًا مستفادًا من جهته. ألا ترىٰ أن العالِم لايصير عالِمًا بالفِعل إلا إذا تعلَّقت عالميته بالمعلوم؟ فإذا تعلقت به؛ صار المعلوم منكشفًا، وصار العالِم عالمًا بالفعل لا بالقوة، بالنظر إلىٰ ذلك المعلوم، وتصير صفةُ العلم صفةً كاشفةً لذلك المعلوم بالفعل. وكذا القدرة؛ فإنها إذا تعلقت؛ اكتست من متعلقها حكمًا، وهو: كونها مؤثرة فيه، ويصير مقدورًا لها بالفعل، ولا معنىٰ للمقدور بالفعل إلا المفعول بالقدرة. وهكذا الإرادة وسائر الصفات؛ تكتسي أحكامها من متعلَّقها. وليس في الوجود صفة لا تكتسي من متعلَّقها حكمًا.

فليت شعري! من أين جاء للأشاعرة قدرة وإرادة يتعلقان بالفعل ولا يؤثران فيه إيقاعًا ولا ترجيحًا؟ سبحانك هذا بهتان عظيم!

ثم إن القدرة إذا تعلقت بالمقدور؛ كان تعلقُها به كاستدعائها للتأثير فيه، وطلبها

لمباشرته. فلو فرضنا أنها لا تؤثر فيه شيئًا؛ انقلبت عجزًا، إذ لا [معنى للعجز إلا عدمُ] القادرية عمّا من شأنه أن يكون قادرًا. ثم إن التأثير في الحقيقة لازمٌ لمن لوازم القدرة. والمانع مكابر. ونحن نعلم أنه إذا انتفى اللازم؛ انتفى الملزوم. فيلقل المعترض في هذا ما شاء، والله يقول الحق وهو يهدي السبيل.

وأما قوله: «حقيقةً واستقلالًا»؛ فقد أحطت بمعنى «الاستقلال» عنده، وأنه يسمي توهم التأثير «تأثيرًا غير مستقل».

وأما قوله: «لأنهم كانوا في أنفسهم -أزلًا- على حالة... إلخ»؛ فمن الفضائح المكشوفة.

أما أولًا؛ فلأنه محض الدعوى الباطلة.

وأما ثانيًا؛ فلأنه أراد به: بيانَ أن التابعية والمتبوعية في العلم = لا تقدح في الاستدلال به -أي: بالعلم- على الجبر. لكنه وقع في محذورات.

أولها: تصريحه بكون العباد في الأزل، وهذا أعظم من القول بثبوت الذوات في العدم؛ لما ذكره السمرقندي في **الصحائف**: أن مفهوم الوجود هو بعينه مفهوم الكون(454). وأيضًا فإن مفهوم قوله: «كانوا أنفسهم... إلخ» = قضية موجبة، والقضية الموجبة تقتضي وجود الموضوع، وإلا كانت كاذبة، فيستلزم صدقُها وجودَ العباد في الأزل.

ثانيها: أنه قد خرج عن الاستدلال بالعلم على الجبر، إلى الاستدلال بغيره كالآيات والأحاديث التي زعمها -كما عرفت-، فلم يبق الكلام على سَنَن التوجيه، ولم يبق لقوله: «وكلما كان كذلك؛ فما علم الله وقوعَه فلا بدّ من وقوعه... إلخ» معنًى، فضلًا عن كون قياسه المشار إليه بكبراه في قوله: «وكلما كان كذلك... إلخ»، ممنوعًا بكلتَيْ مقدمتيه. وذلك لأن أصحابه الذين أوردوا شبهة العلم على نفي الاختيار، لّما أُجيب عليهم بأن العلم تابع لا متبوع، فلا يؤثر في نفي الاختيار = أعرضوا عن تكلُّف الدفع لذلك. وأما المعترض فجاء بهذا الكلام الذي مؤدّاه: أن العلم إنما سبق بالجبر وخَلْق

(454) السمرقندي، **الصحائف**، ص 73.

الأعمال، وهذا منه عدول عن الاستدلال بالعلم على الجبر، إلى الاستدلال بغيره، واعترافٌ بأن العلم السابق لا يقتضي الجبر، وهو خلافُ مقتضى التشبث بالعلم. فقد أسقطَ الاستدلالَ به من حيث لا يشعر، واعتمد على ما تخيله من الآيات والأحاديث التي غايتُها أن تكون أماراتٍ، لا أدلةً دالةً لذواتها كالدلائل العقلية، فلا تقاوم الدليلَ العقليَّ القائمَ بتمكن العبد وقدرته المؤثرة، فضلًا عن أن تكون قادحة فيه.

ثالثها: أنه أثبت للعباد حالةً تقتضي أن تكون أفعالهم مخلوقة لله تعالى، فليت شعري ما هذه الحالة؟ ثم ليت شعري كيف إثبات الحالة لمن لا ثبوت له في نفسه، على مذهب من يجعل الثبوت رديف الوجود كالأشاعرة؟ ثم ليت شعري كيف هذا الاقتضاء في الأزل؟ وبالجملة، فهذا كلامٌ منادٍ بمثل ما صرح به المعترض في «مسألة القرآن» حيث قال: «وأما عند أهل الكشف والتحقيق؛ فليس من شرط السامع أن يكون موجودًا، بل ثبوتُه في علمه تعالى = كافٍ للسماع، كما أنه كافٍ لأن يكون مرئيًا». هذا كلامه. فأثبت سماع العباد لخطاب الباري تعالى في الأزل، وكونَهم مرئيين له عز وجل، فلا يبعد على هذا إثباتُ الحالة لهم، ووقوع الاقتضاء في الأزل، وإن كان مخالفًا لمذهب أصحابه الأشاعرة. بل إثبات الحالة والاقتضاء المذكور دون إثبات السماع للعباد؛ في الأزل، فإنه من وراء أطوار العقول. نسأل الله العافية.

وأما ثالثًا؛ فلأنا نقول: هب أن تلك الآيات والأحاديث التي زعمتَ دلالتها على الجبر وخلْقِ الأعمال = كما زعمتَ؛ لكن من أين ثبت أنها تدل على أن الله تعالى يخلق أفعال العباد عند خلق إرادتهم؟ لا بد لهذا المعنى من دليل، أي: إنه سَبَقَ العلمُ بأن الخلق لأفعالهم كلها = واقعٌ من الله تعالى عند تعلق إرادتهم، كما قال بخلقه وإرادته عند تعلق إرادتهم؛ فإن هذا من المعنى أخصُّ مما دلت عليه تلك الآيات التي تخيَّلْتَ دلالتَها. وثبوتُ الأعمِّ لا يستلزم ثبوت الأخص. [فأين الدليل على الأخص الذي هو مطلوبكم؟].

وأما رابعًا؛ فلأن قوله: «فظهر: أن كون العلم تابعًا للمعلوم؛ لا ينافي كون أفعال العباد مخلوقة» = تخليط ظاهر؛ لأن المجيب بأن العلم تابع للمعلوم؛ إنما أراد إبطال الاستدلال بالعلم على نفي الاختيار، لا أنه أراد الاستدلال بتبعيّته على منافاة كون أفعال العباد مخلوقة لله تعالى. فقد عكس المعترض البحث والمناظرة، فجعل المانع

مُعلِّلًا، والمعلَّل مانعًا، كما جعل النقض للاستدلال بالعلم على الجبر بكونه تابعًا = استدلالًا بتبعيّته للمعلوم على منافاة خلق الأعمال.

وأما خامسًا؛ فلأن قوله: «من غير مدخل وتأثير لقدرتهم فيها حقيقةً» = مبنيٌّ على ما تكرر منه، حيث يسمي توهُّم القدرة والتأثير «قدرة وتأثيرًا غير حقيقيين»، وهو مما تفرد به من الأباطيل.

وأما قوله: «فتكون مقدَّرةً عليهم... إلخ»؛ فإن أراد بكونها مقدرة: كونَها مخلوقةً لله تعالى؛ فذلك نفس الدعوى الباطلة بافتاق المحققين، وبقوله تعالى: ﴿إِنَّا كُلَّ شَيْءٍ خَلَقْنَٰهُ بِقَدَرٍ﴾ [القمر: 49]. فإن التقدير لو كان عبارة عن الخلق أو مستلزمًا له = لكان قوله: ﴿بِقَدَرٍ﴾ تكريرًا بالنظر إلى قوله: ﴿خَلَقْنَٰهُ﴾، وادعاء كونه جاريًا مجرى التأكيد = خلافُ الأصل، والإفادة خير من الإعادة اتفاقًا. وحينئذ فالمراد من هذه الآية: إفادة أنه تعالى لا يخلق شيئًا من أفعاله إلا بتقديرٍ وعلمٍ بحدود المخلوق وترتيبه؛ ليتم الإحكام والحكمة- فافهم يا أخا الأكراد. وإن أراد بالتقدير: ما هو بمعنى العلم -كما اعترف به المحققون من أصحابه-؛ فلا ينفعه ولا يضرنا.

وأما قوله: «ما شاء الله لا ما شاء الناس»؛ فإشارة إلى حديثٍ رَوَوْهُ؛ لكنه لا ينفعه ولا يضرنا أيضًا، بل يضره؛ لأنا نمنع أن الله إذا شاء أمرًا أن يوجِده = كان، وإن شاء الناس عدمه، والعكس. وأنت إذا تأملت وجدت هذا حجة على المعترض؛ لأنه يستلزم أن للعباد مشيئةً قد تخالف ما أراده الله تعالى وشاءه، وأن لهم أفعالًا اختيارية يوجِدونها؛ إذ لو لم يكن الأمر [134 ب] كذلك؛ لم يبق للمدح بأنه لا يكون إلا ماشاء الله تعالى = جهةٌ، بل يكون المدح بأنه لا يكون إلا ما أوجده الله تعالى. فليُفهَم.

وأما قوله: «والمشيئة تابعة للعلم»؛ فمخالف للواقع، بل ولما صرّح به أصحابه، حيث ردّوا على من ذهب إلى جعل العلم مخصِّصًا؛ بأنه تابع لما يقع ولا يقع إلا كما يُراد، فالعلم تابعٌ للمشيئة، لا أنها تابعةٌ له. وسيأتي لهذا مزيد توضيح في مباحث الإرادة، بل وفي ما قبل ذلك أيضًا. والكلام مذكور في **شرح المحصل**، و**شرح المواقف**، و**شرح المقاصد**، و**حاشية الخيالي على شرح النسفية**، و**حاشية بن أبي شريف عليه أيضًا**، وغير ذلك مما لا يُحصى. فقوله: «يكون العلم متبوعًا للمشيئة» = ظاهر البطلان اتفاقًا

بين الفريقين، اللهم إلا أن يريد بالمشيئة: تعلُّقَ المشيئة، أعني التعلق الحادث، ويريد التبعية والمتبوعية في الوجود. لكنه يصير كلامًا مغسولًا عن التحصيل؛ إذ لا نزاع في ذلك، وإنما النزاع كلُّ النزاع في أنه على أنه على أيّ منهج سَبَق العلمُ بأفعال العباد؟ على أن التعلقات الحادثة لا تكون إلا على طبق التعلقاتِ الأزلية. وعلى هذا؛ فالعلم تابع لا متبوع.

وأما قوله: «كان للعم مدخل»؛ فقد بان لك فساده، حيث ذكرنا أن مقتضى كلامه اطّراحُ للاستدلال بالعلم إلى الاستدلال بالآيات والأحاديث التي تخيلها أدلةً على الجبر، وهيهات! وعلى ذلك؛ فلا مدخل للعلم أصلًا، باعترافه. فقوله: «فبطل قولكم: لا مدخل للعلم» = ردٌّ في الحقيقة على نفسه، كما لا يخفى على منصف.

[إذا كان العباد مجبورين على عدم مخالفة علم الله الأزلي، فهل الله مجبور كذلك؟]

قال: «وأما النقض بأفعاله تعالى = فغير وارد؛ لأنه -تعالى- كما علم أفعاله = علم أنه مختار فيها كما دلت عليه الآيات والأحاديث كقوله تعالى: ﴿إِنَّ ٱللَّهَ يَفۡعَلُ مَا يَشَآءُ﴾ [الحج: 18]؛ ﴿فَعَّالٞ لِّمَا يُرِيدُ﴾ [البروج: 16]، ﴿يَخۡلُقُ مَا يَشَآءُ وَيَخۡتَارُ﴾ [القصص: 68]، إلى أمثال ذلك، وقوله -صلى الله عليه وسلم-: 'ما شاء الله كان، وما لم يشأ لم يكن'. أخرجه أبو داود عن بعض بنات النبي صلى الله عليه وسلم، والديلمي عن أبي الدرداء، وكذا ابن عساكر عن طلق، عن أبي الدرداء مرفوعًا، وقوله -صلى الله عليه وسلم-: 'إذا أراد الله خلق شيء؛ لم يمنعه شيء'. أخرجه مسلم عن أبي سعيد. إلى غير ذك مما لا يحصى كثرةً، وبهذا يتضح اندفاع المعارضة بنظره الفكري؛ بأن الله تعالى عالم في الأزل بصدور الأفعال عنهم بالاختيار، فوجب أن تكون اختياريةً. وذلك لأن العقل بنظره الفكري = لا وصول له إلى أن علمَه تعالى بأيِّ وجهٍ تعلق بأفعال العباد في الأزل، وإنما السبيل إليه = من جهة الوحي، فلا بد من الرجوع إلى ما جاء به النبي -صلى الله عليه وسلم- الذي ما ينطق عن الهوى، إن هو إلا وحي يوحى. وقد صح أن العمل اليوم فيما جفت به الأقلام وجرت به المقادير، وأن الأعمال مطلقًا مخلوقةٌ لله تعالى من غير تأثير لقدرتهم واختيارهم فيها حقيقةً، وكلما كان كذلك؛ بطل القول بأنه تعالى عالمٌ

بصدور الأفعال عنهم بالاختيار، فوجب أن تكون اختياريةً، وكلما كان كذلك؛ ثبت أن العبد لا اختيار له في فعله اختيارًا حقيقيًا مستقلًا، ولا قدرةَ له مؤثرة بالاستقلال كما تزعمونه. وإنما العبد يتوهَّم أن له قدرة واختيارًا مستقلًا، ولتوهمهما من نفسه استقلالًا = كُلِّفَ وأُمِر ونُهِيَ. وفي الحقيقة؛ ليس لاختياره وقدرته تأثيرٌ استقلالًا، فدار التكليف على هذا الاختيار الموهوم، والقدرة الموهومة، فكان تعلقُ إرادة العبد بالفعل واختيارُه إياه = سببًا عاديًا لخلقه تعالى الفعلَ في العبد، بمقارنة قدرة العبد الكاسبة، وإن كان سببًا مؤثرًا في توهم العبد. وذلك كافٍ لصحة التكليف والأمر والنهي، وترتُّبِ المدح والذم، وإسناد الفعل إليه».

أقول: تأمل من هذا الهوس والجنون والتخبط في الأوهام والظنون، وتدبَّر كلام هذا الغافل الذي يحتاج إلى الاستدلال بالآيات والأحاديث على أن الله تعالى مختار! وكل ناظر يعلم أنه لا يصح الاستدلال على ذلك بالسمع؛ فإنه يستلزم الدور المحال، وإنه لا يندفع النقض المذكور أولًا بمثل هذا الهذيان المسطور! بل كلما لزم من سبْقِ العلم انتفاءُ الاختيار من العبد = لزم مثلُ ذلك في حق الباري تعالى بلا محيص ولا إنكار؛ لأن الكلام = في مطلق المختار لا في خصوص العبد. فمن أين هذا التخصيص للعبد والدليل بصدد أمر كلي؟ فيستحيل تخصيص بعض جزئيات مدلولاته ما دام دليلًا [...][455]، فانكشف بهذا التخصيص أنه مجرد شبهة، بل تلاعب محض، فانظر يا أخا الأكراد بعين الاستبصار، وربك يخلق ما يشاء ويختار.

أما قولك: وأما النقض بأفعاله تعالى؛ فغير وارد»؛ فغفلة منك ومن أمثالك عن هذه الموارد. وذلك لأن فعل العبد = من أفعاله تعالى على ما تقرر في مذهبكم الفاسد. وحينئذ؛ فما أوردتموه على كونه فعلًا للعبد = واردٌ عليكم على كونه فعلًا لله، ولزومُ انقلاب العلم جهلًا = راجعٌ عليكم بعينه، فلا يكون تعالى قادرًا مختارًا، بل مُلجَأً إلى أن يخلُقَ الأفعال في العباد.

فإن قلت: إن الفعل الواحد قد يكون واجب الصدور بالنسبة إلى العبد، وجائز الصدور بالنسبة إلى الباري تعالى، ولا مانع في انتساب الفعل الواحد بنسبتين مختلفتين

---

(455) مطموسة في النسختين، ولعلها: «دليلًا كليًا».

بالجواز والوجوب بالنظر إلى جهتين مختلفتين.

قلنا: هذا باطل.

أما أولًا؛ فلأنّ جهة الإيجاد وجهة الاكتساب وإن كانتا جهتين مختلفتين؛ إلا أنه لا مدخل للأولى في الجواز، والأخرى في الوجوب أصلًا. وهو ظاهر.

وأما ثانيًا؛ فلأن منشأ الوجوب المذكور في فعل العبد، هو: لزوم الانقلاب المذكور، أي: انقلاب العلم جهلًا، ولا اختصاص لهذا اللزوم بجهة الاكتساب دون جهة الإيجاد الواقع من الله تعالى. وهو ظاهر أيضًا.

وأما ثالثًا؛ فلأنه لو جاز الفعل من جهة الله تعالى، ووجب من جهة العبد = لزم أن يصدر من العبد بدون أن يوجده الله تعالى؛ لأنه لا معنى للجائز إلا ما يمكن وقوعه وعدم وقوعه. فلنفرض أنه لم يقع ولم يوجده الله تعالى؛ فإن نفيَ وجوبِ صدوره من جهة العبد، كما كان واجبًا عندكم = فاللازم المذكور ظاهر اللزوم. وهو محال عندكم. وإن لم يبق واجبًا كما كان، بل صار جائزًا = لزم الانقلاب من الوجوب إلى الجواز. وهو محال أيضًا.

فظهر: أن كون الفعل الواحد واجبًا من جهة العبد، جائزًا من جهة الله = يستلزم محالًا، وكل ما استلزم المحال = محال.

أما قولك: «لأنه تعالى كما علم أفعاله... إلخ»؛ فغيرُ دافع للنقض ولا للمعارضة، بل ليس كلامًا مستقيمًا في نفسه؛ لأن مقتضاه: الاعترافُ بأن العلم -من حيث هو هو- لا ينافي الاختيار، وهذا هو عين مراد المانع، وخلافُ مراد المستدل بالعلم. وهو واضح.

ثم إن للمانع أن يقول: إنه تعالى كما علم أن العبد يفعل فعله = علم أيضًا أنه مختار فيه، كما دلت عليه الآيات والأحاديث.

أما الآيات؛ فقوله تعالى: ﴿سَيَقُولُ ٱلَّذِينَ أَشۡرَكُواْ لَوۡ شَآءَ ٱللَّهُ مَآ أَشۡرَكۡنَا﴾ [الأنعام: 148]. الآية. فإنه تعالى ذمهم بهذه المقالة الكاذبة؛ لأنهم يريدون بها التبرّي(456) من

(456) أي: التبرؤ.

اختيارهم الشرك، وأنه بمشيئة الله تعالى لا بمشيئتهم، وفي ذلك تكذيب للرسول الداعي لهم إلى الإيمان؛ لأنه بدعوته لهم = يُفهِمُهم أن إيمانهم مرادٌ الله تعالى، وأن كفرهم مكروهٌ له سبحانه وتعالى. فقولهم: ﴿لَوْ شَآءَ ٱللَّهُ مَآ أَشْرَكْنَا﴾ = تكذيبٌ له، ودعوى لانتفاء مشيئتهم واختيارهم للشرك بطريق الاستقلال كما يقوله المجبرة بعينه، وخلاف ما يقوله الأنبياء -عليهم السلام- في الدعوة؛ لأنهم إنما يدعون العباد إلى الدخول في مراد الله بمشيئتهم واختيارهم.

ولأجل هذه النكتة قال الله تعالى: ﴿كَذَٰلِكَ كَذَّبَ ٱلَّذِينَ مِن قَبْلِهِمْ﴾ [الأنعام: 148]، فنسبهم إلى التكذيب، واكتفى في نسبتهم إلى الكذب بما يدل عليه سَوْق الكلام من الذم لهم، فإنه لو كان ما حكى عنهم كلامًا صادقًا؛ لما كان مسبوقًا في معرض الذم لهم؛ لكنه كاذب. ولذا؛ اضطُر المجبرةُ إلى الزيغ والملاوذة في تأويل هذه الآية؛ لعلمهم بأنه قد انخرطوا في سلك الذم؛ لانخراط هذه المقالة التي ذمها الله تعالى في سلك مذهبهم.

ومما يدل على أن العباد مختارون متمكنون تمكنًا حقيقيًا، وأن الله تعالى بريء عما يقوله المجبرة من أنه سبحانه هو المؤثر في أعمال العباد والموجد لها: قولُه تعالى: ﴿كُلَّمَآ أَوْقَدُواْ نَارًا لِّلْحَرْبِ أَطْفَأَهَا ٱللَّهُ﴾ [المائدة: 64]، وقوله تعالى: ﴿كَتَبَ ٱللَّهُ لَأَغْلِبَنَّ أَنَا۠ وَرُسُلِيٓ﴾ [المجادلة: 21]، وأمثالهما، فأخبرونا -أيها الأكراد- من المؤثر في إيقاد هذه النار، ومن المؤثر في إطفائها كما دلت عليه الآية الأولى؟ وأخبرونا من الغالب ومن المغلوب؟ ومن المؤثر في أفعال المغالبة التي أشارت إليها هذه الآية الثانية؟ أو لم تنظروا إلى قوله تعالى: ﴿وَقَالُواْ مَنْ أَشَدُّ مِنَّا قُوَّةً أَوَلَمْ يَرَوْاْ أَنَّ ٱللَّهَ ٱلَّذِى خَلَقَهُمْ هُوَ أَشَدُّ مِنْهُمْ قُوَّةً﴾ [فصلت: 15]، وقوله: ﴿فَمَن شَآءَ فَلْيُؤْمِن وَمَن شَآءَ فَلْيَكْفُرْ﴾ [الكهف: 29]، ﴿ٱعْمَلُواْ مَا شِئْتُمْ﴾ [فصلت: 40]، ﴿لِمَن شَآءَ مِنكُمْ أَن يَتَقَدَّمَ أَوْ يَتَأَخَّرَ﴾ [المدثر: 37]، ﴿إِنَّ ٱللَّهَ لَا يُغَيِّرُ مَا بِقَوْمٍ حَتَّىٰ يُغَيِّرُواْ مَا بِأَنفُسِهِمْ﴾ [الرعد: 11]، ﴿وَلَقَدْ مَكَّنَّٰكُمْ فِى ٱلْأَرْضِ﴾ [الأعراف: 11]، ﴿أَوَلَمْ نُعَمِّرْكُم مَّا يَتَذَكَّرُ فِيهِ مَن تَذَكَّرَ﴾ [فاطر: 37]، ﴿ذِكْرَىٰ وَمَا كُنَّا ظَٰلِمِينَ﴾ [الشعراء: 209]، ﴿لَا تَعْتَذِرُواْ ٱلْيَوْمَ إِنَّمَا تُجْزَوْنَ مَا كُنتُمْ تَعْمَلُونَ﴾ [التحريم: 7]، ﴿لَا يُكَلِّفُ ٱللَّهُ نَفْسًا إِلَّا وُسْعَهَا﴾ [البقرة: 286]، ﴿إِنْ أُرِيدُ إِلَّا ٱلْإِصْلَٰحَ مَا

ٱسۡتَطَعۡتُۚ﴾ [هود: 88]، ﴿أَفَأَنتَ تُكۡرِهُ ٱلنَّاسَ حَتَّىٰ يَكُونُواْ مُؤۡمِنِينَ﴾ [يونس: 99]، إلى ما لا يحصى من الآيات الدالة على تمكن العبد واستطاعته.

وأما الأحاديث؛ فمنها ما أخرجه البخاري عن شداد بن أوس مرفوعًا: «سيد الاستغفار؛ اللهم أنت ربي لا إله إلا أنت». الحديث. وقد تقدم بعضه، وفيه: «وأنا على عهدك ووعدك ما استطعت». ومثله الحديث الذي مر عن أبي داود، فراجعهما فإنهما يكفيان المنصف، ويردعان المعتسف. ولم لا وقد نطقا باستطاعة العبد واقتداره على فعله؟ [135 أ]

والأحاديث في ذلك كثيرة، ومن أصرحها ما سيأتي في حديث الترمذي الذي أخرجه عن أبي حازم(457)، قال: «قال أبو بكر الصديق -رضي الله عنه- بعد أن حمد الله وأثنى عليه: يا أيها الناس إنكم تقرؤون هذه الآية وتضعونها غير موضعها: ﴿يَٰٓأَيُّهَا ٱلَّذِينَ ءَامَنُواْ عَلَيۡكُمۡ أَنفُسَكُمۡۖ لَا يَضُرُّكُم مَّن ضَلَّ إِذَا ٱهۡتَدَيۡتُمۡۚ﴾. وإنما سمعنا رسول الله -صلى الله عليه وسلم- يقول: ما من قوم يُعمل فيهم بالمعاصي، ثم يقدرون على أن يغيّروا، فلم يغيّروا؛ إلا أن يوشك أن يعمهم الله بعقاب»(458). انتهى. وهو صريح في إثبات الاختيار، والتمكن من التغيير. وقد اتفق جمهور الأشاعرة على أن أبا بكر -رضي الله عنه- أعلمُ الصحابة الأعلام بمواقع الشريعة والأحكام.

ومنها: الحديث الذي في القسم بين النساء، وهو ما روته عائشة، قال: «كان رسول الله -صلى الله عليه وسلم- يقسم فيعدل، ويقول: اللهم هذا قسمي في ما أملك، فلا تلمني في ما تملك ولا أملك»(459). الحديث. وفي رواية: «فلا تؤاخذني في ما لا أملك». أخرجه أبو داود في سننه، بل قد أخرجه أكثر المحدثين من حديث عائشة. قال الحافظ ابن كثير: «إسناده صحيح».

فلينظر المنصف في تفريقه -عليه وعلى آله الصلاة والسلام- بين ما هو راجع إلى قدرته واختياره وداخل تحت تمكنه واستطاعته، وبين ما لا مجال فيه لقدرته واختياره،

---

(457) الصواب: قيس بن أبي حازم.

(458) **سنن الترمذي**، ج 4، ص 37، حديث 2168.

(459) ابن الأثير، **جامع الأصول**، ج 11، ص 514، حديث 9090.

وهذا ظاهر لكل منصف.

ومنها: الحديث القدسي: «يقول الله تعالى: قد أردت منك أيسر من هذا وأنت في صلب آدم: أن لا تشرك بي شيئًا، ولا أدخلك النار، وأدخلك الجنة؛ فأبيت إلا الشرَّ»(460). انتهى. وهو كما يفيد التمكن والاختيار ويقتضيه = يفيد براءة الباري تعالى عن إرادة الشرور والفواحش، ولايمكن الخصم إنكاره؛ لأنه ثابت في صحيح مسلم وغيره، وهو من النصوص على محل النزاع. ولذا تحيّروا في تأويله وتحيّلوا في صرفه وتحويله، وهيهات! قد أيده الله بذكره وتنزيله: ﴿فَمَن شَآءَ ٱتَّخَذَ إِلَىٰ رَبِّهِۦ سَبِيلًا﴾ [المزمّل: 19]، وحاشاه أن يصد عن سبيله.

ومنها ما أخرجه البخاري عن عائشة: «أن النبي -صلى الله عليه وآله سلم- ما خُيِّر بين أمرين إلا اختار أيسرهما مالم يكن إثمًا»(461). انتهى. فهو -صلى الله عليه وآله وسلم- إنما يختار أيسرهما؛ نظرًا منه إلى قوله تعالى: ﴿يُرِيدُ ٱللَّهُ بِكُمُ ٱلْيُسْرَ وَلَا يُرِيدُ بِكُمُ ٱلْعُسْرَ﴾ [البقرة: 185]، فيختار الأيسر من الأمرين ليطابق مراد الله تعالى. فدل هذا الحديث الصحيح عند الخصم على أمرين يخالفان مذهبه:

أحدهما: أن العبد مختار متمكن من أفعاله، وإلا لما أمكن للنبي -عليه وعلى آله الصلاة والسلام- أن يختار أيسر الأمرين مالم يكن إثمًا.

ثانيهما: أن الله تعالى لا يريد القبائح التي توجب الإثم، وإلا لما توقف النبي -عليه وعلى آله الصلاة والسلام- في ما كان إثمًا، ولم يختره، وإن كان أيسر من الأمر الآخر، وإنما يتوقف عنه؛ لعلمه بأن الله لا يريده لقبحه.

وهاهنا أمر ثالث يدل عليه هذا الحديث، مخالف لمذهب الخصم أيضًا، وهو: أنه قد دل على أنه -تعالى- لا يريد كل واقع، وإنما يريد الخير. ولو كان -تعالى- مريدًا لكل واقع؛ لم يُتصوَّر من النبي -عليه وعلى آله الصلاة والسلام- أن يتوخى أيسر الأمرين لمطابقة ما يريده الله تعالى منه. بل كان لا يعلم مراد الله تعالى إلا بعد وقوع الأمر.

---

(460) المرجع نفسه، ج 10، ص 491، حديث 8022. وفيه: «فأبيت إلا الشرك».
(461) **صحيح البخاري**، ج 4، ص 189، حديث 3560.

وفي هذا كفاية لمن كان له قلب أو ألقى السمع وهو شهيد، فإنه يغني المنصفَ عن البحث، ويشهد له بأن الله لا يريد شيئًا من الفواحش.

ومنها: حديث مسلم بن الحجاج أيضًا، عن أبي سعيد الخدري -رضي الله عنه- قال: سمعت رسول الله -صلى الله عليه وسلم- يقول: «من رأى منكم منكرًا فليغيره بيده، فإن لم يستطيع فبلسانه، فإن لم يستطيع فبقلبه، وذلك أضعف الإيمان»(462). انتهى. وهو إثبات الاستطاعة للعباد، متقدمةً على أفعالهم، خلافًا للأشعري.

ومنها: حديث مسلم أيضًا، عن أم سلمة -رضي الله عنها- عن النبي -صلى الله عليه وسلم- أنه قال: «يُستعمل عليكم أمراءُ، فتعرفون وتنكرون، فمن كره فقد برئ، ومن أنكر فقد سلم. ولكن من رضي فتابَعَ». قالوا: يا رسول الله، ألا نقاتلهم؟ قال: «لا، ما أقاموا فيكم الصلاة»(463). انتهى.

قال العلماء من الأشاعرة: «ومعناه: من كره بقلبه ولم يقدر على إنكارٍ بيدٍ ولا بلسان؛ فقد برئ من الإثم، وأدّى وظيفته. ومن أنكر بحسب طاقته؛ فقد سلم من المعصية، ومن رضي بفعلهم وتابعهم؛ فهو العاصي».

ولا خفاء في أن ذلك كله مبنيٌّ على ثبوت الاختيار، وإلا لم يفترق الحال إلى ثلاث مراتب. وهو ظاهر. وفي هذا الحديث دلالةٌ على عدم الفرق بين الرضى والإرادة، فافهم.

ومنها: حديث أبي داود والترمذي -واللفظ للترمذي-، عن ابن مسعود -رضي الله عنه- قال: قال رسول الله -صلى الله عليه وسلم-: «لَمّا وقعت بنو إسرائيل في المعاصي؛ نهاهم علماؤهم فلم ينتهوا، فجالسوهم وواكلوهم وشارَبوهم، فضرب الله قلوب بعضهم ببعض، على لسان داود، وعيسى بن مريم، ﴿ذَٰلِكَ بِمَا عَصَوا۟ وَّكَانُوا۟ يَعۡتَدُونَ﴾». فجلس رسول الله -صلى الله عليه وسلم- وكان متكئًا، فقال: «والذي نفسي بيده، حتى تأطروهم على الحق أطرًا»(464). انتهى.

(462) **صحيح مسلم**، ج 1، ص 69، حديث 78 (49).
(463) المرجع نفسه، ج 3، ص 1481، 63 (1854).
(464) **صحيح مسلم**، ج 5، ص 102، حديث 3047.

ومعنى تأطروهم: «تعطفوهم». وهو مفيد لإثبات الاستطاعة للناهي والمنهي. ولفظ أبي داود: ثم قال: «كلا والله، لتأمرن بالمعروف، ولتنهنّ عن المنكر، ولتأخذنّ على يد الظالم، ولتأطرنه على الحق أطرًا، ولتقصرنه على الحق قصرًا، أو ليضربن الله بقلوب بعضكم على بعض، ثم ليلعنكم كما لعنهم». انتهى.

وبالجملة، فالأحاديث في هذا المعنى لا تَنْحَصِي. وما رمنا أن نستقصي؛ فإن مدار الخطاب التكليفي = على ذلك. وإيرادنا لهذا الذي عرض لنا الآن -من النزر الحقير عن الجم الغفير- جارٍ مجرى التنبيه لقوم يعلمون.

وأما المعاندون فقد كذّبوا بالحق لما جاءهم، وارتابوا في ما لا ريب فيه من رب العالمين، فبأي حديث بعده يؤمنون؟

ولعمري، إن المعتمد على مثل هذا الذي اعتمد عليه المعترض؛ لجدير بأن يقال في حقه: «إنه جهمي معاندٌ مكابرٌ للضرورة»؛ لأن مؤدّى هذا الكلام: عدمُ الفرق بين ما يستطيعه العبد وما لا يستطيعه؛ إذ هو نفي للاختيار بالكلية، ورجوع إلى مقالة الخُلّص من الجبرية.

ولقد كان أخلافُ العرب وأهل البوادي في الجاهلية الجهلاء، يعرفون بنظرهم الفرق الظاهر بين ما يستطاع وما لا يستطاع، ولا ينكر هذا عاقل، ولذا قيل:

إذا لم تستطع شيئًا فدعه وجاوزه إلى ما تستطيعُ

ولو كان الأمر كما يقوله المعترض تبعًا لأسلافه من المجبرة = لم يصح معنى هذا البيت، لا سيما مع افترائهم أن القدرة والاستطاعة = حالَ الفعل، لا قبله ولا بعده. هذا، ومن المعلوم الذي لا يخفى على أحد، أن الناس أسلموا طوعًا وكرهًا، ورغبةً ورهبةً. ولو انتفت الاستطاعة عن الكل -كما هو مراد المعترض ومقتضى الجبر-؛ لم يبق فرقٌ بين المطيع للإسلام والمكره عليه، وكذا الراغب والراهب؛ لأن الكل -على هذا- مجبَرون، مقسورون، مقهورون، فاعلون ما يراد منهم، لا ما يريدون، بل ليسوا -على هذا- فاعلين؛ لأن الفاعل هو: «من حصَّل فعلَه لا من حصَّله فيه غيره»؛ فإنه مفعول به. وهذا ظاهرٌ وإن كابروا.

ومما يدل على ما ذكرناه، قوله تعالى: ﴿وَلَوْ نَشَآءُ لَمَسَخْنَٰهُمْ عَلَىٰ مَكَانَتِهِمْ فَمَا ٱسْتَطَٰعُوا۟ مُضِيًّا وَلَا يَرْجِعُونَ﴾ [يس: 67]. فإنهم لو لم يكونوا مستطيعين؛ لما صح معنى هذه الآية الكريمة.

وعلى هذا، فمن نفى الاستطاعة -كالمعترض وأمثاله-؛ فقد اعتقدوا [أنه لا فرق بينهم وبين من مسخهم الله تعالى على مكانتهم، فما استطاعوا مضيًا ولا يرجعون]، فافهم.

وقد ظهر بما ذكرناه: أن الآيات والأحاديث، كما دلت على أنه تعالى مختار في أفعاله، فلا يكون سابق علمه منافيًا لاختياره تعالى = فكذلك العبد، قد دلت الآيات والأحاديث على أنه مختار في أفعاله التي كلفه الله بها، فلا يكون سابقُ العلم منافيًا لاختياره واستطاعته. فمن أين ثبت للمعترض أحدُ المقامين دون الآخر؟ وهل هذا إلا مجرد دعوى، وتحكم باطل؟ ﴿بَلِ ٱتَّبَعَ ٱلَّذِينَ ظَلَمُوٓا۟ أَهْوَآءَهُم بِغَيْرِ عِلْمٍ﴾ [الروم: 29].

وأما قول الله تعالى: ﴿وَمَا تَشَآءُونَ إِلَّآ أَن يَشَآءَ ٱللَّهُ﴾؛ فمعناه: «وما تشاؤون اتخاذ السبيل إليه تعالى إلا أن يشاء الله هدايتكم وتوفيقكم».

والله لـــو لا الله مـــا اهتـــدينا ولا تصـــدقنا ولا صـــلينا

وقد أعرب عن ذلك قوله تعالى: ﴿وَلَوْلَا فَضْلُ ٱللَّهِ عَلَيْكُمْ وَرَحْمَتُهُۥ لَٱتَّبَعْتُمُ ٱلشَّيْطَٰنَ إِلَّا قَلِيلًا﴾ [النساء: 83]. [وعلى هذا المنوال حديث التوجه، الذي رواه علي -كرم الله وجهه-: «الخير كله في يديك والشر ليس إليك». فتأمل].

وعلى هذا المنوال أيضًا، ما أخرجه مسلم في صحيحه عن أبي ذر -رضي الله عنه-، من قوله -عليه وعلى آله الصلاة والسلام-: «فمن وجد خيرًا فليحمد الله، ومن وجد شرًا فلا يلومن إلا نفسه»(465). الحديث. وقد رواه النووي في **أذكاره**، وقد رواه غيرهما. [والباب واسع كتابًا وسنةً كما لا يخفاك. وستعرف تمام الكلام فيه مفصلًا إن شاء الله تعالى، أعني قوله تعالى: ﴿وَمَا تَشَآءُونَ إِلَّآ أَن يَشَآءَ ٱللَّهُ﴾، فهو لا يقتضي نفي اختيار العبد في أفعاله، ولا يفيده بوجه ما، كما لا يقتضي الفرق حتى يكون العلم

---

(465) **صحيح مسلم**، ج 4، ص 1994، حديث 55 (2577).

السابق منافيًا للاختيار في حقه دون حق الباري تعالىٰ].

وبهذا تتضح قوة المعارضة، وأنها كالجبل الراسي، وأن قول المعترض: «وبهذا يتضح اندفاع المعارضة» = من الخيالات الكاذبة.